DROEMER ✳

Steven Levy

FACEBOOK

Weltmacht am Abgrund

Der unzensierte Blick
auf den Tech-Giganten

Aus dem amerikanischen Englisch von
Gisela Fichtl, Elisabeth Liebl, Stephan Kleiner, Sylvia Bieker,
Karsten Singelmann und Barbara Steckhan

Die amerikanische Originalausgabe erschien 2020 unter dem Titel
»Facebook: The Inside Story« bei Blue Rider Press, New York.

Besuchen Sie uns im Internet:
www.droemer.de

Aus Verantwortung für die Umwelt hat sich die Verlagsgruppe
Droemer Knaur zu einer nachhaltigen Buchproduktion verpflichtet.
Der bewusste Umgang mit unseren Ressourcen, der Schutz unseres Klimas
und der Natur gehören zu unseren obersten Unternehmenszielen.
Gemeinsam mit unseren Partnern und Lieferanten setzen wir uns für eine
klimaneutrale Buchproduktion ein, die den Erwerb von
Klimazertifikaten zur Kompensation des CO_2-Ausstoßes einschließt.
Weitere Informationen finden Sie unter: www.klimaneutralerverlag.de

© 2020 Steven Levy
© 2020 der deutschsprachigen Ausgabe Droemer Verlag
Ein Imprint der Verlagsgruppe
Droemer Knaur GmbH & Co. KG, München
Alle Rechte vorbehalten. Das Werk darf – auch teilweise – nur mit
Genehmigung des Verlags wiedergegeben werden.
Redaktion: Heike Gronemeier
Covergestaltung: Studio Martin Steiner
Satz: Adobe InDesign im Verlag
Druck und Bindung: CPI books GmbH, Leck
ISBN 978-3-426-27728-7

5 4 3 2 1

In Gedenken an Lester Levy, 1920–2017.
Ein Jammer, dass du diesen Wahnsinns-Super-Bowl
verpasst hast.

INHALT

EINFÜHRUNG

Hi, ich bin Mark!«
Eigentlich überflüssig, dass er sich vorstellt. Mark Zuckerberg hat eines der bekanntesten Gesichter weltweit. Er ist der CEO von Facebook, dem weltgrößten sozialen Netzwerk, ja, dem größten von Menschen geschaffenen Netzwerk überhaupt. Facebook hat an die zwei Milliarden Mitglieder, über die Hälfte von ihnen loggt sich täglich ein. Das hat Zuckerberg gegenwärtig zum sechstreichsten Menschen der Welt gemacht. Und weil er Facebook in so jungen Jahren gegründet hat – mit 19, in seiner Studentenbude in Harvard –, ist sein Konterfei der ideale Eyecatcher, wann immer es um die unfassbaren Möglichkeiten geht, die sich dank Hightech selbst den Jungen und Unbekannten bieten.

Er ist weit mehr als bloß berühmt. Und er ist *hier!*

In Lagos, Nigeria.

Bestünde auch nur der geringste Zweifel an seiner Identität, könnte man immerhin noch sagen, dass dieser nette junge Mann mit den braunen Haaren und dem etwas einfältigen Lächeln – sowie der offenkundigen Aversion gegen Blinzeln – sich genau kleidet wie … Mark Zuckerberg! Das unverwechselbare T-Shirt sieht nach Nerd-Proletariat aus, ist aber in Wirklichkeit von Brunello Cucinelli (was heißt, dass es 325 Dollar* gekostet hat – er hat einen ganzen Schrank davon, was ihn der Mühe enthebt, sich täglich für ein bestimmtes Outfit entscheiden zu müssen). Dazu Jeans und Sneakers von Nike. Also genau das, was man sich so vorstellt, wenn man den Gründer und CEO von Facebook erwartet. Ungewöhnlich ist nur, dass niemand wirklich erwartet hat, dass er tatsächlich in diesen Raum kommen würde, in diese Stadt, in dieses Land, auf diesen Kontinent.

---

* Hier, wie an allen anderen Stellen, an denen in diesem Buch von Dollar die Rede ist, sind immer US-Dollar gemeint.

Den Leuten, die sich hier in diesem Loft-ähnlichen Raum im sechsten Stock des »Co-Creation Hub« (CcHUB) versammelt haben – durch die Bank junge Unternehmer, die allen Schwierigkeiten zum Trotz versuchen, im nigerianischen Lagos erfolgreiche Hightech-Firmen aufzubauen –, wurde nur gesagt, dass heute, am 30. August 2016, ein Funktionär von Facebook zu ihnen sprechen würde, sozusagen als Vorgeschmack auf das von Facebook gesponserte Bootcamp für Tech-Start-ups. Man hatte erwartet, dass einer von Zuckerbergs Stellvertretern kommen würde, Ime Archibong zum Beispiel, seines Zeichens Sohn nigerianischer Einwanderer und aufgewachsen in North Carolina, der das Land seiner Vorfahren schon einmal besucht hatte. Zuckerberg *persönlich* – allein der Gedanke war so aufregend, dass niemand davon auch nur zu träumen gewagt hätte.

Tatsächlich hatte Facebook den Auftritt mit nahezu CIA-mäßiger Geheimhaltung geplant – in erster Linie natürlich aus Sicherheitsgründen, aber auch wegen des Wirbels, den Zuckerbergs Erscheinen auslösen würde. Er hatte bis dahin noch nie einen Fuß auf diesen Kontinent gesetzt. Der Besuch war also überfällig. Zuckerberg war aus Italien eingeflogen, wo er und seine Frau an der Hochzeit seines Freundes Daniel Ek teilgenommen hatten, CEO des Musik-Streamingdienstes *Spotify*. Im Anschluss an die Hochzeitsfeier am Comer See hatten Zuckerberg und seine Entourage noch ein paar Tage in Rom verbracht, wo sich der Facebook-CEO mit dem Ministerpräsidenten und dem Papst traf. Vom Flughafen in Lagos war Zuckerberg dann direkt in das raue Yaba-Viertel gekommen, zum CcHUB.

Die Stimmung innerhalb der Start-up-Kultur von Lagos oszilliert zwischen einem fast schon ans Absurde grenzenden Optimismus und schlichtem Galgenhumor. Die Hindernisse, die sich den Leuten auf dem Weg zum Erfolg oder auch nur zum simplen Überleben entgegenstellen, sind enorm. Aber genau das waren die Leute, die Zuckerberg kennenlernen wollte: Nerds mit hochfliegenden Träumen. In der gigantischen Facebook-Zentrale, die Zuckerberg im kalifornischen Menlo Park hatte errichten lassen, gab es unter all den Postern, die die Wände mit coolen Tech-Sprüchen zierten, Dutzende, auf denen zu lesen war: »SEI EIN NERD«. Während andere Tech-Magnaten ihr afrikanisches Abenteuer auf Philanthropisches beschränkten, zog

Zuckerberg nicht durch abgelegene Dörfer, um unterernährte Kinder zu umarmen. Er traf sich lieber mit Software-Geeks.

Einen Augenblick lang wirkt die Jungunternehmergemeinde von Lagos wie erstarrt, als fürchte sie, eine Fata Morgana erblickt zu haben. Doch kaum haben die Anwesenden begriffen, dass sie ihrer Sinne sehr wohl noch mächtig sind, bricht begeisterter Jubel aus. Die jungen Leute stürmen auf ihren berühmten Besucher zu, drücken seine Hand, posieren für ein Selfie mit ihm und sprudeln ihre Elevator-Pitches heraus, die ihre Geschäftsideen kurz umreißen. Zuckerberg nimmt sich geduldig Zeit für alle. Er lächelt und lächelt, sieht jedem in die Augen, vielleicht einen Tick zu lang. Aber er fühlt sich ganz offensichtlich wohl.»Das sind *meine* Leute«, sagt er zu mir, als wir die Stufen hinuntereilen, um noch mehr Unternehmer zu treffen.

Ich begleite Mark Zuckerberg auf dieser Reise, es ist die erste Recherche-Tour für mein Buch über den Aufstieg von Facebook.

Im Erdgeschoss findet gerade eine Veranstaltung statt, die sich »Summer of Code« nennt. Kinder zwischen fünf und 13 Jahren üben sich da am Computer. Bei den Kids hier ist Zuckerberg natürlich nicht ganz so bekannt, einige heben nicht einmal den Kopf, als er vorbeigeht. Aber das freut Zuckerberg noch mehr, als würden sie ihn umringen. Er geht zu zwei Jungs, vielleicht sieben oder acht Jahre alt, die sich einen Computer teilen.»Könnt ihr mir sagen, was ihr hier macht?«, fragt er und geht in die Hocke, damit er mit ihnen auf Augenhöhe ist. Auf dem Bildschirm formieren sich blinkende Punkte zu einem Muster.

»Ein Spiel«, sagt einer von ihnen.

Zuckerbergs Augen, ohnehin immer weit aufgerissen, scheinen nun schier aus ihren Höhlen zu quellen, wie die Knopfaugen eines Plüschtieres. *Genau das hatte er in dem Alter auch gemacht!*

»Und könnt ihr mir auch zeigen, wie ihr es aufgebaut habt?«, will er wissen.

Es folgen ein paar eher technische Fragen (»Kann ich mir den Code mal ansehen?«), dann ist es auch schon Zeit für den nächsten Programmpunkt. Ein Besuch bei einem Start-up steht an, das ITler aus Zentralafrika darin schult, technische Projekte für große Unternehmen abzuwickeln. Zuckerbergs Stiftung, in die 99 Prozent seiner

Facebook-Aktien eingehen sollen, hat dazu beigetragen, dass dieses Unternehmen gegründet werden konnte.

In Lagos gehen Geschäftsleute nur selten zu Fuß, vor allem in so taffen Vierteln wie Yaba, doch Zuckerberg will den Weg per pedes absolvieren. Die Gehsteige werden gerade erst angelegt, der Beton und Lehm unter unseren Füßen ist übersät mit Schlaglöchern und Pfützen. Autos und Motorräder schießen an uns vorbei. Wir schlagen ein schnelles Tempo an, wollen an den Buden und Läden vorbei, bevor jemand spitzkriegt, was hier gerade los ist. Ein Jugendlicher schafft es, an unserer Gruppe vorbeizuspurten und ein Selfie zu machen. Zuckerberg, der unseren Tross anführt, scheint es nicht zu merken, so vertieft ist er in das Gespräch mit Archibong.

Die Szene wird vom Facebook-Hausfotografen festgehalten, einem ehemaligen Fotojournalisten von *Newsweek,* der schon mehrere Staatspräsidenten auf ihren Reisen begleitet hat. Als die Bilder von der Runde durch zwei Häuserblocks später ins Netz gestellt werden, beschert dies Zuckerberg eine riesige Fangemeinde in Nigeria. (»Ich dachte zuerst, da ist jemand mit Photoshop drübergegangen«, meinte ein ITler aus Lagos, als er die Fotos entdeckte.) Am nächsten Tag sollten die sozialen Medien dazu beitragen, das Bild vom Tech-Milliardär als »Mann des Volkes« einmal mehr zu unterstreichen: Es wurden Fotos gepostet, die Zuckerberg beim Joggen über eine Brücke zeigten.

Der letzte Besuch an seinem ersten Tag in Afrika gilt einem kleinen Laden. Er liegt an einer belebten Kreuzung und gehört zu den unzähligen familienbetriebenen Hotspots, die »Express Wi-Fi« anbieten und von Facebook gesponsert werden. Einheimische können hier gegen eine geringe Gebühr das Internet nutzen. Dieser spezielle Laden, der auch Sportwetten annimmt, wird von Rosemary Njoku geführt, einer Frau in einem schwarz gepunkteten Kleid und mit Kopfschleier. Auch eine Freundin ist da, sie trägt ein bodenlanges, gelb gemustertes Kleid.

Die »nächsten paar Milliarden« mit einem Internetzugang zu versorgen – dort, wo es kein Internet gibt oder der Zugang dazu einfach teuer ist –, das ist in den letzten Jahren Zuckerbergs Leidenschaft geworden. Zu diesem Zweck fördert er eine ganze Reihe von Maßnahmen, die das Internet weiter verbreiten sollen – von recht exotischen Techniken wie selbststeuernden Drohnen bis hin zu so umstrittenen Plänen wie dem, Mobilgeräte plus kostenloser Flatrate zu verleihen, mit denen die Nutzer allerdings nur auf eine Auswahl beliebter Anwendungen, zum Beispiel Facebook, zugreifen können. Express Wi-Fi ist ein kleiner, aber vielversprechender Ansatz zur Verwirklichung dieses Traumes. Die Initiative, eine Partnerschaft von Facebook mit verschiedenen IT-Unternehmen war 2013 unter dem Namen *Internet.org* gestartet worden.

Die Frauen begrüßen Zuckerberg im hinteren Teil des Ladens, wo es sehr warm und sehr beengt ist. Der Platz reicht kaum für die drei, und auf Zuckerbergs T-Shirt zeichnen sich schnell Schweißflecken ab. Trotzdem stellt er den Frauen Frage um Frage.»Ich möchte, dass Sie mir helfen«, sagt der sechstreichste Mann der Welt schließlich unvermittelt zu Frau Njoku, die einen winzigen Laden an einer Straßenecke in einem der ärmsten Länder der Welt betreibt.»Wenn ich Sie jetzt frage, was ich tun kann, um Ihr Geschäft zu fördern, was würden Sie mir raten?«

Die Frage lässt Frau Njoku erst einmal zusammenzucken, doch schnell hat sie sich wieder gefasst.»Mehr Meter«, sagt sie. Zuckerberg sieht sie fragend an.»Mehr Meter für das Wi-Fi, mehr Reichweite, für mehr Menschen«, sagt sie.

Zuckerberg schweigt einen Moment.»Was noch?«, hakt er nach. »Hashtags«, sagt sie.»Einen Hashtag #itsup, damit die Leute wissen, dass das Wi-Fi funktioniert.«

Zuckerberg strahlt.»Ja, das können wir machen«, sagt er.»Der erste Punkt wird aber schwierig«, meint er. Er erklärt den beiden Frauen, wo die Probleme liegen, was deren technisches Verständnis jedoch schnell übersteigt.

Am nächsten Tag hält Zuckerberg eine große Versammlung für Software-Entwickler ab. Auf solchen Veranstaltungen fühlt er sich wohl, ganz anders als bei öffentlichen Vorträgen oder Interviews am heimischen Kamin, wenn nervige Journalisten ihn löchern. Stolz erzählt er der Menge, dass Facebook einen Satelliten gebaut hat, der das Internet in viele bislang unterversorgte Regionen Afrikas bringen wird, auch nach Nigeria. Der Satellit solle in Kürze ins All gebracht werden, und zwar an Bord einer »SpaceX«-Rakete. Das Raumfahrtunternehmen gehört Elon Musk.

Eine der vorab genehmigten Fragen, die der Moderator stellt, lautet, wie leicht – oder schwer – es Zuckerberg gefallen sei, von der Rolle des Software-Entwicklers, der die totale Kontrolle über sein Projekt hat, zur sehr viel nebulöseren Aufgabe der Unternehmensführung zu wechseln. Fehle ihm das Programmieren denn gar nicht? »Ich bin wie die meisten von euch hier«, sagt er. »Für mich beruht das Programmieren auf zwei grundlegenden Prinzipien. Das erste ist, dass man lernt, jedes Problem als System zu betrachten. Das zweite ist, dass sich jedes System verbessern lässt. Ganz egal, wie gut oder schlecht etwas ist, man kann es besser machen – und das gilt auch für Sie selbst, ob Sie nun Software schreiben oder Hardware bauen. Und das gilt auch, wenn Ihr System ein Unternehmen ist.«

Facebook, erklärt er, nähere sich Problemen im geschäftlichen beziehungsweise kulturellen Bereich auf dieselbe Weise wie ein Programmierer seinen Problemen. Ein Unternehmen aufzubauen »ist nicht so viel anders als das Programmieren, wo man verschiedene Funktionen in Routinen und Subroutinen übersetzt … Ich glaube, dieser Programmierer-Geist ist wirklich etwas ganz Grundlegendes.«

Später besucht Zuckerberg noch ein Studio für Unterhaltungstechnik in einem Bezirk namens Nollywood. Dort trifft er eine Reihe nigerianischer Berühmtheiten – Schauspieler, DJs, Musiker und Comedians. Egal, wer ihm die Hand schüttelt, Zuckerberg fragt jeden, was er lieber nutze: Facebook oder *Instagram,* die mobile Foto-Sharing-Plattform, die er 2012 aufgekauft hat und von ihren Gründern weiterführen lässt. Alle scheinen Instagram lieber zu mögen als Facebook. »Aber Facebook bietet doch viel mehr Möglichkeiten«, sagt Zuckerberg, sichtlich wenig begeistert von den Antworten.

Als sich schließlich alle in einem Raum versammeln, spricht einer der Instagram-Stars den Film »The Social Network« an, der 2010 herauskam und die Entstehungsgeschichte von Facebook erzählt. Da Zuckerberg in dem Film als verschlagener und sozial inkompetenter Typ dargestellt wird, der das Unternehmen angeblich gegründet hat, weil er weder in eine der angesagten Studentenverbindungen in Harvard aufgenommen worden war noch bei Frauen landen konnte, könnte man vermuten, dass Zuckerberg nicht gerade erpicht auf dieses Thema sein würde. Vor allem, weil der Fragesteller gezielt nachhakt, ob er Facebook wirklich gegründet habe, weil eine Frau ihn sitzen ließ.

»Meine Frau mag diesen Teil des Films nicht«, sagt Zuckerberg mit seinem »Ach was soll's«-Lächeln. »In Wirklichkeit haben wir uns zu jener Zeit schon getroffen. Daher wird sie immer sauer, wenn sie hört, ich hätte Facebook nur gegründet, um an Mädchen ranzukommen.« Kurze Pause. »Was ja auch gar nicht stimmt.«

An seinem vierten und letzten Abend in Nigeria lädt Zuckerberg mich ein, mit ein paar Leuten aus seiner Reisegruppe in seinem Hotelzimmer abzuhängen. Sie sind von Lagos in einen bewachten Hotelkomplex in der Hauptstadt Abuja umgezogen, wo Zuckerberg vor seiner Abreise noch den nigerianischen Präsidenten treffen wird. (Der junge CEO hat sich schon so häufig mit Staatslenkern getroffen – als Gleicher unter Gleichen wegen Facebooks gewaltiger Anhängerschaft –, dass man bereits von der »Außenpolitik« des Unternehmens spricht.)

Als wir uns im Hotel treffen, liegt ein langer Tag hinter Zuckerberg und seiner Entourage. Aufstehen um 4 Uhr morgens, um mit einem Privatflugzeug nach Kenia zu fliegen, wo Zuckerberg eine zweistündige Safari mitmachte, sich mit Unternehmern traf und mit hohen Beamten zu Mittag aß. Am späten Nachmittag saßen er und seine Begleiter wieder im Flugzeug. Dort erfuhr Zuckerberg, dass die SpaceX-Rakete mitsamt dem Satelliten, den er am Vortag noch als Rettung des Internets für den wirtschaftlich ums Überleben kämpfenden Kontinent gepriesen hatte, bei einem Test in die Luft geflogen war – nur einen Tag vor dem geplanten Starttermin. Der Facebook-Satellit war bereits an Bord gebracht worden, um Zeit zu sparen, und so dem Brand zum Opfer gefallen.

Zuckerberg war stinksauer auf Musk. (Facebooks ureigenstes Motto »Move Fast and Break Things«[*] galt offensichtlich nicht für Rake-

---

[*] »Break Things« kann ganz verschiedene Bedeutungen haben. Im wörtlichen Sinne »Dinge zerstören« oder »zerschlagen«, aber auch »Regeln brechen« oder »Strukturen aufbrechen«. Wir haben uns daher entschieden, dieses Motto im Englischen zu belassen.

tenstarts.) Und so wählte er ein naheliegendes Ventil für seinen Zorn, ein Medium, das er eigenhändig einem ganz erheblichen Teil der Menschheit zur Verfügung gestellt hat: Facebook. Er ignorierte den Rat seiner PR-Leute und postete in seiner Wut ein Statement, das im Newsfeed zahlreicher seiner 118 Millionen Follower erschien:

Während ich noch in Afrika bin, muss ich voller Enttäuschung zur Kenntnis nehmen, dass der fehlerhafte Launch von SpaceX unseren Satelliten zerstört hat, der so viele Unternehmen und Menschen auf dem ganzen Kontinent mit dem Internet verbunden hätte.

Am Abend im Hotelzimmer ist Zuckerberg dann trotz allem gut drauf. Er ist viel entspannter und witziger, wenn er von Menschen umgeben ist, die er gut kennt. Auf dem Tisch türmen sich Unmengen lokaler Köstlichkeiten. Zuckerberg nimmt einen tiefen Schluck aus einer Dose mit nigerianischem Bier und scherzt mit Archibong und dem Facebook-Fotografen. Doch als der Name Musk fällt, verstummt er für eine Sekunde. Nun ja, vielleicht doch eher für eine Minute.

»Ich glaube, ich habe die fünf Stadien der Trauer durchlaufen«, sagt er. Wieder Stille. »Bis auf die Akzeptanz vielleicht.« Stille. Ich will wissen, ob er schon mit Musk gesprochen hat. Noch eine Pause, diesmal länger und düsterer. »Nein«, antwortet Zuckerberg schließlich. Erst als sich das Gespräch wieder der Afrikareise zuwendet, hellt sich seine Miene auf.

Ich frage ihn nach seinem Mantra über Facebook und den Programmierergeist. Er erklärt mir das gerne: Seine persönliche Art, die Dinge aus dem Blickwinkel des Programmierers zu betrachten, sei immer ein wesentlicher Teil des Facebook-Ansatzes gewesen. »Da ist dieses grundlegende Ding, dass du dir irgendwann etwas ansiehst und dann das Gefühl hast: *Das geht noch besser. Ich kann dieses System auseinandernehmen und es verbessern.* Ich weiß noch, dass ich das schon als sehr junger Mann so gesehen habe. Erst viel später habe ich gemerkt, dass nicht alle Leute so denken. Wobei ich mittlerweile finde, dass das vielleicht eher mit bestimmten Werten zu tun hat als mit einer bestimmten Art zu denken.«

Bei Zuckerberg dreht sich alles ums Teilen. Er sagt oft, dass die Welt ein besserer Ort wäre, wenn die Menschen ihre Erfahrungen miteinander teilten. Bislang hat die Welt seine Philosophie geschluckt. Man feierte Facebook für seine historisch hohen Mitgliederzahlen, für seine Fähigkeit, Menschen zusammenzubringen, und für sein Potenzial, den Menschen zu helfen, Graswurzellösungen für ihre Probleme zu finden. So lobte man Facebook beispielsweise als wesentliche Triebkraft des Arabischen Frühlings. Zwar wurde auch der lockere Umgang des Unternehmens mit vertraulichen Informationen von Aktivisten und Regulierungsbehörden kritisiert, was aber die Facebook-Story nicht unterminieren konnte. Und obwohl »The Social Network« ein düsteres Bild von Zuckerberg zeichnet, gilt er immer noch als couragierter Gründer, dem Gleichheit über alles geht und der einfach so auf den Straßen joggen geht, sei es nun in Lagos oder auf dem nebelumwaberten Platz des Himmlischen Friedens in Peking.

»Eines der Dinge, die ich an dieser Reise am meisten schätze, ist, dass ich mit *richtigen* Leuten reden konnte«, sagt er. »Ich war in Rom und habe mit dem Papst und dem Ministerpräsidenten gesprochen. Also, das sind natürlich auch reale Menschen, und sehr beeindruckende noch dazu. Aber besonders glücklich bin ich darüber, dass ich hier eine ganze Reihe von Entwicklern und Programmierern getroffen habe.«

Er liebte Nigeria, und Nigeria liebte ihn. Der Präsident des Landes ließ verlautbaren:

In unserer Kultur sind wir nicht gewohnt, so einfach auf erfolgreiche Menschen zu treffen. Wir sind nicht daran gewöhnt, dass erfolgreiche junge Menschen auf unseren Straßen joggen und schwitzen. Hierzulande sehen wir erfolgreiche Menschen meist nur in Räumen mit Klimaanlage. Wir freuen uns, dass Sie wohlhabend, aber trotzdem ein so einfacher Mensch sind, dass Sie mit allen teilen wollen.

Man könnte nun einwenden, dass die Nigeriareise Zuckerberg *at it's best* war. Was hätte ihm das Leben denn noch bieten können? Er war auf dem Weg, die Welt zu verknüpfen auf eine Art, wie niemand – nicht einmal die römischen Kaiser, die er so sehr bewunderte – dies bislang getan hatte. Das Unternehmen, das er in seiner Studentenbude gegründet hatte, war eine Gelddruckmaschine, eines der wertvollsten Unternehmen der Welt; und er, der nie irgendwo anders gearbeitet hatte, er hatte die volle Kontrolle darüber. Sein Konterfei zierte unzählige Zeitschriften. Das *Time Magazine* hatte ihn 2010 zum »Menschen des Jahres« gekürt. Und Anfang 2016 hatte er in einer Umfrage Apples Tim Cook als »beliebtesten CEO der Tech-Branche«[1] abgelöst. Er war glücklich verheiratet, und nach einer Reihe trauriger Fehlgeburten (über die er auch auf Facebook schrieb) hatte seine Frau nun eine wunderbare Tochter zur Welt gebracht. Sogar sein Haustier, ein zotteliger Ungarischer Hirtenhund, hatte eine eigene Fangemeinde. Und was die Probleme anging – selbst die Sache mit Elon Musk und dem explodierten Satelliten oder die Schwierigkeiten mit internet.org schienen nicht unüberwindbar.

Kurz gesagt hatte sich Facebook seinen Platz erobert in der Ruhmeshalle großer amerikanischer Erfolgsgeschichten. Mark Zuckerbergs Welt schien vollkommen.

Was konnte da noch schiefgehen?

Kaum zwei Monate nach Mark Zuckerbergs Rückkehr aus Nigeria wurde Donald Trump zum Präsidenten der Vereinigten Staaten gewählt. Das war für viele ein Schock, vor allem für die unzähligen Menschen, die die Gegenkandidatin unterstützt hatten, Hillary Rodham Clinton.

Facebook aber traf die Schockwelle mit einem besonderen Verstärker: Ein riesiger Finger zeigte anklagend auf das kalifornische Menlo Park, wo das Unternehmen seine weitläufige Zentrale hat. Fast von der Minute an, als auf der Webseite der *New York Times* der Zeiger von der Clinton-Seite auf die Trump-Seite umschlug, führten politische Beobachter den »Facebook-Effekt« als mögliche Erklärung für das scheinbar unmögliche Ergebnis an.

In den Wochen vor der Wahl hatte es Berichte über sogenannte Fake News gegeben – falsche Informationen, die bewusst über die Facebook-Algorithmen verbreitet wurden und so im Newsfeed landeten, der für Millionen Nutzer zur Hauptinformationsquelle geworden war. Die falschen Geschichten – oder auch jene, die aus kleinen

Fehlern das Narrativ einer böswilligen Verschwörung zauberten – schienen vor allem die Wähler davon abhalten zu wollen, ihr Kreuz bei Hillary Clinton zu machen. Und doch hatte niemand bei Facebook – nicht einmal die erstaunlich große Zahl früherer republikanischer Funktionäre, die im Unternehmen für Presse und Strategie zuständig waren –, geglaubt, dass Trump eine Chance hätte. Facebooks schillernde Co-Geschäftsführerin (COO, Chief Operating Officer) Sheryl Sandberg, eine in der Wolle gefärbte Clinton-Anhängerin, hatte am Wahltag ihre Tochter mit dem Versprechen zu Bett geschickt, sie aufzuwecken, wenn die erste Präsidentin der Vereinigten Staaten ihre Antrittsrede hielte. Die Kleine konnte ungestört durchschlafen. Sandberg schnürt es immer noch die Kehle zu, wenn sie darüber spricht.

Die Leute in der Facebook-Zentrale waren zutiefst erschüttert.[2] Bei einem Mitarbeiter-Meeting am Tag nach der Wahl gab es Leute, die in Tränen ausbrachen. Auf der Plattform bildeten sich interne Diskussionsgruppen, in denen man sich fragte, ob – und wenn ja, inwieweit – Facebook für dieses Resultat mitverantwortlich war. Doch unmittelbar nach der Wahl schien die Vorstellung, dass Facebook für das Ergebnis *verantwortlich* sein könnte, einfach nur grotesk.

Zwei Tage nach der Wahl nahm Mark Zuckerberg in Half Moon Bay, etwa dreißig Meilen nördlich vom Facebook-Campus, an einer Konferenz teil. Dort wurde er in einer Art Kamingespräch von David Kirkpatrick interviewt, der einige Jahre zuvor ein Buch über Facebook geschrieben hatte und nun Konferenzen veranstaltete. Natürlich fragte er Zuckerberg auch, ob Donald Trump von den Falschinformationen profitiert haben könnte, die auf Facebook zirkulierten und Eingang in den persönlichen Newsfeed der Nutzer gefunden hatten.

Zuckerberg wies diesen Gedanken weit von sich. »Ich habe einige der Geschichten gesehen, um die es bei dieser Wahl ging«, meinte er. »Ich persönlich denke, dass die Idee, Fake News auf Facebook – die ja auch nur einen sehr kleinen Teil des Contents darstellen – hätten die Wahl in irgendeiner Form beeinflusst, echt verrückt klingt.«[3] Ich saß damals im Sitzungssaal jenes Hotels, in dem die Konferenz stattfand, und die Äußerung klang nicht so, als hätte sich Zuckerberg enorm verschätzt. Die Bemerkung, das sei »echt verrückt«, war Teil einer längeren, wohldurchdachten Aussage, und Kirkpatrick hakte auch nicht weiter nach. Es blieb offen, ob irgendetwas von dem, was sich auf Facebook tat, tatsächlich einen gravierenden Einfluss auf die Präsidentschaftswahl 2016 gehabt hatte.

Aber in den folgenden zwei Jahren erfuhren die Menschen mehr über Facebook und die Art, wie das Unternehmen operierte. Das führte zu schwerwiegenden Bedenken, was die Rolle von Facebook nicht nur bei den damaligen Wahlen, sondern im Staatswesen insgesamt anging. Und in der ganzen Welt. Hin und wieder wurde das »Verrückt«-Statement als Beweis dafür herangezogen, dass Zuckerberg keine Ahnung hatte – oder schlichtweg log –, was die Schäden anging, die sein Unternehmen anrichtete. Erst nach Monaten der Kritik entschuldigte Zuckerberg sich für seine Bemerkung.

Doch es sollte noch dicker kommen.

Die Präsidentschaftswahl war für Facebook sicher ein Wendepunkt, wobei viele dies als längst notwendige Justierung empfanden. Für seine Kritiker waren es ausgerechnet jene Dinge, die Facebook als seine wichtigsten Errungenschaften betrachtete, die das Unternehmen nun in ein schlechtes Licht rückten. Die gewaltige Anzahl der Nutzer, die man als weltumspannende Friede-Freude-Eierkuchen-Bewegung angesehen hatte, schien nun ein Alarmzeichen zu sein, das auf Machtmissbrauch hindeutete. Die Möglichkeit, bislang ungehörten Menschen eine Stimme zu geben, verwandelte sich in ein Instrument, um Hasspredigern eine ohrenbetäubende Echokammer zu geben. Die Möglichkeit, politischen Befreiungsbewegungen eine Plattform zu bieten, wurde in der Hand von Unterdrückern zum tödlichen Werkzeug. Das gut gelaunte Vokabular mit seinen Memen, die uns zum Lachen brachten, wurde nun zum algorithmischen Turbo für allerlei Falschinformationen.

Über das ganze auf die Wahl folgende Jahr hinweg geriet Facebooks Ruf massiv unter die Räder:

Facebook ist rassistisch ... Facebook fördert den Völkermord ... Facebook ist die Empörungsmaschinerie schlechthin ... Facebook schadet unserer Aufmerksamkeitsspanne ... Facebook – der Todesstoß für seriöse Nachrichten ...

Als dann 2018 noch herauskam, dass Facebook persönliche Informationen von bis zu 87 Millionen Nutzern in die Hände eines Unternehmens namens *Cambridge Analytica* gegeben hatte – das die Daten angeblich genutzt hatte, um noch unentschiedene Wähler gezielt mit Falschinformation zu füttern –, brach der Damm. Facebook wurde vom meistbewunderten zum meistgehassten Unternehmen. Auf drei Kontinenten begannen Regierungen, Facebook unter die Lupe zu nehmen. Wobei vor allem das, was man als Verzögerungstaktik oder gar Uneinsichtigkeit des Unternehmens betrachtete, immer mehr Feindseligkeit und Ablehnung hervorrief. Investigativjournalisten in aller Welt konzentrierten ihre Nachforschungen auf Facebook. Es verging fast kein Tag, an dem nicht ein weiteres Beispiel für Fehlverhalten seitens Facebook ans Licht kam. Die Besorgnis über den lockeren Umgang mit Nutzerdaten, die die Federal Trade Commission (FTC), die Wettbewerbs- und Verbraucherschutzbehörde der USA, dazu bewogen hatte, Facebook mit einer hohen Strafe zu belegen und 2011 mit der Plattform einen Vergleich zu schließen, kochte erneut hoch. Facebook musste unglaubliche fünf Milliarden Dollar bezahlen, weil es die Bestimmungen verletzt hatte. Der Vorwurf, dass Facebook die Aufmerksamkeitsspanne seiner Nutzer reduziere, wurde im Kongress und in Fernseh-Talkshows debattiert. Schlimmer aber waren Berichte, denen zufolge Facebook (und sein Tochterunternehmen *WhatsApp*) bewusst Falschmeldungen verbreitet hätte, die zum Völkermord in Myanmar und anderen Regionen beigetragen hätten.

Anfang 2019 benutzten Politiker in aller Welt, wenn sie von Facebook sprachen, Begriffe, die gewöhnlich für Drogenkartelle und Terrororganisationen reserviert waren. Ein Bericht, den eine Enquete-Kommission des britischen Parlaments veröffentlichte, bezeichnete die Facebook-Leute schlicht als »digitale Gangster«. John Edwards, der Datenschutzbeauftragte Neuseelands, twitterte, die Führer des

Unternehmens seien »moralisch bankrotte, pathologische Lügner«. Und *Salesforce*-CEO Marc Benioff verglich die toxische Wirkung von Facebook mit jenen des Tabakkonsums.

In der Zwischenzeit stiegen Umsätze und Gewinne jedoch fleißig weiter, was den Ruf nach Sanktionen und Regulierung nur noch lauter werden ließ. Als die Vorbereitungen für die Präsidentschaftswahl 2020 in die Gänge kamen, stimmten viele Kandidaten in den Chor der Regulatoren ein, dass Facebook zerschlagen werden müsse. Dabei ging es nicht nur darum, dass Facebook dazu beigetragen haben könnte, das Resultat einer kontroversen Wahl zu beeinflussen: Man warf dem Unternehmen mittlerweile vor, die Demokratie selbst zu zerstören!

Der Ansehensverlust des Unternehmens in den Jahren nach der Trump-Wahl 2016 war gigantisch. Es hatte in der Vergangenheit andere Firmen gegeben, die eine vollständige Kernschmelze erlitten, obwohl sie einst die Lieblinge von Presse und Investoren waren: der Energiekonzern *Enron* zum Beispiel oder das Biotech-Unternehmen *Theranos*. Doch die Facebook-Krise war auf eine Art einzigartig. Das Unternehmen war mit einem glorreich-idealistischen Ziel angetreten: die Welt zu vernetzen. Und Facebook verfolgte dieses naiv utopische – und unleugbar von Eigeninteresse geprägte – Ziel mit einer geradezu tragischen Missachtung der möglichen Folgen. Für seine Kritiker war Facebook der »große Gatsby« des 21. Jahrhunderts, wenn auch im Unternehmensbereich: fahrlässig in seinen Privilegien und vollständig auf seine eigenen Bedürfnisse und Vorteile bedacht.

Und doch ist wohl etwas dran an der Behauptung der Unternehmensführer, dass der Nutzen von Facebook die negativen Effekte, die man mittlerweile eingesteht, locker aufwiegt. Milliarden Menschen nutzen Facebook immer noch, ebenso wie die Tochterfirmen Instagram und WhatsApp. Es gehört immer noch zu unserem Leben, vielleicht sogar mehr als je zuvor.

Schon in Nigeria war Facebook für mich eines der interessantesten Unternehmen überhaupt gewesen, gerade im Hinblick auf seine Geschäftszahlen und seine Technologie. In den nächsten drei Jahren aber, in denen ich über das Unternehmen berichtete, dokumentierte ich die komplizierteste, dramatischste und kontroverseste Geschichte, die ich je aufgezeichnet hatte. Glücklicherweise hörten die Facebook-Verantwortlichen nicht auf, mit mir zu sprechen.

Ich lernte Mark Zuckerberg im März 2006 kennen. Damals war ich für *Newsweek* als Chefberichterstatter Technik tätig und arbeitete an einem Artikel über ein Phänomen namens Web 2.0 – eine Entwicklung im Internetgeschäft, bei der neue Unternehmen auf den Plan traten, die Menschen miteinander vernetzen wollten. Wir schrieben über *Flickr*, *YouTube* – das immer noch ein unabhängiges Start-up ist – und *MySpace*, damals Markführer auf dem recht neuen Sektor der sozialen Netzwerke. Ich hatte auch von einem brandheißen neuen Unternehmen gehört, das an Universitäten enorme Erfolge erzielte. Darüber wollte ich mehr erfahren. Da der Gründer demnächst beim PC Forum, einer Tech-Konferenz, an der ich regelmäßig teilnahm, als Sprecher auftreten sollte, kontaktierte ich Facebook und fragte an, ob ich Zuckerberg treffen könne. Wir kamen überein, dass ich Mark gleich nach seiner Ankunft zum Mittagessen treffen sollte.

Ich wusste nicht viel über ihn und hatte keine Ahnung, was da auf mich zukommen sollte. Als wir uns vorstellten, fiel mir auf, wie unglaublich jung er aussah. Ich hatte bereits ein paar andere Grünschnabel-Magnaten interviewt, weil ich ja hauptsächlich über Hacker und Tech-Firmen schrieb. Doch wie 21 wirkte Zuckerberg nicht. Was mich aber wirklich irritierte, war seine Reaktion auf meine ersten Fragen, ein paar lockere Schüsse aus der Hüfte, die mir verdeutlichen sollten, worauf sein Unternehmen abzielte. Mark starrte mich einfach nur an. Und sagte kein Wort. Die Zeit schien stillzustehen.

Ich war baff. Der Typ war doch der CEO des Ladens! Hatte er einen Anfall? War er Autist? Oder hatte ich etwas geschrieben oder gesagt, was ihn gegen mich eingenommen hatte?

Damals hatte ich keine Ahnung, dass dieses Verhalten für Zuckerberg völlig normal war. Ich reihte mich ein in die Bruderschaft all derer, die von Mark Zuckerbergs tranceartigen Schweigephasen kalt erwischt wurden. In den Jahren darauf hat er offensichtlich an diesem Problem gearbeitet und gibt jetzt vergleichsweise persönliche Interviews. (Wenn auch das kalte Starren hin und wieder noch durchbricht. Einer seiner Mitarbeiter nennt es »das Auge Saurons«. Andere Menschen, die ihn gut kennen, meinen, das mache im Grunde gar nichts, Mark denke einfach nur nach, das aber auf einem Niveau, dass die Welt für ihn stillzustehen scheint.) Damals aber fand ich sein ganzes Gebaren recht verwunderlich und ziemlich nervtötend.

Ich richtete meinen Blick fragend über den Tisch hinweg auf Marks Begleiter, einen früheren Risikokapitalmanager namens Matt Cohler, der nun für Facebook arbeitete. Ein freundliches Lächeln. Kein Rettungsring.

Es gelang mir eher zufällig, das unangenehme Schweigen zu brechen: mit einer Verlegenheitsfrage über das PC-Forum. Zu meiner Überraschung wusste Zuckerberg nämlich kaum etwas darüber, also erzählte ich ihm von den Anfängen, als es dort noch um Personal Computer ging und Bill Gates und Steve Jobs mit einem Lächeln im Gesicht und einem Klappmesser in der Faust aufeinander losgingen. Nach diesem kleinen Exkurs in die Geschichte schien Zuckerberg ein wenig aufzutauen. Für den Rest des Essens war er immerhin imstande, mir von dem Unternehmen zu erzählen, das er in seiner Studentenbude gegründet hatte. Er sagte allerdings nichts über die bahnbrechenden Entwicklungen, an denen sein Team gerade in Palo Alto arbeitete: *Open Registration,* die offene Registrierung, und der *Newsfeed* sollten sein Unternehmen nach vorn katapultieren und Zuckerberg selbst neben jenen frühen Legenden des PC-Forums zu einer festen Größe machen.

Nach unserer ersten Begegnung berichtete ich weiter über Zuckerberg und seine Firma, die vom Start-up zum Star unter den Tech-Unternehmen wurde. Im August 2007 schrieb ich eine *Newsweek*-Titelgeschichte über die Wandlung von einer einfachen College-Webseite zum alles verbindenden globalen Netzwerk. Und als ich 2008 zum Technikmagazin *Wired* wechselte, war die Berichterstattung über Facebook eines meiner Hauptaufgabengebiete. Ich organisierte ein Cover-Shooting mit Mark Zuckerberg und seinem großen Vorbild Bill Gates. Für die Jubiläumsausgabe zum Zwanzigsten von *Wired* machten wir ein Interview. Wenn Facebook neue Funktionen und Produkte vorstellte, kam ich häufig in den Genuss einer Vorabversion und eines kurzen Gesprächs mit dem CEO. Ich redete mit ihm über

Suchfunktionen, über virtuelle Realitäten, über das sternenbedeckte Facebook Phone, über die Daten, die die NSA allen Tech-Unternehmen abverlangte, und über Zuckerbergs Traum, Entwicklungsländer mit billigem Internet zu versorgen. Ich schrieb über Online-Konversationen in Echtzeit (als der *Backchannel* startete), über den Newsfeed-Algorithmus und das KI-Team des Unternehmens. Aber es war eine Nachricht vom Facebook-Kommunikationsteam, die mir bewusst machte, dass ich der ganzen Bandbreite der Ziele dieses Unternehmens nur in einem Buch würde nachgehen können. Die Nachricht lautete: Heute haben sich eine Milliarde Menschen bei Facebook eingeloggt.

Obwohl ich mich schon so lange mit Facebook beschäftigte, erwischte mich diese Nachricht kalt. In einem Zeitraum von 24 Stunden hatte sich also ein bemerkenswert großer Teil der Weltbevölkerung entschieden, auf Mark Zuckerbergs Netzwerk aktiv zu werden. *Das war eine völlig neue Dimension.* Ein globales Publikum dieser Größenordnung fand sich gelegentlich durchaus zusammen, bei Mega-Events wie dem Endspiel der Fußballweltmeisterschaft zum Beispiel. Aber dabei handelt es sich um rein passive Zuschauer. Hier aber loggten sich die Leute in ein einziges interaktives Netzwerk ein. Noch dazu handelte es sich bei dieser Zahl nicht um einen einmaligen Ausreißer. Es war vielmehr ein Ausgangswert, denn Facebook war ja dabei, mehr und mehr Menschen auf der ganzen Welt anzusprechen.

Zuckerberg hatte schon geraume Zeit davon gesprochen, die Welt vernetzen zu wollen. Nach diesem Meilenstein war klar, dass seine Pläne ernst genommen werden mussten. Facebook stellte täglich neue Rekorde auf, wenn es darum ging, Menschen zusammenzubringen; Menschen, die mit Freunden, Verwandten, »Kontakten« und Leuten, die sie bei einer Gegenüberstellung im Polizeirevier nicht wiedererkennen würden, herumalberten, Kommentare schrieben, Nachrichten posteten, Dinge kauften und verkauften und politische Bewegungen organisierten; aber auch Menschen, die – in einigen Fällen – andere mobbten, dämliche Meme verbreiteten und Terroristen anwarben.

Ich fragte mich, wie das geschehen konnte. Und welche Folgen das haben würde. War Facebooks immer noch jugendlicher Chef imstande, dieses beispiellose Phänomen zu steuern, mit all den Komplikationen, die sich ergeben würden, sollte sich sein Ziel erfüllen, die ganze Welt zu verbinden? Konnte das überhaupt jemand? Und sollte das ausgerechnet dieser merkwürdige Mensch sein, der in Gesprächen zwischendrin in Stillschweigen verfiel?

Damals beschloss ich, mich eingehender mit Facebook zu beschäftigen, idealerweise unter dessen Mithilfe. Nach einigen Monaten des Hin und Hers stimmte das Unternehmen zu, auch Zuckerberg und Sandberg hoben den Daumen. Man gab mir uneingeschränkten Zugang zu allen Mitarbeitern und bat ehemalige Facebooker, ebenfalls mit mir zu sprechen. Und natürlich redete ich auch mit vielen Menschen, die nie für Facebook gearbeitet, aber mit dem Unternehmen zu tun hatten: als Kohorten, Wettbewerber, Kritiker, Klienten, Entwickler, Gesetzgeber, User oder Geldgeber.

Trotz der dramatischen PR-Probleme, die das Unternehmen nach der Wahl von 2016 bekam, hielt Facebook seine Verpflichtungen mir gegenüber ein. Regelmäßig besuchte ich den Facebook-Campus, die Empfangsmitarbeiter in den verschiedenen Gebäuden erkannten mich mit der Zeit schon von Weitem. Zuckerberg selbst interviewte ich nach dem Nigeria-Trip noch weitere sechs Mal: in seinem vollverglasten Büro – dem »Aquarium« –, auf dem Dach der Zentrale, in Lawrence/Kansas und in seinem Haus in Palo Alto.

Nach der Wahl von 2016, nach den vielen Krisen – Fake News, staatlich unterstützte Manipulation, Live-Streaming von Selbstmorden und Massakern, ungezügelte Hasspredigten, Cambridge Analytica, Datenlecks, Verstöße gegen den Datenschutz, unangebrachte Kündigungen und die nicht bestätigte Geschichte, Mark Zuckerberg habe *Twitter*-CEO Jack Dorsey halbrohes Ziegenfleisch zum Futtern vorgesetzt[4] – hatte sich die Facebook-Story natürlich drastisch verändert. Oder hatte sich nur verändert, wie wir das Unternehmen *wahrnehmen?* Denn tatsächlich war und ist die belastete Nach-Wahl-Version von Facebook keineswegs anders als die davor. Sie ist vielmehr die Fortsetzung dessen, was 15 Jahre zuvor in Mark Zuckerbergs Studentenbude begonnen hatte. Das Unternehmen profitiert von und leidet unter dem Erbe seiner Ursprünge, seinem Hunger nach Wachstum und seiner ebenso idealistischen wie erschreckenden

Mission. Seiner Kühnheit – und der seines Führers – verdankt es seinen Erfolg. Doch diese Kühnheit hatte einen hohen Preis.

Nahezu jedes Problem, mit dem Facebook während der Post-Wahljahr-Krisen konfrontiert war, war eine Folge von zwei Faktoren: der nie da gewesenen Natur seiner erklärten Mission, die Welt zu vernetzen, und des kühnen Eifers, dieses Ziel so schnell als möglich voranzutreiben. Die Schwierigkeiten, mit denen Facebook in den letzten drei Jahren zu kämpfen hatte, wurzelten durchweg in Entscheidungen, die in den Anfangsjahren des Unternehmens getroffen worden waren, meist zwischen 2006 und 2012, als es darum ging, die Welt mit Lichtgeschwindigkeit zu vernetzen – im Bewusstsein der Tatsache, dass man sämtliche möglichen Kollateralschäden später würde beheben müssen. Heute gesteht Facebook bereitwillig ein, dass der Schaden weit schlimmer ausfällt als seinerzeit gedacht und nicht so leicht zu beheben ist. Dennoch bestehen Zuckerberg und sein Team darauf, dass Facebook allen Skandalen zum Trotz in erster Linie eine Kraft für das Gute in der Welt ist.

In gewisser Weise ist die Facebook-Story die Begleitmelodie einer weit größeren Geschichte, nämlich der, wie sich unser aller Leben in den letzten Jahrzehnten durch die digitale Technik gewandelt hat. Nicht nur Facebook, alle Tech-Giganten, die unseren Alltag verändern, werden mittlerweile kritisch unter die Lupe genommen. All diese großen Unternehmen entstanden aus dem Idealismus ihrer Gründer und werden mittlerweile als Unterpfand eines faustischen Handels betrachtet: Die Wunder, die sie uns schenken, haben ihren Preis, und wir bezahlen ihn mit Abstrichen an unsere Aufmerksamkeit, unsere Privatsphäre und unsere guten Sitten. Daher fürchten wir nunmehr ihre Macht. Und dies nirgendwo stärker als bei Facebook, das dem Motto seines Gründers folgte, schnell zu sein und Regeln zu brechen – oder Dinge zu zerstören, je nach Lesart.

In unseren letzten Gesprächen erläuterte mir Mark Zuckerberg, wie er die Dinge wieder ganz machen will.

TEIL EINS

TEN BIKES

1 ZUCKNET

In einer kalten Januarnacht des Jahres 1997 sprach ein 28-jähriger Anwalt, der erst vor Kurzem ins Unternehmerwesen gewechselt war, im New Yorker Puck Building vor einer kleinen Gruppe von Investoren, Journalisten und Freunden. Er versuchte, ihnen zu erklären, was Online-Social-Networking war, warum das Produkt, das er gleich vorstellen würde, das erste Beispiel für ein derartiges Vorhaben war, und warum dies die Welt verändern würde.[1] Es war die Zeit, da sich die erste Generation von Internetunternehmen wie *Yahoo!*, *Amazon* und *eBay* etabliert hatte. Die Zeit, in der Start-up-Gründer versuchten, neue Geschäftsideen zu entwickeln, die durch das Internet erst möglich geworden waren. Das Ganze war starker Tobak.

Bei Andrew Weinreichs Produkt ging es im Wesentlichen darum, den Leuten eine Plattform zu bieten, auf der sie alle möglichen Informationen über ihre Interessen, ihre Jobs und ihre Beziehungen bereitstellen konnten. Er wollte Nutzer dazu bringen, all diese Infos an einem Ort zu bündeln. Die Firma, die er dafür gegründet hatte, nannte er *SixDegrees,* in Anlehnung an die Hypothese, dass jeder Mensch auf diesem Planeten nur sechs Bekanntschaftsgrade von allen anderen Menschen entfernt sei.[2] Weinreich dachte, die Hypothese stamme von dem großen Physiker Guglielmo Marconi, in Wirklichkeit geht die zugrunde liegende Idee auf den ungarischen Dichter Frigyes Karinthy zurück.

In Karinthys Erzählung »Kettenglieder« heißt es:

Der Planet Erde war noch nie so klein wie heute. Er ist zusammengeschnurrt – natürlich relativ gesprochen –, weil sich sowohl physikalische als auch verbale Kommunikation so unendlich beschleunigt haben. Dieses Thema ist nicht vollkommen neu, aber in dieser Form hatten wir damit noch nie zu tun. Wir haben nie darüber verhandelt, was es heißt, dass jeder Mensch auf der Erde auf meinen oder eines

Anderen Willen hin heute innerhalb weniger Minuten erfahren kann,
was ich denke oder tue, was ich will oder was ich am liebsten anfan-
gen würde.

Kaum zu glauben, dass diese Worte im Jahr 1929 niedergeschrieben
wurden! Die Figuren in Karinthys Kurzgeschichte machen ein Experiment:
Sie wollen herausfinden, ob eine Beziehungskette sie mit jedem der
(damals) 1,5 Milliarden Menschen auf der Erde verbinden könnte.
Dabei waren nur insgesamt fünf »Stationen« erlaubt. Man begann
mit dem eigenen Netzwerk von Freunden, der nächste Schritt führte
zu deren Netzwerk und so weiter. In der Geschichte gelingt es einer
der Figuren tatsächlich – ein ungarischer Intellektueller wie der Autor
selbst –, nach nur fünf Stationen einen beliebigen Schraubendreher
an der Fertigungsstraße der Ford Motor Company zu kontaktieren.

Karinthys Konzept geisterte weiter durch die Welt, bis einige Wissenschaftler in den 1960er- und 1970er-Jahren mit der damals noch
eingeschränkten Rechenkraft von Computern versuchten, die »Fünf-
Stationen-These« zu beweisen. 1967 veröffentlichte der Soziologe
Stanley Milgram in *Psychology Today* einen Artikel über das, was er
das »Kleine-Welt-Phänomen« nannte. Und zwei Jahre später versuchten er und sein Co-Autor im Rahmen einer Studie,[3] beliebige Menschen in Nebraska mit Leuten in Boston zu verbinden; dabei fanden
sie heraus, dass »zwischen Start und Ziel durchschnittlich 5,2 Kontakte nötig sind«. 1990 wurde das Prinzip auch einem kulturell interessierten Publikum bekannt, denn der Bühnenautor John Guare schrieb
ein Stück darüber: *Six Degrees of Separation (Das Leben – ein Sechser-
pack),* das 1993 auch verfilmt wurde.

Weinreichs Konzept war zwar davon inspiriert, arbeitete selbst
aber nur mit zwei bis drei Verbindungsgraden. »Meist lerne ich neue
Menschen über Leute kennen, die mit bereits bekannt sind«, erzählte
er seinen Zuhörern im Puck Building. Seit Jahrhunderten stellten
Menschen über ihre Freunde und Bekannten Verbindungen zu Unbekannten her, aber das sei immer ein Vabanquespiel gewesen. »Ich
hoffe, dass sich das heute ändern wird«, versprach er, »und zwar mit
einem kostenlosen, webbasierten Netzwerkdienst.« Es sei in etwa so,

als würde man sein Adressverzeichnis online stellen und es mit den Adressverzeichnissen anderer verlinken. »Wenn nun jeder sein Rolodex hochlädt, dann sollten Sie die ganze Welt kontaktieren können«, sprudelte Weinreich heraus.

In jener kalten Januarnacht entfaltete Weinreich eine Vision, die seine Zuhörer in Erstaunen versetzte: die ganze Welt, eingebunden in ein einziges Netzwerk. »Stellen Sie sich nur mal vor, wir hätten Informationen von jedem einzelnen Internet-User auf der Welt«, forderte er sein Publikum auf. (Natürlich gab es damals seiner Schätzung zufolge nur etwa vierzig bis sechzig Millionen Menschen, die überhaupt Zugang zum Internet hatten.) Weinreich nahm ganz selbstverständlich an, dass die Vernetzung der Welt ein Segen für die Menschheit wäre. Warum sollte es auch anders sein?

SixDegrees führte einige Features ein, die später zum festen Inventar aller sozialen Netzwerke gehören sollten. Da war zum Beispiel das »going viral«, bevor es diesen Begriff überhaupt gab, denn man benutzte Einladungen via E-Mail, um das Netzwerk aufzubauen. Schon beim Launch-Event von SixDegrees verteilte Weinreich gedruckte Einladungen in verschlossenen Kuverts – Kopien der Einladungen, die im selben Augenblick in den Mailboxen der Gäste landeten. Dann bat er die Anwesenden, auf Computern im Nebenraum den Browser zu öffnen, die E-Mails an Freunde weiterzuleiten und Verbindungen »bis ins sechste Glied« zu aktivieren. Sobald diese neuen Empfänger ihre Einladung erhalten hatten, bat man sie zu bestätigen, dass sie wussten, wer sie vorgeschlagen hatte. Es war das erste Mal, dass ein Online-Dienst diese Form der Verifizierung verwendete.

SixDegrees war etwas völlig Neues, und hätte es Erfolg gehabt, wäre es wohl Gegenstand unzähliger Untersuchungen geworden. Aber dem Unternehmen war kein Erfolg beschieden, Weinreichs große Idee kam einfach zu früh. Zu jener Zeit hatten die meisten Menschen noch keinen E-Mail-Account, geschweige denn gingen sie regelmäßig ins Internet. Außerdem konnten sie auf der SixDegrees-Seite wenig mehr tun, als ihr Adressverzeichnis in die gigantische Datenbank einzuspeisen. Ihre Langeweile konnten sie dort nicht abladen. Auch Ex-Lover ließen sich so nicht stalken. Und alberne kleine Katzenvideos gab es auch nicht. Wenn Sie jemanden kontaktieren oder um eine

Empfehlung bitten wollten, konnten Sie die Adressdatenbank durchstöbern. Und die Seite anschließend wieder verlassen.

Wer immer sich bei SixDegrees anmeldete, stellte schnell fest, dass
der Service weit besser wäre, wenn man auch Fotos der Leute sehen
könnte. 1997 aber war das noch ein echtes Hindernis, denn kaum jemand besaß eine Digitalkamera. Weinreich überlegte schon, ob er
einen Haufen Praktikanten oder andere billige Arbeitskräfte in einen
großen Raum setzen und Fotos scannen lassen sollte. Er entschied
sich dagegen, hauptsächlich, weil er sich zu jener Zeit bereits mit dem
Gedanken trug, das Unternehmen zu verkaufen.

Während SixDegrees zwar bewies, dass das Konzept des sozialen
Networkings funktionierte – immerhin hatte das Unternehmen in
der Spitze 3,5 Millionen Nutzer, was für den damaligen Entwick-
lungsstand des Internets eine ganze Menge war –, so fehlten in Sachen
Technologie doch noch einige Entwicklungsjahre, bis die für ein florierendes soziales Netzwerk notwendige Connectivity bereitgestellt
werden konnte. Weinreich scheute den finanziellen Aufwand, den ihn
diese Wartezeit gekostet hätte. Und so verkaufte er SixDegrees im Dezember 1999 für 125 Millionen Dollar an ein Unternehmen namens
YouthStream Media Networks – gerade rechtzeitig vor dem gewaltigen
Dotcom-Crash, der die Technologiewerte in die Knie zwang. Im Preis
eingeschlossen war ein noch ausstehendes Patent über »Verfahren
und Vorrichtungen, um Netzwerk-Datenbanken und -Systeme zu
schaffen«.[4] Heute kennt man es unter der Bezeichnung »Social Networking Patent«.

Weinreich berichtete später, er habe durch den frühen Verkauf
zwei Dinge nicht mehr weiterentwickeln können, die er für SixDegrees geplant hatte. Eines sei eine Funktion gewesen, die es den Nutzern erlaubt hätte, Kommentare und mediale Inhalte auf der Seite
zu posten. Damit hätte er den Schritt in die Domäne anderer früher
Internet-Außenposten gewagt, die ebenfalls mit »nutzererstelltem
Content« arbeiteten. Das andere sei das Vorhaben gewesen, aus Six-
Degrees eine Art Betriebssystem zu machen, eine Plattform, auf der
Drittanbieter Applikationen anbieten konnten – eine kleine Zugabe
zu dem, was sich Weinreich als soziales Netzwerk für die ganze Welt
erträumte.

Was Weinreich indes nicht ahnte, war, dass der Mensch, der seiner Vision Gestalt verleihen, ja sie noch überflügeln würde, sich damals nur 25 Meilen vom Puck Building entfernt befand. Und gerade einmal zwölf Jahre alt war.

Mark Elliott Zuckerberg kam 1984 als Kind von Karen und Ed Zuckerberg zur Welt.[5] Am 14. Mai, fast genau vier Monate nachdem der Apple Macintosh vorgestellt worden war, der jedem Menschen das zur Verfügung stellen sollte, was bislang nur ausgebildete Experten und verrückte Hobby-Geeks nutzten. Damals nannten nur wenige einen Personal Computer ihr Eigen, und noch weniger besaßen ein Modem, diese reichlich lärmigen Peripheriegeräte, die den PC mit dem Telefon verbanden. ARPAnet, der Vorläufer des Internets, war zwar bereits geboren, aber genutzt wurde es nur von Regierungsstellen und einigen Informatikstudenten.

Ed Zuckerberg besaß beides: einen Computer und ein Modem. Er war technikbegeistert und vernarrt in solche Gerätschaften. In der Schule war Mathe sein Lieblingsfach gewesen.

Man könnte sich also durchaus fragen, ob der Aufstieg Mark Zuckerbergs zum globalen Tech-Idol einer jener Fälle ist, in denen der Sohn die unerfüllten Träume des Vaters lebt. Das hat Ed zwar so nie gesagt, andererseits hat er aber auch nicht widersprochen, als ein Reporter des *New York Magazine* 2012 im Rahmen eines Features über die Familie diese Theorie in Umlauf brachte.[6]

»Als Jude in New York City aufzuwachsen«, so Ed, »hieß: Wenn du auch nur einen Funken Hirn hattest, dann wollten deine Eltern, dass du Zahnarzt wirst oder Allgemeinmediziner ... Zu jener Zeit gab es nicht viele Jobs für Programmierer ... Es wäre also keine ›angemessene Verwendung meiner Zeit‹ gewesen, wie meine Eltern gesagt hätten. Kluge Jungs machten so etwas damals nicht.« Ohne diesen familiären Druck wäre die Sache wohl anders gelaufen: »Hätte man mir die Entscheidung selbst überlassen, hätte ich wohl etwas mit Mathematik gemacht. Ganz sicher sogar, ich liebte Mathe«, sagt Ed Zuckerberg heute.

Die Zuckerbergs lebten in Dobbs Ferry im Staat New York, 25 Mei-

len nördlich der Großstadt. Marks Eltern waren beide in Arbeiter-
vierteln am Stadtrand aufgewachsen. 1977, während des Studiums
der Zahnmedizin an der New York University, hatte Ed ein Blind Date
mit einem Mädchen vom Brooklyn College namens Karen Kempner,
die aus dem Stadtteil Queens kam. Er war 24, sie 19. Beide hatten
Großeltern, die aus Osteuropa eingewandert waren.

Und beide stu-
dierten fleißig, um zu erreichen, was in ihren Familien als Karriere-
Goldstandard galt: einen akademischen Beruf im juristischen oder
medizinischen Bereich, bevorzugt in letzterem. (Eds Vater war Brief-
träger, Karens Vater war Revierhauptmann bei der Polizei im »79er«,
Brooklyns taffem Bed-Stuy-Viertel, ihre Mutter arbeitete als Lehre-
rin.) Ed und Karen heirateten 1979 und verließen nach ein paar Jahren ihre Wohnung in White Plains, um in ein Haus in Dobbs Ferry zu
ziehen. Unter den Vorstädten im County Westchester galt Dobbs
Ferry als weniger reich (und weniger versnobt) als die anderen Schlaf-
städte rundherum, aber, wie Ed in einem unserer Gespräche meint,
das Haus dort sei schlicht das Beste für ihre Pläne gewesen. Ein groß-
zügiges, mehrstöckiges Gebäude, nur einen Steinwurf entfernt vom
geschäftigen Saw Mill River Parkway auf einer Anhöhe gelegen und
mit genug Platz für ein Heim und eine Zahnarztpraxis. »Es war das
einzige, das wir uns leisten konnten«, sagt Karen. In den frühen
1980er-Jahren verlegte Ed seine Zahnarztpraxis ins Erdgeschoss,
während der langsam immer größer werdende Zuckerberg-Clan die
restlichen Etagen bevölkerte.

Karen war Psychiaterin, die ihre berufliche Karriere aber eine Weile aufschob, um Mark und seine drei Schwestern großzuziehen und
ihrem Mann in der Praxis zu assistieren. (Mark ist der Zweitälteste, er
kam zwei Jahre nach seiner Schwester Randi zur Welt, Donna und
Arielle folgten 1987 und 1989.) »Meine Frau war wie Superwoman«,
erzählte Ed Zuckerberg bei einem 2010 ausgestrahlten Interview für
einen lokalen Radiosender. »Sie schaffte es, einfach *alles* unter einen
Hut zu kriegen, die Kinder, den Haushalt, meine Praxis …«[7]

Wie viele jüdische Eltern, denen es gelungen war, die soziale Leiter
emporzuklimmen, waren auch den Zuckerbergs Ausbildung und Er-
ziehung ihrer Kinder immens wichtig. Sie sollten es noch besser haben als sie selbst. (Zuckerberg machte darüber mal einen Witz: »Bei

einer guten jüdischen Mutter ist das so: Du kommst nach Hause und hast 99 Prozent der Fragen bei einem Test richtig beantwortet ... Und trotzdem fragt sie dich:»Warum hast du nicht 100 Prozent erreicht?«[8]) Irgendwann versuchte Karen es doch einmal mit einem Job in einem nahe gelegenen Krankenhaus – was nur möglich war, weil die Familie immer ein ausländisches Au-pair-Mädchen zur Aushilfe hatte. Allerdings nahm es sie sehr mit, dass die Krankenkassen häufig die nötige Behandlung für ihre Patienten nicht bezahlen wollten. Während eines Urlaubs auf den Bermudas beschloss das Ehepaar, dass Karen ihren Job im Krankenhaus aufgeben sollte. Den Kindern sei das zugutegekommen, bemerkte Ed einmal, denn seine Frau sei überzeugt davon gewesen, dass ihre Anwesenheit zu Hause ihren Kindern später den Gang zum Psychiater ersparen würde. Abgesehen davon, kamen ihre Fähigkeiten als Psychologin jetzt nur noch zum Einsatz, wenn es darum ging, nervösen Patienten die Angst vor dem Zahnarzt zu nehmen.

Vielleicht weil sie selbst in eine Tätigkeit gedrängt wurde, die nicht ihrer Ausbildung entsprach, war es Karen Zuckerberg immer wichtig, dass ihre Kinder ganz nach ihren Vorlieben studieren sollten.»Man verbringt Unmengen Zeit mit Arbeit«, fand sie,»da muss man schon mögen, was man tut. Wir wollten unseren Kindern die Chance geben, das selbst herauszufinden.«

Der Nerd in Ed Zuckerberg brach sich immer wieder Bahn und ließ ihn abgefahrene Dentaltechnik einsetzen. Als ihn 2012 ein Reporter besuchte, erzählte er ihm lang und breit von einer 125 000 Dollar teuren Wurzelkanalmaschine, die er soeben gekauft hatte.»Ich war auch der erste Zahnarzt in Westchester County, der digitale Röntgenaufnahmen machen konnte, ich hatte spezielle intraorale Kameras ... all dieses technische Zeug hat es mir wirklich angetan.«[9] Seinen Patienten erklärte er, die Top-Ausrüstung seiner Praxis – alles auf dem neuesten technischen Stand – würde in Kombination mit seinem Verständnis für den Menschen auf dem Behandlungsstuhl den Gang zum Zahnarzt zum Kinderspiel machen. Er warb für sich als den »schmerzlosen Dr. Z.«, und auf seiner Webseite (die er natürlich schon seit den Kindertagen des Internets hatte) kann man lesen, er sei auch auf»Hasenfüße« eingestellt.

Seinen ersten Personal Computer kaufte Ed in den frühen 1980er-Jahren – einen Atari 800, der super war für Spiele, aber doch allerhand Einfallsreichtum, Geduld und einen unerschütterlichen Optimismus erforderte, wenn man damit etwas Vernünftiges anstellen wollte. Ed brachte sich Atari BASIC bei und führte eine Patientendatenbank mit dem PC. Noch bevor Mark zur Welt kam, rüstete er seine Ausstattung auf: Nun hatte er einen PC von IBM, den er für die Verwaltung seiner Praxis einsetzte. Wie in allen Bereichen, die mit Technik zu tun hatten, war er auch hier einer der Ersten.

Ed Zuckerberg reagierte also nicht wirklich erstaunt, als sich sein Sohn für Computer zu interessieren begann. Von klein auf legte Mark außerdem ein bemerkenswert logisches Denken an den Tag, vor allem wenn er auf eine seiner Bitten ein Nein zu hören bekam. »Wenn man ihm etwas abschlug, dann musste man sich gut vorbereiten, musste Fakten, Erfahrungswerte und logische Gründe nennen können«, erzählte Ed Zuckerberg einem Journalisten.[10] Mark, so meinte er, habe einen starken Willen und gebe niemals auf.[11] Diese Charakterisierung würden heute wohl auch viele seiner Mitarbeiter und Wettbewerber unterschreiben.

Als kleiner Junge spielte Mark mit Eds altem Atari, in der sechsten Klasse bekam er dann einen eigenen Rechner. »Es war ein Quantex 486DX«, erzählte er mir 2009 bei einem Interview und war höchst erstaunt, dass ich diesen IBM-PC-Klon nicht kannte. »Ich glaube, die Firma gibt gar nicht mehr«, erklärte er mir, »aber meine Leute hatten damals nicht viel Geld. Ich hatte schon Glück, überhaupt einen Computer zu bekommen.«

Von Anfang an benutzte Zuckerberg den Computer dazu, um der Frage nachzugehen, wie Menschen sich selbst organisieren – und wie manche von ihnen dabei Macht ansammeln. »Als ich klein war, hatte ich Ninja Turtles, die einander bekriegten und all so was«, sagt er. »Ich aber habe mit meinen Ninja Turtles Gesellschaften aufgebaut und irgendwie nachgeahmt, wie sie miteinander agierten und so weiter. Ich war einfach unglaublich daran interessiert, wie Systeme funktionieren.« Als Zuckerberg anfing, sich für Computerspiele zu interessieren, ging er ganz in seinen Weltenschöpfer-Fantasien auf. Eines seiner Lieblingsspiele war »Civilization«, ein bekanntes rundenbasiertes Strategiespiel, bei dem es gilt, eine Gesellschaft mit allem Drum und Dran zu erschaffen. Nach einigen Monaten aber sagte er sich: *Okay, interessant. Ich weiß jetzt, wie das alles funktioniert, jetzt möchte ich es auch kontrollieren können.* »Und so lernte ich programmieren«, sagt er.

Eines Abends bat er seine Eltern, mit ihm zu »Barnes & Noble« zu fahren, um eine Einführung ins Programmieren mit C++ zu kaufen. Diese Computersprache wurde vor allem für Web-Anwendungen genutzt. »Er war damals zehn«, erinnert sich Ed Zuckerberg. Als der angehende Programmierer entdeckte, dass in einem Buch, das sich speziell an »Dummies« wandte, entscheidende Informationen fehlten, engagierte Dr. Zuckerberg einen Nachhilfelehrer. Zwei Jahre lang kam er einmal die Woche ins Haus. »Das war Marks absoluter Lieblingstag«, erzählt seine Mutter. Als sich die Zuckerbergs erkundigten, ob Mark sich vielleicht in einen Computer-Leistungskurs an der Highschool einschreiben sollte, sagte der Lehrer ihnen, Mark wüsste schon alles, was es dort zu lernen gäbe. Das College vor Ort bot einzelne Kurse für Highschool-Schüler an, doch der einzige Kurs, der Mark tatsächlich interessiert hätte, war für Leute gedacht, die bereits einen Uni-Abschluss hatten. Ed wollte es trotzdem versuchen, und ging eines Abends mit Mark zum College. Der Dozent musterte Mark und sagte dann zu dessen Vater, er müsse seinen Sohn während des Unterrichts zu Hause lassen. »Aber *er* will doch den Kurs machen«, entgegnete Ed Zuckerberg, der die Geschichte noch Jahrzehnte später voller Stolz erzählt.

Später sollte Mark einem Interviewer erzählen: »Ich ging zur Schule und kam nach Hause. Aber ich sah das eher so: *Endlich habe ich fünf ganze Stunden, in denen ich an meinem Computer sitzen und Software schreiben und Dinge ausprobieren kann.* Und wenn es endlich Freitag war, sagte ich mir: *Jetzt habe ich zwei ganze Tage für meine Software. Das ist doch super.*«[12]

Ein anderes Mal erzählte er, das Programmieren sei ihm »irgendwann einfach in Fleisch und Blut« übergegangen. »Ich löste die Dinge intuitiv, fast ohne bewusst darüber nachzudenken.«[13]

Doch Zuckerberg verbrachte keineswegs seine ganze Zeit in seinem nur vom Computerbildschirm erhellten Zimmer. Die Lehrer beschrieben ihn später als recht ausgeglichen. Er habe zwar nie viel geredet, aber wenn er was sagte, dann sei das klar und gut formuliert gewesen.[14] Er war gut in Mathe und den Naturwissenschaften und spielte Baseball in der Little League, aber er mochte das Spiel nicht sonderlich. Später führte er seine eher unwillige Präsenz auf dem Spielfeld als Beispiel für einen Missstand an, dem das von ihm gegründete Unternehmen eines Tages abhelfen würde:»Ich bin kein Baseballtyp, ich bin ein Computertyp«, sagte er. Und meinte damit, dass die sozialen Medien Menschen mit anderen Interessen helfen würden, Gleichgesinnte zu finden, statt auf irgendeinem Spielfeld herumzuhängen, nur weil man das eben so machte.

Das Fechten lag dem schmächtigen Jungen schon mehr, es ist ja auch ein höchst individueller Sport, dem auch seine Geschwister nachgingen. Alle waren zudem eingefleischte»Star Wars«-Fans – glich das Fechten nicht dem Hantieren mit den eleganten Laserschwertern? Bei seiner Bar-Mizwa-Feier mussten alle in»Star Wars«-Kostümen antreten. (Da dies die Zeit vor Instagram war, sind keine Fotos erhalten, die die Welt kennt.) Mark und seine Schwestern drehten sogar ein eigenes Video, das auf»Star Wars«-Motiven beruhte.

Obwohl Mark viele Computer-Games spielte, passte es ihm nicht, dass er dabei an die Regeln gebunden war, die andere ihm vorgaben. »Ich war gar nicht so scharf auf Spiele an sich. Ich programmierte sie nur gerne«, sagte er mir und überging dabei, dass er ständig spielte und um jeden Preis in die Hall of Fame kommen wollte. Eines seiner ersten selbst programmierten Spiele war eine Abart von»Risiko«, seinem Lieblingsbrettspiel. Die Spieler müssen dabei versuchen, Staat um Staat die Welt zu erobern und so viel Macht anzusammeln, dass ihre Übergriffe ungestraft bleiben. Zuckerbergs digitale Version spielte zur Zeit des römischen Kaiserreichs.[15] Man trat dabei gegen Julius Cäsar an. Der Sieger hieß immer: Zuckerberg.

Er gestand später, dass seine Schöpfungen nach allen anzulegenden Maßstäben schrecklich waren,[16] aber es waren eben die *seinen*.

»Bei uns drehte sich alles um Technik«, erzählte seine Schwester Randi einem Journalisten über den zuckerbergschen Haushalt.»Wir hatten Spielzeug, das die Stimme verändern konnte. Mark sagte immer Sachen wie: *Wir könnten die Stimme von Darth Vader noch mehr vader-like machen, wenn ich nur dieses Spielzeug hacken könnte.*[17] Eine eher praktische Sache war die internetbasierte Sprechanlage, die die Räume im Haus in Dobbs Ferry verband, sodass man innerhalb der Praxis, aber auch vom Erdgeschoss aus mit jemandem in den darüberliegenden Etagen kommunizieren konnte. Das Netz wurde »ZuckNet« getauft. Ed Zuckerberg engagierte einen Profi für die Verkabelung und den Anschluss, und Mark bot an, eine Software zu schreiben, um die einzelnen Geräte miteinander zu verbinden. Sobald das ZuckNet installiert war, signalisierte es nicht nur, wenn Dr. Zuckerbergs Hasenfüße ankamen. Es ermöglichte Mark – und hin und wieder auch seiner Schwester Randi – eine ganze Reihe von Streichen: wie zum Beispiel Donnas Computer mit einem vermeintlichen Virus zu infizieren oder Mama Zuckerberg einzureden, der Millenniumsbug habe eine technische Apokalypse ausgelöst.

1997 kam ein Netzwerkdienst auf, der für die jungen Menschen weltweit dasselbe tat wie ZuckNet für die Zuckerbergs. Der *AOL Instant Messenger (AIM)* wurde zu dem Softwareprodukt, das Mark Zuckerberg bei seinen technologischen Gehversuchen am meisten interessierte.

Zuckerbergs Generation – Vorhut der Millennials, die mit dem Handy mehr oder weniger verwachsen waren – war zu spät dran für die Telefonsucht der »Sex in the City«-Fans und zu früh fürs Simsen. Aber sie hatten Computer, die an Modems hingen, und eine ständig ansteigende Internetbandbreite. Und sie hatten nun auch AIM, eine zu jener Zeit einzigartige Applikation mit dem virtuellen Monopol auf Computerchats. Es war ganz normal, dass auf dem Computer eines Teenagers mehrere Chat-Fenster offen waren, in denen Gespräche mit jeweils einem anderen Freund geführt wurden. Zuckerberg liebte AIM. Da viele seiner Highschool-Freunde auf der anderen Seite des hektischen Saw Mill River Parkway lebten, was spontane Besuche schwierig machte, nutzte Zuckerberg das Tool vermutlich mehr als seine gleichaltrigen Freunde.[18]

Und natürlich bastelte Mark am AIM-System herum. »Wenn Sie mit vielen Leuten meines Alters reden, stellen Sie fest, dass viele von uns Programmieren lernten, indem sie AOL hackten«, erzählte er. Da habe man eine Menge »coole Dinge« machen können. Etwa, indem man die Codesprache des Internets lernte: HTML. Auf diese Weise konnte Mark den vielen Chatfenstern auf seinem Bildschirm andere Designelemente zuweisen, zum Beispiel unterschiedliche Farben. Ein weiteres »cooles Ding« war, dass er das Programm auf eine Weise hackte, die AOL-Chef Steve Case wohl Bauchschmerzen verursacht hätte, hätte er davon gewusst: »Da gab es diese ganzen Lücken, über die man den Dienst manipulieren konnte. Zum Beispiel konnte ich meine Freunde einfach rauswerfen, weil ich Bugs ins System einpflanzte.«

Als Zuckerberg später sein Unternehmen aufbaute, waren die Leute, die er einstellte, größtenteils Kinder der Achtziger wie er selbst. Kids, die die letzten Jahre des 20. Jahrhunderts in den Chat-Blasen ihrer Bildschirme verbracht hatten. »Wir sind quasi im Instant Messenger groß geworden«, sagt etwa Dave Morin, der später einen hohen Managementposten bei Facebook bekleiden sollte. »Ich habe da diese Theorie, dass wir bei der Kommunikation mit uns nahestehenden Personen, in einer Ehe zum Beispiel, nicht so gut sind, weil wir anders aufgewachsen sind. Wir haben nicht gelernt, wie man jemandem nahe sein kann, den man vor der Nase hat.«

Mark Zuckerbergs Lehrer erkannten seine Intelligenz – und seine Leidenschaft. Das zeigte sich schon in der Vorschule, wo die einzelnen Jahrgangsstufen regelmäßig einwöchige Projekte zu bestimmten Themen machten. Einmal fiel den Eltern auf, dass ein bestimmtes Projekt über den Weltraum länger lief als üblich. Als Ed und Karen nachfragten, erzählte ihnen der zuständige Lehrer, dass Mark davon total begeistert gewesen sei und alle Kinder damit angesteckt habe. Also habe man die übliche Dauer des Projekts auf einen Monat verlängert. Die Begeisterung für den Weltraum blieb Mark aber auch danach erhalten, sodass er das riesige Raumschiff aus Pappe, das die Klasse bemalt hatte, am Ende an der Decke seines heimischen Zimmers hängen hatte.

Seine Eltern lehnten es immer wieder ab, ihn ein oder zwei Klassen überspringen zu lassen. Er war doch noch ein Kind. In der Mittelstufe erlaubten die Lehrer ihm dann, sich mit dem Lehrmaterial anderer Klassen zu beschäftigen, wenn er den Stoff für die Woche abgehakt hatte.

Das war üblicherweise am Montag der Fall, gleich nach der Präsentation, und für den Rest der Woche mussten die anderen Schüler üben. Nicht so Mark. »Ich habe ihn nie auch nur einmal Hausaufgaben machen sehen«, erzählt Ed Zuckerberg.

Nach zwei Jahren an der öffentlichen Highschool in Ardsley, die jenseits des Saw Mill River Parkway einige Meilen vom zuckerbergschen Heim entfernt lag, verspürte Mark das klare Bedürfnis nach einer Veränderung. Er hatte sich ausgerechnet, dass die Credits, die er durch seine Kurse an der Ardsley sammeln konnte, und das Wissen, das er in den Leistungskursen erwerben sollte, ihm nicht genügten, um an die Top-Unis zu kommen. Aber es gab noch einen anderen Grund für einen Wechsel. »An unserer öffentlichen Schule gab es keinerlei Computer- oder IT-Kurse«, erzählt er.

Seine Eltern fanden, die nahe gelegene Horace Mann Highschool sei das Beste für ihn, aber Mark hatte über Freunde im Sommerkurs für hochbegabte Jugendliche von der Phillips Exeter Academy gehört. Karen Zuckerberg – ohnehin schon traurig, weil ihre Tochter das Haus verlassen hatte, um an die Uni zu gehen – wollte nicht auch noch ihren Sohn ziehen lassen. Also bat sie ihn, sich doch auch andere Privatschulen anzusehen. »Mache ich, aber ich werde auf die Phillips Exeter gehen«, antwortete er. Und wie so oft bekam der sture Teenager, was er sich wünschte.

Die Phillips Exeter Academy in Exeter/New Hampshire war eine aus einer Reihe versnobter Privatschulen, die ihre Schüler aufs Studium vorbereiteten. Sie gehört zur »Ten Schools Admissions Organization«, die 1966 nach dem Vorbild der acht amerikanischen Elitehochschulen der Ivy League gegründet und tatsächlich zum verlässlichen Lieferanten von »Ivy-League-Nachwuchs« wurde. Zuckerberg begann dort 2002 als »Upper« (was im Exeter-Jargon »Junior«, also elfte Klasse, hieß).

Vor Beginn des neuen Schuljahres organisierte die Schule in New York City einen Empfang für die neuen Schüler. Bei dieser Gelegenheit lernte Zuckerberg einen anderen Junior kennen, einen schlaksigen Jungen namens Adam D'Angelo. Er kam wie Zuckerberg aus der

Vorstadt (genauer gesagt aus einer Schlafstadt in Connecticut) in das schicke Internat, weil er an seiner öffentlichen Schule einer der Besten war. Und die beiden hatten noch etwas gemeinsam. Als Zuckerberg D'Angelo fragte, was ihn am meisten interessiere, fiel das magische Wort: *Programmieren.* Zuckerberg war begeistert – keiner seiner Freunde aus der alten Schule hatte je seine Leidenschaft dafür geteilt. Und nun war ihm schon der erste Mensch, der ihm im Zusammenhang mit der Exeter über den Weg lief, so ähnlich. »Ich schloss induktiv daraus, dass es hier eine Menge anderer Leute geben würde, die sich für dieses Zeug interessierten«, sagt Zuckerberg. »Allerdings stellte sich bald heraus, dass wir die beiden einzigen waren.«

Falls Zuckerberg eingeschüchtert war, weil er nun eine Privatschule besuchte, auf die auch die wirklich sehr Reichen gingen – man saß da schon mal mit einem Rockefeller, einem Forbes *und* einem Firestone im selben Klassenzimmer –, dann ließ er sich das nicht anmerken. Er blühte dort förmlich auf und schloss sich der Fechtmannschaft an, wo er zu den leidenschaftlichsten Kämpfern gehörte. Bald wurde er Mannschaftskapitän und holte den Preis für den wichtigsten Fechter. Er war auch in dem Team, das die Highschool zur Internationalen Mathematik-Olympiade entsandte.

Außerhalb seines engeren Kreises aber blieb er meist für sich. »Ich vermute, dass er recht wenigen Menschen traut«, sagt Ross Miller, einer seiner besten Freunde im Internat. Der Unterricht an der Exeter wurde nach der sogenannten Storyline-Methode abgehalten, einem handlungsorientierten Ansatz, der alle Schüler zur Teilnahme anregen sollte. Die Schule selbst beschreibt diese Methode als »Lebenseinstellung […] es geht dabei um Zusammenarbeit und Respekt. Jede Stimme hat dasselbe Gewicht, auch wenn man mit dem Gesagten nicht einverstanden ist.«[19]

Seine Klassenkameraden erinnern sich, dass Zuckerberg nur selten etwas zur Diskussion beitrug. (Wenngleich Zuckerberg später sagen würde, wie sehr er die Methode schätzte: »Sie hat vermutlich meine Philosophie mitgeprägt, nach der die Leute aktiv an einer Sache teilnehmen und sie nicht nur konsumieren sollen.«) »Er war ziemlich schüchtern und blieb gerne für sich. Normalerweise arbeitete und programmierte er in seinem Zimmer«,[20] sagte sein Klassenkamerad

Alex Demas später in einem Interview. An der Schule habe er den Ruf als Computer-Nerd weggehabt.

Dank eines charismatischen Lehrers in Ardsley hatte Zuckerberg bereits eine gewisse Leidenschaft für die klassische Antike entwickelt, nun nahm er begeistert am Lateinkurs der Exeter teil. Er war ein absoluter Fan des römischen Kaisers Augustus, dessen Erbe allerdings zwiespältig ist: Er war ein großartiger Eroberer und mitfühlender Herrscher, zeigte aber auch starke Machtgier. Im Sommer vor seinem Übertritt in die letzte Klasse nahm er an einem Seminar der Johns Hopkins University für »begabte Jugendliche« teil. Dort entschied er sich für einen Kurs in Altgriechisch. Die Schüler kämpften sich durch die Grammatik und analysierten zum Abschluss ein Werk des attischen Redenschreibers Lysias. David Petrain, einer der Seminarlehrer, erinnert sich an Zuckerberg als »umgänglich und engagiert«.[21] Besonders gut habe er sich die verschiedenen Wortformen merken können. Zuckerberg erzählte Petrain, er habe eine Webseite für den Liebesdichter Catull eingerichtet, doch Petrain bekam sie nie zu sehen. (Petrain schrieb später eine einigermaßen positive Empfehlung für Zuckerbergs Bewerbung um einen Studienplatz an verschiedenen Universitäten.[22])

In seinem letzten Schuljahr wurde Mark zum Sprecher seines Schülerwohnheims gewählt, was hieß, dass er ein größeres Zimmer bekam. Er schleppte einen großen Monitor aus der Praxis seines Vaters an, den er für Nintendo-Spiele nutzte. Doch sein Lieblingsspiel war ein neuer Abkömmling der »Civilization«-Serie. Bei diesem Spiel, das ebenfalls von Sid Meier stammte, müssen die Spieler einen Planeten im Alpha-Centauri-System besiedeln. Sie wählen eine von sieben verschiedenen Gruppierungen, die sie leiten, um mit komplexen Strategien die Galaxis unter ihre Kontrolle zu bringen. Zuckerberg entschied sich immer für die »Friedenstruppen«, die den UN-Friedensmissionen glichen. In der anspruchsvollen Hintergrundgeschichte, die zum Spiel gehört, wird diese Truppe von einem Offizier namens Pravin Lal geleitet, dessen Wahlspruch lautet: »Nur der freie Fluss von Informationen kann uns vor Tyrannei bewahren.« Später machte Zuckerberg ein anderes Zitat aus dem Munde Pravin Lals zu seinem Motto auf seinem Facebook-Profil:

*Vorsicht, wenn jemand Dir den Zugang zu Informationen verwehren
will, denn tief im Herzen sieht er sich als Deinen Meister.*

Jeder, der an der Exeter seinen Abschluss machte, belegte im letzten
Jahr einen Kurs, in dem Vergils *Äneis* gelesen wurde. Später würde
Zuckerberg aus dem Werk zitieren, um seine Leute bei Facebook an-
zuspornen. Als er 2010 einem Journalisten davon erzählte, meinte er,
ihn habe besonders beeindruckt, dass Äneas eine Stadt gründen wollte, »der in Zeit und Größe keine Grenzen gesetzt« seien.[23]
    Irgendwo im Kopf dieses Jugendlichen braute sich alles zu einem
großen Ganzen zusammen: das Draufgängertum von Eroberern. Zi-
vilisationen. Risiken. Programmieren. Reiche gründen. Das Rezept
des Mark Zuckerberg.

Zuckerberg und D'Angelo waren natürlich nicht wirklich die einzigen
Computersüchtigen an der Exeter. Mark gehörte zu einer kleinen
Gruppe, die lange Stunden im dortigen Computercenter verbrachte,
einer erst kürzlich geschaffenen Einrichtung, die über die allerneueste
Ausstattung verfügte. Einer aus dieser Gruppe war ein Mathegenie
namens Tiankai Liu, der bei der Mathe-Olympiade eine Goldmedail-
le geholt hatte. Ein anderer war Marty Gottesfeld, der Jahre später ins
Gefängnis wandern würde, weil er die Webseite des Boston Children's
Hospital gehackt hatte (um einem 15-jährigen Patienten zu helfen,
der falsch behandelt wurde, wie er sagte).[24] Der King unter all den
Computerleuten aber war Zuckerberg.
    Todd Perry, ein junger Mann, der gerade an der Universität Stan-
ford seinen Abschluss gemacht hatte, war in jenem Jahr Lehrbeauf-
tragter an der Exeter. Er hatte einige Stunden für einen festangestell-
ten Kollegen übernommen, und erinnert sich, wie Zuckerberg eines
Tages ins Computercenter spaziert kam, als gehöre der ganze Laden
ihm, und verkündete, er werde ein bestimmtes Projekt mit Microsoft
Visual Basic programmieren. Da Perry dachte, dies sei für einen
Schüler zu schwierig – schließlich ging es dabei um Techniken, die er
selbst erst im Hauptstudium in Stanford erlernt hatte –, wettete er mit
dem Jungspund um einen Dollar, dass er das nicht schaffen würde. Sie

vereinbarten, dass Zuckerberg eine Stunde Zeit bekäme. All die Nerds
standen um ihn herum, während er Zeile um Zeile des Codes schrieb,
es war ein bisschen wie bei einem Gladiatorenwettkampf. Am Ende
kassierte Zuckerberg seinen Dollar.[25] Bei einer anderen Episode ging es um einen Mathelehrer, der seinen Schülern damit drohte, wenn sie für ihre Hausaufgaben Taschen-
rechner oder andere maschinelle Hilfen in Anspruch nähmen, würde
er sie Liegestütze machen lassen. Zuckerberg sagte zu seinen Freunden im Computercenter, dass er *selbstverständlich* mit dem Rechner
arbeiten würde, um seine Aufgaben zu lösen. Er gab sich nicht die
geringste Mühe, seine Verachtung gegenüber der Drohung seines
Lehrers zu verbergen – er schrieb Programme, um seine Hausaufgaben zu erledigen, und führte die Liegestütze aus, als handle es sich
um eine Ehrenrunde.[26]

Die Schüler der Exeter mussten vor ihrem Abgang noch ein Ab-
schlussprojekt einreichen, und Zuckerberg suchte nach einer interessanten Herausforderung. Er hörte gern Musik am Computer, doch
sobald die Playlist, die er erstellt hatte, abgespielt war, war's auch mit
dem Musikhören aus. *Es gibt doch eigentlich keinen Grund, warum
mein Computer nicht wissen sollte, was ich als Nächstes hören möchte,*[27]
sagte er sich. Und so fragte er D'Angelo, ob er als Abschlussarbeit mit
ihm zusammen einen virtuellen Discjockey programmieren wolle,
der sich dem Geschmack seiner Nutzer anpasse und *Synapse* heißen
sollte.

Beide waren dicke Fans eines Online-Musikplayers namens *Win-
Amp*. Und so beschlossen die Jungs, bei der Programmierung von
Synapse (das manchmal auch als *SynapseAI* bezeichnet wird) die
Funktionalität von WinAmp zu nutzen, um personalisierte Playlists
zu erstellen. Obwohl die beiden in Sachen künstliche Intelligenz vollkommene Anfänger waren, prahlten sie mit der künstlichen Intelligenz, die in Synapse stecken würde, ja sie nannten den Teil des Programms, der die Playlist zusammenstellte, sogar »das Gehirn«. Man
konnte entweder den eigenen Musikplayer verwenden, den die beiden entwarfen, oder per Plug-in auf den WinAmp-Player zugreifen.
Auf Basis der bisher gehörten Musik würde Synapse dem User neue
Songs vorschlagen. D'Angelo, der erfahrenere Programmierer der

beiden, konzentrierte sich ganz auf das »Gehirn«, während Zuckerberg die Benutzeroberfläche designte. »Der Player spielte Songs auf
der Grundlage seines Wissens um deinen Musikgeschmack, und das
in einer Reihenfolge, die Sinn machte. Dann konnten wir die Log-ins
verschiedener Nutzer vergleichen und übergreifende Empfehlungen
abgeben«, sagt Zuckerberg. »Es war echt cool.« Die beiden präsentierten Synapse als ihre Abschlussarbeit, und ihre Lehrer überschlu-
gen sich vor Begeisterung, vor allem für D'Angelos KI-Komponente.

Aber von all den Computergags, die während Zuckerbergs Zeit an
der Exeter das Licht der Welt erblickten, war es ein anderes Projekt,
das sich für seine Zukunft als richtungsweisend zeigen würde. Es war
das Projekt von jemand anderem, und Zuckerberg hatte daran nur
minimalen Anteil.

Es hieß *Facebook*.

Die Idee dazu hatte ein Absolvent namens Kris Tillery. Er war im
Mittleren Westen zur Welt gekommen, aber in Westafrika und Nigeria aufgewachsen. Da seine Eltern wollten, dass er in den USA zur
Schule ging, kam er an die Exeter. Er selbst sagt von sich, er sei kein
Computerfreak gewesen, nicht annähernd so talentiert wie D'Angelo
oder Zuckerberg, deren Ruf im Internat wohlbekannt war. In seinem
Informatik-Leistungskurs, so Tillery, habe er schwer zu kämpfen gehabt. Er bewunderte die beiden Nerds, die einen Musikplayer mit
künstlicher Intelligenz programmiert hatten!

Gleichzeitig hatte Tillery sehr genaue Vorstellungen davon, was
man mit der aktuellen Technik alles anfangen konnte. Irgendwann
kam er mit einer geradezu prophetischen Idee für die Jahrtausend-
wende an: ein Online-Liefersystem für Lebensmittel. Dazu aber
brauchte er ein Instrument, das die Preise der Läden vor Ort lieferte.
»Das war weit jenseits meiner Gehaltsklasse«, sagt Tillery und meint
damit, dass er als Programmierer nicht gut genug war, um dergleichen
hinzubekommen. Aber er kannte jemanden, der das war. »Zuckerberg schrieb ein Script, das die Preise von der Webseite des Super-
markts auslas und sie in unser Liefersystem einspeiste«, erinnert er
sich. Doch der Lieferservice kam irgendwie nicht in die Gänge.

Tillerys eigentliches Erbe als Schüler der Exeter Academy war, dass er einen Ordner mit Schülerfotos und entsprechender Legende – auch bekannt als »Photo Adress Book«[28] – in die formbare und immer und von überall aus erreichbare Sphäre des Digitalen transponierte. Das Projekt wurde realisiert, als Tillery noch ein »lower« war, ein Zehntklässler, der versuchte, etwas über Datenbanken zu lernen. Für seine Übungen benutzte er das sogenannte Facebook der Schüler. Der Leiter des Schülerrates, der auf der anderen Seite des Flurs sein Zimmer hatte, schlug ihm vor, das Projekt zu Ende zu führen und es dann online zu stellen. Tillery tat das, allerdings bremste ihn die reichlich intolerante IT-Abteilung der Exeter aus. Die Schulserver zu benutzen, um Informationen zu verbreiten, war schlicht verboten. Da die Schulverwaltung aber erkannte, dass Tillerys Arbeit sinnvoll und nützlich war, gab man ihm letztlich doch die Erlaubnis, mit seinem Projekt weiterzumachen.

Das Exeter-Facebook wurde also genehmigt, und Tillery überließ das fertige Projekt den Schülern der Academy – und damit auch Mark Zuckerberg. Es war wirklich unglaublich nützlich: Man konnte natürlich einzelne Studenten namentlich recherchieren, aber die Nutzer hatten auch die Möglichkeit, einfach darin herumzustöbern. Telefonnummern waren auch enthalten – jeder Schüler hatte auf seiner Bude ein eigenes Telefon. Die Exeter-Schüler dachten sich natürlich auch hierzu einen Ulk aus: Man programmierte ein Spiel, das aus dem Facebook zufällig einen Schüler auswählte, der dann einen Juxanruf erhielt.

Tillery schloss nach seinem Abgang von der Exeter auch mit dem Facebook-Programm ab. Er ging zum Studium an die Harvard University. Und dort war er auch, als im Februar 2004 ein Facebook online gestellt wurde und einen enormen Erfolg verzeichnete. Es überraschte ihn nicht, dass es von Mark Zuckerberg stammte. Selbst bei seinen spärlichen Kontakten mit Zuckerberg an der Exeter war ihm nicht entgangen, dass der leidenschaftliche junge Programmierer »sehr große Ambitionen« hatte. Es störte ihn auch nicht, dass sich da vermutlich jemand seine Idee gekrallt hatte. In seinen Augen war dieses ganze Facebook-Zeug etwas, das er zur Vorbereitung auf die Uni gemacht hatte. Das war vorbei. Mehr Macht für Mark.

Tillery, der heute einen Weinberg in Südafrika besitzt, hat gemischte Gefühle, was Mark Zuckerbergs Aneignung seiner Idee eines Online-Facebooks angeht. Einerseits freut er sich, dass er zu einem inzwischen globalen Phänomen seinen kleinen Teil beitragen konnte. Andererseits fragt er sich gerade in jüngster Zeit, ob dieses Phänomen wirklich gut ist. »Nehmen Sie nur mal die vielen Stunden, die die Leute auf Facebook verbringen. Das ist viel Zeit, die sie nicht dazu benutzen, um etwas Positives zu unserer Gesellschaft beizutragen oder etwas für ihre Gesundheit zu tun«, meint er. »Außerdem ist die Plattform moralisch fragwürdig – all das Geld für Werbung und gezielte Käuferansprache –, das wirft doch gleich die Frage auf, wie wir unsere Zeit sinnvoller verwenden können für Dinge, die uns wirklich glücklich machen.«

Kris Tillery jedenfalls hat Facebook etwa 2016 von seinem Computer verbannt, auch wenn er letztlich den Keim für diese Idee legte. Zuckerbergs Facebook, sagt er, gebe ihm inzwischen ein schlechtes Gefühl.

2 VOR DEM VERWALTUNGSRAT

Im Mai 2017 lud Mark Zuckerberg mich in die Facebook-Zentrale ein. Wann immer Zuckerberg an einer großen Rede arbeitet oder ein Statement zu wichtigen Veränderungen in seinem Unternehmen vorbereitet, legt er den Text gewöhnlich erst einer Reihe von Ansprechpartnern vor, auch Journalisten. In diesem Fall ging es um einen sehr persönlichen Meilenstein: Er war gebeten worden, die Eröffnungsrede für die Erstsemester des Jahres 2018 in Harvard zu halten. Wir saßen im gläsernen »Aquarium«, dem Herzen des höhlenartigen, von Frank Gehry entworfenen Building 21 der Facebook-Zentrale. Die Mitarbeiter, die jenseits der Glaswände vorbeihuschen, sind darauf geeicht, ihren berühmten Boss nicht durch die Scheiben anzustarren, wenn er seine Meetings abhält.

Nun setzte er uns dort also die wesentlichen Gedanken seiner Rede auseinander, die er verfasst hatte, nachdem er zuvor die Eröffnungsreden anderer Unternehmensführer studiert hatte. Wie sie würde auch er bedeutsame Themen zur Sprache bringen. Doch die Beschäftigung mit den früheren Reden musste ihn irgendwie an seine eigene Studienzeit erinnert haben, weshalb er den für ihn eher ungewöhnlichen Pfad der Nostalgie beschritt: »Ich werde vermutlich der jüngste Sprecher sein, der je in Harvard eine Eröffnungsrede gehalten hat«, erzählte er. Sein nüchterner Tonfall und sein übliches Starren nahmen der Aussage alles Großspurige. »Das ist wirklich außergewöhnlich. Die machen das ja schon seit sehr langer Zeit, ungefähr seit 350 Jahren oder so.«

»Wie fühlen Sie sich dabei?«, fragte ich ihn.

Wie so oft, wenn er Zeit braucht, um über eine Frage nachzudenken, schneidet Zuckerberg zuerst die Dinge an, die er ohnehin hatte ansprechen wollen, um dann später auf die Frage zurückzukommen. Er redete also erst einmal eine Weile über die »bedeutsamen Themen«, die er anreißen wollte, um dann kurz innezuhalten. »Ich denke gerade über Ihre Frage nach, wie ich mich mit dieser Rede fühle«, sagte er – und blieb die Antwort schuldig.

Stattdessen erklärte er, dass er drängende Probleme wie fehlende Gleichheit und den Verlust des sozialen Zusammenhalts auf der Welt ansprechen wolle, aber auch Persönliches. »Der emotionale Bogen meines Lebens«, sagte er, »angefangen bei diesem ... ich weiß nicht genau, welches Adjektiv ich wählen würde ... jedenfalls bei diesem Harvard-Studenten ...«

»Was für ein Adjektiv wäre es denn?«, unterbrach ich ihn. Ich wollte, dass er die Leerstelle füllt. Ich wollte wissen, wie er sein jüngeres Selbst in Harvard sah, denn seine kurze Zeit dort wird von den einen glorifiziert, von den anderen verteufelt.

»Ich weiß nicht«, sagte er. »Ich hatte schon das richtige Wort auf der Zunge, aber dann war es wieder weg.« Pause. »Vielleicht *respektlos*. Das wäre wahrscheinlich am passendsten.«

Ich merkte an, dass sich das ziemlich brav anhöre.

Er seufzte. Ja, da hätte ich wohl recht. »Punk?«, meinte er dann.

Wir lachten beide.

»Glauben Sie denn, der Punk ist immer noch da?«, fragte er, schnell wieder ernst geworden.

Nicht einmal »Punk« beschreibt auch nur annähernd Mark Zuckerbergs Odyssee durch Harvard.[1] Aber es ist ein erster Ansatz. »Ich bin mir nicht mal sicher, ob Mark wirklich davon träumte, nach Harvard zu gehen«, hatte Zuckerbergs ältere Schwester Randi einmal bei einem Interview auf CNN gesagt.[2] Tatsächlich war die Harvard University, so renommiert sie auch sein mag, nicht unbedingt die erste Wahl für ein ehrgeiziges Computer-Kid wie Mark. Leute wie er gingen eher nach Stanford oder ans Massachusetts Institute of Technology (MIT) in Boston, bestenfalls noch an die Carnegie Mellon University in Pittsburgh. Aber Zuckerbergs Augenmerk war schon seit Jahren auf Harvard gerichtet. In seiner Bude an der Exeter Academy gab es nur einen Wandschmuck: eine große bordeauxrote Fahne mit dem Emblem der Uni und dem Schriftzug »Harvard«.

Zuckerberg wollte noch nicht mal Informatik im Hauptfach belegen. Er dachte vielmehr an ein nichttechnisches Fach wie Psychologie oder Klassische Philologie. Vielleicht auch an eine Naturwissenschaft, beispielsweise Physik. Außerdem studierte seine Schwester Randi dort schon im zweiten Jahr. Was Mark dann tat, war in den Augen seiner Eltern typisch für ihn, denn er machte sich nicht die Mühe, andere Möglichkeiten zu prüfen außer dem Antrag auf vorzeitige Zulassung zur Universität Harvard. Hätte man ihn nicht genommen, hätte er ernsthaft Schwierigkeiten gehabt, an einer anderen Uni noch einen Studienplatz zu bekommen.

Vom Zugang seiner Zulassung gibt es eine Videoaufnahme, die später per Facebook mit der ganzen Welt geteilt wird.[3] Das ganze Szenario ist etwas merkwürdig. Zuckerberg war über die Ferien nach Hause gefahren. Er saß in seinem Zimmer vor dem Computer und spielte –selbstverständlich –»Civilization«. Da poppte die Nachricht auf, dass er eine E-Mail von der Universität Harvard erhalten habe. Mark holte seinen Vater, der mit dem Camcorder in der Hand ins Zimmer seines Sohnes stürzte. Das Video zeigt als Erstes Mark, der in Pyjamahose und T-Shirt vor dem Bildschirm sitzt und auf die Inbox seines Mail-Accounts starrt. »Soll ich die Mail aufmachen?« – natürlich eine rhetorische Frage. Dann liest er schweigend. »Mann«, sagt er leise. Und dann – vollkommen monoton – »Yeah!«

»Was?«, fragt der aufgeregte Ed Zuckerberg hinter dem Camcorder.

»Ich wurde angenommen«, sagt Zuckerberg der Jüngere ohne erkennbare emotionale Regung. Nur ein Hauch von Befriedigung liegt in seiner Stimme.

»Ernsthaft jetzt?«

»Yeah.«

»ALL RIGHT!«, brüllt Ed und fängt an, die Aufnahme zu kommentieren wie ein Sportreporter, denn der Junge im Pyjama hat offensichtlich gerade eine erstaunliche Leistung vollbracht. »Wir sind hier mit einem der neuesten Harvard-Erstsemester von 2006!« Mark lächelt und hebt die Faust, bevor er vor dem Computer wieder in völlige Starre verfällt. Zurück zu »Civilization«.

»Willst du uns die E-Mail nicht vorlesen?«, fragt Ed.

»Nein, ich habe sie gelöscht«, sagt das frischgebackene Harvard-Erstsemester.

Ed Zuckerberg meinte später, sein Sohn habe sich weniger über die Zulassung zum Studium in Harvard gefreut als über die Tatsache, dass er sich nun die Zeit für weitere Bewerbungen sparen konnte.

Als Zuckerberg in Harvard eintraf, hatte er nicht die leiseste Absicht, seine Programmierleidenschaft zu Grabe zu tragen. Schon in seinem ersten Monat, dem September des Jahres 2002, lancierte er eine Abwandlung jenes DJ-Programms, das er und D'Angelo entwickelt hatten. Die Webseite hieß »Synapse-ai«: Synapse mit AI, mit künstlicher Intelligenz also. Das »ai« deutete darauf hin, dass eine primitive künstliche Intelligenz hier anhand der Vorlieben des Nutzers den nächsten Song in der Playlist selbstständig auswählte. In seinem ersten Jahr verwendete Zuckerberg viel Zeit darauf, Synapse zu verbessern.

Der Übergang von der Exeter nach Harvard schien ihm keinerlei Probleme zu bereiten. Sein Sozialleben spielte sich weitgehend innerhalb der »Alpha Epsilon Pi« ab, einer jüdischen Studentenverbindung. (Er wurde schon im ersten Semester aufgenommen, weil seine ältere Schwester Randi einen Jungen aus der Verbindung datete.) Er galt als nett, aber reserviert. Zwar hing er auch gerne mal rum, doch meistens beschäftigte er sich mit seinem Computer.

Seine Kommilitonin Meagan Marks, die später bei Facebook arbeiten sollte, erinnert sich, dass sie einmal zusammen mit Zuckerberg in einem Seminar mit nur zwölf Teilnehmern war. Thema: Graphentheorie. Zuckerberg verhielt sich gewöhnlich extrem zurückhaltend. Aber wenn er etwas sagte, dann war er beeindruckend, mitunter brillant. Manchmal schlug er auch unorthodoxe, aber gangbare Lösungsmöglichkeiten für mathematische Probleme vor. »Er widersprach entschieden, wenn er mit etwas nicht einverstanden war«, sagt Meaghan. »Er hatte keine Angst davor, nicht mit dem Rudel zu heulen.« Doch als sie eine Dinnerparty für den Kurs schmiss, lud sie ihn nicht ein, weil in ihrem Zimmer nur acht Leute Platz hatten und er weder als besonders witzig noch als Partylöwe galt.

Zuckerberg verdiente sich ein bisschen Taschengeld, indem er Programmieraufträge übernahm, auch freiberuflich. Auf der Anzeigenwebseite »Craigslist« fand er folgendes Angebot: Ein Geschäftsmann namens Paul Ceglia aus Buffalo suchte jemanden, der ihm eine Webseite erstellte, und wollte dafür 1000 Dollar zahlen. Ceglia behauptete später, ihm gehöre mehr als die Hälfte von Facebook. Er legte Dokumente vor, die angeblich beweisen sollten, dass Zuckerberg sich vor der Arbeit an Facebook damit einverstanden erklärt hätte. Die Gerichte wiesen Ceglias Antrag zurück und machten dem Mann wegen Urkundenfälschung den Prozess.[4]

Das war schon ein erster Hinweis darauf, von welchen Merkwürdigkeiten Zuckerbergs Aufenthalt in Harvard begleitet werden sollte. Rein von juristischer Seite betrachtet, entwickelte er sich jedenfalls zur Goldgrube für eine ganze Reihe von Anwaltskanzleien.

Zuckerberg schien große Hoffnungen auf Synapse zu setzen. Er glaubte mittlerweile, dass das Projekt auch für die Welt da draußen interessant wäre. Sein Partner D'Angelo hingegen hatte kein Interesse mehr an der ehemaligen Klassenarbeit. Er wollte sich auf sein Studium konzentrieren, das ihn ans California Institute of Technology (Caltech) geführt hatte. »Caltech ist knallhart – du musst dich da wirklich reinhängen«, sagt D'Angelo. »Harvard, ehrlich, da muss man nicht so viel bringen. Ich glaube einfach, Mark hatte viel mehr Zeit.«

Aber Synapse startete nicht so recht durch, obwohl Zuckerberg Werbung dafür machte. Unter anderem ließ er T-Shirts drucken, auf denen über dem Synapse-ai-Logo stand: [[Mein Gehirn ist größer als Deins]] (Die eckigen Klammern sollten ein dem Programmieren entlehnter typografischer Schnörkel sein.) Doch erst im Frühjahr des folgenden Jahres sollte Synapse endlich in die Gänge kommen. Am 21. April 2003 verkündete die Newsseite *Slashdot,* die wichtigste Informationsquelle für die Geeks jener Tage, dass es »ein interessantes musikalisches Digitalangebot für die Studenten an der Caltech und in Harvard«[5] gäbe. Und man lud die Millionen Mitglieder von *Slashdot* ein, das Ding doch mal auszuprobieren.

Wie das bei *Slashdot* so üblich war, entspann sich daraus eine lebhafte Online-Diskussion. Einer der Threads in diesen Diskussionen drehte sich um die Speicherung der musikalischen Vorlieben der Synapse-Nutzer. Es kam die Kritik auf, dass dies die Privatsphäre verletze. »Ich mag ja paranoid erscheinen«, postete ein Nutzer, »aber ich möchte nicht, dass irgendjemand, nicht mal mein eigener Computer, meine Daten speichert. Und genau darum geht's hier. Um personenbezogene Datenspeicherung.«

Am 23. April meldete sich auch Zuckerberg in dem Thread zu Wort. Er erklärte, wie das Programm funktioniert, kündigte Verbesserungen an und ergänzte:

Noch ein Wort zum Thema »Privatsphäre«. Keine Daten, die Deine Hörgewohnheiten betreffen, sind für jemand anderen außer Dir selbst zugänglich. Wir hoffen, eine große Menge Daten für Analysezwecke verwenden zu können, aber Deine individuellen Daten sind für niemanden sichtbar.

Hier machte Mark Zuckerberg zum ersten Mal deutlich, wie wichtig das Thema »Privatsphäre« für das war, was er tat. Es sollte beileibe nicht das letzte Mal sein, dass er zu diesem Thema Stellung beziehen musste.

Den *Slashdot*-Geeks fiel noch eine andere Merkwürdigkeit an Synapse auf: die total unreife, ja gruslige Wortwahl Zuckerbergs in der Programmbeschreibung. Zum Beispiel, wenn er auflistete, wer alles auf Synapse abfahren würde: *Programmierer. Gangster. Punks. Nerds. Vollnerds. Sogar solche aus dem Jemen. Ja, ziemlich viele von denen ... Leute, die ihr Work-out zur Musik von »Rocky« machen ... Revolutionäre. Sogar Kanadier. Menschen erster Güteklasse. Gastroenterologen. Penner. Massenweise Penner. Böse Genies. Lateinlehrer ...* Dazu kam noch ein Abschnitt im *Playboy*-Stil über die Vorzüge von Synapse bei der Verführung eines chinesischen Mädchens und ein Schuss Prahlerei über Zuckerbergs Fähigkeiten am Computer: *Marks Mausbewegungen würden, aneinandergelegt, die Welt umrunden – und zwar locker zwei Mal.*

D'Angelo war entsetzt, als er diesen Text las, und verlangte von Zuckerberg, dass er ihn löschte. Doch natürlich vergisst das Internet nichts.

Alles in allem aber war die Neugier der *Slashdot*-Gemeinde geweckt. Zuckerberg wurde von mehreren Unternehmen kontaktiert, die sich für das studentische Projekt interessierten, darunter auch

Microsoft und AOL. Zuckerberg und D'Angelo erhielten von einem dieser Interessenten ein Angebot von einer Million Dollar. Es war allerdings mit einer Verpflichtung verbunden: Zuckerberg und D'Angelo müssten in den nächsten drei Jahren für das betreffende Unternehmen arbeiten. Die Jungs lehnten ab. Keiner von beiden hatte Lust, die Uni zu verlassen – zumindest nicht für dieses Angebot. Und so kehrten sie Synapse den Rücken. »Wir wussten, dass wir noch etwas viel Besseres auf die Beine stellen konnten«,[6] sagt Zuckerberg.

Im Sommer 2003, nachdem er sein erstes Uni-Jahr hinter sich hatte, blieb Zuckerberg in Cambridge und schrieb sich am David Rockefeller Center für Lateinamerikanische Studien als Programmanalyst ein. Zusammen mit ein paar Freunden, darunter auch D'Angelo, wohnte er in einer Art Studenten-WG in der Stadt.

D'Angelo machte sein Praktikum am MIT Media Lab bei Judith Donath, einer Professorin, die soziale Netzwerke erforschte. Das war ein hochaktuelles Thema, denn in jenem Sommer war das Lieblingskind der Internet-User ein Dienst namens *Friendster,* Wegbereiter eines Phänomens, das man später als soziale Medien kennenlernen sollte. »Mark fand es interessant, dass ich von Friendster so begeistert war«, erzählt D'Angelo. »Er war zwar kein User, aber es war ihm klar, dass an der Sache etwas dran war.«

Urheber von Friendster[7] war der Kanadier Jonathan Abrams, der Ende der 1990er-Jahre nach Kalifornien gekommen war, um für *Netscape* zu arbeiten, damals das Flaggschiff unter den Start-ups der Internet-Revolution. In den Anfängen des Dot.com-Booms hatte Abrams ein eigenes Unternehmen geführt; als die Blase platzte, bedeutete dies auch das Aus für seine Firma. Doch bevor sich der Sektor insgesamt wieder erholt hatte, startete Abrams einen neuen Versuch. Da er neu in Kalifornien war, musste er wieder bei null anfangen, privat wie beruflich. Und so beschloss er, Kontakte zu Geschäftsleuten, potenziellen neuen Freunden oder möglichen Dates systematisch aufzuzeichnen, um so einen Überblick über sein gesamtes, neu entstehendes Netzwerk zu erhalten. Wäre es nicht großartig, wenn man so etwas online machen könnte?

Im Sommer des Jahres 2002 saß Abrams in seinem Apartment und programmierte eine Anwendung, die einen bei der Erstellung eines eigenen Netzwerks unterstützte, einfach, indem man die Leute auf der Seite als »Freunde« ansprach. Anfangs gab er das Programm nur an Bekannte und deren Freunde, und letztlich ging es nur ums Dating. Doch die Leute waren verrückt danach. Der schnelle Erfolg überraschte selbst Abrams, der seiner eigenen Schöpfung skeptisch gegenüberstand, bis er merkte, wie viele Leute sich auf der Seite einloggten. »Sie luden Fotos hoch und schickten einander Nachrichten«, erzählte er in einem Podcast, nachdem die Seite wieder in der Versenkung verschwunden war. »Sie machten tatsächlich all das, was ich mir erhofft hatte. Und ich musste irgendwie zusehen, dass es auch wirklich klappte.«[8]

Die eigene Online-Persönlichkeit fest mit der realen Identität zu verknüpfen war ein massiver Wandel. Bei anderen Online-Diensten traten die Leute nur hinter fantastischen, mitunter auch wenig geschmackvollen Pseudonymen auf – wie auf einem riesigen Kostümball, auf dem man im Schutz der Anonymität gegen alle Regeln verstoßen kann. Zu wissen, mit wem man es zu tun hatte, mit wem man redete, flirtete, Geschäfte machte und wem man auf die Nerven ging, gab dem Ganzen ein völlig anderes Gesicht. Dass man die Menschen im Netz nun mit ihrem echten Namen kannte und mit ihren Netzwerken verbunden war, hieß, dass sie sich selbst ehrlicher darstellen mussten.

Vor allem eine Funktion förderte das Vertrauen und das Knüpfen sozialer Kontakte: Sobald man jemanden als »Freund« eingetragen hatte, wurde diese Verbindung im eigenen Profil sichtbar. Man surfte Leute an, die ähnliche Interessen hatten. Man fand mögliche Dates oder einfach nur Gleichgesinnte, die man gerne kennenlernen wollte. Ein Nutzer filterte Frauen heraus, mit denen sich ein Date vielleicht lohnen würde, indem er nur diejenigen kontaktierte, die »Asphaltcowboy« zu ihren Lieblingsfilmen zählten. Wenn eine Frau diesen Lackmustest bestanden hatte, schrieb er sie an.

Im März 2003 öffnete Abrams Friendster für die Öffentlichkeit. Beschrieben wurde es als »Online-Community, die Menschen durch ein Netzwerk verbindet, auf dem man Freunde findet oder mehr«. Zu jener Zeit hatte er fast eine halbe Million Dollar von sogenannten Business-Angels, kleinen Risikokapitalgebern, eingesammelt. Die Leute hatten sich in Scharen eingeschrieben. Weiteres Geld kam von Kleiner Perkins, einem der prestigeträchtigsten Venture-Capital-Unternehmen im Silicon Valley. Abrams bekam auch ein Kaufangebot über 30 Millionen Dollar von Google – und lehnte ab. (Man hätte ihn mit Google-Aktien bezahlt. Die wären heute mehr als eine Milliarde Dollar wert.)

Als Mark Zuckerberg in Harvard sein zweites Jahr begann, hatte Friendster vier Millionen registrierte Nutzer, darunter auch D'Angelo und Zuckerberg.

Bevor D'Angelo für den Sommer von der Caltech nach Cambridge ging, hatte er etwas Ähnliches versucht und dazu den AOL Instant Messenger (AIM) als Basis gewählt. Da er und seine Freunde diesen Dienst täglich nutzten, war das sozusagen ein Heimspiel. Im Grunde wollte er das Chat-Programm in ein soziales Netzwerk umwandeln. Der Messenger hatte eine Funktion namens *Buddy List,* letztlich ein Adressbuch all jener Leute, mit denen man chattete. Korrekter wäre es wohl, man würde D'Angelos Programm, das er *Buddy Zoo* nannte, als Visualisierungstool bezeichnen, das die verborgenen sozialen Beziehungen, die jeder AIM-Nutzer hatte, sichtbar machte.[9]

Und das funktionierte so: Man ging auf die Buddy-Zoo-Seite und lud seine Buddy-Liste hoch. Die analysierte das Programm dann und bot dem Nutzer anschließend eine Reihe von Erkenntnissen an:

- Welche Kumpels hast Du mit Deinen Freunden gemeinsam?
- Wie beliebt bis Du?
- Zu welchen Cliquen gehörst Du?
- So sieht das Diagramm Deiner Buddy-Liste aus.
- Hier kannst Du Dein Prestige auf der Grundlage von Googles *PageRank* messen, einem Tool, mit dem Google seine Webseiten hierarchisiert.
- Und hier kannst Du Dir die Verbindungen zwischen den einzelnen Benutzernamen ansehen.

Wie gut das Programm funktionierte, hing letztlich davon ab, wie viele Leute sich anmeldeten, denn D'Angelos Anwendung brauchte eine große Menge Daten. Doch zu D'Angelos eigenem Erstaunen war das überhaupt kein Problem. Er hatte früher schon mal Videospiele online gestellt, und es hatten sich selten mehr als hundert Nutzer gefunden, die das Programm herunterluden. Mit Synapse war es besser gelaufen, aber dazu war auch monatelange Arbeit nötig gewesen. Buddy Zoo hingegen, für dessen Fertigstellung D'Angelo gerade mal eine Woche gebraucht hatte, war von Anfang an ein Renner. Kaum hatte er es der Öffentlichkeit vorgestellt, hatte es auch schon mehrere Hunderttausend User.

D'Angelo baute Buddy Zoo den ganzen Sommer über mit immer neuen Features aus und gab sich größte Mühe, mit den Anforderungen der Nutzer Schritt zu halten. Die Anzahl der Namen, die er in seinen gigantischen Graphen eintragen konnte, ging schon auf zehn Millionen zu, und er begann, diese Daten für sein Praktikum am MIT Media Lab zu nutzen. Die Mischung aus spannender Arbeit und Echtzeit-Feedback einer riesigen Nutzergemeinde veränderten D'Angelos Sicht auf seine Programmierprojekte. Nach dieser Erfahrung beschloss er, in Zukunft nur noch an Projekten zu arbeiten, die in der Welt etwas bewirkten. »Und ich glaube, auf Mark hatte das eine durchaus ähnliche Wirkung«, sagt er.

Für Harvard-Studenten ist der Block, in dem man ein Zimmer zugeteilt bekommt, sozusagen Schicksal. Nach Abschluss des ersten Studienjahres verteilt die Universität ihre Studenten auf zwölf »Häuser«. Damit ist eine Reihe von Gebäuden gemeint, die von nun an den Mittelpunkt ihres studentischen Lebens außerhalb der Seminarräume bilden werden. Wer zu einem bestimmten Haus gehört, isst zusammen, geht zusammen aus und unterwirft sich den spezifischen Regeln und Gewohnheiten dieses Hauses. Am Ende des ersten Jahres hat jeder die Chance, einer Gruppe von acht Studenten und einem der zwölf Häuser zugeteilt zu werden. Und sie werden für den Rest ihres Lebens erzählen, XY sei ihr Mitbewohner gewesen, wenn XY berühmt geworden ist.

Doch nie sollte dieses Auswahlverfahren solch eine folgenschwere Bedeutung erlangen wie damals, als entschieden wurde, wer die neuen Bewohner von Suite H33 im Kirkland House sein sollten. Denn wer in jenem Jahr dort landete, konnte sich für immer brüsten, dabei gewesen zu sein, als Geschichte geschrieben wurde (wenngleich manche das erst deutlich später erkannten).

Zu Zuckerbergs Gruppe gehörte auch sein Zimmergenosse aus dem ersten Jahr, der seinerseits dick mit einem Mädchen namens Sarah Goodin befreundet war. Diese wiederum kannte Chris Hughes, der Zuckerberg manchmal auf dem Gang begegnete, wenn er Goodin besuchte. Im Allgemeinen stimmte er deren Einschätzung zu: Zuckerberg war ein schrulliger Informatik-Geek, der aber auch witzig und charmant sein konnte. »Irgendetwas programmierte der immer«,[10] meint Hughes.

Als dann Zuckerbergs Zimmergenosse aus dem ersten Jahr Harvard verließ, verfestigten sich diese zunächst nur sehr lockeren Kontakte. Hughes und Zuckerberg teilten sich von nun an ein Zimmer. Sie hatten auf den ersten Blick nicht viel gemeinsam. Hughes studierte Geschichte und Literatur im Hauptfach, war kein Technikfreak und in keiner Studentenverbindung. Er schwul, Zuckerberg straight. Aber es gab auch Gemeinsamkeiten: Beide stammten aus der Mittelschicht und hatten ihre Startnachteile ausgeglichen, indem sie auf ausgezeichnete Privatschulen gegangen waren. (Hughes hatte seine Heimatstadt Hickory in North Carolina verlassen, um an die schicke Phillips Academy in Andover zu gehen – auch eine dieser elitären Privatschulen.) Und beide waren sie in die Rolle der Zuschauer gedrängt, wenn die reich und privilegiert Geborenen in Harvard ihren Prunk entfalteten. Wie Hughes es sah, waren sie beide, jeder auf seine Weise, Außenseiter.

Im Kirkland House landeten Zuckerberg und Hughes in einem Zimmer von Suite H33, das eigentlich für vier Studenten vorgesehen war. Das andere Schlafzimmer wurde an Studenten vergeben, die Zuckerberg noch nicht kannte: Dustin Moskovitz und Billy Olson. Sie packten ihre Schreibtische in den recht engen Gemeinschaftsraum mit einem Kamin, den sie nie nutzten. Zuckerberg hatte außerdem ein riesiges Whiteboard, auf dem er seine Projekte skizzieren wollte.

Es fand im engen Flur Platz, der den Gemeinschaftsraum mit den Schlafzimmern verband. Die Tür zur nächsten Suite war feuerfest. Ein Schild warnte, dass beim Öffnen der Tür Feueralarm ausgelöst würde. Der Alarm ging nie los, obwohl die Tür fast ständig offen stand, denn die Herren in H33 erhielten häufig Besuch von Joe Green, einem Jungen aus Kalifornien, den Zuckerberg von seiner Studentenverbindung kannte. Zuckerberg absolvierte seine Seminare eher im Laissez-faire-Stil. Es schien ihm wichtiger, an seinen Projekten zu arbeiten. Seine Lieblingsbeschäftigung war es, ständig etwas Neues zu schaffen, und die Tatsache, dass er eine der weltbesten Universitäten besuchte, lenkte ihn kein bisschen von seinem eigentlichen Tun ab: Stunde um Stunde an seinem Tisch im Gemeinschaftsraum von H33 zu sitzen und Codes zu schreiben. Er kommunizierte am liebsten über den Instant Messenger, selbst wenn der Adressat im selben Raum war. Er machte sich auch keine Gedanken darüber, dass er durch das Eintippen seiner Sätze eine Log-Datei erzeugte, die ihm vielleicht irgendwann mal Probleme machen konnte.

Schon als Jugendlicher hatte Zuckerberg ständig an Projekten gearbeitet, eins folgte aufs andere. Aber als er aus den Sommerferien zurückkam und sein zweites Jahr in Harvard begann, wurde er aktiver als je zuvor. Kaum hatte er seinen Platz im Gemeinschaftsraum eingenommen, sprudelte er immer noch ehrgeizigere Ideen hervor. Wobei ein Thema dabei immer wiederkehrte: Fast alles hatte damit zu tun, Menschen auf die ein oder andere Weise zu verbinden.

Sein erstes Projekt in jenem Jahr war eine Anwendung, die er *Course Match* nannte. Grundlage dafür war eine Liste mit den Seminaren des Semesters, die sich Zuckerberg von der Webseite der Uni geholt hatte. (»Davon waren sie nicht gerade begeistert«, erinnert er sich.) Course Match bot den Studenten nun die Möglichkeit, sich mit Namen und E-Mail-Adresse einzutragen und anzugeben, welche Seminare sie belegten. Wenn man das Seminar anklickte, sah man sofort, wer noch angemeldet war. Umgekehrt konnte man auch einen Namen eingeben und nachsehen, welche weiteren Kurse der Betreffende belegt hatte.

Wie bei allen noch kommenden Zuckerberg-Projekten war die

Einfachheit der Anwendung trügerisch. Einerseits machte die Auflistung der *dramatis personae* eines Seminars die Anwendung zum absoluten Hit. Zuckerberg war erstaunt, wie viel Zeit die Leute auf der Seite verbrachten. »Die Leute klickten sich stundenlang durch Kurse und Namen«, wunderte er sich später. »Da standen die Seminare, die die Leute belegt hatten, und alle fanden es spannend, wer sich wofür interessierte. Dabei war das ja nur Text. Man konnte damit nichts machen.«[11] So lernte er, dass man ein Netzwerk auch so erzeugen konnte. Auf der anderen Seite gab es auch da schon Aspekte, über die Zuckerberg sich einfach keine Gedanken machte. Selbst etwas scheinbar so Harmloses wie die Kursbelegung an der Uni dergestalt öffentlich zu machen zog einen Rattenschwanz an möglichen Komplikationen hinter sich her. Welche Folgen hatte es, wenn ein Seminar eher aufgrund der anderen Teilnehmer belegt wurde und nicht wegen seiner Thematik? Mussten Frauen befürchten, dass irgendwelche Stalker ihnen im Hörsaal buchstäblich im Nacken saßen?

Course Match existierte jedoch nicht lange genug, als dass solche Fragen hätten akut werden können. Die Webseite – die Zuckerberg auf seinem Laptop hostete, das dafür nicht ausgelegt war – war so beliebt, dass der Computer nach ein paar Wochen den Geist aufgab. (Zuckerberg meinte übrigens später, dafür sei die Feuchtigkeit aus dem Badezimmer verantwortlich gewesen, neben dessen Tür sein Schreibtisch stand.[12]) Glücklicherweise hatte Zuckerberg von dem Programm eine Sicherungskopie erstellt, er würde Teile des Codes später recyceln. Course Match hatte ihn etwas sehr Wichtiges gelehrt: »Menschen haben dieses tiefe Verlangen zu wissen, was in den Leuten vorgeht, mit denen sie zu tun haben.«

Merkwürdigerweise wurde Course Match nicht erwähnt, als Zuckerberg am 23. Oktober desselben Jahres zum ersten Mal im *Harvard Crimson* porträtiert wurde, der Studentenzeitung der Uni.[13] Der Artikel – ein Feature über ein unternehmungslustiges Drittsemester, das sich offensichtlich mehr für Software als für gute Noten interessierte – drehte sich hauptsächlich um Zuckerbergs Arbeit an Synapse, obwohl es diesbezüglich keinerlei Neuerungen gab. Dieser Beitrag war der Auftakt zu einer für beide Seiten nützlichen Beziehung, da die Studentenzeitung in den nächsten Monaten immer wieder ähnliche

Artikel brachte und Zuckerberg damit zum Computer-Magier des
Campus aufbaute. Und tatsächlich wurde die Story im Jahresverlauf
immer spannender.

Zuckerbergs nächstes maßgebliches Projekt war ein Streich, der allerdings völlig aus dem Ruder lief und beinahe zu seinem Ausschluss
von der Universität Harvard geführt hätte.

Da Zuckerberg seine Aktivitäten gerne in Echtzeit dokumentierte,
konnte jeder, der es wollte, auch später noch selbst seine weniger glor-
reichen Aktivitäten nachverfolgen – zu einer Zeit, als Mark Zuckerberg bereits gereifter und vorsichtiger war, was solche Dokumente
anging. Nichtsdestotrotz gibt sein Protokoll über »Harvard Facemash« seltene und manchmal auch erschreckende Einblicke in seine
kreative Tätigkeit.

Höchst erbost über eine amouröse Abfuhr hatte sich der leicht
alkoholisierte Zuckerberg an einem Dienstag kurz nach 20 Uhr auf
seinen Stuhl im beengten Gemeinschaftsraum der Kirkland-Suite fallen lassen, neben sich eine Flasche Beck's Bier. Zuerst einmal titulierte
er die fragliche Dame in seinem Blog als »Schlampe«[14]. Dann meinte
er, er brauche jetzt Ablenkung. »Ich muss an etwas anderes denken,
damit ich nicht mehr an sie denken muss.« In solchen Zeiten fand
Zuckerberg nur an einem Ort zur Ruhe: hinter seinem Computer.

Joe Green und sein Zimmergenosse Billy Olson waren auch zuge-
gen, und die Diskussion drehte sich darum, wie man in einem Fall
wie diesem wieder auf andere Gedanken kommen könnte – mit einer
Webseite von leicht gehässigem Charakter. Die Inspiration dazu lieferte Mark das gedruckte und mit Fotos versehene Verzeichnis – das
Facebook – der Bewohner von Kirkland House.

*Ich habe gerade das Kirkland-Facebook auf meinem Computer ge-
öffnet. Die Facebook-Fotos von ein paar Leuten hier sind echt übel.
Man möchte fast Fotos von Nutztieren danebenstellen zum Vergleich.
Dann könnten die Leute abstimmen, wer von beiden attraktiver ist.
Das ist vielleicht keine so gute Idee, aber Billy hat eine bessere: Man
könnte zwei Leute aus dem Facebook vergleichen und nur hin und
wieder ein Nutztier einfügen. Superidee, Mr. Olson! Das hat was.*

Was Zuckerberg dann aufzog, war seine Version der bekannten Webseite *Hot or Not*. Im Jahr 2000 von zwei Programmierern erstellt, war sie quasi die digitale Version des Nachpfeifens auf der Straße. Doch die Fotos auf Hot or Not wurden von den Teilnehmern persönlich eingestellt, und die Leute unterzogen sich dem Attraktivitätsrating freiwillig. Zuckerberg hingegen verwendete die Fotos ohne Zustimmung und ließ die Community dann darüber abstimmen. Außerdem machte Zuckerbergs Methode das Spiel beliebter – und fieser. Während man bei Hot or Not den Betreffenden eine Note zwischen 1 und 10 gab, stellte Zuckerberg zwei Fotos nebeneinander, sozusagen ein Kopf-an-Kopf-Rennen.

»Ich fand, das sei intelligenter, weil es doch recht willkürlich ist, wenn man jemanden auf einer Skala von 1 bis 10 beurteilt«, meint Green heute, wenn er über die Wogen nachdenkt, die dieser Studentenulk geschlagen hat, der in die Annalen der Geek-Mythen eingehen und Hauptthema eines Hollywoodfilms werden sollte. »Aber wer einem besser gefällt, lässt sich doch recht leicht sagen.«

Zuckerberg meinte später, er sei einfach nicht auf die Idee gekommen, dass so ein Vergleich beleidigend sein könnte. Und natürlich hatte er auch nicht die leiseste Ahnung, dass man eine seiner künftigen Schöpfungen als Ursache unzähliger Fälle von Online-Mobbing nennen würde, das in manchen Fällen so ausuferte, dass die Betroffenen sich das Leben nahmen. Für ihn war es einfach ein weiteres lustiges Projekt.

Doch zurück zu seiner bierseligen Idee. Er protokollierte seine Fortschritte bei der Umsetzung mit einer Schilderung, wie er es anstellte, die Studentenverzeichnisse von jedem einzelnen Haus in Harvard an sich zu bringen. Da gab es nämlich erhebliche Unterschiede, was die Datenschutzmaßnahmen anging. Zuckerberg aber umging sie alle, wie ein Tresorknacker mit dem untrüglichen Gespür für den richtigen Code.

Die Bilder herunterzuladen war nur ein Teil der Aufgabe – sein Werk stellte nämlich nicht nur jeweils zwei Fotos einander gegenüber. Zuckerberg lieferte auch gleich die Informationen dazu, was die Abgebildeten so machten. Und dann teilte er die Studenten in Gewinner und Verlierer ein. Natürlich könnte man nun sagen, dass dies einfach nur ein Vorläufer späterer Dating-Plattformen wie zum Beispiel *Tinder* gewesen sei. Zuckerberg brauchte ganze drei Tage, um die Seite im Gemeinschaftsraum seines Hauses fertigzustellen. Dabei baute er auch seine Fähigkeiten als Programmierer aus, weil er zur Realisierung einzelne Komponenten von Open-Source-Software wie Linux, Apache und SQL brauchte, mit denen er noch nie gearbeitet hatte. Dieses Projekt war für ihn in gewisser Weise also auch Training. So, als würde er in einem Rollenspiel seinen Avatar mit immer mehr Fähigkeiten ausstatten, um am Ende gegen das Übermonster einen epischen Kampf zu führen.

Er gab seiner Erfindung den Namen *Facemash* und sicherte sich dafür eine Internetadresse. Auf der Startseite ließ Zuckerberg etwas vom Draufgängertum der klassischen Helden aufblitzen, die er so sehr bewunderte:»Wurden wir wegen unseres Aussehens aufgenommen?«, fragte Facemash seine Harvard-Besucher.»Nein. Werden wir danach beurteilt? Ja.«

Man kann nicht sagen, dass er die Seite offiziell publizierte. Er schickte nur einigen Freunden einen Link zu der Seite, die er ja als *facemash.com* registriert hatte. (Dummerweise veröffentlichte er auch sein Projekttagebuch und dokumentierte so, wie er an seine Daten gekommen war; auch den Nutztiervergleich sparte er nicht aus.) Nachdem er den Link verschickt hatte, ging er zu einer Verabredung. Als er an jenem Sonntagabend relativ früh in sein Zimmer zurückkehrte und sich einloggte, war er baff: Dutzende hatten auf Facemash ihre Wahl getroffen, und der Link war mittlerweile in ganz Kirkland House verbreitet. Von dort aus fand er seinen Weg in die anderen Häuser des Harvard-Campus, die Seite wurde zum Hit im Netz. Und sie verärgerte eine ganze Reihe von Leuten. Die Frauen waren ziemlich wütend, dass sie hier nach ihrem Aussehen beurteilt und mit Nutztieren verglichen wurden. Auf den Mailinglisten von»Fuerza Latina« und der»Association of Black Harvard Women« explodierte ein Hornissennest zorniger Kommentare.

Mitten im Kugelhagel von Klagen und zu viel Traffic auf der Seite kam Zuckerberg zu dem Schluss, dass Facemash diesen Ärger nicht wert sei. Er nahm die Seite vom Netz. Bald darauf blockierte die IT-Abteilung von Harvard, die den Gründen für den stark erhöhten

Netzverkehr nachgegangen war, für das gesamte Kirkland House den Internetzugang. Moskovitz, der an einer Hausarbeit saß, und Hughes, der an einer Seminararbeit schrieb, waren genervt von dieser Unterbrechung. Zuckerberg regte sich mehr darüber auf, dass Joe Green den Trubel dazu genutzt hatte, sich durch die Feuertür einzuschleichen und den letzten »Hot-Pocket«-Snack aus Suite H33 zu klauen. (Diese Snacks waren damals unglaublich beliebt.) Der Ulk war gelaufen, doch das Nachspiel sollte erst noch kommen. Die Universität untersuchte den Vorfall und beschuldigte Zuckerberg, ihr Kommunikationssystem gehackt und dabei Urheberrechte sowie das Recht der Studenten auf Schutz ihrer Privatsphäre verletzt zu haben. Auch gegen Green und Olson wurden Vorwürfe erhoben, wenn auch wegen weniger schwerwiegender Vergehen. Zuckerberg aber wurde vor den Verwaltungsrat zitiert, in dem die Dekane und Verwaltungsbeamten über die Belange der Universität befanden. In Harvard nannte man das »ad-boarded«, »verwaltungsrated«.

Zuckerberg und seine Freunde vertraten die Auffassung, die Universität mache nur deshalb so viel Aufhebens, weil sie etwas gegen freies Unternehmertum habe. Die Universität ermutige ihre Studenten nicht dazu, etwas Neues zu schaffen, aber ebendies tat Zuckerberg am liebsten. Andrew McCollum, der ebenfalls Informatik studierte und zusammen mit Mark einige Kurse belegt hatte, würde später erklären, Harvard säße selbstzufrieden in seinem Elfenbeinturm. »Man kann dort nicht einfach medizinische Grundlagen studieren, weil es das Fach nicht gibt. Man muss Biologie oder Chemie belegen«, sagt er. »Es gibt auch keinen Kurs in Buchführung, weil das viel zu praxisorientiert ist. Wenn Sie tatsächlich die Geheimnisse der Buchhaltung erlernen wollen, müssen Sie ans MIT. Alles in Harvard hatte diesen akademischen Beigeschmack.«

Das MIT war auch viel toleranter, was solche Hightech-Scherze anging. Es liebte seine Hacker. Harvard nicht. Dort galten Zuckerbergs Tricks als Vergehen. Die Möglichkeit, dass er von der Universität verwiesen würde, bestand also tatsächlich.

Angesichts der Schwere der Vorwürfe schien Zuckerberg erstaunlich unbekümmert. Seine Eltern blieben weitgehend unbeteiligt, nur dass sie eventuell ein Semester Studiengebühren umsonst bezahlt haben würden, fanden sie nicht gerade gut. Andererseits gingen sie davon aus, dass Mark dem Ausschuss alles würde erklären können. »Mark würde nie etwas tun, von dem er weiß, dass es falsch ist«, meint Karen Zuckerberg voller Überzeugung. (Da wir zum Zeitpunkt unseres Gesprächs das Jahr 2019 schreiben, kann man sich des Eindrucks nicht erwehren, dass sie auf mehr abzielt als nur auf sein Verhalten als Student.) »So war er immer schon, ob zu Hause, in der Schule oder im Umgang mit Menschen.«

Am Abend vor der Entscheidung nahm er an einer »Goodbye-Mark-Party« teil, die seine Studentenverbindung schon mal vorsichtshalber zu seinem Abschied organisiert hatte. Zuckerberg verteilte zu diesem Anlass extra Bierdeckel. Green hatte ein Zusammentreffen mit einer Freundin des Mädchens organisiert, mit dem er damals ausging. Der Name dieses Mädchens war Priscilla Chan. Mark und sie kamen ins Gespräch, während sie für ein Bier anstanden. Priscilla nahm es locker, als Mark beiläufig erwähnte, dass er vermutlich bald von der Uni geschmissen würde. Das war bemerkenswert, denn ihr eigener Weg nach Harvard – als Kind von Einwanderern – war keine Selbstverständlichkeit gewesen. Chans Entschlossenheit, Kinderärztin zu werden, war so groß, dass sie einen Rauswurf von der Uni nie riskiert hätte.

Die beiden beschlossen, sich bald mal alleine zu sehen. Treffpunkt war ein Süßwarenladen namens »Burdick's«, der bekannt war für seine Kuchen. Zuckerberg und Green vereinbarten eine kleine Shownummer: Green würde Mark während des Dates anrufen und ihn zu einer Party einladen. »Damit er cooler rüberkommt«, erzählte Green später. Als der Anruf kam, führte Zuckerberg ein Riesenspektakel auf, dass er unmöglich zu dieser Party kommen könne, weil er mit einer soooo tollen Frau unterwegs sei.

Trotz des wenig überzeugenden Theaters ging Priscilla von da an regelmäßig mit Mark aus – und heute ist sie seine Frau. Bei ihrer Hochzeitsfeier stellten die beiden diese wenig überzeugende Szene noch einmal nach.

Am 3. November 2003 gewährte der Verwaltungsrat Zuckerberg eine Art »Strafaufschub«. Er hatte »Bewährung« bis zum 28. Mai 2004. Auflagen gab es trotzdem fast keine. Man bat ihn nur, zum Uni-Psychologen zu gehen. Als offiziellen Verstoß nannte man »unangemessenes soziales Verhalten«.[15]

Später erklärte Zuckerberg, seiner Ansicht nach hieß das Urteil, dass er sich nichts Schlimmeres mehr zuschulden kommen lassen durfte, weil man ihn sonst wirklich rauswerfen würde. Er entschuldigte sich bei den Frauengruppen und erledigte einige Computerarbeiten für sie. Green und Olson, denen »Beihilfe« zur Last gelegt worden war, kamen ohne Sanktionen davon. Man hatte sie nicht einmal zur Anhörung geladen.

Natürlich wurde das in der H33-Suite von Kirkland House gefeiert. Man köpfte sogar eine Flasche Champagner. Greens Vater, seines Zeichens Professor für Mathematik an der University of California in Los Angeles, war zu jener Zeit in Cambridge, um am MIT einen Vortrag zu halten. Er meinte, Zuckerberg sei reichlich vorlaut gewesen für einen jungen Mann, der gerade so am Rauswurf vorbeigeschlittert war. »Du machst keine Zuckerberg-Projekte mehr mit«, sagte er seinem Sohn. Eine väterliche Mahnung, die Joe Green vermutlich ein paar Hundert Millionen Dollar kostete.

Doch die nachhaltigste Lektion, die Zuckerberg von Facemash mitnahm, hatte wenig mit Verstößen und ihren Folgen zu tun: Es war die geradezu berauschende öffentliche Aufmerksamkeit, die die Seite erregt hatte – und die Frage, was diese so dramatisch in die Höhe hatte schnellen lassen. Als man Zuckerberg ein paar Jahre später unter Eid befragte, meinte er, Facemash hätte ihm gezeigt, wie sehr die Menschen es mochten, wenn sie Bilder ihrer Freunde und Bekannten gezeigt bekämen.

»Noch etwas?«, fragte der Anwalt.

»Die Menschen sind voyeuristischer, als ich gedacht hatte.«

Alles in allem ließ die Facemash-Episode Zuckerberg ziemlich unbeeindruckt. Er legte einen Gleichmut an den Tag, der ihn auch später auszeichnen sollte, als infolge gravierenderer Vergehen mehr auf dem Spiel stand. Natürlich machte er weiter wie gehabt. »Er hatte ein ziemliches Selbstbewusstsein«, sagt Joe Green.

Green ging eines Abends mit Zuckerberg und Chan essen, als Zuckerberg plötzlich über eine stark befahrene Straße spurtete. »Pass auf!«, rief Priscilla. »Keine Sorge«, antwortete Green. »Den beschützt schon das Kraftfeld seines Selbstvertrauens!«

Was Zuckerberg sich hingegen sehr zu Herzen nahm, war der Nachruf auf Facemash im *Harvard Crimson* vom 6. November 2003, den angeblich »die *Crimson*-Mannschaft« verfasst hatte. Darin stand nämlich zu lesen, Facemash habe gezeigt, dass Harvard unbedingt ein Online-Studentenverzeichnis brauche. Doch der Knackpunkt, so hieß es, seien Maßnahmen, um die Privatsphäre der Nutzer zu schützen.[16] Zuckerberg merkte sich das und schwor sich, das Thema Privatsphäre künftig sehr ernst zu nehmen. Er war nämlich bereits dabei, ein neues – und sein bis dahin ehrgeizigstes – Projekt in Angriff zu nehmen: ein Verzeichnis der Studierenden.

Die Idee, Studentenverzeichnisse online zu stellen, war nicht gerade neu. Sie lag vielmehr auf der Hand und würde sicher irgendwann Realität werden. Zuckerberg selbst hatte so etwas schon vor ein paar Jahren an seiner Privatschule kennengelernt. An vielen Universitäten hatten die Studenten die Matrikellisten bereits online verfügbar gemacht, manche besaßen sogar eine ganze Reihe von Funktionen, die das Sozialleben förderten.

Ganze vier Jahre früher hatten einige Erstsemester der Stanford University unter dem Namen Steamtunnels eine Underground-Webseite mit dem Facebook der gesamten Uni online gestellt.[17] Wie es in einem Artikel im *Stanford Daily* vom September 1999 heißt, hatten die Studenten – die man nur unter ihren Online-Pseudonymen »Drunken Master«, »DJ Monkey« und »The Sultan« kannte – die Fotos aus den Jahrbüchern der letzten vier Jahre gescannt. »Wir hatten das Gefühl, einen frischen, ungefilterten Zugang bieten zu können und eine ganze Reihe von Services, die das Leben für alle ein wenig spannender machten«, meinte »Drunken Master«. Doch die Verwaltung beschloss, dass die Online-Verfügbarkeit der Fotos die studentische Privatsphäre verletze, weil die Leute ja nicht gefragt worden waren. Man nahm den Teil mit dem Studentenverzeichnis vom Netz. (Jahre später wurde »Drunken Master«, dessen eigentlicher Name

Aaron Bell war, Geschäftsführer eines Start-ups, das Retargeting-Lösungen anbot. Das Retargeting, die digital individualisierte Kundenansprache, würde zu einer der meistdiskutierten Komponenten von Mark Zuckerbergs Unternehmen werden.) Die Universität Harvard selbst hatte angekündigt, man arbeite an einem offiziellen Online-Studentenverzeichnis, das innerhalb weniger Monate fertiggestellt sein sollte. Am 9. Dezember 2003 zitierte der *Harvard Crimson* Kevin S. Davis, den Leiter der IT-Abteilung der Universität, mit folgenden Worten:»Das steht schon lange auf unserer To-do-Liste ganz oben.«[18] Allerdings nannte auch er kein festes Datum. Einer der Gründe für die Verzögerung: die Sorge um die Privatsphäre, die mit Mark Zuckerberg und seinem Facemash-Ulk zu Beginn des Studienjahres neue Nahrung erhalten hatte.

Zu Zuckerbergs großer Erleichterung sagte Davis, dass noch niemand offiziell mit der Erstellung des Verzeichnisses betraut worden war. Es war also immer noch massenhaft Zeit, etwas aufzubauen, bevor Harvard selbst damit herauskam.

In der Zwischenzeit arbeitete Zuckerberg an kleineren Projekten. Er hatte das ganze Jahr über viel Zeit mit Programmieren verbracht und nur wenig in seinen Seminaren. Vor allem hatte er jede Sitzung eines Seminars mit dem Titel»Das Rom von Kaiser Augustus« verpasst. Seine Begeisterung für den größten aller Römer erstreckte sich nicht auf Kunst- und Bauwerke, die mit seinem Helden in Verbindung gebracht wurden. Zuckerberg musste feststellen, dass er für die Abschlussprüfung im Januar denkbar schlecht vorbereitet war, da diese ausschließlich aus der Interpretation von Bild- und Kunstwerken der augusteischen Zeit bestand.»Ich war am Arsch«, sagte er später.»Ich würde den ganzen Stoff nie im Leben nacharbeiten können.« Also beschloss er, sich aus der Misere»heraus zu programmieren«. Er lud das gesamte Bildmaterial zum Seminar von der Webseite der Universität herunter, stellte es auf einer eigenen Webseite ein, schickte seinen Klassenkameraden den Link dazu und lud sie ein zum gemeinsamen Lernen.»Letztlich ging es darum, die Bilder per Zufallsmodus anzuzeigen, damit jeder seine eigene Interpretation dazu verfassen und nachlesen konnte, was die anderen dazu dachten«,[19] erläuterte Zuckerberg später.

Zuckerbergs Freund Andrew McCollum, der das Seminar ebenfalls belegt hatte, meint, es sei ein innovativer Weg gewesen, um die
übliche Art des gemeinsamen Lernens auf eine neue Grundlage zu
stellen. Daran sei nichts Hinterlistiges gewesen.»Mark fand einfach,
es sei ineffizient, eine klassische Arbeitsgruppe zu bilden und gemeinsam in die Bibliothek zu gehen. Warum sollten wir kein Instrument
haben, das die Zusammenarbeit zwischen den Leuten einfacher
macht und denselben Zweck erreicht? So packte er überhaupt jedes
Problem an: Wie lässt sich Technik einsetzen, um die Leute zur Zusammenarbeit anzuregen und räumliche und zeitliche Einschränkungen beziehungsweise Hindernisse zu umgehen?«

Ein Zyniker mag einwenden, Zuckerberg habe dieses Tool nur geschrieben, um sich, hinter der Maske einer digitalen Arbeitsgruppe,
selbst kostenlose Nachhilfe zu besorgen. Denn auch wenn die Seite
sich als innovatives Werkzeug ausgab, das seinen Mitstudenten das
Leben leichter machte, letztlich verfolgte sie ganz klar nur den einen
Zweck: Sie sollte Mark Zuckerberg aus der Bredouille helfen. 2009
erzählte er mir in einem Interview, von der Lerngruppe zum augusteischen Rom hätten alle profitiert.»Ich brauchte einfach Informationen, um für dieses Seminar lernen zu können. Aber die anderen
brauchten diese Informationen ja genauso. Also habe ich für uns
diese Ressource geschaffen, um die Informationen zu verteilen. Ich
glaube, der rote Faden in alldem ist, dass es einen effizienten Ort gibt,
an dem die Welt Informationen teilen kann. Und es braucht eine
Reihe von Dienstleistungen und Produkten, um die Leute dorthin zu
bringen. Ich denke, wenn man diese Services zur Verfügung stellt,
dann hilft man der Welt, an diesen Ort zu gelangen, und das ist wirklich eine gute Sache.«

Für Zuckerberg war es das tatsächlich, denn er schloss das Seminar
mit glänzenden Noten ab.

3 THEFACEBOOK

Wenngleich Zuckerberg zu dieser Zeit noch nicht gerade eine Campus-Berühmtheit war, weckte der Bericht über Facemash in der *Crimson* die Aufmerksamkeit von drei Studenten, die ein eigenes Online-Projekt planten. Ende 2002 hatte sich Divya Narendra mit einer Idee an seine Freunde gewandt, die Zwillinge Cameron und Tyler Winklevoss. Auf einer Webseite sollten den Kommilitonen Dienste angeboten werden, insbesondere ein Dating-Portal – und vielleicht mehr. Sie nannten es *The Harvard Connection*. (Später änderten sie den Namen und nannten die Webseite treffender *ConnectU*[1].) Den Großteil des Jahres 2003 verwendeten sie auf das Sammeln von Ideen für die Webseite, aber angesichts all ihrer anderen Aktivitäten offenbar ohne besondere Eile. Bei den Winklevoss-Brüdern durfte das Training mit dem Ruder-Team nicht zu kurz kommen (sie wollten an der Olympiade teilnehmen), sie besuchten auch gerne die extravaganten Klub-Veranstaltungen, und natürlich war da noch das Studium selbst. Anfang des Jahres hatten sie zwar bereits einen Programmierer engagiert, der die Knochenarbeit übernehmen und ihren Ideen konkret Gestalt geben sollte, doch der war wegen anderer Aufträge wieder ausgestiegen, noch bevor er das Projekt zu Ende gebracht hatte. Er empfahl ihnen, mit dem Studenten Kontakt aufzunehmen, der hinter der Facemash-Geschichte steckte. Er würde als Programmierer ihre Idee sicher zum Laufen bringen können.

Narendra schickte Zuckerberg am 3. November eine E-Mail. Wenig später kam es zu einem Treffen mit dem Trio, und Zuckerberg willigte ein, den Job zu übernehmen. Zunächst wirkte er total begeistert. In den folgenden Wochen jedoch – sehr zum Verdruss der Zwillinge und ihres Partners – brachte er, statt seine Abgabetermine einzuhalten, alle möglichen Entschuldigungen vor. Am 30. November zum Beispiel erzählte Zuckerberg Cameron Winklevoss: »Ich hatte vergessen, mein Ladegerät mitzunehmen, als ich Thanksgiving nach Hause fuhr. Am Mittwochabend war dann der Akku leer, und ich hatte keinen Zugriff mehr auf mein Laptop.« Er versprach, den Auftrag nach seiner Rückkehr rasch zu erledigen.

Doch am 14. Januar, bei einem Treffen in Suite H33 im Kirkland House, informierte Zuckerberg das ConnectU-Team, dass er aufhören würde. »Es war klar, worum es ihm gegangen war«, sagte Cameron Winklevoss dem *Standford Daily* ein paar Monate später. »Er brachte unser Projekt zum Stillstand, arbeitete gleichzeitig aber monatelang an seiner eigenen Idee weiter, die er dann im Februar der Öffentlichkeit als Neuheit präsentierte.«[2] Winklevoss' Beschwerde war berechtigt. In einer AIM-Textnachricht schrieb Zuckerberg einem Freund:

Da versucht schon jemand eine Dating-Website aufzubauen. Allerdings haben die einen Fehler gemacht, haha. Sie haben mich gebeten, das für sie zu machen. Ich tue also so, als würde sich alles verzögern, bis die Facebook-Sache draußen ist.

Belastende Sofortnachrichten wie diese – ausgegraben im Jahr 2010 vom Online-Magazin *Business Insider*[3] – gibt es etliche aus dieser Zeit. Sie zeigen jeweils einen winzigen Ausschnitt von Zuckerbergs Messaging-Aktivitäten und beschäftigen sich unverblümt mit Themen wie Heuchelei und Datenschutz, die seinen Verfasser später unablässig verfolgen würden. Zuckerberg würde diese und andere seinem Ruf abträgliche Botschaften auf seine Unreife während seiner Harvard-Zeit zurückführen und sagen, er würde sie bereuen. Viele Nachrichten seien aus dem Kontext gerissen und entsprächen nicht seinen wirklichen Empfindungen.

Später schilderte er in einem an mich gerichteten Text, wie sich dieses Urteil über sein Wesen, das seiner Meinung nach ein völlig verzerrtes Bild seiner Persönlichkeit wiedergab und auf den beiläufigen Äußerungen eines Teenagers beruhte, auf ihn auswirkte: »Ich war so frustriert darüber, dass diese alten Messages und Mails aus meiner Jugend, die da ständig auftauchten, Auskunft über meine Persönlichkeit oder bestimmte Werte geben sollten, dass ich beschloss, diese alten Sachen nicht mehr zu speichern. Vieles davon war aus dem Zu-

sammenhang gerissen, als Witz gemeint oder nur ein schnell hinge-
worfener Kommentar.«In einem Interview kam er später noch einmal
auf dieses Thema zurück:»Wie würden Sie es denn finden, wenn jeder Witz, den Sie mal gemacht haben, plötzlich irgendwo gedruckt
und ohne entsprechenden Kontext erscheint?«

Während dem Streit zwischen Zuckerberg und den Winklevoss-
Zwillingen in Gerichtsprotokollen und einem Kinofilm ein Denkmal
gesetzt wurde, hatte ein weniger bekannter Konkurrent bereits ein
Programm in Harvard online gestellt, das einige der sozialen Funktionen, die die anderen erst planten, bereits anbot.

Aaron Greenspan[4] war in jenem Jahr ebenfalls Student in Harvard.
Wie Zuckerberg war er ein Entwickler und angehender Firmengründer, der notorisch kleine digitale Programme erstellte und auf den
Markt brachte. Kurz nach seiner Ankunft in Harvard hatte er sich
zum Ziel gesetzt, gegen die unausgesprochenen Vorurteile anzugehen, die in Harvard gegenüber Start-ups herrschten, und eine Gruppe
ins Leben gerufen, die den Unternehmergeist der Studenten fördern
sollte. Außerdem entwickelte Greenspan einige Programme, die das
Leben seiner Kommilitonen erleichtern sollten: Sie konnten damit
ihre Lehrveranstaltungen, ihre sozialen Aktivitäten und sonstige All-
tagsdinge im Campusleben organisieren, etwa den Austausch von
Skripten. Er vernetzte sie über ein Programm, das er *houseSYSTEM*
nannte. Im August 2003 ging es an den Start. Ein Element war ein
Studentenverzeichnis, dem Greenspan den Namen *Universal Facebook* gegeben hatte.

Zu seiner Enttäuschung gelang es ihm allerdings nicht, damit große Aufmerksamkeit zu erregen. Besonders ärgerte ihn, dass er niemanden von der *Crimson* überzeugen konnte, seine Leistungen zu
rühmen. Nach mehreren wirkungslosen E-Mails marschierte er ins
Büro der Zeitung. Dort gelang es ihm wenigstens, jemanden aus der
Redaktion dazu zu bringen, sich seine Webseite anzuschauen. Doch
ansonsten geschah – nichts. In den folgenden Monaten kochte
Greenspan vor Neid, als er in der Campus-Zeitung von Zuckerbergs
Heldentaten mit Synapse und Facemash las. *Warum schenkten sie ihm
so viel Aufmerksamkeit?*

Greenspan nahm das Zuckerberg persönlich nicht übel – zumindest nicht zur damaligen Zeit. Er versuchte sogar, Zuckerberg für die studentische Unternehmergruppe zu gewinnen, die er aufgebaut hatte. Zuckerberg zeigte Interesse, kam aber nie zu einem der Treffen. Im Januar 2004 begannen sie zu kommunizieren. Zuckerberg sagte, dass er an einem anderen Projekt arbeite, dass er aber »versuche, dies *d.l.* zu halten.« (Eine Abkürzung für »the down low«, was so viel bedeutete wie »unter Verschluss«.) Greenspan fragte, ob Zuckerberg sein Projekt mit in das houseSYSTEM einbauen wolle, aber Zuckerberg hatte Bedenken. Er behauptete, die Komplexität von Greenspans System würde ihn überfordern. Wie schon bei den Winklevoss-Brüdern hielt er seine Karten bedeckt. »Mein grundsätzliches Problem bei diesen Sachen ist, dass ich nicht genug Geduld für aufwendiges Programmieren habe«, schrieb Zuckerberg an Greenspan. »Mein Ding ist es, Ideen zu entwickeln und rasch umzusetzen.«

Sie trafen sich am 8. Januar abends zum Essen im Kirkland House. Zuckerberg kam mit einem Kumpel vom selben Stockwerk, Dustin Moskovitz, und mit einer jungen Frau, die eher zufällig dabei zu sein schien. Zuckerberg wirkte auf Greenspan sehr selbstbewusst und unglaublich locker. Mitten im Winter von New England überquerte er den Innenhof in Shorts und Badelatschen, als käme er geradewegs aus der Dusche.

Da Zuckerberg in seinen Kurzmitteilungen sehr zugeknöpft war, wenn es um seine Projekte ging, ergriff Greenspan die Chance, ihn direkt danach zu fragen. Etwas über Graphentheorie, antwortete Zuckerberg. *Programmiert er etwa ein Friendster für Harvard?*, fragte sich Greenspan. Es ärgerte ihn, dass Zuckerberg so vage blieb. Doch sein Urteil über diesen dreisten jungen Studenten stand bereits fest. »Ich traute ihm nicht, vom ersten Moment an, als ich ihn traf,« sagt Greenspan heute.

Greenspan fühlte sich in seinem Verdacht bestätigt, als er die Log-Files von Anfang Januar überprüfte. Zuckerberg hatte im übertragenen Sinne Brotkrümel auf seinem Weg hinterlassen, als er Greenspans houseSYSTEM aufgerufen hatte, ganz offensichtlich auf der Suche nach Ideen. Über die Log-Files konnte Greenspan diesen Krümeln nachgehen und Zuckerbergs Aktivitäten nachverfolgen, so wie Zuckerbergs Facebook später den Schatten seiner User – und sogar derjenigen, die es nicht nutzten – folgen würde, wenn sie durchs World Wide Web navigierten.

Auch wenn sich Greenspan auf mühsame Spurensuche begab – so richtig hinter dem Berg hielt Zuckerberg die Tatsache nicht, dass er etwas entwickelte, womit er in mancher Hinsicht in Konkurrenz zu Greenspan stehen würde. Immer wieder schickte er Greenspan Nachrichten und fragte, wie er gewisse Dinge bei houseSYSTEM gelöst habe. Greenspan ließ sich auf dieses Spielchen ein, seine Bedenken Zuckerberg gegenüber behielt er für sich. Eine Haltung, die sich später ändern sollte, als er zum Gegenstand eines Artikels in der *New York Times* wurde. Darin wurde behauptet, Zuckerberg hätte ihn ebenso wie die Brüder Winklevoss bestohlen, als er Facebook schuf. Tatsächlich lag die Idee damals schlicht in der Luft. Soziale Medien explodierten förmlich – Friendster war ein Phänomen, und Millionen von Menschen meldeten sich bei MySpace an. Der Gedanke, ein Studenten-Jahrbuch online zu stellen, war also nicht gerade gleichzusetzen mit der Relativitätstheorie. Selbst Kris Tillery betrachtete sein Facebook-Projekt in Exeter nur als logischen Schritt im Zeitalter der Digitalisierung.

Zuckerbergs Teilnahme an den Lehrveranstaltungen litt natürlich unter der vielen Programmierarbeit. In dem als sehr schwierig berüchtigten Kurs über Betriebssysteme glänzte er meist durch Abwesenheit. So sehr, dass sein Dozent Matt Welsh ihn im Januar 2004 zu einem Gespräch einbestellte. Welsh hatte längst bemerkt, dass Zuckerberg den Lehrstoff problemlos bewältigte, ohne an den Seminaren teilzunehmen. Aber er wies den jungen Studenten darauf hin, dass die Teilnahme an den Kursen Teil der Note war. Strebte er nicht die Bestnote an? Wollte nicht jeder Harvard-Student stets die Bestnote?

Zuckerberg schilderte Welsh seine schwierige Situation, erzählte von seinem »Martyrium« vor dem Verwaltungsrat wegen Facemash und erklärte ihm, dass er aktuell fast seine gesamte Zeit auf das Programmieren eines Online-Jahrbuchs verwende, das zugleich als soziales Netzwerk dienen solle. Welsh ließ sich davon nicht beeindrucken. »Glauben Sie ernsthaft, Sie können mit Friendster und *Orkut* konkur-

rieren?«, fragte er den 19-Jährigen. (Orkut war ein neues soziales
Netzwerk, das der Suchmaschinen-Gigant Google gerade auf den
Markt gebracht hatte.) In einem Blog-Post schilderte Welsh später,
wie »unbeirrt« Zuckerberg an seinen Überzeugungen festgehalten
habe.[5] »Ich glaube nicht, dass Mark ein schlechter Student war«, sagt sein
Freund Andrew McCollum. »Es war eher so, dass Harvard ihm damals wenig zu bieten hatte. Im Grunde hatte er seine Pläne schon
gefasst, und es ging weniger darum, was bei den Lehrveranstaltungen
passierte, als um die Frage, wie er diese Pläne umsetzen konnte.«

Am 11. Januar, während er noch die immer gereizteren Anfragen des
ConnectU-Trios abwehrte und Greenspan diffuse Erklärungen
schickte, sicherte Zuckerberg sich den Domainnamen *thefacebook.
com*. (Facebook.com war schon vergeben.) In jenem Monat hatte dieses Projekt eindeutig Priorität für ihn. Denn er sah diese Webseite als
krönenden Abschluss dessen, woran er bis dahin gearbeitet hatte. Der
gemeinsame Nenner all dieser Projekte, so erklärte Zuckerberg später, war seine Überzeugung, dass das Internet uns Wege eröffnen würde, um »Information viel effizienter zu teilen. Doch die Leute entwickelten einfach nicht die Tools, die das auch ermöglichen konnten.«
Solche Tools zu entwickeln würde dazu beitragen, die Welt zu einem
solch effizienten Ort zu machen. »Das ist wirklich eine gute Sache«,
sagte er. »Also entwickelte ich diese kleinen Tools wie Course Match
und *Rome of Augustus*. Facebook war eine Art Modell, weil es einem
über die Leute, die man mochte, alles bot.«

Zuckerberg zog aus jedem seiner früheren Projekte Lehren. Aus
Course Match: wie man die Informationen darüber herbekam, wo
sich deine Freunde eingeschrieben hatten. Aus Rome of Augustus:
dass die Leute gern Inhalte lieferten, ohne Bezahlung. (In die Face-
mash-Falle würde er nicht noch einmal tappen – und eine weitere
Ermittlung des Verwaltungsrats auf sich ziehen. Diesmal würde er
ausschließlich Inhalte nutzen, die die Leute auf der Webseite freiwillig
preisgaben.) Zudem hatte er so gut wie sicher D'Angelos Erfahrungen
bei der Arbeit an Buddy Zoo im Kopf und damit die Information, wie

querverknüpfte Freundeslisten in ein komplettes Netzwerk von Verbindungen münden konnten.

Vor diesem Hintergrund führte Zuckerberg noch ein weiteres kleines Projekt dieser Art aus, bevor er Thefacebook schließlich veröffentlichte. Eines der Features, die er plante, sollte es den Nutzern erlauben, in ihre Profile entsprechende Infos einzubinden, dass sie schon einmal in der *Crimson* erwähnt worden waren. Andere konnten so die entsprechenden Artikel realen Menschen zuordnen. Als er dafür die Archive der *Harvard Crimson* auslas, stellte er fest, dass er aus den Daten eine Grafik ähnlich der von Buddy Zoo erstellen konnte: Man konnte erkennen, um wie viele Ecken sich die Leute in seinem großen Netzwerk miteinander verbinden ließen. Wie sich herausstellte, gab es eine Person, die in der *Crimson* besonders häufig genannt wurde: der Harvard-Dekan und Informatikprofessor Harry Lewis. Aus Jux und Tollerei veröffentlichte Zuckerberg – in Anspielung auf die »Six Degrees of Separation« – eine Anwendung namens *Six Degrees of Harry Lewis*. Dort konnte man mithilfe von Beiträgen und Artikeln, in denen viele Leute erwähnt wurden, herausfinden, über wie viele Ecken sie mit Lewis in Verbindung standen. In einem seltenen Anflug von Vorsicht schrieb er Lewis eine Mail und fragte, ob der Dekan das Vorhaben entspannt sah.

Lewis hatte kein Problem damit, aber, wie er später Alex Madrigal von *The Atlantic* erzählte, warnte er den jungen Programmierer. »Das sind alles öffentliche Informationen«, schrieb er Zuckerberg bezüglich der Daten, die er sammelte, »doch irgendwann wird ein Punkt erreicht sein, an dem man öffentliche Informationen als Eingriff in die Privatsphäre empfindet.«[6]

Zuckerbergs bisherige Projekte hatten nur eine minimale Nutzeroberfläche; hauptsächlich ließ er Text auf dem Bildschirm erscheinen, und die Leute klickten auf Links, um auf andere Seiten zu gelangen oder Funktionen auszuführen. Doch diesmal hatte er das Gefühl, seine neue Arbeit sei wichtig genug für ein richtiges Grafik-Design. Andrew McCollum hatte ein paar hübsche Seiten erstellt, also teilte Zuckerberg ihm per Textnachricht mit, er habe den Prototyp von Thefacebook erstellt und wolle McCollum nun damit beauftragen, das Webdesign und ein Logo zu entwerfen. McCollum entgegnete, dass er kein Grafiker sei, nur ein Informatiker, der ein bisschen mit Raubkopien von Photoshop und Adobe Illustrator herumexperimentiert habe. Aber Zuckerberg bestand darauf und wies ihn an, eine Grafik für den Kopf der Webseite zu entwickeln, auf der man eine Art menschliche Silhouette erkennen sollte, die sich in Einsen und Nullen auflöst. (Schon damals war das ein arg strapaziertes und geläufiges Bild für alles, was mit Computern zu tun hatte.)

McCollum löste die Aufgabe, ein Logo zu gestalten, indem er einen »Vektorgrafik«-Kopf aus dem Foto eines jungen Mannes erstellte, das er online gefunden hatte. Die Konturen des Bildes lösten sich in ein digitales Flirren auf. Es sah aus, als läge ihm ein Bild des Schauspielers Al Pacino zugrunde. Erst Jahre später wies jemand McCollum darauf hin, dass das Originalfoto, das inzwischen Millionen von Menschen als »Thefacebook Guy« bekannt war, Peter Wolf zeigte, den ehemaligen Lead-Sänger der J. Geils Band aus Boston.

Atemberaubend war die Webseite trotzdem nicht gerade. Und verglichen mit seinen späteren Inkarnationen war Thefacebook reichlich primitiv. Es empfing die Nutzer mit dem Titel der Webseite und der Peter-Wolf-Grafik sowie einem Text, der erklärte, was es mit der Webseite auf sich hatte.

[Willkommen auf Thefacebook]

Thefacebook ist ein Online-Adressbuch, das Studenten in sozialen Netzwerken miteinander verbindet.

Wir haben Thefacebook für den allgemeinen Gebrauch an der Harvard University erstellt.

Du kannst Thefacebook nutzen, um

- nach Leuten aus Deiner Hochschule zu suchen
- herauszufinden, wer Deine Lehrveranstaltung besucht
- die Freunde Deiner Freunde zu sehen
- Dir Dein soziales Netzwerk grafisch anzeigen zu lassen

Um zu starten, bitte hier klicken und registrieren. Wenn Du schon registriert bist, kannst Du Dich einfach einloggen.

Unten auf der Seite – wie auf jeder der gesamten Webseite – stellte deren Schöpfer in einer Fußzeile sicher, dass auch wirklich niemandem entgehen konnte, wer für die Webseite verantwortlich war. Dort stand:

a Mark Zuckerberg production
Thefacebook@2004

Sobald man registriert war, konnte man sich mit Kommilitonen, die ebenfalls registriert waren, vernetzen (»befreunden« – das englische Substantiv »friend« entwickelte sich rasch zu einem Verb) oder jemanden einladen, der noch nicht dabei war. Privatsphäre war vielleicht das bestimmende Merkmal dieser neuen Webseite. Durch die Beschränkung der Registrierung auf Nutzer mit einer E-Mail-Adresse von der Harvard.edu-Domain, schuf Zuckerberg einen sicheren Raum für Studenten, wo sie die Informationen über ihre Person, die sie preisgeben wollten, mit anderen teilen konnten. Durch Prüfung der Mail-Adressen stellte er sicher, dass die Nutzer mit ihren realen Identitäten auf der Webseite interagierten – ein eingebauter Schutzmechanismus gegen schlechtes Betragen.

Darüber hinaus konnte man einschränken, was man mit wem teilte. Und damit bot Thefacebook mehr Privatsphäre als jedes andere soziale Netzwerk zu dieser Zeit. Die Brüder Winklevoss behaupteten später, dass die Idee, eine Domain zu nutzen, um die Privatsphäre innerhalb einer Community sicherzustellen, ihre eigene brandneue und streng geheime Idee gewesen war, die sie mit Zuckerberg geteilt hatten. In Wirklichkeit hatte jedoch schon Aaron Greenspans houseSYSTEM, mit dem das ConnectU-Team gut vertraut war, die Harvard.edu-Domain genutzt, um seine User zu verifizieren.

Trotz seiner offenkundigen Gelassenheit während der Facemash-Untersuchung durch den Verwaltungsrat hatte Zuckerberg eindeutig seine Lektion gelernt. »Facemash war wahrscheinlich mit das Beste, was Mark und der Zukunft von Facebook passieren konnte, denn dadurch war er sich sehr bewusst, welche Bedeutung es hatte, dass die Leute ihre eigenen Daten kontrollieren konnten«, sagt seine Studienkollegin Meagan Marks. »Als er Thefacebook.com entwickelte, war das absolut ›opt-in‹. Er las keine Daten aus. Man musste sich selbst registrieren, und innerhalb eines Monats hatte er schon die Hälfte der Studenten als Nutzer. Es war also gar nicht nötig, Daten auszulesen.« Die User lieferten ihre Daten selbst.

Thefacebook begann ohne jeglichen Content: Es bot lediglich das Gerüst, in das die Leute ihre eigenen Inhalte einstellen konnten. Und das taten sie, indem sie ihre eigenen Profile anlegten. Dafür stand deutlich mehr Raum zur Verfügung als nur eine zweizeilige Beschreibung wie im gedruckten Studentenjahrbuch. Thefacebook forderte die Studenten auf, ein Foto von sich hochzuladen – eines, das sie selbst ausgewählt hatten, nicht das Porträtfoto mit dem steifen Lächeln, das bei der Abschlussfeier von einem Fotografen geschossen wird – und eine Menge anderer Informationen, die grundsätzlich darauf angelegt waren, mit anderen in Verbindung zu treten und (träumen konnte man ja) sich zu vernetzen. Man konnte seinen Beziehungsstatus einstellen und wonach man »suchte«. Es gab Felder für persönliche Daten, wie Telefonnummern oder AIM-Handles, aber solche, in die man seine Interessen, seine politischen Einstellungen, seine Lieblingsbücher, die Kurse, die man belegte, und ein »Lieblingszitat« eintragen konnte.

Auch wenn man damit nicht direkt miteinander kommunizieren konnte, hatte Zuckerberg eine Möglichkeit eingerichtet, jemandem ein direktes Signal zu senden – indem man einen anderen User als Empfänger eines digitalen »Anstupsers« (engl. »poke«, das als Verb auch »herummachen«, »vögeln« bedeuten kann) markierte. Was das dann genau hieß, lag allein am »Anstupser« oder der »Anstupserin« und dem oder der »Angestupsten«, auch wenn ein gewisses erotisches Moment angelegt zu sein schien. (Jahre später fragte ich Zuckerberg, ob er gewusst habe, dass in Larry McMurtrys berühmtem Buch *Lonesome Dove* – auf Deutsch unter dem Titel *Weg in die Wildnis* erschienen – die Figuren den Begriff »poke« konsequent als etwas harmloseren Ausdruck für die sonst benutzten Begriffe für außerehelichen Geschlechtsverkehr verwendeten. Das war ihm neu.)

Nicht nur die Profile lieferten Thefacebook wertvolle Daten. Ähnlich wie bei Friendster konnte man sich auf der Webseite mit anderen Leuten »befreunden« und damit anzeigen, dass sie dem eigenen Netz-

werk angehörten. Aber anders als bei Friendster konnte man auf Thefacebook die Netzwerke der anderen auch einsehen. »Viele wollten
einfach nur sehen, wen andere Leute kannten«, meinte Zuckerberg
später dazu. »Etwas Vergleichbares gab es damals einfach noch nicht.«[7]
Am 4. Februar 2004 ging Zuckerberg mit Thefacebook an den
Start. Er schickte seinen Freunden E-Mails, in denen er sie drängte, es
auszuprobieren. Der Launch fiel in jene Phase des Jahres, in der sich
die Studenten das Material für ihre Kurse im neuen Semester besorgten, und Thefacebook war dafür von unmittelbarem Nutzen. Kaum
hatte Zuckerberg gepostet, dass es verfügbar sei, fingen die Leute an,
sich zu registrieren.

Am Abend ging Zuckerberg mit Freunden in ein Lokal namens
»Pinocchio's« (sie hatten es »Noch's« getauft), um Pizza zu essen. Er
kam oft mit seinem Freund Kang-Xing Jin, auch KX genannt, hierher;
mit ihm zusammen erledigte Zuckerberg häufig die Partnerarbeiten
für die Informatikseminare, in die sie sich eingeschrieben hatten.
Normalerweise spekulierten sie darüber, welche weltbewegenden
Veränderungen für die Zukunft die Technologie bringen würde.
Nachdem sie am Abend des 4. Februar die rasante Annahme von
Thefacebook mitverfolgt hatten, folgerten sie daraus, dass eines Tages
jemand die ganze Welt vernetzen würde. Sie glaubten allerdings nicht,
dass das Programm, das dies leisten könnte, jenes sein würde, das an
diesem Tag auf Zuckerbergs Laptop gestartet war. Dieses die Welt ver-
bindende Tool käme wahrscheinlich von Microsoft oder einem anderen Giganten, vermuteten sie.[8]

Sam Lessin war ein Harvard-Student, der Zuckerberg nur flüchtig
kannte. Auch er wohnte im Kirkland House, und auch er gehörte zu
der Gruppe Harvard-Studenten, die an digitalen Diensten herumbas-
telten; im Sommer zuvor hatte Lessin ein Programm entwickelt, das
er als eine Art »eBay exklusiv für Harvard« beschrieb. Es hieß *Crimson Exchange* und hatte nicht gerade ruhmreich geendet.

Thefacebook dagegen schien ihm etwas Außergewöhnliches zu
sein. Zuckerberg hatte es irgendwie geschafft, soziale Netzwerke zu
steuern, als hätte er einen Blitz in eine Flasche gebannt – ein Thema,
von dem Lessin geradezu besessen war. Lessins Vater war ein Techno-
logie-Investor von der Ostküste, der SixDegrees finanziell unterstützt

hatte, und Lessin vergötterte dessen Gründer Andrew Weinreich. Er hatte den Verkauf des Unternehmens mit Bedauern verfolgt und beobachtete jetzt den Aufstieg von Friendster, das er für ein gutes Projekt hielt, wenn auch mit Fehlern behaftet. Das Problem war die fehlende Vertrauenswürdigkeit, weil die Nutzer nicht verlässlich mit ihren echten Namen identifiziert werden konnten. Und nun hatte dieser Typ, mit dem er quasi Tür an Tür wohnte, eine Webseite entwickelt, die Sicherheit bot, weil man wusste, mit wem man Kontakt hatte, und Privatsphäre, weil sie auf die eigene Community beschränkt war.

Ein paar Tage nach dem Start sorgte Lessin dafür, beim Mittagessen an Zuckerbergs Tisch zu sitzen. »Das könnte riesig werden!«, sagte er zu Zuckerberg, der sein Pokerface aufgesetzt hatte. »Das könnte einen Wert von … hundert Millionen Dollar bekommen!« Es war die größte Zahl, die Lessin gerade einfiel.

Und was erwiderte Zuckerberg? »Er blieb ganz lässig«, erinnert sich Lessin an die Situation. Was Zuckerberg spannender fand, war weniger das Geld, sondern die Frage, welche anderen interessanten Sachen er noch mit Thefacebook machen konnte.

Gleichwohl war sich Zuckerberg bewusst, dass Thefacebook mehr wirtschaftliches Potenzial hatte als die anderen Projekte, an denen er bisher gearbeitet hatte. Schon vor dem Launch hatte er davon gesprochen, ein Unternehmen zu gründen, das auf Thefacebook aufbaute, und dass er ein paar Freunde habe, die investieren wollten. Bei Facemash hatte er gelernt, dass ein Laptop nicht ausreicht, um ein campusweites System am Laufen zu halten, also brauchte er Geld, um Speicherplatz zu mieten. Zuckerberg hatte als Erstes Joe Green gefragt, aber Green, der sich ohnehin mehr für Politik als für Computer interessierte, beherzigte den Rat seines Vaters und machte einen Bogen um Mark Zuckerbergs Projekt.

Zuckerberg gelang es schließlich, einen Freund aus seiner Studentenverbindung zu interessieren, Eduardo Saverin[9]. Saverin war Brasilianer und Spross einer wohlhabenden jüdischen Familie, die nach Miami umgesiedelt war, als Eduardo in der Highschool war. Er engagierte sich im Harvard Investment Club. »Keiner von uns verstand wirklich etwas von Geschäften, aber Eduardo war einer von den Typen, die alles darüber zu wissen schienen«, sagt Green.

Saverin schoss 1000 Dollar dazu, die gleiche Summe, die Zuckerberg beisteuerte. Später würde er 15 000 Dollar auf ein gemeinsames
Bankkonto einzahlen.

Die beiden kamen überein, die Eigentumsan-
teile an Thefacebook aufzuteilen: Zuckerberg würde zwei Drittel der
neuen Firma halten, Saverin – als derjenige, der sich mit Geschäften
auszukennen schien – ein Drittel. »Wir wollten eine Firma aufzie-
hen«, erklärte Zuckerberg später in einer eidlichen Aussage, als all
dies zu einer juristischen Angelegenheit geworden war. »Es schien, als
sollten wir darüber reden.«

Das Geld ermöglichte Zuckerberg, bei einer ortsansässigen Firma
Speicherplatz auf einem Server zu mieten, für 85 Dollar im Monat.

In den nächsten Tagen begann Thefacebook mit der unerbittlichen
Übernahme der Studentenschaft von Harvard. Je mehr Nutzer sich
anmeldeten, desto größer wurden die Chancen, dass sie dort Profile
von Freunden finden würden oder von Leuten, mit denen sie gern
befreundet wären. In den frühen 1980er-Jahren hatte der Computer-
fachmann Bob Metcalfe über den Netzwerk-Effekt geschrieben. Er
konstatierte, dass der Wert eines Netzwerks mit der Anzahl seiner
Mitglieder exponentiell anstieg (seine These wurde als Metcalfesches
Gesetz bekannt). Und tatsächlich: Von Stunde zu Stunde wurde der
Anreiz für die Studenten, sich anzumelden, von einem abwechslungs-
reichen Zeitvertreib zu einer absoluten Notwendigkeit. Nicht bei Thefacebook zu sein ließ einen ins virtuelle Abseits auf dem realen Campus geraten.

Soziologen und Start-up-Gurus würden später unermüdlich zu
analysieren versuchen, was in jenem Februar 2004 in Harvard pas-
siert war, indem sie mühsam und akribisch auseinandernahmen, wie
Zuckerberg den Blitz in die Flasche gebannt hatte. »In den Ivy-
League-Universitäten, wo kaum ein Neuankömmling mehr als ein,
zwei Leute kannte, ist das [physische] Studentenjahrbuch, das Face-
book, ein wesentliches Element der Infrastruktur«, sagt danah boyd
[Eigenschreibweise, Anm. d. Red.], damals eine junge Soziologin von
Anfang zwanzig und eine der Ersten, die begriff, dass hier eine neue
Ära der Sozialwissenschaften eingeläutet wurde. »Zuckerberg machte
das Ganze interaktiv. Auch wenn es schon ein bisschen etwas von
Stalking hatte. Und es machte süchtig. Die Tatsache, dass man nur

Leute aus dem eigenen Netzwerk sehen konnte, war dabei zentral –
man begab sich in die Öffentlichkeit, geriet aber nur in den Blick von
Leuten, von denen man auch gesehen werden wollte.«

Ein paar Tage nach dem Launch äußerte sich die *Crimson* – deren
Mitarbeiter die Kirkland-Suite H33 inzwischen als eine Art Harvard-
eigenes Silicon Valley betrachteten – zu diesem Phänomen. »Hunderte Anmeldungen auf der neuen Facebook-Webseite«,[10] lautete die
Überschrift (Hunderte!), und im Anreißer hieß es, dass der Autor der
skandalösen Facemash-Seite einen dramatischen Beitrag liefere, um
seine Reputation wiederherzustellen. Zuckerberg kam in dem Artikel
ziemlich eingebildet rüber. Thefacebook sei im Wesentlichen die Antwort auf Harvards langsame Gangart in Sachen eigenes Online-Face-
book. »Ich finde es reichlich dumm, dass die Universität ein paar Jahre braucht, um damit rauszukommen«, sagte er und stimmte damit
ein Leitmotiv an, auf das er in den folgenden Jahren immer wieder
zurückkommen würde: Das neue Technologie-Zeitalter gehörte der
Jugend. »Ich kann es besser als sie, und ich schaffe es innerhalb einer
Woche«, rühmte er sich.

Zuckerberg betonte aber auch, dass dieses neue Projekt zeige, auf
welch fruchtbaren Boden die *Crimson*-Kritik gefallen sei. Thefacebook nehme die Sorge der Studenten um ihre Privatsphäre ernst. Er
erläuterte die verschiedenen Möglichkeiten, wie man als User einschränken konnte, wer die eigenen Daten abrufen durfte. Und er
versprach, dass seine Webseite auch in Zukunft die Privatsphäre der
Nutzer respektieren werde. »Ich werde nicht anfangen, jemandes
E-Mail-Adresse zu verkaufen«, sagte er der *Crimson*.

Zuckerbergs Übernahme des virtuellen Harvards braucht den Vergleich mit dem Machtgebrauch seiner klassischen Helden wie Augustus, Alexander des Großen oder eines der Online-Avatare, die er im
Computerspiel »Civilization« angenommen hatte, nicht zu scheuen.
Und so wie diese ehrgeizigen Kämpfer war auch Zuckerberg bereits
wieder auf der Suche nach künftigen Eroberungen. Statt Harvard als
Testlabor für Thefacebook zu nutzen, es zu verbessern und weiterzuentwickeln, begann Zuckerberg mit der Planung, wie er die anderen
Universitäten des Landes damit erobern könnte. Manche Unis hatten
bereits Online-Jahrbücher, sie galt es zu stürzen. Sollte das gelingen,

brauchte er ein Team, das daran arbeitete, die Datenbanken an die jeweilige Universität anzupassen und für die Webseite zu werben, bevor der Schneeball durch die Anmeldungen der Nutzer ins Rollen kam. Diese Rolle sollten die späteren Mitbegründer von Facebook übernehmen. Sie alle wären – natürlich – dem alleinigen Urgründer untergeordnet, dessen Name auf jeder Seite stand. *A Mark Zuckerberg production.*

Dustin Moskovitz war Zuckerbergs wichtigster technischer »Offizier«. Moskovitz war acht Tage nach Zuckerberg zur Welt gekommen, stammte aus Gainesville/Florida und studierte Wirtschaft im Hauptfach. Während des Studienjahrs hatte er seinem Mitbewohner Zuckerberg neugierig über die Schulter geblickt, als der seine diversen Projekte ausheckte – Facemash hatte er für einen ziemlich dummen Scherz gehalten. In den unzähligen nächtlichen Sitzungen in Suite 33 hatte er sich als leidenschaftlicher Diskussionsteilnehmer entpuppt, wenn es um die Frage ging, wie das Internet die Welt verändern würde. Als Facebook startete, bat Zuckerberg ihn um Hilfe bei der Administration der Webseite. »Ich habe ihn nicht wirklich ins kalte Wasser geworfen«, erzählte er später in einem Interview. »Es war eher so: Er arbeitete daran, und wenn ich zufällig in der Nähe war, fragte er mich: *Hey, kannst du mir da mal helfen?*«[11]

Aber als Moskovitz sah, wie schnell sich Thefacebook auf dem Campus entwickelte, wollte er eine größere Rolle dabei spielen, und das hieß tatsächlich, dass er programmieren musste. Er absolvierte einen Crashkurs, kaufte sich das Buch *PERL for Dummies* und schlug sich die Nacht um die Ohren, um sich den Stoff beizubringen. Selbst als Zuckerberg ihn davon in Kenntnis setzte, dass die Webseite nicht in PERL, sondern in den modernen Programmiersprachen PHP und C++ programmiert war, ließ er sich nicht unterkriegen.[12] Keine große Sache – Moskovitz würde auch die lernen. Er war ein unglaubliches Arbeitstier; irgendwann bekam er deswegen den Spitznamen »Ochse«, was seiner Intelligenz und seinem Organisationstalent freilich nicht gerecht wurde. Rasch fand er heraus, wie er Zuckerbergs Arbeit nachahmen konnte, und wurde ein Meister beim Umsetzen der Aufgaben, die nötig waren, um dem Projekt neue Universitäten zu erschließen.

Zuckerbergs Mitbewohner Chris Hughes hatte sofort erkannt, dass Thefacebook keine Spielerei und Blödelei war wie Facemash. Hughes war ein echter Fan von Friendster, aber ihm war klar, dass ein privates Netzwerk, das sich auf die digitalen Grenzen von Harvard beschränkte, die Bedenken in Sachen Persönlichkeitsrechte ausräumte, die es bei Friendster gab. Für Hughes war Thefacebook das erste von Zuckerbergs Projekten, bei dem er Lust hatte mitzumachen. Obwohl er Hughes nicht in technischen Fragen einbezog, bat Zuckerberg ihn, öffentliche Aufgaben zu übernehmen, die er selbst nicht ertragen würde.

Andrew McCollum, der das Design der Webseite erstellt hatte, war in Idaho aufgewachsen und liebte die Welt der Computer. Er war damals einer der wenigen in Harvard, die Informatik als Hauptfach gewählt hatten. Er war tief beeindruckt von Zuckerbergs Zielstrebigkeit und seiner Entschlossenheit, alles zu tun, um die von ihm ersonnenen Produkte umzusetzen.

Eduardo Saverin, nach Zuckerberg der Mitgründer mit der zweithöchsten Beteiligung, wurde mit den geschäftlichen Dingen betraut, während der Rest des Teams inzwischen die Angriffe auf die anderen Universitäten plante.

Auch wenn es insgesamt fünf Mitgründer gab, wer das Alphatier war, stand nie infrage. Zuckerbergs Selbstdarstellung auf der Webseite sprach Bände:»Gründer, Master und Commander, Staatsfeind«. Und so langsam gelangte er auch zu der Überzeugung, dass Thefacebook so viel Potenzial hatte, dass es *seinen* Zeitaufwand und *seine* Aufmerksamkeit wert war.

In den nächsten Wochen drehte sich alles darum, in den anderen Universitäten Fuß zu fassen. Zuckerberg ging an die Aufgabe heran, als wären die amerikanischen Hochschulen Länder in einer gigantischen Partie des Spiels»Risiko«. Sicher, es gab nicht viel freies Gelände – einige Unis hatten ja bereits etwas mehr oder weniger Entsprechendes, und die musste er nun eben, wie beim Brettspiel, überlisten.

Die erste, die er sich vorknöpfte, war die Columbia University. Auf den ersten Blick schien sie nicht unbedingt am leichtesten zu erobern, denn dort gab es Konkurrenz: *mid-2003*. Doch genau dahinter steckte das Kalkül des Spielleiters Zuckerberg. Statt an Universitäten zu starten, wo Thefacebook die größten Erfolgschancen haben würde, griff er dort an, wo er seine Chancen als extrem gering einschätzte. Nämlich an solchen Universitäten, an denen die Studenten Alternativen hatten.[13] »Das war der entscheidende Aspekt, in dem Marks Persönlichkeit sich von der anderer unterschied«, sagt McCollum. »Die anderen, die solche Sachen entwickelt hatten, waren glücklich, dass sie an ihrer Uni oder Schule erfolgreich waren. Sie konzentrierten sich mehr oder weniger darauf, die Funktionen, die sie anboten, zu erhalten und zu verbessern und weiter ein großartiges soziales Netzwerk anzubieten. Mark dagegen wollte sehen, ob sein Projekt mit einem bereits etablierten und beliebten sozialen Netzwerk konkurrieren konnte.«

Das Vorhaben, sein Projekt auch an anderen Universitäten zu etablieren, zog eine bedeutende Entscheidung nach sich: Sollten die Neueinsteiger ins System als Teil eines einzigen zusammenhängenden Netzwerks betrachtet werden oder getrennt als separate Einheit? Konkret gefragt: Sollte man sich auch die Profile der Studenten anderer Universitäten anschauen können oder nur die der eigenen? Später erklärte Zuckerberg den eingegangenen Kompromiss so: »Ist es für die Leute besser, wenn sie alle sehen können, sich dann aber vielleicht nicht mehr in einem sicheren Bereich fühlen, wo sie ihre Interessen teilen können, was sie für Einstellungen haben und was ihnen wichtig ist? Oder ist es besser, wenn mehr Information und mehr Stellungnahmen verfügbar sind, dies aber für eine kleinere Zielgruppe, die vermutlich für die Leute die jeweils relevante Zielgruppe ist?«[14] Nach langem Hin und Her beschloss Zuckerberg, dass er das Surfen in den Profilen auf die jeweils eigene Hochschule der Nutzer beschränken wollte. Die Leute würden bereitwilliger Dinge wie ihre Handynummer teilen, wenn sie wussten, dass nur User aus ihrer eigenen Community sie sehen konnten.

Privatsphäre wurde zum Gesetz. Oder, wie Zuckerberg es später formulierte: »Wenn die Leute das Gefühl haben, dass ihre Informationen nicht sicher sind, dann schadet uns das auf lange Sicht auch.«[15] Das Team um Zuckerberg heckte etwas aus, das von da an zur Blaupause werden sollte, um in neuen Universitäten Fuß zu fassen und zum beherrschenden Netzwerk zu werden. Zunächst wurde eine

separate Datenbank angelegt. Dann besorgten sie sich die Inter-
net-Domain und sicherten sich einen Server und Speicherplatz. Sie
scannten die Vorlesungsverzeichnisse und stellten den Kontakt zur
Uni-Zeitung her. Und schließlich nahmen sie den Betrieb auf und
schickten Mails an Multiplikatoren – Freunde oder Geschwister aus
ihren eigenen sozialen Netzwerken oder Leute, die nachgefragt hatten, wann es Thefacebook auch an ihrer Uni gäbe. An der Columbia
University war es am 26. Februar so weit, die Seite ging online. Thefacebook hatte einen Vorteil gegenüber dem dort vorherrschenden
Netzwerk: den Schutz der Privatsphäre. Im bisherigen Colum-
bia-Netzwerk konnten die Studenten mehr Fotos hochladen und
Blogs schreiben, doch waren sämtliche Inhalte der allgemeinen Öffentlichkeit zugänglich.[16]

Man sollte meinen, Zuckerberg hätte den ganzen Abend damit verbracht zu beobachten, welche Fortschritte Thefacebook bei seinem
ersten externen Auftritt außerhalb von Harvard macht. Doch an jenem Abend bot sich ihm eine ganz besondere Chance: Der Mitbegründer von Microsoft, Bill Gates, hielt einen Vortrag im Lowell
House in Harvard.[17] Gates hatte das Studium in Harvard bekanntermaßen abgebrochen, nachdem er seine Firma gegründet hatte – ein
Karriereweg, den er in seinem Vortrag nicht zur Nachahmung empfahl. Vielmehr drängte er diejenigen, die Informatik studierten, ihren
Abschluss zu machen und sich dann bei Microsoft zu bewerben.

Zuckerberg betonte später, dass er aus Gates' Vortrag einige wertvolle Informationen gezogen habe. Etwa, dass Harvard seinen Studenten ein unbefristetes Ausscheiden ermöglicht, um zeitweise andere Projekte zu verfolgen. »Wenn Microsoft scheitert, komme ich zurück nach Harvard!«, hatte der Milliardär gescherzt. Wie Zuckerberg
sagte, hätte er sein Harvard-Studium sicher nicht abgebrochen, um
an Facebook zu arbeiten, wenn er bei dem Vortrag nicht von diesem
Sicherheitsnetz erfahren hätte. (Wobei es da auch noch einen familiären Aspekt gibt: Bevor Mark sein studentisches Abenteuer begann,
wettet seine Mutter mit ihm, dass er abbrechen würde; er hielt vehement dagegen. Er scherzte später, er habe nur zugesagt, die Eröffnungsrede in Harvard zu halten, damit er ein Ehrendiplom erhielt
und so die Wette doch noch gewann.)

In den folgenden Tagen ging Thefacebook in Stanford und Yale an den Start, im Laufe der nächsten Monate weitete das Team die Präsenz des Netzwerks auf über hundert Universitäten und Colleges aus.

Knapp sechs Wochen nach dem Start von Thefacebook meldete sich die *Crimson* wieder zu Wort, diesmal mit einem Gedankenspiel, wie Sozialwissenschaftler Thefacebook wohl einst im Rückblick beurteilen würden.[18] Zuckerberg sagte von sich selbst, er sei »nur ein dummer Programmierer« und überließ Hughes das Philosophieren. »Thefacebook ist ein Werkzeug, das es den Nutzern ermöglicht, ihre sozialen Beziehungen zu erweitern, indem sie ein Netzwerk mit Leuten aufbauen, die sie nur flüchtig kennen«, sagte er der *Crimson*. Als der Reporter Fragen zur Ähnlichkeit mit Friendster stellte, ergriff Zuckerberg, der vermeintlich dumme Programmierer, gleich das Wort. Er tat Friendster als Dating-Site ab und sagte: »Die Art der Information auf unserer Seite ist fundamental anders. Die Leute sind nicht so befangen bei ihrer Selbstdarstellung.« Der Artikel schloss mit einer Verneigung. »Amateur-Anthropologen wie Zuckerberg und Hughes verändern unseren Alltag«, hieß es da, »ein Coup jagt den nächsten.«

Als Zuckerberg am 4. Februar mit Thefacebook herausgekommen war, fühlte sich das ConnectU-Team überrumpelt. Dieser Typ war ständig mit Ausreden angekommen, warum er ihr Social-Media-Produkt für Harvard nicht zu Ende brachte, dabei hatte er in Wirklichkeit an etwas Eigenem gebastelt! Sie hatten sich zwar sofort einen anderen Programmierer gesucht, zugleich aber wurde ihnen schmerzlich bewusst, dass sie ihre Chance womöglich verpasst hatten. Und tatsächlich beobachteten sie mit Schrecken, wie Thefacebook nicht nur Harvard eingenommen hatte, sondern nach und nach die übrigen Ivy-League-Universitäten und weitere Top-Unis im ganzen Land. Das ConnectU-Trio beschwerte sich sogar beim Präsidenten von Harvard, Larry Summers – der natürlich alles andere als begeistert war, dass nun noch mehr angehende Unternehmer, die davon träumten, die Harvard-Studenten zu vernetzen, den Weg in sein Büro fanden. Er erklärte, die Universität verfüge nicht über eine Abteilung, die Geschäftsstreitigkeiten unter Studenten schlichten würde. (Später würde

Summers die Winklevoss-Zwillinge als »Arschlöcher«[19] bezeichnen und sich darüber lustig machen, dass sie bei dem Treffen Anzüge trugen.)

Hätte das ConnectU-Team gewusst, wie Zuckerberg seinen Freunden gegenüber auftrumpfte, sie hätten womöglich einen Herzstillstand erlitten. Bei einem fatalen AIM-Austausch bestätigte Zuckerberg den naheliegenden Schluss: Er hatte das Winklevoss-Team absichtlich aufgehalten, während er sein eigenes Produkt ausarbeitete. »Yeah, auf die scheiß ich«, schrieb er, »wahrscheinlich schon bald«, und schob noch einen deftigeren Spruch hinterher.[20]

15 Jahre später erwähne ich Zuckerberg gegenüber, dass es doch recht offensichtlich erscheint, dass er seine Vereinbarung mit ConnectU verschleppt hat.

»Ich weiß es nicht«, antwortete er. »Ich denke, ich wollte einem Streit aus dem Weg gehen. Aber das war … Ach, ich weiß es nicht, ich glaube eigentlich, Klartext gesprochen zu haben.«

In einem Brief an den Harvard-Dekan, der ihn gebeten hatte, die Abläufe der Auseinandersetzung chronologisch zu schildern, war er deutlich diplomatischer (und weniger offen).[21] Laut Zuckerbergs Darstellung hatte er zwar zugestimmt, dem ConnectU-Team auszuhelfen, die drei aber hätten immer wieder neue Aufgaben hinzugefügt. Irgendwann sei er von Narendra und den Winklevoss-Brüdern schlicht enttäuscht gewesen, erklärte Zuckerberg, und endete mit der Bemerkung, dass deren Projekt außerdem den unverzeihlichen Fehler begangen hätte, langweilig zu sein. Die drei hätten einfach nichts begriffen. Außerdem verlangten sie – ja, sie erteilten ihm Befehle, als wäre er irgendein Hinterzimmer-Techniker –, dass er den unproduktiven Job übernahm, die Webseite fertig zu machen und den Programmcode zu überarbeiten. Zuckerberg stellte klar, dass solche Arbeiten unter seiner Würde waren. Im Laufe der Zusammenarbeit, so behauptete er, sei er immer entsetzter über die Unkenntnis und den Mangel an Fantasie des ConnectU-Teams gewesen. »Es war offensichtlich, dass sie lange nicht so gut Bescheid wussten oder so clevere Geschäftsleute waren, wie sie mich glauben machen wollten. Die sozial unfähigsten meiner Freunde schienen da noch bessere Ideen zu haben, was Leute auf eine Webseite ziehen würde, als diese Jungs.«

In dem Brief beschwerte sich Zuckerberg auch darüber, dass ihn seine Verteidigung gegen die Anschuldigungen des Trios an seiner Arbeit für das Studium hindere. »Die Universität sollte sich lieber daran stören, dass ich gezwungen bin, mich mit deren lächerlichen Vorwürfen auseinanderzusetzen, statt mein Studium voranzubringen.« Bei all seinem wütenden Gepolter hatte Zuckerberg doch in einem recht. Die Pläne des ConnectU-Teams basierten auf der Überzeugung, dass man im Internet erfolgreich ist, wenn man eine gute Idee unter Nutzung digitaler Superkräfte in die Online-Welt überführt. Bei der ersten Welle von Internet-Start-ups war das die herrschende Theorie gewesen, die schmählich gescheitert war, als der aufgeblasene Wert von Unternehmen wie etwa *pets.com* zusammenschnurrte wie ein durchlöcherter Luftballon. Die zweite Erfolgswelle brachte dann Start-ups hervor, deren Gründer technisch versiert waren und die sich selbst oft als Hacker bezeichneten. Ihre Ideen waren eher Ansatzpunkte für ein mögliches Produkt, das sie rasch auf den Markt brachten und dann nach und nach perfektionierten. Der Weg zum Ruhm war Anfang des neuen Jahrtausends also ein anderer geworden. Es funktionierte nicht mehr, billige Arbeitskräfte wie Mark Zuckerberg zum Programmieren eines Entwurfs einzustellen, den man in irgendwelchen elitären Zirkeln ausgeheckt hatte – jetzt setzten ihn die Zuckerbergs selbst um.

Frustriert darüber, dass Harvard es unterlassen hatte, Zuckerberg wegen unehrenhaften Verhaltens zu bestrafen, beschloss Cameron Winklevoss im Mai, Zuckerbergs perfides Verhalten öffentlich zu machen. Es lag nahe, dafür die *Crimson* einzuspannen. Winklevoss schickte der Zeitung, die keinesfalls eine Entwicklung im Verlauf der Zuckerberg-Saga verpassen wollte, einen anonymen Hinweis.[22] Die Story wurde Tim McGinn übertragen, der die ConnectU-Gründer interviewte. Danach bat er Zuckerberg für eine Stellungnahme ins Redaktionsbüro.

Zuckerberg kam mit seinem Laptop, bereit, McGinn und der *Crimson*-Redakteurin Elisabeth Theodore zu beweisen, dass Thefacebook ein Originalprodukt war, das mit dem ConnectU-Konzept nichts zu tun hatte. Zuvor jedoch unternahm er einen befremdlichen Schritt – zumindest für einen Studenten, der noch immer behauptete, sein

Projekt sei nichts Geschäftliches: Er bat die beiden studentischen Journalisten, eine Vertraulichkeitsvereinbarung zu unterschreiben. (Das sollte sich als Vorwegnahme der Vertraulichkeitsvereinbarung erweisen, die Tausende von Besuchern unterschreiben müssen, bevor sie die Schwelle zu den Büroräumen von Facebook überschreiten.) Als die beiden sich weigerten, fuhr Zuckerberg trotzdem fort. Er überzeugte sie, dass seine Webseite mitnichten ein Nachbau dessen war, was die Winklevosses im Sinn hatten. Thefacebook sei ohnehin »nicht gerade eine besonders neue Idee. Sie ist von den vielen anderen [sozialen Netzwerken] übernommen.«[23]

Zuckerberg wartete nervös, fast panisch auf das Erscheinen des Artikels. In einer Konversation mit Greenspan per Instant Messager beklagte er sich über die Winklevosses. »Sie beschuldigen mich, ihr Zeug geklaut zu haben, weil ich ihnen einen Monat lang geholfen habe«,[24] tippte er. (Die Ironie dabei ist, dass Greenspan dabei die ganze Zeit dachte: *Mich hat er auch bestohlen!* Aber Greenspan reichte keine Beschwerde ein. »Ich sah einfach keinen Sinn darin, aus einem bloßen Studentenprojekt eine Riesensache zu machen«, sagt er. »Nach meiner Einschätzung würde es in einer Woche wieder verschwunden sein.« Außerdem betrachtete Greenspan sich zu dieser Zeit als Zuckerbergs Freund.)

Zuckerberg fragte Greenspan, ob er wüsste, wie man an den »News Talk« käme, ein nichtöffentlicher Verteiler, über den die *Crimson*-Mitarbeiter die kommenden Artikel und redaktionelle Fragen diskutierten. Greenspan antwortete über AIM, damit könne er nicht dienen.

»Tja«, tippte Zuckerberg als Antwort. Dann fing er an, darüber zu spekulieren, wie das Leben nach Harvard sein würde, wenn solche Scherereien hinter ihm lägen: *Wenn man seinen Abschluss hat, gibt's keine Hochschulzeitungen und Verwaltungsräte mehr. Nur noch die* New York Times *und Bundesgerichte, haha.*

Im Rückblick eine Bemerkung, die eines Nostradamus würdig wäre. Zuckerberg hätte die Sache damit abschließen sollen. Doch stattdessen hackte er die E-Mail-Accounts der Autoren und Redakteure der *Crimson*. *Business Insider* konnte später mithilfe von Zuckerbergs Textnachrichten zeigen, wie er die privaten Accounts der

User von Thefacebook dafür verwendete. Zunächst suchte er nach Nutzern, die sich selbst als Mitarbeiter der *Crimson* präsentierten. Dann durchsuchte er die Log-ins dieser Accounts, um zu sehen, ob sich jemand beim Eingeben des Passworts vertippt hatte. Er suchte gezielt nach Leuten, die ihre E-Mail-Adresse als Passwort verwendet hatten. Ob er nun genau so oder anders vorgegangen war, sei dahingestellt. Jedenfalls gelangte er an die E-Mails von mindestens einem *Crimson*-Reporter. Eine der Mails, an die Zuckerberg gelangt war, behandelte seinen Besuch in der Redaktion. Elisabeth Theodore beschrieb sein Auftreten als »schmierig«, aber nachdem sie durch Zuckerbergs Vorführung auf dem Laptop gesehen hätte, wie sehr die beiden Webseiten sich unterschieden, sei sie zu dem Schluss gekommen, dass sein Umgang mit den Leuten von ConnectU nicht bedeutete, dass er ihre Arbeit geklaut hätte.

Der ganzen Aufregung im Vorfeld zum Trotz war der Artikel selbst eine ausgeglichene Zusammenfassung sämtlicher gegenseitiger Beschuldigungen und kam zu dem Fazit, dass beide Webseiten ohnehin aussähen wie eine Kopie von Friendster. Zuckerberg beschwerte sich trotzdem schriftlich bei der *Crimson,* dass man ihn entschiedener hätte entlasten müssen, ließ die Sache damit aber auf sich beruhen.

Im September des gleichen Jahres sollte ein langes Gerichtsverfahren eröffnet werden, das dem ConnectU-Team letztendlich eine Zahlung von 65 Millionen Dollar einbrachte. Das könnte man für einen beachtlichen Erlös halten, wenn man bedenkt, dass es keine formelle Vereinbarung mit Zuckerberg gegeben habe – ein Richter beschrieb die Übereinkunft als »Schlafsaal-Geplänkel«. Zuckerbergs Ausreden jedenfalls hätten sie bei der Produktion ihrer Webseite, an der sie schon über ein Jahr lang nur zögerlich herumlaborierten, nicht länger als zwei Monate in Verzug gebracht. Trotzdem beschwerten sich Narendra und die Winklevoss-Zwillinge später darüber, wie die Auszahlung berechnet worden war, obwohl sie sich damit einer überraschend großen Gruppe unglücklicher Menschen anschlossen, die durch Mark Zuckerberg enorm reich wurden. (Auch Greenspan mit seinem houseSYSTEM würde letztendlich für den Urheberrechtsstatus des Namens »Facebook« eine Auszahlung von mehreren Millionen Dollar erhalten[25] und ebenfalls eine Verachtung gegenüber Zuckerberg hegen, die der von Kapitän Ahab gegen den Weißen Wal durchaus ähnelt.)

Im Juni 2004 jedoch lag all das noch in weiter Ferne. Zuckerberg hatte große Pläne für den kommenden Sommer. Thefacebook ging westwärts.

Die Idee dazu war bei einer lockeren Unterhaltung entstanden. Andrew McCollum, der schon seit Jahren zwischendurch immer mal wieder bei dem Computer- und Videospiele-Hersteller *Electronic Arts* jobbte (vermittelt hatte das Bing Gordon, ein Freund der Familie und Manager bei Electronic Arts), zog es ins Silicon Valley zurück. Adam D'Angelo hatte für die Semesterferien einen Praktikumsplatz bei Google, würde also ebenfalls in der Bay Area sein. Weil Thefacebook während des Sommers nicht von Suite H33 aus weiterbetrieben werden konnte – und die Dinge ohnehin auf das Silicon Valley zuzusteuern schienen –, meinte Zuckerberg, das Team solle sich doch vielleicht ein Haus in Kalifornien mieten und dort weiterarbeiten. Das klang nach einer deutlich besseren Alternative, als sich einen Job für die Semesterferien suchen zu müssen. »Es war ein cooler Ort für den Sommer, meine Freunde waren dort, und es war das Silicon Valley«,[26] erklärte er später.

Auf der Anzeigenwebseite Craigslist entdeckte er ein möbliertes Haus im Stadtteil Barron Park von Palo Alto, einem Viertel mit vielen Grünflächen, wenige Kilometer von der Innenstadt entfernt. Und es hatte einen Pool. Auf der Namensliste im Mietvertrag standen Zuckerberg, Moskovitz und McCollum. Bevor sie die Stadt verließen, wurden noch zwei talentierte frischgebackene Ingenieure als »Praktikanten« angeheuert, auch wenn sie letztlich genau die gleiche Programmierarbeit machten wie alle anderen auch.

Die Idee, Praktikanten zu beschäftigen, lag ungefähr so nah, wie Zuckerbergs Projekt mit den Methoden eines tatsächlichen Unternehmens arbeitete. »Für uns war Facebook kein Start-up«, sagt Andrew McCollum. »2004 war die Start-up-Rezession nach dem Platzen der Dotcom-Blase noch zu nah. Es passte also nicht gerade zum kulturellen Zeitgeist, und in Harvard schon gar nicht. Es war cool zu sehen, dass es Erfolg hatte, aber es war noch immer nichts weiter als ein kleines soziales Uni-Netzwerk.«

Vor seinem Aufbruch in sein großes Abenteuer nahm Zuckerberg sich noch die Zeit für ein weiteres Interview in der *Crimson,* diesmal ein Porträt über das »Genie, das hinter thefacebook.com steckt«.[27] Es fand im Gemeinschaftsraum von Kirkland House statt, wo Klamotten auf dem Boden lagen und halb gepackte Kisten herumstanden. Zuckerberg schien entweder gelangweilt oder ungeduldig zu sein, egal was er sagte, es hörte sich an wie eine Variation von »Was weiß ich!«. Zwischen den Zeilen des Artikels spürt man die Frustration des Interviewers, der quälend lange Pausen nach den Fragen und kurz angebundene Antworten ertragen musste.

Zuckerberg wehrte sich gegen die Andeutungen des Redakteurs, er würde womöglich auf einer Goldmine sitzen.»Dass es [Thefacebook] so wahnsinnig erfolgreich ist, ist cool, denke ich«, sagte er.»Aber ich meine, keine Ahnung, [Geld ist] nicht das Ziel.«

Würde er die Firma irgendwann verkaufen?

»Kann schon sein ... wenn es mich langweilt. Aber nicht so bald. Jedenfalls nicht in den nächsten sieben oder acht Tagen.« Zuckerbergs Geschäftspartner Eduardo Saverin wird in dem Artikel nicht erwähnt.

»Mein Ziel ist, nie einen Job haben zu müssen«, sagte Zuckerberg.

»Coole Sachen zu machen, das gefällt mir, aber ich will niemanden, der mir sagt, was ich zu tun habe und in welchem Zeitrahmen ich was zu tun habe – das ist der Luxus, den ich für mein Leben anstrebe.«

Als ihn der Interviewer fragte, wie er diesen Luxus zu finanzieren gedenke, warf Zuckerberg ihm ein verbales Achselzucken hin.»Ich schätze, irgendwann werde ich was Profitables machen«, antwortete er.»Ich meine, so ungefähr jeder von Harvard kann einen Job kriegen und einen Haufen Geld verdienen. Aber nicht jeder in Harvard kann ein soziales Netzwerk haben.«

4 IN DER »CASA FACEBOOK«

Sean Parker¹ stieß eher zufällig auf Thefacebook. Er war kein Student – und war auch nie einer gewesen –, lebte aber mit seinen 26 Jahren unter Studenten. Das Haus lag in Portola Valley, nicht weit vom Universitätsgelände von Stanford, wo sich die Studenten gerade von Mark Zuckerbergs Produkt in Bann ziehen ließen. Parkers damalige Situation war verworren und demütigend. Dabei war er ein nicht zu unterschätzender, wenn auch umstrittener Spieler in der Tech-Community. Für Generation-Y-Nerds wie Mark Zuckerberg war Parker, aufgewachsen in Virginia, in einem Vorort von Washington, DC, geradezu eine Legende. Er war ein lustloser Schüler gewesen, der in manchen Fächern eben wegen seiner eklatanten Lustlosigkeit scheiterte, andere dagegen, die seinen Intellekt forderten, mit Bravour meisterte. Bis sein chronisches Asthma dem ein Ende setzte, nahm er an Schwimmwettbewerben teil. Sein Vater, ein Meereskundler, hatte ihm einen Atari-Computer geschenkt und ein paar Tricks beigebracht.

Parkers beträchtliche, wenn auch nicht überragende Programmierkünste, wurden allerdings von seiner extravaganten Persönlichkeit und seinem Geschäftssinn übertroffen. Mit 15 erschwatzte er sich einen Praktikumsplatz bei einem Start-up namens *Freeloader,* indem er den Geschäftsführer, Mark Pincus, mit seinem Engagement und seiner Chuzpe beeindruckte. Später erfuhr Pincus, dass Parker »in einem Zimmer Zeitungsausschnitte über mich und andere Leute, die ihn interessierten, sammelte«.

Parker verbrachte viel Zeit mit *Internet Relay Chat* (IRC), einer digitalen Pinnwand, wo sich Hacker tummelten. Hier war er einem anderen Teenager mit großen Ideen begegnet. Es war im Jahr 1998, als Shawn Fanning der Vision nachhing, aller Welt beweisen zu wollen, dass man von einem Wohnheimzimmer aus eine ganze Industriebranche lahmlegen konnte. Als Studienanfänger an der Northeastern University hatte Fanning begriffen, dass ein offenes Internet selbst einem 19-Jährigen wie ihm die Möglichkeit gab, eine gemeinsam nutzbare Datenbank einzurichten, mit der die Leute ohne einen zentralen Server Musikdateien austauschen konnten. Er nannte sie *Napster.* Parker bot freiwillig seine Hilfe an, entwickelte einen Geschäftsplan und half, Business-Angels zu finden, also Leute, die das Start-up finanziell und mit Know-how unterstützen wollten. Millionen luden Napster herunter und lösten eine regelrechte Orgie mit dem Teilen kostenloser Musik aus, die fast die gesamte Tonträgerindustrie ruinierte.

Parker geriet häufig in derart groteske Situationen. Seine E-Mail-Signatur bei Napster lautete »Spezialisierung ist für Insekten«, und er war in der Tat sehr emsig darin, der Festlegung auf eine »Spezies« zu trotzen. Auf seiner Webseite rühmte er sich später:

Ein Mädchen namens Nina sagte einmal über mich: »Ich könnte nicht sagen, ob er ein Tier oder eine Maschine ist.« *Wäre ich ein Mensch, hätte das verletzend sein können. Glücklicherweise bin ich ein chinesischer Hamster und wurde mit einem experimentellen Mathe-Co-Prozessor ausgestattet, den Ray Kurzweil [US-amerikanischer Erfinder, Futurist und Autor u.a. von Sachbüchern über Transhumanismus und Zukunftsforschung, Anm. d. Red.] wasserdicht an mein Gehirn angeschlossen hat. Ich verfüge auch über einen Empathie-Chip.*

»Sein Gehirn arbeitet nicht wie das von anderen Leuten«, sagte Parkers Verlobte – inzwischen ist sie seine Frau – einmal zu mir. »Er hat fünf Gedanken für jeden Satz.«

Keiner dieser Gedanken konnte Napster retten. Auch wenn die Firma schließlich eine Vereinbarung mit dem Mediengiganten Bertelsmann schloss – die Manager und Investoren der Musikbranche verziehen die Copyrightverletzungen nicht. Dies und das fette Soll, das aufgrund von Copyright-Strafverfahren entstand, besiegelten Napsters Untergang. Parker hatte nicht einen Cent dabei verdient, aber er schaffte es, mit hervorragenden Verbindungen in die Musikwelt aus der Sache zu kommen.

Sein nächster Wurf war *Plaxo*, ein Start-up, das Online-Adress-
bücher über Crowdsourcing vernetzte und aktualisierte. (Es realisier-
te damit Andrew Weinreichs Vision eines global vernetzten Rolodex
aus dem Jahr 1997, als Weinreich mit SixDegrees startete.) Napster
war durch starke Mundpropaganda viral geworden, Plaxo hatte das
virale Moment gleich mit eingebaut. Mit einem einzigen Klick bom-
bardierten die neuen User alle Kontakte aus ihrem Adressbuch mit
Aufforderungen, ihre Adressen und Telefonnummern auf Plaxo
hochzuladen. Die freilich reagierten oft wütend auf die mehrfachen
Anfragen in ihren Posteingängen. Mit dieser Wut fertigzuwerden gehörte für Plaxo mit zum Geschäft. Früher oder später, so dachten sie,
würden sie sich dem Unvermeidlichen fügen und sich anmelden. Tatsächlich sah es eine Weile so aus, als würde Plaxo an Fahrt gewinnen.

Aber Parker wurde ausgebootet. Seine Investoren waren verstört
wegen seines unberechenbaren Verhaltens, und schließlich warfen sie
ihn aus seinem eigenen Unternehmen. Was Parker verbitterte, war,
dass er mit seinen Partnern um das Geld kämpfen musste, das ihm
seiner Meinung nach zustand. Wie bei Napster hatte er die Kontrolle
über ein Unternehmen verloren, das er selbst mit ins Leben gerufen
hatte. Voller Groll beschuldigte er die Risikokapitalgesellschaft *Sequoia*, ihn hinausgedrängt zu haben.

Jetzt, im Jahr 2004, war er der verbannte Fürst der Finsternis des
Silicon Valley, der sich in einem Haus voller Studenten eine Bude gemietet hatte. Seine Freunde rieten ihm, seine Finanzen in Ordnung zu
bringen und sich einen Job zu suchen, aber er hielt nach Größerem
Ausschau. »Sie sagten Sachen wie: *Du wirst immer tiefer in die Schul-
den hineinrutschen, sieh lieber zu, dass du deine Rechnungen bezahlst*«,
erinnert sich Parker. »Ich hatte ein Bankkonto, auf das ich keinen Zugriff mehr hatte, ich war nicht kreditwürdig, aber meine Überzeugungen waren noch da. Ich wartete einfach auf den großen Zahltag und
machte weiter mit dem, was ich immer gemacht hatte. Und solange
ich etwas von kolossalem Wert entwickelte, würde das Geld schon
kommen.«

Parker hatte geradezu übernatürliche Kräfte, wenn es darum ging,
das nächste große Dinge aufzuspüren. 2004 sagte ihm sein Gespür, es
müsse etwas mit Netzwerken, wie es Napster und Plaxo waren, zu tun

haben. Er hatte sogar engen Kontakt zu Jonathan Abrams, dem Chef von Friendster, und er trieb sich mit einer Gruppe von Leuten in San Francisco herum, die davon überzeugt waren, dass soziale Medien die Welt erobern würden.

Kein Wunder, dass Parker neugierig wurde, als die Freundin eines seiner Mitbewohner an einem Frühlingstag des Jahres 2004 Thefacebook auf ihrem Computer aufrief. Er war verblüfft, denn es sah fast aus wie Friendster oder MySpace, verwendete aber ausschließlich reale Namen. »Für mich drehte sich alles um Identität, als ich Facebook zum ersten Mal sah«, erklärte er später.[2]

Die Studentin erzählte ihm, dass Thefacebook an den Universitäten, wo es verfügbar war, viral ging. Bei dem Wort »viral« trat Parker in Aktion. Er schickte der Firma auf gut Glück eine E-Mail, erzählte, dass er bei Friendster gearbeitet hatte, und schlug ein Treffen vor; vielleicht könne er ja etwas für die Webseite tun, die er wirklich bewundere. Eduardo Saverin beantwortete die Mail, und sie vereinbarten ein Treffen. Für Zuckerberg war es eine ziemlich große Sache, dem Gründer von Napster zu begegnen.

Sie verabredeten sich in einem schicken Restaurant in New York City – Parker und Zuckerberg und Saverin, mit dabei auch die Freundinnen der Harvard-Jungs. Es wäre schön, wenn man herausfinden könnte, wie realistisch der Filmdialog von »The Social Network« in der Szene ist, wo Justin Timberlake in seiner eloquenten Parker-Version den jungen Zuckerberg fragt: »Wisst ihr, was cool ist? Eine Milliarde Dollar.« Aber das ist nichts weiter als die Fantasie eines Drehbuchautors.

Das Treffen spielte sich vorwiegend zwischen Parker und Zuckerberg ab, den Parker sofort als den Einzigen identifiziert hatte, mit dem sich der Kontakt lohnte. »Ich glaube nicht, auch nur fünf Worte mit Eduardo gewechselt zu haben«,[3] erinnerte sich Parker später. Die wohl denkwürdigste Bemerkung Zuckerbergs war, dass er – so erstaunlich Thefacebook auch sei – etwas Größeres auf Lager habe, ein »geheimes Feature«.

Doch bei aller Dinner-Euphorie – Parker überzog sein anämisches Bankkonto, als er die Rechnung übernahm –, ob sich daraus etwas entwickeln würde, blieb offen. Parker und ein Freund, von dem er

wusste, dass er an einem Start-up arbeitete, versuchten sich auszuma-
len, was dieses »geheime Feature« sein könnte, aber es fiel ihnen
nichts ein. »Ich dachte, damit wäre die Sache gegessen«, erzählt besagter Freund. »Doch das war genau die Kategorie von Dingen, für
die sich Sean potenziell interessierte.«

Zum Sommer hin wurde die Lage für Parker noch düsterer. Er zog
aus dem Haus in Los Altos aus und pennte bei den Eltern seiner
Freundin – nicht gerade eine ideale Situation. Eines Abends im Juni
war er vor die Tür gegangen, als er eine Gruppe ungepflegter Teenager
die Straße hinunterschlendern sah. Er hatte fast ein wenig Sorge,
überfallen zu werden. Auf einmal rief einer: »Parker!«

Es war Mark Zuckerberg.

Das Haus, das Zuckerberg gemietet hatte, war ein einstöckiges Fe-
rienhäuschen mit Flachdach im selben Viertel, in dem Parker untergekommen war. Es lag in einer Sackgasse namens La Jennifer Way.
Mit fünf Schlafzimmern und einem Pool im Garten war es perfekt als
Wohnung, Büro und Partylocation für Zuckerberg, Moskovitz,
McCollum, D'Angelo, die beiden Praktikanten und eine ganze Schar
Besucher. Aber meistens wurde gearbeitet. Das Wohnzimmer funktionierten sie in eine Vorortversion des Kirkland-Gemeinschaftsraums
um und schoben die Tische zusammen, um die vielen Computerbild-
schirme anschließen zu können.

Später wurde Mark Zuckerberg von einem Anwalt über diesen
Sommer in der sogenannten Casa Facebook befragt.[4]

»Es war lustig«, erzählte Zuckerberg.

Na gut, und was haben Sie so den ganzen Tag gemacht?

»Ich bin aufgewacht, vom Bett ins Wohnzimmer gegangen und
habe programmiert.«

Okay, wann sind Sie morgens denn aufgewacht?

»Wahrscheinlich war es nicht mehr vormittags.«

Okay, und wie lange sind Sie aufgeblieben, um zu programmieren?

»Keine Ahnung, nachts ist es still.«

Okay.

»Da bringt man was zustande.«

Haben Sie manche Nächte durchgearbeitet?

»Klar. Obwohl, na ja, das ist relativ, wenn sich die Zeiten einfach nur verschieben.«

Ein paar Zugeständnisse an das kalifornische Leben machten die Harvard-Jungs dann aber doch. Zuckerberg kaufte sich, wieder über Craigslist, sein erstes Auto. Es war ein ramponierter Ford Explorer ohne Schlüssel, den man zum Anlassen kurzschließen musste, wie er später einer Journalistin erzählte.[5] Andrew McCollum kam auf die Idee, eine Seilrutsche über den Pool zu spannen. Er bastelte sie aus Zubehör, das er für 20 Dollar in einem Baumarkt besorgt hatte. »Es war keine so richtig gute Seilrutsche«, gab er zu. Niemand wusste, wie man die Gummihandgriffe an dem Metallbügel mit Gewinde befestigen könnte, aber wenn man das Seil einfach so greifen würde, würde man sich die Handflächen zerschneiden. Am Ende gab dann auch noch die Verankerung am Kamin nach; damit war nicht nur die Rutsche unbenutzbar, das Ganze hatte auch noch Schäden am Haus verursacht. »Wahrscheinlich hätte ich wissen müssen, dass der Kamin nicht stabil genug ist«, sagt McCollum. »Aber er war schließlich aus Ziegelstein!«

Ein paar der Bewohner rauchten Marihuana, doch Zuckerberg blieb beim Bier. Er hatte eine Aversion gegen Spritzen, und die wurde irgendwie ausgelöst, wenn er von Leuten umgeben war, die Gras rauchten. »Er brauchte uns nur kiffen zu sehen, damit ihm schwindlig wurde, weil er Kiffen mit Drogen und Drogen mit Spritzen assoziierte«, erzählte ein früher Facebooker. »Er musste aus dem Zimmer gehen, weil er sich selbst krank machte; das geschah alles nur in seinem Kopf.«

Meistens aber konsumierten sie Fast Food und Videospiele und arbeiteten daran, Thefacebook für eine weitere Universität vorzubereiten und dann für die nächste. Wenn sie das Haus verließen, sah das meist so aus wie in jener Juninacht, als Zuckerberg, Moskovitz und ein paar andere zu Fuß die achthundert Meter die Matadero Avenue hinunter Richtung El Camino Real gingen, wo es einen »Happy Donuts«-Laden gab. Sie waren gerade losgelaufen, als Zuckerberg Sean Parker entdeckte.

Im Laufe ihrer Unterhaltung tätigte Parker einen frechen Anruf und verdünnisierte sich aus seiner aktuellen Bleibe. Von da an hieß es Couchsurfing mit Zuckerberg und seinem Team, womit er sich mitten ins Auge des Facebook-Hurrikans begab. Parkers Besitztümer waren überschaubar: Die einzige teure Anschaffung war sein 5er BMW und ein paar ausgezeichnete Boxen.

Seine neuen Mitbewohner waren ziemlich baff, als sie gleich in der ersten Nacht ein Telefongespräch mithörten, in dem Parker die Details des Vergleichs mit Plaxo ausarbeitete. Die Harvard-Jungs lauschten voller Ehrfurcht. *Das war die Oberliga!*

Parker begann, sich für Thefacebook zu engagieren, und nahm Zuckerberg unter seine Fittiche. Er hielt den 19-jährigen Firmengründer für einen schrägen Vogel, aber sie ergänzten sich gut: Zuckerberg war eher zugeknöpft und schweigsam, während Parker den Mund nicht halten konnte. Aber wenn Zuckerberg etwas sagte, merkte man sofort, dass er während seines Schweigens scharfsinnige Einsichten ausgebrütet hatte.

Parker erwähnte später mir gegenüber, wie sehr ihn Zuckerbergs Besessenheit von Macht und Vorherrschaft befremdet habe. Ständig habe er Bücher von griechischen und römischen Eroberern zitiert. Manchmal habe er seine Ausbrüche gehabt und den Helden gemimt. Dann sei er wie wild in seiner Fechtausrüstung herumgehüpft und habe seine Mitarbeiter geärgert, indem er mit dem Florett wenige Zentimeter vor ihrem Gesicht in die Luft stieß. Gleichzeitig konnte er schüchtern und unsicher wirken.

In jenem kalifornischen Sommer trieb Zuckerberg die Frage um, ob er sich wirklich ganz und gar in dieses eine Projekt stürzen sollte. Er war bisher immer von einer Idee zur nächsten übergegangen. Er fragte Parker oft, ob er der Meinung sei, dass es Thefacebook in ein paar Jahren noch geben würde. Parker versicherte ihm jedes Mal, dass er das glaube. Schließlich wurde mit jeder Übernahme einer weiteren Universität deutlicher, dass er einen Sturm entfacht hatte.

Als gut vernetzter »Seriengründer« kannte Parker die Unwägbarkeiten eines solchen Vorhabens nur zu gut, ein Thema, von dem Zuckerberg keine Ahnung hatte. Ja, er betrachtete sein Projekt noch nicht einmal als ernsthaftes Geschäft. »Ich weiß noch, wie ich die 101 hinunterfuhr und dachte, als ich all diese großen Firmen sah, *Wow, das sind echt irre Firmen. Eines Tages gründe ich vielleicht auch mal eine*«, so erinnerte Zuckerberg sich später an diesen Sommer. »Dabei hatte ich Facebook schon gegründet!«[6]

Bei der richtigen Gründung von Thefacebook als Unternehmen beging ausgerechnet Eduardo Saverin den Anfängerfehler, als Firmensitz Florida anzugeben. (Seine Eltern lebten in Miami.) Parker half Zuckerberg, die Firma in Delaware neu zu registrieren, ein Bundesstaat mit unternehmerfreundlichen Regeln, die es Großunternehmen erlaubten, mit größtmöglicher Straffreiheit und geringster Transparenz zu arbeiten. Das war das Unternehmer-Einmaleins.

Doch Parker war kein Ersatz für einen Wirtschaftsanwalt. Als sie ein Dokument ausfüllen mussten, fragte er Zuckerberg, wie viele Urlaubstage seine Angestellten bekommen sollten. »Drei Wochen«, antwortete Zuckerberg und meinte damit 15 Arbeitstage. Parker, der noch nie als Angestellter gearbeitet hatte, dachte, eine Woche ist eine Woche und schrieb 21 Tage. Von da an – und bis heute – hat jeder neue Facebook-Angestellte Anspruch auf 21 Tage bezahlten Urlaub statt auf 15.

Das frischgebackene Unternehmen brauchte Geld. Saverins Kapitaleinsatz und Zuckerbergs eigener Beitrag wurden von den steigenden Server-Kosten und anderen Ausgaben aufgefressen. Parker übernahm die Beschaffung von Geldmitteln. Einer der Ersten, die er anrief, war Reid Hoffman.

Es gab damals niemandem im Silicon Valley, der sich mit sozialen Netzwerken besser auskannte als Hoffman. In der Folge der Dotcom-Pleite von 2001 hatten viele Investoren geglaubt, damit sei das »Consumer Internet« gestorben. Hoffman jedoch war überzeugt, dass es eine nächste Welle geben würde, die auf Software für intensivere private Vernetzung aufbaute. Hoffman, den seine Beteiligung bei *PayPal* reich gemacht hatte, war bereit, seine gewinnbringenden Wertpapiere einzubringen. Einige davon waren von Friendster. Außerdem gründete er eine eigene Firma mit einem sozialen Netzwerk für Unternehmer, *LinkedIn,* das zum Knüpfen beruflicher Kontakte gedacht war. »Ich war überzeugt davon, dass es sich revolutionieren würde und die reale Identität und die realen Beziehungen zur Bühne für Anwendungen würden, mit denen man sein Leben steuert«, sagt er.

Einen weiteren Anruf erhielt Parkers früherer Chef aus Praktikantenzeiten, Mark Pincus. Pincus hatte schon 100 000 Dollar in Napster investiert. Obwohl er sein Geld verloren hatte, hatte ihn Napsters Erfolg, eine riesige selbst organisierte Community zusammenzubringen, bei der jeder seine eigenen Inhalte zur Verfügung stellte, begeistert.

Mit Hoffman und Pincus kannte Parker die zwei einflussreichsten Leute unter denjenigen, die wirklich an die Zukunft von sozialen Netzwerken glaubten. Schon 2002 – also in der Zeit noch vor Friendster – hatte Pincus Hoffmans Überzeugung geteilt, dass eine neue Welle kommen würde, bei der sich alles um Vernetzung drehte. Dieser Idee hing auch eine Brainstorming-Gruppe an, die sich in Pincus' Haus in San Francisco traf. (Er hatte extra die Wände herausreißen lassen, damit es mehr wie ein Loft wirkte.) Auch Parker wurde Teil dieser Szene. Zusätzlich zu den realen Diskussionen schwebte Pincus ein intensiver virtueller Austausch vor, den er »The Cocktail Party« nannte. Das globale Internet hatte das Potenzial, die ganze Welt bei einem einzigen großen Treffen zu versammeln, wo man sich umsehen, jemand Interessantes entdecken und sich von jemandem vorstellen lassen konnte. Hoffman gab der Idee eines »Internet der Menschen« einen Namen, der perfekt passte: Web 2.0.

Pincus war – neben Hoffman – einer der ersten Friendster-Investoren gewesen, wenngleich ein recht kritischer. »Niemand hielt das für einen großen Wurf«, sagt er. Pincus hatte seine Einlage geschützt: Er teilte sich die Investition über 15 000 Dollar mit einem Freund. Jetzt aber boomten die sozialen Medien. Pincus hatte selbst ein soziales Netzwerk auf den Markt gebracht, *tribe.net,* das dazu gedacht war, lokale Gemeinschaften zu bilden. Für ihn war es eine Art Craigslist mit Bildern. Es wurde als »digitales Band« hinter den »Burners« bekannt, den Besuchern des Burning Man-Festivals in der Wüste von Nevada. In der großen Öffentlichkeit musste es sich aber noch durchsetzen, und ob das gelingen würde, war offen.

Und da erzählte Parker ihm etwas über einen Jungen, der über das Beste verfügte, was es bis dahin gab.

Einige Monate zuvor, und lange bevor irgendjemand im Silicon Valley einer Webseite Aufmerksamkeit schenkte, die von einer Studentenbude aus gestartet war, hatte Hoffman eine interessante Information erreicht: Das SixDegrees-Patent stand zum Verkauf. (Andrew Weinreich gibt inzwischen zu, dass er Hoffman den Tipp gab.) Youth-Stream, das SixDegrees erworben und im Jahr 2000 eingestellt hatte, war bewusst geworden, dass der eigentliche Wert der Webseite im geistigen Eigentum der Erfindung lag; also darin, wie in sozialen Netzwerken Verbindungen aufgebaut werden und wie weitere zentrale Aspekte solcher Webseiten funktionieren. Wer über dieses Patent verfügte, hätte seinen virtuellen Stiefel im Nacken eines jeden Mitbewerbers sitzen.

Hoffman und Pincus ging es nicht darum, ihren Absatz auf jemandes Nacken zu setzen: Sie wollten den eigenen Hals retten. Ihre Sorge war, dass der Sieger in diesem Rennen Yahoo! oder Friendster heißen würde. Ersterer war ein Konkurrent, der nicht davor zurückschreckte, seinem geistigen Eigentum Geltung zu verschaffen. Friendster war eine komplexere Angelegenheit. Pincus und Hoffman waren mit dessen CEO, Jonathan Abrams, befreundet – immerhin hatten sie Anteile an seiner Firma! Aber sie trauten Abrams beide nicht, was das Patent betraf. Vor allem Hoffman hatte die Sorge, Abrams könnte bei Friendster eine Sparte einrichten, die mit LinkedIn konkurrieren würde.

Doch selbst wenn das nicht passieren würde, gab es mit Friendster Schwierigkeiten, die darauf hinwiesen, dass das Unternehmen nicht der verlässlichste Partner sein könnte. Es hatte sein Wachstum nicht gut gemeistert. Die Server waren überlastet; die Nutzer waren wütend darüber, dass die Seiten so langsam luden. Das satte, positive Brummen war in ein mürrisches Grummeln umgeschlagen, und Friendster schien sich in einer Abwärtsspirale zu bewegen. In Abrams' Verzweiflung darüber, so die Sorge, würde er das Patent womöglich nutzen, um seine Konkurrenten zu unterdrücken. »Jonathan glaubte, soziale Netzwerke wären seine Idee«, sagt Pincus. »Seiner Meinung nach sollte niemand sonst welche anbieten.«

Tatsächlich setzten die Risikokapitalgeber von Friendster Abrams noch im selben Monat ab, in dem die Patent-Auktion für SixDegrees stattfand. Pincus und Hoffman hatten eine Menge Angriffstaktiken durchgespielt, um ihre Bieterstrategie auszuknobeln, eine Mühe, die so gar nicht nötig gewesen wäre. Nun schalteten sie einfach den unterlegenen Bieter aus. Zwar hatte Yahoo! eine dreißigtägige Pause zur Informationsoffenlegung bis zum Handelsabschluss gefordert. Doch Pincus und Hoffman erwiderten, sie wären gerne bereit, das Geld schon am folgenden Tag zu überweisen, und der Cash-hungrige Verkäufer nahm ihre 700 000 Dollar, statt auf ein höheres Gebot von Yahoo! zu warten.

Pincus und Hoffman waren sich einig, das Patent nicht zum Geldverdienen zu nutzen, sondern um das damals noch empfindliche Ökosystem soziale Netzwerke zu schützen. Der ultimative Profiteur dieser Haltung würde Mark Zuckerberg sein. Ohne auch nur einen Cent auszugeben, musste er sich nie gegen ein Patent zur Wehr setzen, das sein junges Unternehmen hätte auslöschen können.

Parker brachte Zuckerberg im August des gleichen Jahres in Pincus' Büro in Portrero Hill. Pincus fand den jungen Mann dreist. Er sah nicht nur aus wie 14, sondern kleidete sich auch so, mit Badelatschen und langen Basketball-Shorts. Auf seiner Visitenkarte stand »I'm CEO, Bitch« (»Ich bin CEO, du Miststück«). Doch die Story von Thefacebook, zumindest wie Parker sie schilderte, haute Pincus um. So um die 80 Prozent der Nutzer meldeten sich jeden Tag an. Das war unerhört und stand in krassem Kontrast zu den Zahlen von Pincus' eigener Social-Media-Software tribe.net, wo sich nur ein einstelliger Prozentsatz täglich einloggte. *Er hat die* Cocktailparty *hingekriegt!,* dachte Pincus, allerdings eine, bei der die Gäste noch nicht alt genug waren, um Alkohol zu trinken.

Auch Hoffman wollte Zuckerberg unbedingt kennenlernen, aber er war vorsichtig angesichts der Kritik, die er für seine Investition bei Friendster hatte einstecken müssen. Die Leute fanden, es sei nicht anständig, die eigenen potenziellen Konkurrenten finanziell zu unterstützen. Also entschied Hoffman, jemand anders sollte die Finanzierungsrunde anführen. Er schlug vor, sich im Büro seines ehemaligen PayPal-Kollegen Peter Thiel zu treffen. Er dachte, Thiel könnte es gefallen, die Runde zu leiten. Falls nicht, meinte Hoffman, würde er selbst einspringen. Kritik oder nicht, diese Gelegenheit würde er sich nicht entgehen lassen.

Thiel war Chef von *Founders Fund*, einer Investmentfirma, die er gegründet hatte, nachdem er das Unternehmen, dem er sein Vermögen zu verdanken hatte, verlassen hatte: PayPal. (Weitere Veteranen des Online-Bezahldienstes waren übrigens der Tesla-Gründer Elon Musk und der Unternehmer Max Levchin. Sie wurden wegen ihres übermäßigen Einflusses auf das Silicon Valley – in finanzieller wie in unternehmensphilosophischer Hinsicht –, als die »PayPal-Mafia« bekannt.)

Der Name für seinen Fonds war nicht zufällig gewählt: Thiel glaubte, dass der wichtigste Indikator für den Erfolg eines Unternehmens ein getriebener, ikonoklastischer Gründer ist, jemand, der durchhält, selbst wenn andere ihn für völlig verrückt halten. Er bevorzugte auch Unternehmen, die darauf hinarbeiteten, das Gebiet, auf dem sie konkurrierten, vollständig zu dominieren; Firmen, die nach Monopolmacht in ihrem Markt strebten, waren für ihn als Investor ein Traum.

Während bei jedem anderen wahrscheinlich sofort die Alarmglocken geläutet hätten angesichts des hibbeligen Sean Parker und eines merkwürdig angestrengten Teenagers, der eine Webseite für Studenten zusammengebastelt hatte, damit die sich über ihre Kurswahl und Neuigkeiten in ihren Beziehungen austauschen konnten, war Thiel bereit anzuerkennen, was deren kurze Präsentation an wirklich Bedeutendem enthielt: die Zahlen, die bewiesen, wie gründlich diese Seite ihre User in Bann zog. Es war eine messbare Überlegenheit.

Thiel hatte einen seiner jüngeren Mitarbeiter gebeten, an dem Treffen teilzunehmen. Matt Cohler hatte bereits für LinkedIn gearbeitet; mit 28 kannte er das Start-up-Spiel. Außerdem war er ein exzellenter Bockmist-Detektor.

Cohler, Thiel und Hoffman saßen auf der einen Seite des Besprechungstisches, Parker und Zuckerberg auf der anderen. Während Zuckerberg sein geheimnisvolles Schweigen wahrte, schilderte Parker das spektakuläre Abheben der Webseite. Dann präsentierte er diese irrsinnigen Zahlen. Thiel war begeistert. Das Faszinierende lag gar nicht so sehr im Wachstum der User-Zahlen, sondern darin, wie Thefacebook sofort Teil des Lebens seiner Nutzer wurde, von denen die meisten die Webseite täglich besuchten. Sonst wurden Webseiten schon dafür gefeiert, wenn sie nur von 15 Prozent ihrer User an einem beliebigen Tag besucht wurden.

Das andere beeindruckende Signal für ihn war, *warum* Thefacebook gegründet worden war. Viele Gründungen, die Cohler verfolgt hatte, waren von jemandem ausgebrütet worden, der den Markt auf einen vermeintlichen Bedarf abgeklopft hatte und dann etwas aufbaute, um diese Lücke zu füllen. Zuckerberg war ganz anders an die Sache herangegangen. Er hatte etwas entwickelt, das er selbst nutzen wollte, und schon kamen die Leute wie von Geisterhand in Scharen herbei. So ging auch die Story der großen Tech-Giganten – Apple, eBay, Yahoo!, Google. Zum damaligen Zeitpunkt glaubte Cohler nicht daran, dass sich dieser wortkarge Junge bald als der nächste Superstar zu dem illustren Kreis dieser Firmenchefs gesellen würde. Aber Zuckerberg wirkte ernsthaft und zielstrebig genug, um es nicht zu vermasseln.

Und Cohler war bereit, sich an diesem Abenteuer zu beteiligen. Doch zunächst wollte er die erstaunlichen Zahlen von Thefacebook überprüfen. Er fragte Zuckerberg, ob da nicht vielleicht ein mathematischer Irrtum vorliegen könnte. »Nehmen Sie das bitte nicht persönlich – ich glaube nicht, dass Sie gelogen haben«, sagte er. »Aber vielleicht gibt es ja einen Fehler in der Datenbank, deshalb würde ich Ihre Behauptungen gern nachprüfen.«

Die Zahlen *waren* korrekt. Doch als Cohler anfing, Nutzer zu befragen, erschütterten ihn die qualitativen Werte fast noch mehr als die quantitativen. Auf seine Frage »Nutzt du dieses Facebook?«, reagierten alle völlig überrascht, dass sich überhaupt jemand danach erkundigen konnte. Es war, als habe er die Leute gefragt, ob sie schon mal dieses Fließend-Wasser-Teil ausprobiert hätten. *Ob ich es nutze? Ich lebe damit!*

Thiel investierte 500 000 Dollar und erhielt 7 Prozent der Firmenanteile. Er bewertete das Unternehmen auf fünf Millionen Dollar. Hoffman und Pincus stiegen ebenfalls ein, sie sagten jeweils eine Summe von 37 500 Dollar zu. »Als sich Reid und mir die Gelegenheit bot, in dieser Runde mitzufinanzieren, hatte ich das Gefühl, im Lotto gewonnen zu haben«, sagt Pincus.

Thiel hatte eine Botschaft, die er seinem neuen Protegé Mark Zuckerberg am Ende der Besprechung mit auf den Weg gab:»Versauen Sie es nicht!«[7]

Mit der Zeit begann Parker, Freunde mit einzubinden. Er erzählte dem Facebook-Team immer wieder von einem Kumpel namens Aaron Sittig, der die Original-Macintosh-Version von Napster programmiert hatte. Sittig, ein kurz angebundener Südkalifornier, der vorwiegend in Spanien aufgewachsen war, hatte Parker auch geholfen, Plaxo zu konzipieren, und Parker wusste, dass er den Jungs um Zuckerberg eine Hilfe sein könnte. Im August kreuzte Sittig schließlich im»La-Jennifer«-Haus auf. Er hatte gerade seinen Job bei einem Start-up aufgegeben, an dem er beteiligt gewesen war, und von Start-ups generell gerade gründlich die Nase voll. Er hatte sich in Berkeley für ein Philosophiestudium eingeschrieben und freute sich darauf, es im September aufzunehmen. (Für ihn war Wittgenstein der erste Netzwerk-Theoretiker.)

Sittig hing im Haus mehr oder weniger nur herum, eher zum Vergnügen als zu sonst etwas. Normalerweise lief ein Film im Fernsehen – das Team war besessen von Filmen, und oft warfen sie mit Zitaten aus»Top Gun«, einem ihrer Lieblingsstreifen, um sich.[8] Oder sie guckten die Olympischen Spiele. Sittig kannte diesen Typ Jungs – junge Hacker, die abhoben mit ihren verrückten Hirngespinsten. Eines Tages beobachtete er Adam D'Angelo, der mit den Händen vor einer winzigen Webcam herumfuchtelte.»Ich habe echt ein übles RSI-Syndrom [Repetitive-Strain-Injury-Syndrom oder»Mausarm«, Anm. d. Red.]. Ich versuche jetzt eine unsichtbare Tastatur zu bauen, damit ich in der Luft tippen kann«, sagte er. Die typische Spinnerei eines Nerds.

Doch je länger Sittig im Haus blieb, umso beeindruckter war er. Diese Studis mochten vielleicht keine Erfahrung haben, aber sie waren superklug, superengagiert und supermotiviert. Allen voran Zuckerberg. Eindeutig derjenige, der alles lenkte. Wenn die anderen an-

fingen herumzublödeln oder davon sprachen, dass man doch ins
Kino gehen könnte, sagte Zuckerberg: »Immer schön langsam – wir
machen das jetzt fertig, danach gehen wir ins Kino.«

Sittig beschloss, sich Thefacebook genauer anzusehen. Sein erster
Gedanke war, wie hässlich und plump es aussah. Aber als er jedes
einzelne Element auf die Frage hin abklopfte, warum Zuckerberg es
konfiguriert hatte, stellte er fest, dass er das Projekt und seinen Gründer unterschätzt hatte. Zuckerberg schien da ein paar brillante Ideen
gehabt zu haben. Alles war am richtigen Platz und so optimiert, dass
die Nutzer problemlos damit umgehen konnten.

Wenn man beispielsweise auf seine Profilseite ging, erschien in
großen Buchstaben »THIS IS YOU«. Auf einen Mac-Designer wie
Sittig, der eine Zen-artige Minimalästhetik gewohnt war, wirkte das
zunächst plump und redundant. *Ist doch klar, dass es das eigene Profil
ist, das sieht man ja schon am Foto!* Aber als er länger darüber nach-
dachte, merkte er, dass darin etwas geradezu Magisches lag. »Das war
eine völlig neuartige Sache«, sagt er. »Mark hatte Thefacebook für die
Nutzer gestaltet – *das ist deine Seite, hier präsentierst du dich, so sehen
dich die anderen.* Dieser explizite Hinweis war nötig, damit die Leute
begriffen, wie sie es nutzen sollten.«

Sittig war überzeugt, dass die Geschichte der sozialen Netzwerke
noch längst nicht geschrieben war. Friendster hatten zunächst alle
gemocht, aber die Firma hatte ihre Marktführung mit schwacher
Leistung verspielt. Jetzt war der Wettlauf um die Vorherrschaft in vollem Gang, und MySpace, die Firma aus Südkalifornien, stand an der
Spitze. Und nun hatten sich diese Harvard-Teenager mit Ellbogen
vorgekämpft und in den Wettlauf eingereiht. Nur wusste das noch
keiner.

Alle hatten immer wieder versucht, Sittig zu überreden, doch mit
anzupacken, und schließlich willigte er ein, für ein paar Tage auszuhelfen. Er sollte sich jedoch nicht auf Thefacebook konzentrieren,
sondern an dem »geheimen Feature« arbeiten, das Zuckerberg Parker
gegenüber in New York erwähnt hatte.

Es ist irrwitzig, wenn man bedenkt, dass Zuckerberg selbst noch zu der Zeit, als Thefacebook so abhob, mindestens ebenso leidenschaftlich für ein zweites Projekt brannte. Er hatte es sogar bei dem Treffen in Thiels Büro erwähnt. Sollten sie Facebook nicht attraktiv genug finden, verriet er den potenziellen Investoren, hätte er da noch eine andere Sache, ein Programm, mit dem man Dateien untereinander austauschen konnte. Es hieß *Wirehog*.

»Nein, nein, nein«, hatte Hoffman gesagt. »Facebook ist die beste Idee. Vergessen Sie Wirehog.« Ein Rat, den Zuckerberg zumindest zunächst ignorierte.

Wirehog entstand aus Zuckerbergs permanenter Besessenheit, die Möglichkeiten, die der AOL Instant Messenger bot, zu verbessern. Er und seine Freunde wollten oft Dateien untereinander austauschen. Mit AIM ging das nur schlecht. »Die Idee für Wirehog war teilweise aus dem Frust heraus entstanden, den wir mit dem AIM-Feature zum Versenden von Dateien hatten, was nie funktionierte«, sagt Zuckerberg. »Wirehog bot dafür eine Art Lösung.«

Es war letztlich ein Instrument, mit dem man Dateien auf den Computern anderer sichtbar machen und selbst vom eigenen Computer aus darauf zugreifen konnte. Oder man konnte, wenn man anderswo an einem Computer saß, mit Wirehog auf die Dateien zugreifen, die sich auf der Festplatte des eigenen Computers zu Hause befanden. Oder man teilte Dokumente und Medien mit Freunden, denen man den Zugriff auf virtuelle Dateiordner oder Fotoalben ermöglicht hatte. »Mark war der Meinung, okay, die Studenten mögen dieses Facebook-Zeug. Aber was sie wirklich wollen, ist der Zugriff auf den Media-Content von all den anderen«, sagt Aaron Sittig.

»Mark will die Dinge immer schnell erledigt haben. Er entwickelt gern einen Prototyp und will ihn dann vom Tisch«, sagt Andrew McCollum, der fast den ganzen Sommer und auch die Monate danach mit Adam D'Angelo an dem Projekt gearbeitet hatte. »Wirehog war eine coole Sache. Wie eine Art Zwilling zu Thefacebook, sie existierten sozusagen nebeneinander.« Thefacebook war entstanden, um Leute zu vernetzen, und Wirehog würde diesen Leuten ermöglichen, Dinge miteinander zu teilen, die sie interessierten.

Parker – mit seinem genialen Gespür für Produkte – sah sich genau an, was McCollum und D'Angelo da mit Wirehog anstellten, und er begriff sofort, wie zukunftsweisend die Ideen waren. Man konnte seine Dateien nicht nur an viele Endgeräte mit vollem Zugriff weitergeben, sondern auch ausgewählte Dateien mit Freunden in verschiedenen Archiven getrennt nach Inhalt teilen – Fotos, Dokumente, Musik. Für Musik gab es eine eingebaute Wiedergabefunktion, sodass man auf dem eigenen Computer Musik aus der Sammlung von jemand anderem abspielen konnte.

Eines Nachts, als die beiden Programmierer mit Parker über das Projekt diskutierten, gab er ihnen eine Anregung, die im Grunde vorwegnahm, was später als »Cloud-Computing« bekannt werden sollte. »Ihr müsst es den Leuten wirklich einfach machen«, sagte er. »Sie sollten zum Einstellen und Verfügbarmachen ihrer Dateien nur einen Ort haben.« Er schlug sogar einen neuen Namen für das Projekt vor: *Dropbox.*

Aber Parker erkannte auch, dass Wirehog nicht nur eine Ablenkung war, sondern auch gefährlich. Aufgrund seiner Basisfunktion des File-Sharing, ohne Unterscheidung, ob der Inhalt urheberrechtlich geschützt war oder nicht, war es Napster, dem Projekt, das ihm selbst Ruhm, Bekanntheit und letztlich Kummer gebracht hatte, erschreckend ähnlich. Musikpiraterie mit Wirehog funktionierte zwar nicht annähernd so gut wie damals bei Napster, aber dies würde die Musikindustrie kaum besänftigen können.

Parker erklärte Zuckerberg, dass Wirehog das Ende von Thefacebook bedeuten könnte. *Diese Musiktypen werden dich auf den gesamten Wert der Firma verklagen, das wird nie laufen. Wir müssen Wirehog stoppen!*

Zuckerberg respektierte Parker, aber er nahm keine Anweisungen von ihm entgegen. »Mark ist eine interessante Kombination – er ist sehr willensstark, aber auch anpassungsfähig«, sagt Andrew McCollum. »Er wusste es zu würdigen, dass Sean eine Menge Erfahrung hatte und ihm viel darüber beibringen konnte, wie man sich in dieser neuen Welt bewegte. Aber er machte nicht einfach das, was Sean wollte oder sagte. Solcher Art war die Beziehung nicht.«

Zuckerberg schlug vor, dass man mit den Musiktypen vielleicht einfach mal reden sollte, dann würde man schon sehen, was sie dazu

sagten. Parker *wusste,* was sie sagen würden, aber er gab Zuckerberg
nach und vereinbarte ein Treffen. Trotz – oder auch wegen – Napster
war Parker mit etlichen Top-Managern aus der Branche in Kontakt
geblieben. Sie flogen also nach Los Angeles und begaben sich zum
Haus von Tom Whalley, damals Chef von *Warner Brothers Music.* Gegen Ende des Treffens kam ein Überraschungsgast dazu – der Erbe
der *Seagram Company* und selbst ernannte Musiker Edgar Bronfman,
der der Plattenfirma gerade ein Kaufangebot unterbreitet hatte. Die
Musikbosse gaben in Sachen Wirehog eine klare Anweisung: *Stoppt
den Scheiß!*

Vor Ende des Treffens machten Parker und Zuckerberg noch ein
Friedensangebot: Sie boten Warner Brothers und Bronfman an, in
Thefacebook zu investieren. Das Angebot wurde abgelehnt. Laut Par-
ker hielten Whalley und Bronfman den Preis für zu hoch.

Stur wie immer, gründete Zuckerberg Wirehog. Er überließ Parker
sogar einen Anteil an der Firma, vielleicht um dessen Kritik daran zu
beschwichtigen. Im Januar vereinbarte Parker eine Besprechung mit
der Risikokapitalfirma Sequoia. Tatsächlich waren Venture-Capi-
tal-Gesellschaften, die bei Facebook nicht zum Zuge gekommen waren, mehr als offen, ein anderes Projekt desselben Teams zu prüfen.

Das Meeting war für den frühen Morgen angesetzt. Wie immer
hatten die meisten aus dem Zuckerberg-Team bis 4 Uhr morgens programmiert. Man könnte also netterweise annehmen, es habe daran
gelegen, dass Mark Zuckerberg im Schlafanzug auftauchte. In Wirklichkeit waren sie Akteure in einer Racheinszenierung von Sean Parker. Parker hatte Sequoia ja beschuldigt, ihn um seinen Anteil an
Plaxo gebracht zu haben. Nun hatte er seine neuen Kollegen dazu
angestiftet, die vermeintlichen Verursacher seines Untergangs zu
erniedrigen. Zu ihrer Schande – und ihrem späteren Bedauern –
machten die jungen Facebooker den Streich mit. »Uns war es wirklich
völlig egal, ob sie investierten oder nicht«, sagt McCollum. »Wir hatten bei der Präsentation sogar eine Folie mit dem Titel ›Zehn Gründe,
warum Sie *nicht* in Wirehog investieren sollten‹ dabei. Einer davon
war ›Wir arbeiten mit Sean Parker zusammen, und diesen Typen
könnt ihr nicht ausstehen‹.«

Wirehog bekam nie irgendwelche Finanzmittel. Die Beta-Version die Zuckerberg an einigen Schulen veröffentlichte, wurde kein Erfolg, und die beiden Hauptprogrammierer, D'Angelo und McCollum, kehrten an ihre jeweiligen Unis zurück. Thefacebook entwickelte sich indes wie verrückt – im Dezember 2004 hatte es eine Million Nutzer erreicht, und Thiel hatte in San Francisco eine Riesenparty für sein heißes Start-up geschmissen. Letztlich würgte dieser Erfolg ab, was von Wirehog noch übrig war. »Wir haben es abgeschossen«,[9] triumphierte Parker später.

Wirehog ist heute nur noch eine obskure Fußnote in der Geschichte seiner berühmten älteren Schwester. Eine Firma, die tatsächlich Dropbox hieß, wurde ein paar Monate nach dem Ende der Wirehog-Episode gegründet und ist inzwischen zehn Milliarden Dollar wert. Die erste Runde der Risikofinanzierung war von Sequoia unterstützt worden.

Als der Sommer 2004 endete, wurde es für Zuckerberg und seine Freunde Zeit, ein paar Entscheidungen zu treffen. Zuallererst mussten sie umziehen. Ihr Vermieter hatte Beschwerden wegen Lärmbelästigung und schlechten Benehmens erhalten. Dreimal hatten Glasscherben vom Boden des Pools abgesaugt werden müssen. Als der Vermieter jemanden zum Haus schickte, um einen Blick durch die Eingangstür zu werfen und zu sehen, was dort los war, berichtete der »Spion«: »Das Haus scheint völlig durcheinander und extrem schmutzig zu sein.« Und außerdem war da ja noch der beschädigte Kamin aus dem Fiasko mit der Seilrutsche.

Ursprünglich dachten die Jungs, sie könnten die Firma wie schon vor dem Sommer von Harvard aus am Laufen halten. Vielleicht gäbe es noch jemanden in Kalifornien, der die Stellung hielt. Aber schnell war klar, dass Thefacebook deutlich mehr Betreuung brauchte, es reichte nicht mehr, dass die Webseite nur verwaltet wurde. Also nahm Moskovitz Zuckerberg beiseite. »Wir haben inzwischen eine Menge User«, sagte er. »Und es werden immer mehr Dienstleistungen nötig. Wir haben keine Leute, die das übernehmen – wir machen alles selbst. Ich glaube nicht, dass wir das hinkriegen und gleichzeitig unsere Seminare besuchen können.«

Das war der Moment, als die Bill-Gates-Option anfing zu wirken. Genauso wie Gates es in seinem Vortrag geschildert hatte, als er nach Albuquerque ging, um Microsoft zu gründen, könnten auch Zuckerberg und seine Mitgründer den liberalen Umgang von Harvard mit Studienunterbrechungen ausnutzen. Also wieso nicht ein Trimester aussetzen und in der Zeit die Infrastruktur unter Kontrolle bekommen? Sobald die Sache stand, könnten sie wieder zurück nach Harvard, vielleicht schon zum Frühjahrssemester. Thefacebook würde zwar sicher weiterwachsen, aber bis dahin wären sie in der Lage, es autonomer laufen zu lassen. Allzu alt, dachte Zuckerberg, will man auch nicht werden, bevor man an die Uni zurückkehrt – gleich vier Jahre damit zu warten, das wäre schon ziemlich seltsam.

»Das war keine wirklich bewusst getroffene Entscheidung à la: *Sollen wir an die Uni zurück oder nicht?*«, schilderte Zuckerberg der *Crimson*, die ihren studentischen Tech-Star im Exil weiter genau beobachtete. »Wir saßen eines Tages alle irgendwie herum, und es war eher so nach dem Motto: *Wir gehen nicht an die Uni, oder? Nö.*«[10]

Sie blieben also zunächst in Kalifornien und fanden ein Haus in Los Altos, nicht weit von der ursprünglichen »Casa Facebook« entfernt. Die Vermieterin musterte Zuckerberg kurz und fragte dann, wie alt er sei. »Zwanzig«, antwortete er. »Und Sie glauben, ich vermiete Ihnen mein Eine-Million-Dollar-Haus?«, fragte sie. »Ja«, sagte Zuckerberg.[11] Dieses Mal würde es auch keine Seilrutsche geben.

Peter Thiel hatte Zuckerberg angewiesen, die Firmenanteile seiner Mitgründer zu ordnen und die Laufzeiten für Optionen festzulegen. Zuckerberg hatte noch nicht einmal gewusst, was Laufzeiten für Optionen sind, aber nachdem er sich dem Thema einmal gestellt hatte, wurde ihm klar, dass Moskovitz einen bedeutenden Anteil erhalten sollte – und dass Eduardo Saverin übermäßig stark vertreten war. Der »Ochse« Moskovitz war für die Aufrechterhaltung der immer weiter wachsenden Webseite unverzichtbar geworden. »Wenn Dustin aufgehört hätte, wäre Facebook ziemlich schlecht dagestanden«, sagt McCollum.

Obwohl Moskovitz' 5-Prozent-Anteil mehr als gerechtfertigt war, gab es Unmut deswegen. »Alle anderen so: *Was verdammt noch mal tust du da?*«, erzählte Zuckerberg später einem Reporter. »Und ich so: *Was wollt ihr denn? Das ist schon richtig so. Er macht ganz offensichtlich eine Menge Arbeit.*«[12]

Abgesehen davon, hatte niemand eine Ahnung, was aus diesen Anteilen werden würde. »Facebook wurde so erfolgreich, dass sich eigentlich keiner übers Ohr gehauen fühlen konnte«, sagt McCollum. Mit Ausnahme von Eduardo Saverin.

Es war Mitternacht, als Ezra Callahan in dem Haus in Los Altos auftauchte; Zuckerberg hatte die Besitzerin tatsächlich überzeugen können, ihm das Haus zu vermieten. Callahan war gerade aus Europa zurückgekommen und sein Freund Sean Parker hatte ihn überredet, sich dem Start-up anzuschließen, um die Zeit bis zu seinem Jurastudium in einem Jahr zu überbrücken. Der Spaß würde ihm mit ungefähr 30 000 Dollar pro Jahr vergütet, und zwar in Aktienoptionen – von zweifelhaftem Wert, wie er vermutete. Sei's drum. Er konnte sogar in der Bude der Firma in Los Altos Hills wohnen, also warum nicht?

Dustin Moskovitz machte die Tür auf, er hatte keine Ahnung, wer da vor ihm stand. »Ich bin Ezra«, sagte Callahan. »Ich arbeite für euch. Sean hat gesagt, ich könnte hier pennen.« Moskovitz zuckte die Achseln und ließ ihn herein.

Der Arbeitsalltag im neuen Domizil glich dem im alten, auch das Team war weitgehend das gleiche geblieben. Callahan gesellte sich dort zu Zuckerberg, McCollum, Moskovitz und Parker, die ständig hier wohnten, und dann gab es eine Reihe von immer mehr Leuten, die gemeinsam in einem Schlafzimmer schliefen oder – immer häufiger – einfach auf dem Fußboden. Das Haus war nicht möbliert, und das Team stattete sich mit einem absoluten Minimum an Ikea-Möbeln aus. Zuckerberg machte gar nicht erst mit einer Kommode herum, er hatte kein Problem damit, seine Klamotten einfach in Stapeln auf den Boden zu legen. Das einzige Indiz für die neue Finanzausstattung des Unternehmens war ein neuer fahrbarer Untersatz für

Zuckerberg. Nachdem er eine Stunde zu spät zu einer Besprechung gekommen war, hatte Thiel ihm Geld für ein neues Auto in Aussicht gestellt. »Mehr als 50 000 Dollar darf es aber nicht kosten«, sagte er. Zuckerberg wählte einen Infiniti. Und selbst der war nur geleast und nicht gekauft.

In jenem Herbst kristallisierten sich die Führungsrollen im Team klar heraus. Zuckerberg war das schwierige Genie, die erste und die letzte Instanz bei allen Produktentscheidungen. Parker war der Visionär, der die Bedeutung des Produkts erkannte und Zuckerberg nicht nur half, dessen Potenzial zu begreifen, sondern ihm auch beibrachte, wie das Silicon-Valley-Spiel funktionierte. Moskovitz war der Umsetzer, der Zuckerbergs Produktideen in Computersprache übersetzte und der den Code, der diese Ideen dann Wirklichkeit werden ließ, auch tatsächlich programmierte.

Chris Hughes, der inzwischen nach Harvard zurückgekehrt war, kümmerte sich um die Kommunikation. Matt Cohlers Part war die geschäftliche Seriosität. Er hatte die ruhige Hand, um Zuckerbergs ungeschickte Brillanz und Parkers ständig sprudelnde Ideen zu zügeln. »Er war der Erwachsene im Raum«, sagt Callahan, damals 23 Jahre alt und damit fünf Jahre jünger als Cohler. »Geistig war er vierzig, und er strahlte auch die entsprechende Ernsthaftigkeit aus. Erst später habe ich begriffen, dass auch er kaum wusste, was er tat.«

Vor Thiels Investition war das Unternehmen finanziell auf den Felgen unterwegs gewesen. Zuckerberg hatte sich Geld von seinen Eltern geliehen, das sie für sein Studium beiseitegelegt hatten. Die Wachstumsgeschwindigkeit von Thefacebook war daran gebunden, wie viel Speicherplatz sie mieten und wie schnell sie die separate Datenbank erstellen konnten, die sie für jede neue Hochschule brauchten. Am Ende des Sommers hatten sie die Datenbanken für weniger als fünfzig angelegt, aber weitere hundert schrien danach. Mit Thiels Geld konnte Zuckerberg mehr Leute einstellen, um den Ausbau zu bewältigen. (Und seinen Eltern das geliehene Geld zurückzahlen.)

Anfang September zogen sie mit den Servern ihres Ostküsten-Unternehmens in eine größere Einrichtung in Kalifornien um. »Wir wussten wirklich nicht, wohin das führen würde. Wir waren ja nur ein paar Studenten«, sagt McCollum. Sie kauften Dutzende neuer

Server und machten eine Nacht durch, um sie auszupacken, in die Racks einzubauen, Linux zu installieren und sie ins Netzwerk einzubinden. Nun konnten bald Hunderte weiterer Universitäten online gehen.

Seit dem Launch von Thefacebook war kaum ein Jahr vergangen. »Der Gedanke, dass das hier ein Milliarden-Dollar-Unternehmen wird, war vom ersten Tag an da«, sagt Callahan. (Er sprach natürlich von *seinem* ersten Tag in jenem Herbst.) Aber noch immer gab es keinen ernsthaften Businessplan. Dabei sollte Callahan nun helfen.

Sechs Monate zuvor wäre diese Aufgabe wohl Eduardo Saverin übertragen worden, dem Mitgründer, der für den kaufmännischen Bereich des Unternehmens verantwortlich war. Doch Saverin war den Sommer über an der Ostküste geblieben, hatte Anzeigen für Thefacebook verkauft und plante anschließend, wieder nach Harvard zu gehen und seinen Abschluss zu machen. Den Wandel des Studentenprojekts zu einem ambitionierten Silicon-Valley-Start-up hatte er nicht live miterlebt. Sean Parker, der berüchtigte Yoda aus der Casa Facebook, hielt Saverin für einen Klotz am Bein des Unternehmens und sprach das auch immer wieder aus. Und wie ein Beobachter zusammenfasste: »Eduardo sprach über Tausende, wenn Sean über Millionen sprach.«

Eines Tages fragte Parker Callahan, ob er nicht Saverins Aufgaben übernehmen wolle. Und irgendwann stimmte auch Zuckerberg zu, dass Saverin gehen musste. Er überließ es seinen Anwälten und Bankleuten, die Nachricht zu überbringen. Diese legten Saverin einen neuen Partnervertrag vor, der seine Beteiligung an dem Unternehmen verringerte. Als Saverin merkte, dass er Dokumente unterzeichnet hatte, die ihn im Grunde aus dem Unternehmen gedrängt hatten, war er empört.

Zuckerberg rechtfertigte die Aktion einem Freund gegenüber in einer Textnachricht so (auch sie wurde vom *Business Insider* ausgegraben[13]):

Ich behaupte, dass er es sich selbst versaut hat. Erstens hat er keine der drei ihm übertragenen Aufgaben erfüllt. Er sollte die Firma gründen, Geld besorgen und einen Businessplan erstellen. Er ist mit allem

gescheitert und greift mich an, ohne irgendein Druckmittel zu haben.
Das zeigt doch, dass er bescheuert ist. Und nachdem ich jetzt sowieso
nicht nach Harvard zurückgehe, muss ich mir auch keine Sorgen
mehr machen, von brasilianischen Schlägertypen verhauen zu wer-
den.

Saverin hatte freilich keine brasilianischen Schlägertypen nötig, um
sich für Zuckerbergs Machenschaften zu rächen. Nach dem Gerichtsverfahren 2007 forderte er in einem Vergleich beachtliche 5 Prozent
des Unternehmens[14] – eine Milliarden-Summe – und zwang Facebook, dauerhaft seine Rolle als Mitgründer zu bestätigen, gegenteilige
Aussagen zu annullieren. Er beauftragte darüber hinaus einen Autor,
ein Buch aus seiner Sicht über den Treuebruch zu schreiben und einen Film zu machen – *den* Film –, der noch vor der Veröffentlichung
des Buches produziert wurde. Saverin verzog sich nach Singapur,
Berichten zufolge aus steuerlichen Gründen.[15] Heute ist er weniger
bekannt für das, was er für Facebook getan oder nicht getan hat, sondern als reale Vorlage jener Figur, die im Film »The Social Network«
von Andrew Garfield gespielt wird.

Und von allen Facebook-Gründern war Eduardo Saverin am we-
nigsten in der Verantwortung, als der Horror über das Projekt he-
reinfiel, das einst mit seinen 1000 Dollar gestartet war.

5 MORALISCHES DILEMMA

Im März 2005 zog Thefacebook endlich in ein richtiges Büro um. Parker hatte eine Räumlichkeit in der Innenstadt von Palo Alto an Land gezogen, im ersten Stock direkt über einem chinesischen Restaurant.

Auch Zuckerberg hatte sich räumlich verändert und war aus dem Haus in Los Altos ausgezogen. Die Firma wurde immer größer, und da schien es nicht mehr so recht zu passen, wenn der CEO mit dem Fußvolk zusammen hauste. Einige Monate lang war er mal hier, mal dort untergeschlüpft, dann bezog er eine kleine Wohnung, ebenfalls in der Innenstadt von Palo Alto, wenige Minuten vom Büro entfernt. Er hatte keinen Fernseher, nur eine Matratze auf dem Fußboden und ein paar wenige Möbelstücke. Er war CEO und größter Anteilseigner einer Firma mit über einer Million Kunden, aber seine Klamotten stapelte er immer noch auf dem Boden.

Thefacebook hatte sich gerade im neuen Büro eingerichtet, da blickte man einer finanziellen Krise ins Auge. Zwar war Thiels Business-Angel-Geld noch nicht zur Gänze aufgebraucht, aber die Server-Rechnungen und andere Kosten häuften sich. Die Firma benötigte ein paar neue Finanzspritzen, vorzugsweise von einem Investor, der gleichzeitig als Berater des CEO fungierte. Denn Zuckerberg hatte noch nie in einem großen Unternehmen gearbeitet, geschweige denn, eines geleitet. Geld zu bekommen würde kein Problem sein – die richtige Wahl zu treffen indes schon. Denn Zuckerberg hatte klare Vorstellungen, wen er in der Rolle des führenden Geldgebers sehen wollte: nicht etwa einen Risikokapitalgeber, sondern Don Graham, den Vorsitzenden und Geschäftsführer der *Washington Post*.

Zuständig für die Geschäftsentwicklung bei der *Post* war Chris Ma; seine Tochter Olivia hatte wie Zuckerberg in Kirkland House gewohnt, und als sie ihm von Facebooks Eroberungszug berichtete, war sein Interesse geweckt worden. Im Januar 2005 waren Parker und

Zuckerberg nach Washington, DC, geflogen, um die Möglichkeiten einer geschäftlichen Zusammenarbeit auszuloten. Ma hatte Graham gebeten, an dem Meeting teilzunehmen, und der CEO der *Post* lauschte fasziniert, als Zuckerberg ihm erklärte, wie Facebook funktionierte. Allerdings fragte er sich, ob es nicht Probleme mit dem Datenschutz geben könnte. »Wie sicher dürfen die Nutzer sich sein, dass ihre Posts nur an diejenigen gehen, die sie sehen sollen?«, wollte Graham wissen.

Die Leute fänden nichts dabei, alles Mögliche mit anderen zu teilen, versicherte Zuckerberg. Ein Drittel der Nutzer, führte er aus, gäbe ihre Handynummer auf ihrer Profilseite bekannt. »Das beweist doch, dass sie uns vertrauen.«

Graham registrierte mit Verwunderung, wie emotionslos und zögerlich dieser junge Mann war. Manchmal schwieg er und starrte bis zu dreißig Sekunden lang ins Nichts, bevor er eine Frage beantwortete – selbst wenn es eine war, die ihm bestimmt schon tausendmal gestellt worden war, etwa die nach dem Anteil der Harvard-Studenten, die Mitglied bei Facebook waren. *Hat er die Frage nicht verstanden?*, spekulierte Graham. *Habe ich ihn gekränkt?*

Dennoch gelangte Graham, noch bevor das Meeting zu Ende war, zu der Überzeugung, dass Thefacebook die beste Geschäftsidee sei, die ihm in den letzten Jahren untergekommen war. Und falls Zuckerberg und Parker nach einem Investor suchten, der kein Venture Capitalist war, dann sei die *Post* interessiert.

Die Verhandlungen waren bereits im Gange, als Matt Cohler zu Facebook kam. Er konnte Zuckerbergs Wahl nichts abgewinnen. Ja, es sei erfreulich, dass die beiden CEOs auf einen gemeinsamen Nenner gekommen waren. Und Graham wäre als Mentor zweifellos sehr wertvoll für die Firma. Aber, erklärte Cohler, eine »A«-Finanzierungsrunde mache man nur einmal (Thiels Geld war eine »Saatrunde« gewesen, und der nächste Schritt im Leben eines Start-ups war eine A-Runde, getragen von einer Risikokapitalgesellschaft). 10 Prozent der Firma stünden auf dem Spiel! Ein besseres Geschäft als das, was die *Post* anbiete, könne später von entscheidender Wichtigkeit für die Finanzlage der Firma sein.

In Kapitalgeberkreisen hatte sich bereits herumgesprochen, dass ein unglaublich vielversprechendes Start-up auf der Suche nach Finanziers war. Cohler bestreitet nicht, dass er selbst an der Verbreitung der Info beteiligt war. Und auch Parker – wenngleich er Graham den Eindruck vermittelte, er würde die *Post*-Beteiligung rückhaltlos unterstützen – war scharf darauf, einen besseren Deal mit Risikokapitalgebern aus dem Silicon Valley zu erzielen.

Zwar waren *Benchmark Capital* und das zu dem Zeitpunkt führende Venture-Capital-Unternehmen *Kleiner, Perkins* von Thefacebook begeistert, doch führten ihre Beteiligungen an dem sozialen Netzwerk Friendster letzten Endes zu einem Interessenkonflikt. Der hartnäckigste Interessent war eine VC-Firma namens *Accel*, die in Person eines ihrer Partner buchstäblich draußen vor dem Facebook-Büro kampierte, bis man ihn anhörte. Das Angebot, das Accels führender Investor Jim Breyer schließlich unterbreitete, betrug das Doppelte des *Washington Post*-Angebots. Breyer war bereit, 12,7 Millionen Dollar bei einer Bewertung von atemberaubenden 98 Millionen Dollar[1] für diese ein Jahr alte und von einem Zwanzigjährigen geführte Firma zu geben. Mehr noch, er war mit einer Regelung einverstanden, die Zuckerberg die langfristige Kontrolle über die Firma sicherte – Breyer und Thiel würden mit an Bord sein, aber Zuckerberg würde zwei Sitze halten, und auch Parker hätte einen. Zuckerberg würde niemals aus seiner eigenen Firma gedrängt werden, so wie es Parker mit Napster ergangen war.

Zuckerberg befand sich in einer Zwickmühle. Zwar waren noch keine Verträge unterschrieben worden, doch es gab eine Vereinbarung mit der *Post*, sozusagen per Handschlag besiegelt. Was Fragen der Geschäftsführung anging, hielt er große Stücke auf Graham, war ihm sogar einen ganzen Tag lang durch das Redaktionsgebäude gefolgt, um die Tätigkeit eines CEOs zu studieren. Cohler und Parker hatten jedoch starke Argumente auf ihrer Seite. Je mehr Geld Facebook zur Verfügung hätte, desto schneller würde es wachsen und desto mehr Munition wäre da, um es mit MySpace aufzunehmen, das damals noch viel größere Nutzerzahlen aufwies. Dennoch wollte Zuckerberg nicht als jemand dastehen, der eine Abmachung zurücknimmt, schon gar nicht eine Abmachung mit jemandem, von dem er so viel hielt.

Also rief er Graham an: »Don, ich stecke in einem moralischen Dilemma«, sagte er und erläuterte, dass Jim Breyer ihm doppelt so viel Geld anbot.

Graham wollte sichergehen, dass Zuckerberg verstand, was es bedeutete, sich an einen Risikokapitalgeber zu wenden: dass nämlich ein Teil der Firma im Besitz eines Akteurs war, dem es in allererster Linie um eine möglichst hohe Rendite ging. Der vielleicht Verkäufe befürwortete, die Zuckerberg nicht wollte, oder auf einen Börsengang drängte, bevor Facebook dafür bereit war.

»Das ist mir klar«, sagte Zuckerberg.

»Es ist also wichtig für euch, dieses zusätzliche Geld zu bekommen?«, fragte Graham.

»Sehr wichtig. Wir müssen wachsen. Wir müssen schnell wachsen.«

Graham überlegte, ob er vielleicht mit dem Accel-Angebot gleichziehen sollte – rechnete sich aber aus, dass Accel dann einfach noch einen drauflegen würde, und dann käme ein weiterer Anruf mit der stillschweigenden Aufforderung, sein Angebot zu erhöhen. Also erklärte er, da könne er schlicht nicht mithalten. Zuckerberg werde sich entscheiden müssen.

Bald nach diesem Telefongespräch führte Jim Breyer Parker, Cohler und Zuckerberg in den »Village Pub« in Woodside zum Essen aus. Das Restaurant war eine der wenigen Lokalitäten im Valley, wo noch eine sehr altmodische Förmlichkeit gepflegt wurde. Breyer wollte seinen bevorstehenden Erfolg feiern und bestellte zum Essen einen »Quileda Creek Washington State Cabernet«. Wortreich pries er seinen Gästen diesen legendären und legendär teuren Wein an. Parker und Cohler waren ganz heiß darauf, ihn zu probieren. Zuckerberg sagte, er könne nicht mittrinken, da ihm als Minderjährigem kein Alkohol gestattet sei. Er bestellte ein Sprite. »Ich mag Sprite einfach«,[2] erzählte er etwas später in jenem Jahr in einem gemeinsamen Interview mit Breyer.

Je weiter das Essen voranschritt, desto unbehaglicher schien Zuckerberg sich zu fühlen. *Vielleicht war er einfach nicht an schicke Restaurants gewöhnt?*, überlegte Cohler. Schließlich entschuldigte er sich, um zur Toilette zu gehen. Und kehrte nicht wieder zurück. Nach einer ganzen Weile erhob sich Cohler, um nachzusehen, was los war.

Mark Zuckerberg saß auf dem Fußboden der Herrentoilette, in Tränen aufgelöst.

»Was ist los?«, fragte Cohler.

Zuckerberg erklärte, er könne den Accel-Deal nicht durchziehen – es sei einfach falsch. »Ich habe Don Graham mein Wort gegeben, und nur darauf kommt es an«, sagte er. »Ich mach das hier nicht.«[3]

Der gequälte Moralist war ein Aspekt von Zuckerbergs Persönlichkeit, der Cohler bisher nicht aufgefallen war – die Winklevoss-Zwillinge wären zweifellos von den Socken gewesen, hätten sie das erlebt –, und er war beeindruckt. Auch steht diese Episode im Kontrast zu dem Stoizismus, den Zuckerberg in späteren Zwangslagen an den Tag legte. Noch viele weitere moralische Dilemmata sollten zukünftig ihr Haupt erheben, und in aller Regel befreite Zuckerberg sich daraus mit kaltblütigem Pragmatismus.

Und so war es auch in diesem Fall, nachdem die Tränen getrocknet waren. Cohler wollte, wie er später erläuterte, dass Zuckerberg ohne Bedauern und Vorbehalte das tat, was er für richtig hielt. Nach dem Essen schlug er Zuckerberg vor, Graham anzurufen und ihn um Rat zu bitten.

»Wahrscheinlich war das ein unfairer Vorschlag«, sagt Cohler. Jeder, der Don Graham kannte, hätte die Antwort des *Washington Post*-Chefs voraussagen können. Für Mark Zuckerberg traf das auf jeden Fall zu. Graham war keiner, der seine Werte und Überzeugungen zugunsten eines geschäftlichen Vorteils hintanstellte.

»Mark, wenn es Ihnen so schlecht damit ergeht, dann will ich Sie aus Ihrem moralischen Dilemma befreien«, sagte Graham. Er riet Zuckerberg, das Geld von Accel zu nehmen. Er solle so viel nehmen, wie er kriegen könne. Er, Graham, hoffe, sie beide würden Freunde bleiben. (Zuckerberg bat Graham später, dem Facebook-Vorstand beizutreten, und sie blieben einander eng verbunden.)

Zuckerberg hatte mit dieser Sache nicht nur etwas über das Geschäft gelernt, sondern auch über sich selbst. Er hatte eine wichtige Wahl getroffen zwischen dem, was ihm moralisch richtig erschien, und dem, was richtig für das Unternehmen war. Noch im selben Monat malte er in der Nähe seines Schreibtisches das Wort FORSAN an die Wand.[4] Das bezog sich auf die berühmte Textstelle in Vergils

Äneis: »*Forsan et haec olim meminisse iuvabit*«, die Worte des Äneas an seine geschlagenen Truppen – »Vielleicht wird die Erinnerung hieran eines Tages noch ein Trost sein.«

Mit dem Geld auf dem Konto bestand einer der ersten Punkte auf der Tagesordnung darin, die Facebook.com-Domain zu kaufen, damit die Firma endlich das leidige »the« aus ihrem Namen streichen konnte. Die Domain gehörte einer Firma namens *AboutFace,* die nichts mit Universitäten zu tun hatte, sondern Mitarbeiterverzeichnisse für Anwaltskanzleien und private Körperschaften erstellte. Parker gelang es, ihnen die Domain für lumpige 200 000 Dollar abzuluchsen und damit die Voraussetzung dafür zu schaffen, dass aus Thefacebook schlicht Facebook wurde.

Wichtiger war noch, dass die Firma dank der Kapitalspritze mehr Leute einstellen konnte. Die Harvard-Programmierer hatten Gutes geleistet, um die Webseite auf den Weg zu bringen, aber um das Produkt für die inzwischen erreichte riesige Nutzerzahl zu optimieren, brauchte man entsprechend ausgebildetes Personal. (Matt Welsh, Zuckerbergs Ausbilder für Betriebssysteme, schrieb in seinem Blog, »die Originalversion von Facebook war, technisch gesehen, reiner Murks – alles in PHP implementiert und hintenraus extrem schwerfällig«.[5] Aber solche Entwickler zu engagieren war eine Herausforderung für ein Start-up, zumal für eines, das hauptsächlich unter Studenten bekannt war. Eine Taktik bestand darin, sich vor den Informatik-Fachbereich an der Stanford-Uni zu stellen und Leute abzufangen, die wie Computer-Geeks aussahen. Cohler verlegte sich vorzugsweise auf die Lockvogeltaktik. Er warb Top-Studenten für ein Praktikum in den Semesterferien an und überredete sie dann, ihr Studium abzubrechen.

Ein großer Fang, den er auf diese Weise machte, war Scott Marlette, ein Masterstudent, der mit einigen seiner Professoren nicht klarkam. Noch bevor er Zuckerberg kennenlernte, hatte Cohler ihn mit dem Argument geködert, in einer kleinen Firma könne er richtig was bewegen. An seinem ersten Tag ging Marlette zu Fuß zum Apple-Store zwei Straßen weiter, um sich ein Laptop zu kaufen, suchte sich eine freie Ecke im Büro und begann sich den komplizierten Infrastrukturproblemen zu widmen, die seine intelligenten, aber unerfahrenen studentischen Vorläufer nicht in den Griff bekommen hatten. Unermesslich hilfreich war zudem die Mitwirkung von Jeff Rothschild, einem Entwickler von Weltniveau, der mit seinen fünfzig Jahren fast so etwas wie ein alter Fahrensmann war. Aufgrund seiner Erfahrung war er der vielleicht größte Coup, den Facebook überhaupt je landen konnte. Mit vereinten Kräften sollten die beiden Neuzugänge die Systeme am Laufen halten, während das Wachstum sich weiter beschleunigte. Doch bei aller geballten Kompetenz blieb die Aufgabe eine Herausforderung: Einmal entwickelten die Server-Racks eine solche Hitze, dass Rothschild eine Expedition in die umliegenden »Walgreen«-Märkte startete, um dort den gesamten Bestand an Ventilatoren aufzukaufen und mit deren Hilfe die Temperatur wieder abzusenken.[6]

Die von Facebook angeworbenen ITler kamen entweder direkt von der Uni – die sie oft noch vor dem Abschluss verließen – oder von größeren Unternehmen wie Microsoft oder Oracle, wo sie vielleicht ein oder zwei Jahre lang Erfahrungen gesammelt hatten. Letztere mussten meistens schwer schlucken, wenn sie das Chaos erblickten, das nach wie vor in den Räumlichkeiten über dem chinesischen Restaurant in der Emerson Street herrschte. Vormittags war dort nicht viel los, erst am frühen Nachmittag kamen die Leute hereingetrudelt und ließen sich an ihren Workstations nieder, um dann gut und gern 14 Stunden am Stück drauflos zu programmieren. Zuckerberg spazierte oft noch im Schlafanzug durch die Gegend. »Im Grunde kam ich mir vor wie in meiner Studentenbude an der Carnegie-Mellon-Uni, besser kann ich's nicht beschreiben«, sagt Aditya Agarwal, der zum Kennenlernen erst mit Zuckerberg plauderte und anschließend ein gehaltvolleres Gespräch mit Jeff Rothschild führte. Noch am selben Tag erhielt Agarwal ein Angebot, das er aber erst annahm, nachdem ihm seine Freundin Ruchi Sanghvi, die noch in Berkeley studierte, von der rasend schnellen Entwicklung des Produkts erzählt hatte. Das Angebot umfasste 75 000 Dollar und »einige Optionen«. Sanghvi selbst stieß wenige Monate später ebenfalls zur Firma.

Nach diesem Muster lief es häufig ab: Ein Entwickler, verunsichert vom unordentlichen Erscheinungsbild des Unternehmens, hielt

Rücksprache mit einem jüngeren Verwandten oder Bekannten, der noch auf die Uni ging und der dann alle Zweifel an der Zukunftsfähigkeit dieser dubiosen Firma zerstreuen konnte. »Ich erinnere mich, dass ich meinen Bruder anrief, der im zweiten Jahr an der Johns Hopkins University studierte, wo Facebook gerade gestartet war«, sagt Soleio Cuervo, den das Missverhältnis zwischen den spitzenmäßigen IQs bei Facebook und dessen scheinbar unernst wirkender Mission in Verwirrung gestürzt hatte. *Facebook ist hier größer als Gott!*, teilte sein Bruder ihm mit. *Es geht echt durch die Decke!* Cuervo wurde Facebooks zweiter Designer nach Sittig.

Zuckerberg beteiligte sich aktiv an der Personalbeschaffung, vor allem wenn es darum ging, jemanden von einem Industriegiganten wegzulocken. Ein typisches Objekt der Begierde war Greg Badros, der gerade in Googles *Gmail*-Team eingetreten war. Außerdem führte er, vielleicht nicht zufällig, die Regie bei Googles sozialem Netzwerk Orkut. (Die Doppelrolle verriet Zuckerberg einiges über die geringe Priorität, die Google der sozialen Vernetzung beimaß.) Badros zu einem Gespräch ins Facebook-Büro zu bitten wäre der Geheimhaltung abträglich gewesen, daher traf man sich in Zuckerbergs Wohnung in der Ramona Street im Zentrum von Palo Alto. Badros nahm fassungslos zur Kenntnis, in welch kargen Verhältnissen Zuckerberg lebte, in einem Ein-Zimmer-Apartment mit einem winzigen Tisch und einer Matratze in der Ecke, auf der lediglich eine Decke lag, aber keine Bezüge.

Priscilla Chan hatte sich mit einigen ihrer Seminarunterlagen nach draußen auf die Treppe gesetzt, damit sie ihren Freund nicht bei seinem wichtigen Anwerbungsgespräch störte. (Das Paar hatte sich getrennt, als Zuckerberg nach Kalifornien ging, aber wieder zusammengefunden, als Chan ihr Medizinstudium in Berkeley aufnahm.) Das Gespräch dauerte über eine Stunde, und Badros, der sich gefragt hatte, ob dieses Wunderkind die Welt verändern oder einfach nur aus dem Start-up-Boom Kapital schlagen würde, fand seine Frage am Ende beantwortet: Ersteres, und zwar hundertprozentig. Badros nahm das Jobangebot zunächst zwar nicht an, aber Zuckerbergs eindringliche Art und seine Neugier hatten bleibenden Eindruck hinterlassen. Zwei Jahre später war er bei Facebook an Bord.

Während das Unternehmen weiter wuchs, verleitete Zuckerbergs »Move Fast«-Maxime ihn dazu, vorschnell Leute, vor allem Manager, zu engagieren, die dann doch nicht passten und rasch wieder gehen mussten, was zu Lücken in der Personaldecke und Störungen im Anwerbungsprozess führte.

So wie im folgenden Fall: Im Frühjahr 2005 lernten Sittig und Parker einen vielversprechenden Stanford-Studenten bei einem Tag der offenen Tür kennen, den ein Start-up aus Palo Alto zum Zweck der Mitarbeiteranwerbung veranstalte. Sie beschworen ihn stattdessen, zu Facebook zu kommen, und sei es für ein Praktikum. Er begegnete Zuckerberg in einer asiatischen Nudelbar in Palo Alto, und sie kamen ins Gespräch darüber, wie es sei, eine Firma zu gründen. Obwohl Zuckerberg ihm versicherte, es sei das Schwierigste, was man sich überhaupt vorstellen könne, dachte der Student bei sich: *Das will ich eines Tages auch machen.*

Seine Kommilitonen und sogar ein Tutor in Stanford rieten ihm davon ab, sich einer Firma anzuschließen, die sie als ein albernes College-Start-up betrachteten. Hinzu kam, dass er sich eigentlich in Stanford sehr wohlfühlte; er hatte eine Freundin dort und engagierte sich in einer studentischen Verbindung. Dennoch war der Gedanke verlockend. Er korrespondierte regelmäßig mit dem technischen Leiter, der sich sehr um ihn bemühte, und war immer mehr geneigt, den Job anzunehmen. Doch dann blieben die Mails aus, und er kam zu dem Schluss, dass Facebook das Interesse verloren hätte. Er ahnte freilich nicht, dass sein Kontakt bei Facebook mittlerweile gefeuert worden war. Wäre er am Ball geblieben, hätte er den Job bekommen.

Aber Facebook war noch nicht fertig mit Kevin Systrom.

Charakteristisch für das Vorgehen von Facebook war die Geschwindigkeit, mit der neuer Code ausgespuckt wurde. Als Agarwal noch bei Oracle war, dauerte es zum Beispiel Monate, bevor er erstmals an den Basiscode »randurfte«, und auch dann wurde seine Arbeit noch vier Gutachtern zur Prüfung vorgelegt, um vierfach sicherzustellen, dass seine Änderungen keine unerwünschten Nebenwirkungen hatten. Und obendrein bekam die Kundschaft diese Änderungen buchstäblich erst Jahre später zu sehen, weil Produkte lediglich im Zweijahreszyklus veröffentlicht wurden.

Bei Facebook wurde vier- oder fünfmal am Tag Code freigegeben. Im Wesentlichen operierten Zuckerberg und Moskovitz nach den gleichen Regeln wie in den Tagen, als Facebook noch ein Studentenbuden-Projekt war. Da sie nie in einer anderen Firma gearbeitet hatten, war ihnen überhaupt nicht klar, wie subversiv ihr Vorgehen war, wie sehr es gegen die allgemein anerkannten Methoden der Software-Entwicklung verstieß. Selbst Google erstellte etwa alle zwei Wochen neue Verzeichnisse, wo Änderungen auf die regulären Updates warten mussten. »Wir hatten kein Dogma, mussten nichts verlernen«, sagt Agarwal. »Da liegt die Frage doch auf der Hand – wozu warten?« Falls es Veteranen gab, die einen solchen Verstoß gegen das alte Paradigma als Blasphemie empfanden, dann waren sie offensichtlich keine Facebooker. Die Einstellung war: *Es ist uns scheißegal, wie lange du in deinem vorigen Job zum Programmieren gebraucht hast. Hier bei Facebook wollen wir uns mit Lichtgeschwindigkeit bewegen.*

Als Entwickler bekamst du gleich an deinem ersten Tag die Richtung angezeigt, wenn du die Codebasis herunterludst, deine Dev-Umgebung einrichtetest und dich daranmachtest, einen Fehler zu beheben. Falls du noch nie mit PHP programmiert hattest oder nicht wusstest, wie ein Objektverknüpfungsmodell funktioniert, dann war die Devise: Mach dich schlau – und zwar heute noch. Keine Ausflüchte.

Hätte man an etwas gearbeitet, das die Sicherheit oder das Wohlbefinden der Nutzer betraf, vielleicht wäre es dann anders gewesen. Aber es war ja nur … Facebook. Welche ernsthaften Folgen konnte eine kleine Panne schon haben?

Wenn sich tatsächlich mal ein schrecklicher Fehler in dein Programm eingeschlichen hatte, der das ganze Software-Kartenhaus zum Einsturz brachte und Hunderttausende von Facebook-Nutzern auf dem Trockenen sitzen ließ, dann wurde diese Peinlichkeit, wie um den obigen Punkt zu unterstreichen, durch eine E-Mail gemildert, die CC ans gesamte Entwicklerteam ging: *Herzlichen Glückwunsch! Du hast die Seite abstürzen lassen – das heißt, du arbeitest schnell!* (Wenn man den gleichen Fehler allerdings zweimal machte, wurde das weniger gefeiert.)

Später wurde der Prozess formalisiert: Alle neuen Mitarbeiter, die irgendetwas mit Computertechnik zu tun hatten, mussten – bis hinauf in die Ebene der Geschäftsführer – ein Training in einem »Bootcamp« absolvieren. Jeder Teilnehmer wurde ohne weitere Umschweife mit dem System konfrontiert und sollte innerhalb von 24 Stunden eine Änderung an der Codebasis vornehmen, dem eigentlichen Programm, mit dem Facebook lief – und das geänderte Programm dann einen oder zwei Tage später veröffentlichen. Es war, als würde man gleich die Kontrolle über ein Raumschiff übertragen bekommen, wenn man zum ersten Mal das Cockpit betritt.

Die Hauptaufgabe der Entwickler bestand in »Löscharbeiten«. Ständig galt es, Probleme zu beheben und dafür zu sorgen, dass die Seite nicht abstürzte. Moskovitz war der zentrale Disponent. Später setzte er sich regelmäßig mit der 2005 zur Firma gestoßenen technischen Leiterin Katie Geminder zusammen, und gemeinsam versuchten sie den Überblick darüber zu behalten, wer gerade woran arbeitete. Anfangs aber wurde über Monate hinweg alles *ad hoc* verteilt.

Die große Mehrheit der Belegschaft – einschließlich des Chefs – bestand aus Leuten von Anfang zwanzig; in die Firma einzutreten war daher so etwas, wie den SAT-Test [»Scholastic Assessment Test«, der Auskunft über die Studierfähigkeit der Highschool-Absolventen geben soll, Anm. d. Red.] abzulegen und gleichzeitig die Videogame-Version von »Bier Pong« zu spielen. Die Mitarbeiter sollten sich wohlfühlen, ja, das Büro als ihr Zuhause betrachten. Zuckerberg zahlte sogar jedem einen 600-Dollar-Bonus,[7] der bereit war, in eine Bude zu ziehen, die nicht mehr als eine Meile vom Facebook-Büro entfernt war.

Nur wenige Monate nach Bezug des ersten Büros eröffnete Facebook ein zweites, in der Hauptstraße der Innenstadt, 156 University. PayPal hatte dort angefangen, die Räume verströmten also ein hervorragendes Karma. Bei den Mietverhandlungen hatte Parker ein kleines Lockmittel ins Spiel gebracht: Für das Recht, bei Bedarf mehr Räume im Gebäude in Anspruch zu nehmen, bot er dem Vermieter an, 50 000 Dollar in Facebook zu investieren – eine seltene Gelegenheit. Der Vermieter wäre bereit gewesen, darauf einzugehen, aber seine Partner lehnten den Deal ab, der ihnen einen Gewinn von mehreren Hundert Millionen Dollar hätte bescheren können.

Parker hatte die Idee gehabt, die neuen Bürowände von einem angesagten Graffiti-Künstler namens David Choe[8] gestalten zu lassen. Choe, der die sozialen Netzwerke, inklusive Facebook, für einen einzigen Witz hielt, rief die ungeheuerliche Honorarsumme von 60 000 Dollar auf. Anders als der Vermieter ging er jedoch auf Parkers Angebot ein, sich in Facebook-Aktienoptionen bezahlen zu lassen.

Choe fertigte ein ausgedehntes Wandgemälde voller grotesker und lästerlicher Motive, das sich metastasenhaft durch das gesamte Büro ausbreitete. Es war, als hätte der *Playboy* Hieronymus Bosch den Auftrag erteilt, einen U-Bahn-Waggon zu verzieren. Später schmückte noch eine Freundin von Parker die Damentoilette mit ähnlich computerfernen Bildmotiven. Die männliche Facebook-Belegschaft war von der künstlerischen Gestaltung fast durchweg sehr angetan. Die (wenigen) Kolleginnen eher weniger.

Parker und einige andere Facebooker feierten Choes Arbeit bei einem gemeinsamen Abendessen in der »Cheesecake Factory«. Sie fragten Choe, ob er den Wert jener Aktienoptionen einschätzen könne, die er erhalten hatte. Ob er überhaupt wisse, was Aktienoptionen sind. Nein, musste Choe zugeben. Aber für seine letzte Arbeit sei er mit einem Schlagzeug bezahlt worden, und das hier sei ja wohl etwas Ähnliches. Choes Aktienoptionen sollten schließlich einen Wert von mehr als 200 Millionen Dollar erreichen.

Zuckerberg tat sich schwer damit, öffentlich zu reden, anfangs hatte er sogar Angst, auf Mitarbeiterversammlungen vor (damals) zehn bis fünfzehn Leuten das Wort zu ergreifen. »Ich musste mich hinsetzen, solche Panik hatte ich«,[9] erzählte er später. Bei einer Versammlung wurde es ihm mittendrin plötzlich zu viel, sodass er das Wort an Matt Cohler übergeben musste.[10] Irgendwann aber gewöhnte er sich daran, zu seinen Leuten zu sprechen, und hielt jeden Freitag eine Sitzung ab, wo ihn jeder alles fragen konnte. Zum Abschluss des Meetings rief er dann laut: »Domination!«[11] (Herrschaft), ganz im Geiste der antiken Herrscher, die vor langer Zeit seine Fantasie angeregt hatten. Indem er vor einer mit »Kool-Aid« [in den USA ein Kult-Getränkepulver, das mit Wasser verrührt getrunken wird, Anm. d. Red.] abgefüllten

Belegschaft eine Art Heldengeschichte seiner Firma beschwor, versetzte sich der von Natur aus introvertierte Zuckerberg in die Lage, die ehrgeizigen Ziele auszudrücken, die er hinter einem Pokerface verbarg, und dies gleichzeitig mit einer Prise Ironie zu würzen, hinter die er sich notfalls wieder zurückziehen konnte. »Sicher, es war ironisch, aber er meinte es auch ernst«, sagt Geminder. »Und es war inspirierend.«

Am Ende forderte Parker ihn auf, solche Sperenzchen lieber zu lassen, denn eines Tages würde sich womöglich jemand im Rahmen einer kartellrechtlichen Klage darauf berufen.

Im Juni 2005 trommelte Mark Zuckerberg seine Angestellten zusammen und teilte ihnen mit, welche Pläne er für Facebooks zweiten Sommer hatte:

- Eine Neugestaltung der Seite.
- Eine Anwendung für Fotos.
- Eine personalisierte Zeitung, auf den sozialen Aktivitäten der Nutzer beruhend.
- Eine Funktion für Veranstaltungen.
- Ein lokales Geschäftsprodukt.
- Und eine Funktion mit dem Namen »Mir ist langweilig«, die Facebook-Nutzern etwas zu tun geben sollte.

Es war eine Liste, die seine Studentenbuden-Webseite in das bedeutendste soziale Dienstprogramm auf der ganzen Welt verwandeln würde.

Zuckerbergs Produktvision war etwas, das seit seinem Umzug nach Kalifornien nach und nach Gestalt angenommen hatte. In Harvard hatte er einfach aus Jux und Tollerei irgendwelche Ideen umgesetzt, die Programme dafür selbst geschrieben und sie veröffentlicht, ohne sich viel dabei zu denken. Selbst noch Thefacebook, immerhin bewusst als Krönung seiner bisherigen Arbeit angelegt, war schnell programmiert und gleich unter die Leute gebracht worden.

Inzwischen verfügte er über ein wachsendes Team von ITlern und eine Basis von etlichen Millionen an Nutzern. Wenn auch nach wie vor ein Großteil der Energie dafür aufgewendet wurde, die Seite anzupassen und ihr weitere Universitäten zu erschließen, wusste er doch, dass es jetzt darauf ankam, neue Funktionen einzuführen, die größere Wirkung entfalteten und süchtig machen konnten. Diese Funktionen sollten anspruchsvoll sein, ohne dass die Firma von ihrer Maxime abrücken musste: schnell sein und notfalls später reparieren. Dazu war es nötig, nicht nur Projekte anzuschieben, die er sich selbst ausgedacht hatte, sondern auch seine Angestellten in den Stand zu versetzen, kreativ zu werden, solange nur die Aussicht bestand, dass Facebook mit ihren Ideen an Wert gewinnen würde. Ein bisschen stand der Arbeitsprozess unter dem Motto: »einfach mal probieren und gucken, was dabei rauskommt«. Moskovitz sorgte allerdings dafür, dass sich immer jemand um die vordringlichen Aufgaben kümmerte, etwa die Seite am Laufen zu halten und die Kleinarbeit zu erledigen, damit der nächste Campus an den Start gehen konnte. Aber innerhalb der Gruppe wurden ständig neue Ideen diskutiert. »Wir haben so viel Zeit miteinander verbracht, im Wohnzimmer gehockt, irgendwoanders zusammen gegessen und immer drüber geredet, was wir für Sachen bauen könnten«, sagt McCollum. »Und der nächste Schritt war dann, dass jemand sich einfach drangesetzt hat.«

Solche Projekte mussten freilich schnell durchgezogen werden. Es war, als müsste man immerzu für irgendeine Abschlussprüfung in Seminaren büffeln, in denen man sich während des Semesters kaum hatte blicken lassen. Und der Prüfer war Zuckerberg. »Mark hatte immer die letzte Entscheidung darüber, was ins Produkt einging und wie es funktionieren sollte«, ergänzt McCollum.

Ein Projekt, das noch im Haus im La Jennifer Way abgeschlossen worden war, hieß *The Wall*. Auch wenn Facebook in Sachen Echtzeitkommunikation immer noch nicht mit dem AOL Instant Messenger konkurrieren konnte, sollte es nach Zuckerbergs Willen zu einem Forum des Austauschs werden. Zwar sprach er nicht öffentlich über seine politischen Ansichten, sofern er denn welche hatte, aber er war jedenfalls ein glühender Anhänger der freien Rede. Und mit der Zeit wurde ihm auch bewusst, dass das Produkt, das er geschaffen hatte, ein machtvolles Instrument sein könnte, vielleicht sogar eines von epochaler Bedeutung, den Menschen eine Stimme zu geben. Mir würde er später erzählen, dass die freie Rede »das Gründungsideal des Unternehmens« gewesen sei.

Zum damaligen Zeitpunkt konnten Facebook-Nutzer nicht mehr tun, als Informationsschnipsel in ihr eigenes Profil einzufügen. Nach endlosen internen Debatten präsentierte Facebook nun eine Möglichkeit, sich tatsächlich miteinander auszutauschen, eine Art dynamische Pinnwand, die die Mitte der Profilseite einnahm. Im Stil von *Wikipedia* konnten Nutzer in anderen Profilen Teile hinzufügen oder redigieren. »Es war die Zeit, als Wikipedia das innovativste und unglaublichste Ding überhaupt zu sein schien«, erinnert sich Chris Hughes. »Wir schufen Platz auf der Profilseite, wo man egal was hinschreiben konnte, in frei gewählter Form, und andere Leute konnten das auch.« Daraus entwickelte sich schließlich die Möglichkeit, Textkommentare auf der Profilseite eines anderen Nutzers zu platzieren. Diese Kommentare erschienen, wie in einem Blog, in umgekehrt chronologischer Anordnung. Man konnte Anmerkungen zum Profil des anderen machen, erörtern, was auf der Party gestern Abend abgegangen war, oder einfach dumme Sprüche klopfen.

Allmählich änderte sich dadurch der Charakter der Seite, von einem bloßen Verzeichnis entwickelte sie sich in Richtung einer interaktiven Plattform. Über die Profilinformationen hatte Facebook bereits aufgenommen, was in der Branche als »User Generated Content«, als nutzergenerierte Inhalte, firmierte. Doch mit dem Öffnen der Diskursschleusen wurden Fragen aufgeworfen, auf die Facebook keine Antworten hatte. Wer kontrollierte die Pinnwand? Gehörte sie den Nutzern oder Facebook? Was war dort erlaubt, was war verboten? In typischer Facebook-Manier wurde die Funktion einfach ohne Klärung dieser verzwickten Fragen eingeführt. Und niemand verwandte einen Gedanken darauf, wie mit unangemessenen Kommentaren umzugehen sei.

Als Nächstes folgte eine Funktion namens *Groups*, eine Variante der Profilseite, wo die Pinnwand wie ein Schwarzes Brett genutzt werden konnte, um Leute um ein gemeinsames Interesse herum zu organisieren. Jedes Facebook-Mitglied konnte eine Gruppe aufmachen, und der Zugriff erfolgte auf gleiche Weise wie bei einem Profil. Zuckerberg verband einige hochfliegende Vorstellungen damit: Bereits bestehende Studentengruppen konnten sich ab sofort online steuern; Studenten, die an der Uni für ein Amt kandidierten, konnten sich eine virtuelle Wahlkampfzentrale einrichten; Aktivisten konnten Petitionen mit der Forderung nach Campus-Reformen in Umlauf bringen. Tatsächlich kam es so, dass viele Bekanntmachungen, die vormals an den Pinnwänden der Studentenwohnheime erschienen waren, jetzt auf Facebook veröffentlicht wurden. Ein Großteil der beliebtesten Gruppen aber machte einen eher skurrilen oder schlichtweg bescheuerten Eindruck. Es gab den »Anti-hochgeschlagener-Kragen-Klub« und die »Studenten für die Verlegung der Universität Harvard in das alternative Universum, wo Kerry die Wahl gewonnen hat«. Sogar eine Gruppe für Leute, die Facebook-Gruppen liebten, wurde gegründet. Der *Harvard Crimson* berichtete über das neue Phänomen der »Facebook-Gruppen-Huren« – Leute, die wahllos jede Einladung in eine neue Gruppe annahmen.[12]

Zuckerbergs ambitionierter Vorstoß führte dazu, dass der Webauftritt neu gedacht werden musste. Was all die verschiedenen Ideen gemeinsam hatten, war die Tatsache, dass sie offenbar zwangsläufig mit einer Expansion des Unternehmens einhergingen. Zudem waren die meisten von ihnen ausreichend komplex, um mehr Zeit in Anspruch zu nehmen als die Ex-und-hopp-Projekte der Vergangenheit.

Tatsächlich war von den fünf Punkten auf Zuckerbergs Agenda einer bereits vor dem Labor Day im September verwirklicht: die Neugestaltung. Aaron Sittig, der sich der Firma inzwischen endgültig angeschlossen hatte, leitete das Projekt. Eine seiner ersten Maßnahmen war, den »seltsamen, gruselig aussehenden Typen« ganz oben auf der Seite infrage zu stellen. Auch aus Sorge, womöglich gegen irgendwelche Urheberrechte zu verstoßen, wurde erst einmal ermittelt, wo dieses vektorisierte Bild überhaupt herkam. Wie sich herausstellte, war es der Clipart-Sammlung von Microsoft Office entnommen, aus der sich jeder bedienen konnte, der eine Office-Lizenz besaß. Das bedeutete, dass Facebook sein eigenes Logo nicht markenrechtlich schützen konnte. »Thefacebook Guy« war Geschichte.

Sittigs Ästhetik war klar und modern. Das ergab einen markanten Kontrast zu MySpace, dem seinerzeit führenden sozialen Netzwerk.

Es hatte ungefähr zehnmal so viele Nutzer, tat aber den Augen weh. User hatten dort die Möglichkeit, ihre Seiten individuell zu gestalten, und als Besucher der Webseite kam man sich vor, als würde man mit einem schweren Kater durchs Nachtleben Tokios streifen.

In Abgrenzung zu derlei Farbdelirien beschränkte Sittig sich bei seiner Auswahl auf eine Palette von Blautönen. Damit kam er auch Zuckerberg entgegen, der farbenblind ist und weder Rot noch Grün sehen kann. Nach langer Suche fand er endlich den Ton, der ihm gefiel. Es war der Hintergrund auf dem Internetauftritt der Carlyle Group, einer der mächtigsten und politisch einflussreichsten Private-Equity-Gesellschaften der USA, und einst vom Autor Michael Lewis als »der Salon des Refusés der vorteilsgewährenden Klasse«[13] bezeichnet. Sittig machte sich dieses Blau zu eigen, und heute ist es für Milliarden von Menschen untrennbar mit Facebook verbunden. Intern lief die Facebook-Webseite bald unter dem Namen »Blue App«, manchmal auch einfach unter »Blue«.

Als Nächstes war die Funktion *Fotos* zu implementieren. Bislang stand den Nutzern ein einzelnes Profilfoto zu, und das war's. So begierig waren sie aber darauf, Fotos zu teilen, dass manche ihr Profilbild ständig aktualisierten, mitunter mehrmals am Tag. Andere entdeckten, dass Facebook zwar die Breite von Fotos auf der Seite begrenzte, es eine entsprechende vertikale Begrenzung jedoch nicht gab. Also fügten sie eine Reihe von Fotos zusammen, ähnlich einem Streifen aus dem Passbildautomaten, und verwendeten ein solchermaßen improvisiertes Fotoalbum als Profilbild.

Auf MySpace war es dagegen möglich, eine bestimmte Menge von Fotos zu posten, und kürzlich war die Anzahl sogar von 15 auf fünfzig erhöht worden. Die angesagteste Seite zum Teilen von Fotos war zu der Zeit allerdings Flickr, wo die Leute ihre Bilder öffentlich zeigten, oft mit Titeln versehen, die man als Suchbegriff eingeben konnte. Das war toll für Bilder von Dingen. Facebook aber war ein Ort für *Menschen,* insbesondere solche, die man kannte.

Zuckerberg beauftragte Sittig, Marlette und Doug Hirsch, den neuen Produktmanager, etwas Neues zu entwickeln. In einem ersten Schritt fertigten sie einige Entwürfe für das äußere Erscheinungsbild der App. Wie immer war Zuckerberg durchgängig am Prozess beteiligt: Die drei erarbeiteten etwas, sprachen darüber mit Mark, arbeiteten weiter, sprachen wieder mit Mark und so weiter.

Marlette war selbst Fotograf, doch war ihm klar, dass Facebook-Nutzer ihre Aufnahmen weniger unter dem künstlerischen Aspekt betrachten würden. Mit ihren Bildern, genau wie mit den anderen Dingen, die sie in ihrem Profil posteten – etwa Interessen oder Beziehungsstatus –, wollten sie sich selbst ausdrücken. Daher kam es nicht darauf an, wie gut die Auflösung war – eine geringere Qualität war sogar von Vorteil, denn dann wurden die Bilder schneller geladen, und Facebooks Server liefen nicht Gefahr, überlastet zu werden.

Eines späten Abends saßen Hirsch und Sittig für ein Brainstorming zusammen. Hirsch schlug vor, der Foto-Funktion eine soziale Komponente mitzugeben. Sittig hatte eine brillante Idee – warum nicht die Personen auf den Fotos markieren? Also etwas nachvollziehen, das unser Gehirn sowieso tut, wenn wir Fotos betrachten? Ganz leicht durchzuführen, keine künstliche Intelligenz dafür erforderlich – lass die Leute einfach auf die Gesichter in den Fotos klicken, und es erscheint ein leeres Textfeld.

Facebook besaß noch nicht die KI für die Gesichtserkennung. Aber es hatte fanatische Nutzer, die hochgradig motiviert waren, *alles* zu teilen. Sittig richtete also ein System ein, das es erlaubte, die Namen von Personen, die auf einem Foto zu sehen waren, schnell und unkompliziert einzufügen – sofern sie in deinem sozialen Graph auftauchten, brauchtest du nur ein paar Buchstaben einzugeben, die dann automatisch ergänzt wurden. Sinn der Veranstaltung war, die Nutzer zum Markieren zu ermuntern. Damit wurde ein Schwungrad in Gang gesetzt mit dem Zweck, andere an dem »Erlebnis« teilhaben zu lassen. Wurdest du auf einem Foto markiert, bekamst du eine entsprechende Nachricht, und natürlich riefst du dann die Profilseite der betreffenden Person auf, um dir das Bild anzusehen. Gehörte diese Person noch nicht zu deinen Freunden, konntest du gleich mal eine Freundschaftsanfrage stellen. Und vielleicht warst du dann auch noch mehr geneigt, deinerseits eigene Fotos zu posten.

So zumindest in der Theorie. Ganz sicher war sich niemand. »Wir wussten, dass es ein Bedürfnis nach mehr Fotos gab, waren uns aber nicht sicher, wie die Leute darauf reagieren würden«, sagt Sittig.

Als die Sache im Oktober 2005 einführungsreif war, stellten sie einen großen Monitor auf, auf dem mithilfe eines großen Rasters dargestellt wurde, was die Leute hochluden und ob sie die Markierungsfunktion nutzten. Es war ungefähr 8 oder 9 Uhr abends. Die ersten Bilder, die auftauchten, zeigten irgendeinen Windows-Bildschirmhintergrund. Nicht gerade vielversprechend. Aber als Nächstes erschien eine Gruppe von Mädchen auf einer Party. Schreckliche Fotos – man konnte nicht mal den Hintergrund erkennen, nur Körper und Gesichter, grell angestrahlt vom Blitzlicht. Aber sie waren fleißig am Markieren!

»Da wussten wir, dass es funktionieren würde«, sagt Sittig. »Bei so einem Foto geht es nur darum, öffentlich zu demonstrieren, dass du mit diesen Leuten befreundet bist, du bekennst dich quasi zu diesen Leuten, mit denen du dich zeigst, und bestätigst auf diese Weise eine Beziehung, die bereits besteht.«

Innerhalb weniger Monate wurde Facebook zur populärsten Foto-Sharing-Plattform der Welt. Jetzt galt es nur noch, die Server auf Trab zu halten, damit sie all diese Fotos speichern konnten.

Sean Parker war nicht vor Ort, um den Launch mitzuerleben. Er hatte gerade Urlaub in North Carolina gemacht, zusammen mit seiner Freundin, einer ziemlich jungen Facebook-Angestellten, als die Polizei am 27. August, kurz nach Mitternacht, in das Haus eindrang, das er gemietet hatte. Sie fanden eine Substanz, bei der es sich mutmaßlich um Kokain handelte, und verhafteten Parker wegen des Besitzes illegaler Betäubungsmittel. Zweifellos machte Parker sich Sorgen um die Folgen, denn er musste davon ausgehen, dass er selbst in dem Fall, dass die Anklage letzten Endes fallen gelassen würde (und so kam es in der Tat), in Zukunft keine Rolle mehr in der Firma spielen würde, die er mit aufgebaut hatte.

Seine Ängste waren wohlbegründet. Parker war spätnachts an einem Freitag verhaftet worden, und noch am Wochenende war der Vorstand zu einer Krisensitzung zusammengekommen. Im Anschluss daran hatte Zuckerberg eine Umstrukturierung der Firma eingeleitet, die im Wesentlichen auf eine Degradierung Parkers hinauslief. »Ich

wollte ihn nicht länger in der Führungsspitze haben«, erklärte er bald
darauf unter Eid, bei seiner Aussage in der ConnectU-Verhandlung.[14]
Gegen Parker sprach nicht nur, dass er mit seiner Verhaftung die Firma in eine rechtliche Bredouille gebracht hatte. Zuckerberg sah in
ihm inzwischen auch eher einen Visionär als eine Führungsfigur im
Alltagsgeschäft. Als Leiter des Verkaufsteams leistete er nichts Besonderes. Mehr noch, »er machte die Leute wahnsinnig«, sagte Zuckerberg.

»Seans Arbeitszeiten waren so unregelmäßig. Manchmal hat man
ihn tagelang überhaupt nicht gesehen«, sagt Ezra Callahan – Parkers
Freund. »Er war einfach sehr unzuverlässig und außerdem schwer zu
erreichen. Wenn man ihn brauchte, tauchte er in letzter Minute auf
und fand eine Lösung, aber schlussendlich konnte man einfach nicht
auf ihn bauen.«

Zwar verlor Parker seinen Job, nicht aber Zuckerbergs Wohlwollen,
und er wurde auch nicht aus den Firmenbüros verbannt. In den kommenden Jahren sollte er sich immer wieder mal blicken lassen und ein
zumeist gern gesehener Gast bei Besprechungen sein, zumal dann,
wenn es um neue Produkte ging. (Kein großer Unterschied zu der
Zeit, als er eigentlich an allen Besprechungen hätte teilnehmen sollen.) Zuckerberg schätzte seine Meinung. Und Parker machte sich das
zunutze. Gern wies er darauf hin, dass Zuckerberg in seiner Schuld
stehe. Er war wie der Kamerad, der einem in Vietnam das Leben gerettet hatte und dafür sorgte, dass man es nie vergaß.

Einen Monat nach Parkers Abgang ging Facebook auf Raubzug bei
Amazon und verpflichtete Owen Van Natta, einen 36-jährigen Manager, der für sein Verhandlungsgeschick gerühmt wurde, als Verantwortlichen für die Unternehmensentwicklung. Nach wenigen Wochen beförderte Zuckerberg ihn zum Leiter des operativen Geschäfts.

In der Folgezeit wurde Parker ein Image als Schwindler und Hoch-
stapler angeheftet – nachhaltig gestützt durch Justin Timberlakes ma-
nische und wenig schmeichelhafte Darstellung in dem berüchtigten
Film –, und so schien er für viele Leute nur noch eine Fußnote in der
Facebook-Saga zu sein. Diejenigen jedoch, die tatsächlich dabei waren, sagen etwas anderes: »Ohne ihn wäre die Firma einfach verkauft
worden«, sagt Adam D'Angelo. »Sie wäre von Kapitalgebern über-

nommen worden. Parkers oberstes Gebot war es, nicht zuzulassen, dass [Facebook] genauso über den Tisch gezogen wurde wie er selbst.«

Dass Parker umgekehrt von Facebook nicht so über den Tisch gezogen wurde wie seinerzeit von Plaxo, dafür hatte er während der frühen Verhandlungen mit den Kapitalgebern selbst gesorgt. In seinem Vertrag war festgelegt, dass er selbst im Falle eines Ausscheidens bei Facebook seinen Firmenanteil behalten würde, eine Regelung, die ihm letzten Endes eine verlässliche Platzierung in der *Forbes*-Liste der Milliardäre sicherte.

Mark Zuckerberg aber war es, der die Kontrolle behielt, mit dem größten Anteil von allen. »Ob Peter Thiel oder Sean Parker – sie alle dachten, sie könnten Mark manipulieren«, sagt ein Facebook-Angestellter aus der Anfangszeit. »Mark dagegen sah in Sean ein nützliches Werkzeug, um das zu tun, was am nervigsten ist – Kohle aufzutreiben. Im Rückblick war es schlicht genial, dass Mark Parker dazu gebracht hat, das ganze Geld für ihn zu beschaffen.«

6 DAS »BOOK OF CHANGE«

Zuckerberg hatte ständig ein Notizbuch dabei. 2006, dem Jahr, als Facebook Kurs auf Bedeutsamkeit *und* Verrufenheit nahm, sah man ihn am Firmensitz in Palo Alto häufig über eine gebundene, unlinierte Kladde gebeugt, in die er mit seiner unleserlich engen Handschrift Produktideen skizzierte, Programmierungsansätze schematisierte und teilweise in seine Philosophie abdriftete. Wer damals einmal in seinem Ein-Zimmer-Apartment war – mit der Matratze und den Klamotten auf dem Boden und der Küche, in der nie auch nur ein Ei gekocht wurde –, dem wird vielleicht ein ganzer Stapel vollgeschriebener Notizbücher aufgefallen sein.

Zuckerberg beschäftigte sich nicht länger groß mit Programmieren, sondern nutzte diese Notizbücher, um eine ausführliche Darstellung seiner Produktvision festzuhalten. Und er nutzte sie, um seine Unzulänglichkeiten im persönlichen Umgang zu kaschieren. Kamen am späten Vormittag oder frühen Nachmittag Facebook-Informatiker oder -Designer ins Büro, fanden sie manchmal fotokopierte Seiten vor, auf denen ein Design für das Frontend skizziert war oder eine Liste zur Klassifizierung eines Algorithmus. Diese Dokumente beendeten nicht zwangsläufig die Diskussion, sondern eröffneten sie vielfach wie bei Angestellten, die ihrem Boss ein Arbeitspapier unterbreiten.

In jedem Facebook-Büro wurden reichlich Whiteboards installiert, und die Belegschaft hatte ohne ausgereiften Umgang mit dem Trockenschwamm keine Chance zu überleben. Doch ein »Zuck-Notizbuch« reichte beinahe an ein päpstliches Heiligtum heran. Denn es glich einem flüchtigen Blick in seine Seele.

Jahre später zeigte sich Zuckerberg weniger begeistert, was persönliche Aufzeichnungen anbelangte. Er würde dann erläutern, dass die Rechtsabteilung von Facebook seine geliebten Notizbücher zu potenziellen Beweisstücken hinsichtlich künftiger Gerichtsverfahren erklärt habe, in denen es um das Recht an geistigem Eigentum ging, weshalb er die vernichtete. Aber das war nicht der einzige Grund. Nach der Blamage aufgrund der Veröffentlichung der unausgereiften Instant Messages, die er in Harvard verfasst hatte, sträubte er sich, seine persönlichen Gedanken zu archivieren, obwohl er die Facebook-User genau dazu nötigte. (Ein paar Jahre danach würde er bei den gespeicherten Protokollen seines Messengers sogar eine persönliche Ausnahme verlangen und Facebook dazu bringen, rund die Hälfte seiner privaten Nachrichten aus den Logs derer, mit denen er gechattet hatte, zu löschen. Plötzlich waren Chats nur noch einseitig gespeichert, die Beiträge von Zuckerberg waren verschwunden. Facebook beschrieb den Vorgang als »Befristung der Aufbewahrungsdauer von Marks Nachrichten«,[1] wohingegen die Aufbewahrungsdauer der Nachrichten von jedem anderen Menschen unendlich war. Auf öffentlichen Druck hin versprach Facebook daraufhin allen Usern, Nachrichten als sogenannte unsends *ex post facto,* also nachträglich, entfernen zu dürfen. Es dauerte danach allerdings mehr als ein Jahr, bis das Feature implementiert wurde.)

Doch die Notizbücher sind nicht völlig abhandengekommen. Einige Auszüge blieben erhalten, vermutlich jene, die kopiert und verteilt worden waren, und sie offenbaren tatsächlich einen aufschlussreichen Blick in Zuckerbergs damalige Denkweise. Es ist mir gelungen, in den Besitz von 17 Seiten zu gelangen, wobei es sich hinsichtlich der Entwicklungsgeschichte von Facebook vielleicht um den bedeutendsten Teil der Aufzeichnungen handelt. Das Ganze ist mit »Book of Change« überschrieben und trägt das Datum 28. Mai 2006. Auf der ersten Seite stehen Zuckerbergs Adresse und Telefonnummer sowie das Versprechen, dem ehrlichen Finder eine Belohnung von 1000 Dollar zu zahlen, sollte er das Notizbuch verlieren. Er kritzelte sogar einen Sinnspruch auf das Papier, eine Nachricht an sich selbst:

»Be the change you want to see in the world.«
»Sei du selbst die Veränderung,
die du dir wünschst für diese Welt.«
Mahatma Gandhi

Das »Book of Change« setzt sich mit den zwei maßgeblichen Projekten auseinander, die Facebook von einem Uni-Netzwerk in einen Internet-Koloss verwandeln sollten.

Das erste Projekt hieß *Open Registration,* intern *Open Reg* genannt. Mit dieser Möglichkeit für alle, sich bei Facebook zu registrieren, würde sich der Wesenskern von Facebook wandeln – von einem studentischen zu einem gesamtgesellschaftlichen Netzwerk.

Unklar ist, wie lange Zuckerberg den Plan bereits verfolgt hat. Er erzählte oft von dem Abend, als Facebook gelauncht wurde, als er sich mit Freunden zum Pizzaessen getroffen hatte und sie darüber sprachen, dass die Vision, die im Kleinen gerade in Harvard gestartet war, irgendwann vermutlich von einer Riesenfirma auf globaler Ebene umgesetzt werden würde. In den darauffolgenden zwei Jahren wurde Zuckerberg in dem Glauben bestärkt, selbst derjenige zu sein, der diese Idee verwirklicht. Es ist schwer, den genauen Zeitpunkt zu bestimmen, an dem ihn diese Erleuchtung traf. Schon länger mit dem Unternehmen verbundene Angestellte sind sich einig, dass die Eroberung der Welt im Jahr 2004 oder Anfang 2005 nicht die Mission war. Im Juni 2005 erklärte Zuckerberg noch in einem Interview, dass er im Gegensatz zu vielen Leuten, die »darauf fixiert sind, den Weltmarkt zu beherrschen, oder alles dafür tun, mehr User zu bekommen«, eher daran interessiert sei, im Kleinen etwas zu bewirken.[2] Konkret: Er wollte sich auf die wachsende Verbreitung seiner Webseite in der Welt der amerikanischen Universitäten konzentrieren.

Ab etwa 2006 lautete dann aber tatsächlich die Mission, *jeden* Menschen erreichen zu wollen. Heute beharrt Zuckerberg darauf, frühzeitig erkannt zu haben, welches Potenzial Facebook auch jenseits studentischer Kreise erreichen konnte.

Open Reg war der notwendige Schritt, damit es dazu kam. Doch das Ganze war riskant. Zuckerberg erkannte, dass die Öffnung Facebooks für die Allgemeinheit möglicherweise das Fundament aufs Spiel setzen könnte, auf dem es fußte: die Studenten, die der Ansicht waren, Facebook gehöre ihnen. Er entschied, schrittweise vorzugehen, damit die Leute immer noch das Gefühl hätten, ihre privaten Informationen würden innerhalb der eigenen Community bleiben.

So erfolgte als Erstes der scheinbar logische Schachzug: die Hinwendung zu den Highschools. Doch selbst für diesen Schritt war eine gewaltige technische Veränderung nötig, um den Weg für breiteres Wachstum zu bereiten. Bis dahin hatte Facebook eine Art Inselarchitektur. Sobald es eine Uni aufnahm, wurde für diese Institution eine eigenständige Datenbank eingerichtet. Auf diese Weise wurde der betreffenden Community eine natürliche Grenze verschafft, und die Konstruktion der Infrastruktur gewährleistete einen hohen Grad an Datenschutz. Die Profile von Studenten außerhalb der eigenen Uni konnten nicht durchstöbert werden, was den Nutzern aber nicht als Manko erschien. Denn die Communitys der Universitäten bestanden inklusive der Ehemaligen aus Tausenden von Leuten. Das Netzwerk war trotzdem interessant.

Allerdings würde diese Architektur nicht bei den Highschools funktionieren – es gab mehr als 40 000 von ihnen. Darum benötigte Facebook ein durchlässigeres System, das letztendlich die Inselstruktur der Uni-Netzwerke ersetzen würde. Diese Herausforderung sollte die neu eingestellten Facebook-ITler wochenlang beschäftigen.

Niemand konnte mit Bestimmtheit sagen, wie gut sich Facebook auf dem neuen Feld schlagen würde. Facebook startete den Prozess damit, dass Studenten ihre jüngeren Geschwister einladen konnten, die noch zur Highschool gingen, und man hoffte, dass die Verbindung zu den Älteren jene Ausgereiftheit der Webseite nahelegte, die MySpace fehlte.

Das klappte ziemlich gut, wenngleich sich die neuen User nicht so sehr in die Sache vertieften wie zuvor die Studenten. Denn die Schüler waren damals über ihre Klassenkammeraden hinaus gut vernetzt – in der analogen Welt über Eltern, außerschulische Aktivitäten und Freunde, die auf andere Schulen gingen. Die beste Nachricht für Facebook lautete zu der Zeit, dass eine Befürchtung *nicht* eintrat: dass jüngere Teenager, die Facebook nutzten, das Ganze für Studenten uncool machen würden.

In einem nächsten Schritt öffnete sich Facebook mit *Work Networks* vorsichtig auch einem gänzlich neuen Bereich: Im Mai wählte Facebook tausend große Arbeitgeber aus – von Tech-Firmen bis zum Militär – und erlaubte jedem, der im Besitz einer E-Mail-Adresse der Unternehmens-Domain war, sich bei Facebook anzumelden. Das

Ganze floppte. Anders als an den Unis oder Highschools wollten die Menschen privates und berufliches Leben voneinander getrennt halten. Nicht jeder Arbeitsplatz glich Facebook, wo die Leute in enger Gemeinschaft arbeiteten, spielten und flirteten.

Den Zugang schlicht allen mit einer E-Mail-Adresse zu gewähren war die naheliegende Lösung. So würde man in der Lage sein, sich mit jedem zu vernetzen – Freunde, Verwandte, Kollegen –, weil jeder bei Facebook sein konnte. Trotzdem vertrat Zuckerberg anfänglich die Meinung, dass neue User *irgendeinem* Netzwerk angehören müssten. Sollte das nicht der Fall sein, wäre es sehr viel schwieriger herauszufinden, ob sie wirklich diejenigen waren, die sie vorgaben zu sein, oder bloß Schwindler, wie man sie überall auf MySpace antraf. Dieser Grad an Vertrauen war für Facebook der Schlüssel zum Erfolg.

Also beschloss Zuckerberg, dass neue User fern von Schule, Uni oder Arbeitsplatz anhand ihres Wohnorts organisiert werden sollten. Aber ein Netzwerk vom Umfang einer Großstadt erwies sich als derart ausufernd, dass damit fast überhaupt keine Sicherheit gewährleistet war. Es ging dabei nicht nur darum, ob es okay wäre, wenn jemand, der wie man selbst in Chicago wohnte, das persönliche Profil checkte, obwohl man ihn nicht kannte. Andere Überlegungen jagten den Facebookern eine echte Gänsehaut ein: Wäre es möglich, dass ein Erwachsener einen Schüler »als Freund hinzufügen« könnte? Wäre das nicht unheimlich? Oder einfach nur uncool? »Die Denkweise damals war, dass ›alte Leute‹ das Ganze nur langweilig machen werden«, sagt ein damaliger Angestellter.

Vielleicht waren ältere Menschen sogar zu lahm, um Facebook überhaupt zu *nutzen.* Diese Befürchtung wurde durch einen User-Test unterstrichen, eine bei Software-Firmen übliche Vorgehensweise, die auf Drängen von Katie Geminder bei Facebook allerdings verspätet eingeführt wurde. Nach etlicher Überzeugungsarbeit erhielt sie das »Go«, um ein externes Meinungsforschungsinstitut damit zu beauftragen, die Gruppen zu untersuchen, die sich demografisch von den Stamm-Usern unterschieden, beispielsweise Leute über vierzig. Dadurch wurden eine Menge Tendenzen aufgedeckt, die häufig mit dem Ursprung von Facebook als College-Webseite zu tun hatten. Bei einer Stichprobe unter Frauen eines bestimmten Alters ging es zum

Beispiel um die »poke«-Schaltfläche, den digitalen »Anstupser«. Eine Frau fragte irritiert, was das sei. Die Antwort war laut Aufzeichnungen des Forschungsleiters: *Was meinen Sie denn, was das ist?* Sie wusste es nicht. *Wie können Sie herausfinden, was es damit auf sich hat?* Sie antwortete, sie würde im »Hilfe-Bereich« nachsehen. *Okay, warum versuchen Sie das nicht?* Und das tat sie dann auch. Die Antwort, die sie auf die Bitte um Unterstützung zum Stichwort »poke« erhielt, hieß: »Wenn du das fragen musst, hast du hier nichts verloren.« Nicht sehr einladend …

Im »Book of Change« rang Zuckerberg mit alldem. Einen Tag nachdem er das Notizbuch angefangen hatte, überschrieb er eine Seite mit »Open Registration« und fragte: »Was genau müssen wir alles besprechen, bevor wir das aufbauen?« Er konzentrierte sich ganz darauf, die Sache zu verwirklichen; die Vorstellung, dass Open Reg zu Milliarden von Usern führen könnte und zu einer riesigen Schlangengrube von unbeabsichtigten Folgen war 2006 nicht Bestandteil seiner Analyse. Er schematisierte den Datenfluss beim Anmeldeprozess, bei dem die Nutzer gefragt wurden, ob sie einem College, einer Uni, einer Highschool oder »der restlichen Welt« angehörten. Zuckerberg entschied, dass die Leute ihre Postleitzahl angeben sollten, um ihr jeweiliges geografisches Netzwerk zu bestimmen. Er sinnierte sogar, wie der Datenschutz funktionieren sollte. War es in der jeweiligen geografischen Region möglich, Profile zweiten Grades, also von gemeinsamen Freunden, einzusehen? Oder sollte das von überall aus möglich sein? »Vielleicht überall statt nur regional«, schrieb er. »Das würde die Seite echt öffnen, aber das ist vermutlich momentan noch keine gute Idee.«

Eine Bemerkung, die seine Denkweise zu beschreiben schien: offenbar war er über die äußere *Wahrnehmung* des Datenschutzes genauso beunruhigt wie über den Datenschutz selbst. Damals war ihm bewusst, dass Facebook schlichtweg dazu bestimmt war, sich in aller Breite zu öffnen, doch damit wandte er sich von den ursprünglichen Absprachen mit Harvard und anderen Universitäten ab, in denen die Rede davon gewesen war, dass ausschließlich Kommilitonen die Profile einsehen konnten. Trotzdem wollte er, dass sich die User auch künftig genauso sicher fühlten wie zu Anfangszeiten.

Bezüglich der Entwicklung von Open Reg notierte er eine letzte Frage an sich selbst. »Wie kann das Ganze sicher wirken, unabhängig davon, ob es das ist oder nicht?«

Während einige Facebook-Entwickler daran arbeiteten, Open Reg zu implementieren, kümmerte sich ein anderes Team darum, die Webseite neu zu gestalten und sie auf einen zentralen Produktbereich auszurichten, der künftig gleichbedeutend mit Facebook werden sollte: den Newsfeed – Facebooks größter Segen und zugleich zukünftiger Fluch. Der Feed, also die individualisierten Nachrichten, war im Sommer 2005 auf Zuckerbergs To-do-Liste aufgetaucht. Wirklich beschäftigt hat er sich damit allerdings erst Ende des Jahres, als er mit Adam D'Angelo brainstormte, der während seiner Semesterferien von der Caltech vorbeischaute.

D'Angelo und Zuckerberg betrachteten den Feed als eine Möglichkeit, Facebook neu zu erfinden. Beide stimmten überein, dass Facebook trotz des Erfolgs irgendwie am Ende war. Die Homepage selbst war vergeudet – die User umgingen sie normalerweise schnell und verschwanden gleich zur Seite ihrer Freunde, um zu sehen, wer ein Update gepostet hatte. Dann klickte man sich in mühevoller Kleinarbeit durch jedes einzelne Profil, um herauszufinden, was sich verändert hatte. Die Protokolle von Facebook belegten, dass sich eine enorme Anzahl von Leuten tatsächlich von A bis Z durch ihre Freunde-Listen arbeiteten, um sich auf den neuesten Stand zu bringen. »So arbeiteten damals alle sozialen Netzwerke, aber es fühlte sich sehr ineffizient an«, sagt D'Angelo. »Jeder verbrachte unglaublich viel Zeit damit, die Profile durchzuklicken.«

Zuckerbergs Lösung war der Newsfeed. Die in den Profilen verborgenen Informationen würden auf direktem Wege an die entsprechenden Freunde übermittelt werden, wie ein Zeitungsjunge, der einem die Zeitung direkt vor die Haustür wirft. Bei Facebook sollten die Neuigkeiten gleich auf der persönlichen Startseite landen. Eine Möglichkeit, das zu realisieren, bestand darin, kleine Rubriken mit Updates von Veranstaltungen, neuen Freunden und anderen Veränderungen seit dem letzten Log-in auf der Homepage einzurichten. Der andere – und wesentlich ambitioniertere – Ansatz war es, einen permanenten Informationsfluss zu zeigen, der in umgekehrter Chronologie über den Bildschirm wanderte. Zuckerberg entschied sich für diese Variante.

D'Angelo nahm die Arbeit daran auf, kehrte dann aber zum Frühjahrssemester an die Caltech zurück. Ruchi Sanghvi war eine der wenigen Informatikerinnen im Unternehmen, die genug Erfahrung mit solch einer komplexen IT-Architektur besaß, also verbiss sie sich fortan in das Projekt.

Weitere Unterstützung bei der Entwicklung dieses Produkts kam von einem frischgebackenen Stanford-Absolventen namens Chris Cox[3]. Er war in Atlanta geboren, in Chicago aufgewachsen und nicht der typische Nerd, sondern gut aussehend und mit einem strahlenden Lächeln wie ein Filmstar. Darüber hinaus war er ein ernst zu nehmender Musiker, er beherrschte viele Instrumente, tat sich aber vor allem als Jazzpianist hervor. Stanford hatte seine Versessenheit auf Computer befördert, als er im Hauptfach »Symbolic Systems« belegte – ein akademisches Kultprogramm, zu dessen Absolventen beispielsweise Reid Hoffman und Marissa Mayer von Google gehören – und er an Lehrveranstaltungen von international renommierten Vordenkern im Bereich künstliche Intelligenz teilnahm. Cox war im KI-Lab dabei, als das Team der Stanford University das DARPA-Rennen autonom fahrender Autos gewann [ein Wettbewerb, der von der Technologiebehörde »Defense Advanced Research Projects Agency« des US-Verteidigungsministeriums gefördert wurde, Anm. d. Red.].

Nach seinem Abschluss im Jahr 2004 hatte sich Cox entschieden, vor dem Graduiertenkolleg ein Jahr Urlaub zu machen, um im Land herumzureisen und als IT-Berater tätig zu sein. Wieder zurück in Stanford, wohnte er in einem Häuserblock, der in Palo Alto »Grateful Dead Houses« genannt wurde, weil dessen Besitzer ein echter Fan der Band war. (Cox war ins »Truckin'«-Haus gezogen.) Dort wohnte inzwischen auch Ezra Callahan. Beinahe jeden Tag erzählte er Cox, wie toll es bei Facebook sei; ob er nicht auch dort arbeiten wolle? Cox antwortete stets, kein Interesse zu haben. Warum sollte ein Stanford KI-Absolvent, der davon träumte, an der Lösung des sogenannten Natural Language Processing, der maschinellen Verarbeitung

menschlicher Sprache, mitzuwirken, für eine blödsinnige Firma arbeiten, bei der es um Posts und »pokes« ging?

Letztendlich überzeugte ihn Callahan aber doch, wenigstens mal
bei Facebook vorbeizuschauen. Er sprach mit Moskovitz, Jeff Rothschild und Adam D'Angelo. Moskovitz erläuterte, dass Facebooks
Saatkorn ein gemeinschaftlich entwickeltes Adressbuch mit den echten Identitäten der Nutzer sei. Inzwischen habe man die Vernetzung
auch über die Universitäten ausgedehnt. Was Cox damals aber wirklich umhaute, war eine Frage, die ihm bei dem Gespräch gestellt wurde: *Wie würdest du einen Feed konzipieren, der dir Neuigkeiten über
deine Freunde zeigt?* Er zögerte mit der Antwort, denn ihm war klar,
dass ein solches Produkt ernst zu nehmende IT-Probleme mit sich
brachte. Im weiteren Verlauf der Besprechung stellte Cox fest, dass
seine Gesprächspartner genauso begabt waren wie Top-Informatiker
in größeren Unternehmen, besonders Rothschild, der bereits weitreichende Erfahrungen gesammelt hatte.

Cox bekam auf der Stelle ein Jobangebot, erbat sich aber eine Woche Bedenkzeit. Seine Freunde, seine Mentoren an der Fakultät und
seine Familie waren sich einig, dass es eine grauenhafte Idee sei, das
Graduiertenkolleg für diese merkwürdige kleine Firma zu verlassen.
Aber Cox hörte auf sein Bauchgefühl und begann im November als
zwölfter Facebook-Informatiker.

Neben Cox und Sanghvi benannte Zuckerberg mit Dan Plummer
einen dritten ITler, der am Newsfeed arbeiten sollte. Mit seinen 39
Jahren war Plummer fast doppelt so alt wie der Durchschnitt seiner
Kollegen. Facebook hatte ihn überzeugt, seinen Fakultäts-Job an der
University of California aufzugeben und als leitender Mitarbeiter im
Bereich Forschung anzufangen. Plummer war ein erfahrener Wissenschaftler, der bedeutende Forschungsarbeiten zum Thema Sehstörun-
gen verfasst hatte, darüber hinaus war der passionierte Radfahrer
aber auch ein grandioser Computercrack.

Das Produkt, an dem er von nun an arbeitete, sollte zunächst nur
»Feed« heißen, ganz im üblichen Stil des Unternehmens, seine Features
mit eher allgemeinen Oberbegriffen (Fotos, Gruppen usw.) zu versehen. Doch den Markenschutz für diesen Social-Networking-Begriff
hatte sich gerade erst ein anderes Unternehmen gesichert – Viacom,

der Inhaber von MTV, der hinter den Kulissen versuchte, auch Facebook zu kaufen. Also entschied man sich für den Namen »Newsfeed«.

Von Anfang an war jedem der Beteiligten klar, dass die Entwicklung von Newsfeed Monate dauern würde, und das bedeutete eine drastische Abkehr von den üblichen Vorgängen bei Facebook, sich in ein paar Nächten irgendetwas auszudenken und sofort zu veröffentlichen. Dazu kam ein tragischer Rückschlag. Am 4. Januar 2006 radelte Plummer unweit von Palo Alto durch die Los Altos Hills. Er wurde von einem herabstürzenden Ast getroffen und verunglückte tödlich.[4] Als die Mitarbeiter nach den Weihnachtsferien zurück in die Firma kamen, wurden ein paar Worte zu seinem Gedenken gesagt. Und dann ging wieder jeder an die Arbeit. »Es war fast, als wäre er vom Meer spurlos weggespült worden«,[5] schrieb ein Facebooker später.

Nicht ganz. Wie bei Tausenden von jüngst Verstorbenen lebte die Erinnerung an ihn weiter, in Form seines Facebook-Profils. Man kann aus dem Leben scheiden, aber Facebook kann man nicht verlassen. (Jahre später sollte Facebook detaillierte Angaben darüber verfassen, was mit den persönlichen Seiten passierte, wenn der User tot war; darin wurde ausdrücklich auf die »zeitlich unendliche Präsenz« bei Facebook verwiesen.) Plummers Profil ist immer noch zu finden; einen Monat vor seinem Tod hatte er Fotos von seinem Hundewelpen gepostet.

Plummers Platz nahm Andrew Bosworth ein, den alle nur »Boz« nannten. Auf seinem Arm prangte ein Tattoo des Wortes »Veritas«, das für seinen Träger gleich mehrfach von Bedeutung war: Es war nicht nur das Harvard-Motto, sondern – wichtiger – in der römischen Mythologie der Name einer Göttin. Die Göttin der Wahrheit war eine Muse für Boz, der den Hang hatte zu sagen, was er dachte, selbst wenn andere lieber schwiegen. Manche hielten ihn für jemanden, der immer die Wahrheit aussprach, andere für ein unausstehliches Großmaul. Doch er arbeitete tüchtig und war intelligent.

Bosworth gehörte zu den wenigen Informatikern, deren Familiengeschichte im Silicon Valley Generationen zurückreichte; seine Familie baute seit den 1890er-Jahren in den Hills oberhalb von Sunnydale und Cupertino Aprikosen und Pflaumen an. Als Bosworth heranwuchs, entwickelte sich der familieneigene Hof zu einem Reit- und

Pensionspferdestall der wohlhabenden Bewohner des tech-transformierten Valleys.

Das Programmieren hatte er bei einem *Hewlett-Packard*-Mitarbeiter gelernt, der mit seinem 4-H-Klub zu tun hatte, einer internationalen Jugendorganisation, der Bosworth damals angehörte. Danach hatte er sich für Informatik in Harvard beworben, weil es so aussah, als könne er es dort vielleicht ins Footballteam schaffen. In seinem Abschlussjahr war er Tutor des beliebten Seminars »Einführung in die künstliche Intelligenz«. Es war just zu dieser Zeit, da einer der aufgeweckteren Studenten den Campus mit einem Prank namens Facemash aufmischte. *Hey man*, mailte Boz Mark Zuckerberg, *das ist wahrscheinlich nicht die allerbeste Idee.*

Boz meldete sich gleich an Facebooks zweitem Tag an – als User Nr. 1681. Aber anderthalb Jahre später, als ihn ein Headhunter per AOL Instant Messenger zu Facebook locken wollte, war er der Meinung, die Sache sei zu klein, um sie in Betracht zu ziehen. Außerdem, so teilte er dem Personalvermittler mit, hätten er und ein Freund gerade erst ein Haus gekauft. *Ihr werdet ZEHN Häuser im Silicon Valley kaufen können!*, lautete die Antwort. *Ich kenne das Silicon Valley*, dachte Boz bei sich, *und niemand kann sich da zehn Häuser leisten.*

Ein Gespräch zog er vor allem deswegen in Erwägung, weil er damit die Reise ins Valley bezahlt bekommen würde und nebenbei seinen Eltern einen Besuch abstatten könnte. Bevor er sich tatsächlich auf den Weg machte, traf er sich mit einer Gruppe von acht Freunden aus Harvard zum Lunch, die damals für Microsoft arbeiteten. Als er ihnen erzählte, dass er von Facebook zum Gespräch eingeladen worden sei, amüsierten sich alle prächtig. Innerhalb eines Jahres sollten fünf von ihnen ebenfalls für Facebook arbeiten.

Womit Facebook überzeugte, war das Tempo, mit dem das Unternehmen sein Produkt vorantrieb. Bei Microsoft dauerte es in der Regel länger als ein Jahr, bis die User ein neues Feature zu Gesicht bekamen. Bei Facebook konnte man Ideen innerhalb von Stunden umsetzen. Und dann war da noch dieser Zuckerberg, dessen Ehrgeiz schockierend kühn war. *Wir werden weltweit Menschen miteinander vernetzen und das globale Gebilde dafür sein!*, hatte ihm Zuckerberg erklärt. *Kannst du dir vorstellen, wie das wäre?*

Bosworth hing am Haken, und von diesem Moment an war er Zuckerbergs treuer Untergebener.

Auf Zuckerbergs Wunsch hin wurde Sanghvi Produktmanagerin des Projekts, obwohl diese Position im Unternehmen neu war und sie nicht genau wusste, was das bedeutete. Irgendwer warf ein paar Bücher über Management auf ihren Schreibtisch, und sie pflügte durch die Fachliteratur. Zu der Zeit arbeitete sie an etlichen Produkten gleichzeitig, und manchmal glitten ihr all die Aufgaben aus den Händen. Einmal kam Bosworth zu ihr und meinte, er bräuchte sie sofort für Newsfeed. Sie antwortete, sie bereite gerade den Launch eines anderen Produkts für den nächsten Tag vor. Als Bosworth insistierte, explodierte sie. Sie sprang von ihrem Stuhl auf und brüllte: »Boz, wenn du mich nicht sofort in Ruhe lässt, raste ich total aus.« Ein ganz normaler Tag bei Facebook.

Die Arbeit des Teams wurde durch fotokopierte Seiten aus dem »Book of Change« angeleitet. Zuckerberg dachte angestrengt darüber nach, welche Inhalte im Newsfeed erscheinen sollten, er tauchte in die Tiefen der ausschlaggebenden Kriterien ein, und wie sie eventuell einzustufen waren. Zuckerberg versuchte schlicht, Facebook zu optimieren. Er wollte den Nutzern den Blick auf die Neuigkeiten erleichtern, auf alles, war sich in der Welt ihrer Freunde getan hatte, mit denen sie sich auf Facebook verbunden hatten. Als Maßstab für die Feed-Verknüpfung hatte er ein Wort im Kopf: »interesting-ness«, Interessantheit. Damals klang das unschuldig. Er hatte keine Ahnung, wie bedeutend solch ein Ranking künftig werden würde und dass mit den falschen Inhalten im Feed Demokratien zu Fall gebracht werden könnten und der Verstand der Nutzer ausgeschaltet würde.

Zuckerberg hielt in seiner engen Handschrift eine Hierarchie fest, welche Art von Beiträgen die User fesseln würde. Der entscheidende Faktor war für ihn eine Mischung aus Neugier und Narzissmus. Die Inhalte gliederte er qualitativ in drei Stufen. An erster Stelle standen »Beiträge über dich«. Die höchste Priorität im Facebook-Feed sollte also die Erwähnung des Users in einem anderen Post, Blog-Beitrag oder als Tag auf Fotos erhalten; ebenfalls auf dieser Stufe standen umgekehrt die Kommentare eines anderen Nutzers zu einem Post oder Foto auf der persönlichen Pinnwand des betreffenden Users.

Die zweithöchste Kategorie betraf Leute, die man mochte und für deren Leben man sich interessierte – Facebook ging davon aus, dass sich diese Leute im sozialen Umfeld des Users befinden würden. Zuckerberg notierte einige Beispiele für die Art von Inhalten, die darunter möglicherweise zu fassen waren: Dinge, die Menschen, die man mag, passierten; Veränderungen des Beziehungsstatus; Ereignisse im Leben derer, die man kennt; »Freundschafts-Trends«, beispielsweise wenn Leute in gesellschaftliche Kreise, mit denen man verbunden ist, eintreten oder sie verlassen. Und er brütete über einer zukünftigen Anwendung, die er »Leute, die du vielleicht kennst« nannte.

Die unterste Kategorie, aber immer noch wert, verknüpft zu werden, bildeten Inhalte, in denen es sich weniger direkt um den User und sein Umfeld drehte. Sie hieß »Beiträge über Dinge, die dich interessieren, und andere interessante Dinge«. An dieser Stelle skizzierte Zuckerberg nicht nur, in welcher Form seine Vision des Newsfeed als individualisierte Nachrichtenseite gedacht war – nämlich sehr viel breiter angelegt und über die Grenzen der Verbindungen des jeweiligen Users hinausgehend –, sondern er fügte auch Inhalte hinzu, die die klassische Bedeutung von Nachrichten oder anderer unterhaltender Meldungen sehr wohl verstärken oder sogar ersetzen könnten. Seine Liste möglicher Inhalte umfasste:

- Trends in Massenmedien, Gruppen etc.
- Ereignisse, die interessant sein könnten
- Fremdcontent
- Plattform-Utilitys
- Bezahlter Content
- Bubble-up-Content

Zuckerberg legte gerade erst los. In den darauffolgenden beiden Tagen umriss er fieberhaft Ideen zum Datenschutz, zur zukünftigen Öffnung für die Allgemeinheit, zum Entwurf eines »Mini-Feed«, der Neuigkeiten von beziehungsweise über bestimmte User verfolgen würde, bis hin zu einer Menge anderer Einfälle. Einmal scheint seinem Stift die Tinte ausgegangen zu sein, und er wechselt das Schreibgerät. »Super, der Stift ist besser«, schreibt er, um eine Seite später etwas zu skizzieren, was offenbar seine Großvision für Facebook ist. Er überschreibt die Passage mit »The Information Engine«:

> *Facebook zu benutzen muss sich anfühlen, als benutze man eine futuristische Benutzeroberfläche im Stil von Regierungsbehörden, bei der man Zugang zu einer Datenbank voller Informationen über jeden Menschen hat. Der User muss in der Lage sein, auch tief verborgene Informationen einsehen zu können ... Die User-Erfahrung muss sich »vollständig« anfühlen. Wie bei einer behördlichen Datenbank, wo mit einem Klick auf den Namen einer bestimmten Person immer Informationen zu finden sind. Das macht den Reiz aus, die Seite zu besuchen und nach Leuten zu suchen. Wir müssen erreichen, dass jede Suche den Aufwand und jeder Link den Klick wert ist. Dann wird die User-Erfahrung großartig sein.*

Zuckerberg hatte das Gefühl, für diese verborgenen Informationen sorgen zu können, indem persönliche Profile von Leuten erstellt und gesammelt werden würden, die *nicht* bei Facebook angemeldet waren. Er nannte sie »Dark Profiles«, Schatten-Profile, und widmete sich dem Thema auf mehreren Seiten seines Notizbuchs. Er malte sich aus, dass die User diese Dark Profiles von ihren Freunden erstellen würden – oder schlicht von jedem, der nicht über einen Facebook-Account verfügte. Mit Eingabe eines bestimmten Namens sowie einer E-Mail-Adresse könnte solch ein Profil angelegt werden – man würde informiert, falls ein entsprechendes Profil bereits vorhanden war –, und dann könnte man Informationen hinzufügen, beispielsweise biografische Einzelheiten oder Interessen. Der Mensch hinter diesem Schatten-Profil wäre dann ebenfalls Teil der Facebook-Aktivitäten. Gelegentlich würden vielleicht Benachrichtigungen in seinem oder ihrem E-Mail-Eingang aufpoppen, dass er oder sie auf Facebook erwähnt wurde. Vermutlich würde das die Leute motivieren, sich ebenfalls bei Facebook anzumelden.

Zuckerberg war sich bewusst, dass das Erstellen von Profilen von Menschen, die nicht den Wunsch hatten, bei Facebook zu sein, möglicherweise Bedenken hinsichtlich des Datenschutzes mit sich bringen würde. Er grübelte eine Weile, wie man vermeiden könnte, dass das »gruselig« rüberkam. *Vielleicht sollten solche Dark Profiles nicht suchbar sein?*, fragte er sich. Es ist nicht ganz klar, was von dieser Idee tatsächlich umgesetzt wurde. Kate Losse, eine damalige Angestellte, beschrieb später, dass sie sich ungefähr im September 2006 mit einem Dark-Profile-Projekt beschäftigt hatte. »Dabei wurden im Hintergrund verborgene Profile von Leuten erstellt, die noch keine Facebook-User, aber auf Fotos anderer getaggt waren«, erinnert sie sich 2012 in ihrer Biografie. Heute führt sie aus: Wenn diese Nicht-User auf eine E-Mail antworteten – die sie von jemandem erhielten, der sie auf einem Foto markiert hatte –, warteten bereits die Fotos, auf denen sie zuvor getaggt worden waren. »Das war so eine Art direktes Peer-to-Peer-Marketing und zielte auf jene, die mit Leuten befreundet waren, die einen Facebook-Account besaßen, aber selbst noch nicht angemeldet waren«, sagt sie. Ezra Callahan bestätigt diese Aussage und fügt hinzu, dass das Konzept, die angemeldeten User im Stil von Wikipedia Dark Profiles einrichten und bearbeiten zu lassen, zwar in Erwägung gezogen, aber letztlich verworfen wurde. (Facebook hat jedoch immer darauf bestanden, dass es keine Dark Profiles gibt.)

Aaron Sittig war für das Design des Newsfeeds verantwortlich, was den Löwenanteil an einem allgemeinen Re-Design von Facebook einnehmen sollte. Ihm war klar, dass der Feed die gesamte Webseite verändern würde: »Die Idee einer Startseite, die linear, chronologisch und vom jeweiligen User individuell angepasst war, hatte es bis dahin noch nie wirklich gegeben«, sagt er.

Während der Newsfeed dem Nutzer zeigte, was bei Freunden los war, überlegte sich Zuckerberg einen zweiten Feed, der auch den Freunden zeigen sollte, was beim entsprechenden User selbst los war. Dieses Feature, der Mini-Feed, sollte auf der Profilseite auftauchen und genauso viel Raum einnehmen wie die Pinnwand. »Jemand, der auf ein Profil eines anderen geht, will erfahren, was bei demjenigen los ist und wer derjenige ist«, schrieb Zuckerberg. In umgekehrt chronologischer Reihenfolge sollten alle Facebook-»Ereignisse« angezeigt werden – wer hat ein Foto von dir gepostet, wer hat deine Freundschaftsanfrage angenommen, wie hat sich dein Beziehungsstatus verändert usw. »Die Idee ist, ein Protokoll von den Ereignissen im Leben jedes Einzelnen zu liefern, aber hoffentlich nicht in gruseliger Form«, erklärte Zuckerberg in seinen Notizen. »Die Leute sollten die Kontrolle darüber haben, was als Ereignis präsentiert wird, sie sollten etwas hinzufügen oder entfernen können, doch sie sollten den Feed nicht abstellen können.«

Das Team arbeitete bis in den Sommer hinein am Feed. Und dann tauchte eines Tages im Newsfeed, den Cox für sich selbst zu Testzwecken eingerichtet hatte, eine Story auf. Der Feed vermerkte eine Aktivität von Cox' Boss, und da die beiden bei Facebook befreundet waren, erschien Post Nummer null:

»Mark hat ein Foto hinzugefügt.«

Oh, mein Gott, es funktioniert! Facebook war mit einem Schlag zehnmal nützlicher! Die Leute werden es einfach lieben, dachte Chris Cox.

Während Zuckerberg wie verrückt am Entwurf seines vertraulichen Produktmanifests arbeitete, war er zugleich in ein Drama verwickelt, das keinen Eingang in das »Book of Change« fand. Seit geraumer Zeit schon musste er potenzielle Käufer abwehren, die Facebook seiner Kontrolle entreißen würden. Noch in Harvard war ihm die Vorstellung, das Projekt zu verkaufen, willkommen gewesen, er hatte sogar Witze darüber gerissen: Falls die Winklevoss-Zwillinge die Klage, man habe ihre Idee gestohlen, gegen Facebook gewinnen würden, wären die Schadensersatzleistungen das Problem desjenigen, der bis dahin Facebook gekauft hätte. Doch mittlerweile hing er sehr an seiner Erfindung. Er hatte das Gefühl, dass sie etwas in der Welt bewirken konnte. Aber nicht, wenn sie jemand anderem gehörte.

Nachdem etwas zu Facebooks neuen Ideen durchgesickert war, tauchte eine ganze Polonaise von Interessenten auf. Facebook zu übernehmen würde für andere Betreiber sozialer Netzwerke bedeuten, eine Bedrohung auszuschalten. Für große Tech-Firmen mit wenig Präsenz in diesem Bereich wäre Facebook eine Gelegenheit, in diese Sphären einzutreten. Und für Medienunternehmen wäre Facebook ein direkter Draht zur jungen Zielgruppe.

Zuckerberg verwandte außerordentlich viel Zeit auf die Besprechungen mit den Kaufinteressenten. Dabei wurde er häufig von Van Natta begleitet, der in Sachen Geschäftsabschlüsse viel Erfahrung besaß. Van Natta sollte eine ganze Weile brauchen, bis er die Tatsache akzeptierte, dass Zuckerberg jede Kaufverhandlung mit der Absicht begann – und auch beendete –, das Angebot zurückzuweisen. Er fand schlicht, wenn diese Tech- und Medien-Giganten interessiert waren, sollte er sie auch ergebnisoffen anhören.

Hin und wieder führten diese Besprechungen zu Partnerschaften, wie im Fall von Microsoft. 2006 zurrten beide Unternehmen einen Deal fest, der vorsah, dass Microsoft Facebook-Werbung an seine internationale Kundschaft verkaufen durfte. Ein Geschäft, das Facebook dringend benötigten Umsatz verschaffte.

Bei anderer Gelegenheit zielte Facebook eher darauf ab, Spionage zu betreiben. So nahmen Zuckerberg, Van Natta und Cohler nur aus dem Grund an etlichen Meetings mit MySpace teil, dem vermeintlichen Rivalen, das Unternehmen besser kennenzulernen. »Uns ging es darum, etwas dazuzulernen und das Team und die Unternehmenskultur besser zu verstehen und wie sie über das Produkt dachten«, sagt Cohler, der zugibt, dass ihn die noch bestehende Marktdominanz von MySpace gequält habe.

Der damalige MySpace-CEO Chris DeWolfe wiederum sagt, dass er selbstverständlich die Übernahme im Sinn gehabt habe, als er mit einem kleinen Mitarbeiterteam Anfang 2005 die Facebook-Firmenzentrale in Palo Alto besuchte. DeWolfe war von Facebook beeindruckt, doch nach einer Analyse durch die Venture-Capital-Firma Accel der Ansicht, dass der Wert des Unternehmens zu hoch taxiert war. Im Sommer desselben Jahres wäre die Kriegskasse reichlich gefüllt gewesen, denn MySpace war für 580 Millionen Dollar von Rupert Murdochs News Corporation gekauft worden. MySpace wäre nun bereit gewesen, mehr für Facebook zu zahlen. Doch Zuckerberg war nicht interessiert.

Ganz allgemein schien er die damalige Führungsposition von MySpace hinsichtlich der User-Zahlen eher locker zu betrachten. Auch die Übernahme von MySpace durch die News Corporation empfand er nicht als Bedrohung, sondern eher als Bestätigung, was den Wert von Social-Media-Unternehmen anbelangte. Wie er war das Facebook-Führungsteam größtenteils der Ansicht, MySpace sei ein für Los Angeles typisches und auf Medien-Kooperationen ausgerichtetes Phänomen. Man hielt MySpace nicht für eine richtige Tech-Company, dafür ließ es die Sorgfalt bei seinen Produktschwerpunkten vermissen. Zuckerberg hielt diesbezüglich mit seiner Meinung nicht hinter dem Berg, auch nicht gegenüber den MySpace-Gründern, sehr zu deren Verärgerung. (DeWolfe widerspricht: »Ich denke, wir waren beide sowohl Medienunternehmen als auch Tech-Companys.« Obwohl er auch zugibt, dass Facebook technikorientierter war.) Bei einem späteren Retreat, zu dem die News Corporation eingeladen hatte, erklärte Zuckerberg Rupert Murdoch, die Zukunft der Medienlandschaft würde nicht darin bestehen, dass die Menschen Fox News anschalteten oder das *Wall Street Journal* vor ihrer Haustür fänden, sondern dass sie online Links von ihren Freunden zu bestimmten Inhalten bekämen.

Eine gewisse Zeit lang forcierte auch *Viacom* mit seiner MTV-Unit den Kauf von Facebook. Nach einer Reihe von Besprechungen erteilte Zuckerberg auch diesem Angebot eine Absage. Ebenso verschmähte er Google. Aber ein Unternehmen konnte nicht so leicht zurückgewiesen werden. Yahoo! war zu der Zeit ein Multimilliarden-Internetkonzern mit vielen Hundert Millionen Usern. Facebooks leitender Produktmanager Doug Hirsch, ehemalige Yahoo!-Führungskraft, hatte seine ehemaligen Kollegen bezüglich Facebooks Preis vorgewarnt. Terry Semel, damals CEO von Yahoo!, sah in Facebook den krönenden Coup in einem ganzen Bündel von Übernahmen im Bereich soziale Medien, zu denen Flickr und *Delicio.us* gehörten. Semel hatte einst versäumt, Google zu erwerben, ein Facebook-Deal versprach Wiedergutmachung.

»Um uns an den Verhandlungstisch zu bekommen, winkten sie mit so was wie drei Milliarden Dollar«, sagt Zuckerberg. »Und ich so, *na ja, okay*. Als es dann losging, war nur von einer Milliarde Dollar die Rede.«

Immer noch eine überwältigend hohe Summe, fast jenseits aller Vorstellungskraft. Eine Milliarde Dollar für eine kleine Firma, die immer noch in den Kinderschuhen steckte. Hunderte Millionen Dollar in den Taschen des zwanzigjährigen Unternehmensgründers. Zuckerberg war nie deutlicher in Versuchung zu verkaufen als bei Yahoo!.

Nachdem herauskam, dass Hirsch im Hintergrund die Strippen zog, damit der Deal zustande kam, feuerte ihn Zuckerberg. Ein frisch eingestellter Informatiker sah an seinem ersten Arbeitstag, wie Hirsch seine Sachen packte, und fragte daraufhin Zuckerberg, wie er es vermeiden könnte, genauso gefeuert zu werden wie dieser Typ. »Versuch nicht, hinter meinem Rücken meine Company zu verkaufen«, antwortete Zuckerberg.[6]

In jenen Tagen fand auch ein Board-Meeting mit Thiel und Breyer statt. Mitten in der Unterredung schaute Zuckerberg auf einmal theatralisch auf seine Armbanduhr. »Halb neun scheint mir eine gute Zeit, um eine Milliarde abzulehnen«,[7] erklärte er. Damit warf er all jenen den Fehdehandschuh hin, die auf eine schnelle, lukrative Gewinnausschüttung gehofft hatten.

Zuckerbergs Position wurde allerdings durch eine verstörende Entwicklung geschwächt. Mitte 2006 wuchs Facebook nicht mehr, die User-Zahlen stagnierten. An den Highschools war ein ähnlicher Erfolg wie an den Colleges ausgeblieben, und auch die Unternehmensnetzwerke in waren ein Flop. Der Newsfeed war noch nicht gelauncht. Bald würde sich Facebook zwar für die Allgemeinheit öffnen – doch einige Mitarbeiter warnten, dass Open Reg möglicherweise die größte Gefahr von allen darstellte. Manche waren der Meinung, Facebook solle sich wieder voll und ganz auf die Universitäten konzentrieren und den Studenten zusätzliche Dienstleistungen bieten. *Diesen* Markt beherrschen! Aber Zuckerberg hatte sich seiner ganz eigenen Version des Spiels »Risiko« verschrieben. Universitäten und Colleges bildeten nur ein winziges Segment auf seinem Spielbrett.

»Von Anfang an war klar, dass es sich bei Facebook um eine Anwendung handelte, die für jeden Menschen auf der Erde infrage kam«, sagt Matt Cohler. »Er [Zuckerberg] sagte sich, *nein, ich werde mich nicht allein auf Unis spezialisieren, ich werde das in der ganzen Welt verbreiten.*«

Zuckerberg versuchte, Zeit zu schinden, den Druck zu verkaufen, auszusitzen. In der nächsten Besprechung beschwerte sich Terry Semel darüber, dass das Facebook-Team nicht schnell genug agiere, zu unerfahren in Sachen Geschäftsabschlüsse sei. Wie zum Beweis verfiel Zuckerberg im Verlauf der Unterredung in sein gewohntes Koma. Erst wenn offensichtlich war, dass jeder auf einen Wortbeitrag von ihm wartete, sagte er schließlich etwas.

»Nun«, meinte er, »wir sind einfach der Meinung, dass Companys ätzend sind.«

Dan Rosensweig, damaliger COO von Yahoo!, löste die Anspannung im Raum mit einer witzigen Bemerkung: »Bei Yahoo! denken wir ja gern, dass wir etwas weniger ätzend sind.« Alle brachen in Gelächter aus. Dennoch steckte man in einer Sackgasse. »Terrys Hollywood-Ansatz bei den Verhandlungen passte definitiv nicht zu Mark«, sagt Chris Kelly, damals als Leiter der Rechtsabteilung bei Facebook tätig.

Kelly gehörte zu den wenigen, die Zuckerbergs Standpunkt unterstützten. Er ahnte, dass die Entschlusskraft seines Bosses wankte, und hatte das Gefühl, es wäre hilfreich, den Kontakt zu jemandem herzustellen, der im Valley schon viel Erfahrung gesammelt hatte und der dem Ganzen noch einmal eine neue Perspektive verleihen könnte. Ein paar Jahre zuvor hatte Kelly den bekannten Investor Roger McNamee kennengelernt. Er arrangierte ein Treffen, bei dem McNamee die Situation treffend analysierte. Zuckerberg schwieg eine ganze Weile und platzte dann auf einmal heraus, dass er nicht verkaufen wolle, sich aber frage, ob er es dennoch tun solle. »Ich will nicht alle enttäuschen«, erklärte er. McNamee machte sich bei Zuckerberg beliebt, indem er entgegnete, er solle nicht zögern, seinem Herzen zu folgen.

Der Druck war immens. Owen Van Natta war fest von einem Verkauf überzeugt. Eines Abends stritten die beiden im Büro erbittert bis nach 1 Uhr nachts um das Thema. »Wenn du die Firma nicht verkaufst«, sagte Van Natta, »wirst du das den Rest deines Lebens bereuen!«

Zuckerberg wusste hingegen, wenn er etwas bereuen würde, dann wäre das ein Verkauf des Unternehmens. Womit er haderte, war die Größenordnung des im Raum stehenden Yahoo!-Deals. Konnte man so etwas Großes wirklich ablehnen? Ihm fehlte das Bezugssystem, um seine Firma richtig zu bewerten. »Es war sehr schwer für ihn«, sagt

Chris Kelly. »Er war chronisch angespannt und wirkte manchmal regelrecht paralysiert.«

Hinter seiner vordergründigen Sturheit verbargen sich echte Beklemmungen. Seit Thefacebook in Harvard durch die Decke gegangen war und bei jeder weiteren Station der bisherigen Reise war Zuckerberg opportunistisch und ehrgeizig vorangeschritten. Aber er quälte sich auch mit Zweifeln, so wie es jedem anderen ergangen wäre, der sich mit zwanzig plötzlich im Haifischbecken der Hochfinanz wiederfindet und mit gewaltigen Entscheidungen konfrontiert ist. *Würden die Dinge wirklich richtig laufen? Wer war er denn schon?*

»Ich hatte definitiv das Blender-Syndrom«, sagt Zuckerberg. »Ich hatte mich mit Menschen umgeben, die ich als Führungskräfte respektierte und die etwas von Geschäftsentwicklung verstanden. Im Grunde waren sie es, die mir einredeten, das Angebot dringend annehmen zu müssen.«

Zuckerberg war kurz davor einzuknicken. Aber Semel überspannte den Bogen. Später, als Facebook selbst riesige Zukäufe tätigte, sollte die Firma eine Taktik anwenden, die im militärischen Bereich »Shock and Awe« heißt. Facebook verunsicherte seine Gesprächspartner und nutzte den Schockmoment, sodass die Gründer die Papiere zum Verkauf ihres Unternehmens unterschrieben, bevor sie auch nur ahnten, was eigentlich los war.

So etwas entsprach keineswegs Semels Stil. Statt Zuckerberg in den Büroräumen seiner Rechtsabteilung festzuhalten, bis der Deal unter Dach und Fach war, nahm er die Verhandlungen wieder auf – überzeugt davon, im Vorteil zu sein. Aber er beging einen fatalen Fehler. Er merkte an, dass der Aktienkurs von Yahoo! seit Beginn der Verhandlungen mit Facebook um ungefähr 20 Prozent gefallen war. Dies müsse bei dem Deal berücksichtigt werden, sodass man nun auf einen Kaufpreis von weniger als einer Milliarde Dollar abziele.

Zuckerberg nutzte dies als Vorwand für einen Kurswechsel. »Yahoo! machte es mir leichter, weil sie ihre Zusagen ein ums andere Mal nicht einhielten«, sagt er. »Und bei jedem Schritt reagierte unser Team total verschreckt, nach dem Motto: *Findest du nicht, wir sollten einfach annehmen?* Ich war eher so drauf: *Können wir uns wenigstens*

*darauf einigen, dass wir eventuell geliefert sind, wenn sie nun schon
wieder nachverhandeln wollen?«*

Zuckerberg rang sich schließlich zu einer Entscheidung durch und
tätigte einen letzten Anruf. Er würde *nicht* verkaufen. Cohler unterstützte ihn mittlerweile darin. Moskovitz hatte das die gaze Zeit schon
getan. Thiel respektierte wie immer Zuckerbergs Wunsch. Der Rest
des Teams musste einfach damit leben.

An einem Nachmittag Ende August ließ sich Zuckerberg in dem Haus
blicken, das Facebook angemietet hatte. Leute aus dem Team lunger-
ten am Pool herum, tranken Bier und unterhielten sich – ein weiterer,
ganz normaler Tag der permanenten Bürofete namens Facebook.
Wochenlang hatte alle die Frage beschäftigt, ob die dramatische Tal-
fahrt anhalten oder sich das Ganze bei der Übernahme durch Yahoo!
auszahlen würde, wobei das Unternehmen im Jahr 2006 seinen Höhepunkt bereits überschritten hatte. Ein geglückter Zukauf von Facebook hätte diese Entwicklung vermutlich auch nicht verhindert.

Obwohl die Verhandlungen ausschließlich außer Haus stattgefunden hatten und bloß wenige Mitarbeiter wussten, was genau vor sich
ging, war die Nachricht einer möglichen Übernahme durch Yahoo!
durchgesickert. Jetzt verkündete Zuckerberg, dass es vorbei war: kein
Verkauf.

Einerseits reagierten die Facebooker erleichtert, dass das Drama
beendet war. Sie glaubten an Facebooks Mission, trotz der gegenwärtigen Schwierigkeiten. Außerdem hätte der Zusammenschluss mit
Yahoo! nicht nur das Ende dieses Traums bedeutet, sondern auch das
Ende eines unwiederbringlichen Lebensabschnitts: wie wahnsinnig
an einem Projekt zu arbeiten, das Millionen von Menschen liebten,
und das in einer Ferienlager-Atmosphäre unter IT-Freaks, mit Büro-
Flirts, Videospielen, und Gonzo-Programmierungs-Exzessen. Niemand war scharf drauf, Teil von Yahoo! zu werden. »Es war offensichtlich«, sagt Kate Losse, Facebook-Angestellte Nummer 51. »Yahoo! war bereits uncool. Und Facebook war damals sehr cool.«

Andererseits hatten einige Mitarbeiter von einem Geldsegen ge-
träumt, wie er wohl nur einmal in ihrem Leben niedergehen würde.

Die Aktienanteile hätten für noch nettere Häuser gesorgt als die, in denen sie aufgewachsen waren. Und selbst dann wäre genug übrig geblieben, um jahrelang untätig im Luxus zu schwelgen. Noch dazu alles vor dem 25. Geburtstag!

»Wir liebten, was wir taten«, sagt ein damaliger Facebooker. »Aber, heilige Scheiße, drei oder vier Millionen Dollar?«

Als Adam D'Angelo, der endlich seinen Abschluss an der Caltech in der Tasche hatte, im Herbst zu Facebook zurückkehrte, war er entsetzt, wie mies die Leute drauf waren. »Nicht alle, aber bei ungefähr 80 Prozent war die Stimmung wirklich schlecht«, sagt er. »Sie waren enttäuscht, dass Facebook nicht verkauft worden war, und hielten es für unmöglich, dass diese Unternehmensbewertung je wieder erreicht werden könnte.«

Zuckerberg besaß nicht die Erfahrung oder die Persönlichkeit, seine Truppe wieder einzuschwören. Bloß die Parole »Domination« zu brüllen war einfach nicht das Gleiche wie ein paar Millionen Dollar auf dem Konto. »Ich glaube nicht, dass er einen Plan verfolgte«, sagt D'Angelo. »Er wusste nicht, was damals von jemandem in seiner Position erwartet wurde. Es ist nicht leicht, ein großer Anführer zu sein, wenn man zum ersten Mal in der Situation steckt und noch dazu dermaßen jung ist. Trotzdem lässt sich nicht daran rütteln, er zeigte einfach schlechte Führungsqualitäten.«

Zuckerberg gab sich später selbst die Schuld für die Missstimmung, die auf die Absage an Yahoo! folgte. In seiner Rede vor den Harvard-Absolventen 2017 erklärte er, sein Versäumnis habe darin bestanden, den Mitarbeitern das Ziel von Facebook nicht erfolgreich vermittelt zu haben. Ohne starken Rückhalt im Haus habe er sich isoliert gefühlt. »Das war bei Weitem die stressigste Zeit in meinem Leben«, erzählte er mir – *nach* Cambridge Analytica.

Zuckerberg hat nicht vergessen, wer damals zu ihm stand und wer nicht. »Innerhalb von anderthalb Jahren waren die Beziehungen zueinander so belastet, dass jedes einzelne Mitglied des Managements fort war«, erinnerte er sich später mit einem zufriedenen Unterton. »Einige von ihnen habe ich gefeuert.«

Die Selbstverpflichtung, unabhängig zu bleiben, spiegelte Zuckerbergs Überzeugung, dass sich Facebook mittlerweile auf einer echten

Mission befand: die ganze Welt zu vernetzen. Die dafür notwendigen Tools hatte er bereits. Newsfeed und Open Reg würde Facebook in eine neue Dimension katapultieren.

Alles, was er tun musste, war liefern.

Als sich der Newsfeed dem Datum seiner Veröffentlichung näherte, hatte das Entwicklerteam den Eindruck, etwas Großartiges geschaffen zu haben. Die anderen Facebooker, die den Prototyp des Produkts getestet hatten, waren sofort süchtig danach – obwohl in diesem kleinen Kosmos sowieso jeder die Geheimnisse des anderen kannte. Hier beschleunigte und automatisierte der Newsfeed bloß den Motor von Klatsch und Tratsch, der stets auf hoher Drehzahl tourte. Was den Datenschutz anbelangte, war man der Ansicht, dass die User ohnehin schon die ganze Zeit die Profile anderer checkten (das war *der* Schwerpunkt ihrer Aktivitäten), sodass es kein Problem sein würde, wenn man die Neuigkeiten über Freunde *proaktiv* zugestellt bekam. Schließlich handelte es sich ja um Informationen, die andere bereitwillig teilten …

Trotzdem ahnten einige Mitarbeiter, dass Ärger ins Haus stehen könnte. Das Team der Kundenbetreuung bekam das neue Produkt erst relativ spät zu sehen. Da sich diese Abteilung mit Kundenbeschwerden auskannte – und nur zu gut wusste, dass viele Nutzer, wenn nicht sogar die meisten keine Ahnung hatten, was Facebook eigentlich von ihnen wusste oder nicht –, begriffen die Mitarbeiter dort sofort, dass die User ausflippen würden. Aber die Warnungen wurden vom Tisch gewischt. »Wir dachten: egal. Die Leute sehen sich doch sowieso die ganze Zeit in den Profilen anderer um – wo liegt das Problem?«, sagt Matt Cohler.

Allerdings gab es durchaus eine Sorge, über die bei Facebook diskutiert wurde: Dabei ging es aber eher um finanzielle Bedenken als um solche hinsichtlich des Datenschutzes. Die bisherige Ineffizienz des Informationsflusses auf User-Seite hatte sozusagen einen automatischen Vorteil – das ganze Klicken auf unterschiedliche Profile, um herauszufinden, was die Freunde so trieben, bedeutete, dass die Nutzer mehr Werbung sahen. Einige der neuen Führungskräfte, die Zuckerberg eingestellt hatte, zeigten sich besorgt, dass der Newsfeed dieses Herumklicken reduzieren und die ohnehin verhältnismäßig mageren Erlöse, die Facebook damals einfuhr, weiter schmälern würde. Doch mit Rückendeckung von Zuckerberg – kein Wunder, da das Produkt auf Kritzeleien in seinem persönlichen Notizbuch zurückzuführen war – kam das Team zu dem Schluss, dass der Newsfeed langfristig das Beste für Facebook war.

Ein weiterer Aspekt, der Widerstand vonseiten der Nutzer erwarten ließ, war die Tatsache, dass der Newsfeed als ein störendes Produkt auf der auch ansonsten neu gestalteten Facebook-Seite empfunden werden könnte. Re-Designs lösten immer Aufregung aus: Egal, wie toll der neue Look war, die Leute würden lauthals »das alte Facebook« zurückverlangen, auch wenn die Firma kaum ein Jahr bestand. »Newsfeed hin oder her – uns war bewusst, dass allein die neue Startseite einen Shit Storm heraufbeschwören würde«, sagt Ezra Callahan. »Die ganze Umgestaltung würde sich zu einer Katastrophe entwickeln.«

Nur Zuckerberg blieb unbesorgt. Für ihn waren Einwände von Usern nur vorübergehende Ablenkungen. Wenn man den Kopf gesenkt hielt, den Lärm nicht beachtete, würden die Nutzer schon darüber hinwegkommen, und in ein paar Wochen wäre wieder alles wie vor dem Protestgeschrei. »Er dachte, es würde auch diesmal wieder so laufen«, sagt Callahan, »und das war auf fatale Weise falsch.«

Für gewöhnlich launchte Facebook seine neuen Produkte spät in der Nacht und ohne Vorwarnung. Die Features tauchten einfach so auf. Die User wären damit erst einmal beschäftigt, und um irgendwelche Programmierfehler oder Bugs würde man sich später kümmern können. Alles so wie immer also.

Im Fall des Newsfeeds sollte die Neuerung besonders abrupt vonstattengehen: Sobald sich die User einloggten, würden sie begrüßt und auf dem Bildschirm informiert werden, dass sich Facebook verändert hatte. Um das neue Facebook zu nutzen, musste man auf einen Button klicken, der mit »Awesome!« beschriftet war. (Und später zum »Like«-Button wurde.) Es gab keine Alternative, als das neue Facebook »großartig« zu finden. Klickte man den Button, sah man statt der gewohnten persönlichen Startseite eine Flut von Informationen über Facebook-Freunde.

Die User würden es ganz sicher lieben.

Um 1.06 Uhr in der Nacht ging der Newsfeed live. Der Großteil der kompletten Facebook-Belegschaft, vorschriftsmäßig in Hoodies und Jeans, leistete dem Newsfeed-Team im Büro in der University Avenue 156 Gesellschaft. Kein anderes Facebook-Produkt hatte so eine Mühe bereitet und eine solch lange Entwicklungsphase gebraucht – über sechs Monate. Zuckerberg hatte die Urversion von Facebook in *einer Woche* gebaut. Mit dem Newsfeed schlug die Firma außerdem eine neue Richtung ein: Der Feed war eine noch nie da gewesene und vermutlich süchtig machende Möglichkeit, private Informationen mit anderen zu teilen. Es schien, als würde dieses eine Produkt die Daseinsberechtigung der gesamten Company verkörpern.

Sanghvi hatte einen Blog-Post auf Facebook verfasst, der mit »Facebook erhält Facelift« überschrieben war und in dem sie erklärte, warum es auf einmal so anders aussah. »Wir haben zwei zusätzliche coole Features«, schrieb sie, auch wenn der Newsfeed natürlich der wichtigere war. »[Er] hebt hervor, was sich in deinem sozialen Umfeld auf Facebook tut. Er aktualisiert im Laufe des Tages eine individuell zusammengestellte Liste von Neuigkeiten, sodass ihr erfahren werdet, wenn Mark Britney Spears zu seinen Favoriten hinzufügt oder wenn euer Schwarm wieder Single ist.« Das andere coole Feature, der Mini-Feed, sollte einen darüber informieren, was andere alles über einen herausfanden.

Die User jedoch sahen nicht als Erstes den Blog-Beitrag, sondern den »Awesome!«-Button und dann einen ungewohnten, waagerecht angelegten Lauftext mit allem, was im eigenen Netzwerk so passierte. *Angie hat ein Foto gepostet. Ryan wird das Snoop Dog Konzert besuchen. Bobby ist nicht mehr in einer Beziehung.* Es kam einem vor, als würde man gerade mit jemandem herummachen und auf einmal würde irgendein Eindringling die Decke wegreißen, die die Knutscherei geschützt hatte.

Sittig gehörte zu der Gruppe im Büro, die gespannt auf die Reaktionen der User wartete. Die erste lautete: »Fuck Mini-Feed.« Der Kommentar traf ihn, weil er es gewesen war, der das Feature auf der Grundlage von Mark Zuckerbergs peniblen Skizzen entwickelt hatte. Paul Janzer, der die Abteilung Kundenbetreuung leitete, hielt das für ein schlechtes Omen. Wenn die Leute schon den Mini-Feed hassten, wie würden sie dann wohl den vollständigen Newsfeed auf der persönlichen Startseite finden? Trotzdem ging das Team davon aus, dass es sich bei den negativen Rückmeldungen nur um die üblichen Folgen eines Re-Designs handelte. »Wir dachten einfach, das würde in den kommenden Stunden schon wieder abebben«, erinnert sich Sanghvi. Um 3 Uhr nachts waren alle nach Hause gegangen.

Am nächsten Morgen im Büro stellten sie jedoch fest, dass überhaupt nichts abgeebbt war. »Man kann durchaus sagen, dass der Newsfeed zu Tumulten geführt hatte«, meint Sanghvi. Vor dem Büro in der University Avenue, einer Durchgangsstraße, die normalerweise nur von Passanten auf dem Weg zu Cafés oder Falafel-Läden benutzt wurde oder vereinzelt von höflichen Obdachlosen, hatte sich eine lange Schlange von Leuten gebildet. Fernsehübertragungswagen blockierten die Fahrbahn. Matt Cohler telefonierte gerade mit seiner Freundin und schilderte ihr, wie verrückt das alles war, als plötzlich der Kamerakran eines TV-Senders nur wenige Zentimeter vor dem Fenster seines Büros im Obergeschoss vorbeischwenkte. Die Polizei von Palo Alto behauptete, nicht genug Personal zu haben, um solch große öffentliche Proteste zu bewältigen, und forderte Facebook auf, den Newsfeed abzuschalten und den Tumulten ein Ende zu bereiten. Zum ersten Mal in der Unternehmensgeschichte von Facebook dachte das Management darüber nach, einen Wachmann von einem privaten Sicherheitsdienst anzuheuern. (Damals ahnte noch niemand, dass man eines Tages Verträge mit einer kleinen Armee von Sicherheitsleuten abschließen würde, die tagtäglich das Grundstück sichern und die Angestellten schützen sollte.)

Ein noch größerer Flächenbrand breitete sich bei Facebook selbst aus. Als der 21-jährige Ben Parr, Student an der Northwestern University, am 5. September aufwachte und Facebook ahnungslos öffnete, wurde er von einer Lawine an Informationen über seine Freunde überrollt – und war stinksauer. Nachdem er ein paar seiner ebenfalls aufgebrachten Buddys per Instant Messenger kontaktiert hatte, gründete er eine Gruppe namens »Students Against the Facebook Newsfeed«. Als er mittags nachsah, hatte die Gruppe 10 000 Mitglieder; abends waren es 100 000, und Parr wurde von der Zeitschrift *TIME* interviewt.

Facebook hatte hinsichtlich des Newsfeeds schlicht nicht begriffen, dass ein qualitativer Unterschied bestand, ob man Leuten Informationen zugänglich machte oder ob man Informationen eines Menschen auf der persönlichen Homepage eines anderen veröffentlichte. (Genauer gesagt hatte Facebook die frühzeitigen Warnungen diesbezüglich mit einem Achselzucken abgetan.) Sinnbildlich für diesen Unterschied war besonders ein Bereich: der »Beziehungsstatus«, bei dem Facebook die User ermutigte, dem Profil eine Art Stimmungsbarometer des eigenen Liebeslebens hinzuzufügen. Dort konnte jederzeit zwischen »verheiratet«, »Single«, »in einer Beziehung« oder dem etwas seltsamen »es ist kompliziert« gewählt werden. Änderte jemand seinen Beziehungsstatus, war das nichts weiter als eine einfache Aussage zum eigenen Liebesleben. Doch die Information umgehend an alle Facebook-Freunde zu senden wirkte wie ein Bündel Boulevardzeitungen mit der entsprechenden Meldung auf der ersten Seite, das mitten in das eigene soziale Netzwerk geworfen wurde. Man war von der Freundin verlassen worden, und plötzlich explodierte die Instant-Messenger-Buddy-Liste vor lauter Schaulustigen, die sämtliche schmutzigen Einzelheiten erfahren wollten. Und das alles wegen Facebook! Die Inbox der Kundenbetreuung wurde vom Aufjaulen der User überflutet, deren Beziehungsstatus und andere »Nachrichten« zum unerwünschten Inhalt einer brandneuen öffentlichen Verbreitungsform geworden waren.

»Wir haben das schon mitbekommen«, sagt Cohler. Als hätte man das ignorieren können. Das kleine Team der Kundenbetreuung erhielt am ersten Tag nach dem Launch des Newsfeeds mehr Beschwerden als normalerweise in drei Wochen. Janzer schätzt, dass allein an Tag eins ungefähr 30 000 E-Mails eintrafen.

Zuckerberg, der gerade in einem Hotel an der Ostküste weilte, ging gemeinsam mit dem in Panik geratenen Van Natta verschiedene Möglichkeiten durch. Man erwog ernsthaft einen Reset – die Seite auf den Zustand *vor* Newsfeed zurückzusetzen, um dann den Nutzern anzubieten, sich gezielt für das Feature anzumelden. Van Natta, genauso wie einer von Facebooks Hauptinvestoren, plädierte für ein klares »Aus« des Newsfeeds. *Leute, das ist doch ganz einfach*, schrieb Zuckerberg per E-Mail, *dann schaltet es eben ab.*

Facebook hatte mit Brandee Barker erst vor Kurzem seine erste Vollzeit-Mitarbeiterin für den Bereich PR eingestellt. Sie besaß bereits 15 Jahre Berufserfahrung und empfand den neuen Job eigentlich als Rückschritt in ihrer Karriere, hatte sich aber von den Versprechungen des Unternehmens und der Energie der Facebooker umstimmen lassen. Mit Zuckerberg hatte sie bis dahin noch nicht viel zu tun gehabt, und nun befand sie sich plötzlich in einem Online-Chat mit ihm von Küste zu Küste, der bis tief in die Nacht reichte. »Er war der Meinung, wir sollten einen Blog-Post verfassen und uns entschuldigen«, sagt Barker. »Es war das erste Mal von vielen folgenden, wo ich dachte: *Wow, dieser 23-Jährige will mir beibringen, wie man [PR] macht.*«

Währenddessen prüften Sanghvi und ihr Team die Logs und entdeckten etwas Erstaunliches. Auch wenn Hunderttausende User ihr Missfallen am Newsfeed ausdrückten, deutete ihr Online-Verhalten auf das Gegenteil. Die Nutzer verbrachten mehr Zeit bei Facebook als jemals zuvor! Das war klar und deutlich eine positive Bestätigung des gesamten Konzepts. Sie ging zu Moskovitz und erklärte ihm, den Newsfeed abzuschalten wäre eine schlechte Idee.

Die massive Zugkraft des Protestes erwies sich tatsächlich als Rechtfertigung des Produkts, das manche gleich wieder beerdigen wollten. Die Entrüstung über den Newsfeed wurde angetrieben vom … Newsfeed. Bosworth, Cox und andere entwickelten daraufhin einen algorithmischen Verstärker: Wenn ein paar Freunde bei Facebook die gleiche Aktivität zeigten (wie beispielsweise einer bestimmten Gruppe beizutreten), stieg die Information im Ranking in deren Newsfeed. Und während sich immer mehr Leute Ben Parrs Anti-Newsfeed-Gruppe (und ähnlichen, die inzwischen entstanden waren) anschlossen, entwickelte sich ein Schneeballeffekt. Die User-Feeds wurden von Einladungen, ebenfalls einer solchen Gruppe beizutreten, geflutet. Schlossen sie sich tatsächlich an, erfuhren auch alle ihre Freunde davon. Am Ende der Woche gehörte jeder zehnte Facebook-User »Students Against the Facebook Newsfeed« und weiteren Nutzer-Gruppen wie »I Hate Facebook« oder »Ruchi [Sanghvi] is the Devil«.

»Urplötzlich konnten sich Leute äußern, die sonst dafür keine Plattform hatten«, sagt Sanghvi. »Es ging dabei nicht nur um Meinungsfreiheit, sondern darum, dass die Leute nun ein Forum hatten, um ihre Gefühle zu artikulieren und das, was sie dachten. Und dort machten sie ihre Angelegenheiten nicht nur bekannt, sondern erfuhren auch Unterstützung. So etwas war bis dahin ansonsten nur möglich, wenn man von einem TV-Sender oder einer Zeitung interviewt wurde.«

Um Viertel vor elf am Abend des 5. September postete Zuckerberg seine Reaktion, überschrieben mit: »Beruhigt euch. Atmet. Wir haben's ja gehört.«[8] Barker und Chris Hughes halfen beim Verfassen des Posts, der zuvor viele Entwurfsstadien durchlaufen hatte. Die herablassende Überschrift lieferte einen ersten Hinweis auf den weiteren Tonfall des Textes, der zwar zugestand, dass »viele von euch nicht sofort Fans sind«, aber dennoch darauf bestand, dass der Newsfeed großartig war. Zuckerberg verfügte bereits über die Daten, die nahelegten, dass sich die User unabhängig davon, was sie sagten, online tatsächlich benahmen, als gefiele ihnen das Feature. Also konnte er es sich leisten, standhaft zu bleiben. »Wir stimmen euch zu, Stalking ist uncool; aber zu wissen, was im Leben eurer Freunde abgeht, *ist* cool«, schrieb er und merkte auch an, »Ruchi ist *nicht* der Teufel«. Der Newsfeed würde bleiben, aber Zuckerberg versprach, sich um Maßnahmen zum Datenschutz zu kümmern.

In den darauffolgenden Tagen arbeitete das Newsfeed-Team rund um die Uhr, um den Schutz einzurichten, der von Anfang an für das Produkt hätte vorgesehen sein sollen; dazu gehörte auch eine Funktion, die den Usern die Kontrolle darüber verschaffte, wer eine private Information erhalten sollte und wer nicht. »Ich glaube nicht, dass irgendwer das jemals benutzt hat«,[9] erklärte Jeff Rothschild später. Aber allein schon das Vorhandensein dieser Maßnahmen schien die Wut der User zu besänftigen. Atemberaubend schnell gewöhnten sich die Leute an die Vorstellung, dass sich das, was sie bei Facebook posteten, *überall* auf Facebook verbreitete.

Facebook zog aus seiner ersten öffentlichen Krise eine gewaltige Lehre, allerdings wohl die falsche. Man war mit einem Produkt vorwärtsgestürmt, das ernst zu nehmende Datenschutzprobleme aufwies – Probleme, die intern bereits bekannt waren, die man aber ignoriert hatte. »Wir gingen ziemlich lässig damit um – nicht, weil wir kaltschnäuzig waren, sondern eher, weil wir der Meinung waren, um große Dinge anzuschieben, muss man einfach machen«, sagt Katie Geminder rückblickend. »Man darf bei so etwas nicht ängstlich sein.« Ja, eine Krise war ausgebrochen, aber schnelles Handeln und eine halbherzige Entschuldigung hatten die Situation entschärft. Tatsächlich verliebten sich die User in das Feature.

»Die ganze Sache zeigte wie in einem Mikrokosmos, wie Mark und die Firma tickten«, sagt Cohler. »Die Absicht war gut, es gab ein paar Fehlzündungen unterwegs, wir räumten diese Fehlzündungen ein, brachten die Angelegenheit in Ordnung und machten dann weiter. Und das ist im Grunde, wie das Unternehmen arbeitet.«

Und wie war nun die Lektion in Sachen Datenschutz? Selbst wenn sich die Leute über ein neues Feature beschwerten, hieß das noch lange nicht, dass es ihnen nicht gefiel. Die Zahlen belegten, dass es den Nutzern seit Einführung des Newsfeeds noch mehr als je zuvor gefiel, Informationen mit ihren Freunden zu teilen; und vor allem, nachzusehen, was bei ihren Freunden so los war. Mit diesem Verhalten rückten die User einen Schritt näher an Zuckerbergs Vision heran, einen neuen Datenschutzstandard zu schaffen, bei dem Leute immer mehr Informationen miteinander teilten.

Die Menschen sind voyeuristischer, als ich gedacht hatte – diese Lektion hatte Zuckerberg bereits aus der Facemash-Episode gelernt.

Als Facebook bald darauf die Open Registration einführte, ging man dennoch etwas bedachter vor. Vornehmlich, weil Open Reg eine bedeutende Veränderung in der Philosophie von Facebook darstellte. Denn für Zuckerbergs großes Ziel, die ganze Welt zu vernetzen, wurde sozusagen die natürliche Privatsphäre aufgehoben. »Newsfeed und Open Reg waren beide schon lange Bestandteil des Masterplans«, sagt Ezra Callahan. »Ironischerweise hatten wir immer das Gefühl, dass Open Reg das eigentliche Minenfeld war.« Statt wie sonst überraschend zu launchen, wurden diesmal vorher die Medien über die Neuerung informiert.

Die öffentliche Reaktion auf den nunmehr unbeschränkten Zugang zu Facebook spiegelte zunächst die neue Skepsis gegenüber dem

Unternehmen wider. »Facebook könnte Schaden nehmen, wenn die Leute anfingen, es mit MySpace zu vergleichen«,[10] sagte Fred Stutzman, Absolvent der University of North Carolina. Seit seiner Zeit an der School of Information and Library Science in Capel Hill war er nicht nur Experte für digitale Medien, er hatte auch untersucht, wie seine Studenten Facebook nutzten. »Auf jede Veränderung bei Facebook folgte eine Gegenreaktion, das war normal«, fügte er hinzu. »Für die Firma aber gab es von nun an kein Zurück.«

Als Open Reg live ging, formierten sich überraschenderweise keine wütenden Gruppen. Stattdessen meldeten sich Millionen neuer User an. »Am Ende lief es besser, als wir dachten«, sagt Zuckerberg. »Innerhalb einer Woche nach dem Launch sind wir von vermutlich weniger als 10 000 Nutzern pro Tag auf 60- oder 80 000 pro Tag gewachsen, und von da an ging es immer schneller«, erinnert er sich.

Open Reg ermöglichte Milliarden von Usern den Zugang zu Facebook. Und der Newsfeed würde sie dort halten, denn das Feature machte die Seite genauso überwältigend spannend, wie sie es einst für die jungen Studenten gewesen war, als sie Thefacebook zum ersten Mal zu Gesicht bekamen. Doch der Newsfeed würde künftig auch Mobbing, Hass und treffsichere Falschinformationen mit sich bringen. Die Wirkung von Mark Zuckerbergs »Book of Change« würde, ungeachtet seiner geringen Verbreitung, in Zukunft einen weitreichenderen Einfluss haben als jeder Bestseller.

TEIL ZWEI

7 DIE PLATTFORM

Dave Morin stammt aus Montana und war mit Computern aufgewachsen. Sein Studium an der University of Colorado in Boulder hatte er mit einer Firma für Web-Entwicklung finanziert, die er von seinem Zimmer im Studentenwohnheim aus betrieb. Nach dem Studienabschluss im Jahr 2003 stieg er bei Apple, seinem Traumunternehmen, in der Abteilung für Hochschul-Marketing ein. Morin war verantwortlich für ein spezielles Campusprogramm, bei dem Vertreter der Firma Studenten davon überzeugen sollten, Apple-Tools zu nutzen. Als Morin anfing, hatte Apple in den gesamten USA etwa einhundert solcher Repräsentanten gewinnen können, die meisten von ihnen Computerfreaks; ihre Funktion bestand im Wesentlichen darin, Gleichaltrigen technischen Support anzubieten. Morin sah darin viel mehr Potenzial. Er machte das Programm zu seinem Lebensinhalt, und bald priesen 900 Studenten landesweit Apple-Produkte bei ihren Kommilitonen an. Morin glaubte an die Macht von Communitys und drängte seine Repräsentanten, sich bei sozialen Netzwerken anzumelden – bei Friendster, LinkedIn und sogar beim AOL Instant Messenger. Eines Tages Anfang des Jahres 2005 erhielt er einen Anruf von seinem Mann in Harvard: *Du musst dir diese Sache namens Thefacebook ansehen.*

Morin besaß immer noch seine .edu-E-Mail-Adresse aus der Zeit in Boulder und meldete sich an. Er war sprachlos. AIM war damals faktisch *das* Kommunikationsmittel unter Studenten, und einer seiner Kritikpunkte daran lautete, dass man niemanden finden oder sicher wissen konnte, wer jemand wirklich war, weil alle schräge Pseudonyme verwendeten. Thefacebook jedoch zeigte nicht nur die Klarnamen, sondern darüber hinaus innerhalb des Profils sogar den AIM-Verlauf des Nutzers. Morin war zudem überwältigt, wie elegant der Datenschutz in die Netzwerkstruktur integriert war – man konnte das Profil von jedem Mitglied des eigenen Campus durchstöbern und Nachrichten verschicken, aber nicht über die eigene Uni hinausgehend. *Game over,* dachte er. *Das ist genial.*

Sofort versuchte er in Erfahrung zu bringen, wer die Sache betrieb, und bald darauf befand er sich in dem winzigen Büro in Palo Alto, dessen Wände aussahen, als wären sie von begabten, aber durchgeknallten Sprayer-Rowdys getaggt worden. Der Chef, Zuckerberg, war offensichtlich superintelligent, brachte aber kaum ein Wort heraus. Morin hielt sich mehr an Moskovitz und Parker.

Zu diesem Zeitpunkt kooperierte nur ein wichtiges Markenunternehmen mit Facebook: die Filmproduktionsgesellschaft *Paramount Pictures,* die bei Facebook ihren Film »SpongeBob« groß bewarb. Morin war aber nicht daran interessiert, Werbeplatz zu kaufen. Er wollte Apple promoten und eine Facebook-Gruppe gründen, damit User etwas über die Produkte erfahren und Tipps zur Benutzung von Macs austauschen konnten. Apple versprach, die Nutzer mit Give-aways wie iPods und iTunes-Gutscheinen anzulocken. Man traf eine Vereinbarung, nach der Apple Facebook monatlich 25 000 Dollar zahlte. Der Gesamtumfang des Vertrags umfasste vermutlich eine Million Dollar.

Im Laufe der Gespräche knackte Morin Zuckerbergs Fassade, die zunächst wie eine Wand aus Eis auf ihn wirkte. Nun führten er, Zuckerberg und Moskovitz auch immer wieder endlos lange Gespräche über Graphentheorie, Authentifizierungstheorie und Signaltheorie. Bei Letzterem ging es darum, wie Menschen beispielsweise mittels Statusindikatoren ihre Identität erkennen ließen. Morin kam zu dem Schluss, dass Facebook der ultimative Statusindikator war und ebenso der Schmierstoff für eine neue Gesellschaftsordnung. Eine Werkstatt für die Art und Weise, wie Menschen in der Zukunft miteinander leben würden.

Zuckerberg und Moskovitz drängten Morin, bei Facebook zu arbeiten, aber die Entscheidung, Apples wunderschöne Zentrale für ein Crazytown-Start-up in der Innenstadt von Palo Alto zu verlassen, fiel ihm nicht leicht. Als Moskovitz und Ezra Callahan Morin einmal auf Apples weitläufigem »Infinite Loop Campus« besuchten, meinten die beiden: »Ziemlich nett hier. Aber eines Tages werden wir größer sein.«

Echt jetzt?, dachte Morin. *Das glaubt ihr doch nicht wirklich!* Morin versuchte, seine Vorgesetzten bei Apple für Facebook zu begeistern. Sein Wunschtraum war, dass Apple ein Betriebssystem für soziale Netzwerke entwickelte. Warum das System rund um Dateien strukturieren und nicht rund um Menschen? Vielleicht könnte Apple als Grundlage dieses neuen Systems Facebook kaufen?

Die Angelegenheit wurde CEO Steve Jobs vorgelegt. *No go!* Jobs war zwar nicht abgeneigt, Firmen zu kaufen, aber warum sollte man sich mit einer Webseite zusammentun, die bloß ein paar Millionen und (damals) noch dazu ausschließlich Studenten bediente, während MySpace fünfzig Millionen User hatte?

Morin blieb trotzdem mit Facebook im Gespräch. An einem Tag im Herbst 2006 besuchte ihn Moskovitz erneut in Cupertino. »Wäre ein Betriebssystem für soziale Netzwerke nicht fantastisch?«, fragte Morin ihn. Moskovitz starrte ihn unverhohlen an. *Genau darüber wurde bei Facebook schon die ganze Zeit geredet!* »Du musst sofort zu Facebook kommen und das realisieren«, entgegnete er Morin.

Steve Jobs hatte gerade seine berühmte Rede vor Stanford-Absolventen gehalten,[1] in der er die Studenten aufforderte, sich *jeden einzelnen Tag* zu vergegenwärtigen, dass der Tod jederzeit kommen könne. Ausgerechnet diese Aussage war es, die Morin den Mut verlieh, sich von dem Unternehmen zu trennen, für das er schon immer hatte arbeiten wollen. Und sich der Firma anzuschließen, die sich anschickte, noch größere Furore zu machen. Bei einer Mitarbeiterveranstaltung sprach er Jobs an und erzählte ihm, am Morgen in den Spiegel geschaut und festgestellt zu haben, dass er zu dem Start-up wechseln müsse, von dem er die ganze Zeit sprach. Jobs stellte eine einzige Frage: *Bieten die dir ein gutes Aktienpaket an?*

Ja, taten sie. Dave Morin besitzt mittlerweile wenigstens 100 Millionen Dollar.

An einem Wochenende sprach der frisch eingestellte Morin mit Zuckerberg. Es war spät am Abend, und die beiden saßen in einem Eckbüro, das Zuckerberg häufig für Vieraugengespräche nutzte. Alles in diesem Zimmer war weiß – weißer Tisch, weiße Wände, weiße Eames-Stühle und fast überall an den Wänden Whiteboards. Die Mitarbeiter nannten das Büro »Cloud Room«. Doch hin und wieder erinnerte der Raum weniger an lichtes Himmelsgebilde, sondern eher an einen Verhörraum.

Zuckerberg erklärte Morin, dass Apple ein innovatives Unternehmen war, Facebook jedoch ein *revolutionäres*. Schlagartig war Morin voller Energie. Zum allerersten Mal hatte er das Gefühl, Zuckerberg und Facebook zu begreifen. *Facebook erschaffte Revolutionen.* Und Morin würde ein Teil dessen sein, indem er später die Plattform entwickelte, die Facebook unter die Top-Tech-Firmen katapultieren würde.

Sie war bereits in Arbeit.

Der erste treue Anhänger der Plattform war ein ITler namens Dave Fetterman, der im Januar 2006 bei Facebook angefangen hatte. Er stammte aus York in Pennsylvania, hatte ein Jahr vor der Veröffentlichung von Thefacebook in Harvard seinen Abschluss gemacht und danach einen Job bei Microsoft angenommen. Er gehörte zu einer Gruppe von fünf Spitzen-Informatikern, alle um die Mitte zwanzig, die in jenem Winter Seattle in Richtung Facebook verlassen hatten und intern als die »Microsoft Five«[2] bekannt wurden. (Andrew Bosworth zählte auch zu ihnen – was hatten sie sich beim Lunch noch über seine Einladung zum Vorstellungsgespräch amüsiert!) Die Neuankömmlinge bezogen gemeinsam ein Haus, das sie »Facebook Frat« tauften, Facebook-Burschenschaft.

Fettermans erste Aufgabe bei Facebook war es gewesen, im Profil-Bereich »Beziehungsstatus« ein paar mehr Auswahlmöglichkeiten einzurichten, zum Beispiel »Es ist kompliziert«. (Eine Formulierung, die Facebook in den darauffolgenden Jahren Tausende Schlagzeilen einbringen sollte.)

Während er in der wachsenden Firma Haken hinter Haken hinter die Aufgaben machte, die man ihm zugeteilt hatte, ging ihm eine Frage nicht aus dem Kopf, die Moskovitz beiläufig bei seinem Einstellungsgespräch gestellt hatte. *Wie würde wohl eine Facebook-eigene Entwickler-Plattform aussehen?* Damit war ein technischer Zugang für externe Software-Entwickler gemeint, die mithilfe der Facebook-Daten Programme für Social Apps entwerfen würden. Dafür müsste als Erstes eine Programmierschnittstelle, ein application programming interface (API), geschrieben werden, eine Art Software-Socket, mit dem die Entwickler ihre Programme verbinden würden, sodass sie auf der Plattform Zugang zu den Daten erhielten.

Fetterman hatte Moskovitz gefragt, ob er das API schreiben dürfe. Moskovitz hatte »Nein« gesagt. Und dieses Nein jedes Mal wiederholt, wenn er danach fragte. Schließlich entschied Fetterman, es einfach zu tun. Er baute das Gateway und programmierte eine Prototyp-App, die dem, was Software-Entwickler möglicherweise schufen, um das API zu nutzen, glich. Der Prototyp trug den Namen »Owen Van Natta's Balloon Store«. Zu sehen war ein Foto des Facebook-COOs, auf dem er von Luftballons umgeben war. Nutzte man das API, füllte sich die App mit den Facebook-Daten der Geburtstage von Van Nattas Freunden.

Fetterman präsentierte seinen Kollegen das Demo. »Wäre es nicht toll«, fragte er, »wenn man, sagen wir, zu Amazon gehen und dort herausfinden könnte, was die Freunde gerade für Bücher lesen? Oder zu jeder anderen Webseite, um herauszufinden, was der Freundeskreis dort so treibt? Das würde sozusagen bedeuten, dass Facebook überall ist!«

Es bedeutete auch, dass die Geburtstags-App von nun an die Geburtstage von Van Nattas Freunden kannte, obwohl diese ihre Einwilligung dazu nicht gegeben hatten und noch nicht einmal von dem Datentransfer wussten. Und es bedeutete, wenn jemand beispielsweise die Amazon-App benutzte, würde der weltgrößte Buchhändler die Lesegewohnheiten der Freunde von jemandem kennen, ohne dass irgendwer etwas davon ahnte.

Ein Problem, das Facebook in der Folge jahrelang zu schaffen machen würde.

Fettermans Vorschlag wurde damals dem sogenannten Brain Trust der Firma vorgestellt. Die Reaktion des Beratergremiums um Zuckerberg fiel beinahe einhellig aus: *Warum sollten wir unser Netzwerk preisgeben?* Fetterman erinnert sich, dass damals nur eine Person meinte, die Sache sei es wert, weiterverfolgt zu werden.

»Ich finde, wir sollten uns das näher ansehen«, erklärte Mark Zuckerberg.

Im darauffolgenden Sommer veröffentlichte Facebook Fettermans API. Es war ein Flop. »Wir sagten: *Hey, kommt schon, kommt alle, benutzt die Facebook-Plattform, um interessante Sachen zu machen*«, sagt Fetterman. »Aber niemand nahm das wahr.«

Es stellte sich heraus, dass es nicht reichte, einfach nur ein API zu veröffentlichen. Einerseits musste ein Weg gefunden werden, wie die User davon Kenntnis bekamen, dass irgendeine andere Social App das API benutzte; andererseits musste man dafür sorgen, dass die jeweiligen Freunde die App ebenfalls akzeptierten. Ein Problem der Weiterverbreitung. Tatsächlich befand sich Facebook inmitten des Prozesses, eine der effektivsten Möglichkeiten zu schaffen, die Daten der Freunde aller User zu streuen – den Newsfeed. Warum den Newsfeed nicht nutzen, um die User zu Apps zu locken, die auf der neuen Plattform zu finden waren?

Facebook und Zuckerberg verfolgten das Konzept gespannt weiter. Hatte man Morin nicht genau deswegen angeheuert? Um die Developer Relations, die Beziehungen zu externen Entwicklern, voranzutreiben? Facebooks Chief Technical Officer (CTO) Adam D'Angelo (nach erfolgreichem Abschluss der Caltech endlich Vollzeit an Bord) hatte die Leitung des IT-Teams der Plattform inne, mit Fetterman als leitendem Programmierer. Nach endlos langen Whiteboard-Beratungen wurde aus Fettermans ursprünglichem Einfall eines schlichten API ein weitaus breiter angelegtes Unterfangen, sodass die Apps auf keiner anderen Website als bei Facebook erscheinen würden: auf Unterseiten, die »canvases« (später auch »Canvas-Ad«) genannt wurden. Die User würden im Newsfeed davon erfahren.

»Wir sagten, hier ist ein Platz innerhalb der vertrauten blau-weißen Grenzen, wo du alles, was dir deine Träume eingeben, realisieren kannst«, erklärt Fetterman.

Der Unterschied zwischen Plan A (Fettermans ursprüngliches API) und dem neuen Plan B bestand darin, dass Letzterer Facebook nicht bloß allein als Plattform, sondern als Betriebssystem in Stellung brachte. Der Gipfel der Silicon-Valley-Wertepyramide. Wer ein Betriebssystem besaß, besaß ein Monopol. Das erfolgreichste Betriebssystem der vorherigen Ära war Microsoft Windows, von dem ein Gericht offiziell urteilte, es stelle ein *bedeutendes* Monopol dar. Während viele Geschäftsführer im Silicon Valley Microsoft als »Darth Vader der Branche« betrachteten, bewunderte Zuckerberg Bill Gates' Unternehmen. Weil die Mehrzahl der PCs mit dem Microsoft-System lief, galt es als unschlagbar. Um diesen Kundenkreis zu erreichen, mussten Software-Programmierer ihre Programme in Windows schreiben. Zuckerberg stellte sich Facebook als das Äquivalent auf der Ebene der sozialen Netzwerke vor. Genauso wie Microsoft die Desktop-Welt beherrschte, würde Facebook die Social World beherrschen.

Ein Betriebssystem für soziale Netzwerke aufzubauen kann sich als eine überwältigend komplexe Aufgabe gestalten. Nehmen wir zum Beispiel eine Foto-App. Jedes Foto war potenziell mit Datenschutzauflagen versehen. Um die Zusicherung an die User einzuhalten, dass sie die Kontrolle über ihre Informationen behielten, musste Facebook bei jedem einzelnen Schritt Einschränkungen beachten: *War dieses bestimmte Bild für jedermann verfügbar oder bloß für Freunde?*

Doch nun versprach Facebook externen Anbietern, ihre eigenen Foto-Apps oder irgendetwas anderes entwickeln und auf die gleiche Informationsfülle zurückgreifen zu können wie Facebook bei ihren firmeneigenen Apps. Das machte unter anderem den Reiz für die Entwickler aus. Aber konnte man den Externen die Daten anvertrauen?

Max Levchin, ein ehemaliger leitender Angestellter von PayPal, der eine Firma namens *Slide* gegründet hatte, war der Ansicht, dass solch ein Datenaustausch das Kernstück des Facebook-eigenen Betriebssystems bilden würde. Er wirkte auf D'Angelo ein, den Entwicklern maximal viele Daten zur Verfügung zu stellen. Damit trat ein Datenschutzproblem zutage. Schon der Begriff Social App bedeutet, dass die Entwickler nicht nur private Daten des Users erhalten, sondern auch Einzelheiten zu den Leuten, mit denen der User verbunden ist. Denn die Nutzer würden faktisch ihr digitales soziales Netzwerk exportieren, doch zwangsläufig gehörten einige der Daten anderen Menschen. Diese »Freunde« des Users, der sich tatsächlich bei der

App angemeldet hatte, wussten aber vermutlich nichts von dem Transfer ihrer Daten. Sollten sie die Gelegenheit erhalten, den Austausch zu prüfen?

Darüber hinaus war es denkbar, dass die User einige private Daten gesperrt hatten. Wie würde Facebook die Kontrolle der Nutzer aufrechterhalten wollen, wenn Entwickler Zugang zu all den Daten erhielten? Um es mit jenem Satz zu sagen, den Fetterman bei Facebook erstmals eingeführt hatte: *Es ist kompliziert.*

Zuckerberg war bewusst, dass er das Vertrauen seiner Kunden honorieren musste. Aber er glaubte auch, dass die neuen Social Apps das Risiko durchsickernder Daten wert waren. »Wir überlegten oft, welche Daten wir mit anderen teilen sollten«, sagt ein damaliger leitender Angestellter von Facebook. »Von Marks Seite kam eine starke Ansage, so nach dem Motto: *Wir müssen in der Lage sein, das hinzukriegen, damit andere Entwickler genauso gute Dinge bauen können wie Facebook.* Zu der Zeit war Facebook bloß eine kleine Firma, also musste man den Entwicklern die Daten zugänglich machen, um die Plattform attraktiv zu machen.«

Facebook unternahm Schritte, damit ein Durchsickern der Daten verhindert wurde. Hauptsächlich bestand man darauf, dass die Entwickler bestimmte Daten in temporären Caches sicherten, statt sie herunterzuladen und dauerhaft zu speichern. Außerdem gaben die Entwickler Facebook die Zusage, die Daten nicht an Dritte weiterzuverkaufen oder zu veröffentlichen. Das wäre der absolute Super-GAU.

Letztlich fußten die Schutzmaßnahmen auf einer optimistischen Auffassung hinsichtlich des Handelns von Entwicklern. Heute geben die einstigen leitenden Angestellten von Facebook zu, dass der Schutz teils verhältnismäßig schwach war, weil der Datenbestand, über den Facebook 2007 verfügte, nicht derart kritisch betrachtet wurde wie in späteren Zeiten. Der Einsatz damals war geringer, und es galten andere Maßstäbe. In dieser Phase drängte die Tech-Community Facebook, die Daten nicht zu verschließen, sondern eher zu öffnen. Facebook-Kritiker meinten, es handelte sich um einen »walled garden«, einen Garten mit Mauern drum herum. Dieser Begriff wurde verwendet, wenn der Betreiber einer Internetadresse im Besitz aller Dienstleistungen und Features war, die die Webseite bot. Diese digitalen »Company Towns« liefen dem eigentlich demokratischen Ethos des Internets zuwider. Sie erstickten Innovationen. Die Mauern um den eigenen Garten einzureißen hieß damals, das freie Internet zu unterstützen.

Das nächste bedeutende Projekt nach Open Reg und Newsfeed würde also die Plattform sein. Sie würde Facebooks Status als dominierendes Unternehmen in der Welt der sozialen Netzwerke festigen. Sie würde Facebook einen gewaltigen Vorsprung gegenüber der Konkurrenz verschaffen. (Und helfen, MySpace zu überholen, die bereits Apps von Fremdanbietern hosteten.) Sie würde Entwicklern von beliebten Apps Millionenumsätze verschaffen. Anderen zu erlauben, die Accounts von Millionen von Usern zu nutzen, würde aus Facebook praktisch den weltweiten Vermittler von Online-Identitäten machen. Und der Zustrom von neuen Usern sowie die steigende Aufenthaltsdauer bei Facebook würde die gewünschten Umsätze einfahren.

Vieles davon traf ein, anderes nicht. Die Plattform hinterließ nämlich auch enttäuschte Entwickler, verärgerte Nutzer und führte schlussendlich zur schlimmsten Katastrophe der Firmengeschichte.

Bei der eiligen Einführung der Plattform herrschte mehr Druck als der bei Facebookern gewohnte Vorwärts-Imperativ. In jenem Januar hatte Apple-CEO Steve Jobs zum Erstaunen und unter dem Beifall aller das iPhone vorgestellt. Die Ankündigung allein hatte Ekstase ausgelöst, und die Leute machten sich für den Juni eine Notiz im Kalender, denn dann würde das iPhone tatsächlich zu kaufen sein. Theoretisch würde das iPhone keine Konkurrenz für Facebooks Plattform darstellen. Steve Jobs hatte der Kritik daran, dass Apple ablehnte, Software-Entwicklern zu erlauben, ihre Apps direkt in Apples Betriebssystem zu schreiben, eine Abfuhr erteilt. Auf gar keinen Fall wollte Apple etwas mit sozialen Netzwerken zu tun haben.

Aber Facebook beäugte angespannt Jobs' Absicht, das iPhone vor externen Software-Entwicklern zu schützen. In seiner Zeit bei Apple hatte Dave Morin miterlebt, wie die Firma mit einem strikt fokussierten Produkt auf den Markt gegangen war, das später immer wieder neue Kraft entwickeln würde und so die Konkurrenz mit einem Verzögerungsschlag erwischte: Der iPod war bereits zwei Jahre vor dem iTunes Store erschienen. Wer wusste schon, was sich im Nachgang des iPhones entwickelte?

Also setzte sich Facebook das ehrgeizige Ziel, am 24. Mai die Plattform zu enthüllen und bereitzustellen. Man mietete dafür das San Francisco Design Center im South-of-Market-Viertel an. In der Location war Platz für rund eintausend Gäste, die nun erstmals zu einem Event geladen waren, das sich künftig als »Developers Conference« etablieren würde. Die Veranstaltung erhielt den Namen »F8«, ein Verweis auf die häufigen nächtlichen Hackathons, bei denen acht oder mehr Stunden ins Blaue losprogrammiert wurde. Vielleicht Zufall, dass der Name zudem an das englische Wort »fate«, also Schicksal, erinnerte und sozusagen Facebooks unausweichlich bevorstehende Dominanz andeutete. Vielleicht auch kein Zufall.

In den Wochen vor der Vorstellung gewährte Facebook einer ausgewählten Gruppe von externen Entwicklern einen Vorabblick auf die Plattform, damit sie ihre Apps zum Launch fertigstellen konnten. Einige der Entwickler hatten zuvor nur Widgets, kleine Apps, für den Einsatz auf MySpace gebaut. Andere arbeiteten für bekannte Software-Companys. Morin hatte erfahren, dass Amazon an einem digitalen Gerät arbeitete, auf dem man Bücher lesen konnte und das *Kindle* genannt werden sollte. Er versuchte, Amazon zu überzeugen, mit Facebook zu kooperieren, um daraus eine Social App zu machen, hatte aber bei seinen Bemühungen kein Glück. Als Trostpreis stimmte Amazon immerhin zu, eine App namens *Book Reviews* zu veröffentlichen, mit der Facebook-User ihre Meinung zu bestimmten Büchern austauschen könnten. Da Amazon aber kein Interesse daran hatte, die App zu schreiben, nahmen sich Fetterman und Sittig der Sache an.

Microsoft und die *Washington Post* gehörten ebenfalls zu den Launch-Partnern. Aber Facebooks Lieblings-App der ersten Stunde war eine Kooperation zweier alter Freunde: Joe Green, der seit den Kirkland-House-Zeiten mit Zuckerberg befreundet war, und Sean Parker. Die beiden tüftelten an einer Webseite herum, mit der Aktivisten (etwa Bürgerrechtler oder NGOs) soziale Netzwerke zur Unterstützung nutzen konnten. Als Morin die beiden fragte, ob sie sich eine App-Version ihrer Seite für die Plattform vorstellen könnten, sah Parker darin eine Gelegenheit, die App dermaßen eng mit Facebook zu verweben, dass die User sie für einen Bestandteil von Facebook selbst halten würden. »Es sollte sich wie ein Feature von Facebook anfühlen«, sagt er. Die App erhielt den Decknamen »Project Agape«, erschien aber schließlich unter dem Namen *Causes*, weil Parker damit auch auf andere öffentliche Aktivitäten bei Facebook abzielen wollte, beispielsweise auf Gruppen oder Veranstaltungen.

Das Team von Causes verwarf am Ende den Plan einer Webseite und entschied, direkt bei Facebook zu operieren. Zuckerberg gefiel die App so sehr, dass er anbot, sie für den Wert von 1 Prozent an Facebook zu kaufen. »Ich dachte: *okay!* Aber Sean wollte nicht verkaufen – er besaß schon eine Menge Facebook-Aktien«, sagt Green.

Die Plattform sollte Facebooks symbolischen Aufstieg an die Spitze der Tech-Nahrungskette symbolisieren, ein Zeichen, dass es die vermeintlichen Nieten, die in Mark Zuckerbergs Studentenbude rumgehangen hatten, vom *Harvard Crimson* auf die Big-Boy-Wirtschaftsseiten geschafft hatten. Siebzig Entwickler waren mit ihren Apps bereit für den großen Launch. Sie würden Teil eines Spektakels sein, das den Blick der Welt auf Facebook verändern würde.

Beim Brainstorming für den großen Event in San Francisco schwebte Morin ein einziges Vorbild vor: Steve Jobs' gefeierte Apple-Keynotes. Für die Grafiken, die während Marks Rede gezeigt werden sollten, wurde Ryan Spratt engagiert, der zuvor so viel an den Slides für Jobs' Präsentation gearbeitet hatte, dass Apple ihm irgendwann ein eigenes Büro einrichtete. Um die zu vermittelnde Botschaft in knackige Begriffe zu kleiden, wurde *Stone Yamashita Partners* engagiert, ein Beratungsunternehmen mit umfangreicher Apple-Erfahrung.

Zu diesen zweifelsohne wichtigen Bausteinen kam aber noch etwas anderes – etwas, das Mark Zuckerberg noch nie getan hatte: eine Grundsatzrede bei einem schillernden öffentlichen Event zu halten.

Natürlich konnte von Zuckerberg nicht die gleiche wortgewandte Eleganz erwartet werden wie von Steve Jobs. »Mittlerweile ist er ein unglaublich guter Redner, aber zu der Zeit hatte er noch einiges zu lernen«, sagt Morin, vielleicht etwas zu freundlich in seiner Beurteilung der Gegenwart. Der Stress, eine Rede zu halten, löste bei Zuckerberg Schweißausbrüche aus. In den folgenden Jahren würde er verlangen, dass der Backstage-Bereich bei Veranstaltungen, auf denen er eine Rede halten würde, auf unter 15 Grad heruntergekühlt werden musste. Brandee Barker, eigentlich für Öffentlichkeitsarbeit zuständig, würde dann häufig damit beschäftigt sein, seine Achseln trocken zu föhnen, bevor er auf die Bühne ging.

Im Laufe der konzeptionellen Überlegungen zu seiner Rede eignete sich Zuckerberg etwas von der Sprache an, die seinen Erläuterungen zu Facebooks Mission auch in den kommenden Jahren Würze verleihen würde. Der wichtigste Begriff war etwas, das er »Social Graph« nannte. Obwohl das Konzept der Rede monatelang in nächtlichen Diskussionen immer wieder erörtert wurde – und bisweilen weit und bis zu Adam D'Angelos Buddy Zoo zurückverfolgt wurde –, schien dieser eine Begriff genau das zu verkörpern, was Facebook seinen Usern ermöglichen wollte.

Social Graph bezog sich auf das Geflecht von Verbindungen, die Menschen in der realen Welt unterhielten. Indem man die Verbindungen zu den Leuten beschleunigte, die auf dem jeweiligen Freundes- und Bekanntenkreisradar waren, erschloss Facebook seinen Usern ein Netzwerk, das sie real bereits hatten, und sorgte dafür, dass man auch in dieser virtuellen Konstellation einerseits eng auf Tuchfühlung blieb und andererseits Grenzen zu jenen Menschen zog, die eine, zwei oder drei Stufen entfernter waren.

»Der Social Graph gehört uns nicht«, würde mir Zuckerberg etwas später im selben Jahr extra langsam erklären, damit sogar ein Mainstream-Journalist wie ich eventuell etwas von Netzwerk-Theorie begriff. »Der Social Graph ist diese Sache, die in der Welt existiert und immer schon existiert hat und auch in Zukunft immer existieren wird. Eine Menge Leute findet vielleicht, Facebook ist eine Community-Site, aber wir finden das ganz und gar nicht. Wir bestimmen gar keine Communitys. Alles, was wir tun, ist, diesen sozialen Graphen aus der realen Welt mit real existierenden Menschen und ihren realen Verbindungen zueinander zu übernehmen. Und wir versuchen, eine möglichst exakte Abbildung dessen zu liefern, wie diese Verbindungen ausgestaltet sind.«[3]

War dieses Abbild erst einmal vorhanden, könnten Facebook und all die anderen Firmen, die die Plattform mit ihren Apps nutzten, den Social Graph ausschlachten, um, wie Zuckerberg es formulierte »eine Reihe von Kommunikations-Utilitys einzurichten, die die Leute dabei unterstützen, Informationen mit all den Leuten zu teilen, mit denen sie verbunden sind.«

Unausgesprochen blieb Facebooks Ehrgeiz, das einzige Unternehmen zu sein, das über das vollständige Abbild des jeweiligen sozialen Graphen verfügte. Das war vergleichbar mit einer Firma, deren Suchmaschine *exklusiven* Zugang zum World Wide Web hätte.

Wochenlang probte Zuckerberg immer und immer wieder seine Rede, bis hin zu Gesten und wo genau er auf der Bühne stehen würde. Dabei würde er immer noch authentisch bleiben und den für ihn typischen Hoodie und Jeans tragen. Außerdem unmodische Badelatschen, die er einfach überall trug. In letzter Minute entdeckte er, dass seine Lieblingslatschen von Adidas nicht mehr verkauft wurden, und einer seiner Assistenten musste herumsuchen, bis er noch irgendwo ein neues Paar fand. (Es wurden gleich zehn Paar gekauft, um Zuckerberg einen Vorrat für die Zukunft zu sichern.[4])

Sosehr es Zuckerberg missfiel, eine öffentliche Rede zu halten, so sehr wusste er auch, dass es sein musste. Er würde die Arena betreten, ein Cicero des Software-Universums, und erklären, wie Facebook die nächste bedeutende Plattform erschaffen würde. Die erste Zeile würde den Tonfall der gesamten Rede bestimmen, und am Vorabend probte er noch nach Mitternacht deren Betonung immer und immer wieder:

Today, together, we're starting a movement.

Heute starten wir, gemeinsam, eine Bewegung.

Am 24. Mai 2007 betrat Zuckerberg um 15 Uhr die Bühne. All das Üben zahlte sich aus, ohne lange Pausen oder Angstschweiß überstand er die Rede. Und das Publikum war vom Gesagten beeindruckt. Obwohl sich Facebook schon seit Monaten für die Allgemeinheit geöffnet hatte, herrschte bei der Tech-Elite immer noch der Eindruck vor, dass es sich bloß um eine Seite für Unis handelte. F8 änderte diese Sichtweise für alle Zeiten.[5] Zuckerberg führte zum Beleg eine Reihe von Statistiken an. Facebooks Nutzerbasis von zwanzig Millionen Usern wuchs täglich um etwa 100 000, berichtete er, und die Gruppe der über 25-Jährigen sorgte für das schnellste Wachstum. Facebook war weltweit die Seite mit dem sechstgrößten Traffic. Und bereits die beliebteste Foto-Webseite der Welt.

Im Anschluss an die Veranstaltung war Facebook Gastgeber eines riesigen Hackathons, bei dem Entwickler die ganze Nacht neue Apps für die Plattform programmieren konnten. Facebook hatte diese nächtlichen Programmierpartys nicht erfunden, aber sie passten perfekt zum Firmenethos »Move Fast«. Während die Programmierer Apps für Facebook zusammenschusterten, befanden sich Zuckerberg, D'Angelo und Moskovitz in der Lobby des nahe gelegenen »W Hotels« und vergewisserten sich, dass das System nicht zusammenbrach.

Am Vorabend der Veranstaltung hatten Zuckerberg und Morin am Bühnenrand gehockt und darüber spekuliert, wie viele Entwickler die neue Plattform wohl anziehen würde. Schwer zu beurteilen. Selbst nach dreißig Jahren im Geschäft hatte Apple nur 25 000 Entwickler. Bei Google waren ungefähr 5000 Entwickler für Widgets tätig, die auf der an die User-Bedürfnisse angepassten Homepage *iGoogle* zu finden waren. »Ich erinnere mich, damals gedacht zu haben, wenn es uns gelingt, die Dinge dort in dem gleichen Tempo wachsen zu lassen, wie wir selbst wuchsen, wäre das ziemlich großartig«, sagt Morin. Also lautete sein Ziel: 5000 Entwickler. Er träumte davon, dieses Ziel in einem Jahr zu erreichen.

Es dauerte zwei Tage.

iLike wurde von den Zwillingsbrüdern Hadi und Ali Partovi gegründet; ihre Familie stammte aus dem Iran, die Eltern waren geflohen, als der Schah gestürzt wurde. Beide Brüder besaßen Abschlüsse in Informatik und hatten für Microsoft gearbeitet. Danach stellten sie eine Company auf die Beine, bei der Leute ihre musikalischen Vorlieben mit Freunden teilen und beispielsweise Konzert-Tickets kaufen konnten. iLike gab es rund ein Jahr als Webseite, und auf MySpace lief eine entsprechende App, doch das Ganze setzte sich nicht wirklich durch. Aber dann erfuhren die beiden von der Facebook-Plattform. Hadi Partovi, Direktor von iLike, drängte seinen Bruder Ali (der CEO war), dort mitzumachen. »In der Geschichte des Computerwesens gab es den PC, dann kam Microsoft, dann das Web und jetzt die Facebook-Plattform«[6], erklärte Hadi seinem Bruder.

Kaum vom Launch-Event zurückgekehrt, schien sich der Einsatz für die Brüder bereits gelohnt zu haben. Am ersten Tag meldeten sich 40 000 neue User bei iLike an,[7] womit die bisherige Nutzerzahl pro Tag verdoppelt wurde. Nach ein paar Tagen war man auf 750 000 User gewachsen, und wenig später waren es Millionen. Nicht nur, dass jeder neue User die App downloadete, sie luden auch eine riesige Datenmenge an eigener Musik hoch. »Das hatte gewaltige Auswirkungen auf die Infrastruktur«, sagt Nat Brown, damals Technischer Direktor (CTO) von iLike.

Verzweifelt wandte sich Ali Partovi an Morin, um zu fragen, ob er irgendjemanden in der Bay Area kannte, der zusätzliche Server zur Verfügung stellen konnte. Morin kannte eine Firma in Oakland, also flogen die iLike-Leute dorthin, mieteten am Flughafen einen Umzugswagen und schafften die Server zu einem der Rechenzentren, die auch Facebook nutzte. Morin hatte zudem Server-Cages für weitere Apps organisiert, von denen viele wie eine Rakete abgingen. Einige hatten mehr als eine Million User. Da Facebook zu der Zeit nur um die zwanzig Millionen Nutzer hatte, schienen diese Zahlen jenseits aller Vorstellungen.

Doch warum übertraf die Plattform umgehend selbst die optimistischsten Schätzungen von Facebook? Das Geheimnis des Erfolgs lag im Newsfeed, der sich als kraftvollerer Streuungsmotor erwies, als man selbst bei Facebook angenommen hatte. Etwas weniger als ein Jahr nach seiner Einführung bastelte Facebook immer noch an den Algorithmen herum, die die Rangfolge möglicher Inhalte in den jeweiligen User-Feeds bestimmten. Die App-Entwickler waren Facebook da weit voraus. Um für eine schnelle Weiterverbreitung ihrer Produkte zu sorgen, hatten sie unterschiedliche Methoden ausprobiert, hin und wieder auch heikle, um von den kleinen Sünden der unterschiedlichen Plattformen zu profitieren. Außerdem kannten sie sich gut genug mit menschlichem Verhalten aus, sie wussten, warum die Leute auf manche Dinge klickten und auf andere nicht. Einige Entwickler hatten sich bereits in der geheimnisvollen Kunst des »going viral« auf MySpace und in anderen Netzwerken hervorgetan und wussten einfach, was zu tun war, um das Ganze zum eigenen Vorteil zu nutzen – und zum Nachteil der Facebook-User.

Zwei Unternehmen mit virtuellen schwarzen Gürteln in Viralität waren *Slide* und *RockYou*. Beide hatten riesige Follower-Zahlen auf MySpace erreicht. Doch trotz all der Verbreitung war MySpace zunehmend unglücklich mit seinen Entwicklern – weil sie mit ihren Apps, um schnell zu wachsen, auf die Taktik der »verbrannten Erde« gesetzt hatten und einige nicht gerade von guter Qualität waren. »MySpace verhielt sich damals gegenüber externen Entwicklern unfreundlich«, sagt Lance Tokuda, CEO von RockYou. »Bei einer Besprechung meinte Chris DeWolfe tatsächlich, dass man alle von der Plattform werfen könnte.« Als Dave Morin versprach, den externen Entwicklern den gleichen Zugang zu Facebooks System zu gewähren wie den eigenen ITlern griffen RockYou und Slide sofort zu.

Slide und RockYou spezialisierten sich auf Apps, mit denen man die Zeit totschlagen konnte. Es schien fast so, als würden die beiden Unternehmen miteinander wetteifern, wer das sinnloseste zusätzliche Programm entwickelte. Für ihre erste Plattform machten sie sich nicht einmal die Mühe, etwas Neues vorzustellen, sondern verschönerten bloß Features, die Facebook bereits anbot. Slides beliebteste App hieß *SuperPoke!*, eine machtvolle Erweiterung von Facebooks dümmstem Feature. Max Levchin, damals CEO von Slide, hatte die kleine Firma, die die App ursprünglich entwickelt hatte, gekauft und ließ sie nun auf Facebooks Ökosystem los, wie kampflustige asiatische Karpfen in amerikanische Gewässer. Levchins Theorie lautete, dass die Facebook-User vom »Poken« gelangweilt waren und sich nach albereren Möglichkeiten, einen Freund »anzustupsen«, sehnten. SuperPoke! »warf mit Schafen« und wurde zu einer Metapher für die Geistlosigkeit von Facebook-Apps. (Levchin verteidigt SuperPoke! trotzdem immer noch, weil damit »Schwung und Elan« in die Kommunikation auf Facebook kam. Man könnte auch sagen, dass diese fliegenden Schafe Vorläufer der Emojis waren, die ein Jahrzehnt später Einzug hielten.)

RockYou besaß mit *Hug You* seine eigene »Poke«-Version. »Umarmen war unsere beliebteste Funktion«, sagt Tokuda. »Man konnte auch jemanden anlächeln oder mit jemandem tanzen – alles, was den Usern Spaß machte.« Beide Unternehmen warfen sich stets gegenseitig vor, vom anderen abgezockt zu werden.

Die für RockYou typischste App war allerdings *Super Wall,* die den Nutzern ermöglichte, die Facebook-Pinnwand ihres Profils durch eine knalligere Version zu ersetzen, bei der auch Videos und Ähnliches hochgeladen werden konnten. Da Super Wall nur funktionierte, wenn die jeweiligen Freunde die App auch benutzten, bestand Rock-Yous Verbreitungsstrategie darin, auf jede erdenkliche Weise die Pinnwände und Newsfeeds mit Einladungen zu überschwemmen. »Wir erhielten die Aufstellung der Freunde-IDs«, sagt Tokuda. »Und damit konnten wir dafür sorgen, dass weitere Freunde eingeladen wurden, die wiederum ihre Freunde einluden, bei Super Wall mitzumachen und Content zu teilen; wir waren bei Super Wall darauf angewiesen, dass alle miteinander verbunden waren.«

»Das entwickelte sich wie im Wilden Westen«, sagt Levchin hinsichtlich der Jagd auf neue User. »Die Firmen befanden sich immer im Wettstreit untereinander, wer den meisten Krach machte und wer die Nutzer dazu bringen konnte, die meisten Informationen zu teilen.« Er gesteht, dass Slide ein Übeltäter war, der bewusst virale Loops einsetzte, um User aufzusaugen.

Eine weitere Company sorgte mit ihrer Entertainment-App namens *Flixster* für gewaltige Datenbewegung. Vordergründig zur Unterhaltung von Filmfans entwickelt, fand man dort Quiz, mit denen man sein Kinowissen unter Beweis stellen konnte. Aber das war nur ein Trick, um möglichst viel Traffic zu generieren. »Es war praktisch ein viraler Motor, um Kids dazu zu bringen, Quizfragen zu erstellen und ihre Freunde damit zuzuspamen«, sagt Brad Selby, leitender Produktmanager bei Flixster. »Und das funktionierte sehr gut.«

Und dann kamen die Games auf, die hinsichtlich der Beeinträchtigung des Newsfeeds in einer ganz eigenen Klasse spielten.

Mark Pincus war der Erste, der einen Riecher für die Möglichkeiten der Social Games entwickelte. Er gehörte neben Reid Hoffman zum Kreis der Business Angels, die in Facebook investiert hatten – was, um es mit seinen Worten zu sagen, einem Sechser im Lotto glich. Ende 2006 gab ihm Matt Cohler den Tipp, dass Facebook eine Plattform launchen werde und auf der Suche nach Existenzgründern war, die dort ihre Apps veröffentlichen könnten. *Wir wollen kein Geld von dir,* hatte er Pincus erklärt, *überleg dir einfach coole Sachen, und wir werden das dann unserem Traffic aussetzen.*

Pincus hatte bereits analysiert, dass Spiele das fehlende Puzzleteil auf Facebook waren. Schon bei tribe.net, seinem eigenen, gescheiterten sozialen Netzwerk, hatte er so etwas immer gewollt. Jetzt bekam er die Gelegenheit, dies nachzuholen, und nannte sein Unternehmen *Zynga.*[8] »Games«, sagt er, »waren genau das Richtige, um mitten in diese Cocktailparty zu platzen.« Speziell Poker. Was sonst wäre gesellschaftlich verbindender? »Bei einem Pokerspiel denken die Leute gleich an Vegas oder so – und Geld zieht immer«, sagt er. »Man kann sich beim Zocken online mit Freunden treffen, man kann andere Leute kennenlernen.«

Pincus hatte schon einmal versucht, Online-Poker im Web zu entwickeln, aber technisch hatte das nicht sonderlich gut geklappt. Das Ganze nun bei Facebook aufzubauen würde eine Reihe von Problemen lösen: Man würde wissen, gegen wen man spielt (weil Facebook reale Identitäten nutzte), und man konnte mit den eigenen Freunden spielen.

Pincus traf sich regelmäßig mit Zuckerberg, mindestens einmal im Monat, Mittagessen oder Dinner. Nur die beiden. Sie wurden Freunde, und Pincus war beispielsweise auch eingeladen, wenn Zuckerberg eine Party zum Geburtstag schmiss. »Ich war der einzige Nicht-Harvard-, Nicht-Facebook-Typ da«, sagt er. Pincus bewunderte, wie dieser junge Mann unablässig Wissen in sich aufsog. Er war eine Lernmaschine. Als Pokerspieler respektierte er Zuckerbergs Geschick, sich nicht in die virtuellen Karten schauen zu lassen. Er verließ den Spieltisch immer als Gewinner. Aber wenn er seine eigenen Interessen nicht bedroht sah, zeigte er sich großzügig mit Rat und Tat. »Wie beim Poker wurde Mark die ganze Zeit von einer Menge Leuten herausgefordert, aber er besaß ein gutes Urteilsvermögen, um sich aus dem herauszuhalten, was andere ihm als hilfreich verkaufen wollten«, erklärt Pincus. »Wenn er sagte, *okay, die Idee gefällt mir,* wusste man, dass er das auch so meinte und voraussichtlich etwas damit anfangen würde.«

Pincus ahnte, dass Zuckerberg Spiele auf seiner Plattform nicht gerade für ideal hielt. »Bei Facebook setzte man auf Causes, das entsprach ihrer Vision«, sagt Pincus. »Man glaubte dort, damit die besten Seiten der Anwendung zum Vorschein bringen zu können.« Aber obwohl Causes tatsächlich eine Menge Leute dazu animierte, wichtige soziale Bewegungen und Aktivisten zu unterstützen, nahm die App nicht so viel Geld ein, wie es unsinnige Programme oder Spiele tun würden, die bei dem wenigen Platz, der ihnen bei Facebook zur Verfügung stand, auch noch Werbung zeigten. Die Investoren von Causes, zu denen auch Bill Gates gehörte, verloren letztendlich ihr Geld.

Zynga jedoch wurde ein boomendes Geschäft. *Hold'Em Poker* entwickelte sich umgehend zum Erfolg, dem ersten von vielen. Die User erhielten Einladungen zum Spiel und Benachrichtigungen, wenn Freunde Platz am virtuellen Pokertisch nahmen. Ein weiteres wahnsinnig beliebtes Spiel war die Online-Version von »Scrabble«; sie wurde jedoch schnell wieder entfernt, als der Marken-Inhaber *Hasbro* mit juristischen Schritten drohte. Pincus half mit seiner eigenen Version aus: *Words with Friends.*

Und dann kam Zynga mit einem Social-Game-Original heraus, das *Farmville* hieß. Um ihren eigenen virtuellen Bauernhof zu errichten, benötigten die User Vieh, Nutzpflanzen und Geräte, und in der Folge wurde der Newsfeed von Einladungen und mit jedem neuen Huhn und Traktor von Zustandsberichten der jeweiligen Farm überschwemmt. Der Inbegriff von Zeitverschwendung. Aber eine gigantische Gelddruckmaschine. Neben Werbeeinnahmen fuhr Farmville die Ernte aus dem Verkauf virtueller Warengüter ein. Die Nutzer waren wie besessen davon, ihre Farmen weiter zu erschließen, und beschleunigten den Prozess, indem sie Fantasie-Gerätschaften, Saatgut und Bäume kauften.[9]

Farmville ging auch im Bereich der Verbreitung an die Grenzen. Das Erste, was man bei diesem Spiel tun musste, war, »Geschenke« an seine Freunde zu verteilen, um sie ebenfalls in den Treibsand dieser virtuellen Agrikultur zu locken. Von den Geschenken erfuhr man, natürlich, im Newsfeed. Auf dem Höhepunkt von Farmville schickten sich achtzig Millionen User an, virtuelle Bauern zu werden. *Achtzig Millionen.*

Weil Hunderte – Tausende – Entwickler Facebooks API anzapften, um den Content ihrer Apps zu verbreiten, wurde der Newsfeed mit Junk-Posts verstopft, ein Tsunami, der den normalen Betrieb überrollte. Darüber hinaus wurden die User mit Benachrichtigungen bombardiert, die die Entwickler ebenfalls nutzen konnten, um »Neuigkeiten« rund um ihre Apps zu streuen.

Zur gleichen Zeit, als Facebook den Start seiner Plattform feierte, war man also nicht ohne Grund beunruhigt, dass Fehlverhalten das System schädigen könnte. »Wir hatten Venture-Capital-Leute und Existenzgründer an Bord, wir machten Entwickler-Events, und plötzlich wurden wir wie von einer Welle überrollt. All diese Dinge wirkten sich auf das Nutzererlebnis aus, und es war spammy«, sagt Dave Morin. »Ich glaube, der Begriff spammy war das Trendwort des Jahres auf der ganzen Welt.«

Facebook konnte dem Durchschnitts-User jederzeit ungefähr 1500 mögliche Inhalte zeigen, einschließlich der Aktivitäten von Freunden. Der Algorithmus zur Klassifizierung des Dargestellten versuchte, das Ganze auf etwa einhundert Inhalte einzugrenzen. Im Verlauf eines zeitlich durchschnittlichen Besuchs auf der Seite bekamen die User vermutlich nur das obere halbe Dutzend des Gesamtaufkommens zu sehen. Doch auch so erfuhren sie eher nicht, was bei Freunden so los war oder wer in einer neuen Beziehung steckte oder Schluss gemacht hatte. Sie konnten keine Fotos von coolen Partys anschauen, sondern mussten sich durch jede Menge Posts scrollen, wo jemand ein Schaf nach ihnen warf oder sie die Information erhielten, dass jemand in einem blöden Quiz viele Punkte eingefahren hatte oder sie zu irgendeinem unsinnigen Spiel einlud.

»Wenn man einen Freund dazu bringen kann, zehn Freunde zu belästigen, um einen einzigen neuen User deiner App zu bekommen,

bist du sehr glücklich, weil du einen neuen User hast«, sagt Josh Elman, der 2008 zum Team der Plattform stieß. »Dennoch hatte Facebook auf einmal mit neun Leuten zu tun, die sich gerade belästigt
fühlten.«
Definitiv nicht die Art von Revolution, die Facebook im Sinn hatte.

Facebook nahm eine Kursänderung vor und grenzte den Zugang der
App-Entwickler zum Newsfeed ein. »Die Zahl der Entwickler und die
Menge von Zeug wie zum Beispiel Spam, mit der wir uns herum-
schlagen mussten, wuchs in einer Geschwindigkeit, auf die wir nicht
vorbereitet waren«, sagt Adam D'Angelo. »Also blieb uns nichts ande-
res übrig, als überall hart durchzugreifen.«
Selbstverständlich hassten die Entwickler die neuen Vorschriften.
Max Levchin von Slide hielt die Plattform im Nachhinein für ein
Lockangebot: Facebook hatte die Entwickler doch aufgefordert, die
Nutzerbindung in ihre Strategie aufzunehmen. »Sie meinten zuerst,
macht mal«, erinnert er sich und merkt an, dass Facebook selbst die
Nutzerbindung als Bestandteil der firmeneigenen Metrik nutzte und
dass all die Aktivitäten, die von Slide ausgingen, Facebooks Geschäft
gestärkt hatten. »Was für den einen User Spam ist, ist für den anderen
gute Unterhaltung«, sagt er.
Aber diejenigen, die die neuen Beschränkungen am vehementes-
ten ablehnten, waren letztlich gar nicht diejenigen, die den Newsfeed
schamlos fluteten, sondern die Entwickler, die sich an die Regeln hielten. Sie hatten den Eindruck, dass sie für das Fehlverhalten anderer
bestraft würden. Joe Green von Causes forderte gegenüber Morin:
»Ihr müsst die Übeltäter bestrafen«. Doch das würde bedeuten, dass
Facebook das Verhalten der Entwickler auch konkret bewerten müsste. Das entsprach aber nicht Facebook. Die Firma befand sich an einem Punkt, wo ausschließlich Algorithmen oder kämpfendes Heer
eine Entscheidung von solcher Tragweite treffen konnte, aber Fuß-
truppen wollte man nicht anheuern. »Facebook hatte keine Lust,
Menschen zu beaufsichtigen – man wollte alles [automatisiert]«, sagt
Green. (Es würde noch lange dauern, bis man bei Facebook die Grenzen von Algorithmen erkannte und die Notwendigkeit von Armeen.)

Die Änderung der Vorschriften dämpfte die Begeisterung vieler Entwickler, die auf das Versprechen vertraut hatten, die Plattform werde den nächsten Goldrausch im Silicon Valley auslösen. Tausende von Existenzgründern hatten aufgrund der Annahme, dass Facebooks Plattform wie das Web voller vitaler Social Activity sein würde, Start-ups aufgezogen. Nun aber war die Sache nicht mehr so klar.

iLike gehörte zu jenen, die von dem Durchgreifen hart getroffen wurden. Ihre App war die beliebteste bei Facebook; CEO Partovi erzählte der *New York Times* einmal von seiner Vorstellung, sie würde »das nächste MTV« werden. Und Nat Brown, damals Technischer Leiter, sagt: »Obwohl die App den Newsfeed nutzte, um die Freunde eines bestimmten Users darüber zu informieren, dass er oder sie bei einem Quiz gut gepunktet hatte, haben wir uns nicht wie andere Apps irgendetwas ausgedacht, um in den Newsfeed zu gelangen. Weil wir uns, anders als die anderen, respektvoller benahmen, hatten wir auf einmal das Gefühl, benachteiligt zu werden. Wir hatten diesen tollen Raum für wirklich musikbegeisterte User geschaffen, aber dann hieß es plötzlich, alle Apps sind übel, weil RockYou nicht aufhört, die Freunde hundertmal in der Stunde zuzuspammen.« Der eingeschränkte Zugang zu den Benachrichtigungen und dem Newsfeed – Facebook verwendete dafür das Label »deprecated«, das eigentlich veraltete Software markierte – führte dazu, dass iLike zunächst langsam schlappmachte. Und danach immer schneller.

»Es bestand keine Chance, unsere auf die eigens für Facebook geschaffene App basierenden Geschäfte aufrechtzuerhalten, und so wurde nach und nach klar, dass unsere App sehr kurzlebig war«,[10] würde Ali Partovi später bei einer eidesstattlichen Aussage erklären. Das Unternehmen iLike, das einst zig Millionen Facebook-User angezogen hatte, wurde notgedrungen zum echten Schnäppchenpreis von zwanzig Millionen Dollar an MySpace verkauft.

»Facebook ist eine Art Kriegsschiff«, sagt Nat Brown. »Es zeigte sich, dass iLike nicht zur Raketenausrüstung gehörte. Wir waren der Treibstoff des Schiffs.«

Die Spam-Kriege im Newsfeed waren nur der Anfang des Hickhacks zwischen Facebook und seinen Entwicklern. Wenn Facebook die Bestimmungen änderte, setzten die Entwickler alles daran herauszufinden, wie man sie umging. Sie tauschten sich untereinander über Mittel und Methoden aus. Wenn ein besonders grenzwertiges Feature getestet wurde, achteten sie darauf, dass es niemand zu Gesicht bekam, der bei Facebook angestellt war, oder gewöhnten sich an, sogar Geo-Tagging zu verwenden, um jeden in der Bay Area auszuschließen. »Sie spielten ein wenig Katz und Maus mit uns, und oft hatte ich das Gefühl, dass uns die Maus abgehängt hatte«, sagt Facebooks Josh Elman.

Ein weitaus ernstzunehmenderer Grad von Fehlverhalten wurde offensichtlich, als einige Entwickler Platz auf ihren Seiten an qualitativ minderwertige Werbe-Netzwerke verkauften. Premium-Werbekunden waren für gewöhnlich nicht an den nervtötenden Apps auf Facebook interessiert. Die von den Apps angezogenen Werbekunden hingegen beteiligten sich an einer besonders zweifelhaften Praxis zur Kundengewinnung. Sie wandten betrügerische Tricks an, um an das Geld oder die Daten von Menschen zu gelangen. Ein Beispiel dafür ist das Werbe-Ködern: Einmal geklickt, installiert sich sofort ein Browser, der fortan heimlich jegliches Internetverhalten des Users ausspäht. Um so etwas wieder loszuwerden, braucht man einen Abschluss in Informatik.

2009 enthüllte das Online-Nachrichtenportal *TechCrunch* diese Machenschaften und beschrieb, wie die Kundengewinnungs-Werber Facebook-Nutzer missbrauchten, die auf Angebote für minderwertiges Zeug wie Spielgeld, Einführungsangebote für irgendwelche Dienstleistungen oder andere Nebensächlichkeiten hereinfielen. In dem Artikel wurde gespottet, dass die Facebook-Plattform »Scamville« getauft werden sollte. Der Autor des Berichts und Co-Gründer von *TechCrunch,* Michael Arrington, schilderte einen besonders üblen Scam, also einen Trick, bei dem die User aufgefordert wurden, ihre Handynummer anzugeben, um ein Quizergebnis zu erfahren. Daraufhin kam eine Textnachricht mit einem Pin-Code, den man eingeben sollte, um an die Auswertung zu gelangen. Die User ahnten nicht, dass sie damit den Auftrag für eine Serviceleistung erteilt hatten, die ihnen monatlich mit 10 Dollar berechnet wurde. Arrington merkte an, zwar gebe es bei Facebook Richtlinien gegen diese Art des Missbrauchs, »diese Vorschriften [würden aber] üblicherweise von den Entwicklern ignoriert und vonseiten Facebooks kaum durchgesetzt«. (Der Autor bezeichnete MySpace als ähnlich missbräuchlich.)[11]

Die Produkte von Zynga gehörten zum Kreis der Anbieter irreführender Werbung, aber Pincus sagt, das sei nicht seine Schuld gewesen. »Schließlich waren es ja nicht *wir,* die diese Werbeform installiert haben«, erklärt er und fügt hinzu, dass diese Art von Werbung automatisiert war. »Wir kontrollierten nicht, was die [Werbetreibenden] einbauten. Wir bekamen Geld, wenn sich unsere User irgendwie damit befassten.« Außerdem, meint er, tauchten die gleichen Werbeformen regelmäßig bei Google auf. »Wir wurden aber zu einem höheren Standard angehalten.«

Doch Pincus war in der Sache auch nicht gerade hilfreich, als er vor einer kleinen Gruppe von Tech-Gründern in Berkeley sprach. »Ich wollte mein Schicksal selbst kontrollieren, also brauchte ich Umsatz, sofort, und zwar fucking sofort«, erzählte er den jungen Informatikern. »Also habe ich jede fürchterliche Sache bei Facebook durchgezogen, bloß um sofort an Erlöse zu kommen. Ich meine, wir haben unseren Usern Poker-Chips gegeben, wenn sie diese *Zwinky Toolbar* herunterluden … Ich habe das Ding auch mal runtergeladen und konnte es nachher nicht mehr loswerden. Wir haben einfach *alles* unternommen, um Umsatz zu generieren, damit wir wachsen und ein echtes Business werden konnten.«[12]

Heute sagt Pincus, er habe damals übertrieben, im Gespräch mit dem Grüppchen angehender Gründer bei ein paar Drinks den Mund zu voll genommen. Aber warum korrigierte er seine Aussage dann nicht? Weil er, wie er sagt, nicht wollte, dass irgendjemand erfuhr, wie er *tatsächlich* sein Geld verdiente. »Mein Kundenkreis bestand vor allem aus Frauen mittleren Alters aus Indiana, die aufhörten, irgendwelche Seifenopern im Fernsehen zu schauen, um Farmville zu spielen. Manche von ihnen gaben große Mengen Geld bei uns aus, Tausende von Dollar monatlich. Ich wollte nicht, dass diese Geschichte größere Kreise zog.«

Auch wenn Pincus eine scheinbar endlos funktionierende Geld-druckmaschine entdeckt hatte, war er in einem seltsamen Hin und Her zwischen seiner Firma und Facebook gefangen. Als die Plattform die Spam-Streuung zurückschraubte, wurde der Zugang zu Facebook für Zynga zur Existenzfrage. Facebooks Lösung: Kauft Werbung bei uns. Pincus blechte und wurde zu einem von Facebooks größtem Werbekunden. Ohne dauer-haften Zugang zum Newsfeed wurde die Werbung zu seiner Haupt-pipeline am »linken Rand«, dem Platz auf dem Bildschirm neben dem Newsfeed. Zwei Drittel des Traffics stammte von Leuten, die auf diese Werbefläche klickten.

Facebook übte auch anderweitig Druck auf Zynga aus: 2010 stellte die Company ihre firmeneigene Währung vor, *Facebook Credits*. Gleichzeitig drängte man die Entwickler, sie als Zahlungsform zu ak-zeptieren, die 30 Prozent jeder finanziellen Transaktion an Facebook zurückspielte. »Mit Credits hatten wir echt Probleme«, sagt Pincus. »Erstens, Credits nervte. Wir testeten es im Vergleich zu PayPal und verzeichneten erhebliche Verluste bei jedem, den wir mit Credits be-zahlen ließen.« Der zweite Punkt war, dass Facebook Zynga *zwang*, Credits zu nutzen, während andere Entwickler die freie Wahl hatten.

Pincus suchte Zuckerberg auf, um mit ihm zu reden. Der brachte Sheryl Sandberg zu dem Gespräch mit und meinte, sie könne die Din-ge mit Pincus sicher klären, schließlich habe sie für das Finanzminis-terium gearbeitet und kenne sich in Sachen Ökonomie sehr gut aus. »Wir gerieten in Streit – die beiden meinten, wir seien der größte Nutznießer und würden dennoch irgendwie subventioniert werden, während wir ganz und gar nicht dieser Ansicht waren. Wir wollten nur einen fairen Anteil«, sagt Pincus. »Sie [Sandberg] vertrat die Auffas-sung, dies sei nun einmal die unvermeidliche ›Tragik der Allmende‹. Aber Zynga würde sich nicht bewegen, wenn andere das nicht auch mussten. Ich sagte nur: fuck that«, erinnert sich Pincus. »Wenn ihr das für alle verbindlich macht, bin ich dabei. Doch bis dahin, bin ich raus.«

Pincus betrachtete sich als Zuckerbergs Freund. Er respektierte Sheryl Sandberg, aber er wusste, dass letztlich jede Seite nur an sich selbst dachte. »[Mark und Sheryl sind] großartige Leute, unglaublich tough, aber auch liebenswert und nett. Wie Handschuhe fürs Soft

Boxing, doch mit einem eingebauten Schlagring. Man will sich mit keinem von beiden anlegen. Aber genau das habe ich getan.«

Pincus begann, für seine Spiele Alternativen zu Facebook auszuloten, er suchte sogar das Gespräch mit Google. Für eine Weile herrschte eine teuflische Pattsituation. Facebook versuchte, Bedingungen auszuhandeln, unter denen Zynga an Bord bleiben konnte, aber Pincus stimmte nicht zu. Die Regelung hätte unter anderem vorgesehen, dass Zynga mit seinem Angebot nicht zu anderen Plattformen umziehen durfte. »Wir blieben stur, und Facebook wurde immer verärgerter, weil es immer mehr Beschwerden gab von Usern, die in den Feeds keine Games sehen wollten. Dabei haben wir keineswegs Missbrauch betrieben, sondern nur das getan, was Zuck uns zugesagt hatte.«

Unterdessen arbeitete das Zynga-Team hektisch daran, eine eigenständige Webseite zu programmieren, die die Spiele hostete, falls Facebook Zynga von der Plattform schmiss und sich kein anderer Interessent fand.

Am Ende war es einzig der Freundschaft zwischen Pincus und Zuckerberg zu verdanken, dass beide Seiten an den Verhandlungstisch zurückkehrten. Es fand eine Reihe von Besprechungen statt, manche davon dauerten bis 4 Uhr morgens. »Mark war eine Nachteule, und er konnte die ganze Zeit Diet Coke in sich hineinkippen«, sagt Pincus. »Er meinte, schau, niemand kann mit Facebook konkurrieren. Nur ihr gemeinsam mit Google könntet das.« Zuckerberg ahnte offenbar, dass Pincus in diese Richtung dachte. Beide Seiten könnten so zu einer Bedrohung füreinander werden. Schließlich handelte man einen komplizierten Fünf-Jahres-Deal aus, der im Mai 2010 unterschrieben wurde. »Wir haben einen Atomkrieg verhindert«, sagt Pincus rückblickend.

In den nächsten Jahren florierte das Geschäft. »Irgendwann belegten wir 80 Prozent von Facebooks API«, erzählt Pincus. »Unser Spitzenwert betrug 60 Prozent von Facebooks DAUs [»daily average users«, der täglich aktiven Nutzer, Anm. d. Ü.]. Und ich habe gehört, dass wir bei Facebooks Börsengang für 20 Prozent des Umsatzes verantwortlich waren.« Facebook war damals (beim IPO 2012, also der öffentlichen Erstemission) dermaßen abhängig von Zynga, dass die Analysten dies als Risiko bewerteten.

Die Situation blieb noch eine Weile ziemlich angespannt, bis die Facebook-Plattform für Zynga an Bedeutung verlor: Grund dafür war der Siegeszug der Handys. »Ganz klar standen alle Zeichen auf ›mobil‹, und darum spielte die Plattform nicht mehr diese große Rolle für uns«, sagt Pincus. 2012 – drei Jahre vor Ende der vertraglich vereinbarten Laufzeit – verhandelten beide Unternehmen erneut. Zynga erklärte, es werde künftig kein *Facebook First*-Partner mehr sein. Ein sinnbildlicher Moment für den geplatzten Traum von der Plattform. »Naiv dachte ich, Facebook würde erkennen, dass ihre User davon am meisten profitieren«, sagt Pincus heute. »Poker, Farmville und all die anderen Sachen würden ihnen ja bleiben und weiterhin an wirtschaftlichem Wert gewinnen, sodass Facebook nach wie vor den Wunsch haben würde, unsere Spiele zu promoten. Aber ich lag falsch. Denn Facebook war ein Werbetreibender.«

Gerade Pincus hätte es besser wissen sollen.

Pincus und die anderen Entwickler, die innerhalb Facebooks System Apps schrieben, kämpften in gewisser Weise bereits das letzte Gefecht. Denn nur ein Jahr nach der Ankündigung der Urplattform schuf Facebook faktisch einen zusätzlichen Weg, wie Entwickler an Informationen gelangen und wie für Facebook tätige Softwarefirmen in das eigene Ökosystem eingefügt werden konnten. Das Ganze hieß *Facebook Connect* und gestattete es Entwicklern, Facebook als Log-in bei den jeweiligen Angeboten und Apps zu verwenden, die extern liefen. Es handelte sich dabei um eine Art Wiederauferstehung von Fettermans Ur-API-Idee, die parallel zur Plattform existierte.

Mike Vernal, ein weiterer Informatiker, der von Microsoft gekommen war, leitete das Projekt, das zwei Ziele verfolgte. Erstens sollte damit das Problem der User gelöst werden, sich bei jedem Online-Dienst oder jeder Webseite anmelden und sich die entsprechenden Eingabedaten merken zu müssen. »Ich fand, *ein* Log-in sollte genügen, und damit sollte man sich überall anmelden können«, sagt Vernal. »Außerdem«, fügt er hinzu, »waren wir der Ansicht, dass ein Haufen Apps und Branchen grundlegend besser dastehen könnten, wenn sie sich mehr im Social-Bereich engagierten.«

Facebook Connect war ein weiterer Schritt, um Mark Zuckerbergs Unternehmen tatsächlich zu *dem* Vermittler von Internet-Identitäten zu machen. Man konnte das Facebook-Ich bei Tausenden anderen Seiten verwenden. Und da man die ganze Zeit bei Facebook eingeloggt blieb, wäre Zuckerbergs Firma in der Lage, die Aktivitäten des Nutzers zu verfolgen.

Für Facebook waren bereits Tausende Entwickler tätig, doch Connect erhöhte ihre Anzahl noch einmal drastisch. Und Facebook teilte auch diesmal alle Daten seiner User (die sich wissentlich via Facebook bei den Apps angemeldet hatten) und die von deren Freunden (die keine Ahnung davon hatten, dass ihre Daten an die Apps weitergegeben wurden, von denen sie unter Umständen noch nie gehört und bei denen sie sich schon gar nicht angemeldet hatten).

Welche Daten von Facebook an die Entwickler übermittelt wurden, war vorgeblich durch hausinterne Bestimmungen geregelt. Doch Aussagen einiger Entwickler und E-Mails aus der Zeit, die später im Rahmen von juristischen Verfahren zum Vorschein kamen, belegen, dass die ganzen Regularien flexibel gehandhabt wurden und eine Art Tauschgeschäft stattfand, wenn es darum ging, private Daten an Entwickler weiterzureichen. »Der Form halber gab es Bestimmungen, aber das war völliger Unsinn«, sagt etwa Brad Selby von Flixster. »Es war eine ›catch as catch can‹-Situation, es ging einfach darum, wer wen von was überzeugen konnte. Wir sagten zu Facebook so etwas wie: *Wisst ihr was, mit den Friends-to-Friends-Daten der Film-Likes können wir echt etwas anfangen.* Und dann gingen sie zurück in ihren abgedunkelten Raum und lehnten ab. Dann sagten wir meinetwegen: *Lasst es uns noch mal anders formulieren – wenn ihr uns die Daten gebt, prognostizieren wir mehr Aktivität, und die wird sich für euch auszahlen.* Und dann sagten sie: *Okay, das ergibt Sinn,* und legten den Hebel um. Oder sie meinten schlicht: *Haut ab.*«

Zumindest kurzfristig war Facebook bestrebt, das Karussell weiterlaufen zu lassen. Denn wenn alle Entwickler die Plattform verlassen hätten, wäre schlagartig wesentlich weniger Traffic vorhanden gewesen. »Was daran für uns interessant war, ist ganz einfach«, sagt Dave Morin. »Die Plattform verschaffte [Werbung] mehr Laufzeit und mehr Platz. Facebook handelte immer sehr unkompliziert, wir sorgen für äußerst fesselnde Erlebnisse, das Geschäftsmodell fußt auf Werbung, also je fesselnder, desto mehr Werbung, oder?«

Einige leitende Angestellte von Facebook warnten, all die Junk Posts von den Entwicklern zuzulassen würde aktive User verprellen. Will Cathcart, ein Informatiker, der 2010 von Google zu Facebook gewechselt war, vertiefte sich in die Daten und ermittelte einen alarmierenden Trend. »Eine meiner wachsenden Befürchtungen ist, dass wir reflexartig Schmerzvermeidung aufseiten der Entwickler betreiben und damit aufseiten der Nutzer Schmerz verursachen«, schrieb er 2011 in einer E-Mail. Er führte Daten an, die darauf hinwiesen, wie sehr die User die Tricks der Entwickler satthatten. »Die Leute trauen den Apps nicht über den Weg«, so Cathcart. Mehr noch, sie vertrauten Facebook nicht darauf, dass Facebook etwas dagegen unternehmen würden. Wenn User bei Facebook Fehlverhalten meldeten, hatten sie das Gefühl, dass nichts passierte. Cathcart erklärte in seiner Mail, er kenne persönlich Leute, die zu der Erkenntnis gelangt seien, es sei sinnlos, Verstöße zu melden. Deshalb hätten sie damit auch aufgehört.

Cathcarts Boss Mike Vernal hielt in seiner Antwort auf die E-Mail dagegen: So einfach sei die Sache nicht. »Das ist eine knifflige Angelegenheit«, schrieb er. »Eine Woche schimpft jeder, dass wir nicht genug dafür tun, die User zu schützen. Und in der nächsten Woche meckert jeder, dass wir zu offensiv vorgehen. Heikel, das Gleichgewicht zu halten, denn beide Seiten haben recht.«

Sein Vorschlag: Vorsicht bei Auflagen für die Entwickler. »Wir müssen es so bald wie möglich schaffen, die User zu schützen, ohne die Entwickler zu linken.«

Ungefähr 2010 war klar, dass die Plattform grundsätzlich überholt werden musste. Hunderttausende Entwickler nutzten Facebook Connect, aber die Programmierung der entsprechenden Unterseiten hinkte hinterher. Facebook nahm eine weitere Anpassung vor und schuf ein neues API, das noch tieferen Zugang in das firmeneigene System zuließ.

Zuckerberg hatte die Plattform immer als eine hilfreiche Möglich-

keit betrachtet, seine Weltanschauung des Teilens einem größeren
Publikum zu präsentieren. Sieben Jahre nach dem Start des Face-
book-Experiments war er nun mehr denn je überzeugt, dass es den
Menschen besser ginge, wenn sie wussten, was bei ihren Freunden,
Familien und sonstigen Kontakten los war. »In Marks Leben gab es
eine bestimmte Phase, da begann er darüber zu reden, Informationen
zu teilen und mitzubekommen, was Freunde gerade so taten«, sagt
Don Graham, der damals neben seinem Vorstandsposten bei der
Washington Post auch Aufsichtsratsvorsitzender von Facebook war.

Zuckerbergs neues Schlagwort hieß »Open Graph«. Genauso wie
der Social Graph das private Netzwerk abbildete, würde der Open
Graph die Interessen und Aktivitäten des Umfelds abbilden. Denn
wenn der User Ähnlichkeiten zu bisher eher lockeren Verbindungen
bemerkte, würde er vielleicht näher rücken. Oder vielleicht erfuhr
man auch einfach nur mehr von Leuten, die man kannte.

Zuckerberg kündigte das Verfahren 2010 an – die erste Version
hieß Graph API V1. Ein Jahr später sprach er immer noch ganz begeistert davon. An einem Tag im Spätsommer 2011, kurz vor der
F8-Konferenz im September, erläuterte er mir das Konzept. Wir spa-
zierten durch College Terrace, einen grünen Stadtteil von Palo Alto,
wo sich damals Facebooks Unternehmenszentrale befand. Im selben
Jahr führte die Company einige neuartige Verbesserungen ein, die
deutlich zeigten, wie User-Daten externer Apps mit Facebook verbunden werden konnten.

Die Schlüsselrolle für diese Entwicklung lag zunächst bei den Ko-
operationspartnern *Spotify,* einem Musik-Streaming-Dienst, der
Film-Streaming-Plattform Netflix und bei der *Washington Post,* die
eine App namens *Social Reader* entwickelt hatte. Die einzuführenden
Produkte waren nicht gerade einzigartig, aber sie bedeuteten für diese
Unternehmen, dass sie ihre eigentlichen Apps um den Social-Net-
work-Bereich erweitern konnten. Den Usern wurde ermöglicht, in
ihrem privaten Netzwerk zu verbreiten, was sie hörten, anschauten
und lasen. Die dahintersteckende Idee: Jede App und jedes Angebot
würde eine Parallel-App auf Facebook haben, die es den Usern erlaubte – vermutlich mit ihrer Zustimmung – ihr Fitnessprogramm,
ihre medialen Vorlieben und Anschaffungen zu teilen. Zuckerberg

würde bald prophezeien, dass in fünf Jahren die Top 100 der Mobile-Apps Teil von Open Graph sein würden.

Mir kam das wie ein Zukunfts-Albtraum vollkommener privater Transparenz vor. Ich suchte nach einem Beispiel, das ich Zuckerberg entgegenhalten konnte. Was, wenn sich einer seiner Mitarbeiter krankmeldete, während die Protokolle verrieten, dass er Binge-Watching mit »Breaking Bad« betrieb?

»Ich würde fragen, wie es ihm geht«, antwortete Mark Zuckerberg trocken.

Zunächst schien die Zusammenarbeit mit den Partnern wunderbar zu laufen. Aber dann zeigte sich, dass das Ganze so etwas wie eine Wiederholung des algorithmischen Overkills der Ursprungsplattform war. Der jeweilige Newsfeed wurde von Nachrichten, was andere Leute bei den Partner-Apps trieben, überschwemmt. »Wir konnten nicht fassen, wie viele User sich dafür entschieden hatten und wie sehr sie das mochten«, sagt Graham über den Social Reader der *Washington Post*. »Und genau das war das Problem. Die persönlichen Seiten füllten sich mit allem, was andere in Social-Media-Kanälen lasen – der Facebook-Algorithmus erdrückte alles unter seiner Last. Dann gefiel Mark und Chris [Cox] das Ergebnis nicht, und Facebook *senkte* die Last erheblich. Daraufhin brach zwar nicht alles zusammen, aber es nervte immer noch.«

Keine der Original-Apps der ersten Open-Graph-Generation erfüllte die Erwartungen von Facebook; auf die ersten Apps folgte auch nicht, wie erhofft, ein Tsunami aus unzähligen weiteren Apps, bei denen die Leute Fitnessdaten teilten oder die Information, wo sie sich gerade befanden. Die neuen Apps hielten nicht in dem Maße Einzug in das Leben und den Alltag der User, wie Facebook sich das gewünscht hatte.

Letztlich spielte das aber schon keine große Rolle mehr, denn die Entwickler hatten ein viel besseres Betriebssystem gefunden – genau genommen sogar zwei. Apple und Android hatten für ihre Handys eigene Entwickler-Plattformen geschaffen. Und die Entwickler begriffen schnell, dass hier die Zukunft lag.

Facebooks ursprüngliche Zielsetzung – mit der Plattform ein florierendes System zu bieten, in dem externe Entwickler ihre eigenen Apps innerhalb von Facebook betrieben – war gestorben. »Unglücklicherweise hat das Handy das gesamte System unterminiert und die Plattform im Grunde in die Bedeutungslosigkeit verbannt«, sagt Dan Rose, damals verantwortlich für die Kooperationen von Facebook.

Aber Facebook war nicht ganz raus aus dem Spiel. Das Grundgerüst der Plattform blieb, und aus unterschiedlichen Gründen bauten Entwickler nach wie vor Apps, die man als social erachten konnte, weil sie die von den Usern in ihrem sozialen Umfeld verbreiteten Informationen nutzten. Und Facebook Connect – das mit Mobile-Apps auf Apple- und Android-Geräten gut lief – blieb wahnsinnig beliebt. Der Grund dafür war einfach: Facebook-Entwickler zu sein verschaffte einem den Zugang zu Facebook-Daten, die, egal, was man eigentlich vorhatte, dem Ganzen mehr Kraft verliehen.

Sam Lessin, einer von Zuckerbergs Harvard-Kommilitonen, der seit 2010 bei Facebook mit an Bord war, formulierte die Zukunft der Plattform in einer aus dem Jahr 2012 stammenden E-Mail an Zuckerberg folgendermaßen: »Momentan glaube ich, wenn man einen App-Anbieter bittet, Facebook Connect zu implementieren, aber keinen Zugang zum Friend Graph gewährt, besteht überhaupt kein Grund, etwas zu implementieren.«[13]

Facebook wollte sich vergewissern, im Gegenzug gleichfalls Daten zu erhalten, und schaltete deshalb 2012 in eine härtere Gangart. Mit der Einführung der Plattform 3.0 hatte man entschieden, die Entwickler zu sogenannter full reciprocity aufzufordern, also einem gegenseitigen Geben und Nehmen. Zum Ausgleich für Facebooks Daten mussten die Entwickler ihre gesammelten Daten mit Facebook teilen. Mike Vernal umriss dies in einem internen Chat so: »Als wir die Facebook-Plattform starteten, waren wir klein und wollten sichergehen, ein wesentlicher Faktor des Internets zu sein. Das haben wir geschafft – wir sind der größte Dienstleister auf der Welt […] Jetzt, da wir groß sind, müssen wir sorgfältig überlegen, welche Verflechtungen wir erlauben, und wir müssen uns versichern, dass es sich um nachhaltigen und langfristigen Austausch handelt.«

Mit anderen Worten: Wir fordern von den Entwicklern vielleicht kein Geld für unsere Daten (obwohl Zuckerberg das in Betracht zog und die Facebook-Führungsetage zu der Zeit darüber schier endlos diskutierte), aber wir brauchen eine Gegenleistung. Beispielsweise euren Datenbestand.

In einer internen E-Mail erläuterte Zuckerberg:

Wir versuchen, den Leuten zu ermöglichen, alles zu teilen, was sie wollen, und das bei Facebook. Manchmal ist der beste Weg, um Menschen zu ermöglichen, etwas zu teilen, wenn ein Entwickler eine App zu einem bestimmten Zweck baut oder ein Netzwerk für diese bestimmte Art von Content und diese App dann durch das Plug-in bei Facebook social zu machen. Allerdings mag das gut für die Welt sein, aber nicht gut für uns, solange die Leute den Content nicht zu Facebook zurück teilen und damit die Bedeutung unseres Netzwerks steigern. Letztendlich glaube ich, der Zweck der Plattform ist es, den Rückfluss von geteiltem Content zu erhöhen.[14]

Zuckerberg machte klar: Ab sofort war das Hauptmerkmal der Plattform, ein Instrument zum Informationsaustausch zwischen Facebook und den Entwicklern zu sein – es ging insbesondere um den Transfer von Daten, von denen den Usern kaum bewusst war, für welchen Zweck die privaten Fakten verwendet wurden. Geben und Nehmen mal beiseite, bis zu diesem Zeitpunkt hatte die größte Datenbewegung sowieso bereits stattgefunden: die von Facebook zu den Entwicklern.

Doch Facebook beließ es nicht dabei. Cache-Dateien enthüllten später, dass die Company damals unverhohlen vorhatte, Entwickler potenziell konkurrenzfähiger Produkte auszubremsen oder gar auszuschließen und jenen, die Facebook keine wertvollen Daten zurückspielten, künftig den Zugang zu verwehren.[15] Zuckerberg entzog *Xobni*, einem Start-up für Contact-Management-Software, das API;[16] und als Facebook anfing, über ein eigenes Geschenke-Feature nachzudenken, sperrte man umgehend den Support einer Amazon-Geschenke-App[17], die eigentlich bereits zugelassen war. Und 2013 zog Facebook eine allgemeinere Anpassung in Betracht, um die bislang übliche umfassende Herausgabe von Freunde-Informationen zu drosseln, sodass die Businesspläne von einer Reihe Unternehmen vernichtet wurden, die aufgrund dessen Social Apps entwickelt hatten.

Zuckerbergs ursprüngliche Idee lautete, externen Entwicklern den gleichen Zugang zu den Tools und dem Newsfeed zu gewähren, wie es bei intern entwickelten Features der Fall war. Jetzt wurden Software-Companys ausgesperrt, die in die Realisierung dieses Traums investiert hatten. Facebook hatte das versprochene »level playing field«, die zugesagten fairen Wettbewerbsbedingungen, zu seinen Gunsten geändert.

Die meisten leitenden Angestellten und Produktmanager folgten Zuckerbergs Regie, doch es gab auch etliches Gegrummel, insbesondere von Ilya Sukhar. Facebook hatte seine Firma *Parse* gekauft, die Entwickler-Tools entwarf, und seitdem gehörte er dem Gesamtunternehmen an. Als er sich für die Interessen der Entwickler einsetzte, fühlte er sich auf verlorenem Posten. »Es kommt mir vor, als wäre ich hier der Einzige mit Prinzipien«, schrieb er im Oktober 2013 in einem internen Chat unter Kollegen. »Ich verbringe den ganzen Tag damit, mit Dutzenden von Entwicklern zu sprechen, die wegen dieser Sache total im Arsch sind und noch nicht mal aus nachvollziehbarem Grund.«[18]

Der nachvollziehbare Grund bestand natürlich darin, den Zugang zur Friends-API zu schließen, weil die Entwickler damit an personenbezogene Daten von Usern kamen, die davon nichts ahnten – und Facebook konnte wenig dagegen unternehmen, was aus diesen Informationen wurde, wenn sie erst einmal von den hausinternen Servern gezogen waren. »Aus Perspektive des Datenschutzes schufen wir Nutzererfahrungen, die einfach furchtbar waren«, sagt ein leitender Mitarbeiter des damaligen Plattform-Teams. »Man loggte sich mit Facebook bei diesen Apps ein, und plötzlich wussten die alles über einen persönlich und auch über die Freunde. Und damit richteten sie sehr üble Dinge an.«

Facebook stoppte diese Praxis – allerdings nicht etwa aus Sorge um die Nutzer, sondern weil man Daten nicht länger ohne Gegenleistung an die Entwickler weitergeben wollte. Da dies nicht gerade eine positive Nachricht für die Entwicklerkonferenz gewesen wäre, kam Face-

book auf die Idee, diesen taktischen Kurswechsel als Datenschutz-
wohltat für die User zu kommunizieren. Zumal sich dies bestens in
eine Reihe von Datenschutzmaßnahmen einfügen würde, die kurz
vor dem Start standen. Ein Facebook-Manager taufte diese PR-Kehrt-
wende »the switcheroo«.[19] Die Presseleute halfen bei der Formulierung der Ankündigung, und so kam es, dass die F8-Konferenz am
30. April 2014 ganz unter dem Motto »den Usern mehr Kontrolle verschaffen« stand. Ungeachtet Facebooks eigennütziger Beweggründe
hinsichtlich des Vorgangs, der intern »Freunde-Zerfleischung« genannt wurde, widmete Zuckerberg die erste Hälfte seiner Keynote bei
der F8 dem Thema, wie sich Facebook für Datenschutz einsetzte: indem man unter anderem zukünftig den Graph V1 herunterfahren
und V2 einführen würde, mit dem das Ende des Zugangs zu Freund-
von-Freund-Informationen kommen würde.

Allerdings erlaubte Facebook einigen Entwicklern, die Sperre zu
umgehen – entweder, indem personenbezogene Daten zurückgespielt
oder der Kauf von Werbeplätzen zugesagt wurde. Damit kamen jene
bevorzugten Entwickler auf die Liste der Ausnahmeregelungen, denen nach wie vor Zugang zum Friend Graph zugebilligt wurde. Dazu
gehörten beispielsweise bedeutende Namen wie Apple und Netflix.
Das Datentauschgeschäft konnte sich recht einfallsreich gestalten.
Um einen markenrechtlichen Streit mit der Dating-App Tinder abzuwenden, gewährte Facebook offenbar »vollen Zugang zum Friend
Graph«.[20] Und irgendwann lancierte Zuckerberg die Idee, diesen Vorzug auch Spiele-Entwicklern zu ermöglichen, die 30 Prozent ihrer
Erlöse an Facebook abtraten.

Anderen Entwicklern gelang es, den Datenfluss aufrechtzuerhalten, indem sie sich zu etwas verpflichteten, das bald ein bedeutender
Aspekt bei Facebooks Einkünften werden sollte: eine Software namens NECO. Hier bezahlten Entwickler für »app installation ads«,
also für Anzeigen, die externe Apps bewarben. Die Royal Bank of Ca-
nada beispielsweise erhielt auf diese Weise Zugang zur erweiterten
API, weil das Bankhaus versprach, »eine der größten NECO-Werbe-
kampagnen, die jemals in Kanada zu sehen war«, zu vergüten.

Allerdings machte Facebook den Entwicklern, die Opfer des »swit-
cheroos« geworden waren, ebenfalls ein Zugeständnis. Man gewährte

eine Kulanzzeit von einem Jahr, bevor der Zugang zur Schnittstelle gesperrt wurde. Trotz Zuckerbergs Beteuerungen, dass die neue Version des Open Graphs Datenschutzlücken schließen würde, war die bisherige Praxis also auch zwischen April 2014 und April 2015 noch gang und gäbe. »Rückblickend denke ich, wir hätten eine einmonatige oder dreimonatige Frist einräumen und schneller weitermachen sollen«, sagt Mike Vernal heute.

Schon fast ironisch, dass dieses eine Besänftigungsmittel, das Facebook seinen aufgeschmissenen Entwicklern zugestand, sich zu einem kritischen Faktor im weitreichendsten Skandal der Unternehmensgeschichte auswachsen sollte. Man könnte es sogar Karma nennen.

Aber das würde Facebook erst Jahre später begreifen.

8 »PANDEMIC«

Von Anfang an war Facebook als lukratives Unternehmen geplant. Noch bevor Mark Zuckerberg mit Thefacebook in Harvard an den Start gegangen war, hatte sein Kommilitone und Partner Eduardo Saverin ein Geschäftsmodell formuliert. Als sich die Webseite dann auch an anderen Universitäten durchsetzte, bemühte sich Saverin um den Verkauf von Anzeigen, geriet in der Firma jedoch immer weiter ins Abseits. Zum einen, weil Zuckerberg zwar ausdrücklich an den Werbeeinnahmen gelegen war, diese aber, wie er betonte, nicht den Kern des Unternehmens ausmachten. Zum anderen, weil Saverin schlichtweg nicht vor Ort war. Als das Team nach Kalifornien übersiedelte, beschloss Saverin, den Sommer über an der Ostküste zu bleiben. Hätte er mit den anderen in der »Casa Facebook« gewohnt, hätte er wahrscheinlich auch die grundlegenden Geschäftsprinzipien eines Start-ups in Silicon Valley kennengelernt. So aber wurden – mit Zuckerbergs stillschweigender Duldung – immer größere Teile seines Aufgabengebiets von Sean Parker übernommen.

Im Spätherbst jenes Jahres überredete Parker seinen ehemaligen Mitbewohner Ezra Callahan, ihm bei der Entwicklung eines Geschäftskonzepts zu helfen – obwohl Callahans Erfahrungen nicht über den Anzeigenverkauf für eine Collegezeitung hinausgingen. Um potenzielle Investoren zu überzeugen, schien es zu diesem Zeitpunkt ausreichend, ihnen zu erklären, wie sich mit Thefacebook Geld verdienen ließ. Callahan beschreibt es als »theoretische Darstellung zukünftiger Einnahmequellen, ohne dabei vorzugeben, dass diese Sache auch wirklich ausgebaut wird«. Schließlich formulierten sie ein verschwommenes Konzept nach dem Vorbild der Webseite *Yelp*, die darauf ausgelegt war, kleinen Unternehmen einen Auftritt im Internet zu bieten. ITler waren an der Ausarbeitung nicht beteiligt.

Als Matt Cohler zu Facebook stieß, staunte er über die Beträge, die das Unternehmen einnahm, obwohl wie bei fast allen Start-ups unter dem Strich tiefrote Zahlen standen. Im Wesentlichen hielt sich Facebook mithilfe der halben Million Dollar von Peter Thiel über Wasser, ergänzt durch die kleineren Summen von Reid Hoffman und Mark Pincus. Die Einnahmen jener Tage stammten aus zweierlei Werbeprodukten. Das erste waren die bannerartigen Anzeigen, die als seitlicher Balken auf der Seite erschienen und von Facebook im traditionellen Stil verkauft wurden: indem ein Vertriebsmitarbeiter aus Fleisch und Blut mit dem Anzeigenkunden verhandelte. Dieses nur begrenzt ausbaufähige Konzept war das Ergebnis von Saverins Arbeit, das nach Zuckerbergs Geschmack jedoch nicht genug abwarf.

Kurz nach der Accel-Finanzierungsrunde im Jahr 2005 war daher der erste Facebook-eigene Anzeigentyp namens »Campus Flyers« entstanden. Mithilfe von Flyers konnten die Inserenten das Web gezielt nutzen, um ihre Werbebanner ganz individuell auf einen bestimmten Campus zuzuschneiden und dort zu schalten (was den Uni-Zeitungen schwer zu schaffen machen sollte). »Das Konzept basierte eigentlich auf Seitenzugriffen, es war allerdings völlig unausgereift und zu kompliziert für unsere Kunden«, sagt Matt Cohler, »deshalb gestalteten wir unsere Preise am Ende nicht nach der Zahl der Klicks, sondern nach der Dauer der Anzeigenschaltung.«

Als sich Facebook 2006 dann mit dem Newsfeed und der offenen Registrierung zukunftsträchtig weiterentwickelte, brauchte die Firma ein entsprechendes neues Geschäftsmodell. Damit begann die Suche nach einem Experten auf diesem Gebiet. Mitte 2006 stellte Facebook Tim Kendall ein, der gerade an der Stanford University sein Studium der Wirtschaftswissenschaften abgeschlossen hatte. Bis dahin hatte Facebook Kandidaten mit Hochschulabschluss gemieden. Bei Kendall machte man eine Ausnahme, weil er außerdem ein Tech-Diplom (ebenfalls von Standford) besaß.

Zu dieser Zeit verlief das Anzeigengeschäft mit Umsätzen von vielleicht 20 000 Dollar pro Woche eher schleppend. Nicht nur Kendall war klar, dass Facebook letztendlich ein individuelles und neuartiges Werbeformat entwickeln musste, wie es Google mit AdWords gelungen war. Bei diesem extrem erfolgreichen Konzept wurden Anzeigen nach Gebot vergeben, die sich zudem gezielt am Suchverhalten der Benutzer orientierten: Relevante Anzeigen erschienen neben den

Suchtreffern. Salar Kamangar, der dieses Konzept verantwortete, war für einen angehenden Ökonomen wie Kendall ein Held. Er träumte davon, Facebooks Salar Kamangar zu werden.

Die erste Aktion, an der er bei Facebook beteiligt war, betraf jedoch die Auslagerung eines Großteils von dessen Werbegeschäft. Seit Monaten schon war Microsoft mit Kaufabsichten um Facebook herumgeschlichen. Doch nach der Yahoo!-Episode war klar, dass es dazu nicht kommen würde. Gleichwohl war Microsoft an einer Möglichkeit interessiert, das Werbeteam, das es aufbaute, durch Einnahmen über seine dahinsiechende Suchmaschine zu finanzieren. Man hatte gehofft, seine Applikationen bei MySpace platzieren zu können, aber der Suchmaschinengigant hatte einen 900-Millionen-Dollar-Deal mit Google abgeschlossen. Yahoo! hatte bei diesem Geschäft ebenfalls das Nachsehen.

»Als Owen [Van Natta] davon erfuhr«, erzählt Tim Kendall, »sagte er: *Verdammt! Wir sollten dafür sorgen, dass Yahoo! und Microsoft um die Wette bieten, damit ihnen der Arsch auf Grundeis geht und einer von ihnen schließlich die Nerven verliert.«*

Obwohl Facebook verglichen mit MySpace nur ein Trostpreis war, konnte es in seinem Vertrag dann eine derart hohe Garantiesumme aushandeln, dass man durchaus meinen könnte, ihr Vertragspartner habe die Nerven verloren. »Von da an ging es aufwärts«, sagt Dan Rose, Facebooks neu eingestellter Manager für Kooperationen, der den Deal aushandelte. Microsoft, das immer noch davon träumte, Facebook eines Tages zu übernehmen (ohne je realistische Aussichten zu haben), ließ sich die Gelegenheit nicht entgehen. Innerhalb einer Woche verpflichteten sich die beiden Unternehmen zu einer Partnerschaft, die Microsoft das Exklusivrecht zum Verkauf der Facebook-Werbeanzeigen für den US-Markt gewährte. Dieser Deal steuerte im darauffolgenden Jahr die Hälfte von Facebooks Einnahmen bei.

Einige Idealisten in der Firma waren entsetzt, als sie hörten, dass sich Facebook ausgerechnet mit Microsoft zusammengetan hatte. 2006 kreidete man Microsoft unter anderem an, dass es die Softwarebranche auf üble Weise in einen immer enger werdenden Schraubstock nahm. Dave Morin, der gerade erst zu Facebook gestoßen war, stapfte eines Tages in den »Cloud Room« und machte Zuckerberg Vorhaltungen. Die Antwort des Chefs holte ihn unsanft wieder zurück auf den Boden der Tatsachen: *Wir wollen hier nicht die geringste unserer Ressourcen auf Werbung verwenden,* erklärte er. *Das ist nicht unser Ding.* »Microsoft will bei uns das Anzeigengeschäft aufbauen. Wir überlassen ihnen unseren Bestand, und sie geben uns dafür Geld. Besser kann es doch gar nicht sein!«, meinte Zuckerberg.

Dass Facebook keine Zeit mit der Entwicklung von Anzeigensystemen verschwenden würde, wie Zuckerberg behauptete, stimmte allerdings nicht ganz. Es war sein Traum – oder Wunschbild –, für Facebook Werbeformen zu entwickeln, die wie coole Features rüberkommen würden und die von den Nutzern genauso gut angenommen würden wie jene Produkte, durch die kein Geld hereinkam.

Als Kendall eines Morgens ins Office kam, fand er seinen Schreibtisch neben den von Mark Zuckerberg geschoben vor. Dies bedeutete in der Regel, dass Zuck genauer verfolgen wollte, womit sich eine Person oder ein Team gerade beschäftigte, um mehr über das Thema zu erfahren und nötigenfalls einzugreifen. Über die nächsten Monate hinweg wusste Kendall nie genau, wem gegenüber er sich letztlich zu verantworten hatte, Cohler oder Zuckerberg.

Kendall begriff ziemlich schnell, dass Facebook den Newsfeed nutzen musste, wenn es in Sachen Einnahmen auch nur annähernd Googles Größenordnung erreichen wollte. Er scharte ein kleines Team um sich, dem auch Chris Cox angehörte, der längst zur Seele des Newsfeeds geworden war. Im Zentrum des neuen Konzepts standen »sponsored stories« – Beiträge mit gesponsertem Content, die wie Display-Werbung konstruiert waren (und nach Anzahl der Klicks abgerechnet wurden), auf dem Newsfeed aber wie echte Posts aussahen. Cox, der den Newsfeed gewöhnlich hütete wie seinen Augapfel, ließ die Dinge laufen. Jedenfalls vorläufig.

Facebook war nun an einem Punkt angelangt, an dem es sich verstärkt um die Steigerung seiner Einnahmen bemühen und möglichst auch profitabel werden musste. Mitte 2007 verfasste Tim Kendall ein Papier, in dem er ausführte, wie das erreicht werden sollte: Haupt-

sächlich mit »Social Advertising«, wodurch man letztlich eine wirtschaftliche Komponente in die Kontakte der User mit ihren Freunden
integrierte. Urspünglich stammte die Idee von Matt Cohler, der Kendall gefragt hatte: *Wäre es nicht gut, wenn wir echte gesponserte Beiträge hätten? Also wenn ein Typ etwas kauft und unser Werbekunde dann
eine Anzeige schalten kann, die mit einer impliziten Empfehlung an
seine Freunde geht?* Justin Rosenstein und Leah Pearlman hatten diese
Idee weiter ausgebaut, die nun in Kendalls Konzept eingeflossen war.

»Facebook funktioniert, weil die Leute dort etwas von ihren Freunden oder etwas über sie erfahren«, sagt Kendall. »Wenn sie dann sozusagen aus deren Sichtweise von bestimmten Artikeln und Dienstleistungen hören, müsste das eigentlich Erfolg haben; vor allem wenn
diese Anzeigen relevante Informationen über ihre Freunde enthalten – etwa, wofür sie sich interessieren.«

Und genau darum ging es bei Facebooks groß angelegter Vorstellung seines neuen Werbekonzepts namens »Panda«, frei zusammen-
gesetzt aus »Pages« (Seiten) und »Ads« (Anzeigen). Im Laufe der Zeit
wurde daraus jedoch das ungute »Pandemic« – Pandemie. Man erklärte den Werbekunden, dass die wichtigsten Kontakte der Nutzer
jene waren, die sie miteinander pflegten. Und nun würden Pepsi,
Coca-Cola, WalMart oder andere große Unternehmen die Möglichkeit bekommen, sich in diese Kontakte einzuschalten. Dazu mussten
deren Produkte in den Chats der User zum Thema werden, was bislang naturgemäß nicht der Fall gewesen war. Wenn man sich eine
Pepsi oder eine Coke kaufte, warum um Himmels willen hätte man
das seinen Freunden mitteilen sollen? Die Leute genau dazu zu bringen, war das Schlüsselelement der Social Ads und ein entscheidender
Bestandteil von Facebooks Strategie.

Ein weiterer – und noch wichtigerer – Pfeiler des Erfolgs war die
Abkehr von der bisherigen Ausrichtung des Anzeigensystems. Man
wollte sich nicht mehr danach richten, wie häufig eine Werbeanzeige
angesehen wurde, sondern sich über das Targeting stärker darauf
konzentrieren, sie der richtigen Zielgruppe zuzuspielen. Wie Google
wollte Facebook die Gebote der Werbekunden darüber entscheiden
lassen, wer eine Banneranzeige neben dem Newsfeed oder – was intern umstritten war – im Newsfeed selbst schalten durfte. (Die am

Feed arbeitenden ITler, allen voran Chris Cox, wollten den Stream am liebsten werbefrei halten.) »Es kommt dem von Google verwendeten System ziemlich nah«, sagt Kendall. »Der Unterschied besteht darin, dass man auf Menschen bietet und nicht länger auf Suchanfragen.«

Während man bei Google auf Keywords bot, nutzte Facebook demografische Informationen, die weit gefasst (»Student mit Interesse an Football«) oder auch präzise definiert sein konnten (»in einem bestimmten Postleitzahlengebiet lebender weiblicher Kochfreak, verheiratet«). Diese Form des Targetings setzte Facebook selbst längst bei der Mitarbeitersuche ein; so wurden gezielt Anzeigen an Programmierer gesandt, aus deren Profil ersichtlich wurde, dass sie für die Konkurrenz arbeiteten.

Das Targeting war jedoch nur ein Teil von Pandemic, das schließlich aus einem ganzen Paket geschäftsorientierter Funktionen bestand, die die Grundlage für das noch heute geltende Anzeigenkonzept des Unternehmens legten. Eines seiner Elemente nannte sich *Pages* und gab Firmen oder Gruppierungen wie etwa Rockbands die Möglichkeit, ein eigenes Profil einzustellen, was bis dahin allein Einzelpersonen möglich gewesen war. Pages funktionierte wie ein Schaufenster oder eine Plakatwand, es war vergleichbar mit den »Gelben Seiten«, wohingegen die Privatkonten die »Weißen Seiten« waren.

Der verantwortliche Produktmanager für Pages war Justin Rosenstein, der erst vor Kurzem von Google zu Facebook übergewechselt war. Nach seinem Arbeitsantritt schrieb er in einer E-Mail an seine ehemaligen Kollegen: »Facebook ist wirklich DIE Firma ... also die, die sich anschickt, die Welt zu verändern ...« Noch heute kann er, ohne zu stocken, die drei Vorzüge von Pages aufzählen: »Erstens hilft es den Nutzern, die für sie wichtigen Dinge zu finden. Zweitens dient es den Leuten, die die Pages schalten – wir können erreichen, dass ein kleines Geschäft an Wert gewinnt und mehr Kunden findet, wir können einem Künstler zu mehr Anerkennung verhelfen, indem seine Seite mehr Besucher hat. Und drittens ist es ausgesprochen gut für unser eigenes Geschäft, denn zusätzlich zu den nutzergenerierten Seitenaufrufen haben wir auch noch die bezahlten Klicks.«

Pandemic hatte aber noch eine weitere Funktion. Auch diese stützte sich auf immanente Empfehlungen der User, war aber nicht direkt an eine Anzeigenschaltung gebunden. Stattdessen zielte sie darauf ab, Facebooks Ethos des Teilens im Internet generell zu verbreiten und kommerzielle Kunden zu binden. Genannt wurde sie »Beacon«.

Beacon funktionierte folgendermaßen: Facebook schloss mit 44 Partnern einen Vertrag, der dem Unternehmen gestattete, unsichtbare, Beacon (Leuchtturm) genannte Tracking-Elemente auf deren Homepages zu platzieren. Das Geniale daran war, dass man mit drei verschlüsselten Zeilen Programmiersprache Millionen von Nutzern erreichen konnte und Facebook eine Meldung bekam, wenn diese sich auf einer jener Seiten bewegten.[1] Und tätigte der User dort ein Geschäft, wurde die gute Nachricht auf die Newsfeeds seiner Freunde gespielt.

Damit wagte man sich auf Neuland vor, das selbst einige Facebook-Mitarbeiter für zu riskant hielten. Bislang hatten die User eigenständig über ihre Interessen berichtet. Einige Informationen wurden zwar von Facebook automatisiert weitergegeben – etwa, mit wem ein Nutzer befreundet war oder dass jemand ein Foto eingestellt hatte. Aber all das stützte sich auf Interaktionen, die auf Facebook stattfanden. Beacon hingegen verfolgte Einzelpersonen bei ihren Einkäufen im Internet und verbreitete dann – automatisch – die Nachricht über ihre privaten Anschaffungen. »Was ist, wenn sich jemand ein Sexspielzeug bestellt oder ein Medikament ordert, aus dem man auf eine Krankheit oder Ähnliches schließen kann?«, fragte eine an der internen Diskussion beteiligte Führungskraft. »So was kann schlimme Folgen haben.«

Der einzige Hinweis auf die Weitergabe der Information sollte ein Pop-up-Fenster sein, das dem User erklärte, wie er diese Weitergabe vermeiden konnte. Wenn er die Warnung nicht beachtete – oder eventuell gar nicht erst las –, würde Facebook die Untätigkeit des Nutzers als Zustimmung werten.

»Es gab heftige Diskussionen, ob wir ein Opt-in [aktive Zustimmung] oder ein Opt-out [Verweigerung der Zustimmung] einbauen sollten«, erzählt Kendall. Die Befürworter des Opt-in traten dafür ein, die Nutzer zunächst zu fragen, ob sie an dem Programm teilnehmen wollten, und es erst dann zu starten, wenn sie ihr Interesse geäußert

hatten. Die Gegenseite war der Ansicht, dass Kaufinformationen automatisch weitergeleitet werden sollten, weil das Teilen nun einmal
zum Prinzip von Facebook gehörte. Wenn man die Leute fragte, ob
sie an dem Feature teilnehmen wollten, würde Beacon wahrscheinlich nie Erfolg haben. Doch wenn es erst einmal eingerichtet war,
würde es ihnen womöglich gefallen. So wie der Newsfeed. Und wenn
es ihnen nicht gefiel, könnte Facebook es immer noch zurückfahren.

»Wir debattierten selbst am Tag vor dem Launch noch bis weit in
die Nacht hinein«, erzählt Chris Kelly, Facebooks Justiziar und Datenschutzbeauftragter. Wie er warnten mehrere andere Führungskräfte vor den Folgen, wenn man Beacon datenschutzrechtlich nicht
absicherte. Doch sie konnten sich nicht durchsetzen. »Mark hat sie
einfach überstimmt«, sagt ein damaliger Manager.

Im Vorfeld der Pandemic-Präsentation musste Facebook noch ein
mögliches Hindernis aus dem Weg räumen. Es galt, dafür zu sorgen,
dass es die Social Ads anbieten konnte, ohne seinem Geschäftspartner
Microsoft in die Quere zu kommen, der aktuell die »Exklusivrechte«
zum Verkauf der Inlands-Werbeanzeigen besaß. Da Facebook aber
inzwischen auch im Ausland Fuß fasste, sollte ein weiterer Deal für
die Verkäufe auf internationaler Ebene abgeschlossen werden. Inzwischen hatte auch Microsofts Erzrivale Google Interesse an einem Anzeigendeal mit Facebook gezeigt. Microsoft wollte dieses Rennen unbedingt für sich entscheiden.

Noch ehe die Verhandlungen richtig in Schwung kamen, spielte
Facebook einen Trumpf aus, um ein lange gärendes Problem zu lösen.
Seit Monaten stritten sich die beiden Unternehmen über die Art und
Weise, wie Facebook aus Produkten von Hotmail und dem MSN
Messenger Service Daten abgriff. Facebook wiederum beschwerte
sich, dass Hotmail aus Rache dazu übergegangen war, Einladungen
zu Facebook als SPAM einzuordnen. Das Buch *The Facebook Effekt*
zitiert Moskovitz mit dem Satz, die Zahl neuer User sei daraufhin um
70 Prozent zurückgegangen.[2] Da Microsoft vehement auf den Abschluss des neuen Anzeigendeals drängte, flogen Moskovitz, Van Natta und D'Angelo nach Redmond, um einen Waffenstillstand auszu

handeln. Mit Erfolg: Von da an konnte sich Facebook in aller Seelenruhe bei Hotmail bedienen und die Daten ausschlachten.

Microsofts legendärer Mitbegründer Bill Gates fungierte damals zwar nicht mehr als Geschäftsführer, zeigte in seiner Funktion als Vorstandsvorsitzender aber dennoch Interesse an Zuckerberg, den man gelegentlich als seine »jüngere Ausgabe« bezeichnete.

Auch Gates sah zwischen ihnen Gemeinsamkeiten – sie beide hatten ein Studium in Harvard abgebrochen und ein Softwareunternehmen von dahin nie gekannter Dimension gegründet. Doch Bill Gates Nummer zwei? Das wollte er dann doch nicht gelten lassen. »Mark hat nicht annähernd so viel programmiert wie ich – und darauf kommt es an. Schreiben Sie das in Ihr Buch«, witzelte Gates in einem Gespräch mit mir, obwohl es vielleicht nicht wirklich als Scherz gemeint war. »Und wenn Steve Jobs hier säße«, fuhr er fort, »würde er sagen: *Hey, Mark hat nie in seinem Leben etwas so Schönes entworfen wie ich, also wie kommt ihr dazu, ihn als meinen Erben zu bezeichnen?*« (Scherz oder nicht? Womöglich ein Scherz. Aber aus Bill wird man nicht schlau.)

Zuckerberg nahm an verschiedenen Treffen teil, darunter einem in Seattle, bei denen es auch um einen eventuellen Verkauf von Facebook an Microsoft ging. Wobei er natürlich nie ernsthaft die Absicht hatte, seine Firma zu veräußern. »Wir haben ein paar wirklich große Köder ausgelegt«, erzählt Bill Gates. Er sei jedoch nicht davon ausgegangen, dass Zuckerberg anbeißen würde, meint er heute. Der Vertrag für das internationale Anzeigengeschäft sollte jedoch in jedem Fall geschlossen werden, zumindest, wenn es nach Microsoft ging.

Im Oktober 2007, kurz vor der Präsentation der Socials Ads, spitzte sich die Lage zu. »Wir haben ihnen erklärt, dass wir die Gespräche mit Google wieder aufnehmen würden, wenn wir nicht zu einem Abschluss kämen«, sagt Dan Rose. Microsofts Chefunterhändler Chris Daniels reiste nach Palo Alto. (Vier Jahre später sollte er selbst zu Facebook stoßen.) Am 23. Oktober setzten sich die beiden Teams um 10 Uhr morgens im Büro an der University Avenue zusammen und versuchten, die letzten Hürden auszuräumen. Schon am nächsten Tag sollte der Abschluss um 9 Uhr morgens auf einer Pressekonferenz vorgestellt werden.

Spätabends, als alle nur noch auf dem Zahnfleisch gingen, hörten sie den Beat von Hip-Hop-Songs durch die Flure wabern. Sie stammten von einem der regelmäßig stattfindenden Hackathons. »Da sagten die Leute von Microsoft: *Wow! Das macht ihr auch?*«, erzählt Rose. »Die Musik dröhnte, wir bestellten uns Essen vom Chinesen und tüteten den Vertrag ein. Um 6 Uhr morgens legten wir uns für eine Stunde aufs Ohr.«

Mit dem Deal bekamen beide Parteien, was sie wollten. Microsoft sicherte sich einen Partner, auf den auch Google scharf gewesen war, und Facebook erhielt eine ganze Tüte voller Schmankerln – einen Datenbestand für seine internationalen Anzeigen, das Recht, seine neuen Social Ads anzubieten, und in einer Wendung, die die Technologiebranche erschütterte, die Investition von 240 Millionen Dollar für einen 1,6-prozentigen Anteil an seinem Unternehmen. Dies bedeutete, dass Microsoft Facebooks Wert auf 15 Milliarden Dollar schätzte, und das nur knapp ein Jahr, nachdem man Mark Zuckerberg für verrückt erklärt hatte, als er Yahoo!s Milliardenangebot ablehnte.

Einige Wochen früher hatte sich Kara Swisher, die am besten vernetzte Technologieexpertin, die damals bei All Things Digital tätig war, zu Spekulationen geäußert, Microsoft werde bei seiner Investition von einem Firmenwert von zehn Milliarden Dollar ausgehen. In kühner Voraussicht erklärte sie, Facebook werde seinen Wert vermutlich auf 15 Milliarden hochschrauben wollen. Dass Facebook diesem Wert gerecht werden könnte, hielt sie allerdings für »eine Illusion«. Verglichen mit Google backe Facebook nur »kleine Brötchen«. Es ist wenig erstaunlich, dass sie nun auch an dem Deal kein gutes Haar ließ: Microsoft habe eine Fehlinvestition getätigt, als es sich für »unglaublich teures Geld« eine Scheibe von Facebook kaufte.[3]

Mit dieser Einschätzung allerdings sollte Swisher danebenliegen. Als Microsoft später sein 1,6-Prozent-Scheibchen an Facebook verkaufte, war es über acht Milliarden Dollar wert.

Facebook wollte mit der Präsentation von Pandemic ein Statement abgeben (und verabschiedete sich klugerweise vom Namen des Projekts). Wie schon bei der erfolgreichen Vorstellung der Plattform früher im Jahr ließ man die Veranstaltung von Profis organisieren. Sie sollte in New York stattfinden, »im Hinterhof der Werbekunden«, wie Brandee Barker es formulierte. »Das Verkaufsteam wollte einen bombastischen Event haben, und das haben wir dann auch geliefert.«

Zuckerberg studierte peinlich genau seine große Ansprache ein. Schließlich bewegte er sich nicht mehr auf gewohntem Terrain – im Publikum saßen keine Software-Entwickler, sondern Geschäftsleute in feinem Zwirn. Obwohl er gegenüber der Werbebranche immer noch Vorbehalte hatte, sollte er nun als deren Inkarnation auftreten.

»Alle hundert Jahre erleben die Medien eine Veränderung«, sagte er den Leuten, die am 6. November 2007 in einer schillernden Eventlocation in der New Yorker West Side auf Plastikstühlen vor ihm saßen. »Die vergangenen hundert Jahre waren von den Massenmedien geprägt. In den kommenden hundert Jahren werden Informationen nicht einfach nur präsentiert werden. Die Menschen werden sie vielmehr über ihre Kontakte miteinander teilen.«

Die Zuhörer waren wahlweise perplex oder amüsiert über diesen jungen Wichtigtuer von CEO, der sich gerade als mongolischer Eroberer der Madison Avenue gerierte. Nach dem Erfolg der Plattform war man allerdings gewarnt, den jungen Facebook-Gründer nicht länger als naiven Außenseiter zu betrachten, sondern als jemanden, der sein Geschäft verstand. Nur wenige Anwesende erkannten damals, dass Facebook gerade einen seiner größten Fehler machte.

Während sich die Berichterstattung über den Launch noch auf das Mikro-Targeting und die Social Ads konzentrierte, richtete sich die Aufmerksamkeit schon bald auf die Beacon-Komponente. Wie Kelly und andere gewarnt hatten, kam es durch die automatische Meldung von Käufen auf den dafür vorbestimmten Webseiten zu missliebigen Folgen. Was, wenn die Partnerin eines Mannes, der im Internet einen diamantbesetzten Verlobungsring gekauft hatte, durch Facebooks Newsfeed von seinem Antrag erfuhr, noch ehe er vor ihr niederkniete?[4] So etwas war keineswegs nur ein hypothetischer Extremfall, Ähnliches ereignete sich tatsächlich. Als ihre Einkäufe unter den Mel-

dungen im Newsfeed nachzulesen waren, begannen die User sich zu
beschweren. Unter ihnen war auch die bekannte Branchenanalystin
Charlene Li, die in ihrem Blog verbreitete, wie »geschockt« sie war, als
ihre Freunde von ihrem Kauf eines Couchtischs bei *Overstock.com*
erfuhren. In seinem Kommentar dazu schrieb ein gewisser »Will«,
dass seine Geschichte viel schlimmer sei:

> *Ich habe bei Overstock Verlobungsringe mit Diamanten gekauft, um
> meine Freundin am Silversterabend damit zu überraschen … Wenige
> Stunden später bekam ich telefonisch Glückwünsche zur Verlo-
> bung … Ich sah, dass Overstock die Einzelheiten meines Kaufs (er-
> gänzt durch einen Link zu dem betreffenden Artikel und dessen
> Preis) auf meinem öffentlichen Newsfeed verbreitet und es als Mel-
> dung an alle meine Freunde, einschließlich meiner Freundin, ge-
> schickt hatte.*

Obwohl sich Wills Geschichte nie bestätigen ließ, wurde sie zum Paradebeispiel für die Missachtung der Privatsphäre durch Beacon. Später erfuhr man von einem nachweislich realen Schmuckkunden, den
Beacon bloßgestellt hatte: ein gewisser Sean Lane, der für seine Frau
einen »Eternity-Flower«-Ring aus 14 Karat Weißgold mit 1,5-karäti-
gen Diamanten als Weihnachtsgeschenk gekauft hatte. Diese Nachricht – sowie die Tatsache, dass er den Ring mit 51 Prozent Rabatt
gekauft hatte – wurde seiner Frau und Hunderten seiner Facebook-
freunde gemeldet. »Unser Weihnachtsfest war ruiniert«, erklärte Lane
gegenüber der *Washington Post*.[5] Als Geschichten wie diese die Runde
machten – und andere Nutzer darüber klagten, dass die Liste ihrer
beim Facebook-Partner Blockbuster ausgeliehenen Filme von Freunden und Angehörigen eingesehen werden konnte –, stand man vor
der berechtigten Frage, ob diese Form des Informationsaustausches
der kommenden hundert Jahre tatsächlich ein Fortschritt war.

Trotz der immer lauter werdenden Kritik schwieg Mark Zuckerberg tagelang. Aus dem Launch des Newsfeeds hatte er gelernt, dass
die User erst begreifen mussten, welchen Vorteil ihnen eine anfangs
verhasste Komponente bot. Mit Beacon aber wurden die Nutzer nicht
warm. Stattdessen gewannen sie zum ersten Mal den Eindruck, dass

dieser wunderbare Spaß namens Facebook etwas war, dem man nicht unbedingt vertrauen konnte. Das Unternehmen reagierte mit Verspätung und stellte ein Krisenteam für die Öffentlichkeitsarbeit zusammen. »Den PR-Leuten war sonnenklar, dass es hier um Vertrauen ging«, sagt Tim Kendall. »Die Sache wird euch in Teufels Küche bringen und den Markenwert des Unternehmens beschädigen.«

In einem für das Wirtschaftsmagazin *Fortune* verfassten Artikel schrieb Josh Quittner: »Facebook hat alle gegen sich aufgebracht, die zuvor darauf geschworen haben. Innerhalb nur eines Monats ist es vom Liebling der Medien zu Teufelswerk geworden.« Die Überschrift zu dem Artikel lautete: »Facebook – Ruhe in Frieden!«[6]

»Wir haben zu lange damit gewartet, es den Leuten zu erklären«, meint Brandee Barker. »Es gab intern unzählige Auseinandersetzungen über die Richtung, die wir einschlagen sollten. Sollen wir ein Opt-out schalten oder ein Opt-in? Gibt es Variationen, die es möglich machen, das Produkt beizubehalten? Denn immerhin war es trotz der damit verbundenen krassen Missachtung der Privatsphäre ein äußerst innovatives Werbeprodukt.«

Schließlich entschied man sich bei Facebook für eine Abänderung und bewilligte das Opt-in, also die aktive Einverständnisabfrage, bevor eine Story im Newsfeed veröffentlicht wurde.[7] Damit wurde das rückwirkend eingeführt, wofür sich der Großteil der Führungskräfte ursprünglich eingesetzt hatte. Die Maßnahme brachte die Kritik jedoch nicht zum Verstummen, besonders als sich Experten in Beacons Eingeweide gruben und beunruhigende Eigenschaften seiner Funktionen zum Vorschein brachten. Stefan Berteau von der Gruppe *CA Threat Research* wies nach, dass Daten auch dann an Facebook übermittelt wurden, wenn ein User seine Einwilligung verweigert hatte.[8] Darüber hinaus erfuhr Facebook durch Beacon viele weitere Details über das Verhalten der User auf externen Partnerseiten. Internetseiten. Ja, Beacon lieferte Facebook sogar Informationen über Menschen, die gar nicht bei Facebook registriert waren.[9]

Berteau gab seine Ergebnisse am 29. November bekannt, just an jenem Tag, an dem sich endlich eine Führungskraft von Facebook zu einem Interview bereit erklärte. Während Berteaus Bericht die Runde machte, versicherte Chamath Palihapitiya, Facebooks Leiter des Be-

reichs Operations, der *New York Times,* dass nach einer Verweigerung
der Zugriffserlaubnis seitens der Nutzer keine Daten an Facebook
übermittelt würden.[10] Angesichts der erdrückenden technologischen
Beweise musste Facebook schließlich zugeben, dass Berteaus Darstellung stimmte. Man versicherte aber, dass alle persönlichen Informationen, die Facebook trotz der Ablehnung der User zugeflossen seien,
gelöscht würden. Doch längst forderten Datenschützer, Presse und
User – eine von der politischen Bewegung *MoveOn* organisierte Un-
terschriftenliste hatte über 50 000 Unterzeichner –, dass Facebook
Beacon komplett einstellen sollte.[11]

Zuckerberg hatte beim Newsfeed die Erfahrung gemacht, dass die
beste Reaktion auf Kritik darin bestand, eine Korrektur anzukündi-
gen. Dies hatte er für Beacon gerade getan, aber die erwünschte Ruhe
wollte nicht einkehren. Dass er sich zu diesem Thema nicht öffentlich
äußerte, machte die Dinge nicht besser. Bei Beacons Partnerfirmen
wuchs die Sorge. Coca-Cola und Overstock zogen sich aus dem Programm zurück, andere Partner erwogen das Gleiche.

Nachdem Zuckerberg eine weitere Woche den Kopf in den Sand
gesteckt hatte, verfasste er einen Post unter dem Titel: »Einige Gedanken zu Beacon«.[12] Er gab zu, dass Facebook in seinem Eifer, den Usern
den Informationsaustausch untereinander zu ermöglichen, Fehler
unterlaufen seien. Und er gestand ein, die Situation mit seinem
Schweigen nach der Präsentation auf gewisse Weise sogar noch verschlimmert zu haben. »Ich bin nicht gerade stolz darauf, wie wir mit
der Sache umgegangen sind. Und ich weiß, dass wir es eigentlich besser können.« Zum Abschluss kündigte er eine definitive Korrektur an:
»Ein Datenschutzelement, mit dem Beacon gänzlich abgeschaltet
werden kann.«

Die Empörung legte sich, weil nur wenige die Möglichkeit des
aktiven Opt-in nutzten und noch weniger Nutzer wussten, dass
auch weiterhin Informationen über ihre Einkäufe an Facebook flossen, sofern sie in der Datenschutzsteuerung nicht die entsprechende
Abschaltfunktion aktivierten. Der einzige Unterschied zu vorher bestand für die meisten Nutzer also nur darin, dass ihre Einkäufe nicht
mehr im Newsfeed erschienen. Facebook sollte das Beacon-Plug-in
erst knapp zwei Jahre später entfernen. Damit wollte das Unterneh-

men eine Sammelklage abwenden, die einige Nutzer angestrengt hatten, die sich durch Beacon geschädigt fühlten. Hauptkläger: Sean Lane, der Mann mit dem Diamantring und dem verpfuschten Weihnachtsfest.

»Wir fühlten uns mies, wir waren uns bewusst, dass wir einen Fehler gemacht hatten«, sagt Tim Kendall, »aber davon ließen wir uns nicht unterkriegen. Und das ist das Geniale an dieser Firma, finde ich. Wir zerfleischen uns nicht selbst, wenn etwas nicht geklappt hat. Das ist ein wesentlicher Grund für unseren Erfolg.«

Doch Beacon hatte eine andere Größenordnung als die anderen Krisen in der noch kurzen Geschichte des Unternehmens. Die Leute begannen, unangenehme Fragen zu stellen, und prüften genauer, welchen Teil ihrer privaten Daten sie opfern mussten, wenn sie sich an einem über Werbung finanzierten sozialen Netzwerk beteiligten. Um sich mit dieser neuen Skepsis auseinanderzusetzen, brauchte man neue Methoden. Und nachdem die Stimmen immer lauter geworden waren, die Zuckerberg empfahlen, sich eine erfahrene Kraft als Ergänzung in die Unternehmensführung zu holen, zog auch er diese Option zunehmend in Erwägung. Es war die berühmte »Aufsicht von Erwachsenen«, die Investoren bei jungen, tech-orientierten Unternehmensgründern im Interesse der wirschaftlichen Entwicklung gern einforderten. Und so begann man nun ernsthaft mit der Suche nach einer zweiten Person an der Spitze, die selbst CEO-Qualitäten mitbrachte.

9   SHERYLS WELT

ntimität.
Mit diesem Wort beginnt Sheryl Sandberg ihre Abschlussarbeit für Harvard. Sie widmet ihm einen eigenen Absatz, in dem sie skizziert, wie die positiven Gefühle, die mit diesem Wort verbunden sind, umschlagen können, wenn Gewalttätigkeiten in eine Liebesbeziehung hereinbrechen und sie zerstören können.

Die Arbeit aus dem Jahr 1991 steht unter der Überschrift: »Wirtschaftliche Faktoren & intime Gewalt«[1] und ist trotz ihres eindrucksvollen Beginns eine sachliche, ausgewogene Untersuchung, die detailliert und überzeugend darstellt, wie die finanzielle Abhängigkeit Frauen dazu verleiten kann, bei ihren gewalttätigen Männern zu bleiben. Für eine 21-jährige Studentin ist die Abhandlung beeindruckend; zudem trägt sie bereits alle Züge, die Sheryl später auszeichnen sollten: eine stille Leidenschaft für die Rechte der Frauen, die uneingeschränkte Bereitschaft zu harter Arbeit und – hier kommt der Haken – die Überzeugung, dass selbst die privatesten Probleme mithilfe von Logik und Fakten gelöst werden können. Was Sheryl ausmacht, lässt sich in drei Schritten nachvollziehen: Sie bringt dich dazu, dich zu öffnen; sie hilft dir bei der Suche nach der Lösung deines Problems; und sie wird dich rechtzeitig vor ihrem nächsten Meeting auch schon wieder weitergeschickt haben.

Ein weiterer für Sheryl später typischer Zug sind die ausschweifenden Danksagungen an Mentoren und Unterstützer. In ihrer Abschlussarbeit befasst sie sich am längsten mit ihrem Zweitbetreuer Lawrence Summers, dem Superstar unter den Ökonomen und späteren Universitätspräsidenten von Harvard.

Dass Sheryl Sandberg Summers Gunst gewann, ist ein Paradebeispiel für die Mechanismen einer leistungsorientierten Gesellschaft. Sheryl wuchs in Florida auf.[2] Ihre Mutter arbeitete als Englischlehrerin, der Vater war ein gefeierter Augenarzt. Sowohl ihr Bruder als

auch ihre Schwester schlugen die medizinische Laufbahn ein. Eine
Familie also, in der Ziele gesetzt und ehrgeizig verfolgt wurden.

In ihren Büchern beschreibt Sheryl sich selbst als jemanden, der
unentwegt am Organisieren war, und zitiert aus der Rede, die ihre
Schwester Michelle auf ihrer Hochzeitsfeier hielt: »Manche glauben,
wir sind Sheryls jüngere Geschwister, tatsächlich aber sind wir Sheryls
erste Angestellte. Soweit wir wissen, hat sie als Kind nie gespielt, sondern einfach nur die Spiele der anderen Kinder organisiert.«[3] Dass
Sandberg dies erwähnt, verweist auf eine gewisse Selbstkritik, doch
man spürt darin auch eine leise Verletztheit. Später beklagte Sandberg
oft, Mädchen, die ihre Führungsqualitäten offen zeigten, würden mit
der Bezeichnung »herrisch« abqualifiziert. Dies sei einer der Gründe,
warum sie ihre Leistungen oft verheimlicht habe. (Allerdings nicht
alle: Als sie sich als 13-Jährige für russische Juden einsetzte, wurde in
dem Zeitungsartikel, der darüber berichtete, hervorgehoben, Sheryl
habe ihre erste Kundgebung zu diesem Thema bereits als Einjährige
besucht.[4])

Ihr Leben in Harvard verlief völlig anders als das ihres späteren
Chefs. Als sie dort eintraf – in Leggins, mit kurzem Jeansrock darüber
und einem Sweatshirt der Footballmannschaft Florida Gators[5] –, war
sie voller Begeisterung und Tatendrang (einen Teil ihrer Energie verwendete sie auf Aerobic-Kurse, die sie während ihrer vier Jahre in
Harvard gab). Doch während sie von anderen als sprudelnde und
energiegelandene Persönlichkeit wahrgenommen wurde, verspürte
sie selbst einen ständigen Leistungsdruck – mangelndes Selbstwert-
gefühl trieb sie an, doppelt so hart zu arbeiten wie andere. »Keep Smi-
ling« wurde zum obersten Gebot, selbst wenn sie sich elend fühlte. In
ihrem ersten Jahr an der Uni hatte sie zu kämpfen, stellte beispielsweise fest, dass ihr für das Seminar über die Helden der griechischen
Antike das Vorwissen fehlte, da sie weder die *Ilias* noch die *Odyssee*
kannte, zwei Werke, für die sich Mark Zuckerberg schon in seiner
Schulzeit begeistert hatte. In einem politikwissenschaftlichen Seminar sollte sie einmal ein fünfseitiges Thesenpapier schreiben. Sie quälte sich tagelang damit ab und war am Boden zerstört, als sie nur eine
mittelmäßige Note bekam, was im leistungsorientierten Harvard einem Versagen gleichkam. »Ich habe mich hingesetzt und noch mehr

angestrengt, und am Ende des Semesters hatte ich gelernt, wie man ein Thesenpapier mit fünf Seiten schreibt«,[6] erzählte sie Jahre später ihren Lesern. Dieser Ansatz ist typisch für Sandbergs späteres Vorgehen im Berufsleben: Man muss sich nur ausreichend vorbereiten und Sorgfalt walten lassen, dann ist einem eine hervorragende Note praktisch sicher. Selbst das hartnäckigste Problem kann mithilfe guter Arbeit gelöst werden.

Nach dem Abschluss war ihre erste Station ein Abstecher in die damals von Larry Summers geleitete Weltbank, wo sie deren Bemühungen unterstützte, Krankheiten und andere Probleme von Entwicklungsländern zu lösen (und wo sie Bono kennenlernte). Dann ging sie zurück nach Harvard, um ihren MBA zu machen. Es folgte ein kurzer Zwischenstopp bei McKinsey, weil Harvard-Business-Absolventen das in den 1990er-Jahren nun einmal so machten. Als Präsident Bill Clinton Larry Summers 1995 zum Finanzminister ernannte, wurde Sheryl Sandberg von ihrem einstigen Mentor gebeten, als seine Stabschefin zu fungieren. »Es gab eine Sache, von der Sheryl immer felsenfest überzeugt war: Wenn es bei Tagesbeginn dreißig Punkte auf ihrer To-do-Liste gab, dann würde sie am Ende des Tages dreißig Häkchen dahinter vorweisen können«,[7] erzählte Summers später dem *New Yorker*.

Nach dem Ende von Clintons Amtszeit bemühte sich Googles CEO Eric Schmidt um sie, dem sie während ihrer Recherchen zum Konzept der Internetsteuern begegnet war. »Sheryl, wir sind profitabel«, sagte er und vertraute ihr Informationen an, die damals im Silicon Valley kaum jemand kannte oder verstand. »Du solltest zu uns stoßen.« Sie wusste nicht, in welcher Funktion, doch Schmidt meinte, darauf komme es nicht an. »Für uns zählt nur, dass die Firma rasant wächst«, erklärte er. »Also steig in die Rakete.«[8]

»Als ich nach Hause kam, dachte ich: *Genau, das ist das Richtige*«, berichtet sie. »Also fing ich dort an.« Später riet sie anderen, die erwogen, nach Silicon Valley zu gehen, zum gleichen Schritt. *Steigt in die Rakete! Alles dreht sich um die rasche Expansion!*

Sie kam schließlich in das Verkaufsteam von Google, was einige verwunderte. »Das ist ein Job für eine Dampfwalze«, sagte ihr Boss Omid Kordestani. »Du aber bist ein Porsche.« Sheryl Sandberg wusste, dass sie mit dem Verkauf digitaler Werbung nach dem Prinzip des Targeting Neuland betrat. Google stand kurz davor, AdWords, also sein an die Suchmaschine gekoppeltes Werbeprodukt, vorzustellen, das eines der erfolgreichsten der Geschichte werden sollte. »Ich war davon überzeugt, dass dies die Zukunft der Branche sein würde«, sagt Sheryl Sandberg. Um eine neue Firmensparte aufzubauen und den Anzeigenverkauf auf Zahlen und Fakten zu stützen anstatt auf Schmeicheln und Überreden, war es ihr nur recht, wie eine Dampfwalze vorzugehen.

Sandberg gehörte nie zu den Leuten, die Handlungen nach Gut oder Böse einstuften. Einmal erklärte sie, ihrer Beobachtung nach herrsche in Unternehmen oft eine Überzeugung, die in krassem Gegensatz zu ihrem eigentlichen Ethos stehe. »Meine Einstellung war daher immer, mich bedeckt zu halten und meine Arbeit zu tun«, erzählte sie mir einmal. »Ich konzentrierte mich darauf, meine Zahlen zu liefern.« Und das tat sie: Bei Google verantwortete sie schließlich als stellvertretende Geschäftsführerin den globalen Onlineverkauf.

Gegen Ende 2007 war es an der Zeit, Google zu verlassen. Sandberg wusste, dass einige Veränderungen anstanden. Google-Mitbegründer Larry Page würde der nächste Anwärter auf den Posten des CEO sein, Eric Schmidt, der sie geholt hatte, würde dann in den Verwaltungsrat wechseln. Kordestani würde zum CBO des gesamten Geschäftsbereichs Sales und Marketing aufsteigen. Sandberg erlag nicht der Versuchung, auf dessen ursprünglichen Posten nachzurücken. Don Graham, der Chef der *Washington Post*-Company, der sich schon nach ihrer Zeit im Finanzministerium um sie bemüht hatte, bot ihr nun einen Job an der Spitze des Unternehmens an. Doch Sandberg war inzwischen mit dem Unternehmer David Goldberg verheiratet, dessen Beständigkeit in krassem Gegensatz zu ihrem ehrgeizigen Karrierestreben und ihren Erwartungen an das Leben stand. Graham musste zugeben, dass Washington Sheryl nicht die Aussichten bot, die sie in Kalifornien vorfinden würde (Goldberg trat kurz darauf die Stellung des CEO einer jungen Firma in Palo Alto namens *Survey Monkey* an). Und dann überraschte Sandberg Graham mit einer Bitte. »Erzähl mir von Mark«, sagte sie.

Sheryl Sandberg stand bereits auf der Liste potenzieller Kandidaten für die Leitung des Operativen Geschäfts, als sie Mark Zuckerberg bei einer Party des ehemaligen Yahoo!-Managers Dan Rosensweig kennenlernte (der ironischerweise auch auf jener Liste stand). Sie verabredeten sich zu einem ausführlicheren Gespräch im »Flea Street Café« in Menlo Park, einem von Feinschmeckern aus der Bay Area geschätzten Restaurant, das auf regionale Produkte direkt vom Erzeuger setzt. Gesprächsstoff gab es genug. Sie vertieften sich so sehr in ihre Unterhaltung – Zuckerberg erzählte von seiner Mission und den dafür nötigen Voraussetzungen –, dass das Lokal sie irgendwann hinauskomplimentierte, weil es zumachen wollte. Kurzerhand setzten sie das Gespräch bei Sandberg zu Hause fort. Dort beendete schließlich ein Blick auf die Uhr die Unterhaltung. »Ich habe Kinder!«, erzählte Sandberg später in Oprah Winfreys Fernsehsendung. »Und sie mussten schon in fünf Stunden wieder aufstehen.«

Als der Anwerbungsprozess weiter Fahrt aufnahm, sprach sie mit Roger McNamee über die Option Facebook. Da Zuckerberg in einer von Frauen dominierten Familie aufgewachsen war, so McNamees Einschätzung, würde er auch damit umgehen können, sich von einer älteren Frau beraten zu lassen. Laut McNamee fürchtete Sandberg, dass Zuckerberg zu jung war, um ihr Vorgesetzter zu sein. (Heute spielt Sandberg den Kontakt zu McNamee herunter und behauptet, er hätte ihr dazu geraten, den Job bei der *Washington Post* anzunehmen. Außerdem bestreitet sie, Sorgen wegen Zuckerbergs Alter gehabt zu haben.)

Die Gespräche erstreckten sich über den Januar und Februar. Zuckerberg zeigte ihr die Büros, die damals auf verschiedene Gebäude im Stadtzentrum Palo Altos verteilt waren. Als er sie nach ihrer Meinung fragte, hatte sie den Eindruck, er wolle von ihr hören, wie cool das alles sei. Sie aber sagte ihm, es sei Irrsinn, von einem Ort zum anderen pendeln zu müssen. »Zieht in ein einziges Gebäude«, empfahl sie ihm. (Ein Jahr später sollten die Abteilungen in einem anderen Stadtteil Palo Altos zusammengefasst werden.)

Während der monatelangen Gespräche mit Zuckerberg, die in einem Jobangebot gipfelten, befassten sich die beiden mit allen möglichen Themen rund um Facebook; aber an einem entscheidenden Punkt wurden die Weichen für die folgenden zehn Jahre und darüber

hinaus gestellt. Es ging um die Struktur der Firma und konkret darum, welche Abteilungen Sandberg in eigener Regie führen sollte und
welche nicht in ihren Verantwortungsbereich fallen sollten. Zuckerberg war der Meinung, dass Sandberg grundsätzlich all das betreuen
sollte, was ihn nicht sonderlich interessierte – Verkauf, Unternehmensrichtlinien, Öffentlichkeits- und Lobbyarbeit, juristische Angelegenheiten und all das Zeug, das einen typischen Computerfreak
eben nervte. Er wollte seine Zeit lieber auf das Produkt verwenden,
auf das, was seine ITler so entwickelten. So hatte er es im Wesentlichen auch mit seinen früheren Führungskräften wie Parker, Van Natta und Palihapitiya gehalten, und obwohl Sandberg eine höhere Position einnehmen würde als sie, wollte er daran nichts ändern. Ihre
Rolle würde darin bestehen, »Mark einen großen Batzen Arbeit abzu-
nehmen«, wie sie sich erinnert. »Es war ganz einfach – er betreute das
Produkt und ich den Rest.«

Da die Produktentwicklung nicht unbedingt Sandbergs Sache war,
wohingegen sie in geschäftlichen Dingen Erfahrung vorweisen konnte, erschien diese Aufteilung sinnvoll. Zudem gewann sie in den Gesprächen den Eindruck, dass Zuckerberg inzwischen erkannt hatte,
dass Facebook ein umfassendes Geschäftsmodell brauchte. Durch die
Aufteilung sollten allerdings einige ungewohnte Interessenkonflikte
entstehen. Die Entwickler, die ein Werbeprodukt gestalteten – wie
etwa neuartige Posts, die möglicherweise in den Newsfeed einfließen
sollten –, berichteten an Zuckerberg und gehörten zu einer ganz
anderen Gruppe als die Mitarbeiter, die die Werbung schließlich ver-
markteten. Sales gehörte zu Sheryls Bereich. Die ITler, die am Newsfeed arbeiteten, gehörten zu Zuckerbergs Mannschaft, während jene,
die darüber entschieden, inwieweit man den Feed der einzelnen Nutzer mit eigenem Content fütterte, für Sandberg arbeiten sollten.

In letzter Konsequenz hatte natürlich Zuckerberg das Sagen. »Alles, wofür ich verantwortlich bin, untersteht ihm, weil ich ihm unter-
stehe«, sagt Sandberg. »Unsere Arbeitsteilung legte nur fest, womit
ich mich befassen würde.«

In den darauffolgenden zehn Jahren des extremen Wachstums, als
das Unternehmen wegen seiner beispiellosen Expansion vor ganz
neuen Aufgaben stand, gab es bei Facebook zwei Gruppierungen: Zu-

ckerbergs Reich und Sheryls Welt. Und sie befanden sich keineswegs
auf Augenhöhe. Zuckerberg leitete die Entwicklung, das Produkt –
nicht nur, weil er davon mehr verstand, sondern weil dies seiner Meinung nach auch das Herz des Unternehmens war. In jenen Tagen
schien das eine Selbstverständlichkeit. Es sollte über zehn Jahre dauern, bis er begriff, welchen Fehler er damit gemacht hatte.

Sandberg richtete ihr Hauptaugenmerk auf Geldverdienen, um Facebook irgendwann profitabel zu machen, und zwar am liebsten *extrem*
profitabel – ganz so wie ihr früherer Arbeitgeber. Wegen Zuckerbergs
mangelnder Erfahrung umfasste ihr Aufgabengebiet jedoch sehr viel
mehr. Sie sollte Facebooks Operatives Geschäft leiten. Deshalb achte-
te sie darauf, dass die Aufgabe, Facebook zu einem Großunternehmen zu machen, explizit in ihren Verantwortungsbereich aufgenommen wurde. »Dass das Geschäftliche lief, war Teil davon, doch es war
nicht das einzige«, sagt sie.

Von Beginn an hatte sie sehr konkrete Vorstellungen. An ihrem
ersten Arbeitstag besuchte sie die Auftaktveranstaltung – das Boot
Camp – für neue Mitarbeiter und hörte sich die übliche Motivations-
rede von Chris Cox an. Sie handelte von Facebooks hochfliegender
Mission, die intern allmählich zur Legende wurde. Doch dann
sprengte Sheryl das Einführungsprogramm, indem sie selbst zu einer
Ansprache ansetzte. Sie erklärte den erstaunten Neulingen, es gebe
eine umgekehrte Pyramide der Werbung. Der untere Teil werde von
ihrem einstigen Arbeitgeber Google dominiert, der die Wertschöpfung aus den *Absichten* der Nutzer generiere (durch deren Suchanfragen). Facebook hingegen würde ein weit größeres Geschäft machen
können: Es habe das Potenzial, *Nachfrage zu erzeugen* und daraus
Geld zu generieren, was den weitaus breiteren, oberen Bereich der
Pyramide einnehme. Tag für Tag loggten sich die Leute auf Facebook
ein, um Neuigkeiten zu erfahren und von ihren Interessen zu berichten. Deshalb könnten die Werbekunden auf Facebook den Nutzern
auch Dinge verkaufen, von denen diese noch gar nicht wussten, dass
sie sie brauchten.

Zuckerberg und Sandberg vereinbarten, sich regelmäßig zu Beginn und am Ende jeder Woche zu treffen, wodurch sich im Laufe der Zeit ein enger Kontakt zueinander entwickelte. In einem der ersten Führungskräftemeetings, das Sandberg besuchte, sprach sie über die Skala, die von den Personalvermittlern bei der Bewertung der Bewerber verwendet werden sollte. (Die einzig angemessene sei eins zu fünf, beharrte sie.) Zuckerberg verdrehte die Augen. Nach dem Treffen entschuldigte er sich und versprach, sie nie wieder auf diese Weise zu düpieren.

Sandberg machte sich daran, möglichst viele der Facebook-Mitarbeiter persönlich kennenzulernen, um mehr über die Einstellungskriterien, den Aufbau und die Kultur des Unternehmens zu erfahren. Aber sie befasste sich auch ausführlich mit der Psyche ihres neuen, jungen Chefs, indem sie Personen befragte, die ihn gut kannten. Sie hatte erlebt, wie geschickt Eric Schmidt mit den jungen Gründern von Google umgegangen war, die er in der Öffentlichkeit ausnahmlos als Genies bezeichnet hatte. »Ich habe ihr eine Ausgabe von ›Das große Spiel‹ gegeben und gesagt: *Lies das, wenn du Mark verstehen willst*«, sagt Joe Green. (Der Held ist ein Teenager, der die Welt rettet, als sich herausstellt, dass das Kriegsspiel, an dem er teilnimmt, nicht virtuell, sondern real ist.) Obwohl Sandberg im Beisein von Freunden gelegentlich die Augen verdrehte, wenn von Mark Zuckerberg die Rede war, schwärmte sie öffentlich von ihrer Zusammenarbeit nur in den höchsten Tönen.

Zuckerbergs frühere »Adjutanten« – Parker, Van Natta und Palihapitiya – waren ausnahmslos Mitarbeiter mit einer Neigung zum Chaos gewesen; Typen, die gerne schwadronierten und die ihrem Boss mit seiner Kumpelhaftigkeit und seinen überstürzten Entscheidungen nicht nur bei der Einführung neuer Produkte sondern auch in der gesamten Firmenleitung keine Grenzen gesetzt hatten. Sandberg machte sich unverzüglich daran, dies zu ändern. Recht bald nach ihrem Einstieg ins Unternehmen lud sie alle weiblichen Führungskräfte zu einer Cocktailparty zu sich nach Hause ein und ließ sie wissen, dass die »Ära der Buddies« vorüber war. Wie schon bei Google bemühte sie sich um die jungen Frauen, die bei Facebook arbeiteten; sie organisierte regelmäßige Arbeitsfrühstücke, bei denen sie sich nach ihrem Privatleben erkundigte, ihnen Rat anbot und ihre Unterstützung zusicherte. Sie nahm an Treffen mit verschiedenen Frauenzirkeln teil, die sich innerhalb des Unternehmens gegründet hatten, und lud die Frauenrechtlerin Gloria Steinem zu sich nach Hause ein, damit die Facebook-Frauen sie kennenlernen konnten.

Dave Morin erinnert sich an einen Vorfall, der sich zu Beginn von Sandbergs Zeit bei Facebook ereignete. Als sie vor einem Problem stand, ließ sie die *crème de la crème* des Unternehmens nicht rätseln, was Zuckerberg und sein innerer Kreis wohl davon halten würden; stattdessen trommelte sie die Teams zusammen, und dann setzte man sich auf den Boden und diskutierte, was zu tun sei. »Viele von uns waren noch grün hinter den Ohren und hatten keine Ahnung von Mitarbeiterführung. Uns fehlte die Fähigkeit zu präziser Kommunikation«, berichtet Morin. »Sie brachte das Instrumentarium dafür mit und sorgte dafür, dass es bei uns ein bisschen erwachsener zuging.«

Alles in allem galt Sandberg als die perfekte Ergänzung zu Zuckerberg. »Sie verkörperte all das, was Mark fehlte«, sagt Ezra Callahan. »Sie war diplomatisch, eloquent, und sie spielte keine Spielchen. Die einzelnen Abteilungen bekamen unter ihr das Gefühl, wichtig zu sein, ganz anders als bei Mark, der immer stärker darauf pochte, dass die technische Entwicklung des Produkts den Vorrang hatte und wir anderen den Mund halten und unseren Job machen sollten. Nun mussten wir nicht mehr befürchten, dass sich diese milliardenschwere Firma einmal zu oft einen großen Flop leistete. Stattdessen dachten wir: *Okay, nun geht's los!*«

Nicht lange nach Sandbergs Arbeitsantritt ging Zuckerberg zum ersten Mal seit der Gründung von Thefacebook in einen längeren Urlaub und reiste mehr als einen Monat lang um die Welt. »Mit Sheryl an Bord hatte ich das Gefühl, mit gutem Gewissen gehen zu können; außerdem wollte ich ihr Zeit geben, sich zu etablieren«, sagt Zuckerberg. Er brach allein auf, mit leichtem Gepäck, und besuchte Freunde an verschiedenen Orten. Von Europa aus ging es weiter nach Osten. Eins seiner Ziele war ein abgelegener Ashram in Indien; Zuckerberg reizte dieser Abstecher auch deshalb, weil Steve Jobs dort gewesen war, bevor er Apple gründete. Die Reise verlief nicht glatt, sondern, ganz typisch für einen 24-Jährigen, der allein ins Ausland fährt, voller Hochs und Tiefs. Er legte Stopps in Berlin, Helsinki und Kathmandu ein, bemühte sich um die Einreise nach Russland, bekam aber kein Visum. Beim Trecking in Nepal wurde er krank, und die Einheimischen versuchten ohne großen Erfolg, ihn mit Yak-Milch zu kurieren.

Der Besuch des Ashrams brachte ihm keine plötzliche Erleuchtung, obwohl er die geplante eine Nacht wegen eines Sturms auf mehrere ausdehnen musste. Er verbrachte die Zeit mit »Schreiben und Meditieren«. Doch Facebook ging ihm nie ganz aus dem Kopf, und in dem Tagebuch, das er führte, sammelten sich Ideen, die er bei seiner Rückkehr in die Tat umsetzen wollte. »Ich weiß noch, dass ich viel darüber nachgedacht habe, auf welche Weise die Leute kommunizieren und was für ein Gefühl es ist, als Teil einer Gruppe mit anderen gemeinsam zu handeln«, sagt er. »Ganz sicher hat mich das in meinem Glauben an unsere Mission bestätigt – dass wir die Welt offener machen und die Leute miteinander verbinden müssen.«

Diese Einsicht sollte später zu einem weiteren Besuch in Indien führen. Dieses Mal würde Zuckerberg von einem ganzen Hofstaat begleitet und sowohl als Vorbild empfangen als auch als Kolonist beschimpft werden, der der Milliardenbevölkerung des Landes Facebook aufzwang. Aber bis dahin sollten noch viele Jahre vergehen.

Während Zuckerberg um die Welt reiste, nutzte Sandberg seine Abwesenheit, um sich mit den anderen auf ein Geschäftsmodell zu einigen. Dabei musste sie keineswegs bei null anfangen. Zwar war Beacon völlig abgestürzt, aber der Rest des damit einhergehenden Werbekonzepts – die Pages, das Targeting und die Abrechnung per Klick – war gut angelaufen. »Unsere geschätzte Gewinnprognose belief sich auf 500 Millionen Dollar«, sagt Tim Kendall, der nach wie vor für die Wertschöpfung des Unternehmens verantwortlich war und sich bereitwillig in Sandbergs Team eingegliedert hatte. (Er sollte noch weitere zwei Jahre auf diesem Posten bleiben, ehe er zu Pinterest wechselte und schließlich dessen Geschäftsleitung übernahm). Noch wichtiger waren für Facebook jedoch die mit Microsoft ausgehandelten Verträge, die dem Unternehmen sichere Einnahmen garantierten. »Dadurch hatten wir Luft nach oben«, sagt Mark Rabkin, der verantwortliche Entwickler im Bereich Werbung. Wenn Facebook nicht alle Werbeplätze aus seinem eigenen System besetzen konnte, sprang Microsoft ein, wobei diese Anzeigen oft einen höheren Preis erzielten, als Facebook ihn in jenen Tagen erreichen konnte. Das zeigte sich auch, wenn Facebooks Anzeigenserver abstürzten. »Als wir den Crash genauer untersuchten, stellte sich heraus, dass wir Mehreinnahmen von 50 000 Dollar hatten, denn als unser System den Geist aufgab, lief alles über das System von Microsoft, und die zahlten eine höhere Garantiesumme«, erklärt Rabkin. (Einige Monate später zahlten auch die Facebook-Werbekunden höhere Preise, sodass Vorfälle wie diese bis zum Ende des Microsoft-Deals 2009 nicht mehr vorkamen.)

Für Sandberg war es eine Selbstverständlichkeit, dass Facebooks Geschäft die Werbung war, alles andere schmückendes Beiwerk. Das gefiel nicht jedem in der Firma; besonders unter den jüngeren Mitarbeitern gab es einige, die Werbung ablehnten und meinten, Facebook solle sich nicht korrumpieren lassen. Selbst Zuckerberg war nicht uneingeschränkt dafür – nach den Ereignissen um Pandemic hatte ihm Rabkin im Herbst erklärt, dass sie mehr Leute einstellen müssten. Fünf ITler reichten nicht aus, um ein Milliarden-Dollar-System zu betreuen. Bei Google arbeiteten vierhundert! »Also, wie viele brauchst du, um das beste System der Welt aufzustellen?«, fragte Zuckerberg. Rabkin nahm all seinen Mut zusammen und antwortete … zwanzig. »Das erscheint mir viel – lass mich mal drüber nachdenken.« Rabkin erinnert sich, dass es noch zwei weitere Jahre dauern sollte, bis tatsächlich zwanzig Entwickler für ihn an den Werbeprodukten arbeiteten. (Heute sind es, wie bei Google, Hunderte.)

Sandberg setzte für dienstag- oder mittwochabends Meetings mit einer Auswahl von Führungskräften aus allen Bereichen an und überlegte mit ihnen gemeinsam, wie Facebook andere Einnahmequellen jenseits der Werbung auftun könnte. WORAUF BERUHT UNSER GESCHÄFT?,[9] schrieb sie auf ein Whiteboard. Auf Gebühren, die wir von den Unsern nehmen? Auf einer Suchmaschine? Zig Optionen wurden erwogen, doch keine schien geeignet – keine, außer der Werbung. Es war genau das Ergebnis, das Sandberg vorgeschwebt war. »Damals erschien mir diese Übung sinnlos«, erzählt Kendall. »Aber rückblickend war es genial, sich die Zustimmung von allen Seiten zu sichern.«

Die Gruppe gelangte zu einem Konsens – Facebook würde sich auf die Nachfrage konzentrieren, so wie Sheryl es bereits an ihrem ersten Arbeitstag mit der umgedrehten Pyramide skizziert hatte. Da das Unternehmen derartig viele Informationen von seinen Nutzern sammelte, konnte es vorhersehen, wann der Einzelne bereit war, auf ein bestimmtes Produkt zuzugreifen oder auch einen bestimmten politischen Kandidaten zu wählen. Hingegen würde Facebook nicht, wie Sandberg beteuerte, auf das schnelle Geld setzen, indem es seinen Werbekunden ermöglichte, die ganze Homepage zu übernehmen oder überdimensionale Banner zu schalten (Zuckerberg hatte dies zuvor ebenfalls abgelehnt).

In jenen Tagen hatte MySpace seine Startseite an einen »Batman«-Film abgegeben; danach zeigte es eine Werbung, in der auf einem komplett grünen Bildschirm von einem Film über den unglaublichen Hulk geschwärmt wurde. »Bei so einem Werbekonzept wird einem die ganze Homepage abgenommen – und dann noch von irgend so einem grünen Ding«, sagt Sandberg. »Bei meinem ersten Treffen mit einem der großen Filmproduzenten beschimpfte mich diese Frau, die Leiterin des Marketings, tatsächlich, weil wir eine Übernahme unserer Webseite im Hulk-Stil für ihren Film ablehnten; sie stürmte wütend aus dem Büro«, erinnert sich Sandberg. Nein, Facebook würde es besser machen. Da die Nutzer mit Facebook ein tolles Erlebnis verbanden, sollte auch die Werbung etwas Angenehmes sein. »Wir brauchten keinen Hulk, der einem entgegenspringt.«

Nach seiner Rückkehr nahm auch Zuckerberg an den Besprechungen teil. Gegen die bisherigen Ergebnisse der Gespräche hatte er nichts einzuwenden, Sandberg konnte sich nun auf Zusammenstellung ihres Teams konzentrieren. Weil sie dafür auf eine lange Adressenliste von Freunden und Bekannten zurückgriff, mit denen sie sorgsam Kontakt gehalten hatte, prägte man bei Facebook die Bezeichnung »FOSS«

für die Neuen: »Friend of Sheryl Sandberg«. Zu ihnen gehörte auch Sandbergs Freundin Marne Levine, die Büroleiterin von Facebooks Dependance in Washington, D.C., werden sollte.

Während Zuckerbergs Kontakte sich vor allem auf das »kleine Team« beschränkten – jenen überschaubaren Zirkel an Führungskräften, die ihm als inoffizielle Berater dienten –, bevorzugte Sandberg eine durchorganisierte Mannschaft inklusive Assistenten. (Die größte Gruppe an Managern firmierte intern unter »M-Team«.) Sandberg hatte ihren eigenen Stabschef, eine Funktion, die sie selbst einst bei Larry Summers im Finanzministerium bekleidet hatte.

Am meisten für Furore sorgte der Neuzugang Elliot Schrage, Googles oberster Firmensprecher und Chefstratege, der die gleiche Funktion bei Facebook übernehmen würde. Brandee Barker, die bisherige Leiterin des PR-Bereichs, fühlte sich vor den Kopf gestoßen. Doch nachdem sie mit einem der firmeneigenen »Coaches« gearbeitet hatte, die den Führungskräften bei Facebook zur Verfügung standen, konnte sie sich damit arrangieren. »Ich musste einsehen, dass Facebook in eine Richtung steuerte, für die man jemanden wie Larry brauchte. Die Firma war dermaßen gewachsen, dass es meine Fähigkeiten überstieg.« Barker konzentrierte sich von nun an auf die Produktkommunikation. Wegen dieser Sache das Gespräch mit Zuckerberg zu suchen, habe sie nie in Betracht gezogen. »Mark steht nicht gerade in dem Ruf, mit jemandem zu reden, wenn da schon eine neue Person in Warteschlange ist«, sagt sie.

In Sandbergs Vertrag mit Google war festgelegt, dass sie in ihrem ersten Jahr bei Facebook niemanden von Google abwerben durfte (Schrage war von sich aus gegangen). Dennoch fürchtete man bei Google einen Exodus, weshalb ihre früheren Chefs Jonathan Rosenberg und Omid Kordestani einige Monate nach Sandbergs Arbeitsantritt das Gespräch mit ihr suchten.[10] (Als Sandberg in Zusammenhang mit Googles unrechtmäßigen Vereinbarungen mit anderen Firmen zur Einschränkung der Abwerbung eine eidesstattliche Erklärung abgab, führte sie an, sich einer Unterredung verweigert zu haben.) Nach Ablauf der Sperrfrist öffneten sich sämtliche Schleusen. Kaum hatte das Abwerbeverbot geendet, ging Sandberg die Liste der ehemaligen Kollegen durch, die sie bei Facebook haben wollte. Sie ergatterte drei Führungskräfte, unter ihnen Greg Badros (der zwei Jahre zuvor zu einem Interview in Zuckerbergs Wohnung gewesen war).

Dieser Vorstoß bestätigte Googles schlimmste Befürchtungen – ein teures Wettringen um Talente ohne eine geheime Nicht-Abwerberegelung begann. In den darauffolgenden Jahren gaben beide Unternehmen Hunderttausende Dollar aus, um Mitarbeiter des jeweils anderen zu sich zu locken oder um Leute im eigenen Haus zu halten, die Angebote von der Konkurrenz erhalten hatten.

Natürlich gingen Sandbergs Kontakte weit über Google hinaus. Sie holte Carolyn Everson von Microsoft, die ihre Stelle dort gerade erst angetreten hatte, und übertrug ihr die Leitung des Vertriebs bei Facebook. (Everson teilte Microsofts CEO Steve Ballmer ihre Kündigung beim Golfen mit; er sei darüber so aufgebracht gewesen, dass sie mit Argusaugen jede Bewegung seines Golfschlägers verfolgt habe. »Aber zum Glück versuchte er nicht, mich damit zu schlagen«, erklärt sie.)

In ihrem Einstellungsgespräch mit Zuckerberg hatte sie den Eindruck, dass ihr zukünftiger Chef noch nicht verstanden hatte, warum sich ein Unternehmen um die Verbreitung seines Markennamens kümmern musste. Seine Mutter benutze immer das gleiche Shampoo, erklärte er Everson, daran würde auch Werbung nichts ändern. Everson erklärte es ihm am Beispiel von BMW und Mercedes. Solange man jung war, zog man einen solchen Wagen vielleicht nicht in Erwägung. Aber wenn durch Werbung über zwanzig Jahre hinweg ein Bedürfnis geweckt wurde, kaufte man sich vielleicht so einen Schlitten, wenn man das Alter erreicht hatte, in dem Konsumenten nun einmal Autos der Luxusklasse erwarben.

Nach ihrem Arbeitsantritt stellte Everson – sie war diejenige, die die Kontakte zu den Vertriebsmanagern der bedeutenden Marken aufbaute – fest, dass sie vor größeren Schwierigkeiten stand als erwartet. »Ich hatte gedacht, dass sich hier schon eine Routine eingestellt hatte und das Geld Facebook nur so zufließen würde«, sagt sie. »Tatsächlich war alles brandneu, befand sich noch im Aufbau, und eingeschliffen war hier gar nichts.«

Zuckerberg wusste das, aber er konzentrierte sich wie immer auf die langfristigen Ziele. Wenn Facebook wirklich ganz und gar in die Werbung einsteigen wollte, dann war »das Ringen um das richtige

Produkt, die internationale Einführung, der Erfolg des Teilens, viel wichtiger als das schnelle Geld, das wusste Zuckerberg ganz genau«, sagt Mark Rabkin. Wie immer ging es ihm ums Produkt – welche neue Werbeform konnte man entwickeln, nun, da man auf dem Weg zum wirtschaftlichen Erfolg war? Da Facebook nach der katastrophalen Aufnahme von Beacon den gesponserten Content aus dem Newsfeed zurückgezogen hatte – der Feed sollte auch in den kommenden Jahren werbefrei bleiben –, musste das Unternehmen neue Wege einschlagen. Ein Schritt in diese Richtung bestand in den sogenannten Engagement-Anzeigen, bei denen ein Kunde etwas auf die Seite eines Users stellte, um ihn oder sie zu einer Aktion aufzufordern: die Einladung zu einer Veranstaltung anzunehmen oder die Facebook-Seite des Werbekunden zu besuchen.

Parallel dazu stützte sich das Unternehmen auf die Fundamente, die es bereits gelegt hatte: die Pages, das Targeting, nach Gebot geschaltete Werbung und deren Abrechnung nach Klicks. Doch dann entwickelte man eine Idee, die nicht nur den Wert all dessen, sondern auch Facebooks Bedeutung insgesamt ungeheuer steigern sollte: den »Like-Button«[11].

Seinen ersten Auftritt hatte das Feature im Juli 2007, knapp ein Jahr nach Einführung des Newsfeeds. Der Button mit dem internen Namen »Props« sollte den Nutzern die Möglichkeit geben, bestimmte Beiträge in ihren Feeds positiv zu bewerten. Die Idee stammte von Leah Pearlman, die im Bereich Produktdesign arbeitete. Eine Freundin hatte sie darauf gebracht, indem sie davon sprach, ob man Posts, die man besser vermied, nicht mit einer stilisierten Bombe kennzeichnen könnte. Pearlman drehte das Ganze um und schlug ein Feature vor, mit dem man seine Begeisterung signalisieren konnte. Dies würde den Usern auch ersparen, auf bestimmte Posts (neue Arbeitsstelle, Verlobung, ein cooler Urlaub …) mit Komplimenten oder anderen Glückwunschfloskeln zu antworten. »Es ging darum, dieses von uns geschaffene, riesige soziale Netzwerk auf die einfachste Weise mit positiven Vibes, mit Liebe und Zustimmung zu erfüllen«, sagt Justin Rosenstein, der das Konzept des Likens zusammen mit Pearlman entwickelte. Da dies ohne Klicks nicht möglich war, versuchte man, sich auf einen einzigen zu beschränken. Für Rosenstein, den Produktmanager der Pages, boten die Likes außerdem die Möglichkeit, das Engagement-Marketing mit kommerziellen Inhalten zu unterstützen. »Wir konnten mit dieser Werbung jemanden ansprechen, der eine bestimmte Seite mochte, oder eine Seite bei Leuten bewerben, die ähnliche Seiten mochten«, sagt Rosenstein. Die unkomplizierte Art, mit einem Klick seine Wertschätzung zu zeigen, war also nicht nur ein nettes Instrument für die User, sondern auch von Vorteil für die Werbung – als subtiles Mittel, die Interessen eines Users herauszufiltern, ohne dass dieser sie deutlich erkennbar mit Facebook geteilt hatte.

Das Ringen um den passenden Namen des Features führte zu einem wilden Hin und Her von E-Mails. Eine der Arbeitsgruppen nannte es vorübergehend »Awesome Button« – »Spitze-Button« –, obwohl dieser Begriff an die chaotische Vorstellung des Newsfeeds erinnerte. Auch ein Stern, das Plus-Zeichen und das Daumen-hoch-Symbol wurden in Betracht gezogen. Bei einem Hackathon in jenem Sommer entwarf und programmierte Rosenstein gemeinsam mit einem kleinen Team einen Prototyp des Buttons mit einem Stern als Icon. Danach geriet das Projekt jedoch aus verschiedenen Gründen ins Stocken.

Später in jenem Jahr trat ein Start-up namens *FriendFeed* auf den Plan. Dessen Webseite zeigte einen eigenen Feed mit einem Konglomerat aus Nachrichten und Posts diverser sozialer Netzwerke, denen die User angehörten. Und sie hatte einen Like-Button. Wie Andrew Bosworth in seiner inoffiziellen Geschichte des Like-Buttons erzählt, wurde dies bei Facebook damals nicht weiter beachtet.[12] Und als Zuckerberg entschied, dass der Spitze-Button für ein Feedback nicht den richtigen Ton traf und ihn in »Like« umbenannte, hatte Facebook FriendFeed bereits aufgekauft. (Damit schaffte man sich nicht nur einen potenziellen Konkurrenten vom Hals, sondern gewann auch dessen Mitbegründer Bret Taylor, einen ehemals bei Google beschäftigten erstklassigen Entwickler, der später bei Facebook die technische Leitung übernehmen würde.)

Paul Buchheit, der zweite Gründer von FriendFeed, stellte amüsiert fest, dass Facebook ebenfalls an einem Like-Button arbeitete, ein Projekt, das er nur unterstützen konnte. »Ich kann mit hundertprozentiger Sicherheit sagen, dass der Begriff von FriendFeed stammt. Und er zeigt hervorragend, welchen Unterschied ein einziges Wort machen kann. Es wäre doch komisch, wenn jemand immerzu ›Spitze‹ sagte! ›Like‹ oder ›Gefällt mir‹ klingt irgendwie nett, nicht bedeutungsschwer und fast schon inhaltslos. Damit wird kein wichtiger Kommentar abgegeben.«

Das Thema Feedback spielte zu dieser Zeit auch bei Facebook selbst eine Rolle. Ein Team von Entwicklern war mit der Neuausrichtung der Feedback-Funktion auf der Webseite beschäftigt. Die Arbeitsgruppe schloss sich mit dem Team des »Awesome«-Button zusammen und brachte einige neue Ideen ein. Die letztendliche Entscheidung für das Symbol mit dem hochgestreckten Daumen stand in bester Facebook-Tradition – der »Poke«-Button bestand aus einer stilisierten Hand –, und Aaron Sittig machte sich daran, das neue Symbol so zu gestalten, wie wir es heute kennen.

Dennoch sollte es noch eineinhalb Jahre dauern, bis Facebook den Like-Button herausbrachte, was auch daran lag, dass sich Zuckerberg in den Produktgesprächen nicht gerade euphorisch darüber geäußert hatte. Es brauchte sieben solcher Gespräche, bis der Chef den Daumen hob. Ein Grund für die zögerliche Haltung war die Befürchtung, es könne auf Kosten der echten Kommentare zu Posts gehen, wenn man seine Zustimmung mit nur einem Klick äußern konnte. Anstelle interessanter Debatten gäbe es dann nur noch eine inhaltslose Anhäufung positiver Symbole. Wegen des ganzen Hin und Hers bezeichnete Bosworth den Like-Button als »verfluchtes Projekt«.

Ende Dezember 2008 übernahm der Produktmanager Jared Morgenstern das Projekt und versuchte, den Fluch zu bannen. Er musste vor allem beweisen, dass der Button keine Gefahr für die Kommentare darstellte, die als »gehobene Form« des Teilens galten. Er baute einige Tricks ein, etwa dass der Cursor automatisch zu den Kommentaren sprang, wenn jemand den Like-Button angeklickt hatte. Aber letztlich konnte Facebook nur herausfinden, wie sich das Feature entwickeln würde, wenn man es launchte und dann die Reaktionen abwartete.

Anstatt also eine weitere Besprechungsrunde mit Zuckerberg anzustrengen, schrieb Morgenstern seinem Chef eine E-Mail, in der er
beiläufig erwähnte, dass er den Gefällt-mir-Button gern in den skan-
dinavischen Ländern einführen würde. Als er keine Antwort bekam,
interpretierte er das als Zustimmung. Gemeinsam mit Facebooks Re-
search-Team warte er gespannt, was passieren würde: Für einen Teil
der Nordlichter war der Button live gegangen, für den Rest nicht. Der
Vergleich beider Gruppen zeigte eindeutig, dass der Like-Button die
Zahl der Kommentare *erhöhte*.

Daraufhin gab Zuckerberg endlich grünes Licht. »Es wird ein *Like*
mit hochgestrecktem Daumen sein«, sagte er. »Also baut es einfach
zusammen und stellt es rein. Damit ist die Sache erledigt.«

Der Like-Button übertraf alle Erwartungen. Die Nutzer sprangen
sofort darauf an. Wie ursprünglich beabsichtigt, wurde er eine wichtige Komponente zur Beurteilung von Beiträgen im Newsfeed. Es gab
wohl kaum etwas Eindeutigeres als eine konkrete Aktion wie diese,
um seine Zustimmung zu einem Post zu äußern. Und da der Newsfeed den Nutzern ja das zeigte, was sie sehen wollten, wurde Facebooks Aufgabe leichter.

Als viel wichtiger und folgenschwerer aber erwies sich Facebooks
Entscheidung, den Like-Button nicht nur auf der eigenen Seite, sondern auch auf anderen Homepages zu etablieren. Dies gelang letztlich
durch eine Art Deal mit dem World Wide Web: Wenn du unseren
Like-Button auf deine Seite stellst, kann das, was du anbietest, be-
wirbst oder einfach nur ansprechen möchtest, durch die Likes von
Millionen von Nutzern hochgepusht werden – als ob das gesamte Internet Beiträge für den Newsfeed lieferte. Dadurch wurde er für Facebook zu einer unglaublichen Datenquelle.

So unglaublich, dass große Aufregung herrschte, als ein Datenschützer namens Arnold Roosendaal – zu jener Zeit noch Doktorand
in den Niederlanden – die Datenextraktion untersuchte und seine
Ergebnisse in einem Artikel veröffentlichte.[13] Facebook sammelte allein schon dann wichtige Informationen, wenn ein Nutzer den Like-
Button nur anklickte. Doch darüber hinaus, so stellte Roosendaal fest,
pflanzte Facebook auch »Cookies« (ein dauerhaftes Feature zum
Aufspüren und Sammeln von Informationen) auf den Browser eines

Nutzers, sobald er eine Webseite aufrief, die die Likes unterstützte. »Auch bei einem User, der kein Facebook-Konto besitzt, kann ein separater Datensatz zu dessen persönlichem Browsingverhalten gewonnen werden«, schrieb Roosendaal. »Wenn ein Nutzer sich dann später bei Facebook anmeldet, können diese Daten mit dem neu erzeugten Profil zusammengeführt werden.«

Facebook bezeichnete diese Aussagen als »Falschmeldung«, und CTO Bret Taylor erklärte einem Reporter gegenüber,[14] dass der Like-Button nicht zum Datensammeln genutzt werde. Dennoch erinnerte das Ganze sehr an das Konzept der Schatten-Profile, die Zuckerberg 2006 in seinem »Book of Change« erwähnt hatte. »Die Leute wissen einfach nicht, dass jeder dieser Buttons wie eine versteckte Überwachungskamera wirkt«, sagte Rob Shavell, Inhaber eines Unternehmens für Datenschutzprogramme, gegenüber der *New York Times*. »Wenn du sie siehst, sehen sie dich auch.«[15]

Abgesehen von der Gefahr für die Privatsphäre, hatte der Gefällt-mir-Button aber noch andere Nachteile. So führte er dazu, dass Nutzer es darauf anlegten, möglichst viele Likes zu sammeln, und war damit ein nicht gerade subtiler Anreiz, ihre Beiträge entsprechend zu gestalten. Die Leute fühlten sich mies, wenn sie für einen Post, der ihnen etwas bedeutete, keine Likes bekamen.

Ernster war die Sache für Geschäftsleute, bei denen die Zahl der Likes auf ihren Seiten darüber entschied, wie sichtbar sie für das breite Facebook-Publikum waren. Zeigten die Nutzer Interesse an deren Seiten, konnte der Werbekunde Beiträge posten, die den Weg in die Newsfeeds der Nutzer fanden. Erhielt ein solcher Beitrag dort dann viele Likes, verbreitete ihn der Algorithmus des Newsfeeds an weitere Leser – die Facebook-Freunde des Nutzers bekamen ihn schließlich ganz automatisch geliefert. Das war Werbung, die nichts kostete.

Viele Unternehmen, auch einige der weltgrößten, verstrickten sich in einen Kampf um die Aufmerksamkeit der Nutzer. Einige lockten sie mit Geschenken, um ihr »Gefällt mir« zu bekommen. Andere begannen, einen Schwarzmarkt für Likes zu unterstützen: Gegen Bezahlung konnte man sich Tausende kaufen, oft erzeugt von Heerscharen schlecht bezahlter Lohnsklaven in China oder anderswo, die mit dem Zeigefinger auf der Maustaste einer bestimmten Marke zu mehr Ansehen verhalfen.

Der Like-Button wurde zum Symbol für Facebook selbst, erkennbar an dem in der Firmenzentrale aufgestellten Logo mit dem hochgereckten Daumen. Besucher bauten sich davor auf und schossen Selfies, um die Fotos dann in den sozialen Netzwerken zu zeigen – natürlich in der Hoffnung, von ihren Freunden dafür Likes zu bekommen.

Diese schlichte Funktion, eine bequeme Möglichkeit für die Nutzer, sich auszudrücken, gab Facebook einen gewaltigen Schub. Allerdings begab sich das Unternehmen damit auch auf einen beunruhigenden Pfad: Das Liken führte zu einer Überbetonung von trivialen oder emotionsgeladenen Inhalten. Hinzu kam, dass der Button Facebooks Einstieg zu einer bislang ungekannten und geradezu rauschhaften Datensammlung war. In jüngerer Zeit haben seine Entwickler Rosenstein, Pearlman und Morgenstern (die alle nicht mehr bei Facebook beschäftigt sind) eingestanden, mit ihrer Arbeit zur Aushöhlung der Gesellschaft beigetragen und ihrem einstigen Arbeitgeber das ungenierte Sammeln der Nutzerdaten ermöglicht zu haben. Damals war es ihrer Meinung nach der richtige Schritt zur richtigen Zeit. Aus heutiger Sicht wäre es ihnen lieber, wenn man bei Facebook die unerwünschten Folgen damals schon hätte absehen können – eine Aussage, die sich eigentlich auf das gesamte Projekt Facebook übertragen ließe.

Wie auch immer, der Siegeszug des Like-Buttons im World Wide Web war für Facebook ein großer Erfolg. Man könnte beinahe von einer Vergeltung für das Scheitern von Beacon sprechen. Während Beacon die Daten, die es von den Webseiten fremder Nutzer erhielt, lediglich teilte, bekam Facebook durch den Like-Button die Möglichkeit, diese Daten für eigene Zwecke zu verwenden, im Wesentlichen um Nutzerprofile anzulegen und seine Werbegeschäfte zu intensivieren. Facebook hatte gelernt, dass man sich bei der Wertschöpfung keine Grenzen setzen durfte, wollte man weiter expandieren. Später würde man noch einen Schritt weitergehen und sich bei Datenhändlern mit zusätzlichem Material eindecken. Was Facebooks oberster Datenschützer einst als »Blasphemie« bezeichnet hatte, gehörte für das Unternehmen nun zur geschäftlichen Normalität.

Im Zuge dieser Entwicklung, als Facebook – zum Teil in Echtzeit – ungeahnte Datenmengen anhäufte, zeichnete sich ab, dass die Firma sogar Sheryl Sandbergs Gewinnerwartungen übertreffen konnte. Zu Beginn war sie noch davon ausgegangen, dass die auf Facebook geschaltete Werbung lediglich darauf abzielte, Nachfrage zu wecken, was an sich schon einen immensen Markt darstellte. Doch indem man das Verhalten der Menschen im Internet verfolgte – was sie kauften, wovon sie träumten –, gewann man noch weit kostbarere Erkenntnisse über die Etappe davor: über die *Absichten* der Nutzer.

Informationen wie diese würden den Werbekunden noch viel mehr wert sein. Und Facebook in die denkbar günstigste Ausgangsposition bringen, um sich den Löwenanteil des Online-Marketings zu sichern. »Das Konzept, dass wir einen Schritt weitergehen und uns eher auf die Befriedigung der Absichten als des Bedarfs konzentrieren würden, war das Entscheidende«, sagt Sheryl Sandberg heute.

Und so hatte Facebook schließlich sein Geschäftsmodell gefunden. Zwar musste noch weiter daran gefeilt und die Auswertung der persönlichen Daten intensiviert werden, besonders als die Menschen sich verstärkt auf mobilen Geräten ins Internet einloggten, doch als die Dollars hereinströmten, Milliarden über Milliarden, die aus den traditionellen Werbekanälen zu Facebook verschoben wurden, schien Mark Zuckerbergs bei der Vorstellung von Pandemic geäußerte Prophezeiung längst nicht mehr so gewagt wie noch einige Jahre zuvor: Vielleicht begannen die nächsten hundert Jahre in der Geschichte des Marketings ja wirklich mit Facebook.

10 WACHSTUM!

Zu Beginn ihrer Zeit bei Facebook führte Sheryl Sandberg eine Reihe von Gesprächen mit Chamath Palihapitiya. Die beiden kannten sich gut. Er war ein Freund der Familie und spielte regelmäßig Poker mit Sheryls Ehemann Dave Goldberg. Die beiden Männer fuhren oft allein nach Las Vegas. Palihapitiya, der selbst Vater war, verstand sich gut mit Sandbergs Kindern. Sandberg hörte sich daher gern an, was der 31-jährige Manager zu sagen hatte.

Palihapitiya stand bei Facebook an einem Scheideweg. Er war dem Unternehmen knapp ein Jahr zuvor beigetreten und hatte dafür seinen Job beim Risikokapitalgeber Mayfield aufgegeben. Davor war er stellvertretender Geschäftsführer von AOL gewesen, der jüngste, den das Unternehmen in dieser Funktion je hatte. Diese Stelle war eine weitere wichtige Sprosse auf Palihapitiyas Karriereleiter gewesen. Die Geschichte seines Aufstiegs ist bemerkenswert.[1] Palihapitiya hatte sein Heimatland Sri Lanka im Alter von sechs Jahren verlassen, nachdem sein Vater, ein Angestellter im öffentlichen Dienst, einen Job in Kanada bekommen hatte. Als er diese Stelle einige Jahre später verlor, brachen für die Familie harte Zeiten an. Wie Palihapitiya 2017 der *New York Times* erzählte, bezogen sie eine 37-Quadratmeter-Wohnung über einem Waschsalon. Sein Vater hatte Mühe, eine neue Anstellung zu finden, und »es waren Alkohol und andere Sachen im Spiel«, wie Palihapitiya sich erinnerte. Obwohl seine Mutter ausgebildete Krankenschwester war, arbeitete sie als Haushälterin und Hilfspflegerin.

Auch Chamath Palihapitiya trug seinen Teil zum Auskommen der Familie bei, zunächst, indem er bei Burger King jobbte. Profitabler war es jedoch, im Speisesaal seiner Highschool »Blackjack«-Spiele zu organisieren, bei denen er in manchen Pausen 40 oder 50 Dollar einnahm. Mit dem Geld ging er dann ins Casino – er hatte einen gefälschten Ausweis, mit dem er sich Einritt verschaffte – und versuchte, seine

Gewinne zu vergrößern. Er pokerte geschickt um hohe Einsätze und trat später sogar in der Poker World Series an.

Nachdem er die University of Waterloo im Jahr 1999 mit einem Abschluss in Elektrotechnik verlassen hatte, arbeitete er ein Jahr lang für eine Investmentbank. Später nannte er seine Zeit als Derivate-händler »die geistloseste und idiotischste meines Lebens«[2]. (Was elo-quente Schmähungen anging, konnte es im Silicon Valley niemand mit Chamath Palihapitiya aufnehmen.) Er kündigte seinen Job bei der Bank, begann sich für Stellen im Online-Sektor zu bewerben und zog schließlich nach Kalifornien, um für ein Musik-Start-up zu arbei-ten, das auf dem digitalen WinAmp-Player beruhte, der Zuckerberg und D'Angelo zu Highschool-Zeiten so inspiriert hatte. Wenngleich WinAmp als eine coole Anwendung galt, sah Palihapitiya es eher als eine Plattform; externe ITler konnten das Programm mit dekorativen »Skins« (Oberflächen) und kreativen Plug-ins zur Steigerung der Leistungsfähigkeit individuell gestalten. Dieses Plattform-Konzept sorgte dafür, dass talentierte Programmierer und Designer das Pro-dukt unentgeltlich verbesserten, was seinen Wert erhöhte und es Konkurrenten erschwerte, WinAmp zu übertrumpfen. (Bei WinAmp traf Palihapitiya zum ersten Mal mit Sean Parker zusammen, und na-turgemäß verstanden sich die beiden blendend.)

AOL hatte das Unternehmen 1999 übernommen, und als Palihapi-tiya dazu stieß, wurde er Teil des seinerzeit populärsten Online-Unter-nehmens der Welt – der desaströse Kauf von Time-Warner war da noch nicht über die Bühne gegangen. Und jetzt, im Jahr 2005, rief Sean Parker an und sagte: »Ich bin gerade in ein Unternehmen namens The-facebook eingetreten und möchte dich einladen, dich mit mir zu tref-fen und das Unternehmen und seinen Gründer kennenzulernen.«

Parker und Zuckerberg flogen nach Dulles, um sich mit Palihapi-tiya und Jim Bankoff, einem anderen leitenden AOL-Angestellten, zu treffen. Parker hatte den größten Redeanteil, Zuckerberg schwieg die meiste Zeit des Treffens über. Aber Palihapitiya war dennoch beein-druckt. Später sagte er zu Bankoff, AOL solle den Kauf von Thefacebook erwägen, doch AOL war nach dem verunglückten Merger mit Time-Warner noch im Begriff, sich neu zu sortieren, und konnte kein Angebot machen. Nicht dass Zuckerberg es angenommen hätte.

Letztlich machte AOL ein kleines Geschäft mit Thefacebook, das den AOL Instant Messenger mit der Internetseite des Start-ups verband, sodass Facebook-Freunde einander in dem Chat-Service finden konnten. Palihapitiya sagte oft, das Abkommen sei zum alleinigen Vorteil von AOL gewesen.

Das bedeutendste Ergebnis des Deals war sicher die Verbindung zwischen Palihapitiya und Zuckerberg. Im Jahr 2005 kündigte Palihapitiya bei AOL – aus seinen Erfahrungen dort, sagte er später, habe er unter anderem die Lehre gezogen, dass »die meisten Leute in Unternehmen richtig übel sind«[3] – und stieg bei der Venture-Capital-Gesellschaft *Mayfield* in Menlo Park ein.

Alle paar Monate traf er sich mit Zuckerberg. Dessen Kombination aus Unverfrorenheit und Schüchternheit gefiel Palihapitiya. Was nicht heißen soll, dass er unbedingt mit der Vergötterung einverstanden gewesen wäre, die dem jungen CEO in den Medien und den inneren Kreisen des Silicon Valley zuteilwurde – er war nie ein Anhänger des in der Tech-Welt und den Business-Magazinen verbreiteten Mems gewesen, dass erfolgreiche Gründer wie Götter des Pantheons seien. Für ihn waren sie eher opportunistische Nutznießer begünstigender wirtschaftlicher und gesellschaftlicher Verhältnisse. Hätte Zuckerberg statt Harvard die Ohio State University besucht, dachte er, wäre nichts von alldem geschehen. (Es schien Palihapitiya ziemlich zuzusetzen, dass er nicht in Stanford oder an irgendeiner anderen Eliteuniversität gewesen war.)

Dennoch hatten der ungestüme Palihapitiya und der eher in sich gekehrte Zuckerberg ähnliche Ansichten über die Geschäfts- und die Technikwelt. Und irgendwann kam beinahe zwangsläufig die Idee auf, dass Palihapitiya bei Facebook einsteigen sollte. Nichts Förmliches. Aber inmitten der Unzufriedenheit mit Van Natta infolge der Yahoo!-Geschichte wollte Zuckerberg jemanden in seiner obersten Managementriege, der eher ein Verbündeter war.

Anfang 2007 kam Palihapitiya zum ersten Mal in das Büro in der University Avenue, natürlich nur um sich das Ganze einmal anzusehen. Zuckerberg war nicht da, und er sprach schließlich mit Moskovitz, der ihn fragte, warum er bei Facebook arbeiten wolle. Palihapitiya störte sich daran, als Bewerber angesprochen zu werden. »Moment mal, was soll der Scheiß«, sagte er. »Ich spreche hier doch nicht vor.« Dann machte er sich daran, Moskovitz auseinanderzusetzen, was bei Facebook alles schieflief. Die Liste war lang, womit Palihapitiya keineswegs andeuten wollte, dass Moskovitz und Zuckerberg Armleuchter seien – sie taten ihr Bestes angesichts der Tatsache, dass sie keinerlei Business-Erfahrung hatten.

Was Palihapitiya aber wirklich beeindruckte – und ihn zugänglich für die Idee machte, tatsächlich dort anzufangen –, war, dass Zuckerberg und sein Zirkel offen für Verbesserungsvorschläge zu sein schienen. Für Palihapitiya war das eine Erfolg versprechende Gelegenheit. Trotzdem zog er den Vorgang in die Länge; irgendwann während seines hamletartigen Zauderns holte Zuckerberg sogar Roger McNamee herbei, um Palihapitiya Facebook schmackhaft zu machen. »Ich glaube, [Chamath] hatte längst vor einzusteigen und hat nur ein Spielchen mit uns gespielt«, sagte McNamee.

Als Palihapitiya schließlich in das Unternehmen einstieg, erhielt er den maßgeblichen, wenn auch nicht sehr klar umrissenen Aufgabenbereich »Produktmarketing und Unternehmensentwicklung« (Marketing & Operations). Diese Aufgaben waren Owen Van Natta mehr oder weniger entrissen worden, der im Zuge seines illoyalen Verhaltens während der Yahoo!-Geschichte vom Chief Operating Officer Stück für Stück herabgestuft worden war. (Facebook legte den Titel COO vorübergehend auf Eis.)

Palihapitiya machte umgehend Eindruck. Tim Kendall sah das enorme Potenzial des Neuzugangs – und war erschrocken über dessen Auftreten. »Er war ein unglaublich gerissener Typ«, sagt er. »Ich habe einiges von ihm gelernt. Und ich würde nie wieder für ihn arbeiten wollen.«

Palihapitiya war der Meinung, dass die eher willkürliche Einstellungspolitik der vergangenen zwei Jahre das Unternehmen mit Ballast beschwert hatte, und führte einen »Forced Ranking«-Prozess ein, ein Verfahren zur Mitarbeiterbeurteilung, um die Bremser zu identifizieren und vor die Tür zu setzen. Während das durchaus sinnvoll war, ängstigten seine öffentlichen Tiraden über Leute, die sich nicht genug ins Zeug legten, selbst einige Leistungsträger. Die meisten der älteren, erfahreneren Mitarbeiter, die zu Facebook kamen, hatten gelernt, sich der unreifen Unternehmenskultur anzupassen. Palihapitiya focht das nicht an, er blieb einfach er selbst – er kultivierte seine eigene Bodenständigkeit, seine harte Jugend, seine Verachtung für den Konformismus der Harvard-Aspiranten. Und er konnte ein Tyrann sein. Er demütigte Mitarbeiter in Meetings, kritisierte ihr Erscheinungsbild und machte sich über die Stirnglatze eines leitenden Angestellten in mittleren Jahren lustig. Ein weiterer ehemaliger führender Mitarbeiter, der nur bei abgeschaltetem Aufnahmegerät über Palihapitiya sprechen wollte, war den Tränen nah, als er dessen Beschimpfungen wiederholte. Es war, als fürchtete er immer noch, Palihapitiya könnte zwischen den Büschen hervorspringen und seine Misshandlungen fortsetzen.

Als ich Palihapitiya darauf ansprach, zeigte er keine Reue. »Dann geht mir einfach aus dem Weg«, sagt er. »Es muss diesen Leuten wirklich schlecht gehen, wenn sie jetzt unter ihren Chinchilladecken in ihren millionenschweren Villen sitzen.« Er erklärt, der Arbeitsplatz sei keine Familie, und wenn Mitarbeiter übermäßig gefühlsbetonte Reaktionen von ihm erwarteten, »dann wurde das kein gutes Meeting. Die fühlten sich wahrscheinlich intellektuell gegängelt.«

Andererseits konnte er sehr inspirierend sein. Es kam vor, dass er auf einen Tisch stieg und verkündete, wie groß Facebook werden würde. Als alle aus dem Häuschen waren, weil Facebook auf einen zukünftigen Wert von zehn Milliarden Dollar geschätzt wurde, sagte er, das Unternehmen würde irgendwann das Zehnfache wert sein. (Später, als das nicht mehr verrückt klang, sprach er von einem Wert von einer Billion Dollar.) Er hatte auch keine Skrupel, Mitarbeiter zu entlassen, die in seinen Augen nicht reaktionsschnell und innovativ genug waren, um Facebook beim Erreichen dieser Ziele zu helfen. Die Leistung einiger dieser Mitarbeiter war auch von Kollegen schon als unterdurchschnittlich bewertet worden; doch sie waren auf ihren Stellen geblieben, weil Zuckerberg sich mitunter scheute, Mitarbeiter vor die Tür zu setzen.

Doch trotz all seiner Talente und all seines Gepolters war Palihapitiya in seinen ersten Monaten bei Facebook nicht wahnsinnig erfolgreich. Sein Beitrag zur Arbeit an der Plattform war überschaubar. Am stärksten in Verbindung gebracht wurde er mit Beacon, einem der traumatischsten Momente der Unternehmensgeschichte. Er fand, sein unglückliches Zitat in der *New York Times,* dem zufolge nach einer Verweigerung der Zugriffserlaubnis seitens der Nutzer keine Daten an Facebook übermittelt würden, falsch interpretiert worden sei. (»Das hat mich gelehrt, mit Journalisten nicht in technische Details einzusteigen«, sagt er heute.) Gleichwohl untergrub diese Sache sein ohnehin schon fragiles Verhältnis zu Zuckerberg.

Ende 2007 musste Palihapitiya selbst einräumen, dass er einen überaus schlechten Job gemacht habe. Vielleicht sei er einer der Menschen, deren Erfolg schlicht auf glücklichen Umständen beruhe. »An deiner Stelle würde ich mich feuern«, sagte er in einem Meeting nach der Beacon-Affäre zu Zuckerberg. Sie einigten sich darauf, noch einen letzten gemeinsamen Versuch zu unternehmen – unter der Bedingung, dass sich Palihapitiya einen etwas klarer umrissenen Aufgabenbereich suchte.

Jetzt, in Sandbergs Büro, setzte Palihapitiya alles auf eine Karte: Er hatte etwas im Sinn, was er als entscheidend für Facebooks künftigen Erfolg erachtete. Er rechnete nicht damit, dass dieselben Bemühungen auch zu Misserfolgen führen würden.

Zu jener Zeit – Anfang 2008 – hatte sich Facebooks Wachstum verlangsamt. Über ein Jahr zuvor, bevor die offene Registrierung und der Newsfeed in Kraft traten, hatte Facebook bereits ein ähnliches Tief durchgemacht, doch in gewisser Weise war dieses besorgniserregender, weil sich keine vergleichbaren bahnbrechenden Produkte am Horizont abzeichneten. Und niemand kannte die Ursache der Krise. »Alles kam zum Stillstand«, sagt ein leitender Mitarbeiter. »Und wir wissen bis heute nicht, warum.«[4]

»Das Wachstum war bei etwa neunzig Millionen Nutzern stagniert«, erinnert sich Zuckerberg. »Ich weiß noch, dass es damals hieß, es sei nicht gesichert, dass es jemals mehr als hundert Millionen werden würden. Wir waren an eine Grenze gestoßen, und wir mussten uns darauf konzentrieren.«

Palihapitiya kam mit einem Lösungsvorschlag: ein hochenergetisches Team mit großem Handlungsspielraum, dessen Fokus darauf liegen sollte, neue Nutzer zu Facebook zu holen und auch dort zu halten. Er hatte das Gefühl, den Leitstern von Facebook gefunden zu haben, den grundlegendsten Aspekt, über den es sein Geschäftsfeld definierte und seine Finanzen stabil halten konnte: das Konzept der aktiven Nutzer pro Monat. Andere Online-Unternehmen zählten, wie viele Menschen Tag für Tag auf ihrer Seite waren oder wie viele sich insgesamt registriert hatten. Aber die monatliche Zählung war ein besserer Indikator, und zwar aus zwei Gründen: Erstens würde jemand, der einen bestimmten Dienst einen ganzen Monat lang kontinuierlich nutzte, mit großer Wahrscheinlichkeit dabeibleiben. Und zweitens wäre in dieser Zahl auch die »Abwanderung« berücksichtigt, also wie viele Nutzer Facebook innerhalb eines Monats verließen.

Palihapitiya schlug vor, sich obsessiv mit diesen MAUs, den »Monthly Active Users«, zu beschäftigen – sich jeden Teil von Facebooks Geschäftswesen in Bezug auf diese Größe anzusehen, herauszufinden, was die MAU-Quote erhöhte beziehungsweise absenkte, die entsprechenden Stellschrauben neu zu justieren und neue Unternehmenssektoren zu schaffen, die die Nutzerzahlen pro Monat noch weiter in die Höhe treiben würden.

Sandbergs Interesse war geweckt. »Wie nennst du das Konzept?«, fragte sie.

»Ich weiß es nicht«, sagte Palihapitiya. »Der Auftrag wäre, Unternehmensstrukturen wachsen zu lassen – um die Zahl der MAUs wachsen zu lassen.«

»Vielleicht solltest du es einfach Wachstum nennen«, schlug sie vor. (Sandberg sagt, sie erinnere sich nicht an dieses bestimmte Treffen – sie habe so viele mit Palihapitiya gehabt –, bestätigt aber, dass dieser Austausch in etwa so stattgefunden hat.)

Palihapitiya verfeinerte seine Ideen und präsentierte sie während der nächsten Vorstandssitzung. Er behauptete, er könne den Nutzerstamm durch den Einsatz aggressiver Techniken verdoppeln oder verdreifachen und sogar noch weit darüber hinausgehen, indem er die gesamte Facebook-Plattform selbst zu einer Wachstumsmaschine machen würde.

Der Vorstand war nicht übermäßig begeistert. »Gebt mir einfach ein bisschen Zeit für die Durchführung«, sagte Palihapitiya. Wenn

ihnen nach einigen Quartalen nicht gefiele, was er mache, könnten sie
sich vielleicht gemeinsam auf seinen Ausstieg verständigen.

Palihapitiya verdoppelte sozusagen den Wetteinsatz für eine Wachs-
tumsmanie, die lange vor seinem Eintritt in das Unternehmen begonnen hatte. Letztlich war Facebook ein einziges Wachstumsmärchen:
Im Jahr 2004 hatte Zuckerberg innerhalb eines Monats – noch dazu
im Februar, dem kürzesten Monat des Jahres! – Thefacebook von
Harvard auf andere Universitäten erweitert. 2005 hatte ein Angestellter der ersten Stunde namens Noah Kagan (der später gefeuert wurde,
weil er dem Nachrichtenportal *TechCrunch* geheime Produktpläne
zugespielt hatte) Zuckerberg einmal vorgeschlagen, Facebook solle
Tickets für Veranstaltungen verkaufen, die auf der Webseite gelistet
waren. Zuckerbergs Antwort darauf war, zu einem der allgegenwärti-
gen Whiteboards zu gehen und mit Filzstift ein Wort darauf zu schreiben: GROWTH. »Er sagte, wenn ein Feature nicht zu Wachstum führe, interessiere es ihn nicht«, so Kagan. »Das war die einzige Priorität,
die zählte.«[5]

Und tatsächlich entschied sich das Unternehmen bereits im Jahr
2005, Spezialisten einzustellen, um die Informationen auszuwerten,
die Facebook sammelte, und dadurch mehr Nutzer zu gewinnen. Das
war die Hauptaufgabe von Dan Plummer, der im Januar 2006 so tra-
gisch bei einem Fahrradunfall verunglückte. Sein Nachfolger kam
durch eine Zufallsbegegnung zu Facebook, bei der Zuckerbergs
Schwester Randi eine Rolle spielte. Bei ihrer Abschiedsparty in New
York erkannte Zuckerberg einen Informatiker namens Jeff Hammerbacher, mit dem er in Harvard ein Seminar besucht hatte. (Hammerbachers Freundin, die mit Randi befreundet war, hatte ihn auf die
Party mitgenommen.) Zuckerberg schlug ihm vor, zu Facebook zu
kommen. Eigentlich hatte Hammerbacher vorgehabt, seinen Wohn-
sitz für ein Jahr nach Kalifornien zu verlegen und dort seinen Doktor
zu machen. Er ließ sich dennoch zu einem Vorstellungsgespräch
breitschlagen und war beeindruckt von den ITlern, mit denen er
sprach. Aber als er entdeckte, dass auf Adam D'Angelos Visitenkarte
»Data-Mining« stand, war er Feuer und Flamme. Data-Mining war

sein Ding. Und das galt auch für dieses kleine Start-up aus Palo Alto, selbst im Jahr 2005 schon.

Hammerbacher analysierte, meist in Zusammenarbeit mit anderen, das Nutzerverhalten auf Facebook, immer mit Blick darauf, ob die Daten, die sie zutage förderten, das Wachstum vorantreiben könnten. Vor allem aber schuf er ein System, in dem Facebook riesige Informationsmengen sammeln und aus deren Auswertung Schlüsse ziehen konnte, wie Facebook sich weiter verbessern ließe. Mit diesem System – er bezeichnete es später als Informationsplattform[6] – konnte jeder einzelne Klick der Nutzer erfasst werden. Am Ende des ersten Tages hatte er 400 Gigabyte an Informationen gesammelt.

In Zusammenarbeit mit Naomi Gleit und Matt Cohler verglich er Hochschulen, an denen Wachstum stattfand, mit solchen, bei denen es stagnierte, und versuchte zu verstehen, was Erfolg und was Scheitern ausmachte. Als Facebook Open Reg einführte, wertete er die Daten aus, um herauszufinden, wie Nutzer zu Facebook kamen. Dabei stellte er fest, dass die größte Quelle ein Programm war, das ein Informatiker entwickelt hatte, um persönliche Kontakte aus Microsofts Hotmail importieren zu können.

Der Informatiker, der es entwickelt hatte, war Jared Morgenstern. Es funktionierte mit Hotmail, Gmail und Yahoo!Mail. User gaben ihren Benutzernamen und ihr Passwort ein, und Facebook erfasste alle Kontakte und Verbindungen und importierte sie in seine Datenbank. Diejenigen, die bereits auf Facebook waren, bekamen Freundschaftsanfragen. Die Übrigen wurden dem Nutzer aufgelistet, und durch ein einfaches Häkchen neben ihrem Namen wurde eine E-Mail gesendet, die sie zu Facebook einlud. Zum Schluss löschte Facebook die Login-Informationen.

Microsoft legte Protest dagegen ein. »Es war unverhohlener Diebstahl, sie versuchten, ihr soziales Netzwerk auf dem Rücken anderer zu errichten«, sagt ein leitender Microsoft-Angestellter, der in die Diskussionen involviert war. Zuckerberg tat die Vorwürfe mit einem Schulterzucken ab. »Er meinte nur: *Ja, ich weiß, dass das ein bisschen lästig ist; wenn ihr wollt, hören wir damit auf*«, sagt der leitende Angestellte. »Aber sie hörten nicht damit auf.« Nach Microsofts Sichtweise verletzte dieses Vorgehen nicht nur ihre Geschäftsbedingungen, es war schlicht unmoralischer Datendiebstahl. Dass man in den Hotmail-Kontakten von jemandem auftauchte, hieß noch lange nicht, dass es einem recht war, in einer Facebook-Datenbank aufzutauchen. Die Spannungen zwischen Facebook und Microsoft lösten sich erst auf, als der Konzern im Jahr 2007 in Facebook investierte.

Solche Techniken waren für Facebook überlebenswichtig wie Sauerstoff, weil Nutzer sich nicht damit aufhielten, ihren Social Graph auf Facebook auszufüllen. »Ein hoher Anteil an Facebook-Nutzern sendet nicht einmal Freundschaftsanfragen«, erzählte mir Zuckerberg im Jahr 2011. »Sie stellen nicht einmal die rudimentärsten Beziehungen her. Sie nehmen nur Freundschaftsanfragen von anderen an.«

Um das Wachstum in Gang zu halten, musste Facebook nicht nur in Hotmail, sondern auch in zahlreichen weiteren Diensten schürfen. Der Prozess musste für jeden E-Mail-Anbieter getrennt stattfinden, ein zeitaufwendiger Vorgang, der von dem einzelnen Informatiker, dem Facebook die Aufgabe zugeteilt hatte, unmöglich bewältigt werden konnte. Jed Stremel, ein früher Facebooker, der sich schon bei Yahoo! als gewiefter Geschäftemacher erwiesen hatte, nahm sich des Problems an. Er fand heraus, dass die weltweiten Meister des Kontakteschürfens in Malaysia zu finden waren, und zwar in einem Zwei-Personen-Unternehmen namens *Octazen*. Stremel machte umgehend einen Deal mit ihnen, damit sie ihre kleinen Datensauger für Facebook entwickelten. Seiner Erinnerung nach bezahlte er dafür 400 Dollar. »Das stand ganz im Einklang mit dem Geist des ›Move Fast‹ – es kam nur darauf an, etwas rasch in den Griff zu bekommen«, erinnert er sich. (Facebook sollte das kleine Unternehmen im Jahr 2010 übernehmen.)

Einige frühe Facebook-Mitarbeiter behaupten, das E-Mail-Schürfen sei der mit Abstand wichtigste Wachstumsfaktor gewesen, als sich das Unternehmen erstmals außerhalb geschlossener Netzwerke, wie es sie noch an den Universitäten oder Highschools gegeben hatte, behaupten musste.

Zu der Zeit, als sich Palihapitiya dem Bereich Wachstum zuwandte, hatten Hammerbacher erste Zweifel bezüglich seiner Mission bei Facebook beschlichen. Im September 2008 verließ er das Unternehmen.

»Es entwickelte sich von einem Ort der Erforschung zu einem Ort der Ausbeutung«,[7] sagte er einmal in einem Interview. Hammerbacher wurde Mitgründer von *Cloudera,* einem Unternehmen, das Daten in der Internet-Cloud speicherte, und beschäftigte sich später mit Möglichkeiten, den Krebs durch Datenanalyse zu besiegen. Auch wenn er seinem ehemaligen Arbeitgeber nicht feindlich gegenübersteht, hat er dessen Motive teils auf sehr aussagekräftige Weise beschrieben. 2011 machte er im Rahmen einer Einschätzung der Aufgaben von Datenwissenschaftlern bei Facebook und ähnlichen Netzwerken eine Bemerkung, die noch Jahre später nachhallen sollte: »Die klügsten Köpfe meiner Generation denken darüber nach, wie man Leute dazu bringen kann, auf Werbebanner zu klicken«, sagte er gegenüber einem *BusinessWeek*-Journalisten. »Das ist ganz großer Mist.«[8]

In der alten US-Fernsehserie »Mission Impossible« [in Deutschland unter dem Titel »Kobra, übernehmen Sie« ausgestrahlt, Anm. d. Red.] begann jede Folge damit, dass der Leiter der Spezialeinheit Impossible Missions Force, Jim Phelps, die Akten von Spionen, Muskelmännern und Doppelagentinnen durchsah, um die abgelehnten auf einen Haufen zu werfen und die der talentierten und für die anstehende »unmögliche« Mission geeigneten Kräfte auf seinem Sofatisch zu stapeln.

Palihapitiya tat etwas Ähnliches, indem er für sein handverlesenes Team die Juwelen aus anderen Gruppen des Unternehmens, aber auch darüber hinaus, heraussuchte. Er hatte ein gutes Auge für Talente. Unter diesen waren Naomi Gleit, eine der ersten Facebook-Angestellten; Javier Olivan, ein Informatiker mit spanischen Wurzeln; Alex Schultz, ein Marketingfachmann aus England; Danny Ferrante, ein Datenexperte; und Blake Ross, ein Hackerstar und Mitentwickler des Open-Source-Browsers Firefox. Sie waren eine bunte Truppe. Die Mehrzahl von ihnen war entweder im Ausland geboren oder hatte mindestens einen nichtamerikanischen Elternteil. Zwei waren schwul. Eine der Führungskräfte, Gleit, war eine Frau. Sie waren ein Team von Außenseitern, ein von der Jagd auf Daten angetriebenes dreckiges Dutzend, bewaffnet mit Spreadsheets statt Sturmgewehren. Palihapitiyas Wahl erwies sich als ausgezeichnet, vor allem in Bezug auf Olivan, Gleit und Schultz; noch mehr als ein Jahrzehnt später war dieses Dreiergespann Teil des mächtigsten Führungskreises bei Facebook, dem »kleinen Team«.

»Chamath war ausgesprochen gut darin, verrückte Reden zu schwingen und alle aufzuputschen, aber diese drei waren wie die drei Musketiere«, sagt Mark Slee, ein Facebook-Programmierer der ersten Stunde, über das Trio. »Letzten Endes mussten sie zu dritt mit einer ganzen Horde Informatiker und Produktmanager einen Haufen sehr unglamouröser Arbeiten erledigen. Alle wollten an den coolen Produkten mitarbeiten, aber sie machten das, was letztlich mehr Leute zu Facebook brachte.«

Als eine der ersten Angestellten bei Facebook war Naomi Gleit eine stille moralische Instanz. In gewisser Weise hatte sie Facebook von Beginn an zu größerem Wachstum verholfen, indem sie wie alle anderen im Unternehmen daran gearbeitet hatte, Mark Zuckerbergs rastlosen Ehrgeiz in Produkte und Initiativen umzumünzen. »Dabei ging es immer schon um Wachstum, von Anfang an«, sagt sie und verweist auf die frühen Tage, als sich Thefacebook anschickte, eine Universität nach der anderen zu erobern. Und als Gleit 2005 in das Unternehmen eintrat, brachten die Highschools den nächsten Wachstumsschub, und auch das nächste Ziel zeichnete sich bereits ab: die offene Registrierung. Einige Teammitglieder würden sagen, die Impulse zu dieser neuen Initiative seien ebenso sehr von ihr wie von Palihapitiya ausgegangen.

Palihapitiya wollte die Wachstumseinheit zu einem Kraftzentrum innerhalb des Unternehmens machen, mit einem Sonderstatus und einer eigenen Subkultur. Um sich von allen anderen Abteilungen abzugrenzen, bezeichneten sich ihre Mitglieder nicht als »Team«, sondern als »Zirkel«. Der Wachstumszirkel. Sie hatten ihre eigene kleine Höhle in einem der Gebäude in Palo Alto, und als Facebook 2009 von der Innenstadt in eine neue Zentrale umzog, sicherte sich Palihapitiya einen abgelegenen Arbeitsplatz in einer dunklen Ecke des Erdgeschosses.

»Selbst der Name spiegelte wider, wie besonders die Einheit war«, sagt Gleit. »Wir waren ein eingeschworener Zirkel, wir waren eng verbunden, wir waren das absolute Expertenteam. Es hatte beinahe etwas Magisches.«

Es konnte aber auch etwas Brutales haben. Palihapitiya betrachtete sich als bodenständiger und pragmatischer als die meisten Facebook-Mitarbeiter, die in seinen Augen eine weitgehend homogene Masse aus angepassten Idealisten bildeten. Er empfand eine Art Verachtung für das sorgsam gehegte Leben, das sie führten. Er war der Meinung, das Einstellungsverfahren von Facebook belohne Menschen, die ihr Leben damit zugebracht hatten, Leistungen abzuhaken – astronomisch hohe Testergebnisse, Harvard oder Stanford, beneidenswerte Berufspraktika. Wie in einem Videospiel schien jede Stufe des Erreichten ein weiteres Level freizuschalten. Doch das Problem an diesen Abhakern war, dass sie alle nur einem vorgeschriebenen Kurs folgten.

Der Gedanke, vom Kurs abzuweichen, sich komplett von den fein säuberlich geordneten Kästchen, in die sie ihre Häkchen setzten, zu lösen, passte nicht in ihr mentales Konzept. Sie kamen nicht damit zurecht. Also machte sich Palihapitiya daran, sie *ganz* aus dem Konzept zu bringen; er spielte psychologische Spielchen mit ihnen, um ihre Gehirne umzuprogrammieren, damit sie nicht länger so fixiert auf Bestätigung und Zustimmung von außen waren. Sein Team einen Zirkel zu nennen gehörte dazu – es war ein Versuch, ihnen die Idee einer Hierarchie auszutreiben, nach der die wichtigste Person am Kopf des Tisches saß. Der Gedanke dahinter war, jedem einzelnen Teammitglied zu mehr Handlungsfähigkeit zu verhelfen.

Während der Zirkel die Machtdynamik innerhalb des Teams entzerren sollte, blieb Palihapitiya weiterhin die dominierende Persönlichkeit. Sein Führungsstil war darauf ausgerichtet, Reaktionen zu provozieren. Jedes dritte oder vierte Wort aus seinem Mund schien ein Kraftausdruck zu sein, meist irgendein Synonym für Geschlechtsverkehr. Wenn er der Meinung war, jemand habe etwas Dummes getan oder gesagt, was regelmäßig vorkam, ließ er einen Schwall von Beleidigungen vom Stapel. Solche Attacken waren aber nichts, weshalb man zur Personalabteilung gerannt wäre. Bei Facebook nahm man dieses Verhalten hin, denn »Chamath war eben Chamath«. Und was im Wachstumszirkel passierte, das hatte auch innerhalb des Wachstumszirkels zu bleiben.

Die zum Kern der Wachstumseinheit gehörenden Mitarbeiter sprechen noch immer in den höchsten Tönen – geradezu ehrerbietig – von Palihapitiya. Doch selbst innerhalb dieser Gruppe waren die Gefühle mitunter gemischt. »Ich habe nicht besonders gern für ihn gearbeitet, und das weiß er auch«, sagt Alex Schultz. »Aber er lag meist richtig. Und darum fand ich, dass er uns als Vorgesetzter in die richtige Richtung führte.«

Letztlich ließen ihm die Mitarbeiter sein Verhalten durchgehen, weil es Palihapitiya offensichtlich um das Wohl des Unternehmens ging. »Ich hatte ein gutes Verhältnis zu Chamath«, sagt Chris Kelly, die unter anderem dafür zuständig war, die Wachstumseinheit im Zaum zu halten. »Wir führten Gespräche darüber, wo die Grenze lag, meist im Voraus. Es ging ihnen nicht um Grenzüberschreitung, es ging ihnen um Wachstum. Vielleicht nahmen sie die Grenzüberschreitung etwas zu leicht in Kauf, aber das Ziel lautete Wachstum.«

Die Wachstumseinheit erkannte schon früh einige Möglichkeiten, Facebooks Nutzerzahlen rasch und mit wenig Aufwand zu steigern. Eine davon war die Suchmaschinenoptimierung, um die Sichtbarkeit von Inhalten innerhalb von Googles Suchergebnissen zu erhöhen. Bislang musste man, wenn man »Facebook« bei Google eingegeben hatte, bei den Ergebnissen weit nach unten scrollen.

Im Vorjahr (2007) hatte Facebook erstmals ermöglicht, dass die Nutzerprofile – beziehungsweise eine verkürzte Version davon – in Suchergebnissen angezeigt wurden. Aber sie tauchten in den Treffern nicht weit oben auf, unter anderem, weil sich Googles Web-Crawler tief in Facebook hineinwühlen mussten, um sie zu finden. Schultz und Gleit erstellten deshalb ein Verzeichnis für Facebook, das die Nutzerprofile so verband, dass sie für Google quasi auf dem Präsentierteller lagen. Mit dem Ergebnis, dass die Profile bei den Ergebnissen nun weiter oben auftauchten. Wenn Nutzer beim Stöbern auf das Profil eines oder einer Bekannten stießen, konnten sie direkt über die Google-Suchmaschine eine Freundschaftsanfrage schicken. Das trug Facebook neue Nutzer ein.

»Es war nicht so, dass sich die Nutzerzahlen damit verdoppelt hätten; es waren 5, vielleicht 10 Prozent mehr«, sagt Schultz. »Der Punkt ist doch: Man probiert vieles aus, und selbst wenn die eine Maßnahme nur 1 Prozent bringt, bekommt man durch eine andere ein weiteres Prozent und dann noch eines und noch eines – das läppert sich zusammen. Und darum waren wir bereit, für jeden dieser einzelnen Zuwächse zu kämpfen. Wir waren offen für alles.«

Doch das Meisterwerk der Wachstumseinheit – ihre Mona Lisa, ihr »Like a Rolling Stone«, ihr »Der Pate« Teil 1 und 2 – war ein Feature, das beinahe ebenso sehr Teil der Newsfeeds wurde wie Hochzeiten, Ferienreisen und politische Empörung. Es heißt »Personen, die du kennen könntest«, intern bekannt unter der Abkürzung PYMK (»People You May Know«). Das Feature, das im Jahr 2008 offiziell startete, identifiziert potenzielle Anwärter für Freundesliste eines Nutzers. PYMK erwies sich als eines der wichtigsten Instrumente des Zirkels und auch als eines der umstrittensten, ein Symbol dafür, wie die schwarze Kunst des sogenannten Growth Hacking unerwartete Konsequenzen nach sich ziehen kann.

Das Feature war keine Erfindung von Facebook – LinkedIn, selbst ein wachstumsvernarrtes Unternehmen, hatte es zuerst verwendet. (Reid Hoffman sollte dem Phänomen des Wachstums um jeden Preis später ein Ende setzen und es als »Blitzschürfen« bezeichnen.) Aber Facebook führte die Idee, neuen und aktuellen Nutzern Kontaktmöglichkeiten zu bereits vorhandenen Nutzern zu bieten, in schwindelerregende Höhen.

Oberflächlich betrachtet, wirkt PYMK recht harmlos: ein Kaleidoskop von Facebook-Usern, mit denen man mutmaßlich eine Verbindung hat, die aber aus irgendeinem Grund nicht zu den eigenen Facebook-Freunden zählen. Der Antrieb dahinter war die Auseinandersetzung mit einer Maßgabe, die die Rechercheure der Wachstumseinheit zutage gefördert hatten: Eine neuer Facebook-Nutzer wird den Dienst tendenziell wieder verlassen, wenn er oder sie sich nicht mit sieben neuen Freunden verbindet – und das schnell. Für jemanden ohne einen festen Stamm an Freunden muss sich Facebook anfühlen, als würde man allein Fußball spielen.

Facebook verfügte über einige Tricks, die bei neuen Usern ohne Freunde angewendet wurden. »Irgendwann begannen wir, uns selbst

Geschichten aus den Fingern zu saugen, die wir ›Fluff Stories‹ [»fluff«
bedeutet hier in etwa Füllsel, Anm. d. Ü.] nannten«, sagt Palihapitiya.
»Wir dachten uns: Warum sollten wir keine Geschichten über den
Geburtstag von irgendwem erstellen oder irgendeinen interessanten
Artikel ausschlachten oder was auch immer? Es ist ja nicht so, als
würden immer nur [die Freunde] die Geschichten schaffen, die mir
angezeigt werden; sie sind systemgeneriert. Es ist einfach Füllmateri-
al.« Der dahinterstehende Gedanke war, der Entropie so lange entge-
genzuwirken, bis die Nutzer genügend Freunde hatten, um echte Geschichten angezeigt zu bekommen.

Doch natürlich war das kein Ersatz für echte Facebook-Freunde.
Das belegte auch eine Studie, die die Datenwissenschaftler der Wachs-
tumseinheit durchführten. Sie unterstrich, wie entscheidend es für
Facebook war, aktive Freunde für Neuankömmlinge zu finden – mit
der Betonung auf *aktive*. In der Studie mit dem Titel »Fütter mich:
Mitwirkung in sozialen Netzwerken fördern« hieß es:

> *Für die Entwickler sozialer Netzwerke ist es von zentraler Bedeutung,*
> *die Nutzer zu ermuntern, Inhalte beizusteuern, da die Erfahrung je-*
> *des einzelnen Individuums von der Mitwirkung des jeweiligen Freun-*
> *deskreises dieser Person abhängt. Besonders wichtig, wenn auch recht*
> *schwierig, ist es, neue Mitglieder zu kontinuierlicher Mitwirkung zu*
> *ermuntern.*[9]

Und genau deshalb war PYMK so wichtig für Facebook. Das Vorschlagen potenzieller Freunde ist eine Möglichkeit, die Facebook-Er-
fahrung für bereits existierende Nutzer noch positiver zu gestalten;
damit erhöht sich nicht nur die Wahrscheinlichkeit, dass sie mehr
Inhalte teilen, sondern auch die, dass sie bei Facebook bleiben werden.

Viele Nutzer begrüßten PYMK als einen hilfreichen Anstoß, um
sich mit weiteren Kontakten zu verbinden, die ihr Facebook-Erlebnis
insgesamt aufwerten würden. Manchmal aber konnte PYMK auch
richtiggehend unheimlich sein und Fragen über die Ursachen dieser
Gastspiele von Menschen im eigenen Newsfeed aufwerfen, zu denen
bislang nur eine vage und mitunter schlicht unerwünschte Verbin-

dung bestand. Einer Prostituierten wurden von Facebook ihre Freier – die ihre wahre Identität gar nicht kannten – als Freunde vorgeschlagen. Einem Samenspender wurde sein biologisches Kind vorgeschlagen, das er nie kennengelernt hatte. Eine Psychiaterin musste feststellen, dass Facebook einigen ihrer Patienten vorgeschlagen hatte, sich auf der Seite miteinander zu befreunden. Und Millionen von Menschen wandten sich mit Grausen ab, als Facebook ihnen vorschlug, sich mit Bekannten ihrer Kinder, den Ehepartnern flüchtiger Bekanntschaften oder Leuten zu befreunden, mit denen sie vor zehn Jahren einmal ein katastrophales Blind Date gehabt hatten.

Journalisten, die das Feature untersuchten – insbesondere Kashmir Hill[10] von *Gizmodo,* die dem Rätsel monatelang auf die Spur zu kommen versuchte –, bekamen Facebook nie dazu, die Funktionsweise des Produkts ganz zu enthüllen. Hill war diejenige, die auf die Geschichte jener Frau gestoßen war, der Facebook die Geliebte ihres Vaters, der die Familie vor langer Zeit verlassen hatte, als Freundin vorschlug. Hill selbst stellte überrascht fest, dass sich unter ihren PYMK-Vorschlägen eine Großtante befand, die sie nie getroffen hatte. Auf Nachfrage teilte ihr Facebook nicht mit, wie es diese Verbindung gezogen hatte.

Hill war es auch, die in ihrem Artikel über die bereits erwähnte Psychiaterin geschrieben hatte. PYMK hatte ihren Patienten vorgeschlagen, sich miteinander zu befreunden – obwohl sie selbst auf Facebook nicht mit ihren Patienten befreundet war. Hill kam zu dem Schluss, es könnte damit zu tun haben, dass die Psychiaterin bei Facebook ihre Telefonnummer angegeben hatte und das Unternehmen ihre E-Mail-Kontakte und die ihrer Patienten geschürft habe. Facebook bot abermals keine Erklärung.

Facebook ging auch nicht auf Hills Frage ein, ob die sofortigen PYMK-Vorschläge für neue Nutzer bedeuteten, dass das Unternehmen auch Daten über Menschen speicherte, die gar nicht auf Facebook waren, um auf diese »Schattenprofile« zurückgreifen zu können, wenn sich jemand neu anmeldete. Mark Zuckerberg würde Jahre später vor dem Kongress aussagen, dass es ein solches Verfahren nicht gebe. Facebook nutze zwar Informationen über Nichtmitglieder, aber nur aus Sicherheitsgründen, um gefälschte Profile zu verhindern.

(Seine frühen Überlegungen zu den Schattenprofilen im Book of Change ließ er unerwähnt.)

Später bekundete das Unternehmen im Rahmen einer ausführlicheren Erklärung:»Wir erstellen keine Profile für Nicht-Facebook-Nutzer«, gab aber auch an, gewisse Daten zum Beispiel bezüglich der von einem Nutzer verwendeten Geräte und Betriebssystemversion zu speichern, um etwa»den Registrierungsprozess für das jeweilige Endgerät optimieren zu können«, sollte sich jemand entscheiden, ein Profil anzulegen.[11]

Heute jedoch gibt Palihapitiya zu verstehen, es habe solche Dark Profiles gegeben und die Wachstumseinheit habe sie zu ihrem Vorteil genutzt. Er sagt, Facebook habe Google-Anzeigen erworben, die erschienen, wenn die Namen von Facebook-Verweigerern als Suchwörter eingegeben wurden. Er sagt, die Anzeigen hätten zu den angeblich nichtexistenten Schattenprofile von Nichtnutzern geführt.»Man gab seinen eigenen Namen ein und landete auf einem Dark Profile auf Facebook«, sagt er.»Und dann dachte man sich eben: *Ach, was soll's,* füllte es aus, und dann lief PYMK an, und man bekam ein paar Freunde angezeigt.«

Einige der Rätsel um PYMK wurden im Jahr 2010 bei einem Vortrag des Facebook-Datenwissenschaftlers und Informatikers Lars Backstrom angesprochen.[12] Backstrom erläuterte, das Feature sei »für einen maßgeblichen Anteil aller auf Facebook geschlossenen Freundschaften verantwortlich«, und erklärte den technischen Prozess hinter der Auswahl der Vorschläge. Seiner Präsentation zufolge ist das wichtigste Jagdrevier der »Freunde von Freunden«-Bereich – eine sehr große Teilmenge. Nutzer hätten im Durchschnitt 130 Freunde, sagte er, von denen jeder wiederum im Schnitt 130 eigene Freunde habe. (Das ist nicht weit von der sogenannten Dunbar-Zahl entfernt, deren Namensgeber, der Soziologe Robin Dunbar, herausfand, dass die meisten Menschen mit maximal 150 anderen eine vernünftige Beziehung aufrechterhalten können.[13]) Der typische Nutzer hat also zusammengenommen 40 000 Freunde von Freunden; und ein starker Nutzer mit Tausenden von Freunden könnte 800 000 haben. Hier kommen nun die übrigen Daten ins Spiel – solche, die helfen, Signale wie die Anzahl oder Nähe gemeinsamer Freunde und gemeinsamer

Interessen in Erfahrung zu bringen, wie auch »leicht erhältliche« Daten, anhand derer sich identifizieren lässt, wen man vermutlich anklicken wird, wenn man ihn in einer PYMK-Liste entdeckt. Während die Daten immer weiter verfeinert werden, setzt Facebook maschinelles Lernen ein, um schließlich die Vorschläge zu machen.

Backstrom enthüllte auch, dass die eigene Reaktion des Nutzers auf PYMK beeinflusste, welche Vorschläge Facebook machte – und wie oft es einem die Liste zeigte. Sobald Facebook feststellte, dass man dem Feature auf den Leim gegangen war, kam es immer wieder und füllte die Freundesliste mit flüchtigen Bekanntschaften.

Backstroms Präsentation sparte allerdings jegliche spezifische Information darüber aus, welche weiteren Datenquellen Facebook – abgesehen von Freunde-von-Freunden-Quelle – in dem Feature nutzt. Man kann jedoch davon ausgehen, dass sich diese Quellen kontinuierlich weiterentwickelt haben, seit Facebook PYMK im Jahr 2008 eingeführt hat. Es ist so gut wie sicher, dass Facebook unsere E-Mails überwacht und sieht, wen wir kontaktieren. Wahrscheinlich auch unseren Kalender, um festzustellen, mit wem wir uns treffen. Andere Quellen deuten darauf hin, dass jemand, der unser Profil anschaut, mit größerer Wahrscheinlichkeit auf unserer PYMK-Liste erscheinen wird. Unwahrscheinlich ist dagegen, dass es genügt, an jemanden zu *denken*, um ihn auf der eigenen PYMK-Liste aufploppen zu lassen. Es kommt einem bloß so vor …

Alex Schultz sagt, viele Mutmaßungen darüber, welche Daten in PYMK einfließen, seien Verschwörungstheorien. Er meint, Nutzer würden oft vergessen, dass sie Facebook erlaubt hätten, ihre Kontaktlisten oder elektronischen Postfächer zu nutzen. (Vielleicht wurden sie nicht ausreichend darauf hingewiesen, dass sie diese Erlaubnis gegeben haben?) In jedem Fall, so Schultz, erscheine jemand vor allem deshalb auf der Liste, weil es sich um einen Freund von einem Freund handelt, mit dem man wahrscheinlich bekannt ist. Oder, wie Cameron Marlow, eine Zeit lang der führende Kopf innerhalb Facebooks Team von Datenwissenschaftlern, es ausdrückt: »Es geht darum, Beziehungen aufzustöbern, die ein Nutzer bereits via Facebook hat, die ihm aber nicht bewusst waren.«

So verstörend PYMK auch ist – das Unheimliche ist, dass es noch

viel schlimmer hätte sein können. Facebooks oberster Datenschutzbeauftragter Chris Kelly sagt, er habe die Nutzung einiger fragwürdiger Techniken unterbunden, die von der Wachstumseinheit vorgeschlagen worden seien. »Es musste Regeln geben«, sagt der oberste
Datenschutzbeauftragte des Unternehmens, ohne auf die Ideen eingehen zu wollen, die er gekippt hat.

Andere Probleme rund um PYMK sind subtiler, aber nicht weniger
besorgniserregend. (Warnung: Jetzt wird es nerdig!) Für Dave Morin,
Führungskraft der ersten Stunde bei Facebook, wurde PYMK mehr
und mehr zu einem hinterhältigen Mittel, die Bindungsrate zu erhöhen, wobei die Art und Weise letztlich zulasten einer guten Nutzererfahrung ging. Da eines der Kernziele von PYMK darin bestand, den
Wert von Facebook für neue User zu erhöhen – indem man dafür
sorgte, dass sie genügend Freunde hatten, um ihren Newsfeed zu füllen –, waren die Vorschläge darauf ausgerichtet, eher diesen Neulingen zu helfen als den Nutzern, mit denen sie sich befreundeten. Besonders gewinnbringend war es für Facebook, extrem aktive Nutzer
vorzuschlagen, weil (wie die »Fütter mich«-Studie belegt hatte) der
frühe Kontakt mit solchen Vielpostern die Neuzugänge dazu anhält,
im Laufe ihrer Facebook-Existenz selbst mehr Inhalte zu teilen.

Wie Morin es formuliert: »Wenn Facebook dir Leute zeigt, mit denen du dich verbinden solltest, kann es eine Entscheidung darüber
treffen, wie der Algorithmus funktionieren soll. Es kann dir entweder
Leute zeigen, mit denen du eine nähere Verbindung eingehen wirst
und die dich glücklicher machen werden, wenn sie Teil deiner Welt
werden. Oder es kann dir Leute zeigen, die von Vorteil für Facebook
sind, weil es seinen Wert und sein Vermögen erhöht und sein System
verbessert.« Morin sagt, Facebook habe den zweiten Weg eingeschlagen und begünstige sich damit selbst auf Kosten seiner Nutzer.

Für den regelmäßigen User könnte dies in einer schlechteren Nutzererfahrung resultieren. Und das hat mit dem Newsfeed zu tun.

Der Newsfeed ist ein Nullsummenspiel – Nutzer sehen sich nur
eine begrenzte Anzahl von Storys an. Facebook würde nun also Inhalten meiner neueren, entfernteren Verbindungen, die es an den Dienst
binden will, den Vorzug geben. Und ich würde weniger von Leuten
mitbekommen, die mir näherstehen. »Das System wusste, wenn ich Ja

zu dir sagte, würdest du dich stärker mit mir auseinandersetzen«, sagt Morin. »Du würdest mich im Grunde stalken, weil ich eine Person am Rande deines sozialen Graphen bin, die du kennenlernen willst. Es ist fast, als würde man in ein Boulevardmagazin schauen.« Morin ist der Auffassung, dieser Faktor des Semi-Stalkings sei »zur Hauptvariable des Features PYMK« geworden.

Von einigen Mitarbeitern bekam Palihapitiya genau deswegen Gegenwind; sie waren der Ansicht, Facebook stehe nicht für ein derartiges Gebaren. Doch Palihapitiya meinte, da das ultimative Ziel sei, *alle* Menschen auf der Welt zu Facebook zu holen, spiele das letztlich keine Rolle. Wobei er es etwas ausdrucksstärker formulierte. »Er sagte im Grunde: *Fickt euch alle ins Knie,* und verließ dann das Meeting«, sagt Morin, der schließlich bei Facebook kündigte und sein eigenes soziales Netzwerk namens *Path* gründete. Die Idee dahinter – angelehnt an Robin Dunbars Konzept – war, das eigene soziale Netzwerk auf wirklich bedeutsame Verbindungen zu beschränken. Trotz Beifalls von Kritikerseite scheiterte Path letztlich, da es nicht mit Facebook konkurrieren konnte.

Zuckerberg verteidigt PYMK, und die Art und Weise, wie er das tut, wirft ein Schlaglicht auf seinen Denkprozess und seinen Scharfsinn in Bezug auf das Produkt. Als ich das oben erwähnte Problem bei einem unserer Treffen anspreche, wird er sehr ernst. »Da kommen wir in einen sehr philosophischen Bereich bezüglich unseres Umgangs mit dem Produkt«, sagt er. Er räumt ein, es könne der Nutzererfahrung abträglich sein, auf die PYMK-Vorschläge einzugehen und sich mit Leuten zu befreunden, zu denen nur schwache Verbindungen bestünden. Doch es stehe noch etwas Wichtigeres auf dem Spiel, argumentiert er – das allgemeine Wohlergehen des Netzwerks. »Wir betrachten die Erfahrung mit dem Produkt nicht als ein Spiel für einen einzelnen Spieler«, sagt er. Wenngleich auf kurze Sicht manche Nutzer mehr von PYMK profitieren könnten als andere. Aber letztlich würden alle Nutzer davon profitieren, wenn jeder, den sie kennen, irgendwann bei Facebook auftauche. »Wir sollten PYMK wie eine Art Gemeinschaftssteuer betrachten«, sagt Zuckerberg, »oder eine Art der Güterumverteilung. Wenn du einen Höhenflug hast und ein gutes Leben, dann zahlst du etwas mehr, damit es für alle anderen in der Gemeinschaft auch bergauf gehen kann. Ich glaube tatsächlich, dass [unser] Erfolg unter anderem auf dieser Herangehensweise an den Aufbau einer Gemeinschaft fußt und dass diese Gemeinschaft in vielen Aspekten unserer Gesellschaft nachempfunden ist.«

Darüber hinaus glaubt Zuckerberg, dass man Personen, zu denen bisher nur schwache Verbindungen bestanden – weil man sie kaum kennt –, näherkommt, wenn man sich mit ihnen befreundet. Facebook könne möglicherweise sogar die physikalischen Gesetze sozialer Interaktionen durchbrechen, indem es die Zahl bedeutsamer Kontakte erhöhe, die Menschen bewältigen können. »Es gibt diese berühmte Dunbar-Zahl – Menschen haben die Kapazität, empathische Beziehungen zu etwa 150 Personen aufrechtzuerhalten«, sagt Zuckerberg. »Ich glaube wirklich, dass Facebook diese Kapazität erweitert.«

In einem sozialwissenschaftlichen Sinn wäre das, als würde man die Lichtgeschwindigkeit durchbrechen. Aber wenn irgendjemand das schaffen könnte, dann die Wachstumseinheit von Facebook.

In einem relativ frühen Stadium der Wachstumsbestrebungen traf sich Palihapitiya mit Sandberg und sagte ihr, er wolle sich auf das ergiebigste Wachstumsgebiet überhaupt konzentrieren: den internationalen Markt. Während Facebook einen signifikanten Bereich des nordamerikanischen Marktes erobert hatte, war sein Einfluss im Rest der Welt noch nicht sehr groß. Palihapitiya wollte das Team erweitern, um den Vorstoß in andere Länder zu erleichtern. Sheryl Sandberg schlug vor, er solle sich ansehen, wie es anderen Unternehmen wie Yahoo! und eBay gelungen war, internationale Nutzer für sich zu gewinnen.

Bei ihrem nächsten Treffen erklärte Palihapitiya, was er *nicht* tun wolle – er habe nicht vor, weiße Eliteuni-Absolventen anzuheuern. Er wollte Straßenkämpfer, die der Landessprache mächtig waren. Er wählte Javier Olivan aus, um den Vorstoß zu leiten. Olivan war ein Informatiker, der 2005 aus seinem Heimatland Spanien in die USA gekommen war, um in Stanford seinen Master of Business Administration (MBA) zu machen. Er träumte davon, ein eigenes Unternehmen zu gründen. Die Idee dazu lieferte Facebook. Olivan war so beeindruckt davon, wie es Facebook geschafft hatte, das Campusleben zu bestimmen, dass er beschloss, die Idee zu kopieren. Gemeinsam mit Freunden startete er von Stanford aus ein soziales Netzwerk für Hochschulen in seiner Heimat.

Eines Tages hielt Zuckerberg persönlich in einem der Stanford-Kurse, die Olivan besuchte, einen Vortrag. Nach der Stunde kamen die beiden ins Gespräch und redeten über die Ausdehnung Facebooks auf andere Länder. Wenig später gehörte Olivan selbst zum Unternehmen und war Teil von Palihapitiyas Team. »Mein Auftrag war internationales Wachstum«, sagt Olivan. »Der offensichtlichste erste Schritt war, die Seite, so schnell es nur ging, in möglichst viele Sprachen zu übertragen.«

Facebook hatte den Prozess schon einige Monate zuvor angestoßen. Ein kleines mit Internationalisierung befasstes Team hatte eine App namens *Translate Facebook* entwickelt. Menschen in unterschiedlichen Ländern konnten sie herunterladen und mit ihr Begriffe aus dem Englischen in ihre Landessprache übersetzen. Natürlich wartete Facebook nicht darauf, dass sich irgendjemand freiwillig meldete. Es überprüfte seine Log-Protokolle, um zu sehen, wer im Ausland die englische Version von Facebook nutzte. Die – natürlich mithilfe eines Algorithmus – Ausgewählten wurden über eine Benachrichtigung am oberen Ende ihres Newsfeeds gefragt, ob sie mithelfen wollten, Facebook zu übersetzen. Diese »frühen Community-Mitglieder« waren motivierte Nutzer, die gern helfen wollten. Diese unbezahlten Helfer (ein weiterer Vorzug des Crowdsourcing) erstellten einen ersten Entwurf und schufen so ein Gerüst, das die Hürden beim Transfer von Facebook in die jeweilige Sprache deutlich machte.

Nach diesem ersten Schritt öffnete das Unternehmen den Prozess des Übersetzens der speziellen Facebook-Terminologie für alle Mitglieder. Manchmal bat es Nutzer um Hinweise. Dann bekam ein Muttersprachler ein Pop-up mit der Frage: »Hey, sprichst du diese Sprache, kannst du uns mit diesen Werbeanzeigen helfen?« Manchmal wurde das Crowdsourcing auch genutzt, um eine maschinell generierte Übersetzung zu verbessern.

Die größte Hürde bestand darin, gute Übersetzungen zu erhalten. Um freigeschaltet zu werden, musste man zweifelsfrei sicherstellen, dass die übersetzte Facebook-Version präzise, korrekt und differenziert war – ganz zu schweigen davon, dass das Unternehmen nicht in irgendwelche Fettnäpfchen treten durfte, die amerikanischer Ignoranz oder Unwissen geschuldet waren. Und oft erwies sich selbst das Übersetzen einfacher Wörter in bestimmte Sprachen als schwierig. In manchen Sprachen war der metaphorische Übergang von einer Wand als Strukturelement in einem Gebäude zu einem virtuellen schwarzen Brett auf einer Profilseite nicht ohne Weiteres möglich. Gar nicht zu reden von der Unmöglichkeit einer einfachen Übersetzung für »Pokes«, ein Begriff, der selbst im Englischen zweideutig ist.

Facebook hätte sich bei seiner internationalen Expansion an eine gemeinhin akzeptierte und erprobte Methode halten können. Nach der 80-20-Regel hätte man sich auf die sogenannten FIGSCJK-Schlüsselsprachen – Französisch, Italienisch, Deutsch, Spanisch, Chinesisch, Japanisch und Koreanisch – konzentrieren und damit den Großteil der Internetnutzer abdecken können. »Als Unternehmen hatten wir aber immer die Mission, die Welt zu vernetzen«, sagt Olivan. »Deshalb griff die 80-20-Regel zu kurz. Ich meine, wir wollten wirklich sicherstellen, dass Facebook für *jeden* verfügbar war.« Um das zu schaffen, würde es nicht reichen, seine Crowdsourcing-Tools beständig zu verfeinern. Wenn man Facebook wirklich auf die ganze Welt ausdehnen wollte, würden darunter auch Länder sein, deren Sprache bei Facebook niemand beherrschte.

Irgendwann kam der Punkt, an dem Facebook akzeptieren musste, dass es mit Crowdsourcing allein nicht weiterkam. Für die wichtigsten Sprachen, die man anhand des Bruttoinlandsprodukts der jeweiligen Länder ermittelte, mussten professionelle Kräfte ans Werk gehen. Jemand aus dem Internationalisierungsteam organisierte ein Meeting mit Muttersprachlern, die in einem bestimmten Land Englisch unterrichteten; dann überprüfte man gemeinsam die Übersetzungen bestimmter Wörter auf der Seite in der jeweiligen Landessprache.

Dennoch lag die Priorität weiterhin auf einer raschen Freischaltung statt auf Perfektion. »Wir hatten Listen der häufigsten Wörter auf der Seite, und wir dachten uns: *Fragen wir sie doch bloß nach denen*«, sagt Kate Losse, die dem Team anfangs angehörte. »Dann gab es noch Hunderte von Wörtern, die nur ein einziges Mal auftauchten, und da musste man einfach Prioritäten setzen. Im Grunde ging es nur darum, sicherzustellen, dass die Übersetzungen, die in die App kamen, gut genug für die Markteinführung waren.«

Dieser kostengünstige, schnelle Ansatz hatte seine Grenzen. Als Facebook beispielsweise seinen Start in Japan bekannt gab, brandete heftige Kritik auf, die die Spitzenkräfte, die für das Event eigens nach Tokio gereist waren, völlig zu überraschen schien. Zuckerberg war selbst vor Ort, auf dem Heimweg von seiner privaten Indienreise im Jahr 2008. Die Ankündigung von Facebook Japan machte ein Aufeinanderprallen der Kulturen sichtbar, das in mehreren Ländern zu beobachten war.

Einerseits war Facebook stolz auf sein Verfahren. Über drei Wochen hinweg hatten sich 1500 »Amateure und professionelle Übersetzer« daran versucht, den englischsprachigen Text auf Facebook – Seiten, Dialogfelder und Benachrichtigungen – ins Japanische zu übersetzen. Dann war diskutiert und überarbeitet worden. Vor Ort jedoch waren die Gefühle gemischt. Manche Japaner nahmen Anstoß daran, dass Facebook glaubte, sein amerikanisches Produkt durch eine oberflächliche Übersetzung anstelle einer durchdachten Neugestaltung für das spezifische japanische Publikum interessant machen zu können. »Man hat keine japanische Zweigstelle eingerichtet oder einen Vertreter ausgewählt, der das Vorhaben vor Ort leitet«,[14] beanstandete die *Japan Times*. »Tatsächlich verfügt Facebook Japan über kein einziges Alleinstellungsmerkmal.«

Als die *Japan Times* Javier Olivan, der bei der Produkteinführung anwesend war, darauf ansprach, bestätigte er die Befürchtungen, dass das Unternehmen zusammen mit seinem Produkt auch amerikanische Werte exportiere. »Facebook ist überall auf der Welt genau gleich«, sagte er. (Facebook Japan obsiegte schließlich über die Konkurrenz und erreichte 2016 drei Viertel des japanischen Social-Media-Marktes. Bis Mitte 2019 sollte dieser Anteil jedoch um zwei Drittel sinken.[15])

Unter Olivans Aufsicht verlief der Internationalisierungsprozess insgesamt dennoch erstaunlich reibungslos. Wenn es eine Übersetzung als abgeschlossen betrachtete, schaltete das Team sie im jeweiligen Land frei und beobachtete gespannt, wie die Zahl der Nutzer explodierte. Dann steckten sie in einer Ecke des Büros ein weiteres Fähnchen in eine kleine Ansammlung von Nationalsymbolen, die jene Länder markierten, deren Sprache Facebook nun beherrschte. Innerhalb weniger Monate steigerte sich Facebook von keiner einzigen Sprache zu Hunderten von Sprachen.

Im Jahr 2012 stellte Facebook eine Frau namens Iris Orriss ein, die dabei half, den Prozess noch weiter zu optimieren. Sie hatte ihre Karriere als Software-Testerin begonnen, dann in Entwicklerteams mitgearbeitet und schließlich festgestellt, dass sie es am befriedigendsten fand, Technologien auf andere Länder auszuweiten. Sie interessierte sich leidenschaftlich für Sprachen, Kulturen und Globalisierung. Als Facebook seine Fühler nach Orriss auszustrecken begann, war diese bei Microsoft mit der Anpassung von Sprachsoftware an neue Sprachen beschäftigt. Sie zog Erkundigungen über das Unternehmen ein und kam zu dem Schluss, dass die Internationalisierung bei Facebook etwas anderes war als in den Unternehmen, für die sie bisher gearbeitet hatte. Facebook hatte eine Mission. Und der Schlüssel dazu war Wachstum.

Andere Unternehmen betrachten eine internationale Expansion als operative Übung. »Wenn es um den operativen Betrieb geht, steckt eher eine Kostenstellenmentalität dahinter – besorgt mir so viele Übersetzungen wie möglich so billig wie möglich«, sagt Orriss. »Wenn es um Wachstum geht, dreht sich alles um Möglichkeiten. Konkret: *Wie können wir die Expansion in unser Gesamtkonzept integrieren, wie können wir alle vernetzen und die Welt damit offener und zugleich kleiner machen?*«

Orriss begriff, wie Crowdsourcing Facebook bei der Erfüllung seiner Mission helfen würde, vor allem wenn es um Sprachen ging, die nur wenige Menschen sprachen. Da war zum Beispiel die afrikanische Sprache Fulfulde. Sie hat zwei Varianten, von denen eine im nordwestlichen Subsahara-Afrika gesprochen wird, die andere im nigerianischen Raum. Sie sind so unterschiedlich, dass es sich beinahe um zwei verschiedene Sprachen handelt. Facebook konnte auf keinen Fall Ressourcen darauf verwenden, Linguisten zu finden, die diese Dialekte kannten und gleichzeitig Technikverständnis mitbrachten.

Also brachte Facebook seine Übersetzungs-Tools aus der Crowd in Stellung.

Der Aufwand machte sich bezahlt. Selbst in Ländern, in denen mehrere Sprachen gesprochen wurden, es aber eine offizielle Geschäftssprache gab, führte die lokale Mundart – aus Unternehmenssicht – zu besseren und profitableren Facebook-Nutzern. Die User engagierten sich weit mehr, wenn die Sprache ihre eigene war. »Für sie ist der örtliche Aspekt relevant«, sagt Orriss. »Wer will schon eine Übersetzung dessen sehen, was sich auf der anderen Seite der Welt abspielt? Die Leute wollen wissen, was direkt bei ihnen los ist.«

Doch ein Aspekt dieser Ausdehnung führte zu einem Problem, das Facebook weitgehend ignorierte. Durch die Ausdehnung mittels Crowdsourcing begann Facebook in Regionen zu operieren, deren Sprache niemand oder so gut wie niemand innerhalb des Unternehmens beherrschte. Das bedeutete, dass Facebook keinen angemessenen Kundensupport anbieten und auch nicht kontrollieren konnte, was gepostet wurde. Beiträge, die die Standards von Facebook verletzten, konnten gefährlich oder tödlich sein. Selbst wenn lokale Nutzer Verstöße meldeten, konnte Facebook nicht darauf reagieren, weil seine Mitarbeiter der Sprache nicht mächtig waren.

Im Jahr 2013 waren es aber nicht diese Konsequenzen, die Facebook mit Sorge auf das internationale Wachstum blicken ließen. Es war die Befürchtung, das Unternehmen könne – allen Anstrengungen zum Trotz – bald an eine Grenze stoßen: Ja, es war überwältigend, dass Facebook seiner Gemeinschaft eine oder zwei Milliarden Menschen hatte einverleiben können. Aber das war nicht die ganze Welt, sondern nur der einfache Teil, diejenigen, die über eine Internetverbindung und genug Geld verfügten, um für den Datenverkehr zu zahlen. Ein Großteil der Milliarden Menschen, die noch auf eine Eroberung durch Facebook warteten, fiel nicht in diese Kategorie. Diese Leute waren – so jedenfalls sah Facebook das – entweder zu arm oder hatten schlicht keine Möglichkeit, sich mit dem Internet zu verbinden. Oder beides.

Die Lösung? Eine Facebook-Version zu entwickeln, deren Nutzung günstiger war. Und dafür zu sorgen, dass diese Menschen Zugang zum Netz bekamen, selbst wenn man dafür zusätzliche Infrastruktur schaffen musste.

Mark Zuckerberg verfolgte diese Idee voller Leidenschaft. Auch wenn der Impuls von der Wachstumseinheit gekommen war, die weiterhin das Ziel hatte, alle Menschen auf der Welt mit Facebook zu verbinden, stellte er das Unterfangen als eine Art philanthropischen Vorstoß dar, der das Leben dieser Milliarden Menschen grundlegend verändern würde. Mit Rückgriff auf das Suffix, das für gewöhnlich gemeinnützigen Organisationen und Stiftungen vorbehalten ist, taufte er das Projekt Internet.org.[16]

Im Jahr 2013 verfasste Zuckerberg ein zehnseitiges Positionspapier, in dem er seine Vision ausführte. Es trug den Titel »Ist Konnektivität ein Menschenrecht?« Die Antwort war ein klares Ja. »Wenn alle mit dem Internet verbunden sind, werden auch alle von dem damit verbundenen Mehr an Wissen, Erfahrung und Fortschritt profitieren«, schrieb er. »Die Vernetzung der Welt wird eine der wichtigsten Aufgaben in unserem Leben sein.«[17]

Als er mich im August jenes Jahres darüber informierte, fragte ich ihn, warum man die Initiative nicht als etwas betrachten sollte, was Facebook schlicht mehr Kunden einbrachte. »Theoretisch profitieren wir in gewisser Weise davon«, sagte Zuckerberg. Aber er beharrte darauf, das sei nicht der Grund für sein Handeln. »Ich glaube, was diese Ansicht [Facebook tue das aus Gründen des Profits] so verrückt macht, ist die Tatsache, dass die Milliarden von Menschen, die schon auf Facebook sind, über viel, viel mehr Geld verfügen als die nächsten sechs Milliarden Menschen zusammen. Ginge es uns also wirklich nur ums Geld, wäre es klüger, uns allein auf die hoch entwickelten Länder und die Menschen, die schon bei Facebook sind, zu konzentrieren und ihre Bindung an uns zu erhöhen, statt die anderen zur Registrierung zu bewegen.« Facebook, sagte er, werde aus diesen Bestrebungen vielleicht niemals Kapital schlagen. »Aber ich bin zu dieser Investition bereit, weil ich glaube, dass die Welt davon wirklich profitieren kann.«[18]

Das Unternehmen stieß eine Reihe von Initiativen an, um den, wie es hieß, »nächsten paar Milliarden« das Internet – und damit Facebook – zu bringen. Als Erstes ging man das Problem vieler unterversorgter Regionen an: Die Einwohner konnten es sich nicht leisten, die mit der mobilen Internetnutzung verbundenen Gebühren zu zahlen. Facebook hatte dafür zwei Lösungswege. Der erste waren Facebook-Versionen, die weniger Datenvolumen verbrauchten. Der zweite bestand in der Kooperation mit Telekommunikationsanbietern, um ein ausgewähltes Teilstück des Internets gebührenfrei zugänglich zu machen. Facebook war in diesem Teil natürlich enthalten.

Doch der ambitionierteste Aspekt von Facebooks Plänen bestand darin, die Ressourcen zu schaffen, um den nächsten Milliarden von Nutzern Zugang zum Internet zu ermöglichen. Jahrelang stellte Zuckerberg bei seinen F8-Keynotes stolz diese Pläne vor. Geplant war unter anderem ein Satellit, der Schwarzafrika über Funk mit dem Netz verbinden sollte. Das war jener Satellit, der auf Elon Musks Startrampe explodierte, als wir in Nigeria waren.

Zuckerberg schwebte jedoch eine weitere, noch aufregendere Möglichkeit eines Breitbandzugangs vor: das Internet mithilfe solarbetriebener, superleichter Drohnen zu verbreiten. Bis zur Mitte des Jahrzehnts hatte sich der Gedanke bei ihm zu einem regelrechten Fetisch ausgewachsen. Die Facebook-Luftflotte! Die Drohnen würden in der Lage sein, in großer Höhe zu kreisen und dabei Breitbandsignale auf die Erde zu übertragen. (Google hatte ähnliche Pläne, bei denen modifizierte Wetterballons im Mittelpunkt standen.)

Es war ein nerdiger Traum, dem jedoch einige ernsthafte Aufmerksamkeit zuteilwurde: Ein Unternehmen namens *Acenta* baute tatsächlich ein Fluggerät dieser Art. Der CEO der Firma hatte zuvor ein Fahrgeschäft für einen »Jurassic World«-Themenpark entwickelt. Berichten zufolge kaufte Facebook das Unternehmen für eine Summe von zwanzig Millionen Dollar und begann einen »Aquila« getauften Drohnen-Prototyp zu bauen. Die Spannweite der mit Solarzellen bedeckten Tragflächen entsprach jener des knapp vierzig Tonnen schweren Airbus A320, doch durch die für den Rahmen verwendeten exotischen Materialien blieb das Gewicht unter 450 Kilogramm, womit die Drohne weniger wog als ein gewöhnlicher Pkw. Aquila wurde zum inoffiziellen Maskottchen von Facebook. Zeitweise führte Zuckerberg Besucher zum Stück einer Tragfläche von Aquila, das er scheinbar zufällig irgendwo herumstehen hatte. Obwohl es ihn an Länge überragte, konnte er es in die Luft heben wie einen Drachen.

Nachdem man einige Jahre lang unablässig die Werbetrommel für das Projekt gerührt hatte, war Aquila 2016 schließlich für einen privaten Probeflug bereit. Zuckerberg flog zu dem Testgelände in Yuma/ Arizona und sah der Drohne beim Aufstieg zu. Nach seiner Rückkehr bestellte Facebook einen Reporter von *The Verge* ein, der über den großartigen Erfolg des Fliegers berichten sollte.[19] Später stellte sich heraus, dass das Fluggerät eine »strukturelle Fehlfunktion« erlitten hatte, die dazu führte, dass es bei der Landung beschädigt wurde, und eine Untersuchung des National Transportation Safety Board, einer für die Aufklärung von Unglücksfällen im Transportwesen zuständigen Behörde, nach sich zog. Zuckerberg hatte versäumt, das zu erwähnen. Ein zweiter Probeflug verlief zwar angeblich besser, doch im Jahr 2018 gab Facebook die Pläne auf.

Der explodierte Satellit und der Absturz von Aquila versinnbildlichten den Schiffbruch, den die unternehmensstrategischen Initiativen von Internet.org vor allem in Indien, dem größten angestrebten Markt der Firma, erlitten hatten. Mit seiner Bevölkerungszahl von über einer Milliarde Menschen war das Land eine wichtige Etappe auf dem Weg zu einer weltweiten Präsenz, jenem Ziel, das der Wachstumsbereich vehement verfolgte. Zuckerberg aber machte es zu einem persönlichen Kreuzzug. Im Jahr 2014 reiste er nach Indien, wo er den Premierminister hofierte und eine Dorfschule besuchte. Lev Grossman von der Zeitschrift *Time* begleitete Zuckerberg, und obgleich er anerkannte, wie verdienstvoll das Vorhaben war, unterentwickelten Ländern Zugang zum Internet zu verschaffen, merkte er an, das Programm lasse sich auch anders betrachten. »Auch wenn das Unternehmen sehr bemüht ist, sie als altruistisch darzustellen, ist diese Kampagne doch eigentlich ein Akt des eigennützigen Technik-Kolonialismus. Wie ›Soylent Green‹ ist auch Facebook aus Menschen gemacht, und es braucht immer mehr von ihnen.«[20] [In dem Science-Fiction-Streifen, der in Deutschland unter dem Titel »... Jahr 2022 ... die überleben wollen« lief, geht es um eine Substanz, die das Überleben der Menschheit sichern soll, tatsächlich aber aus Menschenfleisch besteht; Anm. d. Red.]

Während die Drohnen und Satelliten den 15 Prozent der Weltbevölkerung ohne Internetempfang Zugang zum Netz verschaffen sollten, war das eigentliche Fundament der Initiative das Programm Internet.org, in dessen Rahmen Facebook mit Telekommunikationsanbietern vor Ort zusammenarbeitete, um eine kostenfreie Nutzung zu ermöglichen. 2014 ließ Facebook das Programm in Indien und einigen anderen Staaten anlaufen. Es geriet in die Kritik, weil es nur auf einige ausgewählte Apps – darunter Facebook – zurückgriff und diesen damit einen Wettbewerbsvorteil verschaffte. Das schien gegen das Prinzip der Netzneutralität zu verstoßen, dem zufolge das Internet allen Entwicklern in gleicher Weise offenstehen sollte. Im April 2015 stiegen einige Softwarefirmen aus dem Programm aus.

Facebook kündigte an, Internet.org für alle Entwickler öffnen zu wollen, doch die Kritik verstummte nicht. Zuckerberg nahm in der Facebook-Zentrale ein nächtliches Video auf, in dem er die Kritiker um ein Einlenken bat. Er beharrte darauf, universelle Konnektivität sei mit Netzneutralität vereinbar – niemand blockiere irgendwelche Seiten. Aber darum ging es den Kritikern natürlich gar nicht; sie monierten vielmehr, dass Facebook sich einen Vorteil verschaffte, indem es sich selbst in die »Gratis«-Kategorie einordnete. Zuckerbergs Antwort darauf? »Wenn es sich jemand nicht leisten kann, für Konnektivität zu bezahlen, ist es in jedem Fall besser, einen beschränkten Zugang zu haben als gar keinen.«

Die Kritiker ließen sich nicht beschwichtigen. Um den Vorwürfen entgegenzutreten, Internet.org verspreche fälschlicherweise das gesamte Internet, benannte Zuckerberg das Programm in Free Basics um. Aber im Februar 2016 ließ Indien den Dienst sperren. Auch in anderen Ländern stieß Facebook auf Schwierigkeiten.

Das Debakel um Internet.org hatte Aspekte, die auch später wieder im Facebook-Narrativ auftauchen sollten: Eine scheinbar wohltätige Initiative mit einem zusätzlichen Nutzen für Facebook stieß bei den Behörden und der breiten Bevölkerung auf Ablehnung. Sie zweifelten an den hehren Motiven von Facebook.

Heute stellt Facebook das Programm als einen Erfolg dar und gibt an, es werde von etwa hundert Millionen Menschen genutzt.[21] Doch selbst dieser Erfolg war kein ungetrübter. Regionen, die auf einen so unvermittelten Zugang zu einer riesigen, nicht moderierten Gesprächsplattform nicht vorbereitet waren, waren nun jenen ausgesetzt, die sich Facebooks bedienten, um zu manipulieren, Falschinformationen zu verbreiten und Gewalt Vorschub zu leisten. Zu diesem Zeitpunkt jedoch erwähnte Mark Zuckerberg Internet.org in seinen Keynotes schon immer weniger. Er hatte andere Produkte zu bewerben – und sich für neue Fehler zu rechtfertigen.

Als Chamath Palihapitiya die Wachstumseinheit im Jahr 2011 verließ, nahm Javier Olivan seinen Platz ein. Als Palihapitiyas Protegé hatte auch Olivan das alleinige Ziel vor Augen, Facebooks Zahlen zu erhöhen. Aber er war auch Informatiker, weshalb er die Wachstumseinheit auch auf die Programmierer außerhalb des Zirkels ausdehnte, die zuvor Initiativen umgesetzt und dabei an andere Abteilungen berichtet hatten.

Olivan hatte eine andere Persönlichkeit als Palihapitiya. Auf die Frage nach den Unterschieden antwortet Alex Schultz: »Javier ist sehr freundlich, sehr umsichtig, er ist einfach … anständig und ein guter Kerl.«

Trotz des Wechsels an der Spitze der Abteilung blieb das Wachstum die Linse, durch die Facebook beinahe jeden seiner Schritte betrachtete. »Die Wachstumseinheit denkt völlig anders über das Produkt, als irgendein Unternehmer oder Wirtschaftler auf der ganzen Welt je über ein Produkt denkt«, sagt Rob Goldman, der 2012 zu Facebook kam. »Ich hatte so etwas noch nie gesehen; sie waren der felsenfesten Überzeugung, dass jeder auf der Welt das Produkt am besten jeden Tag benutzen sollte.«

Während Zuckerberg die Mission, alle Menschen auf der Welt zu vernetzen, anpries, lag die tatsächliche Durchführung in den Händen der Wachstumseinheit – man könnte also sagen, dass die Mission damit faktisch nicht Vernetzung, sondern Wachstum lautete. Facebooks PR-Beauftragte Brandee Barker erinnert sich an ein Meeting mit Zuckerberg um das Jahr 2009, in dem er ihr sagte, Facebook brauche mehr Publicity, um Wachstum und Engagement erhöhen zu können. »Das sollte der einzige Grund für unsere Arbeit sein!«, sagt sie.

»Am Anfang war unser Aufgabenbereich viel kleiner«, erinnert sich Naomi Gleit. »Doch dann wuchs unser Bereich mit der Zeit immer weiter. Mark meinte ständig: *Okay, könnt ihr das noch übernehmen? Könnt ihr auch den Messenger übernehmen? Und könnt ihr dann noch das und das und das übernehmen?*« In ihrem Lachen klingt an, dass sie mit dieser Aufzählung noch lange fortfahren könnte.

Die Wachstumseinheit steuerte die internationale Expansion. Sie würde die Übertragung auf mobile Endgeräte kontrollieren. Und als in den letzten Jahren klar wurde, dass Facebook reichlich Ressourcen würde investieren müssen, um Vertrauen zurückzugewinnen – Vertrauen, das teilweise durch die Praktiken der Wachstumseinheit zerstört worden war –, gab Zuckerberg den Auftrag der … Wachstumseinheit. Für manche ist es pure Ironie, dass ausgerechnet die Wachstumseinheit, die intern für das Kokettieren mit der dunklen Seite des Algorithmus berüchtigt war, nun mit der Integritätsarbeit betraut wurde. Selbst der Bereich, den Facebook als »Social Good« bezeichnet und der Instrumente und Initiativen für NGOs und andere am Gemeinwohl interessierte Gruppen bereithält, wurde zunehmend der mächtigen Wachstumseinheit zugeschlagen.

Naomi Gleit sagt, der Grund dafür sei, dass die charakteristische Herangehensweise des Teams an Probleme sich gut auf andere Unternehmensbereiche übertragen lasse. »Was haben all diese Dinge wirklich gemeinsam? Es geht darum, sich Problemen über eine datengesteuerte, produktgesteuerte Herangehensweise zu nähern. Im Grunde ist es immer nur ein und derselbe Ansatz: verstehen, identifizieren, ausführen.«

Die datengetriebene Wachstums-DNA, die Palihapitiya wie kein anderer verkörperte, ist all diesen Bereichen eingeschrieben. Er verließ das Unternehmen im Jahr 2011, um einen Wagniskapitalfonds zu gründen. (Zu den Investoren zählten Facebook und einige seiner aktuellen und ehemaligen Angestellten, Zuckerberg allerdings nicht.) In seiner Abschiedsmail schrieb er, es gehe allein ums Gewinnen – alles andere komme an zweiter Stelle –, und ermahnte die Facebook-Mitarbeiter, stets aufmerksam zu sein, um »das Unternehmen, das ihr nicht kennt«, ausmachen zu können, dessen große Pläne dazu führen könnten, dass man ersetzt werde.[22]

Alles schön und gut, doch in Erinnerung blieb die Mail bei Facebook wegen eines letzten Spruchs, den Chamath Palihapitiya zum Abschied riss:

Sei kein Arschloch.

11 »MOVE FAST AND
BREAK THINGS«

Im Jahr 2008 sah Ben Barry, ein Plakathersteller aus Austin, eine Anzeige auf Facebook. Sie war gut platziert. Facebook, las er, suche Gestalter. Leute wie ihn.

Barry war nicht viel auf Facebook unterwegs gewesen, seit er einige Jahre zuvor die Universität verlassen hatte, aber er beschloss trotzdem, sich zu bewerben, und nach mehreren Gesprächen bekam er die Stelle. Im September 2008 zog er nach Palo Alto. Facebook spannte ihn mit Everett Katigbak, einem anderen neu eingestellten Gestalter, zusammen.

Eine der ersten Fragen von Barry war, ob Facebook irgendetwas anlässlich der anstehenden Präsidentschaftswahl machen würde. Seine Vorgesetzten schlugen vor, er solle sich mit dem damals einzigen Facebook-Mitarbeiter in Washington, D.C., in Verbindung setzen, der von zu Hause aus arbeitete. Sie beschlossen, einen virtuellen Button mit der Aufschrift »Ich habe gewählt« zu entwerfen. Nutzer sollten auf den Button klicken, nachdem sie ihre Stimme abgegeben hatten. Am Tag der Wahl stellte Barry erstaunt fest, dass sich die Zahl der Klicks jedes Mal, wenn er nachsah, um Tausende erhöht hatte. Am Ende waren es um die sechs Millionen, die das das Feature genutzt hatten.

Hmmm. *Facebook konnte Einfluss auf Wähler nehmen?*

Barrys bedeutendster Beitrag zu Facebook war jedoch etwas anderes. Während der Einstellungsgespräche war die Idee aufgekommen, dass er einige Poster für die Büros entwerfen könnte. Facebook hatte sich klugerweise entschieden, nicht im Stil der frauenfeindlichen Graffiti weiterzumachen, die David Choe so gewinnbringend produziert hatte. In der Ära Sheryl Sandberg wollte das Unternehmen seine Wände mit etwas Niveauvollerem schmücken, das trotzdem seine Kultur widerspiegeln, ja vielleicht sogar definieren sollte.

In Austin hatte Barry viele Konzertplakate und Kunstdrucke im Siebdruckverfahren erstellt. Er war der Ansicht, dass es selbst an einem Ort – *gerade* an einem Ort –, an dem Design auf digitale Weise stattfand und die Leinwand aus Programmcode bestand, notwendig war, physisch greifbare Kunst zu produzieren. Ihm schwebte vor, eine Überfülle an Postern aufzuhängen und so einen Zeichensatz unermüdlicher Inspiration für die Mitarbeiter zu schaffen. Doch in den beengten Büroräumen, die Facebook in Palo Alto gemietet hatte, war zunächst kein Platz dafür.

Anfang 2009 zog Facebook in seine neue, 13 000 Quadratmeter große Zentrale in der California Avenue 1601 um, die im College-Terrace-Viertel südlich der El Camino Road lag.[1] Als Barry hörte, dass Facebook dazu noch weitere Gebäude in der Nähe anmieten wollte, darunter eines mit einer nicht benötigten Lagerhalle, beanspruchte er die Räumlichkeiten als Plakatproduktionsstätte für sich und sein Team. Katigbak und er besorgten in einem Baumarkt Holz für Tische, außerdem eine kleine Druckmaschine und anderes Siebdruckzubehör. Es gab einen Hausmeisterraum mit fließend Wasser, in dem er die Tische aufstellte. Da es keinen Abfluss gab, musste das abfließende Wasser in Eimern aufgefangen werden. Dann bekam Barry mit, dass jemand in San Francisco eine Papierschneidemaschine verkaufte, die für die Massenproduktion von Postern unerlässlich war. Es war ein unhandliches, 140 Kilogramm schweres Gerät, das aussah, als wäre es noch der Gutenberg-Ära verhaftet. Man brauchte einen Gabelstapler, um es zu bewegen. Barry kaufte es auf eigene Rechnung und bekam die Genehmigung, es in die Lagerhalle zu bringen.

Barry nannte seine neue Wirkungsstätte das »analoge Forschungslabor«,[2] um damit zu verdeutlichen, dass Handwerkskunst für die Kultur von Facebook von ebenso zentraler Bedeutung sein konnte wie das Programmieren. Bei seinen Vorstellungen orientierte er sich an Propagandaplakaten des frühen 20. Jahrhunderts, insbesondere solchen, die in den 1920er-Jahren für eine Antikriegsorganisation, den National Council for the Reduction of Armaments, produziert worden waren. Er hatte sie auf der Internetseite der Library of Congress gesehen. Die Plakate waren mit fetten, feuerroten Großbuchstaben bedruckt.

Barrys Poster sollten eine bewusste Zurückweisung von Facebooks aufgeräumter Online-Präsenz sein. »Sie sollten alt aussehen und nicht blau sein«, sagt Barry. Während sich die Internetseite modern und gefällig gab, gestaltete Barry seine Plakate so, dass sie an jene Filmszenen denken ließen, in denen eine wirbelnde Zeitung zum Stehen kommt und eine 36 Punkt große schockierende Überschrift zeigt. Die Texte bestanden aus Dingen, die Barry bei Facebook aufgeschnappt hatte; Sätze, die in seinen Augen die Unternehmenskultur verkörperten, und andere, die aus den Selbstdefinitionsversuchen des Unternehmens erwuchsen.

Diese Versuche dauerten nun schon etwa zwei Jahre an; Zuckerberg schien noch immer darunter zu leiden, dass er im Zuge der Yahoo!-Krise darin gescheitert war, die Wichtigkeit seiner Mission zu verdeutlichen. 2007 hatte er Microsofts CEO Steve Ballmer während eines gemeinsamen Spaziergangs gefragt, wie sein Unternehmen die Eigenschaften kommunizierte, die seine Mitarbeiter vorleben sollten. Ballmer hatte ihm gesagt, Microsoft habe ganze Listen, auf denen die wichtigsten Elemente der Firmenkultur skizziert seien.

Nach dem Gespräch hatte sich Zuckerberg umgehend darangemacht, ebenfalls eine solche Liste zu verfassen, und sie dann in der Zentrale an die Kühlschranktür gehängt. Die Auflistung war nicht sehr beliebt – jemand nahm Anstoß an dem Punkt »hoher IQ« und strich ihn von der Liste.

Nun, 2009, war Zuckerberg der Ansicht, dass es Zeit sei, das Thema Werte und Firmenkultur noch einmal ernsthaft anzugehen. Lori Goler, ein Neuzugang in der Personalabteilung, hatte Zuckerberg gefragt, wie ihre Mitarbeiter potenziellen Kandidaten die Arbeit bei Facebook beschreiben sollten. Zuckerberg fand, die Frage verdiene es, im Rahmen der Suche nach einer breiter gefassten Selbstdefinition erörtert zu werden. »Was wollen wir werden, wenn wir mal groß sind?«, fragte er in einem der Meetings.

Goler, ein Fang, den Sheryl Sandberg gemacht hatte, war bei eBay für die Marketingabteilung verantwortlich gewesen und sollte bald schon Chris Cox an der Spitze des HR-Bereichs ablösen. Unter seinen Fittichen begann sie, sich intensiver mit der Frage nach Facebooks Werten und seiner Kultur auseinanderzusetzen. Unterstützt wurde sie dabei von einer ebenfalls noch recht neuen Kollegin namens Molly Graham, der Tochter von Don Graham. Ein Grund für sie, von Google zu Facebook zu wechseln, war ihr enges Verhältnis zu Sheryl Sandberg und Elliot Schrage (sie war Schrages Büroleiterin gewesen).

Auch Chamath Palihapitiya, der bei Facebook für das unverblümte Aussprechen der Wahrheit zuständig war, arbeitete an dem Projekt mit. »Mark wollte ihn dabeihaben, weil er eine starke Meinung vertreten und nicht versuchen würde, auf Kuschelkurs zu gehen«, sagt Graham.

Etwa zu dieser Zeit kursierte ein Foliensatz von Netflix, auf dem das Unternehmen seine Werte definierte (»echte Werte«, wie es darauf hieß, nicht diese diffusen und verlogenen, mit denen sich andere Firmen brüsteten). Das ganze Silicon Valley war neidisch. Besonders Palihapitiya fand, dass Facebook beim Rennen um Werte nicht ins Hintertreffen geraten sollte.

Graham bemerkte schnell, dass Zuckerberg der Schlüssel zu allem war. *Er* war die Facebook-Kultur. »Unternehmen werden nach dem Bild ihres Gründers geformt«, sagt sie. »Eine Zeit lang fühlte sich Facebook an wie die Studentenbutze eines 19-Jährigen, aber letztlich ist es ein Ort, an dem es ums Ausprobieren und Wiederholen geht, und genau so lebt Mark selbst. Er ist ein Learning-by-Doing-Mensch, und das ist in die DNA der Firma eingeschrieben. Facebook glaubt nicht an Perfektion.«

In gewisser Weise, so Graham, lasse sich die Selbstdefinition von Facebook in sechs Buchstaben zusammenfassen. »Wir versammelten Mitarbeiter in kleinen Grüppchen in einem Raum und fragten sie: *Wie würdet ihr Facebook Jobanwärtern oder Freunden, eurer Mutter, eurem Bruder beschreiben? Was habt ihr den letzten drei Job-Kandidaten gesagt? Welche Ausdrücke habt ihr benutzt?*« Ein Wort sei dabei immer wieder gefallen: Hacker.

Die Öffentlichkeit mochte bei diesem Ausdruck an destruktive Hightech-Nihilisten oder Gauner denken, die in fremde Systeme eindrangen, um sie zu verwüsten, oder Kreditkarteninformationen stahlen. In der Start-up-Kultur wurde der Begriff jedoch in seinem ursprünglichen Sinn verwendet:[3] Hacker waren hoch qualifizierte und durch und durch rechtschaffene Programmierer, die fest daran glaubten, dass sie mit ihren Bestrebungen eine kaputte Welt besser machten. »In der Welt draußen steht dieses Wort nicht für etwas Gutes«, räumt Graham ein, »aber wir meinten es sehr positiv.«

Das Verständnis, dass Facebook eine Hacker-Firma war, half dabei, die vier Werte zusammenzustellen, die sie Zuckerberg schließlich präsentierten. Es war, als hielten sie ihm einen Spiegel vor.

Sich auf die Wirkung konzentrieren
Wagemutig sein
Move Fast and Break Things
Offen sein

Die Punkte gefielen Zuckerberg, aber er bestand darauf, einen fünften hinzuzufügen: *Gesellschaftlichen Mehrwert schaffen.*

Während es sich bei den ersten vier Werten um interne Richtlinien handelte, betonte der fünfte Facebooks Wirkung auf die Außenwelt, die in Zuckerbergs Augen überwältigend positiv war. (Dieser Ansicht ist er noch immer.)

Von diesen Werten stand einer in einzigartiger Weise für Facebook, für Mark Zuckerberg. »Move Fast and Break Things« war gewissermaßen gleichbedeutend mit der Firma.

Niemand weiß genau, wann diese Worte zum ersten Mal geäußert wurden, aber es könnte während einer Mitarbeiterversammlung in den Büroräumen in der Hamilton Street in Palo Alto gewesen sein – zu einer Zeit also, als Facebook den ersten Schwung an Managern eingestellt hatte, nachdem es zu groß geworden war, als dass jeder einzelne Mitarbeiter an D'Angelo oder eine andere Führungskraft hätte berichten können. Zuckerberg lag viel an der Idee, dass auch in der Rangordnung weiter unten stehende Mitarbeiter in der Lage sein mussten, Nein zu sagen. Also sagte er allen, Facebook könne es sich nicht leisten, davor zurückzuschrecken, schnell zu handeln und Strukturen aufzubrechen.

Ben Barry konnte aus diesem Schatz an frisch definierten Werten schöpfen, er konnte aber auch neue Slogans aus Gehörtem ableiten. Ganz dem Spirit des Unternehmens folgend, ließ er nichts davon – weder den Stil noch die Sprache, noch die Idee an sich – von seinen Vorgesetzten absegnen. Seine Poster tauchten einfach plötzlich auf, so als wäre ein irrer Hacker-Propagandist aus einem auf eigene Faust operierenden KI-Labor ausgebrochen und hätte in der Facebook-Zentrale gewütet.

GEMACHT IST BESSER ALS PERFEKT
IST DAS EIN TECHNOLOGIEUNTERNEHMEN?
VORANSCHREITEN UND WAGEMUTIG SEIN
JEDER TAG FÜHLT SICH WIE EINE WOCHE AN

Und natürlich bannte er auch jenen Slogan auf Papier, der zum inoffiziellen Facebook-Motto werden sollte:

MOVE FAST AND BREAK THINGS

Da diese Reihe von Plakaten auf reinem Text basierte, zeigten sie Facebooks obersten Boss nicht im Bild. Doch ob diese Worte aus seinem Munde stammten oder nicht – sie wurden als ein Mittel verstanden, um Zuckerbergs ureigenste Gedanken zu beschwören.

Anfangs begehrten einige Facebook-Mitarbeiter gegen diese Gebote auf, die ihnen in ihrer Direktheit und in ihrem Ton etwas unheimlich waren. Aber weil so offensichtlich war, wessen Geist sie entsprungen waren, verhallten die Einwände. Bald darauf kam ein neues Plakat dazu. Darauf stand:

WAS WÜRDEST DU TUN, WENN DU KEINE ANGST HÄTTEST?

Während »Move Fast and Break Things« aus der Hirnrinde von Facebook zu stammen schien – Geschwindigkeit war der taktische Vorteil, durch den sich ihr Unternehmen auszeichnete –, kam diese fordernde Frage aus seinem Herzen. Indem Facebook auch diesen Slogan zu einem seiner inoffiziellen Mottos machte, brachte es nicht nur einen unternehmerischen Ansatz, sondern auch einen Weg zur Selbstverwirklichung zum Ausdruck. Bei der Arbeit wie im übrigen Leben war Angst der Gegner. *Tu es,* ermutigte der Slogan. *Was kann schlimmstenfalls passieren?*

Später zeigten Plakate aus Barrys »analogem Forschungslabor« in bunten Farben furchtlose Menschen, Benachteiligte, die für ein selbstloses Ziel alles riskiert hatten: Dolores Huerta, Shirley Chisholm, Cesar Chavez. Die Multimillionäre mit ihren Aktienoptionen aus den Anfangsjahren und die Informatiker, die unmittelbar nach ihrem Studium sechsstellige Gehälter bezogen, hatten kein Problem damit, sich mit diesen Helden der Unterdrückten zu identifizieren.

Manche sahen eine düsterere Bedeutung hinter den Plakaten. »Sie hatten alle eine gemeinsame Aussage, die im Grunde lautete: Alles, was uns interessiert, ist Wachstum«, sagt Sandy Parakilas, der heute im Center for Humane Technology [eine Non-Profit-Organisation, gegründet von Insidern und Ex-Mitarbeitern von Tech-Firmen aus dem Silicon Valley; sie kritisiert die »Geiselhaft« des Menschen durch Technologie und fordert insbesondere einen besseren Schutz der Kinder; Anm. d. Red.] tätig ist. »Das war das Einzige, worauf wir uns konzentrierten; die anderen Probleme, die wir dabei schufen, erfassten oder behandelten wir nicht, wir taten alles, was in unserer Macht stand, um das Wachstum anzutreiben. Und ehrlich gesagt, war es uns auch nicht besonders wichtig, das Produkt stärker auszufeilen oder zu perfektionieren. Wir wollten schnell agieren, das veröffentlichen, womit wir die gewünschte Wirkung erzielten, und dann weitermachen.«

Tatsächlich waren die Slogans, insbesondere »Move Fast and Break Things« leicht misszuverstehen. »Es bedeutete, Sachen auszuprobieren und keine Angst vor dem Scheitern zu haben – aber nicht, nachlässig zu sein«, sagt Graham. »Es bedeutete nicht, den Server mit Klebeband zu flicken und dann das Weite zu suchen.« Aber so wie Googles Motto »Don't be evil« gegen Google verwendet werden sollte, wurde der zweite Teil von Facebooks Motto von Kritikern benutzt, um auf Facebook einzuschlagen, als der Konzern beschuldigt wurde, tatsächlich Dinge zu zerstören – die gesellschaftliche Ordnung, die Demokratie, die Zivilisation selbst – wie die digitale Version eines Elefanten im Porzellanladen.

2014 sollte Zuckerberg den Slogan auf der F8-Veranstaltung jenes Jahres in »Move Fast with Stable Infrastructure« ändern. Das war zwar weniger knackig, doch der Geist des schnellen Agierens und Zerschlagens lebte bei Facebook fort. Von Zuckerberg abwärts glaubten alle, dass der Wettbewerbsvorteil von Facebook in seiner Schnelligkeit und seiner Risikobereitschaft lag. Langsamkeit würde den Tod bedeuten.

Die Poster waren nur der sichtbarste Aspekt der Weiterentwicklung von Facebooks Firmenkultur, eine Morphogenese seiner Studienabbrecher-DNA. Jeder, der Facebooks Charakter in seiner Anfangszeit – und oft bis heute noch – beschreibt, verwendet früher oder später den Ausdruck »Studentenbude«. Seinem Rivalen Google hingegen haftet die Aura der Stanford-Doktoranden Larry Page und Sergey Brin an: Der Google-Vorläufer *BackRub* war aus einem Forschungsprojekt hervorgegangen. Googles Ahnen waren Professoren, die die Lehrbücher verfasst hatten, aus denen die Führungskräfte des Unternehmens später ihr Wissen bezogen; Facebook stellte Mark Zuckerbergs Lehrassistenten aus Harvard ein. Gewiss, selbst 2005 gab es einige versprengte Mittdreißiger unter den Mitarbeitern – manche von ihnen waren sogar verheiratet und hatten Kinder. Doch während Zuckerberg wusste, wie wertvoll Veteranen wie Jeff Rothschild für das Unternehmen waren, glaubte er tief in seinem Inneren, dass jüngere Mitarbeiter ... klüger waren. Genau das sagte er 2007 während eines Start-up-Kurses des Gründerzentrums *Y Combinator*. 650 angehenden Gründern riet er, junge und technikaffine Mitarbeiter einzustellen, um die rhetorische Frage »Warum sind die meisten Schachmeister unter dreißig?« hinterherzuschieben.[4]

Dass er sich später für die Bemerkung entschuldigte (die, hätte sie tatsächlich Facebooks Einstellungskriterien widergespiegelt, auf einen Verstoß gegen das Arbeitsgesetz hingedeutet hätte), täuschte nicht darüber hinweg, dass sich seine ursprüngliche Aussage ganz und gar mit seiner Weltsicht zu decken schien.

Natürlich war die Facebook-Kultur komplizierter; und während das Unternehmen weiter wuchs, wurde es professioneller und in Bezug auf seine Personalpolitik umsichtiger. Sandberg spielte dabei eine Rolle, vor allem aber war es eine Konsequenz der Vergrößerung. Die älteren Neueinsteiger taten sich allerdings schwer mit Facebooks waghalsigem Tempo und fragten sich, ob ihr Auftrag eher darin bestand, damit Schritt zu halten oder es zu drosseln. Da Zuckerbergs Botschaft zumindest in den ersten Jahren war, schnell zu handeln, lernten die Führungskräfte, das Tempo zu halten, wenngleich das schiere Gewicht eines größeren Unternehmens sicherlich eine gewisse Bremswirkung entfaltete.

Aus Zuckerbergs Sicht war das nicht unbedingt wünschenswert. Während der Mitarbeiterversammlungen sprach er immer wieder davon, dass sich das Unternehmen auf einer großen Mission befinde. Im Frühjahr 2009, kurz vor dem Umzug in die California Avenue, versammelte er die Mitarbeiter im Hotel »Sheraton« in Palo Alto. Wie das *Wall Street Journal* später berichtete,[5] griff Zuckerberg, um die Personalleute für den fortdauernden Krieg um neue Talente zu motivieren, den das Unternehmen gegen Google führte, auf seine liebste Trope zurück und rief einmal mehr die Erinnerung an die Helden der Antike wach. Diesmal zitiert er nicht aus einem Werk seines Idols Homer, sondern aus dem 2004 erschienenen Film »Troja«. Darin gesteht ein Bote Achilles, er habe Angst, gegen die Thessalonicher zu kämpfen. »Deshalb wird sich auch niemand an deinen Namen erinnern«, sagt Achilles. Die Facebook-Anwerber sollten diese bestechende Erwiderung einsetzen, wenn Jobaspiranten fragten, weshalb sie für Facebook arbeiten sollten: »Sagt ihnen: *Weil man sich dann an euren Namen erinnern wird!*«

Facebook selbst waren zu dieser Zeit bereits einige der klingendsten Namen seiner noch jungen Geschichte abhandengekommen. Unter den Abgewanderten waren die Mitgründer Chris Hughes und Dustin Moskovitz sowie Adam D'Angelo, Zuckerbergs treuer Gefährte seit Highschool-Zeiten. Er hatte dem Unternehmen im Mai 2008 den Rücken gekehrt. Matt Cohler war im selben Jahr zu Benchmark gewechselt, und Moskovitz hatte am 3. Oktober 2008 verkündet, er werde nach seinem Abgang ein Software-Unternehmen namens *Asana* ins

Leben rufen. Chris Hughes war bereits ein Jahr früher gegangen, um das bei Facebook Gelernte auf Barack Obamas Wahlkampf zu übertragen.

Vordergründig betrachtet, ging man stets im Guten auseinander; die Abtrünnigen konzentrierten sich auf das coole Abenteuer, das vor ihnen lag, statt vor etwas oder jemandem zu flüchten, dessen sie überdrüssig geworden waren. Eine ehemalige Führungskraft erklärt: »Der Wert, den die Mitarbeiter bei Facebook am meisten hochhalten, ist die Freiheit – weil sie keine haben, während sie dort arbeiten. Sie verdienen Geld, und von der Freiheit bekommen sie nichts zu spüren. Viele dieser Leute wollen nichts als Freiheit.« Zwischen den Zeilen klang an: *Freiheit von Zuckerberg.*

»Mit Mark zusammenzuarbeiten ist sehr fordernd«, sagte Chris Hughes nach seinem Weggang dem Autor David Kirkpatrick. »Es ist viel besser, mit Mark befreundet zu sein, als mit ihm zusammenzuarbeiten.«[6]

Der für Zuckerberg vielleicht schmerzhafteste Abgang war der von Moskovitz, dem Arbeitstier, das einen entscheidenden Beitrag dazu geleistet hatte, Thefacebook über Harvard hinaus auszuweiten, und demjenigen, der Zuckerbergs Weigerung, an Yahoo! zu verkaufen, unter den Führungskräften am stärksten unterstützt hatte. Bereits 2007 hatte Moskovitz seine Rolle im Management aufgegeben, um Software-Tools zu entwerfen, die Facebook seiner Meinung nach benötigte, während es immer weiterwachsen wolle. Das war so gut gelaufen, dass er 2008 beschloss, eine eigene Firma zu gründen, mit der er ähnliche Tools entwickelte. Mitgründer von Asana war Justin Rosenstein, der Produktmanager, der, nur zwei Jahre nachdem er Facebook zur »It«-Firma erklärt hatte, seinen Hut nahm.

Während Moskovitz' Abschied auch Jahre später noch den Eindruck vermittelt, als sei alles freundschaftlich über die Bühne gegangen, hatte D'Angelos Weggang einen bitteren Nachgeschmack. Im Juni 2009 gründete er zusammen mit Charlie Cheever, einem ehemaligen Facebook-Entwickler, ein eigenes Unternehmen namens *Quora.* Der Gedanke hinter Quora war, dass jedermann Fragen posten konnte, die auf freiwilliger Basis von den jeweils qualifiziertesten Nutzern beantwortet wurden.

Obgleich Quora ganz offensichtlich keine Konkurrenz für Facebook war – und von Beginn an an der Facebook-Plattform partizipierte –, reagierte Zuckerberg feindselig darauf. Es war unklar, ob er anderen bei Facebook, die Ähnliches vorhatten, eine Warnung erteilen wollte oder ob er in Quora berechtigterweise eine künftige Bedrohung sah. In jedem Fall beauftragte Zuckerberg Blake Ross, einen seiner besten Entwickler, ein Fragen-Feature namens *Questions* auszuarbeiten. Es funktionierte vom Prinzip her genauso wie Quora. Die dortigen Entwickler stellten fest, dass Ross so viele Accounts erstellte, dass sie ihn als Spammer sperrten.

Als Questions im Juli 2010 freigeschaltet wurde, glaubten viele, das Schicksal von Quora sei besiegelt.[7] Wie sollte es mit 500 Millionen Facebook-Nutzern konkurrieren können? Aber das Interesse an Facebooks Fragen-Option ebbte ab, und schließlich ließ das Unternehmen das Feature fallen. Letztlich konnte man es nicht mit der Leidenschaft zweier Gründer aufnehmen, die ein Start-up um das Konzept herum aufgebaut hatten.

Intern glaubten manche bei Facebook, Zuckerbergs Motivation bei der Quora-Sache sei es gewesen, seine aktuellen Angestellte davor zu warnen, eigene soziale Plattformen ins Leben zu rufen. In jedem Fall zeigte der Vorfall, dass Zuckerberg, wenn er eine Bedrohung witterte, alles daransetzte, sie zu beseitigen.

Etwa zu dieser Zeit kam bei Facebook noch etwas anderes in Gang: Man begriff, dass mit den wachsenden Nutzerzahlen Probleme hinsichtlich der geteilten Inhalte einhergingen. Und dass das Unternehmen für seinen Umgang damit zur Verantwortung gezogen werden würde.

Als Zuckerberg Thefacebook im Jahr 2004 gründete, glaubte niemand daran, dass die Dinge, die auf dieser Webseite passierten – was war dort erlaubt und was nicht? –, de facto einmal einer globalen Regelung hinsichtlich der Natur der freien Meinungsäußerung gleichkommen würden. Und doch gab es schon zu Beginn Anzeichen, dass auf diesem neuen Dienst Inhalte auftauchen könnten, die bearbeitet oder ganz verboten werden müssten. Zumindest würde es eine Möglichkeit geben müssen, Dinge zu melden, die eine Gefahr für Nutzer darstellen könnten.

Ursprünglich fiel diese Aufgabe den Mitarbeitern im Bereich Kundenservice zu. Sie saßen an Schreibtischen und beantworteten E-Mails zu den verschiedensten Themen. Die meisten Anfragen drehten sich um einfache Dinge wie das Zurückstellen von Passwörtern. Aber es waren auch Beschwerden über geteilte Inhalte darunter. Trotz der organischen Schutzmechanismen von Facebook – wie zum Beispiel, dass Nutzer innerhalb eines begrenzten Umfelds ihre echten Namen verwendeten und man in den Einstellungen seines Profils festlegen konnte, dass es für Nutzer außerhalb des eigenen Netzwerks nicht sichtbar war – kam es zu Fällen von Belästigung, es wurden beleidigende Kommentare und unangemessene Fotos geteilt. Es war das »beginnende Brodeln« eines umfassenderen Problems, wie Kate Losse, eine der ersten Mitarbeiterinnen im Bereich Kundensupport, es formuliert.

Im Herbst des Jahres 2005 vergrößerte sich das Support-Team rasch, um auf die zusammen mit den Nutzerzahlen größer werdende Zahl an Beschwerden eingehen zu können; bis Ende 2006 gehörten ihm ein Drittel aller Angestellten an. (Diese Mitarbeiter wurden viel schlechter bezahlt als die Techniker, doch die frühen Facebook-Angestellten hatten auf dem Arbeitsmarkt so gute Optionen, dass sie am Ende mehr verdienten als die Baseballspieler der Major League.) Das war nicht ideal, aber notwendig. »Man war sich darüber bewusst, dass eine Firma, deren Motto ›Move Fast and Break Things‹ lautet, ihre Nutzer nicht zu sehr verschrecken darf«, sagt Ezra Callahan.

Leiter der Kundenbetreuung war ein junger Stanford-Absolvent namens Paul Janzer. Er hatte nicht vorgehabt, in der Tech-Welt Karriere zu machen – eigentlich hatte er Jura an der New York University studieren wollen; die Zulassung hatte er bereits in der Tasche. Doch dann entschied er sich in letzter Minute, den Studienplatz abzulehnen und eine Art Brückenjahr in der Bay Area einzulegen. Seinen Lebensunterhalt wollte er sich als Anwaltsgehilfe verdienen, aber als er im August 2005 auf Facebook unterwegs war, sah er am rechten Rand eine Anzeige: Gesucht wurde jemand zur Gründung eines Kundenservice-Teams. Er reichte seinen Lebenslauf ein, stellte sich vor, und innerhalb einer Woche war er als erster Vollzeitmitarbeiter für den Kundendienst und die Pflege von Inhalten zuständig. Bis dahin hatte sich ein Freelancer aus Berkeley darum gekümmert – bis über 75 000 unbearbeitete Anfragen und Beschwerden in seiner Inbox aufgelaufen waren.[8]

Janzer, 22 Jahre alt, durchlief ein Blitztraining. Seine Einweisung bestand aus einem fünfzehn- bis zwanzigminütigen Gespräch mit einem ITler, der den Freelancer aus Berkeley hin und wieder unterstützt hatte und Janzer nun auf die E-Mails vorbereitete, die ihn erwarten würden. Es gab keine festen Regeln, bisher hatten sie einfach improvisiert. Der Informatiker ging davon aus, dass Janzer das auch tun würde.

Und das tat er anfangs auch, ebenso wie das kleine Team, das er mit neu angeworbenen Mitarbeitern aufstockte. Doch er erkannte rasch, dass dieser Ad-hoc-Ansatz mit zunehmender Größe von Facebook immer weniger effizient war. Es gab viele Graubereiche und Abstufungen. Waren sie sich bezüglich eines Bilds oder Kommentars unsicher, fragten sie einen Mitarbeiter, der gerade in der Nähe war, meist einen der Veteranen. Wobei so ein altgedienter Facebooker jemand sein konnte, der gerade einmal einen oder zwei Monate länger beim Unternehmen war als man selbst. Oder sie wandten sich an Janzer selbst, der aber auch oft genug der Ansicht war, dass es für viele Fälle keine eindeutige Lösung gab. Er zog immer häufiger den Justiziar und Leiter des Datenschutzbereichs, Chris Kelly, zurate.

Intern verständigte sich das Team mit der Zeit auf eine Art Online-Recht. Man verfuhr nach dem vom Baseball inspirierten »Eins, zwei, drei, vorbei«-Prinzip, bei dem ein Nutzer nach dem dritten Verstoß gesperrt wurde. Es gab die »Tanga«-Regel, nach der ein Bild als zu gewagt galt, wenn darauf ein Tanga zu sehen war. Das Gleiche galt für knappe Bikinis. »Die wenigen Mitarbeiter, die es damals in Vertrieb und Marketing gab, waren die Hauptverfechter der Prüderie«, sagt Ezra Callahan. »Weil es damals nur eine Seite für Universitäten war, reagierten sie extrem empfindlich.« Nach Sean Parkers Festnahme wegen Kokainkonsums stieg der Druck.

Janzer begriff, dass es einen methodischeren Zugang brauchte. Selbst das Verfahren, nach dem sein Team Inhalte löschte, war eine umständliche Behelfslösung. Mithilfe der Superkräfte, die die internen Tools von Facebook den Angestellten verliehen, musste man sich zuerst über den Account des Nutzers, der den anstößigen Beitrag gemeldet hatte, einloggen, um diesen überhaupt sehen zu können. Bestand der Beitrag den Seriositätstest nicht, musste man wiederum die Tools nutzen, diesmal, um sich über den Account des Übeltäters einloggen und dann den Beitrag löschen zu können. Damit verletzte man die Privatsphäre von gleich zwei Personen.

In jedem Fall schien Mark Zuckerberg das Thema nicht auf dem Schirm zu haben; er war zu dieser Zeit mit CEO-Aufgaben beschäftigt, in die seine Angestellten auf der unteren Ebene nicht eingeweiht waren. Die Leute aus dem Support-Team Kundendienstmitarbeiter waren keine Programmierer und daher – zumindest aus Zuckerbergs Sicht – eine niedere Lebensform. Aber da Facebook aus einer kleinen Gruppe junger Leute bestand, die fast ausschließlich unter sich blieben, waren sie – durch die Brille des Rests betrachtet – gleichgestellt.

Im September 2005 sprach Kate Losse etwas an, was ihr Sorgen bereitete – eine Gruppe, die sich »Leichen gegen Homos« nannte. »In dieser grauenvollen Gruppe gab es nur Bilder von Leichen und Beleidigungen gegen Homosexuelle«, sagt sie.

Losse war mit gutem Grund der Ansicht, dass dergleichen auf einer College-Webseite nichts verloren hatte. Aber weshalb nicht? Wie lautete die offizielle Begründung? Wann überschritt freie Meinungsäußerung die Grenze zum Mobbing oder zur Hassrede? Griff jemand eine reale Person explizit an, war der Fall klar. Im Handumdrehen wurde der Beitrag gelöscht. Doch war der Angriff nicht so explizit, sondern eine Frage der Wahrnehmung, lag der Fall weniger klar. Was, wenn womöglich eine ganze Gruppe anstößig war? Und was fiel überhaupt unter Hass? Es gab eine Gruppe, die nur auf dem Hass gegenüber Menschen gründete, die »Crocs« trugen. Natürlich konnte man einen sarkastischen Angriff auf eine Modeerscheinung nicht unter Strafe stellen. (Außerdem sind »Crocs« tatsächlich furchtbar.) Doch die Gratwanderung zwischen den Polen Morddrohung und Satire war überaus heikel.

Unweit des Arbeitsplatzes der Kundendienstmitarbeiter gab es einen Aufenthaltsbereich, in dem man etwas essen oder auch einfach nur zusammensitzen und reden oder Videospiele spielen konnte. Eines Nachmittags versammelten sich dort einige der mit den Beschwerden befassten Leute auf den Sofas zu einer informellen Sitzung, die ein wenig an ihre Zeit während des Studiums erinnerte. Chris Kelly, der Justiziar von Facebook, war auch dabei.

Es war keine Diskussion, mit der sie Zuckerberg oder Moskovitz behelligt hätten.»Diese heiklen zwischenmenschlichen und gesellschaftlichen Fragen und das Thema der Redefreiheit unter den Nutzern standen bei den Leuten der technischen Seite nicht im Mittelpunkt – und das war in der Hierarchie des Unternehmens nun einmal die entscheidende Seite«, sagt Losse, die stets mit Argusaugen über die Richtlinien in Bezug auf Sexualität wachte. (Nachdem sie das Unternehmen als Millionärin verlassen hatte, schrieb sie ein kritisches Buch darüber.[9])

Doch es *gab* eine Art Weisung von Zuckerberg, an der sich die Diskussion entzündete. Zuckerberg sprach häufig darüber, dass Facebook ein Ort sein solle, an dem Menschen von der Redefreiheit Gebrauch machen konnten, selbst wenn sie andere damit vor den Kopf stießen. Er wollte zwar auch, dass die Webseite ein sicherer Hafen war, aber die Äußerungen der Nutzer zu zensieren war für ihn das letzte Mittel, das nur im Extremfall gewählt werden durfte.

Die Diskussion führte zu dem, was man als die ersten formale Inhaltsrichtlinien von Facebook betrachten könnte, ein Hilfsmittel, um Inhalte zu identifizieren, die selbst Mark Zuckerberg nicht auf Facebook sehen wollen würde. Man einigte sich darauf, eine Art internes Wiki – ein gemeinsam erstelltes Dokument – zu schaffen, das sich schließlich zu einem Regelwerk weiterentwickelte.»Unser erster Impuls war, offene Kommunikation zuzulassen«, sagt Janzer.»Aber wir wussten, dass es gewisse Grenzen geben musste. Wir wollten die Nutzer vor allen Gefahren schützen, die die Benutzung von Facebook für sie bergen konnte.«

Ein eingebautes Tool zur Regulierung von Meinungsäußerungen war das Beharren darauf, dass Nutzer ihre wahre Identität preisgaben. Schon früh hatte das Unternehmen anonymen oder falschen Nutzernamen einen Riegel vorgeschoben. Auf Facebook sollte man schlicht man selbst sein.»Wir müssen nicht darauf warten, dass sich erst jemand danebenbenimmt«, sagt Janzer. Wenn ein Nutzer schon mit einer falschen Identität anfing, war er oder sie ohnehin mit großer Wahrscheinlichkeit ein Unruhestifter.

Ende 2005 arbeiteten bis zu zwanzig Leute im Support-Team, das damit einen recht großen Anteil des gesamten Unternehmens ausmachte. Neuzugänge erhielten ein kurzes Word-Dokument mit den Tabus. »Es las sich fast wie eine Auflistung von Gemeinplätzen. Nach dem Motto: *Hitler? Das hatten wir schon, und wir sind dagegen.* Oder: *Nackt? Geht gar nicht, Klamotten sind Pflicht*«, sagt Dave Willner, der 2008 zu Facebook kam und einige Jahre später Janzers Nachfolge antrat.

Doch von 2006 an stürzten die beiden großen Veränderungen, die das Jahr mit sich gebracht hatte, das Team ins Chaos. Da war zum einen der Newsfeed, der den gesamten Fokus innerhalb des Unternehmens hin zu einem kontinuierlichen Strom von Inhalten verlagerte, der die Nutzer ansprang, kaum dass sie die Seite geöffnet hatten. Und zum anderen stieß Open Reg die Tore auf und ermöglichte jedermann die Teilnahme. In den kleinen Netzwerken, die es an den Universitäten oder Highschools gegeben hatte, wurde Fehlverhalten dadurch eingedämmt, dass das reale Umfeld wusste, wer derjenige war, der sich beispielsweise frauenfeindlich äußerte, und ihn schnitt. Es gab Konsequenzen im wirklichen Leben. Doch diese organischen Schutzvorrichtungen fielen weg, wenn Leute, die man kaum oder gar nicht kannte, die Möglichkeit bekamen, Dinge in den eigenen Newsfeed einzuspeisen. Oder man nun von Menschen, die man kannte und nicht mochte, belästigt werden konnte. Es war, als machte man eine Teenie-Disco mit früher Sperrstunde zum »Studio 54«, wo die Teenager plötzlich von halbseidenen Typen umgeben waren. Der Datenschutzbeauftragte Chris Kelly schlug bei Zuckerberg und der Führungsriege Alarm.

Alle waren sich einig, dass die Nutzer auf Facebook sicher sein sollten – aber wirklich etwas dafür zu tun, das war eine andere Sache. Kelly war das gewohnt. »Oft musste erst etwas anbrennen, damit im Unternehmen ein Umdenken stattfand«, sagt er.

Der Brand ließ nicht lange auf sich warten. Mitte 2007 war eine Gruppe von Generalstaatsanwälten auf Verführung Minderjähriger und Pornografie auf MySpace aufmerksam geworden und hatte vor Gericht einen Vergleich mit dem Unternehmen erwirkt. Mit einem Mal war die Sicherheit sozialer Netzwerke ein brennendes Anliegen, und zu den Generalstaatsanwälten, die diesen Feldzug führten, gehörten Andrew Cuomo aus New York (der später Gouverneur wurde), Richard Blumenthal aus Connecticut (der später Senator wurde) und Roy Cooper aus Alabama (der später Gouverneur des Bundesstaates wurde). Nach MySpace verlagerte sich die Aufmerksamkeit der Juristen auf Facebook.

Im Juli des Jahres 2007 berichtete die *New York Times,* ein »besorgter Elternteil« habe ein gefälschtes Profil einer 15-Jährigen angelegt, um zu überprüfen, wie gefährlich Facebook war. Das fiktive Mädchen gab an, es sei »auf Ärger aus«, auf der Suche nach »Zufallsbekanntschaften« und »offen für alles«, und meldete sich bei Gruppen wie »Facebook-Swinger« und »Inzest-Neugierige« an.[10] Es überrascht nicht, dass das vermeintliche Mädchen über diese Aktivitäten mit ungeeigneten Freunden in Kontakt kam. (Kelly, der Datenschutzbeauftragte, behauptete später mir gegenüber, Facebook habe das gefälschte Profil des »besorgten Elternteils« zu einer Anwaltskanzlei zurückverfolgt, die NewsCorp, den Eigentümer von MySpace, vertrat.[11]) Aber es blieb die Frage, warum es auf Facebook überhaupt solche Gruppen gab.

Kelly traf sich zu Gesprächen mit Blumenthal und Cooper und versuchte sie davon zu überzeugen, dass Facebook die Sache im Griff hatte. »Ich sagte den Aufsichtsbehörden immer: *Wisst ihr, in der menschlichen Gesellschaft passieren schlimme Dinge, also passieren auch auf Facebook schlimme Dinge.«* Er heuerte zwei Berater an, die sich des Falls annehmen sollten; der eine war ein ehemaliger Generalstaatsanwalt aus Indiana, der andere hatte gerade erst seine Tätigkeit bei der Federal Trade Commission beendet, die auch für Verbraucherschutz zuständig ist. Sie organisierten ein Treffen mit Cooper und Blumenthal. Es verlief nicht gut, denn die Staatsanwälte präsentierten Unmengen an pornografischem Material, das sie auf der Facebook-Seite gefunden hatten.

Dann trafen die Ergebnisse einer von Andrew Cuomo geleiteten verdeckten Ermittlung ein. Die New Yorker Staatsanwälte hatten gefälschte Profile erstellt, die vorgeblich Minderjährigen gehörten. Es dauerte nicht lange, bis diesen unschuldigen Opfern nachgestellt wurde.

Besonders Blumenthal war unzufrieden mit Facebook, das auch von seinen eigenen Kindern genutzt wurde. Er machte die offene Registrierung für die Missstände verantwortlich. »Ich bin Zeuge einer gewissen Veränderung [bei Facebook] geworden«, sagte er der *New York Times* gegenüber. »Die Funktionen und die Kultur der Seite haben jetzt gewisse besorgniserregende Aspekte, die es zuvor nicht gab.« (Zehn Jahre später sollte Blumenthal nicht weniger beunruhigt sein.)

Cuomo forderte von Facebook, derartiges Fehlverhalten genauer zu kontrollieren. Nach intensiven dreiwöchigen Verhandlungen einigte Facebook sich mit New York. Gemäß der getroffenen Vereinbarung sollte Facebook allen Berichten über Belästigung oder Pornografie innerhalb von 24 Stunden nachgehen. Das brachte einige Veränderungen im Kundenservice mit sich. Zum ersten Mal in seiner Geschichte musste Facebook Inhalte sieben Tage in der Woche überwachen.

Obgleich die Mitarbeiter der Ansicht waren, dass es den Staatsanwälten in erster Linie um Schlagzeilen ging, half das Abkommen Facebook dabei, seine Regulierungsbestrebungen zu organisieren. »Auch wenn die Vereinbarung für das damals noch sehr unausgereifte Unternehmen einige Herausforderungen mit sich brachte, war es sehr wichtig für uns. Denn dadurch wurden Beschwerden über pornografische Inhalte zur Priorität. Wer weiß, wann das ohne die Vereinbarung der Fall gewesen wäre?«, sagt Charlotte Willner, die 2007 zu Facebook kam. (Sie hatte ihren späteren Mann Dave überzeugt, dem Unternehmen ebenfalls beizutreten.) »Die Einhaltung des 24-Stunden-Limits wurde sehr, sehr ernst genommen«, sagt Dave Willner. »Gar nicht unbedingt wegen der vertraglich verankerten oder vereinbarten Sanktionen. Es wurde für uns zu einer Frage der Ehre.«

Mit den steigenden Nutzerzahlen, und insbesondere durch die internationale Ausweitung, wuchs auch der Bedarf an neuen Mitarbeitern. 2009 gründete Facebook eine Dienststelle in Dublin und ließ sich beim Einstellen neuer Kräfte von einer Fremdfirma unterstützen. Im darauffolgenden Jahr wurde auch eine Zweigstelle im indischen Hyderabad eröffnet. Bis 2012 allerdings waren die meisten für das Überwachen der Inhalte zuständigen Mitarbeiter noch in Vollzeit arbeitende Facebook-Angestellte, die größtenteils mit dem Aufspüren von Pornografie und Nacktbildern beschäftigt waren. In jenem Jahr entschied Facebook jedoch, dass es effizienter – und billiger – wäre, Vertragsangestellte einzusetzen. Die Zeitarbeitsfirma Accenture wurde mit der Einrichtung eines großen Moderation Center in Manila auf den Philippinen beauftragt. In den darauffolgenden Jahren schossen die Zahlen dieser Mitarbeiter in die Höhe. Sie beherrschten verschiedene Sprachen, und ihr Arbeitsfeld beschränkte sich nicht länger auf das Aufspüren von Nacktbildern, sondern umfasste bald Mobbing, Hassreden und sogar Kannibalismus. (Letzteres verstößt klar gegen die Geschäftsbedingungen von Facebook.)

Als Janzer 2015 das Unternehmen verließ, umfasste sein Bereich 250 Mitarbeiter, verteilt auf vier Geschäftsstellen: Palo Alto, Austin, Dublin und Hyderabad. Das einst gemeinsam erstellte kurze Word-Dokument genügte nun nicht länger als Richtschnur. Selbst etwas scheinbar Eindeutiges wie Nacktheit hatte seine verzwickten Aspekte. »Wir mussten *definieren,* was Nacktheit war«, sagt Janzer. »Eine der klarsten Richtlinien war, dass keine Brustwarzen zu sehen sein durften.«

Aber diese Politik umzusetzen bedeutete, dass Facebook auch Fotos von stillenden Frauen entfernen musste. Für das Team kam das nicht unerwartet. Janzer sagt, sie hätten sich Gedanken darüber gemacht, ob das Stillen von der Regelung ausgenommen werden sollte, dann jedoch entschieden, dass die schlichte Keine-Brustwarzen-Regel bestehen bleiben solle.

Es gibt Frauen, die ihr Recht, in der Öffentlichkeit zu stillen, mit großem Nachdruck verteidigen, und einige derjenigen, deren Fotos gelöscht wurden, reagierten empört. Ihrer Meinung nach betrachtete Facebook das Stillen, den Inbegriff der fürsorglichen Liebe, als eine sexuelle Handlung. Ihre Beschwerden wurden immer lauter, und 2009 eskalierte die Lage, als eine Gruppe, die sich die »Laktivisten« nannte, vor der Firmenzentrale von Facebook protestierte. Online unterschrieben 11 000 Mütter ein »Stillbegehren«.[12] Auch wenn Facebook sein Vorgehen anfangs zu verteidigen versuchte, wurden die Richtlinien schließlich angepasst und Brustwarzen mit angelegten Säuglingen von der Regelung ausgenommen.

Andere Richtlinien betrafen die Belästigung öffentlicher Personen. »Aaron Rodgers ist ein Arschloch« durfte man schreiben, aber wie verhielt es sich mit dem bekannten Quarterback einer College-Footballmannschaft? Und was, wenn es eine Highschool-Mannschaft war? Spielte es eine Rolle, ob der Junge in seinem Heimatstaat eine Berühmtheit war? Wie gut musste man als Quarterback sein, um vor Beschimpfungen geschützt zu sein? Und wie zum Teufel sollte man wissen, wer irgendwo auf der Welt eine Berühmtheit war und wer nicht? Welche Tabus es dort gab, die man in anderen Ländern überhaupt nicht auf dem Schirm hatte?

»Die Verfassung der Türkei stellt beispielsweise die Schmähung des Staatsgründers Atatürk unter Strafe«, sagt Dave Willner. »Die Auffassung, der Umgang mit den Armeniern sei Völkermord gewesen, gilt weithin als Diffamierung Atatürks, weil die Taten unter seiner Herrschaft geschahen. Darum sind Inhalte, die den Völkermord an den Armeniern thematisieren, in den Augen vieler Türken eine Herabwürdigung ihrer Kultur. Auf der anderen Seite gibt es aufgrund der historischen Spannungen zwischen Griechenland und der Türkei griechische User, die sich einen Spaß daraus machen, Atatürk auf Bildern mit Photoshop Rouge ins Gesicht zu zaubern, weil sie wissen, dass das die Türken aufregt.«

Dave Willner meldete sich freiwillig für die Aufgabe, die Richtlinien zu überarbeiten. »Es war ein induktiver Prozess, ausgehend von dem, was wir dokumentiert und was wir gesehen hatten. Man darf nicht vergessen, dass ich mir am Tag 15 000 Fotos ansah. Ich meine, wir sind keine großen Freunde davon, dass einem überall Nackte begegnen, und man sollte auch niemanden bedrohen und so weiter. Letzten Endes haben wir uns tatsächlich an John Stuart Mills Freiheitsprinzip orientiert, wenn es darum ging, [unser Vorgehen] zu rechtfertigen.«

Aber jenseits des allgemeinen Rahmens, sagt Willner, brauchte Facebook eine ganze Reihe sorgfältig ausgearbeiteter Richtlinien. Es musste nachvollziehbar sein, warum manche Dinge verboten waren und andere nicht. Gleichzeitig durften die Regularien die Mission nicht abwürgen: die Menschen in die Lage zu versetzen, Dinge zu teilen, und die Welt offener zu machen und stärker zu vernetzen.

Es war eine Philosophie, die stark auf freier Meinungsäußerung fußte und sich genau mit den Ansichten von Mark Zuckerberg deckte. »Marks Anteil bestand darin, den intellektuellen Rahmen der Mission und die Kultur des Unternehmens zu etablieren«, sagt Dave Willner. »Er sagte nicht einfach: *Erstellt ein Regelwerk zur freien Meinungsäußerung.* Bis dahin hatte ohnehin niemand ein solches Regelwerk formuliert. Deshalb nahm ich mich der Sache an. Denn wir brauchten diese Regeln endlich«, erklärt Willner.

Das neue Dokument umfasste 1500 Wörter. Doch die Regeln tatsächlich umzusetzen erwies sich weiterhin als problematisch. »Es war wahnsinnig kompliziert. Und wenn man es mit wahnsinnig komplizierten Prozessen zu tun hat, an denen Menschen beteiligt sind, die Millionen von Inhalten generieren, dann führt das auch zu vielen Fehlern«, sagt Dave Willner. »Man erwartete von uns, in Bezug auf Werte oder Moral gewisse Unterscheidungen zu treffen, die sich nur schwer formulieren ließen.« Selbst die Stillfrage war nicht abschließend geklärt, weil Frauen, die ihr Kind stillen, darüber hinaus auch noch nackt sein konnten. »Wenn jemand stillt, dabei aber keinen Zwirn am Leib trägt, wie geht man damit um?«, fragt Willner und beantwortet die Frage gleich selbst. »Keine Klamotten sticht. Das Bild wird gelöscht.«

Willner verließ Facebook und ist jetzt bei Airbnb, wo in den Wohnungs- und Häuserangeboten oft der Anstand verletzt wird, für die inhaltlichen Standards verantwortlich. Seine Frau Charlotte ist inzwischen als Head of Trust & Safety bei Pinterest für Sicherheit, Richtlinienausgestaltung und Vertrauensbildung zuständig. »Ich mag mir gar nicht vorstellen, was bei Facebook los wäre, wenn es keine regulierende Moderation gäbe«, sagt Dave zum Abschluss unseres Gesprächs. »Eigentlich ist es ein Wunder, dass es da so ruhig zugeht.«

Der Umzug in die California Avenue 1601 war eine Gelegenheit, auch räumlich auszudrücken, wie Zuckerberg Facebook sah. In äußerst egalitärer Weise saßen bei der Arbeit alle vor mindestens zwei riesigen Monitoren an einem langen aufgebockten Tisch; die Führungskräfte waren unter das gewöhnliche Fußvolk gemischt. Das galt auch für Zuckerberg, der seinen Platz im digitalen Moshpit nutzte, um an wichtigen Dingen arbeitende Teams näher an sich heranzuholen. Man hört Facebook-Mitarbeiter oft davon erzählen, wie sie einmal nur wenige Meter vom CEO entfernt arbeiteten.

Seine Meetings hielt Zuckerberg im »Aquarium« ab, einem verglasten Raum in der Mitte der großen Bürofläche im Erdgeschoss. Als Facebook im Jahr 2011 auf den ehemaligen Sun-Campus in Menlo umzog, entschied er sich für einen noch öffentlicheren Arbeitsplatz: ein Büro im Erdgeschoss mit einem großen Fenster zum Hof, wo ein steter Strom von Mitarbeitern und Besuchern dahinfloss. Natürlich benahmen sich einige Gaffer so, als sei das Fenster tatsächlich die Verglasung eines Aquariums, mit einem an Land lebenden Bewohner darin, der nicht minder bizarr war als alles, was der Ozean zu bieten hatte. (Was den Schöpfer von Facemash nicht hätte überraschen sollen; schließlich hatte er selbst festgestellt, dass »die Menschen voyeuristischer [sind], als ich gedacht hatte«.) Facebook ließ ein Schild aufstellen, das allzu langes neugieriges Verweilen verhindern sollte.

Zuckerberg ging gern spazieren, und oft fragte er Gäste, bevor sie über die Schwelle des »Aquariums« traten, ob man das Meeting nicht auch zu Fuß abhalten könne. Er geleitete seine Besucher durch die Bürofläche und die winzige Eingangshalle, dann ging es hinaus auf die idyllischen Straßen von College Terrace. (Zuckerberg, der nun mit Priscilla Chan zusammenlebte, hatte auch endlich ein Haus mit richtigen Möbeln gekauft, das nur einige Hundert Meter von der Zentrale entfernt war.) Als Facebook später in einen von Salzwiesen umgebenen abgelegenen Teil von Menlo Park umzog, behielt er die Gewohnheit bei; während eines gemeinsamen Spaziergangs mit einem Manager aus der Führungsriege stapfte Zuckerberg einmal unmittelbar an einer langen Schlange vorbei, ohne sich davon aus der Ruhe bringen zu lassen. Er redete einfach weiter.

Während das Unternehmen weiter wuchs, hielt sich Zuckerberg an das mit Sandberg geschlossene Abkommen, nach dem er sich auf das Produkt Facebook und den Langzeitplan für die Firma konzentrieren würde. Die bedeutenden Teile des Unternehmens, die er Sandberg übertragen hatte – Verkauf, unternehmenspolitische Fragen, Investments und Kooperationen sowie den Umgang mit der Presse –, ignorierte er weitgehend. Dennoch war er sich bewusst, der CEO eines angehenden Großkonzerns zu sein, und war bestrebt, sich in jenen Bereichen zu verbessern, in denen er Defizite hatte, wie dem öffentlichen Reden oder der Auseinandersetzung mit Politikern oder der Presse. Chris Kelly, der ihn bei den ersten Treffen mit Politikern und anderen Funktionären begleitete, spornte ihn zu mehr Einsatz an. »Mark lehnte sich einfach zurück und starrte die Leute an«, sagt Kelly, wenngleich diese Tendenz mit der Zeit abnahm. Einer der ersten Politiker, die Zuckerberg traf, war Michael Bloomberg, damals Bürgermeister von New York. Nach einer Phase unangenehmen Schweigens fragte er Zuckerberg: »Warum *machen* Sie das?« Es war der Auftakt zu einem guten Gespräch.

In anderen Bereichen blieb er der dickköpfige und widerspenstige Junge, wie ihn schon seine Eltern erlebt hatten. Er hatte seine eigenen enigmatischen Gewohnheiten und persönlichen Rituale. Ein öffentlicheres Beispiel waren seine Neujahrsvorsätze. Im Januar 2009, als die Weltwirtschaft in eine Rezession schlitterte, berief er eine Mitarbeiterversammlung ein, bei der er eine Krawatte trug, um den Ernst der Lage zu unterstreichen. »Zu Jahresbeginn dachten alle, die Welt würde auseinanderfallen. All die anderen Firmen hörten auf, Leute einzustellen, und konzentrierten sich ganz auf den Umsatz und ihre Finanzen«, sagte mir Zuckerberg am Ende jenes Jahres. »Ich sagte: *So werden wir das nicht machen*. Wir werden *nicht* den Schwanz einziehen und sagen, dass wir sämtliche Ressourcen auf den Umsatz verwenden, nur weil wir keinen positiven Cashflow haben. Wir bleiben auf Kurs und konzentrieren uns weiter aufs Wachstum.«

Einer seiner Angestellten meinte, wenn 2009 für Facebook ein so entscheidendes Jahr werde, solle Zuckerberg die Krawatte doch weiterhin tragen. Er ließ sich darauf ein. Facebook wuchs auch 2009; seine Einnahmen verdoppelten sich beinahe, die ersten Gewinne konnten verbucht werden. Zuckerberg konnte sich allerdings nicht für meinen Vorschlag erwärmen, die Krawatte auch über das Jahr hinaus zu tragen, um nicht an Schwung zu verlieren. »Kann sein, dass die Krawatte ein Glücksbringer ist«, sagte er. »Aber ich glaube, vor allem schnürt sie mir die Kehle zu.«

Was er jedoch beibehielt, war die Formulierung von Zielen, die er sich für jedes Jahr setzte. Anfangs blieben sie eher privat, aber mit der Zeit verkündete er seinen jeweiligen neuen Jahresvorsatz mit großem Trara und beschloss das vorangegangene Jahr mit einem Bericht über das Erreichte. 2010 verkündete er, Mandarin zu lernen. (Zyniker behaupteten, es habe sich um eine List gehandelt, um das Wohlwollen der chinesischen Regierungsspitze zu erlangen, die Facebook aus ihrem Land verbannt hatte.) In einem anderen Jahr gelobte er, alle zwei Wochen ein Buch zu lesen, und sprang dabei von Steven Pinker über William James zu Henry Kissinger.

Für das Jahr 2011 setzte er sich das Ziel, nur noch Fleisch von Tieren zu essen, die er selbst erlegt hatte – für Zuckerberg eine wichtige Etappe auf dem Weg zu einer vegetarischen Lebensweise. »Ich glaube, viele vergessen, dass ein Lebewesen sterben muss, damit wir Fleisch essen können, deshalb dreht sich mein Ziel darum, mir das in Erinnerung zu rufen und dankbar für das zu sein, was ich habe«,[13] schrieb er einer Reporterin, als die Nachricht an die Öffentlichkeit drang.

Eine seiner Nachbarinnen war damals Jesse Cool, eine renommierte Gastronomin, der das »Flea Street Café« gehörte. (Das war das Lokal, in dem Zuckerberg zum ersten Mal mit Sandberg darüber gesprochen hatte, ob sie nicht zu Facebook kommen wolle.) Cool hielt im Hinterhof Hühner, und unter ihrer Anleitung tötete er eines davon in ihrer Küche und bereitete es später zu Haus zu. Mit der Zeit steigerte er sich zu Schweinen und Ziegen, die er auf einer Farm oder in einer staatlich geprüften Einrichtung schlachtete und dann zerteilen ließ, um das Fleisch einzufrieren und später für Freunde zu kochen. Bevor er einem Tier das Leben nahm, schwieg er einen Augenblick lang andächtig und legte ihm die Hand auf. Jesse Cool hielt das für eine Respektbezeugung. »Es war sein Weg, die Nahrung, die er zu sich nahm, zu verstehen«, sagt sie. Es tat ihr weh, wenn Menschen von der Herausforderung hörten und sich entweder darüber lustig machten oder sich dagegen ereiferten. PETA schickte Zuckerberg einen Korb voller »köstlicher veganer Leckereien«.[14] Noch Jahre später machte Twitter-CEO Jack Dorsey Schlagzeilen, als er sich an ein Abendessen bei Zuckerberg während dieser Zeit erinnerte, bei dem es als Hauptgericht halbgare Ziege gab.

Dorsey hatte offenbar das Gefühl, dass Ziegenfleisch am besten heiß genossen werden sollte. Wohingegen Rache ein Gericht war, das man am besten kalt servierte. Wenn es um Twitter ging, würde Zuckerberg diese Maßgabe beherzigen.

Bei seinem Twitter-Abenteuer könnte sich Zuckerberg das erste Mal einer Strategie bedient haben, die ein bewährtes Mittel im Kampf gegen Rivalen werden sollte: Identifiziere ein Unternehmen, das eine aktuelle oder künftige Bedrohung darstellt. Versuche es zu kaufen. Und wenn sie nicht verkaufen wollen, kopiere es.

2008 explodierten Twitters Wachstum und Einfluss. Wie bei Facebook handelte es sich um eine soziale Plattform, die um einen Strom von nutzergeneriertem Inhalt herum konstruiert war. Doch es unterschied sich auf mehrere Arten vom Newsfeed. Die »Tweets« genannten Beiträge waren in umgekehrter chronologischer Reihenfolge angeordnet. Sie beruhten auch nicht auf dem sozialen Netzwerk einer Person, denn die Nutzer sahen die Tweets der Leute, denen sie gern »folgen« wollten. Dafür brauchte es kein Ritual des »Befreundens«, keine Erlaubnis, um jemandem zu folgen. Und es funktionierte in Echtzeit.

Die Chefetage von Twitter war damals von internen Konflikten zerrüttet. Twitter war ursprünglich ein Entwicklungsprojekt zur internen Mitarbeiterkommunikation der Podcasting-Firma *Odeo* gewesen. Jack Dorsey hatte die Technologie für die Firma entwickelt, an deren Spitze neben ihm Biz Stone und Evan Williams standen. 2007 wurde Twitter als eigenständiges Unternehmen ausgegliedert, Dorsey wurde CEO. Doch nun, 2008, waren Williams und Stone im Begriff, Dorsey hinauszudrängen, unzufrieden mit dessen Arbeit als CEO.

Dorsey hatte unterdessen Kontakt mit Facebook aufgenommen und sich mit Chris Cox in einem Café in San Francisco zu Sondierungsgesprächen getroffen. Die beiden Herrscher über den Datenstrom ihrer jeweiligen Firmen tauschten sich über die Konzepte von Facebook und Twitter aus. »Letztlich habe ich ihm gesagt, dass wir zwei verschiedene Modelle haben«, sagt Dorsey. Doch Facebook wollte, was Twitter hatte. Um genau zu sein: Es wollte Twitter haben.

Als Dorsey im Herbst 2008 durch Williams ersetzt worden war, rief Zuckerberg den neuen CEO an und lud ihn und Biz Stone zu Facebook ein.[15] Sie sprangen in Williams' Porsche und fuhren in die Innenstadt von Palo Alto. Williams sagte zutreffend voraus, dass Zuckerberg versuchen würde, sie zu kaufen, und sie beschlossen, die höchste Summe zu nennen, die ihnen einfiel. In der Facebook-Zentrale angekommen, wurden sie kurz von Chamath Palihapitiya herumgeführt und dann zu Zuckerberg, der in einem winzigen Zimmerchen saß, das eher einer Telefonzelle als einem Konferenzraum glich. Williams und Stone mussten sich auf ein kleines Zweiersofa quetschen, Zuckerberg nahm auf dem einzigen Stuhl im Raum Platz.

»Sollen wir die Tür auflassen oder zumachen?«, fragte Williams.

»Ja«, sagte Zuckerberg, was Williams völlig verwirrte. Nach einer Weile entschied er, die Tür zu schließen.

Zuckerberg kam gleich zum Punkt. Er beginne ein Übernahmegespräch nicht gern mit einer Zahl – aber wenn ihnen ein Preis vorschwebe, wie hoch wäre er?

»500 Millionen Dollar«, sagte Williams, der damit eine Zahl nannte, die mindestens doppelt so hoch war wie der damalige Schätzwert von Twitter.

»Das ist eine hohe Summe«, sagte Zuckerberg. Er machte kein niedrigeres Gegenangebot, sondern tat etwas Verstörendes. Zwar formulierte Zuckerberg es nicht wörtlich, doch die beiden Twitter-Chefs sind der Meinung, er habe deutlich durchblicken lassen, dass er, sollten sie nicht verkaufen, ihre Features kopieren und in Facebook implementieren würde. Sie waren ohnehin davon ausgegangen, dass er das tun würde, aber es zu hören war schaurig.

Williams wollte selbst zu dem genannten Preis nicht unbedingt verkaufen. Er hatte das Gefühl, dass Twitter früher oder später noch viel mehr wert sein würde. (Tatsächlich ging das Unternehmen einige Jahre später mit einem geschätzten Wert von 14 Milliarden Dollar an die Börse.) Er hatte auch seine Zweifel an den Facebook-Aktien, die

Twitter anstelle von Bargeld bekommen würde. (In dem Punkt irrte er sich – 500 Millionen Dollar in Facebook-Aktien von 2008 wären heute viele Milliarden wert.) Und zu guter Letzt traute er weder Facebook noch Mark Zuckerberg. Etwas an diesem jungen CEO gefiel ihm nicht. Doch er wahrte seine treuhänderische Pflicht, legte dem Vorstand die Angelegenheit dar und riet von der Transaktion ab. Der Vorstand folgte seiner Einschätzung.

Da Zuckerberg Twitter nicht bekommen konnte, beschloss er, dessen Effekt zu neutralisieren, indem er den Newsfeed »twitterisierte«.

In gewisser Weise hatte sich Facebook seit 2006 bei Twitter bedient, angefangen damit, dass man den Nutzern ermöglichte, den Newsfeed durch Statusmeldungen zu erweitern. »Der Status wurde sehr spät hinzugefügt und war eindeutig von Twitter abgeschaut«, sagt Ezra Callahan. »Das lässt sich nicht abstreiten – Twitter wurde sehr schnell populär, *also lasst uns das nachmachen*. Das war das erste Mal, dass wir etwas eins zu eins abkupferten.«

Wenn Zuckerberg einige von Twitters Kernprinzipien in Facebook implementieren wollte, dann hieß das auch, dass ein bereits stattfindender Prozess zum Abschluss kommen musste: die Verschiebung des Augenmerks von der Pinnwand auf den Newsfeed. Facebook war dabei, diese Wand aus Kommentaren auf der Profilseite eines Nutzers aufzubrechen und den Newsfeed selbst zum Medium der öffentlichen Interaktionen innerhalb des Dienstes zu machen. Der Twitter-Neid schien den Prozess zu beschleunigen.

Mark Slee war als Produktmanager für die 2008 stattfindende Neugestaltung verantwortlich. »Wobei ich sagen würde, dass Zuck der eigentliche Produktmanager war«, meint Slee. Er selbst habe nur die Ideen seines Chefs übertragen und implementiert. Diesen Ideen lagen zahlreiche interne Diskussionen zugrunde, denn sie veränderten die Art der Inhalte bei Facebook. Der Fokus des Newsfeeds verlagerte sich vom Blick auf die Aktivitäten Dritter (»Mark hat ein Foto geteilt«) darauf, dass man selbst etwas postete (»Hey, ich habe ein Foto geteilt!«). Facebook begann Nutzer zu ermuntern, andere Inhalte als nur Text und persönliche Fotos zu teilen. Der Newsfeed wurde damit aufnahmebereit für andere Medien – etwa Links zu Artikeln und Videos.

Während das dazu dienen sollte, Facebook zu verbessern, und der Macht eines ständigen Stroms von Inhalten Rechnung trug, stand hinter all diesen Entscheidungen Zuckerbergs Entschlossenheit, jeden Rivalen auszubremsen. »Ich kann nicht sicher sagen, ob Mark der Meinung war, wir sollten Twitter-ähnliche Features haben«, sagt Slee. »Ich sehe es eher so, dass Mark von einem extremen Wettbewerbsdenken gesteuert ist und auf gar keinen Fall irgendjemandem die Möglichkeit geben wollen würde, an uns vorbeizuziehen. Facebook soll Facebook bleiben, aber gleichzeitig müssen wir uns gegen diese potenzielle Gefahr verteidigen.«

Die Neugestaltung sollte eine tief gehende Wirkung auf den Newsfeed, auf Facebook und – das lässt sich ohne Übertreibung sagen – auf die Menschheit an sich haben. Bis dahin war der Strom der Storys im Newsfeed durch Signale bestimmt gewesen, die ihre Bedeutung für den Nutzer in Bezug auf sein Netzwerk an Freunden markierten.

Der Algorithmus des Newsfeeds hieß *EdgeRank*[16]. Er beruhte auf drei Hauptfaktoren: Affinität, Bedeutung und Verfallszeit. Die Affinität bemaß sich daran, wie nah ein Nutzer der Person stand, die einen Inhalt teilte. Familienmitglieder oder enge Freunde bekamen einen höheren Score. Die Bedeutung eines Beitrags wurde von einer Formel festgelegt, die errechnete, wie wahrscheinlich es war, dass sich ein Nutzer damit auseinandersetzte. Ausgangspunkte für diese Bewertung waren Interessen und das bisherige Nutzerverhalten. Und die Verfallszeit richtete sich nach dem Zeitpunkt, zu dem der Beitrag gepostet wurde. Neue Inhalte hatten Priorität.

Während die zeitliche Einordnung eines Beitrags recht einfach war, war viel Computerwissenschaft vonnöten, um festzustellen, von welchen Freunden ein Nutzer hören wollte und wie wahrscheinlich es war, dass er auf den Beitrag reagierte. An welcher Stelle ein Beitrag im eigenen Newsfeed auftauchte – oder ob man ihn überhaupt sah –, hing davon ab, wie schwer jeder dieser Faktoren gewichtet wurde. Es kam größtenteils darauf an, wie Facebook die Regler einstellte, die festlegten, wie viel Einfluss jeder dieser drei Faktoren auf die Einstufung jedes einzelnen Beitrags hatte. Dieser Algorithmus konnte sich jederzeit ändern und die Gewichtung zwischen den Faktoren neu verteilen.

Sich Twitter stärker anzugleichen bedeutete, dass der Newsfeed ein stärkeres Augenmerk auf Interessantheit und Aktualität legte, um Twitters Fähigkeit nachzuahmen, die globalen Geschehnisse zu einem bestimmten Zeitpunkt widerzuspiegeln und seine Dynamik aufzugreifen.

Im Zuge einer weiteren Neugestaltung im Jahr 2009 wurde Facebook Twitter *noch* ähnlicher. Einer der fundamentalen Unterschiede zwischen Facebook und Twitter war die Funktionsweise der sozialen Graphen gewesen. Twitter war eher ein Nano-Sendezentrum als ein reines soziales Netzwerk. Die Tweets erreichten die Nutzer, die demjenigen folgten, der sie geteilt hatte. Und solange man seine Tweets nicht als privat markierte (was sehr wenige taten), konnte einem jeder der Millionen von Twitter-Nutzern folgen. Prominente und Influencer konnten Hunderttausende oder gar Millionen von Followern haben, und ihre Tweets konnten als Nachrichtendienst, als riesige Comedy-Bühne oder als Plattform für jede Art von Darbietung fungieren, die sich mit maximal 140 Zeichen ausdrücken ließ.

Eine Facebook-Freundschaft hingegen beruhte auf Gegenseitigkeit – die Privatsphäre-Einstellungen geboten, dass sich die eigenen Beiträge nur innerhalb eines begrenzten Universums verbreiteten, das man selbst kontrollierte. Nun aber wurde man von Facebook ermuntert, den Newsfeed zu nutzen, wie man Twitter nutzte – um sich über Prominente und Experten auf verschiedenen Feldern auf dem Laufenden zu halten. Wenn man Interesse an ihnen zeigte, würde man ihre Beiträge höchstwahrscheinlich auch zu sehen bekommen.

Facebook nahm einige Anpassungen vor, um sicherzustellen, dass die auf den Nutzer einströmenden Zerstreuungen den sozialen Wert der Seite nicht vollständig zerstörten. Bei Facebook kursiert die berühmte Geschichte, dass eine Verwandte von Zuckerberg um diese Zeit herum ein Baby bekam und es ihn rasend machte, dass der Beitrag es nie an die Spitze seines Newsfeeds geschafft hatte. »Man will doch nicht Hunderte Storys durchforsten, um zu erfahren, dass ein Freund ein Baby bekommen hatte«, sagte Zuckerberg in einem unserer damaligen Gespräche. »Das sollte besser ganz oben stehen, sonst ärgert man sich, und dann haben wir unsere Arbeit nicht gut gemacht.«

Facebook sorgte also dafür, dass es Signale wie die Schlüsselwörter in Geburts-, Heirats- oder Todesanzeigen auffing. Auch wenn jemand mit »Herzlichen Glückwunsch« auf einen Beitrag antwortete, war das ein wichtiges Signal, dass es sich um ein bedeutendes Lebensereignis handelte, und der Beitrag wurde hochgestuft.[17]

Facebook war, um Slee zu zitieren, noch immer Facebook – doch es erweiterte seine Rolle nun von einer Informations- und Unterhaltungsquelle im Bereich des eigenen sozialen Netzwerks zu etwas, was sich anschickte, zur Quelle sämtlicher Informationen und Unterhaltung zu werden, ob es dabei nun um Menschen ging, die man kannte, oder um Beyoncé. Wenn man sich für ein Thema oder eine Person interessierte, dann war Facebook daran interessiert, einem Storys darüber anzubieten. Und ob ein solches Interesse vorlag, ließ sich am besten dadurch ermitteln, ob ein Nutzer zuvor auf etwas Ähnliches reagiert hatte. Wer sich für eine Story größere Verbreitung wünschte, stellte fest, dass es sich auszahlte, wenn Freunde auf die eigenen Beiträge reagierten – sie anklickten, sie likten, ja sogar nur den Blick länger darauf verweilen ließen.

In gewisser Weise erinnerte der Newsfeed damit an jene Spam-Attacke, die einige Entwickler in den Anfangstagen der Plattform ausgeführt hatten. In diesem Fall aber bestand der »Spam« nicht in nervigen Mitteilungen, dass jemand ein Spiel heruntergeladen oder ein Schaf auf jemanden geworfen hatte, sondern in etwas, was ein wenig Ablenkung bot: eine herzerwärmende Nachrichtengeschichte, ein Katzenfoto oder eine Gelegenheit zu erfahren, welcher »Star Wars«-Figur man am meisten ähnelte. Die Viralitätstechniken waren mehr oder weniger dieselben; der Unterschied war, dass Facebook nun Beiträge dieser Art auf wenig subtile Weise förderte. Die am höchsten eingestuften Storys waren diejenigen, die am ehesten das Äquivalent eines Zuckerkicks auslösen würden. Und war das nicht genau das, was die Leute wollten?

Schon zu Beginn der Geschichte des Newsfeeds hatte es eine Diskussion darüber gegeben, wie mit den Storys zu verfahren sei, die von Facebooks Algorithmen als am interessantesten eingestuft wurden. Einige waren der Ansicht, diese »Zuckerln« sollten weiter unten erscheinen, basierend auf der Annahme, dass die Nutzer dann durch alle anderen scrollen würden, um sie zu sehen. Zuckerberg entschied, auch auf die Gefahr hin, dass Nutzer eine zu rasche Befriedigung erhalten würden, das Beste solle ganz oben stehen: »Wenn man nur drei Storys sieht, dann sollten es drei richtig gute sein.« Außerdem würden die Nutzer nach drei guten Storys ebenfalls weiterscrollen, um mehr davon zu lesen.

Facebook dachte nicht wie ein sozialer Regisseur, sondern wie ein Verleger. Wenn Facebook wusste, dass einem Nutzer eine Nachricht gefallen würde, dann holte es sie von den Rändern seines sozialen Netzwerks – den schwächsten Verbindungen –, um sie an der Spitze seines Newsfeeds zu platzieren. Oder vielleicht hatte sie auch überhaupt niemand in seinem Netzwerk geteilt, sondern irgendjemand hatte nur einen von einem seiner eigenen Freunde geteilten Artikel kommentiert. In diesem Fall teilte der Freund des Nutzers etwas, was von geringerem persönlichem Interesse, aber unter Umständen amüsant oder auch wuterregend war und so womöglich ebenfalls zum Kommentieren anregte.

All das führte dazu, dass sich der Newsfeed zu einer Viralitätsmaschine entwickelte. Diejenigen, die das früh begriffen, wie die politische Organisation MoveOn oder die Meme-Fabrik *BuzzFeed*, konnten Bewegungen oder Geschäftsfelder um Facebooks Kapazität zur raschen Verbreitung von skandalisierenden oder anrührenden Geschichten herum organisieren.

Facebook vollzog diesen Wandel mit offenen Augen. Sein Team für Datenwissenschaft – das Teil der Wachstumseinheit war – untersuchte diesen Wandel und verstand ihn nicht als eine Bedrohung, sondern als ein Phänomen, das man begreifen musste, um es am besten ausschlachten zu können. In einer Analyse mit dem Titel »Gesundheit! Wie sich die Ansteckung durch den Facebook-Newsfeed steuern lässt«[18] wertete die Abteilung die Datenmenge aller zwischen Februar und August 2008 erstellten Facebook-Seiten aus, darunter 262 985 Seiten, auf denen es zu »Ausbreitungsereignissen« gekommen war. (Eine etwas kryptische Formulierung für »going viral«.)

Der Gedanke dahinter war, »eine empirische Untersuchung der Ausbreitung von Inhalten innerhalb eines großen sozialen Netzwerks« durchzuführen. Die Datenexperten kamen zu dem Ergebnis, dass die Mechaniken des Newsfeeds dazu beitrugen, die »Fans« einer Seite (zum Zeitpunkt der Studie war der »Gefällt mir«-Button noch nicht eingeführt) sprunghaft ansteigen zu lassen. Die Studie strotzt von Begrifflichkeiten aus der Epidemiologie. Unter günstigen Bedingungen, heißt es darin, könne der Newsfeed eine »globale Epidemie« auslösen, bei der ein Kommentar eine spektakulär große Leserschaft erreicht.

Auch wenn es nicht unbedingt in ihren Forschungsbereich fiel, konnten die Datenwissenschaftler nicht umhin festzustellen, wer am stärksten von dem viralen Newsfeed profitieren würde. »Modelle wie dieses haben spürbare praktische Konsequenzen für Vermarkter«, bemerkten die Experten, »insbesondere solche, die an Werbung in sozialen Medien interessiert sind.«

Nachdem es sich einige der Innovationen von Twitter zu eigen gemacht hatte, schnitt Facebook Twitters Zugang zum Newsfeed ab. Lange hatte man seine Tweets direkt auf Facebook teilen können, aber im Jahr 2011 rief Zuckerberg Dick Costolo (er war Williams auf den Posten des CEO gefolgt) an und teilte ihm mit, dass Facebook Twitter von der Programmierschnittstelle abschneiden und das plattformübergreifende Teilen von Inhalten damit beenden werde. Eine Begründung dafür gab er nicht ab, und das war auch nicht notwendig. »Wir wussten immer, dass das irgendwann passieren würde«, sagt Costolo. »Man ahnte: Wenn du zu groß wirst, sperren sie dich aus. Und je stärker wir wurden, desto mehr würden sie uns die Luft abschnüren. Wenn Facebook dich im Visier hat, steckst du in Schwierigkeiten.«

Facebooks »Twitterisierung« hatte auch Auswirkungen auf ein Feld, das sich für das Unternehmen zunehmend als tückisch erweisen sollte: die Privatsphäre.

Das Posten auf Twitter war stets eine öffentliche Handlung gewesen. Zwar bietet das Unternehmen eine Option, Tweets nur für Personen mit einer ausdrücklichen Erlaubnis sichtbar zu machen, doch die große Mehrheit nutzt den Dienst in der Standardeinstellung, wodurch die Inhalte allen anderen Nutzern zur Verfügung gestellt werden. Tweets wurden auch von Suchmaschinen angezeigt und sogar in der Library of Congress gesammelt.

Facebook wollte nun ebenfalls diesen öffentlichen Weg gehen. Genau genommen wollte Zuckerberg die Nutzungsbedingungen ändern. Der Hauptunterschied würde darin bestehen, die Standardeinstellung von »nur für Freunde sichtbar« auf »für alle sichtbar« umzustellen. Solange Nutzer die Verbreitung von Inhalten nicht *aktiv* begrenzten, waren ihre Beiträge, Likes, Freundeslisten und bestimmte Profilinformationen damit nicht nur innerhalb des Dienstes öffentlich, sondern auch für Google und andere Suchmaschinen sichtbar. (Bis dahin hatte Facebook nur die Nutzernamen und das von ihnen in Anspruch genommene Netzwerk veröffentlicht.)

Die Inspiration für diesen Umschwung kam indes nur zum Teil von Twitter – auch wenn Chris Cox in Pressekonferenzen zur Erklärung der Veränderungen einräumte, dass Twitter eine Rolle gespielt hatte.[19] Der eigentliche Anstoß kam von der Wachstumseinheit. Facebook-Informationen auf Google sichtbar zu machen würde dazu führen, dass man seine Freunde dort leichter fand, und würde Zögernde vielleicht dazu bringen, sich anzumelden.

Dies war ein eklatantes Abweichen von dem Vertrag zwischen Facebook und seinen Nutzern. Die Essenz von Thefacebook und dem Dienst in seinen Anfangsjahren hatte darin bestanden, dass sämtliche persönlichen Informationen innerhalb der Community blieben. »Wir verstehen, dass du vielleicht möchtest, dass die ganze Welt die Informationen bekommt, die du auf Facebook teilst«, hatte Facebook 2006 in seiner Datenschutzerklärung geschrieben. Selbst als im gleichen Jahr die offene Registrierung eingeführt wurde, beteuerte man, die Veränderung bedeute nicht, dass das eigene Profil öffentlich werde. »Dein Profil ist genauso nichtöffentlich wie immer«,[20] stand in dem Eintrag, der den Wechsel bekannt gab. »Die Struktur unseres Netzwerks wird sich nicht auflösen. Für die Netzwerke von Hochschulen und Arbeitgebern ist weiterhin eine beglaubigte E-Mail-Adresse notwendig. Nur Mitglieder deiner Netzwerke und bestätigte Freunde können dein Profil sehen.«

Die Idee, die Standardeinstellung auf »alle«, also tatsächlich die ganze Welt, zu setzen, war im Jahr 2006 ein unvorstellbares Konzept.

Nun war es unerlässlich. Facebook nahm diese Implementierung zu einer Zeit vor, da es durch sein Verhalten im Nachgang der Beacon-Geschichte kaum Vertrauen hatte zurückgewinnen können.

Anfang 2009 hatte Facebook neue Nutzungsbedingungen veröffentlicht, die dem Unternehmen bei oberflächlicher Betrachtung völlige Freiheit im Umgang mit allen persönlichen Einzelheiten einzuräumen schien, die jemand mit ihm teilte – selbst wenn sein Account geschlossen wurde. Ein Autor des Online-Magazins *Consumerist* fasste es in einer Schlagzeile zusammen: »Facebooks neue Nutzungsbedingungen: Wir können mit deinem Account bis in alle Ewigkeit machen, was wir wollen«.[21] Der Aufschrei setzte augenblicklich ein. 70 000 Personen traten der Gruppe »Facebook-Nutzer gegen die neuen Nutzungsbedingungen« bei. Das Electronic Privacy Information Center legte gemeinsam mit acht weiteren Bürgerrechtsorganisationen eine offizielle Beschwerde bei der Wettbewerbs- und Verbraucherschutzbehörde ein, von der es hieß, sie plane eine Untersuchung von Facebook. Der Druck war so groß, dass das Unternehmen innerhalb einer Woche zu den vorherigen Nutzungsbedingungen zurückwechselte und Zuckerberg »Fehler« einräumte.

Wenig später ging Zuckerberg mit einer innovativen Idee in die Offensive, um Kritikern das Wasser abzugraben: Von nun an würde man den Nutzern das Recht einräumen, über Änderungen der Richtlinien abzustimmen. Da Facebook gemessen an seinem Nutzerstamm das sechstgrößte Land der Erde sein könnte, argumentierte er, sollte die Bevölkerung auch ein Mitspracherecht haben. Ihre Entscheidungen würden bindend sein.

»Wir haben die Erfahrungen der jüngsten Zeit als ein starkes Signal begriffen, wie wichtig Facebook den Menschen ist und wie gern sie es lenken möchten«, sagte Zuckerberg auf einer kontroversen Pressekonferenz im Februar,[22] in deren Rahmen er das Konzept vorstellte, das selbst Verfechter der Privatsphäre als gewagt und faszinierend zugleich betrachteten.

Doch Facebooks Vorschlag, die Richtlinien in die Hände der Nutzer zu legen, erwies sich als eine Art Schwindel. Es gab ein großes Schlupfloch: Facebook würde eine Abstimmung nur dann als verpflichtend betrachten, wenn sich 30 Prozent *aller* Nutzer daran beteiligten. Angesichts der riesigen Nutzerschaft und des relativ geringen Anteils derer, die sich mit so undurchsichtig wirkenden Themen wie Datenschutzrichtlinien auseinandersetzten, war ein solches Ergebnis eher unwahrscheinlich. Facebook führte während der Dauer des Experiments drei Abstimmungen durch – nicht eine davon erreichte wenigstens 1 Prozent der Nutzer. Facebook kehrte die Idee einer nutzerbasierten Demokratie stillschweigend wieder unter den Teppich.[23]

Die Datenschutzänderungen, die Ende 2009 anstanden, wurden nie zur Abstimmung gebracht. Wobei es nicht einmal als gesichert gelten kann, dass sie auch nur innerhalb von Facebook eine Mehrheit erzielt hätten. »Das Unternehmen stand dieser Entscheidung gespalten gegenüber«, sagt Dave Morin, der sich dagegen aussprach.

Zu diesem Zeitpunkt hatte Chris Kelly, der ursprüngliche Datenschutzbeauftragte, die Firma verlassen, um (erfolglos) als Generalbundesanwalt von Kalifornien zu kandidieren. Sein Nachfolger als Facebooks interner Datenschutzwächter war ein internetaffiner Anwalt namens Tim Sparapani. Sparapani war Datenschutzexperte und ein Fürsprecher der Nutzer. Er war für die American Civil Liberties Union tätig gewesen, eine NGO, die sich für Bürgerrechte einsetzt.

Als Facebooks oberster Datenschutzbeauftragter in Washington, D.C., hatte Sparapani noch weitere Pflichten. Er war der zweite Facebook-Mitarbeiter in der Hauptstadt und eröffnete das erste dortige Büro des Konzerns, in einem Gebäude, das zuvor für Dreharbeiten zu der TV-Serie »The West Wing – Im Zentrum der Macht« genutzt worden war. Auch wenn es nie offiziell bestätigt wurde, hielten die neuen Mieter den Konferenztisch, an dem sie über Datenschutz und Richtlinien diskutierten, für denselben, an dem der Beraterstab des fiktiven Präsidenten Jed Bartlet über gewichtige Fragen aneinandergeraten war. Bei Facebook war der Ton oft noch rauer. Und die Datenschutzrichtlinien von 2009 würden ihn noch rauer werden lassen.

Einerseits waren Sparapani und andere für Datenschutz zuständige Facebook-Mitarbeiter erfreut, dass Facebook die Veränderungen zusammen mit einer ganzen Reihe von Optionen ankündigte, die die Möglichkeiten zum Schutz der Privatsphäre tatsächlich vergrößerten. Erstmals konnte man bestimmte Beiträge nur für eine ausgewählte Anzahl von Freunden oder nur für Freunde der eigenen Freunde freischalten. Es wurde ein »Übergangs-Tool« geschaffen, das Nutzern dabei half, ihre Privatsphäre-Einstellungen gemäß den neuen Regeln vorzunehmen. Es würde eine eindeutige Verbesserung der aktuellen Bedienelemente darstellen, die zunehmend kompliziert geworden und zudem schwerer zu finden waren. »Man musste schon einen Doktortitel in Facebook haben, um zu begreifen, wo man was einstellen musste, und es war sehr zeitaufwendig«, sagt Sparapani.

Gleichwohl wusste Facebook, dass die meisten sich auch nicht mit den neuen, transparenteren Einstellungsmöglichkeiten befassen würden. Es ist eine Branchenweisheit, dass die Mehrheit der Nutzer schlicht bei den Voreinstellungen bleibt. (Tatsächlich würde Facebook später angeben, dass 80 bis 85 Prozent seiner Nutzer die Voreinstellungen nicht änderten.)

Andererseits hatte Facebook allen Grund, die Datenschutzeinstellungen zu überdenken – bei Hunderten von Millionen Menschen, die in zahlreichen Netzwerken mit Freunden und Bekannten kommunizierten, war die Ursprungsidee, Informationen auf die Kursteilnehmer einer Universität zu beschränken, ein wackliges Gerüst für den Schutz der Privatsphäre. »Dieses Modell war am Ende«, sagt Colin Stretch, ein Washingtoner Anwalt, der bei Facebook angeheuert hatte, als die neuen Richtlinien gerade in Kraft traten. »Sobald Facebook für alle offen war, ergab es nicht mehr viel Sinn.«

Trotzdem betrachteten selbst intern einige die Änderung der Standardeinstellung für die persönlichen Daten der damals 350 Millionen Nutzer als einen großen Verrat des Unternehmens. Der zudem womöglich gesetzwidrig war.

Sparapani vertrat die Auffassung, dass Facebook mit der geplanten Veränderung sowohl dem Geist als auch dem Text des Datenschutzgesetzes zuwiderhandeln würde. Denn das Gesetz verlangte, dass sämtliche Veränderungen vorab angekündigt werden müssten und nicht ohne ausdrückliche Erlaubnis vorgenommen werden dürften. Palihapitiya und seine Wachstumseinheit hielten dagegen. Ihr Ziel war es, weitere Nutzer hinzuzugewinnen und diese dazu zu bringen, mehr Inhalte zu teilen.

Die endgültige Entscheidung lag wie immer bei Zuckerberg. Und der stellte sich auf die Seite der Wachstumseinheit.

Sicherlich waren diejenigen, die sich in dieser Sache gegen Zuckerberg stellten, nicht der Meinung, dass er sich unmoralisch verhielt, oder bewusst das Vertrauen der Nutzer missbrauchte. »Er war nur stärker der Auffassung, der Zweck heilige die Mittel, als ich«, sagt eine damalige Führungsperson aus dem engsten Kreis. »Ich hätte sofort gekündigt, wenn ich geglaubt hätte, es sei ihm egal.«

Nicht lange danach erläuterte Zuckerberg seine Sichtweise während eines Podiumsgesprächs. Viele Firmen seien Gefangene ihrer Konventionen und ihres eigenen Erbes. »Eine Änderung der Datenschutzeinstellungen von 350 Millionen Nutzern ist nichts, was viele Unternehmen tun. Aber für uns war es immer sehr wichtig, frisch an alles heranzugehen und zu überlegen, was wir täten, wenn wir die Firma heute gründen würden. Wir fanden, dass [diese Änderung] heute den gesellschaftlichen Normen entspräche, und taten es einfach.«[24]

Eine weitere Veränderung, die Facebook im Jahr 2009 durchführte, betraf die Programmierschnittstellen, die Entwicklerfirmen nutzten, um Facebooks Warenlager an Informationen anzuzapfen. Mit dem Open Graph – oder Graph API V1 – unternahm Zuckerberg einen weiteren Versuch, Facebook über seine Grenzen hinaus zu erweitern. Das bedeutete, die fragwürdige Praxis weiterzuverfolgen, dass Entwicklerfirmen nicht nur die Informationen derjenigen importierten, die sich für den Dienst anmeldeten oder sich über Facebook Connect einloggten, sondern auch solche über die Freunde der Nutzer. Diese »Freunde von Freunden« konnten nichts unternehmen, um diese Informationen zu schützen, zu denen Geburtstage, E-Mail-Adressen, Likes und Beziehungsstatus gehören konnten. Sie mochten für das Funktionieren der Apps vonnöten sein – eine Dating-App zum Beispiel musste vielleicht wissen können, ob jemand verheiratet war oder nicht. Doch die größte Angst war, dass eine Entwicklerfirma eine große Datenbank voller Informationen schlucken und für sich selbst nutzen oder, Gott bewahre, verkaufen könnte.

Sparapani wusste, dass er das nicht unterbinden konnte. Aber bevor er die neuen Programmierschnittstellen absegnete, verlangte er eine öffentliche Erklärung, dass das Unternehmen die Entwicklerfirmen überprüfen würde, die persönliche Daten abriefen. Facebook versicherte ihm, man werde die notwendigen Schritte ergreifen und Tools entwickeln, mit denen sich nachvollziehen lasse, welche Informationen herausgegeben worden seien. Auch würde man sicherstellen, dass die Entwicklerfirmen diese Daten nicht weiterverwendeten.

Doch mehreren leitenden Angestellten zufolge ergriff Facebook *keine* dieser Maßnahmen. Es ist unklar, ob die potenziell dafür zuständigen Informatiker mit anderen Aufgaben betraut wurden oder ob ihnen jemand die ausdrückliche Anweisung gab, nicht weiterzumachen. In jedem Fall hatte die Sache offenbar keine Priorität.

Es ist nicht so, dass die Schwierigkeiten, in die Facebook durch den Open Graph geraten würde, ohne Vorwarnung über die Firma hereingebrochen wären. So stellte beispielsweise das *Wall Street Journal* im Oktober 2010 fest, dass Facebook nicht nur Daten wie Freundeslisten, Interessen und Geschlecht an Entwicklerfirmen weitergab, sondern sogar die geheimen Nutzer-IDs, anhand derer Facebook seine Kunden identifizierte.[25] Das Leaken der Nutzer-IDs war besonders ungeheuerlich, da Außenstehende diese IDs nutzen konnten, um Persönlichkeitseinstellungen zu umgehen. Wenn eine Entwicklerfirma eine ID hatte, konnte sie auf Informationen zugreifen, die nach Angaben der Nutzer nicht einmal mit engen Freunden geteilt werden sollten. Die ID konnte auch verwendet werden, um Facebook-Identitäten mit Offline-Informationen über diese Personen wie ihre Adresse und Bankdaten in Verbindung zu bringen.

Facebook sagte, die Nutzer-IDs seien versehentlich herausgegeben worden. Und die vom *Wall Street Journal* kontaktierten Entwicklerfirmen gaben an, sie hätten nicht um die Informationen gebeten und nutzten sie auch nicht. Aber war tatsächlich ein Zeitungsartikel nötig, um Facebook auf dieses Thema aufmerksam zu machen?

Inzwischen hat sich herausgestellt, dass mindestens eine Entwicklerfirma gegenüber Facebook entsprechende Einwände geäußert hat. »Wir haben Facebook im Meeting gesagt: *Ihr gebt uns die Nutzer-IDs der Freunde und die Nutzer-IDs von Freunden der Freunde eurer dreißig Millionen Nutzer!*«, sagt Nat Brown von iLike. »*Wir können drei-*

hundert Millionen Leute sehen, und wir haben diese ganzen Informationen über sie – und wir wollen sie nicht!«

Noch schlimmer war, dass diese wertvollen IDs in die Hände von Datenbrokern fielen, und *die* nutzten sie, um Produkte an Facebook-Nutzer zu vermarkten oder diese zurückzuverfolgen. Der Datenbroker, den das *Wall Street Journal* in seinem Artikel hervorgehoben hatte, hieß *RapLeaf*.

Die bloße Existenz von RapLeaf deutete auf eine schwelende Datenschutzkrise hinsichtlich der Art und Weise hin, wie Außenstehende Informationen über Facebook-Nutzer erhielten. Es war die Spitze des Eisbergs einer Untergrund-Ökonomie, geründet auf Nutzer-Informationen. Die Facebook-Daten waren nur ein Teil davon. Die Öffentlichkeit war kaum darüber im Bilde, trotz investigativer Recherchen wie der des *Wall Street Journal*. Facebook schien das ganz recht zu sein. Aber wäre das Unternehmen auf der Hut gewesen, hätte ihm bewusst sein können, dass ihm dieses Problem eines Tages um die Ohren fliegen würde.

RapLeaf war 2006 von einem cleveren Unternehmer namens Auren Hoffman mitgegründet worden, der als CEO sein öffentliches Gesicht war.[26] Ein Teil der Anschubfinanzierung war von Peter Thiel gekommen, der auch Facebook unterstützt hatte und dort im Vorstand saß. Hoffman war ein Datenbroker, der persönliche Informationen sammelte, die Menschen im Internet hinterließen, und sie an Vermarkter weiterverkaufte. »Wir haben Facebook gecrawlt, wir haben LinkedIn gecrawlt, MySpace, Blogs, alles«, sagt Hoffman. Das Ziel sei gewesen, Marketinginformationen an Firmen zu verkaufen. Facebook-Daten waren besonders nützlich, weil sie spezifische Informationen über Interessen und Status enthielten, beispielsweise ob jemand die Beatles mochte oder Single war und wo er oder sie lebte.

Hoffman sagt heute, er habe schlicht die Möglichkeiten genutzt, die Facebook bot. Er behauptet, Facebook sei (ebenso wie die anderen gecrawlten Unternehmen, wie er hinzufügt) genau über seine Aktivitäten im Bilde gewesen. Facebook habe ihm *geholfen*. »Alle in der Chefetage wussten Bescheid. Das sind kluge Menschen, sie wussten alles, was um ihre Seite herum passierte. Wir haben ihnen die Methoden erklärt, die wir nutzten. Und sie haben uns sogar Hinweise gegeben, wie wir sie [effizienter] machen könnten, um ihre Server nicht zu sehr zu strapazieren. Sie überwachten alles. Sie sagten uns auch, dass noch vierzig andere Unternehmen das Gleiche machten. Ich glaube, sie machen es noch heute.«

Manchmal habe Facebook das Gefühl gehabt, dass RapLeaf mit dem Aufsaugen persönlicher Details zu weit ging. »Dann meinten sie: *Hey, das ist zu aggressiv,* oder: *Speichert das nicht*«, sagt Hoffman. »Wir haben auf jeden Fall einige Dummheiten gemacht. Wir sind wie Hacker, wir treiben immer irgendwas.«

Hoffmans Firma war offenbar eine von vielen, die die geleakten Nutzer-IDs von Entwicklerfirmen kauften und an Vermarkter weiterverhökerten. Die Broker konnten zu den Namen auf den Listen, die sie hatten, sofort alle Informationen aus dem Facebook-Profil einer Person hinzufügen und sie so bedeutend wertvoller machen. Mochte der Nutzer beispielsweise Waffen oder setzte sich für flächendeckende gynäkologische Versorgung (inklusive dem Recht auf Abtreibung) ein, wäre das für eine politische Kampagne von großem Interesse.

Das sind keineswegs hypothetische Überlegungen, die Gefahr war ganz real. »Sie [RapLeaf] verkauften diese Informationen für politische Anzeigenkampagnen«, sagt Sandy Parakilas, damals bei Facebook in der Compliance-Abteilung (und später eine der lautstärksten abtrünnigen Kritikerinnen des Konzerns).

Als Reaktion auf den Artikel des *Wall Street Journal* beseitigte Facebook das Schlupfloch, das zum Leak der Nutzer-IDs geführt hatte. Außerdem erzielte man »eine Einigung« mit RapLeaf: Die gesammelten Facebook-Nutzer-IDs mussten gelöscht werden, und die Firma durfte nicht länger an der Facebook-Plattform partizipieren.

Für Hoffman war das Teil des Spiels. »Die Facebook-Leute lassen dir im Prinzip eine Menge durchgehen«, sagt er. »Sie sind erst mal sehr tolerant. Und wenn dann ein [kritischer] Artikel erscheint oder sonst etwas passiert, gehen sie dazwischen. So war es jedenfalls bei uns.«

Facebook glaubte, die Kontroverse beendet zu haben, als es RapLeaf stoppte. Doch diese Episode war nur eine weitere Warnung, die ungehört verhallte.

Tatsächlich suchte Facebook mit dem Open Graph 2010 nach *weiteren* Wegen, Informationen an Entwicklerfirmen weiterzugeben, um das Teilen von Inhalten über die eigene Seite hinaus auszudehnen. Bei der F8-Konferenz jenes Jahres begeisterte sich Zuckerberg für ein Feature namens *Instant Personalization*. Das Vorhaben sollte den Entwicklern von Internetseiten erlauben, sich selbst zu »facebookisieren«, indem sie ein Stück Code implementierten, das im Prinzip die persönlichen Daten von Facebook – wie Freundeslisten, Geschlecht und mehr oder weniger alles, was mit »allen« geteilt wurde – nutzte, und Gebrauch davon zu machen, sobald ein Facebook-Nutzer ihre Seite besuchte. Von da an wäre die Seite »personalisiert«. Es sollte ein Dienst sein, der dem Wissen eines Hotels um die Vorlieben eines Gastes ähnelte, der bei seiner Ankunft im Zimmer das richtige Kissen und sein Lieblingsgetränk vorfindet, untermalt von den leisen Klängen seiner Lieblingsmusik. Einer der drei beteiligten Gesellschafter war tatsächlich eine Hotelkette: In den Häusern von Pandora wurde der Gast von Musik begrüßt, die er auf Facebook irgendwann einmal positiv beurteilt hatte. (Die beiden anderen Launch-Partner waren Microsoft und Yelp.)

Die Datenschutzprobleme lagen auf der Hand, und sie waren besorgniserregend. Instant Personalization startete automatisch. (Um das zu verhindern, hätte ein Nutzer von der Existenz des Features wissen und dann die Einstellungen finden müssen, um es abzuschalten.) Wieder herrschte zwischen den Facebook-Führungskräften Uneinigkeit. Das Problem lag nicht nur in der Instant Personalization, sondern im API-Graphen selbst; denn er gab Entwicklern umfangreicheren Zugang zu den Nutzerprofilen, ja sogar zu solchen Informationen, die die User klar als »nur mit Freunden zu teilen« deklariert hatten. Dennoch verkündete Zuckerberg die Einführung des Graphen und der Instant Personalization auf der F8-Konferenz 2010.

Nach den Worten eines Beobachters war Instant Personalization ein »Datenschutzirrsinn«.[27] Mehrere Tech-Seiten im Internet berichteten darüber und lotsten die Nutzer durch den vertrackten Abschaltprozess. Und auch Zuckerberg wurde in die Mangel genommen – während eines Interviews im Rahmen der Tech-Konferenz D: All

Things Digital heizten die Fachjournalisten Kara Swisher und Walt Mossberg dem Facebook-CEO ordentlich ein. Auf einem roten Stuhl sitzend, auf dem alle Interviewgäste der Konferenz Platz nehmen mussten, gab Zuckerberg bei direkten Fragen zum Datenschutz kein gutes Bild ab. Und als das Gespräch auf Instant Personalization kam, schwitzte er so stark, dass er sein Kapuzensweatshirt ausziehen musste. Weshalb, fragte Mossberg mehrmals, hatte Facebook das Feature ohne Zustimmung der Nutzer implementiert? Zuckerberg erklärte, selbst wenn man die Nutzer bitte, nur mit einem einzigen Klick ihre Bestätigung zu geben, erzeuge das zu viel Reibung; man hindere die Nutzer daran, beim Teilen von Beiträgen Gewohnheiten zu entwickeln, die sie irgendwann einmal schätzen würden. So sei es doch mit dem Newsfeed auch gelaufen! Eines Tages, sagte Zuckerberg, würden die Leute zurückschauen und sich wundern, dass es einmal eine Zeit gegeben habe, als Internetseiten solche Features *noch nicht* nutzten. »Die Welt entwickelt sich dahin, dass sie um die Menschen herum entworfen wird. Und ich denke, das ist eine sehr machtvolle Entwicklung«, sagte er.[28] Sein Auftritt war nicht überzeugend.

Und das Feature sollte noch eine weitere Konsequenz haben. »Unmittelbar nach der Einführung von Instant Personalization kam die Untersuchung der Federal Trade Commission so richtig ins Rollen«, sagt Colin Stretch, der später Justiziar bei Facebook wurde.

Bei der Federal Trade Commission hatten sich die Beschwerden über das Gebaren von Facebook gehäuft. Das ging mit einer wachsenden Besorgnis in der Behörde einher, dass junge Technologiekonzerne rechtliche Grenzen überschritten. »Wir hatten begonnen, uns auf einige Tech-Firmen zu konzentrieren, weil wir feststellten, dass sie einfach nicht die Kurve kriegten. Sie waren neu, sie wuchsen rasch, und oft machten sie Zusagen, die sie nicht einhielten«, sagt ein ehemaliges Mitglied der Behörde, die eine Untersuchung gegen Mark Zuckerbergs Firma einleitete. »Facebook war potenziell an einer Rechtsverletzung beteiligt, und so etwas nehmen wir sehr ernst.«

Zuckerberg selbst machte die Sache mit einigen seiner öffentlichen Aussagen nicht besser. Als er 2010 bei einer Preisverleihung auftrat, sagte er, die gesellschaftlichen Normen in Bezug auf den Schutz der Persönlichkeitsrechte hätten sich geändert. »Die Menschen haben heute nicht nur kein Problem mehr damit, mehr und andere Arten von Informationen zu teilen, sondern sie tun es auch auf eine offenere Weise und mit mehr Menschen«, sagte er. »Diese neue gesellschaftliche Norm ist einfach etwas, was sich im Laufe der Zeit entwickelt hat.«[29] Als bloße Beobachtung war das hinnehmbar, aber es spiegelte seine eigene Rolle bei der Verschiebung dieser gesellschaftlichen Normen nicht wider. Er glaubte, die Welt würde davon profitieren, wenn die Menschen ihre Haltung zum Schutz der Privatsphäre änderten – hin zu mehr Offenheit in jeder Hinsicht.

Noch während sich die Anwälte und Datenschutzbeauftragten von Facebook mit der Untersuchung befassten, schien Zuckerberg zu glauben, Datenschutz könne auf eine Trial-and-Error-Weise gehandhabt werden. »Ich glaube, bei Veränderungen dieser Größenordnung – egal, ob es dabei um Persönlichkeitsrechte geht oder nicht – ist zu erwarten, dass sie manchen gefallen und manchen nicht. Dann wird es eine Markteinführung geben, und die Menschen werden die Gelegenheit bekommen, es auszuprobieren, wenn sie möchten«, sagte er Mitte 2011 zu mir. »Und dann werden wir ein bisschen Zeit brauchen, um auf das ganze Feedback zu reagieren, und ausgehend davon weitermachen.«

Auch wenn sich die Beauftragten der Kommission allesamt einig waren, dass Facebook seine Nutzer getäuscht und ihre Persönlichkeitsrechte in mehrfacher Hinsicht verletzt hatte, waren sie sich in Bezug auf die Sanktionen uneins. Manche fanden, Zuckerberg sollte persönlich verwarnt werden; das hätte ernsthafte Auswirkungen gehabt. Wäre er verwarnt worden und hätte Facebook sein Fehlverhalten anschließend fortgesetzt, wäre Zuckerberg zivilrechtlich oder gar strafrechtlich haftbar gewesen. Ein früher Entwurf der Vereinbarung sah tatsächlich eine persönliche Verwarnung Zuckerbergs vor. Doch im Laufe der Verhandlungen zwischen den Anwälten von Facebook und der Behörde schaffte es dieser Passus nicht in die abschließende Fassung.

Im November 2011 einigten sich Facebook und die Bundeshandelskommission schließlich.[30] Facebook bekannte sich zwar nicht zu einer

Rechtsverletzung, unterschrieb die Vereinbarung aber trotzdem, anstatt sie wegen Vorspiegelung falscher Tatsachen anzufechten. Das Unternehmen stimmte auch einer zwanzigjährigen Beaufsichtigungsphase zu, die durch unabhängige Wirtschaftsprüfer durchgeführt und von Facebook bezahlt werden sollte. Die Bundeshandelskommission benannte sieben spezifische Vergehen, darunter mehrere, die Warnungen oder Einwänden einiger seiner leitenden Angestellten entgegen implementiert worden waren. So wurden sie von der Behörde beschrieben:

- Im Dezember 2009 änderte Facebook seine Internetseite dahin gehend, dass Informationen, die von Nutzern unter Umständen als privat gekennzeichnet waren – wie beispielsweise ihre Freundeslisten –, öffentlich gemacht wurden. Sie bereiteten die Nutzer nicht auf diese Änderungen vor und holten im Vorfeld nicht ihre Genehmigung ein.

- Laut der Darstellung von Facebook sollten Apps von Drittanbietern, die die Nutzer installierten, nur auf solche Nutzerinformationen zugreifen können, die sie brauchten, um funktionieren zu können. Tatsächlich konnten die Apps auf nahezu alle persönlichen Daten der Nutzer zugreifen – auch auf Daten, die von den Apps nicht benötigt wurden.

- Facebook sagte den Nutzern, sie könnten das Teilen von Daten auf bestimmte Adressaten begrenzen – beispielsweise durch die Einstellung »nur für Freunde«. Tatsächlich verhinderte diese Einstellung nicht, dass ihre Informationen mit Applikationen von Drittanbietern geteilt wurden, die ihre Freunde nutzten.

- Facebook hatte ein Programm namens *Geprüfte Apps* und behauptete, es belege die Sicherheit teilnehmender Apps. Das tat es jedoch nicht.

- Facebook versicherte den Nutzern, ihre persönlichen Daten würden nicht mit Werbetreibenden geteilt. Das wurden sie jedoch.

- Facebook behauptete, wenn Nutzer ihre Konten deaktivierten, wären ihre Fotos und Videos nicht mehr zugänglich. Doch Facebook erlaubte den Zugriff auf die Inhalte, selbst nachdem die Nutzer ihre Konten deaktiviert oder gelöscht hatten.

- Facebook behauptete, im Einklang mit dem Safe-Harbor-Abkommen zu handeln, das den Datenaustausch zwischen den Vereinigten Staaten und der Europäischen Union kontrolliert. Das tat es jedoch nicht.

Das Label »Geprüfte Apps« erweckte bei den Nutzern den Eindruck, dass Apps, die im Rahmen dieses Programms mit einem Häkchen markiert wurden, auf ihre Vertrauenswürdigkeit geprüft worden seien.[31] Tatsächlich erlangten die Entwickler diesen Status durch eine Zahlung an Facebook.

Als er seinen Facebook-Eintrag über die Einigung mit der Behörde verfasste, muss Mark Zuckerberg das Gefühl gehabt haben, sich auf bekanntem Terrain zu bewegen. Die Angelegenheit hatte Ähnlichkeiten mit vorangegangenen Vorfällen, bei denen er von Fehlern oder Vergehen eingeholt wurde. Sie hatten ihren Anfang mit Facemash genommen, sich über den Newsfeed, Beacon und die Änderung der Geschäftsbedingungen 2009 fortgesetzt und nun einen weiteren fatalen Höhepunkt erreicht. »Ich bin der Erste, der zugibt, dass wir eine ganze Reihe Fehler gemacht haben«, schrieb er. »Vor allem glaube ich, dass eine geringe Anzahl schwerer Fehler wie Beacon vor vier Jahren und die mangelhafte Durchführung der Änderung unserer Datenschutzbestimmungen vor zwei Jahren oft einen großen Teil unserer guten Arbeit überschattet haben.«

Facebook hätte seine Sammlung auch um ein neues Plakat erweitern können:

MOVE FAST AND BREAK THINGS.
HINTERHER ENTSCHULDIGEN.

Denn auch das war Teil der Facebook-Kultur.

12 PARADIGMENWECHSEL

Das Jahr 2011 neigte sich seinem Ende zu, und Facebook steuerte noch vor dem Jahreswechsel die Zahl von einer Milliarde aktiven Nutzern an. Die Anzeigenkunden standen Schlange und trieben den Umsatz auf fast vier Milliarden Dollar hoch. Eine Milliarde davon war Gewinn. Dennoch war alles, was Facebook aufgebaut hatte, plötzlich in Gefahr. Mark Zuckerberg war nur unzureichend auf eine gewaltige Veränderung in seiner Branche vorbereitet, eine Veränderung, die eine existenzielle Herausforderung für Facebook darstellte. Denn während sich alle Welt auf Mobiltelefone umstellte, war Facebook drauf und dran, den Wandel zu verschlafen.

Nicht dass Facebook die Welt mobiler Technologie vollkommen fremd gewesen wäre, aber über Jahre hinweg war der Umgang damit sonderbar unsystematisch geblieben. Von 2005 an war der ehemalige Yahoo!-Manager Jed Stremel dafür verantwortlich, die Installation einiger Facebook-Anwendungen auf den primitiven »Feature-Phones«, die damals in Gebrauch waren, mit den Anbietern abzuwickeln. Stremel hatte sich einen Job bei Facebook geradezu erbettelt, nachdem ihm jemand einen Foliensatz mit den verblüffenden Firmenkennzahlen gezeigt hatte. Er hatte die Stelle kaum angetreten, als im Dezember eine Party bei Peter Thiel stieg, um den millionsten Facebook-Nutzer zu feiern. Stremel, damals dreißig, kam sich in seiner Sportjacke reichlich fehl am Platz vor.

In den folgenden zwei Jahren war er im geschäftlichen Verkehr mit Anbietern und Betreibern praktisch auf sich allein gestellt. »Die Abteilung Mobile gab es zwischen 2005 und 2007 im Grunde gar nicht«, erklärt er. »Sie bestand allein aus mir.« 2006 führten seine Vereinbarungen mit Cingular, Verizon und Sprint zu Facebooks erstem mobilem Produkt, das es Nutzern erlaubte, über diese Dienste Textnachrichten zu verschicken. (Facebook erhielt einen Anteil von den erhobenen Gebühren.) Da aber die primitiven Handys jener Zeit die beliebteste Aktivität auf Facebook – nämlich Fotos zu posten – nicht unterstützten, widmete das Unternehmen der mobilen Welt weder viel Aufmerksamkeit noch nennenswerte Ressourcen. In aller Stille vereinbarte Stremel zwar mit Diensten weltweit die Nutzung von Facebook-SMS, aber in der Firma gab es fast niemanden, der seine Einschätzung teilte, dass mobile Geräte die Technik der Zukunft seien.

Als dann Apple im Jahr 2007 diese Zukunft mit dem iPhone einläutete, war Facebook in einer denkbar schlechten Position. Hilfe kam von unerwarteter Seite. Joe Hewitt war im Juli 2007 zu Facebook gestoßen, nachdem die Firma sein aus zwei Personen bestehendes Start-up-Unternehmen *Parakey* aufgekauft hatte. Im Gegensatz zu seinem Partner Blake Ross war Hewitt wenig begeistert gewesen, sich einem Unternehmen anzuschließen, das er für eine dumme Uni-Webseite hielt. »Ich persönlich hatte null Interesse, dort zu arbeiten«, sagt er. »Ich wollte höchstens ein paar Monate bleiben, einfach nur, um zu sehen, wie es da zuging.«

Am Ende wurden volle vier Jahre daraus, und Hewitt verdiente sich in jener Zeit jeden einzelnen Cent der Millionen, die ihm bei seinem Abgang aus Aktienoptionen in die Taschen flossen.

Zwei Wochen vor Arbeitsbeginn hatte Hewitt eines der brandneuen iPhones erstanden. Die darauf enthaltenen Apps sahen spektakulär aus. Es würde äußerst schwierig sein, etwas zu entwickeln, das ihnen an Gewieftheit und Leistungskraft gleichkam. Diese Originalanwendungen waren »Native Apps«, also speziell für das Betriebssystem des iPhones entwickelt. Da Apple Externen keinen direkten Zugang zur Hardware gewährte, konnten andere Software-Entwickler keine speziell angepassten Apps programmieren. Für das iPhone würden sie daher »Web Apps« entwickeln müssen, darauf ausgerichtet, mit dem Internetbrowser auf dem Endgerät zu arbeiten.

Hewitt hatte bereits mit der Entwicklung von Internetseiten herumexperimentiert, die dem Erscheinungsbild und Stil dieser originären Apps nachempfunden waren. Als er zu Facebook kam, erkundigte er sich, ob er auf dieser Schiene weiterarbeiten könne. Man bot ihm an, sich einem kleinen Team anzuschließen, das Facebook-Anwendungen für Mobilgeräte wie das BlackBerry erstellte, doch für Hewitt waren das Schrott-Handys, mit denen er seine Zeit nicht vergeuden wollte. Nach einigen ergebnislosen Meetings beschloss er, ganz auf eigene Faust zu arbeiten – immer das Ziel vor Augen, eine großartige Facebook-App für das iPhone zu entwickeln. »Ich gab mir keine besondere Mühe, mich in die Firma einzugliedern. Ich machte einfach, was ich wollte; die anderen tolerierten das, und es funktionierte eine Zeit lang ganz gut.«

Hewitt wollte eine großartige Facebook-App für das iPhone entwickeln. Anfangs arbeitete er in den Räumlichkeiten an der University Avenue, aber er hasste das Großraumbüro, und auch der Charme der Graffitiwand erschloss sich ihm nicht. Eines Tages beschloss er, im Homeoffice zu arbeiten, und von da an ward er nur noch selten gesehen. Als seine Gruppe in ein anderes Gebäude umzog, kümmerte er sich nicht einmal um einen eigenen Arbeitsbereich.

Stremel, Facebooks Chef für mobile Anwendungen, war nur Zuschauer, feuerte Hewitt aber von der Seitenlinie an. »Wir hatten keine Entwickler in unserem Team und besaßen nicht die entsprechenden Fähigkeiten. Joe aber war ein brillanter Entwickler, und er war niemandem verantwortlich. Er hat einfach losgelegt und gemacht.«

Schon im August war Hewitt mit der App fertig. Obwohl sie womöglich für die Zukunft der ganzen Firma stand, veröffentlichte er sie ohne viel Aufhebens.

»Ich musste eigentlich niemanden um Erlaubnis bitten, weil es irgendwie der reine Wilde Westen war«, sagt er. Er erinnert sich nicht einmal, die App Zuckerberg vorgestellt zu haben. »Er hat sie wahrscheinlich gesehen, also bestimmt hat er sie gesehen, bevor wir damit rauskamen«, sagt er. »Aber ich musste nicht bei ihm antanzen, und es gab auch keine Rücksprache zu Fragen des Designs.« Erst einen Tag später nahm sich Hewitt die Zeit, einen Blog-Eintrag über das Geschehen zu posten.

Die Presse sang Lobeshymnen, einige sprachen von der besten App, die es bislang für das iPhone gab.[1]

Ein Jahr später hob Apple seine Beschränkungen auf und erlaubte es firmenfremden Entwicklern, native Apps zu schaffen. Hewitt, nach wie vor als Ein-Mann-Team für Facebooks iPhone-App verantwortlich, war begeistert. Steve Jobs höchstpersönlich kam ins neue Büro an der Hamilton Avenue, um sich mit Hewitt und Zuckerberg auszutauschen.»Wir saßen mehrere Stunden zusammen«, sagt Hewitt. Besonders faszinierend war für ihn die Dynamik zwischen Zuckerberg und Jobs.»Er behandelte Zuckerberg wie eine Art Lehrling, versuchte ihm jede Menge Kenntnisse zu vermitteln und erzählte ihm irgendwelche beliebigen, völlig irrelevanten Storys über das Silicon Valley«, sagt Hewitt.»Mark hatte definitiv Respekt vor Steve und war offen dafür, von ihm zu lernen, aber er besaß auch ein großes Selbstbewusstsein. Es war nicht so, dass er Steve Jobs um Rat angebettelt hätte oder dergleichen.«

2009 hob das iPhone richtig ab, und Facebook war seine beliebteste App. Erstaunlicherweise entwickelte Hewitt die Facebook-Apps immer noch auf eigene Faust, womit er sich innerhalb der Firma nicht gerade beliebt machte. Insbesondere das Kommunikationsteam hatte Probleme damit.»Ich hatte die Angewohnheit, die PR-Abteilung nicht bei neuen Veröffentlichungen einzuschalten«, sagt er.»Ich verkündete die Sache einfach auf Twitter oder gab irgendeinem unbedeutenden Journalisten Auskunft.«

Auch die Beziehung zu Apple verlief nicht reibungslos. Die strengen Bedingungen für den Zugang zu deren App Store hielt er für unnötig, empfand sie als Schikane. Als Apple sich dann für sein Empfinden allzu viel Zeit ließ, um die Version 3.0 von Facebooks iPhone-App zu genehmigen, verfasste er dazu einen cholerischen Blog-Eintrag.[2]

Es war beinahe schon Tradition, dass Hewitt einmal pro Jahr seinen Abschied von Facebbok ankündigte, und das Jahr 2009 bildete keine Ausnahme.»In den ersten zwei Jahren glaubte ich nicht, dass die Aktie sonderlich viel wert sein würde, und ich wollte gern zu meinem eigenen Start-up zurückkehren«, sagt er.»Während der letzten beiden Jahren wurde mir klar: *O Mist, die Aktie schießt ja durch die Decke.* Trotzdem wollte ich weg.« Es war Chamath Palihapitiya, der ihn mit dem Versprechen, er könne machen, was er wolle, zum Bleiben überredete.

Hewitt hatte die Idee, eine neue Programmiersprache für Apples mobiles Betriebssystem zu entwickeln. Er stieß jedoch auf Schwierigkeiten, als Apple im April 2009 eine neue Entwicklervereinbarung veröffentlichte. Danach wäre es ihm unmöglich gewesen, die von ihm geplante neue Programmiersprache für die Entwicklung mobiler Apps zu nutzen. »Da stand lauter restriktives Zeug drin, das mir überhaupt nicht einleuchtete«, sagt er. »Ich war stinksauer.« Hewitt schickte eine wütende E-Mail an Steve Jobs und Apples Software-Chef Scott Forstall.

Jobs rief direkt bei Zuckerberg an, um sich zu beschweren. Zuckerberg bestellte Hewitt umgehend ein. Der Vorfall belustigte ihn – schon seit einiger Zeit hatte er erfolglos versucht, Jobs in einer anderen Angelegenheit zu erreichen, und jetzt sorgte ausgerechnet Hewitts Blog-Eintrag dafür, dass der Apple-CEO endlich Kontakt mit ihm aufnahm. Zuckerberg teilte Hewitt mit, er stehe zwar im Prinzip auf seiner Seite, wenn es jedoch hart auf hart käme … Apple war wichtig für Facebook. »Steve führt sich ein bisschen verrückt auf«, sagte er zu Hewitt. »Aber wenn du Apple noch einmal derart auf den Schlips trittst, werden wir dich feuern müssen.«

In gewisser Weise kam es darauf aber schon nicht mehr an, denn der verärgerte Hewitt hatte aufgehört, noch weiter an Facebooks iPhone-App zu arbeiten. Wie üblich hatte er diesen Schritt auf Twitter verkündet und später eine allgemeine Erklärung nachgeschoben. »Ich respektiere [Apples] Recht, seine Plattform nach eigenem Ermessen zu betreiben, allerdings lehne ich aus grundsätzlicher Sicht den dort praktizierten Prüfungsprozess ab«, schrieb er. »Meine große Sorge ist, dass man damit einen schrecklichen Präzedenzfall für andere Software-Plattformen schafft und bald überall Torwächter auftauchen, die allen Software-Entwicklern das Leben zur Hölle machen.«[3]

Facebook setzte schließlich eine Gruppe von Entwicklern ein, die Hewitts Arbeit übernahm. Ohnehin war es kein glücklicher Umstand gewesen, dass ein so wichtiger Bereich dermaßen an einer einzigen Person gehangen hatte. »Sie stellten ein Team zusammen, das immer weiterwuchs. Heute ist es eine ganze Firma«, sagt Hewitt, der inzwischen auf Hawaii lebt und Biogemüse anbaut.

Aber bevor es zu dieser neuen Entwicklung kam, traf Mark Zuckerberg eine Produktentscheidung, die er später als den größten Fehler seines Lebens bezeichnete.

Hewitts außergewöhnliche Arbeit hatte es Facebook erlaubt, die Auseinandersetzung mit einem gravierenden Problem auf die lange Bank zu schieben: Man war drauf und dran, einen Paradigmenwechsel zu verschlafen. Seit den frühesten Anfängen von Thefacebook nutzte Zuckerberg die netzbasierte Computersprache PHP. Eine Wahl, die ältere Informatiker im Jahre 2004 vielleicht abgelehnt hätten – aber Zuckerberg war es von Jugend an gewohnt, schnelle Online-Projekte zu improvisieren, und die Verwendung des jüngeren PHP-Systems war für ihn so natürlich wie das Atmen.

PHPs große Stärke beruhte darauf, dass es über ein eingebautes Sicherheitsnetz verfügte. In traditioneller Sprache geschriebene Programme wurden in unterschiedlichen Versionen veröffentlicht. Wollten die Programmierer eine neue Funktion hinzufügen oder gar einen Fehler beheben, taten sie das in der nächsten Version, die aber erst zur Anwendung kam, wenn der Nutzer ein Update herunterlud. Von einem populären Programm konnten auf diese Weise zahlreiche Versionen von unterschiedlicher Aktualität durch die Gegend schwirren, und alte Fehler machten sich immer wieder bemerkbar. PHP jedoch war immer up to date. Veränderungen oder neue Funktionen konnten schnell herausgebracht und an den Webserver geschickt werden, woraufhin der den Markup-Code ausspuckte, der Webseiten erzeugte. Hatte man Mist gebaut, war das leicht zu bereinigen – man programmierte einfach neu, und wenn der Nutzer beim nächsten Mal den Browser aktualisierte, lief die neue Version automatisch. So arbeitete der Nutzer immer mit der aktuellen, mutmaßlich weniger fehlerhaften Fassung.

Faktisch war PHP das Geheimnis, das sich hinter Facebooks rasend schnellem Wachstum verbarg. Nun aber hatte eine neue Ära begonnen, in der Desktop-Computer immer weniger genutzt wurden … in absehbarer Zeit womöglich gar nicht mehr! Und Handys funktionierten anders. Apps erreichten den Nutzer nicht direkt, sondern kamen aus einem »Store«, der von Hardware-Entwicklern wie Apple oder Google betrieben wurde. Jede einzelne Version musste bestimmten Standards genügen und die Zustimmung der besagten Torwächter erlangen. Und Facebook war plötzlich ein Unternehmen, das verzweifelt Anschluss zu halten versuchte.

Schlimmer noch, Facebook verfügte nicht über die geeigneten Truppen, um in diese neue Schlacht zu ziehen. Nach Vernals Schätzung waren nur fünf von 400 Softwaretechnikern der Firma mit dem mobilen Betriebssystem iOS vertraut, und vielleicht drei von ihnen kannten sich mit Android aus. »Wir hatten nicht genug Leute, die wirklich mit diesem Kram umgehen konnten, und dadurch wurde die Entwicklung mobiler Produkte extrem verzögert«, sagt er.

»Da hattest du eine Firma, die schlicht nicht wusste, wie man native Apps herstellt«, sagt ein anderer Manager, der sich mit dem Problem befasste.

Facebooks Einstellungspolitik lief im Grunde darauf hinaus, Leute *herauszufiltern,* die ein Talent für das Programmieren mobiler Apps besaßen. Seit etwa 2009 oder 2010 waren die besten jungen Entwickler damit beschäftigt, native Apps für iPhone oder Android zu schreiben. Aber im Bewerbungsgespräch bei Facebook wurden ihnen Fragen gestellt, die sich auf die Welt der Desktop-Computer bezogen. Die Top-Kandidaten erklärten daraufhin natürlich, dass sie sich dafür nicht interessierten; sie wollten nichts anderes, als coole Apps für Mobilgeräte zu entwickeln. Und wenn dann die HR-Leute, die für Neueinstellungen zuständig waren, zusammenkamen, war ihre Einschätzung klar: Diese Programmierer – also genau jene, die Facebook wirklich gebraucht hätte – kämen schwerlich infrage, weil sie sich nicht mit Desktop-Entwicklung auskannten und zudem eine schlechte Einstellung an den Tag legten. »Wir haben diese Leute einfach nicht eingestellt«, sagt der Manager.

Dann sah es plötzlich so aus, als würde eine neue technologische Wunderwaffe für die Lösung aller Probleme sorgen: HTML5. Dabei handelte es sich um die fünfte Fassung der »Markup Language«, der Auszeichnungssprache, die als *lingua franca* des World Wide Web fungierte. Sie sollte ein Patentrezept liefern, um ein kniffliges Problem anzugehen: Wie konnten Software-Firmen wie Facebook es anstellen, ihr Produkt auf einer Vielzahl von mobilen Systemen zum Laufen zu bringen? Immer mehr Leute wollten Facebook auf ihren Smartphones nutzen. Aber davon gab es viele verschiedene – iPhones, Android-Phones, BlackBerries, Palm, Windows … Und alle hatten ihr eigenes Betriebssystem und ihre besondere Hardware. Da die besten Apps native waren, für die spezifische Hardware optimiert, wäre es nötig gewesen, ein gesondertes Produkt für jedes einzelne OS-Betriebssystem zu entwickeln.

»Die Leute wollten nicht immer die gleiche Sache auf iOS und Android neu installieren müssen«, sagt Mike Vernal. »Daher lautete die technische Frage, ob wir ein Programmiergerüst bauen konnten, das es uns erlaubte, die mobile App einmal zu entwickeln und sie sowohl auf iOS als auch auf Android laufen zu lassen. Und im Hintergrund stand ein bisschen der Gedanke, dass es vielleicht auch für Windows-Phones funktionieren würde.«

HTML5 versprach eine Lösung: einmal schreiben, auf vielen Systemen laufen lassen. Das gefiel vor allem einigen neu angeworbenen Entwicklern im Team Mobile, die von Google gekommen waren, einer Brutstätte von Anhängern der Open-Web-Philosophie, die HTML5 verkörperte.

Auch die Wachstumseinheit von Facebook war begeistert vom HTML5-Ansatz. Es lag in ihrem Interesse, Facebook in Weltgegenden zu verbreiten, wo es bislang noch unterrepräsentiert war. Viele dieser Regionen waren Entwicklungsländer, deren Bewohner nur über billige Handys Zugang zum Internet hatten. Der Traum des Wachstumszirkels war es, dass Facebooks Entwickler ein einziges Programm schreiben könnten, das auf alle diese Handys passte.

Was die Wachstumsleute haben wollten, das bekamen sie in der Regel auch. Vor allem im mobilen Bereich: Mit dem Argument, dass neue Kunden, zumal in Übersee, hauptsächlich Handys nutzten, reklamierte das Team Facebooks gesamte mobile Strategie für sich. Wie in allen anderen von der Wachstumsabteilung kontrollierten Bereichen bestimmte das Ziel, neue Nutzer zu erschließen und an sich zu binden, auch die Prioritäten auf dem Gebiet der mobilen Anwendungen.

»Es gab eine Menge Leute, die gern glauben wollten, dass man mit HTML5 Ergebnisse erzielen könnte, die gut genug wären«, sagt Vernal. Also begann Facebook seine Version von HTML5 zu implementieren und taufte sie Faceweb.

Bald schon wurde Faceweb zur offiziellen Strategie für mobile Anwendungen, die Hunderte von Millionen Facebook-Kunden schon nach kurzer Zeit hauptsächlich nutzten, um sich Zugang zu dem Produkt zu verschaffen.

Es war ein Desaster.

Cory Ondrejka war von einem Start-up gekommen, das Facebook 2010 gekauft hatte, nur eines in einer ganzen Reihe von »Acqui-Hires« – Firmen, die nicht wegen ihrer Produkte gekauft wurden (die wurden meistens aussortiert), sondern wegen der Fähigkeiten der dort Beschäftigten. Ondrejka, der vormals eine Schlüsselrolle bei einer Online-Simulation namens *Second Life* innehatte, war zunächst dem Spiele-Team zugeteilt worden. Doch dann bat ihn Facebooks damaliger Stellvertretender CTO Michael Schroepfer, auch »Schrep« genannt, die Mobilsparte auf Vordermann zu bringen. (2013 wurde Schroepfer zum Technischen Leiter des Unternehmens.)

Das war dringend nötig, denn die Faceweb-Apps waren grottenschlecht. Die lauthals angepriesene Eigenschaft von HTML5, genauso reibungslos zu funktionieren wie eine native App, war schlicht nicht vorhanden. Jede Umwandlung einer Seitenansicht von Faceweb zum Endgerät führte zu verlangsamter Rechenleistung. Die Seiten »stotterten«, wenn man herunterscrollte. Und Facebooks Vorzeigefunktion, der Newsfeed, funktionierte überhaupt nicht.

»Im Jahr 2011 konnte man keinen Artikel über Facebook lesen, in dem nicht die Worte *furchtbare mobile App* vorkamen«, meint Ondrejka, der den Job, sich um die Mobilsparte zu kümmern, mit schweren Bedenken übernommen hatte. »Dafür bei Facebook zuständig zu sein, das war, als wäre man Schlagzeuger bei Spinal Tap«, sagt er. [Anspielung auf einen Spielfilm über eine fiktive Heavy-Metal-Rockband; zu weiten Teilen gab es kein Drehbuch, Improvisation war alles. Anm. d. Red.]

Seine erste Maßnahme orientierte sich an dem alten Sprichwort: *Wenn du tief in einem Loch steckst, hör auf zu graben.* Ondrejka wies das Team Mobile – etwa zwanzig Personen – an, die Arbeit einzustellen. »Geht nach Hause und schlaft euch aus«, sagte er, in einer Woche würden sie sich dann alle zusammensetzen und eine Strategie entwickeln. Das Treffen fand in einem Sitzungssaal statt, im Beisein einiger weniger der Firma nahestehender ITler und Experten, die klare, aber unterschiedliche Ansichten zum Thema hatten. Einige Teilnehmer waren noch immer von Faceweb überzeugt, andere strebten einen neuen Web-Ansatz an, und wieder andere waren der Meinung, Facebook solle native Apps für alle Geräte entwickeln.

Im Anschluss an die Sitzung befand Ondrejka, es sei das Beste, noch mal ganz von vorn anzufangen und native Apps für alle Systeme zu schreiben[4] – so wie Joe Hewitt es für das iPhone getan hatte, bevor er wegen seines Ärgers über Apples Store-Praxis alles hingeschmissen hatte.

Der nächste Schritt war, Zuckerberg zu überzeugen. »Ich wandte mich an Schrep und meinte, wir müssen uns Mark schnappen«, sagt Ondrejka. »Wir haben uns in ein Konferenzzimmer gesetzt und ihm erklärt: *Wir sind am Arsch. Wir müssen dringend eine native App bauen.*«

Zuckerberg stimmte zu. Die Entwicklerteams gingen in Klausur und versuchten, solche Apps zu kreieren. Zum Glück standen mittlerweile einige ITler zur Verfügung, die sich damit auskannten. Erst kürzlich hatte Facebook ein paar Firmen erworben, deren Mitarbeiter für iOS und Android programmieren konnten: ein kleines iOS-Startup namens Push Pop Press und eine weitere Gruppe, die das Nachrichtensystem Beluga entwickelt hatte.

Ondrejka sorgte dafür, dass für das Team Mobile ab sofort versierte Entwickler von mobilen Apps rekrutiert wurden. Außerdem veranstaltete Facebook für seine »altgedienten ITler« einen dreiwöchigen Kurs zum Thema Mobilprogrammierung. Hunderte Mitarbeiter nutzten diese Möglichkeit der Fortbildung.

Ein heikleres Problem war Zuckerberg selbst. Er war noch keine dreißig, aber die Technologie, mit der er aufgewachsen war, verlor immer mehr an Bedeutung, und es war wichtig, dass er die Dynamik der neuen, im Aufstieg begriffenen verstand. Schließlich war er derjenige, der letztendlich die Entscheidung über neue Apps traf. »Ich ging zu ihm und sagte: *Eins der Probleme ist, dass du nichts von nativer Entwicklung verstehst. Du triffst tausend Entscheidungen am Tag, und für diesen Bereich sind diese Entscheidungen schlecht*«, erzählt Ondrejka. Also begann das neue Team, auch Zuckerberg zu schulen. Man erklärte ihm die Unterschiede im Design, in der Produktentwicklung und der Wirtschaftlichkeit des mobilen Ökosystems. Eine ganz neue Lektion für Zuckerberg betraf die Kosten von Fehlern. »Gemacht ist besser als perfekt« hilft dir nicht weiter, wenn Version eins deiner App ständig abstürzt und du auf Apples Genehmigungsverfahren warten musst, bevor du die verbesserte Version unter die Leute bringen kannst.

Zuckerbergs schnelle Auffassungsgabe ist legendär, und schon bald stellte er kluge Fragen, mit denen er die Mobile-Experten verblüffte. »Und wir dann so: *Super, jetzt bist du vom Kopf her richtig aufgestellt*«, sagt Ondrejka.

In den darauffolgenden Monaten arbeiteten Facebooks Apple- und Android-Teams an nativen Apps. Sie mussten Faceweb dafür nicht völlig in die Tonne treten – es gab durchaus einiges, was gut funktionierte, etwa die Verwaltung der Freundeslisten. Diese konnten einmal geschrieben und dann auf verschiedenen mobilen Systemen verwendet werden. Aber es war nur allzu offensichtlich, dass vieles andere nur über die native Schiene vernünftig laufen konnte. Allem voran der Newsfeed. Er war Facebooks technologische *Tour de force:* Jedes Mal, wenn man ihn öffnete, erhielt man einen frisch sortierten, einzigartig personalisierten, topaktuellen Strom von Mitteilungen. Eine browserbasierte Technologie wie Faceweb, mit ihrer relativ schwachen Rechenleistung und den unzuverlässigen Verbindungen, konnte den Newsfeed nicht auf einem Handy verarbeiten.

Während die Entwickler nach einer Lösung suchten, gab Zuckerberg eine neue Parole aus. Als ihm eines Tages ein Design-Team einige Entwürfe zur Begutachtung vorlegte, fragte er: *Wo sind die mobilen Spezifikationen?* Es gab keine. Zuckerberg warf die ganze Truppe achtkantig hinaus. Neue Regel: *Niemand betritt mein Büro ohne mobile Designs.* Alle hüteten sich, diesen Fehler ein zweites Mal zu begehen.

Tatsächlich war das ganze Unternehmen nun darauf bedacht, auf mobil umzuschwenken. »Viele von uns hörten sogar auf, den Laptop zu benutzen«, erinnert sich CTO Bret Taylor. Das ehrgeizige – wenn auch eher unrealistische – Ziel war es, die nativen Apps bis Februar 2012 einsatzbereit zu haben. So gesehen, war es ein Erfolg, dass Zuckerberg im März des Jahres immerhin ein Prototyp vorlag, auf dem der Newsfeed reibungslos lief.

Ondrejkas Einsatz hatte Wirkung gezeigt. Große Unternehmen waren im Zuge technologischer Paradigmenwechsel untergegangen, doch Facebook hatte sich in letzter Minute richtig aufgestellt, um die Umstellung auf mobile Geräte zu überleben. Und jetzt hatte Ondrejka von einem geheimen internen Projekt erfahren, das geeignet schien, Facebook auf einen ganz anderen Weg zu bringen.

Der Plan war, Apple und Google mit einem *eigenen* Telefon- und Betriebssystem herauszufordern.

Chamath Palihapitiya langweilte sich. Das Wachstumsproblem war aus seiner Sicht erledigt. Er hatte ein brillantes Team zusammengestellt, das sich auf der Gewinnerstraße befand. Dieses Team anzuführen bot längst nicht mehr die intellektuelle Herausforderung, die er für sein Wohlbefinden brauchte. Außerdem war er am glücklichsten als Underdog, als Dissident, als der Verrückte, der im Hintergrund mit explosiven Ideen zündelt.

Er hatte Facebooks Mühen mit der mobilen Umstellung genau verfolgt. Was ihm Sorge bereitete, war allerdings nicht der Mangel an tollen Apps. In seinen Augen war das sich entwickelnde mobile Ökosystem als solches eine existenzielle Bedrohung für Facebook. Um eine Vorrangstellung in der digitalen Welt zu erlangen, musste man, davon war er überzeugt, über ein eigenes mobiles Betriebssystem verfügen, anderenfalls war man nur eine Schachfigur im Spiel der anderen. Nur Apple und Google besaßen maßgebliche Betriebssysteme.

Für Palihapitiya gab es nur eine Lösung: Facebook musste sein eigenes Smartphone bauen. Leicht würde es sicher nicht werden, in diesen exklusiven Klub einzudringen. Aber das Allererste, was die Leute mit ihren Handys machen wollten, war … auf Facebook zu gehen. Warum also nicht ein mobiles Betriebssystem entwickeln, das den Leuten gab, was sie wollten? Genauer gesagt, ein mobiles Gerät, auf dem Facebook den Mittelpunkt aller Aktivitäten darstellte!

Palihapitiya, ein Meister der Überredungskunst, sicherte sich Zu-

ckerbergs Zustimmung und begann, ein Team zusammenzustellen.
Er lud Kandidaten zum Lunch ein und erklärte ihnen, dass sie an
ihrem derzeitigen Arbeitsplatz nur ihre Zeit vergeudeten – oder
wenigstens, dass ihre Tätigkeit dort nicht so wichtig war wie das, woran er gerade arbeitete. Dann erzählte er ihnen von dem Handyplan.
Einer derjenigen, auf die es Palihapitiya damals abgesehen hatte, erinnert sich, wie verwirrt er reagierte: *Warum sollten wir so etwas machen? Wir verstehen nichts von Hardware. Wir haben noch NIE etwas
von Hardware verstanden!*

Trotz solcher Vorbehalte – die sich als prophetisch erweisen sollten – schlossen sich die Angesprochenen dem Team an, nachdem
Chamath Palihapitiya eine Tirade von wegen Leistungsverweigerung
gestartet und sie so lange gelöchert hatte, bis sie jeglichen Widerstand
aufgaben.

Molly Graham fand sich bereit, als Produktmanagerin zu fungieren, und Matt Kale, einer der besten Designer des Unternehmens,
war ebenfalls mit von der Partie. Aber den größten personellen Coup
landete Chamath mit Joe Hewitt. Der war, als Palihapitiya um ihn
warb, zwar skeptisch bezüglich der Erfolgsaussichten, sah aber in
dem Projekt eine gute Möglichkeit, die Zeit bis zur Ausübung seiner Aktienoptionen herumzubringen. Außerdem mochte er Palihapitiya, der sich immer für ihn eingesetzt hatte. »Mir gefielen Chamaths
dramatische Art zu reden und seine Unerschrockenheit«, erklärt Hewitt.

Der ursprüngliche Deckname des Projekts – der sich noch viele
Male ändern sollte – lautete GFK, in Anspielung auf den Schurken
»Ghost Faced Killer« aus einem Kung-Fu-Streifen aus den 1980er-Jah-
ren, nach dem sich später auch ein Mitglied der Hip-Hop-Gruppe
»Wu-Tang Clan« benannte (»Ghostface Killah«). Palihapitiya bestand
auf totaler Geheimhaltung, nach dem Vorbild von Amazons Skunk
Works-Team, das in aller Stille den Kindle erschaffen hatte. Seine
Truppe verließ die Adresse 1601 California und zog in den zweiten
Stock eines nicht gekennzeichneten Gebäudes in derselben Straße. Es
gab dort sogar ein anderes Ausweissystem als bei Facebook. Als Face-
book-Mitarbeiter sich nach dem Wahrheitsgehalt aufkommender
Gerüchte erkundigten, dementierte die Firma. »Nach meiner Erinne-

rung war dies das erste Mal, dass Facebook intern gelogen hat«, sagt Ezra Callahan. Einem Mitglied des Teams zufolge war Palihapitiya zwanghaft auf Steve Jobs fixiert; er wollte ihn übertreffen – gar zerstören –, indem er ein noch wunderbareres Mobiltelefon als das iPhone schuf. Sein Pendant zu Jony Ive, Jobs' Design-Koryphäe, war Yves Béhar, ein viel bewunderter Silicon-Valley-Designer, der engagiert wurde, um die Hardware optisch zu gestalten. Béhar entwarf ein schnittiges Gerät mit einer ungewöhnlichen Furche in der gewölbten Oberfläche, wo man mithilfe des Daumens scrollen konnte.

Für die Herstellung des Mikroprozessors tat Facebook sich mit einem naheliegenden Partner zusammen: Intel. Dem Chip-Giganten war einer der übelsten Schnitzer seiner Geschichte unterlaufen, als er die erste Generation von Smartphones verpasste – sowohl Apple als auch Android verwendeten einen Chip der Konkurrenz. Nun sah Intel in dem Facebook-Handy eine Möglichkeit, diese Schlappe abzumildern, wenn nicht gar zu kontern.

Intel hatte außerdem einiges an interessanter Technologie zu bieten, darunter etwa einen innovativen Berührungssensor, mit dem man in einer einzigen Bewegung das Handy entsperren und sofort losscrollen konnte. Er funktionierte wie der Steuerknopf eines Gamecontrollers. Allerdings war er so konfiguriert, dass nur Rechtshänder ihn benutzen konnten. »Wir beschlossen, dass wir uns um Linkshänder nicht kümmern wollten«, so ein Mitglied aus Palihapitiyas Team.

Die Software, in Hewitts kunsthandwerklicher Programmiersprache geschrieben, die Apple abgelehnt hatte, stellte die Kommunikation mit den Facebook-Kontakten der Nutzer in den Mittelpunkt. Dem Konzept nach sollte das Facebook-Handy so sehr mit deren Social Graph und Interessen verbunden sein, dass es von der Nutzerperson gar nicht mehr zu trennen wäre. Sobald man es einschaltete, bekäme man eine Liste möglicher Aktivitäten präsentiert, basierend darauf, wer man war und welche Interessen es im Freundeskreis gab. Falls irgendein Fremder einen anrief, würde es vielleicht gar nicht klingeln. Dagegen würde es in voller Lautstärke loskreischen, wenn ein Freund anrief oder eine wichtige Nachricht schickte, eine Verlobungs- oder

Geburtsanzeige etwa oder das Foto einer Trüffelpizza. Wenn man mit einer Freundin zu kommunizieren wünschte, würde man das einfach anzeigen, woraufhin das Handy ermitteln würde, wie das am besten anzustellen sei, vielleicht sogar, indem es den Kalender der Freundin einsah und deren gegenwärtigen Standort bestimmte. Falls sie zum Beispiel gerade in einer Sitzung säße, würde es eine Textnachricht schicken. Beim Shoppen würde es Vorschläge machen, die sich auf die Likes der jüngsten Zeit stützten. Fotos, die man auf der Geburtstagsparty eines Freundes (mit dem Handy) aufgenommen hat, würden sofort bei Facebook gepostet werden. (Laut Palihapitiya würden bestimmte Design-Spezifikationen dafür sorgen, dass Nutzer auf simple Weise über die Datenschutzeinstellungen exzessivem Teilen einen Riegel vorschieben könnten.)

In Zusammenarbeit mit Foxconn – dem riesigen taiwanesischen Hersteller, der auch das iPhone fertigt – konstruierte Facebook einen Prototyp. Doch als das Datum für das endgültige Startsignal näher rückte, kamen Bedenken hinsichtlich des Investitionsvolumens auf, das für eine massenhafte Produktion des Geräts nötig wäre. Dieses Zögern machten sich interne Gegner des Projekts zunutze, allen voran Ondrejka.

Als Ondrejka erstmals von den Plänen gehört hatte, sagte er zu Bret Taylor, die Sache müsse unbedingt abgeblasen werden. Taylor erwiderte, das solle er mit Zuckerberg besprechen. »Das war der Beginn einer viermonatigen Auseinandersetzung mit Mark«, sagt Ondrejka, der seinem Chef klarzumachen versuchte, dass das mobile Ökosystem von nur zwei konkurrierenden Betriebssystemen bestimmt würde und es deshalb keine Veranlassung für Facebook gebe, ein eigenes zu schaffen. Weder Google noch Apple hätten ein Interesse daran, sich mit Facebook anzulegen, das sich immer mehr zur beliebtesten App auf der Welt entwickelte. Zuckerberg aber fand immer noch Gefallen an der Vorstellung, das Facebook-Handy sozusagen als Absicherung in der Hinterhand zu haben.

Am Ende des Disputs stand ein Kompromiss, der ein »Ghost Faced Killer-Erlebnis« mit Einschränkungen erlaubte: Anstatt ein eigenes Handy herzustellen, würde Facebook eine alternative Version des Android-Betriebssystems entwickeln und es in Lizenz an andere

Handyhersteller weitergeben. Zwar blieben damit einige Aspekte der Originalidee erhalten – auf diesen »Facebook Home«-Geräten würde Facebook sogar im Sperrbildschirmmodus laufen, noch bevor der Besitzer das Handy überhaupt zur Hand nahm –, dennoch war das Ganze alles andere als ein Frontalangriff auf die gegenwärtigen Platzhirsche.

Palihapitiya verließ daraufhin enttäuscht nicht nur das Team Mobile, sondern gleich das ganze Unternehmen, um eine Risikokapitalfirma zu gründen.

Facebook Home erschien schließlich im April 2013 mit einem Headset von HTC; Samsung stand bereits in der Warteschleife. »Wir wollen es so machen, dass wir möglichst viele Handys in Facebook-Handys verwandeln können«, erklärte Zuckerberg mir kurz vor der Markteinführung. Doch Facebook Home erwies sich als Blindgänger. Zwar war Facebook inzwischen die mit Abstand populärste App, doch nur wenige Kunden wünschten sich ein Handy, auf dem Facebook sogar im Ruhezustand lief. Zu einer zweiten Version kam es nicht mehr.

Dieser Rückschlag kam zum denkbar ungünstigsten Zeitpunkt. Ausgerechnet in dem Moment, da seine Zukunft durch einen Paradigmenwechsel in der Nutzung von Technologie gefährdet schien, strebte das Unternehmen an den Aktienmarkt.

»Würde ich einer Firma raten, inmitten eines solchen Wandels an die Börse zu gehen?«, sagt Sheryl Sandberg heute. »Nein! Es wäre viel besser gewesen, wenn wir zwei Jahre vorher oder zwei Jahre danach an die Börse gegangen wären.«

Aber im Grunde blieb Facebook gar keine andere Wahl. Schon 2007 hatten Journalisten und Analysten zu fragen begonnen: *Wann wird Facebook seine Erstplatzierung einleiten?* Jahr um Jahr waren diese Fragen drängender geworden. Während Zuckerberg, soweit es einzelne Produkte betraf, seinem Motto »Move Fast and Break Things« folgte, dachte er in dieser Beziehung eher langfristig und plante den Kurs seiner Firma sorgfältig über einen Zeitraum von fünf oder auch zehn Jahren. Oft sprach er davon, dass Wachstum erst einmal wichti-

ger sei als Profit, und klagte, das bloße Gerücht eines Börsengangs
könne Leute anlocken, »die in die Firma wollen, weil sie glauben, dort
könnten sie ganz schnell zu Geld kommen«.[5] Außerdem war er nicht
scharf auf das, was von jedem Geschäftsführer eines börsennotierten
Unternehmens verlangt wird: ein vierteljährlicher Rechenschafts-
bericht.

Zuckerberg hatte Zeit geschunden, solange er konnte. Seit dem
Microsoft-Investment des Jahres 2007 hatte Facebook in mehreren
Finanzierungsrunden erhebliche Summen an privatem Kapital ge-
sammelt. Genannt sei hier insbesondere der russische Finanzmogul
Juri Milner, der 2009 mit 200 Millionen Dollar einstieg. Fast alle diese
Beteiligungen waren in Fachkreisen als maßlos überzogen bespöttelt
worden. Alle hatten sich als profitabel erwiesen.

Doch letztlich war der Börsengang immer nur eine Frage des
Wann, nicht des Ob gewesen. Weil sich das Unvermeidliche nicht
ewig aufschieben ließ, traf Facebook von 2010 an in aller Stille Vorbereitungen, um den Übergang zu einem börsennotierten Unternehmen reibungslos zu gestalten. Der Vorstand wurde erweitert: Zu Don
Graham, Netscape-Mitgründer Marc Andreessen und Peter Thiel ge-
sellten sich Netflix-CEO Reed Hastings und Erskine Bowles, vormals
Bill Clintons Stabschef. Bowles traf eine Abmachung mit Zuckerberg:
Er sei bereit, dem Prüfungsausschuss des Vorstands vorzusitzen,
wenn Zuckerberg sich einen Stapel Bücher über das Finanzwesen zu
Gemüte führe. *Sie werden Geschäftsführer eines Börsenunternehmens
sein – Sie müssen begreifen, worum es da geht.* Mit diesen Worten lud
er die Bücher auf Zuckerbergs Schreibtisch ab.

Im Herbst 2011 nahm Facebooks CFO (Chief Financial Officer –
Kaufmännischer Geschäftsführer) David Ebersman, zuvor in gleicher
Funktion beim Biotechnologie-Unternehmen Genentech tätig, Gespräche mit einigen Banken auf. Damit wurde eingeleitet, was sich als
größter Börsengang eines Tech-Unternehmens überhaupt erweisen
sollte.

Facebook wählte, wenig überraschend, Morgan Stanley, um den
Vorgang voranzutreiben. Deren Top-Banker Michael Grimes[6] war
bekannt dafür, die lukrativsten Angebote an Land zu ziehen. Sein
Büro befand sich nicht in New York City, auch nicht im Finanzdistrikt

von San Francisco, sondern in der Sand Hill Road in Menlo Park, wo die großen Risikokapitalgeber ihre Wetten platzierten. Grimes hatte den Börsengang von Google betreut und kürzlich auch den von LinkedIn. Und er war gut mit Sheryl Sandberg bekannt. (Wie üblich schlossen sich bald andere Investmentbanken und -Berater an, darunter Goldman Sachs und JP Morgan.)

Zuckerberg hatte klare Vorstellungen darüber, wie Facebooks Aktienstruktur beschaffen sein sollte. Entscheidendes Kriterium war, dass er selbst die Kontrolle behielt, mutmaßlich für immer. Zu diesem Zweck dachte er sich zwei Kategorien von Anteilseignern aus, wobei die obere Kategorie – in der er die überwältigende Aktienmehrheit hielt – gegenüber der unteren ein höheres Stimmrecht besitzen sollte. Es war eine ähnliche Anordnung wie die, die es den ursprünglichen Besitzern von Zeitungsverlagen – etwa seinem Mentor Don Graham – erlaubte, das Unternehmen über Jahrzehnte hinweg zu kontrollieren, obwohl die Familie nur noch eine Minderheit der Anteile besaß.

Auch Larry Page und Sergey Brin waren mit Google so verfahren. Doch Facebooks Vorhaben ging sogar noch weiter in der Frage, wie viel Kontrolle bei einem einzelnen Gründer liegen sollte. Als Halter von 56 Prozent der stimmberechtigten Aktien würde Zuckerberg sein Veto einlegen können gegen alles, was andere Anteilseigner oder der Vorstand beschließen mochten.

Die Google-Chefs ahmte er auch darin nach, dass er einen persönlichen Brief an die zukünftigen Aktionäre in den Facebook-Börsenprospekt einfügte, der die Bedingungen des Emissionsangebots zum 1. Februar 2012 darlegte. »Facebook wurde ursprünglich nicht gegründet, um ein Unternehmen zu sein«, schrieb er einleitend. »Es wurde aufgebaut, um eine soziale Mission zu erfüllen – um die Welt offener und vernetzter zu machen.« Und dann ließ er sich ausführlich über die fünf Werte aus, die er im Jahr zuvor mithilfe von Molly Graham und Lori Goler festgeschrieben hatte. Es war fast, als habe er diese Kernpunkte von den Plakaten an den Wänden der Facebook-Büros abgeschrieben. (Ja, er schrieb auch sein Motto »Move Fast and Break Things« in das formelle Angebot an Aktionäre, in seine Firma zu investieren.)

TEIL ZWEI

Facebooks Arbeitsmethodik beschrieb Zuckerberg in seinem Brief als »The Hacker Way«. In seinen Augen habe das Wort Hacker einen »zu Unrecht negativen Beiklang. Die große Mehrheit der Hacker, die ich kennengelernt habe, sind eher Idealisten, die die Welt besser machen wollen.« Beim »Hacker-Ansatz«, führte er aus, »geht es um ständige Verbesserung und Weiterentwicklung. Hacker glauben, dass alles immer noch besser werden kann und dass nichts jemals fertig ist. Sie müssen es einfach in Ordnung bringen – oft denjenigen zum Trotz, die sagen, es sei unmöglich, oder die sich mit dem Status quo zufriedengeben.«

Dass die Erwartungen an den Börsengang deutlich gedämpft wurden, lag nicht an diesem Computerfreak-Gerede. Schuld war vielmehr die lahme Reaktion der Firma auf die mobile Welle. Facebook selbst benannte dieses Problem unverblümt in dem Börsenprospekt: »Gegenwärtig erzielen wir keine nennenswerten direkten Einnahmen durch die Bereitstellung von mobilen Diensten, und der Nachweis, dass dies in Zukunft möglich sein wird, steht noch aus.« Etwa die Hälfte der Facebook-Nutzer riefen mittlerweile die Seite auf ihrem Mobiltelefon auf. Da Facebook noch keinen Gewinn aus seinen mobilen Anwendungen zog, bedeutete dies, dass die Firma Möglichkeiten einbüßte, um Anzeigen zu schalten. Sollte sich dieser Trend fortsetzen, würde der Umsatz einbrechen.

Nach der Veröffentlichung des Börsenprospekts stellte Facebook fest, dass die Zahl der Mobilnutzer nach wie vor weiterwuchs, was sich nachteilig auf die Ertragslage auswirkte. »Hier läuft alles gerade ziemlich mies«, schrieb Zuckerberg in einer Textnachricht an Priscilla Chan, die später in einem Rechtsstreit öffentlich gemacht wurde.

Bei einer Zusammenkunft in einem New Yorker Hotel überlegten Zuckerberg, Sandberg und Ebersman tatsächlich, den Börsengang abzublasen.[7] »Wir werden die Entscheidung heute Nacht treffen«, textete Zuckerberg an Chan. Später berichtete er ihr, dass sie weitermachen würden. »Yeah«, antwortete sie.

Die Finanzabteilung steckte dennoch in einem Dilemma. Wie sollte man mit dem Umsatzrückgang umgehen? Falls die Firma derlei Informationen zurückhielt, lief sie Gefahr, verklagt zu werden oder aufsichtsrechtliche Sanktionen auf sich zu ziehen. Daher beschlossen

Ebersmann und Grimes, den Prospekt um fünf Sätze zu ergänzen, in denen auf den aktuellen Trend hingewiesen wurde. Zusätzlich hielten sie es für angezeigt, die führenden Analysten zu kontaktieren und einzeln ins Vertrauen zu ziehen. Verbunden mit dem Risiko, dass der Eindruck entstand, sie würden Informationen an Wall-Street-Insider geben, während die breite Öffentlichkeit im Dunkeln gehalten wurde. Aufgrund von Bestimmungen der Börsenaufsichtsbehörde SEC, die für solche Situationen eine Kontaktsperre zwischen Investmentbankern und Analysten vorsehen, musste Grimes sich aus der Schusslinie nehmen. Was insofern heikel war, als er im Zentrum der Planung stand und sogar das Skript verfasst hatte, das der Leiter der Finanzabteilung vor Analysten verlas. Während also der Finanzchef von der Kommandozentrale im Hotelzimmer aus die Anrufe tätigte, ging Grimes in den Flur und setzte sich auf den Fußboden. (Die SEC fand das gar nicht lustig und führte diesen Vorfall im Rahmen einer Rüge auf, die Morgan Stanley fünf Millionen Dollar kostete.[8])

Diese Telefonate fanden gut eine Woche vor dem 18. Mai statt, dem für den Börsengang vorgesehenen Termin.[9] Inzwischen hatten die Medien fast jeden Tag Kritisches über das bevorstehende Ereignis zu berichten. Beobachter stellten Zuckerbergs persönliche Reife infrage und verwiesen auf den Kapuzenpullover, den er selbst bei Werbeveranstaltungen vor Investoren trug. Trotz allen Gegenwinds erhöhte Facebook seine Eröffnungskursspanne von 28 bis 35 Dollar pro Aktie auf 35 bis 38 Dollar. Damit würde es zu einem hundert Milliarden Dollar schweren Unternehmen werden, hundertmal so viel wert wie der Vorjahresgewinn, was Kritikern maßlos überzogen erschien.

Am 15. Mai folgte ein weiterer Schlag: General Motors teilte dem *Wall Street Journal* mit, man halte Facebook-Werbeanzeigen nicht mehr für effektiv und werde sich mit weiteren Ausgaben zurückhalten.[10] Zwar gehörte GM nicht zu Facebooks größeren Werbekunden, doch weckte die Unterstellung, Facebook-Anzeigen seien womöglich kein wirksamer Einsatz von Werbeetats, weitere Zweifel an den Zukunftsaussichten des Unternehmens.

Die Vorzeichen waren also nicht besonders vielversprechend, als der Tag der Erstausgabe näher rückte.

Zuckerberg und seine leitenden Angestellten traten nicht die traditionelle Reise nach New York City an, um der festlichen Zeremonie auf dem Parkett des NASDAQ beizuwohnen, zur Feier des Augenblicks, da die Firmenaktien in den Verkauf gingen. Stattdessen versammelten sie sich mit ihren Beschäftigten in der Mall des neuen Facebook-Campus in Menlo Park, wo Zuckerberg aus der Ferne die Glocke läuten würde. Und wie sich zeigte, war es auch ganz gut, dass er in Kalifornien blieb.

In dem Moment, als die Aktie gerade in den Verkauf gehen sollte, erlitt die NASDAQ, die sich als die technologisch versiertere Alternative zu ihrer angesehenen Rivalin, der New York Stock Exchange, betrachtet, einen Computer-GAU. Trotz diverser Testläufe in den Tagen zuvor war das System vom schieren Umfang der Nachfrage überfordert.

Die NASDAQ verschob die Eröffnung, doch selbst als der Verkauf eine Stunde später begann – unter Jubelrufen und Umarmungen in Menlo Park –, wurden Transaktionen noch immer verzögert. Das bedeutete, dass kleinere Investoren, die Anteile zum Eröffnungspreis reserviert hatten, nicht in der Lage waren, den Handel zu bestätigen oder auszusteigen, als der Kurs in den Keller ging. Es gab zahlreiche Berichte über Kleinanleger, die, in der aufgeregten Erwartung, am nächsten großen Ding teilhaben zu können, ihre Bestellungen abgaben und nicht hörten, ob sie durchdrangen oder nicht. Typisch war die Geschichte einer Witwe, die ihre Lebensersparnisse eingesetzt hatte und erfolglos zu stornieren versuchte, als die Bestellung in der Luft hing. Zusammen mit der Aktie brach auch ihre Hoffnung auf einen gesicherten Lebensabend ein.[11]

Im Nachhinein erscheinen die Auswirkungen des Computerchaos als nicht gar so schlimm. Hätten die besagten Kleinanleger einfach ihre Anteile gehalten und die kurzfristigen Verluste ausgesessen, hätte der Wert ihres Investments sich im Laufe der Zeit vervielfacht. Aber investieren ist nun einmal ein Risiko, und klüger ist man immer erst hinterher. Daher kann man die Beschwerde dieser Witwe, die sich schließlich gezwungen sah, mit großen Verlusten zu verkaufen, nicht einfach abtun.

Die Verluste waren dadurch zu erklären, dass die Investoren einen Bogen um die Facebook-Aktie machten, als sie endlich gehandelt wurde. Sie eröffnete mit dem optimistischen Ausgabepreis von 38 Dollar und schloss am Ende des Tages gerade einmal knapp darüber. Und das auch nur, weil Facebooks Emittenten vor Marktschluss Anteile zurückkauften, damit der Tag nicht mit einem Verlust endete, ein Verfahren, das man als »Greenshoe Option« bezeichnet. Ohne dieses preisstützende Manöver aber sank die Aktie in den Tagen darauf. Nach einer Woche war sie auf 32 Dollar gefallen. Im September reichte es, einen Zwanziger hinzublättern, um eine Facebook-Aktie zu erstehen, und man bekam sogar noch gut zwei Dollar Wechselgeld heraus.

Selbst Reid Hoffman, einer der ersten Anleger, der Hunderte von Millionen Dollar mit seiner Einlage von 37 500 Dollar machen sollte, bezeichnete den Börsengang als einen »sagenhaften Griff ins Klo«.[12] Während der folgenden Monate erbebten die Stufen der Gerichtsgebäude in zahlreichen Bezirken unter dem Ansturm zornentbrannter Anleger, die ihre Klagen gegen Facebook, die NASDAQ und die Emissionsbanken einreichten. Im Laufe der nächsten Jahre zahlten Facebook, die Banker und die NASDAQ Millionen von Dollar, um die Rechtsstreitigkeiten beizulegen.

Zwei Dinge geschahen unmittelbar nach dem Börsengang-Debakel. Das erste Ereignis war ein festliches. Für den Tag nach dem Event hatte Zuckerberg etwa hundert ihm nahestehende Personen zu einer kleinen Gartenparty eingeladen, vordergründig, um Priscilla Chans Abschluss an der medizinischen Hochschule und seinen eigenen 28. Geburtstag zu feiern. All jene, denen das spanisch vorkam, sahen ihren Verdacht bestätigt, als Zuckerberg plötzlich in einem Anzug auftauchte. Später am Tag schaltete er seinen Beziehungsstatus bei Facebook auf »verheiratet«. Die Statusänderung erzielte über eine Million Likes.

Mit dem gegebenen Jawort schlug Zuckerberg die Warnung eines Milliardärskollegen in den Wind, die dieser am Vorabend des Börsengangs beim Sender CNBC ausgesprochen hatte. »Sie heiraten, und dann, ein paar Jahre später, lassen sie sich aus irgendeinem Grund wieder scheiden, und dann verklagt sie ihn auf zehn Milliarden Dollar und knackt den Jackpot«,[13] erläuterte Donald Trump, der zu diesem Zeitpunkt weder ihn noch sie persönlich kannte.

Als Zweites kümmerte Zuckerberg sich jetzt verstärkt um die Gründe, warum die Facebook-Aktie abgestürzt war. Und das war weniger erfreulich. Die verspätete Umstellung auf native Apps gab Facebook zwar Sicherheit, dass sein Dienst gut zu einer Technologie passte, die im Begriff war, die Welt zu erobern. Die nativen Apps wurden positiv aufgenommen. Wenn die Leute ihre Apple- oder Android-Handys einschalteten, verbrachten sie durchschnittlich 20 Prozent ihrer Nutzerzeit auf Facebook. (Die nächsten Konkurrenten kamen auf 3 Prozent.) Aber bislang hatte Facebook noch keine Produkte, mit denen sich Geld in der mobilen Welt verdienen ließ.

Der Absturz der Aktie drückte auf die Moral, und so ergriff Dan Rose, der Leiter der Abteilung für Kooperationen, auf einer Mitarbeiterversammlung das Wort. Er verwies auf seine Erfahrungen bei Amazon nach dem Platzen der Dotcom-Blase. Die Aktie war von 120 Dollar pro Stück auf ungefähr 6 Dollar gecrasht. Rose selbst hatte damals den Plan, ein Haus für seine Familie zu kaufen, begraben müssen. Etliche Leute verließen das Unternehmen. Doch Amazon und sein unnachgiebiger Anführer Jeff Bezos hielten durch und waren mittlerweile ganz obenauf. So werde es auch mit Facebook sein. *Die Welt weiß es zwar nicht,* sagte Rose, *aber wir wissen, was wir tun.* Die Mobilgeräte würden Facebook nicht ins Verderben stürzen – sondern die Firma zu neuen Höhen führen. Die Leute nutzten Facebook immer häufiger auf ihren Handys, und trotz der winzigen Bildschirme werde Facebook damit Geld verdienen. *Facebook ist wie für mobile gemacht,* beschwor er seine Kollegen, *wir haben nur noch nicht die richtigen Produkte konstruiert.*

Was er dabei allerdings unausgesprochen ließ: Sollte Facebook daran scheitern, diese Produkte zu konstruieren, wäre das Unternehmen am Ende.

In Krisenzeiten neigt Zuckerberg dazu, sich auf die Personen zu stützen, die er gut kennt und denen er vertraut. Für die Leitung des mobilen Anzeigengeschäfts, einer Aufgabe, die die Geschicke der Firma zum Besseren wenden sollte, fiel seine Wahl auf jemanden, den er seit Jahren kannte, jemanden, der sich buchstäblich ein Wort auf den Körper hatte drucken lassen, das für Standhaftigkeit stand. Boz.

Nicht lange nach dem Börsengang machten Zuckerberg und Andrew Bosworth einen Spaziergang über den alten Sun-Campus, vorbei an der Grillhütte und dem riesigen Hacker-Schild vor dem analogen Forschungslabor, in dem all die legendären Plakate entstanden waren. Boz befand sich gerade in einer »Abschlaffphase«, wie er sagte; er war die letzten Monate über von einem Team zum nächsten gependelt, um an verschiedenen Projekten zu arbeiten. Er hatte vor, sich das Sabbatical zu nehmen, das Facebook seinen Mitarbeitern nach sechs Jahren Dienstzeit anbietet. Als Zuckerberg ihm vorschlug, die Leitung der Werbeplanung, des »Advertising Engineering« zu übernehmen, fand Bosworth die Vorstellung ganz schrecklich. Werbung, das war einfach nicht sein Ding.

Zuckerberg ließ nicht locker, führte Boz beschwörend vor Augen, was für irre Sachen passieren könnten, wenn er den Job annähme. *Boz,* sagte er, *ich glaube, du könntest Geschäfte über vier Milliarden Dollar in den nächsten sechs Monaten klarmachen.* Er zählte sie auf. Eins war ein mobiloptimiertes Anzeigenprodukt. Das nächste ein weiteres »Premiumprodukt«. Was er sonst noch anführte, ist für immer für die Nachwelt verloren – weder Zuckerberg noch Boz können sich daran erinnern.

Bosworth wandte noch einmal ein, dass er keineswegs der geeignetste Kandidat sei, aber Zuckerberg erklärte, er brauche unbedingt jemanden, der mit dem Newsfeed und mit Facebooks Verbraucherprodukten vertraut sei, jemanden, der Lösungen finden würde, die auf den Neigungen und Leidenschaften der damals 800 Millionen Nutzer basierten. Es müsse ja nicht für immer sein. Ob sich Boz nicht wenigstens für sechs Monate verpflichten könne?

Boz ließ sich schließlich breitschlagen. Teils, weil er gerührt war, dass Zuckerberg ihm eine solche Schlüsselrolle anvertrauen wollte, denn Boz hatte durch seinen aggressiven Stil inzwischen eine ganze Menge Leute verprellt. Kate Losse schrieb in ihrem Buch, dass Boz Entwicklern aus Spaß damit gedroht habe, ihnen die Fresse zu polieren, sollte er nicht mit ihrer Arbeit zufrieden sein.[14] Einmal musste er sich sogar öffentlich entschuldigen. »Ich konnte mitunter etwas hitz-köpfig sein, und es war nicht immer leicht, mit mir zusammenzuar-beiten«, gesteht er ein.

Bosworth bat darum, sein Team in der Abteilung Mobile unterzu-bringen, nicht bei den Werbeleuten. Jede Woche versammelte er seine kleine Truppe, zu der Mark Rabkin gehörte, ein Entwickler namens Will Cathcart und Margaret Stewart, eine Designerin, die Facebook von Google abgeworben hatte, nachdem sie dort das Erscheinungs-bild von YouTube aufgemöbelt hatte. Sie trafen sich in einem Konfe-renzraum im Gebäude 16 des Sun-Campus. Im Wesentlichen design-ten sie von da an nicht nur mobilorientierte Anzeigeprodukte, son-dern Facebooks Geschäfte. Ihre Gruppe nannten sie »The Cabal«, die »geheime Verbindung«.

Das Erste, womit sie aufwarteten, war ein Kurzzeitinstrument, um mit Mobiltelefonen Geld zu machen. Ein Produktmanager stellte eine Idee vor, die auf der scheinbar allwissenden Funktion »Personen, die du kennen könntest« beruhte. Diese Funktion hatte bereits einen her-vorgehobenen Platz im Newsfeed, und viele Nutzer konnten der Ver-suchung nicht widerstehen, einfach mal zu schauen, wen Facebook ihnen zur Freundschaft vorschlug (und sich manchmal darüber zu erregen, was für undurchsichtige Verbindungen zwischen ihnen und diesen Gesichtern gezogen wurden). Warum nicht ein paar Anzeigen zwischen diese Gesichter platzieren? Manche Leute würden vielleicht dafür zahlen wollen, ihre Seiten in das physiognomische Karussell einfügen zu lassen. Also entwickelte Facebook ein Feature namens (gesponserte) »Seiten, die dir gefallen könnten«. »Das war einer der wenigen Bereiche, wo wir Anzeigen in der mobilen Anwendung un-terbringen konnten«, sagt Bosworth.

Die Kehrseite war, dass dieses neue Produkt hauptsächlich dazu diente, Likes zu verkaufen, was für Facebook nicht ungefährlich war. Falls zu viele dieser Likes manipuliert wurden, anstatt organisches Verhalten widerzuspiegeln, hatten sie nur einen begrenzten Wert für Anzeigenkunden. Facebook musste das Risiko eingehen. In wenigen Monaten würde die Sperrfrist ablaufen, die es Facebook-Angestellten untersagte, ihre Aktien zu verkaufen. Falls die Gewinne der Firma dann immer noch niedrig wären, landete die Aktie womöglich auf einem noch kläglicheren Stand als nach dem Börsengang. Im August kam dann das bezahlte Produkt »Seiten, die dir gefallen könnten« heraus.

Als Nächstes nahm »The Cabal« etwas in Angriff, was als längerfristige Lösung gedacht war: Anzeigen im Newsfeed. In den Monaten nach der Beacon-Abschaltung waren die Anzeigen aus Facebooks Vorzeigefunktion entfernt und an ihren traditionellen Platz am Seitenrand abgeschoben worden. Aber auf den Handys *gab* es keine Seitenleiste – der Bildschirm war zu klein.

»Wir hatten ein richtig schönes Geschäft für Desktop-Computer aufgebaut, wo wir uns keine Gedanken über Werbung im Newsfeed machen mussten, weil wir dafür diese Anzeigenspalte hatten«, sagt Zuckerberg. »Dieses Geschäft setzte Milliarden von Dollar um, und wir hatten ein gesondertes Team dafür, das ganz für sich arbeitete. Die Leute mussten nicht mit dem Newsfeed-Team reden, und alles war wunderbar. Aber im Mobile-Bereich läuft das nicht. Auf dem Handy ist kein Platz für eine Anzeigenspalte am rechten Rand.«

Bis dahin hatte Zuckerberg darauf bestanden, dass »gesponserte Storys« – Anzeigen, die äußerlich nicht von den von Freunden geposteten Mitteilungen zu unterscheiden sind – im sozialen Kontext erzeugt werden mussten. Wenn Pepsi, General Motors oder das örtliche Nagelstudio in deinem Newsfeed auftauchen wollten, ging das nur, wenn einer deiner Freunde deren Seite mit einem Like versehen hatte und sie dir auf diese Weise indirekt empfahl. (Eine zweifelhafte Gefälligkeit.) Aber Bosworth und einige andere hielten diesen Ansatz für zu beschränkt. Die Idee hinter den Sponsored Stories war, dass man Anzeigen in bescheidener Größenordnung, aber hoher Qualität bekam. Da es aber zu wenige Anzeigen gab, die man an eine bestimmte Person adressieren konnte – kein »Freund« konnte unbegrenzt viele Seiten liken! –, war der Vorrat begrenzt. Und da nur so wenige Anzeigen zur Wahl standen, war damit zu rechnen, dass die tatsächliche Qualität der verfügbaren Anzeigen den Empfänger eher gleichgültig ließ. Konnten Inserenten aber ihre Storys direkt im Feed platzieren, auf ihre spezifizierte Zielgruppe zugeschnitten, dann würde die Qualität steigen.

»Ich liebe es, wenn Leute Anzeigen sehen und nicht erkennen, dass es Anzeigen sind«, sagt Margaret Stewart, die am Tag vor dem Börsengang zu Facebook kam. »Wenn Werbung wirklich gut ist, dann ist sie einfach ein tolles Stück Content, und man ordnet sie nicht zwangsläufig unter Werbung ein, die ja üblicherweise als Synonym für etwas gilt, das weder relevant noch wertvoll ist.«

Zuckerberg konnte dieser Haltung viel abgewinnen. Seit den Anfangstagen seines Unternehmens war er immer gegen unerwünschte Werbung gewesen, die den Zauber seines Produkts beschädigen könnte. Jetzt aber, mit den Daten, über die Facebook verfügte, und dem Sachverstand des von Bosworth zusammengestellten Produktteams, war er der Ansicht, dass Facebook anfangen könne, Werbeposts zu entwickeln, die ebenso willkommen wie organisch platziert waren. Er erteilte den Anzeigen im Newsfeed seine Zustimmung, und das Team Mobile machte sich an die Arbeit, sie zu realisieren.

»Dass wir die Anzeigen in den ersten Jahren nur am Rand platziert haben, das war eine Art Ausweichmanöver, glaube ich, weil wir dadurch das eigentliche Problem verdrängen konnten und uns keine Gedanken darüber machen mussten, wie die Anzeigen so gut werden, dass sie ins Nutzererlebnis eingebunden werden können«, erklärte er mir nach der Umstellung. Nicht, dass ihm viel anderes übrig geblieben wäre – die Anzeigen passten nirgendwo anders hin auf Facebooks Handy-App.

Die Werbung wurde in den Feed eingeschmuggelt, um Kleidung für »Macy's« zu verkaufen, allerlei Krimskrams für Procter & Gamble, Alben für Warner Music und die Waren von Millionen von Kleinunternehmen, die Facebooks Self-Service-Schnittstelle nutzten, wo der Vorgang allein durch Algorithmen gesteuert wurde. Die Werbeposts funktionierten weitgehend wie alle anderen nicht bezahlten Posts – sie konnten gelikt und geteilt werden wie diese auch. Werbekunden zahlten nur für die Erstplatzierung, die weitere Verbreitung war gratis. Durch die Schaltung einer Anzeige war es also immerhin möglich, wenn auch vielleicht nicht sehr wahrscheinlich, seinem Produkt zu einem bescheidenen Preis breite Aufmerksamkeit zu verschaffen.

Mobile Werbung im Newsfeed war ein krachender Erfolg und sollte Facebooks Jahresumsatz in zweistellige Milliardenhöhen treiben. Natürlich konnte sich niemand vorstellen, dass die kreative Dynamik des Newsfeeds eines Tages von staatlichen Propagandisten ausgenutzt werden würde, um die Wahl eines amerikanischen Präsidenten zu beeinflussen.

Wie schon 2006 waren es auch sechs Jahre später Kontroversen, Krisen und Belastungen, die die Grundlage dafür legten, das Unternehmen in neue Dimensionen des Erfolgs zu katapultieren. Die Smartphone-Welle, die Facebook zunächst zu verschlingen gedroht hatte, erwies sich als wirkungsvollster Aufschwungsfaktor seit dem Newsfeed. Zwar war Facebook Home ein Flop, doch die nativen Apps für iOS und Android waren auf allen Plattformen die mit Abstand beliebtesten. Was Facebooks eigene Plattform betraf, so waren Tausende von Entwicklern froh über die Möglichkeit, dass Facebook-Nutzer sich mithilfe von Facebook Connect ganz einfach bei den von ihnen selbst angebotenen Diensten anmelden konnten. Facebook wurde damit in die Lage versetzt, noch mehr Daten für die digitalen Lagerhallen zu sammeln, die es rund um die Welt baute – Milliarden-Dollar-Rechenzentren in Oregon, Texas und North Carolina.

In den folgenden Jahren schien es, als würde diese Welle des Erfolgs das Unternehmen immer weitertragen. MySpace war Geschichte. Das Geld strömte in die Kassen. Facebook hatte erst eine, dann zwei Milliarden Kunden. Investoren merkten auf: Im Sommer 2013 erreichte der Preis der Aktie schließlich wieder die 38 Dollar der Erstausgabe und stieg in der Folge stetig an, schwang sich auf in Höhen, die den Wert des Unternehmens auf über 500 Milliarden Dollar hochschnellen ließen, womit Mark Zuckerbergs Studentenbudenerfindung schließlich zu den zehn wertvollsten Unternehmen auf der Welt zählte.

»Die Leute, die in unseren Börsengang investierten, haben ordentlich profitiert, sofern sie ihre Anteile gehalten haben«, sagt Sandberg. »Und wir sind die Sache sehr ehrlich angegangen. Wir haben gesagt: *Wir machen keinen Umsatz mit mobilen Anzeigen, da müssen wir erst hinkommen.* Das hat eine Weile gedauert. Wir haben gesagt: *Wir werden auf mobile umstellen.* Und wir haben auf mobile umgestellt.«

Was Sandberg und Zuckerberg 2012 noch nicht erahnten, war die

Tatsache, dass die in den fünf, sechs Jahren zuvor eingegangenen Kompromisse – etwa die Missachtung der Privatsphäre, der Datentauschhandel mit Entwicklern, die rücksichtslose internationale Expansion und alle anderen dem Hunger nach Wachstum geschuldeten Bedenkenlosigkeiten – den Boden bereitet hatten für eine Reihe von Explosionen, die nicht nur Facebook, sondern die gesamte Tech-Branche erschüttern sollten.

Und die erste große Bombe ging am Wahltag 2016 hoch.

13   DIE ZUKUNFT KAUFEN

Kevin Systrom erinnert sich genau an den Moment, in dem er davon zu träumen begann, Gründer zu werden.[1] Es war das Jahr 2005, er befand sich im ersten Facebook-Büro in Palo Alto und unterhielt sich mit Mark Zuckerberg. Systrom, in einem gut situierten Vorort von Boston aufgewachsen und Schüler eines Internats, bevor er sich in Stanford einschrieb, bewarb sich um einen Job, war sich aber noch nicht sicher, ob er sein Studium tatsächlich abbrechen sollte. Das Gespräch fand auf der Dachterrasse statt. Um dorthin zu gelangen, musste man durch ein niedriges Fenster klettern. Systrom, 1,95 groß, musste sich sehr tief bücken. (Zuckerberg mit seinen etwas über 1,70 hatte es leichter.) Bei einer Flasche Bier führte Zuckerberg aus, dass die Gründung einer Firma so ungefähr das Schwerste sei, was man überhaupt machen könne. Systrom aber wurde die ganze Zeit von dem Gedanken beherrscht, wie cool es doch sei, so etwas wie Facebook aufzubauen. *Eines Tages möchte ich das auch,* dachte er bei sich.

Systrom schlug den Job damals aus. Aber er blieb mit Zuckerberg in Kontakt, während er systematisch die Sprossen der Silicon-Valley-Leiter erklomm. Zuerst kam der Abschluss in Stanford, dann ein Praktikum bei einer Podcast-Firma namens *Odeo,* geleitet von dem bekannten Unternehmer Evan Williams. Sein Arbeitsbeginn fiel in dieselbe Woche wie der eines Odeo-Angestellten namens Jack Dorsey, der sich später, als die Podcast-Idee fehlschlug, eine Alternative ausdenken sollte, aus der schließlich Twitter wurde. Als Nächstes trat Systrom eine Stelle bei Google an. Er hatte gehofft, als Produktleiter (Associate Product Manager) angestellt zu werden, weil er damit automatisch Teil eines »Fast-Track-Programms« für Mitarbeiter werden würde, mit denen Google Großes vorhatte. Für den Posten eines Produktleiters war jedoch ein Informatik-Abschluss erforderlich, daher musste Systrom sich mit einem Trostpreis unter der Bezeichnung

Associate Product *Marketing* Manager begnügen. »Es war die unterste Marketingstufe«, sagt er. »Aber da wollte ich hin.«

Er lernte eine Menge, fühlte sich aber zunehmend zu Start-ups hingezogen und schloss sich schließlich einem an, das von Ex-Googlern gegründet wurde, eine Plattform, auf der man Reiseempfehlungen über sein soziales Netzwerk erhielt. Unterdessen suchte er nach Ideen für sein eigenes Unternehmen. Seit Kurzem schrieb man das Jahr 2010, und Systrom war klar, dass im Mittelpunkt seines Projekts diese Smartphones stehen mussten, die alle Welt neuerdings mit sich herumtrug und ständig zur Hand nahm.

In seiner Freizeit begann er eine soziale App zu programmieren, die er *Burbn* nannte, angelehnt an seine Lieblings-Spirituose. Die App bot die Möglichkeit, seinen Freunden anzuzeigen, was man vorhatte und wo man war. Es war keine wirklich brandneue Idee, bei Twitter konnte man schon längst seinen Status per Text melden, und Burbns Aushängeschild, das »Einchecken« in die Bar, das Restaurant oder den Zoo, den man gerade besuchte, war bereits eine beliebte Funktion einer App namens *Foursquare*. Trotzdem brachte Systrom am Ende 500 000 Dollar Startgeld zusammen; die Hälfte davon stammte von den angesagtesten Risikokapitalgebern des Valleys, Andreessen Horowitz. Die Finanziers setzten dabei nicht unbedingt nur auf die Idee, sondern mindestens ebenso auf den Gründer. Systrom erfüllte die für sie ausschlaggebenden Kriterien: Abschluss in Stanford, Mitarbeit bei Google, und außerdem waren sie von der ruhigen, aber eindringlichen Art beeindruckt, die er bei der Vorstellung seines Projekts an den Tag legte.

Systrom kündigte bei der sozialen Reise-Plattform, die wenig später von Facebook aufgekauft wurde. Wieder einmal hatte Systrom die Chance, für Mark Zuckerberg zu arbeiten, knapp verpasst.

Marc Andreessen empfahl Systrom, sich einen Software-Guru als Partner zu suchen. Die Wahl fiel auf Mike Krieger, einen in Brasilien geborenen Programmierer, der in Stanford den interdisziplinären Studiengang »Symbolic Systems« abgeschlossen hatte. Anfangs haute Krieger das, was Systrom ihm über Burbn erzählte, nicht gerade vom Hocker, aber er erklärte sich bereit, in den Beta-Test einzusteigen. Bald war er Feuer und Flamme. Es war nicht unbedingt die »Eincheck«-Funktion, die ihn anbeißen ließ, sondern vielmehr die Möglichkeit, den Mitteilungen an die Freunde »Rich Media« – also Fotos, Videos usw. – hinzuzufügen. Es schien einiges an Potenzial in der Sache zu stecken. Normalerweise sah Krieger sich während seiner Bahnfahrten Filme an – er arbeitete sich gerade durch die vom American Film Institute aufgestellte Rangliste der hundert besten Filme –, doch jetzt ertappte er sich dabei, aus dem Zugfenster heraus zu fotografieren und die Bilder auf Burbn zu teilen. Es war nur folgerichtig, dass er sich bald darauf mit Systrom zusammentat.

Im Laufe der folgenden Wochen wurde aus den Beta-Testern eine kleine, verschworene Gemeinschaft. Die Betonung liegt auf *klein*. »Es war nicht so, dass wir die Welt aus den Angeln gehoben hätten«, schrieb Krieger später in einem Bericht über die Anfänge von Instagram. »Wenn wir erklären wollten, was wir da entwickelten, ernteten wir oft verständnislose Blicke. Und unser Höchststand bei den Nutzern lag bei ungefähr tausend.« Die Gründer stellten fest, dass das Teilen von Fotos, das eher als Nebenaspekt der App konzipiert war, sich offenbar als populärste Funktion erwies. Foto-Sharing war nichts Neues, was aber als neu erschien, war die Art und Weise, wie die Leute auf Burbn mit den Fotos umgingen. Die beliebtesten Foto-Sharing-Seiten wie Flickr oder sogar Facebook präsentierten Fotos, als wären sie Exponate in einer Galerie oder einem Sammelalbum. Auf Burbn aber wurden sie als ein Mittel der Kommunikation genutzt. Systrom und Krieger beschlossen, sich in einer neu programmierten Version von Burbn auf ebendiesen Aspekt zu konzentrieren. Die App, für das iPhone geschrieben, sollte beim Öffnen eine Kamera aktivieren, bereit, ein visuelles Signal einzufangen und der Welt zu übermitteln, das nicht nur zeigte, wo man war und mit wem, sondern auch, *wer* man war. Eine ursprüngliche, vorsprachliche Form der Mitteilung, die der Kreativität unendlichen Spielraum ließ. Die Bilder würden in einem Feed erscheinen, einem unablässigen Strom, geteilt von Leuten, denen man »folgte«. Er verführte seine Nutzer außerdem dazu, sich zu produzieren, da ihre Fotos standardmäßig von allen anderen teilnehmenden Usern aufgerufen werden konnten. So gesehen, war die Ähnlichkeit mit Twitter größer als die mit Facebook.

Es machte Systrom große Freude, Burbn in eine kamerazentrierte

App umzuwandeln. Die Fotografie hatte er schon immer geliebt, und er hatte einen Hang zu alten, ausgefallenen Dingen. Er war der Typ, der sich ein altes »Victrola«-Grammophon kaufte und es als Kunstgegenstand ausstellte. Außerdem war er im Grunde seines Herzens ein Handwerker, seine Ansprüche auch ans kleinste Detail konnten sich mit denen von Steve Jobs messen, allerdings ohne das schroffe Abkanzeln all derjenigen, die es wagten, ihm etwas Unzureichendes vorzulegen. Er und Krieger bissen sich stundenlang an winzigsten Details fest, bis zum Beispiel die abgerundeten Ecken des Kamerasymbols ihrer Vorstellung entsprachen.

Es war die Antithese zu »Move Fast and Break Things«.

Ein entscheidender Durchbruch für die überarbeitete App wurde in die Wege geleitet, als Systrom mit seiner Freundin (und späteren Frau) Nicole Urlaub in Mexiko machte. Zu seiner Bestürzung musste er von ihr hören, dass sie wenig Lust verspüre, die App, die er entwickelte, rund um die Uhr zu benutzen, weil es ihr kaum einmal gelinge, Fotos aufzunehmen, die die gleiche Qualität hätten wie die einer Freundin von ihr. Systrom hatte die besagten Fotos gesehen und erklärte ihr, diese sähen so gut aus, weil die Freundin Filter benutze, die die Bilder interessanter machten. Daraufhin schlug Nicole vor, er solle in *sein* Produkt doch auch solche Filter einbauen.

Systrom fand schnell heraus, wie er einen Filter für die App programmieren konnte, und benutzte diesen gleich am nächsten Tag, um vor einer Taco-Bude ein Foto zu machen, das einen kleinen Hund und in der unteren Ecke Nicoles in einem Badelatschen steckenden Fuß zeigte. Auffällig daran waren die Farben, die leicht verbrannt wirkten. Das war das erste Bild, das er an die Beta-Version von Burbns Nachfolge-App schickte, die schließlich den Namen Instagram bekam, eine Wortkreuzung aus *instant* und *telegram*. Später schufen er und Krieger eine Reihe von verschiedenen Filtern, die es Nutzern erlaubten, ihre Fotos in virtuelle Ferrotypien zu verwandeln. Irgendwann kam es so weit, dass Instagram-Snobs die übrige Welt wissen ließen, sie seien über derlei kosmetische Bearbeitung erhaben, indem sie ihre Fotos mit dem Hashtag #ungefiltert versahen.

Instagram war nicht die erste App, die digitale Filter verwendete – doch Instagram war einzigartig darin, gefilterte Fotos zur Ausdrucksform in einem sozialen Netzwerk zu machen. In Übereinstimmung mit der Mission der Firma ging es bei den Filtern weniger darum, was der Betrachter sah, als darum, was das Gezeigte über die Person *aussagte,* die es hochgeladen hatte.

Nach einem Programmier-Marathon in der Nacht auf den 6. Oktober 2010 nahm Instagram endlich den Betrieb auf. Die Reaktionen kamen prompt, und sie waren sensationell. Es hatte sich bereits eine Nachfrage nach dem neuen Dienst aufgestaut, zum Teil hervorgerufen von einigen Prominenten aus dem Valley, die von der Beta-Version schwärmten. Tatsächlich produzierte die kleine Beta-Gruppe, die Instagram testete, bereits mehr Content als die gesamte Burbn-Nutzerschaft in der Zeit davor. Und niemand legte eine größere Begeisterung an den Tag als Jack Dorsey. Der Twitter-Erfinder nutzte die App geradezu zwanghaft und bombardierte seine riesige Gefolgschaft mit lobpreisenden Tweets.

Die sintflutartige Nachfrage drohte den einen einzelnen Server-Cage, den sie gemietet hatten, zu überlasten, sodass Systrom sich gezwungen sah, sich mit einem Notruf an Adam D'Angelo zu wenden, einen der cleversten Techniker, die er kannte. Eine halbe Stunde lang sprachen sie am Telefon über mögliche Lösungen. 25 000 Leute hatten sich gleich am ersten Tag angemeldet. Letzten Endes entschied man sich für einen kurzfristigen Transfer zu Amazons Cloud-Service, um der Belastung Herr zu werden. »Ich weiß nicht, *wie* groß diese Sache wird«, sagte Systrom zu Krieger. »Aber ich glaube, da steckt eine Menge drin.«

Nach wenigen Wochen hatte Instagram Hunderttausende Nutzer gewonnen, die die einfachen Regeln der App erprobten, um neue Wege des Bilderteilens zu entwickeln. Mithilfe der Hashtag-Funktion ließen sich Fotos unter ein Motto stellen (Beispiel: #circlesinsquares – Kreise in Quadraten), sodass binnen Kurzem ganze Galerien von thematisch zugeordneten Fotos entstanden. Die Idee, sein Essen zu fotografieren, zog weite Kreise, vor allem wenn es sich um originell arrangierte Gerichte in einem schicken Restaurant oder um hippes Streetfood handelte. Alles in allem entstand auf Instagram ein prosaischer Bilderkalender dessen, was seine Nutzer den lieben langen Tag über umtrieb.

Nachdem Justin Bieber eine recht freizügige Aufnahme von sich gepostet hatte, wurde Instagram rasch zu einem wichtigen Reklamemittel für Prominente – durchaus auf Kosten von Twitter, dem bis dahin bevorzugten Eitelkeitsverstärker. Einen Jack Dorsey freilich störte das nicht, er war weiter unermüdlich auf Instagram zugange. Für eine ganze Generation von Popstars, Models und Reality-TV-Eintagsfliegen war Instagram bald das angesagte Forum, um ihre Marke zu präsentieren.

Gerade einmal sechs Monate alt, startete Instagram im Februar 2011 seine »A«-Finanzierungsrunde, unter der Führung von Benchmark Capital. Matt Cohler stieg groß ein, aber auch Jack Dorsey und Adam D'Angelo investierten. Die Bewertung des Unternehmens lag bei zwanzig Millionen Dollar.

Schon früh bemerkte Mark Zuckerberg, dass Instagram beim Teilen von Fotos neue Wege ging. Vor dem Hintergrund, dass Foto-Sharing die beliebteste Funktion auf Facebook war, wurde ihm klar, dass dieses winzige Start-up seiner eigenen Firma etwas voraushatte. In der Folgezeit begegnete er Systrom einige Male und bekundete unmissverständlich sein Interesse an der App. Ein Interesse, das er allerdings mit Twitter teilte. Instagram-Fan Jack Dorsey war zu dem Unternehmen zurückgekehrt, nachdem der Vorstand Dick Costolo zum CEO berufen hatte.

2012 verzeichnete Instagram ein exponentielles Wachstum und brauchte dringend weiteres Geld. Die Firma erwirtschaftete keine Erlöse, hatte sich, wie in der Branche üblich, ganz auf das Produkt und das Wachstum konzentriert, ohne sich Gedanken um ein tragfähiges Geschäftsmodell zu machen. Der Bewertungsvorschlag für die neue Finanzierungsrunde wurde auf 500 Millionen Dollar festgesetzt, und es sollte kein Problem sein, neue Investoren an Land zu ziehen. Angeführt werden sollte die Runde von Sequoia und zu den weiteren Geldgebern auch *Thrive Capital* gehören, das von Josh Kushner geleitete Venture-Capital-Unternehmen aus New York.

Weder Twitter noch Facebook wollten es dazu kommen lassen.

Für Zuckerberg und Facebook stand jetzt die erste ernsthafte Probe
an, ob es ihnen gelingen würde, eine App zu erwerben, die man unbedingt haben *musste*. Zuckerberg hielt sich viel darauf zugute, über den
Tellerrand hinausblicken zu können. Er spähte nach allem – sei es
eine Firma oder ein technologischer Wandel –, was seine Pläne gefährden könnte.

2011, als Google ein eigenes soziales Netzwerk an den Start schickte, ließ Zuckerberg die ganze Firma wochenlang abriegeln, und die
Cafeterien mussten auch am Wochenende geöffnet bleiben. Auf einer
eigens einberufenen Mitarbeiterversammlung zitierte er eines seiner
Vorbilder, Cato den Älteren, der vor dem römischen Senat auszuru-
fen pflegte: »Ceterum censeo Carthaginem esse delendam« – »Im
Übrigen bin ich der Meinung, dass Karthago zerstört werden muss!«[2]
Das analoge Forschungslabor warf die Druckerpresse an und spuckte
massenhaft Plakate mit dem lateinischen Sinnspruch aus. (Zuckerbergs Sorge war letzten Endes unnötig: Google + erwies sich als Flop
und musste nicht zerstört werden.)

Jetzt, ein Jahr später, war ihm klar, dass Facebook zu leiden hätte,
falls jemand anders sich die Zukunft des sozialen Foto-Sharings unter
den Nagel riss. Das Beste wäre es daher, wenn Facebook Instagram
kaufen würde.

Der Wettlauf um die App war allerdings schwer zu gewinnen, denn
Twitter startete auf der Innenbahn. Systroms enge Verbindung zu
Dorsey führte Instagram in unmittelbare Reichweite eines Deals, der
die Firma mit weit über einer halben Milliarde Dollar bewertete, einer Summe, der auch die Investoren in der Finanzierungsrunde zugestimmt hätten. Twitter-CEO Costolo ließ sich die Abmachung vom
Vorstand absegnen und glaubte, es sei alles in trockenen Tüchern.
Systrom und Krieger, gerade unterwegs zur Fachmesse South by
Southwest (SXSW), erbaten sich allerdings noch ein bisschen Bedenkzeit. »Wir haben's nicht geschafft, sie mit über die Ziellinie zu
ziehen«, sagt Costolo.

Besonders Dorsey machte sich Sorgen, dass er und Costolo ihre
Chance vielleicht schon verpasst hätten, denn er wusste aus eigener
Erfahrung, wie es in Austin zuging. Als seine Firma Twitter 2007 bei
der SXSW-Konferenz aufgetreten war, waren die anwesenden Hipster

glatt in Verzückung geraten und hatten alle Bedenken zerstreut, dass die App es vielleicht nicht aus eigener Kraft schaffen würde. Und tatsächlich wurden dort jetzt auch die Instagram-Leute wie Rockstars empfangen, und im Anschluss an die Konferenz teilte Systrom Dorsey und Costolo mit, dass Instagram seiner Ansicht nach gut als unabhängige Firma bestehen könne und er daher die Sequoia-Runde durchziehen wolle. Dorsey war enttäuscht, wünschte seinem Protegé aber viel Glück und versicherte, er sei, falls die Umstände sich änderten, jederzeit wieder gesprächsbereit.

Wenige Tage später stieg Dorsey in einen Bus, um zur Arbeit bei Square zu fahren, einer zweiten Firma, die er mitgegründet hatte. Er war der einzige Fahrgast, eine perfekte Gelegenheit, so schien ihm, Instagram zu öffnen und ein Foto zu schießen. »Eine schlichte Freude am frühen Morgen: ein leerer Bus«, schrieb er unter das Foto, das sein letztes auf Instagram sein sollte. Denn kaum war er im Büro angelangt, sah er Mark Zuckerbergs Nachricht, dass Facebook Instagram kaufen werde – für eine Milliarde Dollar. Costolo, der sich gerade in Tokio befand, war dementsprechend frustriert, dass Twitter keine Chance mehr hatte, darauf zu reagieren. Seiner Meinung nach war Instagram es wert, alles verfügbare Geld flüssig zu machen. »Wir hatten keine Vorwarnung bekommen, sonst hätte ich mir natürlich das Geld von der Bank geliehen«, sagt er.

Was war geschehen? Mark Zuckerberg. Als Systrom und Krieger ihm mitteilten, dass Instagram nicht zum Verkauf stehe, bestand seine Reaktion nicht darin, ihnen alles Gute zu wünschen, verbunden mit der Bitte, ihm eine Postkarte aus Austin zu schicken. Vielmehr bestellte er Systrom in sein Haus in Palo Alto, um ihm ein Angebot zu unterbreiten, das dieser nicht ausschlagen konnte.[3]

Bis dato hatte Facebook ungefähr zwanzig Firmen gekauft, doch der Preis hatte sich meistens im niedrigen Millionenbereich bewegt. Die größte Erwerbung, eine Firma, die mobile Apps entwickelte, hatte 2011 siebzig Millionen Dollar gekostet. Mit Instagram musste eine ganz neue Stufe des Geschäftemachens erklommen werden. Aber nachdem er schon einige Jahre lang Erfahrungen im Ankauf von Firmen gesammelt hatte, besaß Zuckerberg nun auch ein Konzept für Großakquisitionen, das am geeigneten Objekt erprobt werden wollte.

Prinzip Nummer eins war Zuckerbergs persönliches Engagement, das Umschmeicheln und Weichkochen der Beute durch Aufmerksamkeit. Nummer zwei war das Versprechen von Unabhängigkeit. Den ursprünglichen Gründern wurde zugesichert, dass sie die kreativen Entscheidungen weiterhin selbst treffen könnten – schließlich sei es ja *ihr* Genie, das ihre Firma so attraktiv machte! –, während Facebook nur all das langweilige, aber notwendige Zeug beisteuern würde: Infrastruktur, Sicherheit, Büroräume und Marketing.

Facebook hatte aber noch eine Geheimwaffe in seinem Arsenal. Ein Jahr zuvor hatte man einen Leiter für die Unternehmensentwicklung engagiert, der eine einzigartige Fähigkeit besaß, Sachen zum Abschluss zu bringen. Amin Zoufonoun[4] war aus Googles Team für Geschäftsentwicklung gekommen und zuvor als Anwalt für Angelegenheiten des geistigen Eigentums tätig gewesen. Wobei diese knappe Zusammenfassung der bemerkenswerten Persönlichkeit Zoufonouns schwerlich gerecht wird. Im Iran geboren, gehörte er einer Familie von berühmten Musikern an; sein Vater Ostad war Violinist und seinerseits Nachkomme eines legendären Sitarspielers. Kurz vor dem Sturz des Schah-Regimes flüchtete die Familie aus ihrem Heimatland und siedelte sich in der Bay Area an, wo sich das Haus der Zoufonouns zu einem Zentrum persischer Musik entwickelte. Gemeinsam traten sie als »Zoufonoun Ensemble« auf, mit Amin an der Sitar. Während andere Familienmitglieder sich ganz auf die Musik konzentrierten, studierte Amin nebenbei Jura.

Nach kurzer anwaltlicher Tätigkeit für eine Mobile-Firma schloss Zoufonoun sich 2003 Google an, dessen Börsengang noch bevorstand, um seine musikalische Meisterschaft in einem anderen Genre zu erproben: dem der verführerischen Gesänge, mit denen eine große Firma immer wieder Gründer dazu verlocken konnte, ihre Start-ups an sie zu verkaufen. Mit seiner attraktiven, aber seriösen Erscheinung und seinem großen Verhandlungsgeschick leitete er einige bedeutende Übernahmen in die Wege. Als Facebook im Zuge des anhaltenden Wettstreits um Talente zwischen den beiden Unternehmen an ihn herantrat, war Zoufonoun zum zweiterfahrensten Manager für Transaktionen (Mergers & Acquisitions – M&A) bei Google aufgestiegen.

Zoufonoun ließ sich durch nichts aus der Ruhe bringen, hatte ein

Auge fürs kleinste Detail und war geschmeidig im Umgang. Ein Gründer, dessen Firma Objekt einer Übernahme war, schwor sich, er werde, falls die Firma unabhängig bliebe und so groß würde wie Facebook, als Allererstes jemanden wie Zoufonoun engagieren, um andere Firmen aufzukaufen.

Dan Rose, als verantwortlicher Leiter des Bereichs Kooperationen Zoufonouns Vorgesetzter, stellt dagegen klar, dass der M&A-Leiter zwar in der Tat ein absolutes Ass war, das Verdienst für Facebooks bahnbrechende Übernahmen jedoch fast ausschließlich Mark Zuckerberg zuzuschreiben sei. »Er war es, der vor allen anderen die Synergiemöglichkeiten dieser Firmen und das Potenzial, das in ihnen steckte, erkannte und der es persönlich auf sich nahm, sie davon zu überzeugen, dass Facebook das richtige Zuhause für sie sei, wo sie ihre Visionen und Ziele besser verfolgen könnten als sonst wo, vor allem auch besser als auf eigene Faust.«

Und so geschah es auch in diesem Fall.

Wie? Instagram will in eine Finanzierungsrunde gehen, die das Unternehmen mit 500 Millionen Dollar bewertet? Alles klar. Hier liegt eine *Milliarde* Dollar auf dem Tisch!

Der ungewöhnlichste Aspekt dieser Übernahme lag vielleicht darin, dass in einigen Wochen Facebooks Börsengang bevorstand. Gerade zu diesem Zeitpunkt tätigte das Unternehmen seinen bis dahin mit Abstand größten Zukauf und zahlte eine Milliarde für eine winzige Firma.

Die Summe war groß genug, dass eine Überprüfung durch die Wettbewerbs- und Verbraucherschutzhüter der Federal Trade Commission fällig wurde – ein ganz normales Prozedere. Zunächst erfolgt eine Vorabprüfung, die in eine Hauptprüfung münden kann, falls sich Hinweise darauf ergeben, dass die Übernahme womöglich gegen Wettbewerbsregeln oder Verbraucherinteressen verstößt. Ein Mitglied der Prüfungskommission sah Grund zu der Sorge, dass Instagram die schon bestehende Dominanz Facebooks auf dem Gebiet der sozialen Medien noch verstärken würde, und war dafür, in die Hauptprüfung einzutreten.[5] Diese Einschätzung fand unter den fünf Commissionern keine Mehrheit, und somit war der Fall erledigt. (Ohnehin wäre es angesichts der nicht vorhandenen Gewinne von In-

stagram schwer gewesen, den entsprechenden Nachweis für einen kartellrechtlichen Verstoß zu führen.)
Kaum war der Deal über die Bühne gegangen, kappte Instagram die Verbindungen zu den Diensten von Twitter. Und damit war auch der beliebten Praxis des »Crosspostens« von Fotos auf beiden Plattformen ein Ende gesetzt.

Zuckerberg hatte Instagram kaum in Besitz genommen, da machte er bereits eine neue Bedrohung aus. Eine weitere Applikation, wiederum hauptsächlich fotobasiert, schickte sich an, das neue große Ding unter Teenagern und jungen Erwachsenen zu werden. Und sie bot einige originelle Neuerungen, die Facebook wie ein Schlag in die Magengrube trafen. Zum einen waren die Fotos kurzlebig, sie verschwanden nach wenigen Sekunden, konnten also die Nutzer nicht noch jahrzehntelang in Verlegenheit stürzen. Dies und noch einige weitere Funktionen – etwa eine nichtintuitive Benutzeroberfläche, kaum nachvollziehbar für alle, die über 21 waren – machten diese App mit dem Namen Snapchat zum Liebesobjekt für junge Leute. Und ihr Mitgründer und CEO schien der kommende Stern am Tech-Himmel zu sein.[6]

Evan Spiegel wuchs in privilegierten Verhältnissen auf, sein Vater war ein erfolgreicher Anwalt in Los Angeles. Er besuchte die exklusive Eliteschule Crossroads und ging dann zum Studieren nach Stanford, wo er in einem Cadillac Escalade durch die Gegend bretterte. Im zweiten Studienjahr erschlich er sich eine Einladung zu einem Geschäftsführungs-Seminar das eigentlich nur im Rahmen eines Management-Studiengangs angeboten wurde. Das Seminar gab seinem Wunsch, später einmal seine eigene Firma zu gründen, neue Nahrung. Die Idee, die dafür die Voraussetzung schuf, wurde durch eine kurze Bemerkung seines Kumpels und Zimmergenossen Reggie Brown aus dem April 2010 inspiriert: *Was, wenn man Fotos verschicken könnte, die wieder verschwinden?*

Spiegel hatte die Vision, aus dieser Idee ein Unternehmen zu machen. Selbst für jemanden, der sich ständig im technikaffinen Umfeld der Stanford University bewegte, besaß er einen ungewöhnlich schar-

fen Blick für die Schnittstellen zwischen Technologie und menschlichem Verhalten. Er begriff nicht nur, warum Facebook groß geworden war, sondern auch, warum es zusehends unbeliebt wurde. Als
Student hatte er aus erster Hand erlebt, wie der Newsfeed sich von
einem Austausch unter Freunden zu einer Lawine von fremden Inhalten verwandelte. Facebook, das einmal eine größere Rolle im
Campusleben von Stanford gespielt hatte als sämtliche Bierkneipen
zusammengenommen, wurde inzwischen kaum noch genutzt.

Gemeinsam mit einem dritten Mitgründer, Spiegels bestem Freund
Bobby Murphy, entwickelten sie eine App namens *Picaboo*. Schon das
erste Jahr gestaltete sich turbulent, denn während das Team unermüdlich an dem Produkt arbeitete, trennten Spiegel und Murphy sich
von Brown. (Später sollte es einen Rechtsstreit geben, der an Eduardo
Saverins Klage gegen Facebook erinnerte, mit einem ähnlichen Ergebnis: ein für den verstoßenen Mitgründer lukrativer Vergleich.)
Anfang 2012 aber kam die App, die mittlerweile Snapchat hieß, ins
Rollen. Ihre erfrischende Vergänglichkeit machte süchtig und förderte die Intimität: Ohne fürchten zu müssen, mit ihren Bildern ein ewi-
ges Zeugnis zu hinterlassen, konnten die Nutzer nach Herzenslust
albern sein oder auch Geheimnisse mitteilen. (Man konnte auch
nackte Selfies verschicken, doch dieser Aspekt wurde von Anfang an
überschätzt.)

Snapchats Erfolg erregte Aufmerksamkeit. »Als Snapchat heraus-
kam, kam es mir ziemlich trivial vor – eine Fehleinschätzung«, verriet
Chamath Palihapitiya, inzwischen Risikokapitalgeber, der *Business-
Week*. »Im schlimmsten Fall sind sie das zukünftige MTV. Im besten
Fall das zukünftige Viacom.«[7]

So war es wohl unvermeidlich, dass in Mark Zuckerberg der
Wunsch entstand, Snapchat zu besitzen. Am 28. November 2012
schickte er Spiegel eine E-Mail mit beigefügtem Köder. »Hey Evan«,
schrieb er, »ich bin ein großer Fan von dem, was ihr da mit Snapchat
macht. Ich würde mich sehr gern mal mit dir treffen und hören, was
ihr euch für die Zukunft so vorstellt. Falls du Lust hast, sag Bescheid,
dann können wir nachmittags mal einen kleinen Spaziergang rund
ums Facebook-Headquarter machen.«[8]

Der zwanglose Ton täuschte über die Ernsthaftigkeit und die sorgfältige Planung hinweg, die in dieses Vorgeplänkel eingeflossen waren. Ebenso wie zuvor Instagram nahm Zuckerberg Snapchat als eine Bedrohung wahr, die er am besten dadurch unschädlich machte, indem er sich die Firma einverleibte. Anschließend konnte er dann Facebooks Mittel einsetzen, um für ein schnelleres Wachstum zu sorgen.

Spiegels Antwort übertraf Zuckerbergs Beiläufigkeit noch durch die Verwendung eines Text-Emojis. »Danke ☺«, schrieb er, »würde mich über Treffen freuen. Ich sag Bescheid, wenn ich mal in die Bay Area komme.« Mit anderen Worten: *Ich lass hier garantiert nicht alles stehen und liegen, nur um mich mit dem großen Facebook-CEO zu treffen.* Zuckerberg hatte seine Mail mit »Mark« unterschrieben. Spiegel ließ die Unterschrift weg, eine Gewohnheit von Leuten, die jünger waren als Mark Zuckerberg.

Punkt für Spiegel.

Zuckerberg zog es vor, die versteckte Spitze zu ignorieren. In seiner nächsten Nachricht erklärte er, dass er zufällig demnächst in L.A. sein werde. Er verabredete sich mit Spiegel an einem Ort in der Nähe von dessen Büro.

Spiegel hatte gute Gründe, auf der Hut zu sein. Als Facebook vor einigen Monaten Instagram gekauft hatte, waren die meisten Leute fassungslos über den Kaufpreis von einer Milliarde gewesen. Nicht so Spiegel. Seiner Meinung nach hatten die Instagram-Typen einen katastrophalen Fehler gemacht. Sicher, Facebooks Infrastruktur konnte helfen, das Produkt den Erfordernissen des Marktes anzupassen. Aber er hatte wenig übrig für Facebooks Produktverständnis.

Bei ihrer Unterredung pries Zuckerberg die Vorteile an, die ein Zusammenschluss mit sich bringen würde. Snapchat könnte von Spiegel und Murphy in aller Ruhe weiterentwickelt werden und gleichzeitig dank Facebooks Infrastruktur und Expertise in Sachen Anpassung an globale Märkte sehr viel schneller wachsen. Facebook würde sich um all die lästigen Sachen kümmern, sodass sie sich ganz darauf konzentrieren könnten, ein großartiges Produkt zu schaffen. Und natürlich würden sie reich werden. Zusätzlich zum Kaufpreis dürften sie langfristig mit riesigen Aktienprämien rechnen.

Das war das Zuckerbrot. Zuckerberg hatte aber auch noch eine Peitsche dabei. Er teilte mit, dass Facebook an einem Projekt arbeite, für das die beiden Snapchat-Gründer sich vielleicht interessieren würden – eine Chatfunktion mit Nachrichten, die wieder verschwanden! Er erwäge, ihr den Namen »Poke« zu geben.

Die Snapchat-Gründer gaben ihm einen Korb.

Am 21. Dezember schickte Zuckerberg eine E-Mail an Spiegel. »Ich hoffe, ihr habt Spaß an Poke«,[9] schrieb er. Das war die ganze Nachricht.

Ein Nachahmerprodukt als Reaktion auf eine abgelehnte Übernahme zu veröffentlichen, das war mittlerweile ein vertrauter Zuckerberg-Schachzug. Sicher, für Adam D'Angelos Firma Quora hatte er kein Kaufangebot abgegeben, bevor er Questions als Konkurrenzprodukt schuf. Aber ein verschmähtes Angebot war es, das zwei Jahre zuvor den Anstoß für ein Produkt gegeben hatte, mit dem Foursquare abgeschossen werden sollte: eine mobile App, die mithilfe von Standortbestimmung und Gaming-Technik den Nutzern Möglichkeiten an die Hand gab, sich zu beschäftigen und herauszufinden, wo die anderen gerade waren.

Foursquares GPS-Technologie war hervorragend, und Facebook wollte die Firma unbedingt kaufen, zumal andere Tech-Unternehmen ebenfalls hinter ihr her waren. Ihr Mitgründer und CEO Dennis Crowley traf etliche Male mit Zuckerberg zusammen, bei Spaziergängen in Palo Alto und in der Nähe des Foursquare-Hauptquartiers am Union Square in New York. Schließlich gab es ein Angebot in der Größenordnung von 120 Millionen Dollar. Crowley, der bereits Erfahrung mit dem Verkauf von Firmen besaß – vor Jahren hatte Google sein Start-up *Dodgeball* gekauft und bald darauf eingestellt –, war auf der Hut. »Ich wusste nicht genau, ob er uns nur wollte, weil wir so ein Glitzerding waren – wir waren in aller Munde, es hieß, wir würden das nächste Twitter sein«, sagt Crowley. Daher beschloss er, Zuckerbergs Interesse über den Preis zu testen – würde er auf 150 Millionen raufgehen? Das Feilschen war noch in vollem Gange, als Crowley sich mit seinem Team zusammensetzte und beschloss, dass sie, anstatt zu verkaufen, ihr Glück lieber als unabhängige Firma versuchen wollten. Crowley rief Zuckerberg an, um es ihm mitzuteilen. »Ich war verblüfft, wie freundlich er reagierte«, so Crowley.

Die beiden CEOs blieben in Kontakt, und hin und wieder besuchte Crowley den Facebook-Campus. Bei einer dieser Gelegenheiten brachte Zuckerberg ihn mit einigen Facebook-Entwicklern zusammen. Inzwischen hatte Foursquare seine Technologie weiter vorangebracht, sodass sie mit einer Reihe von unterschiedlichen Signalen arbeiten konnte – WLAN, Cellular, GPS –, um Standorte zu bestimmen, während Facebook damit alle Mühe hatte. Großzügig erklärte Crowley der Facebook-Truppe, wie Foursquare funktionierte. Wenig später gab es Neuigkeiten für ihn. Facebook arbeitete an einer eigenen Lokalisierungs-App. »Sie verfuhren mehr oder weniger nach dem Motto: *Okay, wenn Foursquare nicht an Facebook verkaufen will, dann machen wir das hier selbst, weil, ihr baut da etwas, das die Leute haben wollen«*, schildert Crowley die Situation.

Im Spätsommer 2010 jedenfalls stellte Facebook seine eigene Ortungs-Anwendung vor, genannt *Places*. Es war nicht *genau* das Gleiche wie Foursquare, ermöglichte aber den Nutzern, sich in einem Laden oder einer sonstigen Adresse »einzuchecken«, eine Funktion, die für Foursquare ebenso charakteristisch war wie für Facebook das Liken. Das eigentliche Ärgernis für Crowley war jedoch das Logo, das Facebook für seine »Check-in«-Funktion verwendete. Es war die übliche tränenförmige rote Nadel, die den Standort innerhalb eines Quadrates (Square) anzeigte. Das Quadrat hatte ein Muster, welches die Zahl Vier (four) umriss. »Wir haben nur gelacht«, sagt Crowley. »So nach dem Motto: *Sie wollen uns fertigmachen. Und sie machen sich über uns lustig.*« Crowley erklärt, dass diese Brüskierung das Team nur noch mehr anspornte, und obwohl die Geschäfte eine Zeit lang nicht so gut liefen, weil viele Kunden das Gefühl hatten, Foursquare könne nicht mit Facebook konkurrieren, überlebte seine Firma.

Places hingegen war ein Misserfolg. Wenig verwunderlich daher, dass Facebook 2011 *Gawalla* kaufte, Foursquares größten unabhängigen Konkurrenten.

Spiegel und Murphy fanden, dass Poke nur eine blasse Kopie von Snapchat sei, und taten die Sache als Witz ab. Möglicherweise wurde ihnen kurz ein bisschen mulmig, als Poke unmittelbar nach der

Markteinführung zur Nummer eins in Apples App Store avancierte. Ihre Laune dürfte sich allerdings schlagartig gebessert haben, als die Bewertungen der App in den folgenden Tagen dramatisch in den Keller gingen. Poke war nicht nur ein Fehlschlag für Facebook, es war auch ein Segen für Snapchat. Es zeigte, dass Snapchats Produktvision ihre Berechtigung hatte.

Snapchat wuchs immer weiter und wurde für Zuckerberg dadurch nur noch attraktiver. 2013 nahm er die Jagd wieder auf, besuchte Snapchats Hauptsitz in Venice Beach, im Schlepptau seinen Chefunterhändler Amin Zoufonoun. Er war ganz offensichtlich ein Profi, der es gewohnt war, mit Zahlen zu jonglieren, und der Spiegel und Murphy alle Vorteile genau erklärte. Nicht, dass er sie damit umgestimmt hätte … Aber Zuckerberg ließ nicht locker. Im Mai 2013 schrieb er eine E-Mail, in der er noch einmal darlegte, was für großartige Dinge geschehen würden, wenn Snapchat sich der Facebook-Familie anschlösse. Facebook verfüge über geeignete Mittel und Strategien, um Snapchats Nutzerzahlen auf eine Milliarde hochzupushen. Es gebe da zum Beispiel eine Reihe von nicht öffentlichen Programmierschnittstellen (APIs), die Facebook externen Entwicklern nicht zur Verfügung stelle. Darüber hinaus umschmeichelte Zuckerberg den jüngeren Unternehmer auch persönlich mit dem Versprechen, er würde nicht nur Snapchat weiterhin mehr oder weniger autonom leiten, sondern hätte sogar die Möglichkeit, Einfluss auf Facebook selbst zu nehmen:

Obwohl du dich also überwiegend mit Snapchat beschäftigen wirst, würde es Spaß machen, wenn wir eng zusammenarbeiten und dabei überlegen, wie Facebook selbst sich weiterentwickeln sollte. Ich habe keine Zweifel, dass du im Laufe der Zeit eine weitere Führungsrolle übernehmen könntest, zusätzlich zu deiner Leitungsfunktion bei Snapchat. Aber nicht nur aus geschäftlichen, auch aus persönlichen Gründen würde ich mich über eine Zusammenarbeit freuen und darauf, eine engere Beziehung aufzubauen. Mir haben unsere Treffen viel Spaß gemacht, und ich glaube, wir könnten viel voneinander lernen und zusammen einige großartige Dinge erschaffen.

Außerdem lud er Spiegel zu einem Karaoke-Abend im Rahmen der Sun-Valley-Konferenz von Herb Allen & Company für Medienmogule ein.

Nach übereinstimmenden Berichten wurde das Kaufangebot in diesem zweiten Anlauf auf drei Milliarden Dollar erhöht – tatsächlich war aber die Summe nicht ganz eindeutig bestimmt, denn sie umfasste Auszahlungen an die Gründer, die von der Dauer ihres Verbleibs abhängig waren. Auch dies gehörte offenbar zu Facebooks Strategie für den Erwerb von »Einhörnern« – den Abschluss so zu strukturieren, dass ein größerer Teil des Kaufpreises an die Gründer ging und ein kleinerer an ihre Investoren.

Das Angebot war so hoch, dass Spiegel und Murphy es ernsthaft in Betracht ziehen mussten. Letzten Endes aber glaubte Spiegel nicht, dass Snapchat innerhalb der Facebook-Kultur gedeihen würde. Auch wenn die Firma durch ihre Umstellung auf mobile Anwendungen in eindrucksvoller Weise den Kopf über Wasser gehalten hatte, blieb sie in Spiegels Augen doch noch stark in einer Desktop-Mentalität gefangen. Spiegel und Murphy lehnten das Angebot ab. Zum Karaoke-Abend gingen sie auch nicht.

In gewisser Weise ähnelte Spiegels Absage Zuckerbergs Weigerung aus dem Jahr 2006, seine Firma an Yahoo! zu verkaufen. In beiden Fällen glaubten die Gründer, die größere Firma würde einfach Mist bauen mit ihrer Neuerwerbung. Ein Jahrzehnt zuvor war Zuckerberg ein Teenager gewesen, jemand, der mit dem Internet aufgewachsen war – ein Vorteil, der ihn in die Lage versetzte, die alternden Drachen zu erlegen, die die Tech-Branche damals beherrschten. Aber der neuen Generation, die jetzt nachdrängte, war die mobile Mentalität in ihre Tech-DNA eingeschrieben. Die Jüngeren begriffen, dass die Welt der Webseiten, die Facebook hervorgebracht hatte, von gestern war. Spiegel hatte keine Lust, Mark Zuckerberg darin zu unterrichten, was cool war. Er und Murphy würden ihre eigenen coolen Produkte entwickeln, und Zuckerberg sollte sehen, wo er blieb. Auch die Aussicht, dass Facebook ihn kopierte, bereitete Spiegel keine schlaflosen Nächte mehr. Zuckerbergs Debakel mit Poke gab ihm die Gewissheit, dass nichts dabei herauskam, wenn Facebook versuchte, Snapchat nachzuahmen.

Spiegel unterschätzte Mark Zuckerberg. Vielleicht war ihm ein wichtiges Statement Zuckerbergs schlicht durchgerutscht, gar nicht erst bekannt? Das Statement, dass er nie einen Fehler zweimal machen würde. Im Fall von Poke hatte der Fehler nicht darin gelegen, dass es kopiert worden war – sondern darin, dass es eine *schlechte* Kopie war, eine, die sich nicht ins Facebook-Universum einfügte, sich die einzigartige Nutzerbasis nicht zunutze machte. Facebook würde noch herausfinden, wie man Produkte geschickter abkupfern konnte.

Firmen wie Instagram zu kaufen war nicht die einzige Möglichkeit für Facebook, seinen Wirkungsbereich zu erweitern. Statt Franchises zu erwerben, konnte man sie auch selbst schaffen. Im Laufe der Jahre hat das Unternehmen viele Male versucht, neue Requisiten zusammenzubasteln, im Allgemeinen, um auf dem Terrain anderer Erzeuger zu wildern. Meistens ist es dabei gescheitert, wie etwa bei dem spektakulären Flop mit dem Facebook Phone. Ein Erfolg aber resultierte aus dem Wildern auf ureigenstem Terrain: der Messenger.

Das Verschicken von Textnachrichten wurde zu einer immer wichtigeren Anwendung für Mobiltelefone, mit dem Potenzial, eine eigene Plattform zu bilden, die mit Social-Media-Produkten wie Facebook um die Zeit und Aufmerksamkeit der Nutzer konkurrierte. Wie in allen anderen Mobile-Bereichen tat Facebook sich vor der großen Umstellung auch hier schwer, sich auf die neue Lage einzustellen.

Anfang 2011 hatte Facebook das kleine Start-up *Beluga* gekauft, geschaffen von drei ehemaligen Google-Entwicklern, die an einer Gruppen-Chat-Anwendung bastelten. Facebook würgte ihr Produkt ab und gab ihnen den Auftrag, den Prototyp zu entwickeln für etwas, das auf eine separate App für das Facebook-Messaging hinauslief. Sie machten sich an die Arbeit, doch Zuckerbergs Sorge war, dass es schwierig sein würde, Facebook-Nutzern eine neue App nur fürs Messaging schmackhaft zu machen. Wie konnte diese mit Apple oder Google konkurrieren? Anstatt also den neuen Facebook Messenger ganz anders zu konzipieren, ging er auf Nummer sicher und wies die Entwickler an, das neue Produkt in die schon bestehende Infrastruktur für den Nachrichtenverkehr einzubauen. Die Nutzer konnten ihre

Nachrichten nun entweder über diese neue App oder über die mobile Facebook-App versenden.

»Der Knackpunkt war, dass keiner wusste, wie man dieses neue Ding aus dem Nichts schaffen sollte«, so Ben Davenport, Ex-CEO von Beluga. »Marks Gedanke war: *Okay, bring es mit dem zusammen, was es bereits gibt und über das pro Tag fünf Milliarden Nachrichten laufen; so kriegst du auch dieses neue Ding zum Wachsen.«*

Und genau so lief es. Aber als reines Frontend, also Präsentationsebene, der Facebook-App hatte der Messenger eingebaute Probleme, vor allem dann, wenn man eine Nachricht an einen Facebook-Nutzer schickte, der die separate App nicht installiert hatte. »Die Benachrichtigungen gingen im Trubel verloren«, sagt Javier Olivan. »Wenn dir jemand eine Nachricht schickte, ja sicher, dann gab's eine Benachrichtigung in der Facebook-App, aber das war dann vielleicht erst die 17. Benachrichtigung, die du zu sehen bekamst.«

Und da er sowohl die Nutzer der blauen Haupt-App als auch die der eigenständigen App bedienen musste, war der Messenger in seinen Innovationsmöglichkeiten stark eingeschränkt. Facebook konnte keine neuen coolen Funktionen hinzufügen, weil die Gefahr bestand, dass sie die Kommunikation zwischen den Nutzern der verschiedenen Apps stören würden.

Das Wachstum der App war bescheiden. »Es war linear, aber kein Hyperwachstum, nicht einmal exponentiell«, so Davenport. Bei Facebook bedeutet *linear* so viel wie *flach*. Ein Jahr nach Markteinführung glich die Kurve eher einem Plateau, sie verharrte bei einem Stand von etwa hundert Millionen Nutzern. Das war kaum ein Zehntel der Nutzerbasis von Facebook. »Wir sind lange herumgekrebst«, sagt Davenport, »und hatten echt Sorge, dass wir diese Marke nie knacken würden.«

All dies ließ die Alarmglocken in der Abteilung Wachstum läuten. Falls die Leute sich an das standardmäßige, an Betreiber gebundene SMS-Textverarbeitungssystem oder die von Google oder Apple geschaffenen Alternativen gewöhnten, würde das Messaging zur Bühne für neue Facebook-Konkurrenten werden. Dies war besonders heikel in Weltgegenden, wo die Menschen überwiegend über das Handy ins Internet gingen. Da Facebook sich die größten Expansionshoffnungen gerade in Bezug auf diese Gebiete machte, wurde das Thema Messaging zum Problem für die Wachstumsleute.

Diese Abteilung ist in allen Facebook-Angelegenheiten nicht nur anzuhören, sie hat auch das letzte Wort. Ihre Lösung: die Leute *zwingen*, den Messenger herunterzuladen, indem man das Messaging aus der mobilen Facebook-App herausnahm. »Javi und ich haben uns die Sache angeguckt und sagten uns dann: *Wir müssen das auseinanderbrechen, dann können wir das Wachstum besser kontrollieren, es wird ein besseres Nutzererlebnis geben, die Benachrichtigungen werden besser funktionieren*«, so Cory Ondrejka, damals Leiter der Abteilung Mobile.

Eine Entscheidung, die gegen die oberste Regel verstieß, dass zuallererst immer dem Nutzer zu dienen sei. Stattdessen: Wer als Nutzer des mobilen Facebook die Messenger-App nicht herunterlädt ... *der kriegt keine Nachrichten!* Jedes Mal, wenn dieser Nutzer eine Nachricht über Facebook verschicken wollte, erhielt er eine eingeblendete Warnung, dass dies demnächst nicht mehr möglich sein werde. Abhilfe könne er nur schaffen, indem er die Messenger-App herunterlade. Und Facebook machte die Drohung wahr. »Am Ende haben uns die Leute gehasst«, sagt Ondrejka. Aber sie hatten keine Alternative. Was hätten sie denn tun sollen? Aufhören, Facebook zu nutzen?

Auf diese Weise gelang es Facebook praktisch aus dem Nichts, sich eine wertvolle App-Eigenschaft zu sichern, die man nicht erst für Milliarden von Dollar kaufen musste.

Sobald der Messenger eingerichtet war, warb Zuckerberg eine namhafte Führungskraft an, um das Franchise zu leiten. David Marcus war Präsident von PayPal, damals nur ein Zweigbetrieb von eBay, aber tatsächlich dessen aufregendster Zweig. Viele verstanden nicht, dass Marcus seine Spitzenposition bei PayPal aufgab, um den illegitimen Sprössling von Facebooks Chat-Funktion zu übernehmen, eine Aufgabe, für die er sichtlich überqualifiziert war. Er aber begriff, dass Facebook die Drecksarbeit bereits erledigt hatte, nämlich die Funktion von der blauen Stamm-App zu trennen. Das hatte die Nutzer vorübergehend sehr wütend gemacht, aber – wie beim Newsfeed und den anderen schwer zu schluckenden Pillen, die die Firma den Kunden quasi in den Schlund gestopft hatte – die Leute gewöhnten sich allmählich an das Produkt. »Und deswegen bin ich froh, dass das Team diesen Schritt gewagt hat, denn jetzt haben wir ein Produkt, über das wir vollständige Kontrolle haben«, erklärte mir Marcus 2015. »Wir steuern jeden einzelnen Pixel und jede einzelne Programmzeile dieses Erlebnisses.«

Marcus hatte freie Hand, um aus dem Messenger ein Geschäft zu machen – und damit Geld zu verdienen. Bislang nur ein Dienst für den Austausch unter Freunden, erweiterte der Messenger jetzt seinen Anwendungsbereich auf die Business-Ebene, und zwar in erster Linie durch den Einsatz von automatisierten »Bots«. Marcus tönte, der Messenger werde die Zukunft der geschäftlichen Kommunikation bestimmen – wozu seine Zeit am Telefon oder auf einer Webseite vergeuden, um im Restaurant einen Tisch zu reservieren, wenn man das blitzschnell über einen Messenger-Bot erledigen konnte?

Der Messenger war auf dem besten Wege, wie Facebook eine App mit über einer Milliarde Nutzern zu werden. Auch Instagram sollte sich diesem exklusiven Klub anschließen. Zuckerberg hatte es sich zur Gewohnheit gemacht, potenzielle neue Klubmitglieder aufzuspüren. Und er sollte schon bald einen weiteren Kandidaten finden.

2013 trieb Facebooks Wachstumsabteilung die Übernahme einer kleinen israelischen Firma namens *Onavo* voran. Onavo, gegründet 2010, hatte zwei ineinandergreifende Produkte im Angebot. Zum einen eine *Mobile Utility*-App für den Endverbraucher, die die Leistung des Smartphones durch Datenkomprimierung, Energieeinsparung und andere Tricks zu steigern versprach. Zum zweiten eine *Mobile Analytics*-App, »die Informationen über das Verhalten dieser User sammelte, also welche Seiten sie besuchten und welche Apps sie herunterluden« – und sie verkaufte. »Wir entwickelten eine App, die großen Wert für die Leute hatte«, sagt Mitgründer Guy Rosen. »Und dann hatten wir einen Dienst namens *Onavo Insight*, der auf breiter Datenbasis auswertete, welche Anwendungen die Leute auf welche Weise nutzten.« Im Grunde genommen zahlten die Nutzer für die Leistungen der Utility-App, indem sie Onavo erlaubten, sie auszuspionieren und diese Informationen zu verkaufen.

Facebook wiederum verkaufte die Übernahme als Teil seiner Internet.org-Initiative, mit der die Welt ans Netz angeschlossen werden sollte. »Wir möchten entscheidend dazu beitragen, eins der wichtigsten Ziele von Internet.org zu verwirklichen – die effizientere Nutzung von Daten, damit Menschen in aller Welt sich mit dem Internet verbinden können«,[10] schrieb Rosen.

Doch Facebooks eigentliche Motivation lag nicht darin, eine App zur Verfügung zu stellen, die die Leistung von Mobiltelefonen in Entwicklungsländern verbesserte. Denn Ovanos Geschäftsmodell, das darauf ausgerichtet war, Daten aus vermeintlich »kostenlosen« Apps zu sammeln und für neue, profitable Anwendungen auszuwerten, wurde beibehalten. Als dieses höchst umstrittene Mobile-Performance-Tool seinen Zweck nicht mehr erfüllte, schob Facebook eine weitere Honigfalle für Nutzerdaten nach, nämlich *Onavo Protect*, das wie ein wirklich attraktives Angebot daherkam: ein kostenloses »Virtuelles Privates Netzwerk« (VPN), das mehr Sicherheit bot als öffentliche WLAN-Netzwerke. Es gehört schon eine ordentliche Portion Dreistigkeit dazu, den Leuten ein Datenschutz-Tool zu präsentieren, dessen Zweck darin besteht, an ihre Daten heranzukommen.

Facebook verfügte nunmehr über ein effektives Programm, um die mobilen Aktivitäten von Tausenden Nutzern zu beobachten. Die Wachstumsabteilung studierte die Daten genau und wertete die Ergebnisse in regelmäßigen Besprechungen aus. Ein besonderes Augenmerk richtete Onavo dabei auf Snapchat. Evan Spiegels Firma hatte Sicherheitsfunktionen entwickelt, um Eindringlinge abzuwehren, aber mithilfe eines sogenannten Man-in-the-Middle-Angriffs gelang es Onavo, die Sperre zu überwinden und Daten zu sammeln. Sobald Snapchat dies entdeckte, wurden neue Schutzmaßnahmen installiert. Wie mir ein Facebook-Manager bestätigte, war die Firma dank Onavo »in der Lage, Code einzuschmuggeln bei Snap und quasi von innen zu beobachten, wie die Leute das Produkt tatsächlich benutzten«. (In der Akte, die Snapchat offenbar über Facebooks Aktivitäten führte, firmierte dieser Vorgang laut *Wall Street Journal* unter dem Stichwort »Project Voldemort«,[11] nach dem Oberschurken aus den Harry-Potter-Romanen, dessen Name nicht ausgesprochen werden darf.)

Marc Pritchard von *Procter & Gamble*, der zu dieser Zeit den Facebook-Campus besuchte, erinnert sich, wie er ein Diagramm aufstrebender Start-ups zu Gesicht bekam und ihm der Unterschied zwischen Größe und Dynamik erläutert wurde. »Sie zeigten mir all die verschiedenen Firmen, die gerade hochkamen, und das, wofür sie sich interessierten«, sagt er. »Einmal die, bei denen die Kurve steil nach oben zeigte, und auf der anderen Seite die, wo es langsam und stetig ging.«

Eins wurde jedenfalls deutlich: Es gab da eine Messaging-Firma namens WhatsApp[12], die ganz rapide am Wachsen war. So sehr, dass Facebook nicht untätig zusehen konnte.

WhatsApp wäre wahrscheinlich nie gegründet worden, hätte Facebook eine weniger pingelige Einstellungspraxis verfolgt. Weder Jan Koum noch Brian Acton hatten um das Jahr 2008 einen Lebenslauf vorzuweisen, der bei den Personalreferenten in Menlo Park Eindruck hinterlassen hätte. Beide arbeiteten als Entwickler bei Yahoo! – an sich noch kein Ausschlusskriterium –, aber keiner von ihnen bediente das starre Anforderungsprofil, das auf so viele Facebooker passte, und das Chamath Palihapitiya so leidenschaftlich verabscheute. Von Facebook abgewiesen, hatten sie inzwischen ein so bestechendes Produkt geschaffen, dass Mark Zuckerberg nichts anderes übrig blieb, als den Geldtransporter in Bewegung zu setzen, um es zu kaufen.

Koum war 16 gewesen, als er und seine Mutter 1992 dem Antisemitismus seiner Geburtsstadt Kiew entflohen, um nach Mountain View in Kalifornien zu ziehen. In der Ukraine hatte Koum in ärmlichen Verhältnissen gelebt – in seiner Schule gab es nicht einmal fließendes Wasser –, und auch in der Neuen Welt hatte seine kleine Familie zu kämpfen, sie lebten in einer Sozialwohnung und ernährten sich mithilfe von Essensmarken. Dass die USA mit ganz neuen Herausforderungen aufwarteten, zeigte sich insbesondere, als Koums Mutter an Krebs erkrankte. Koum, der seit jeher Probleme mit Autoritätspersonen hatte, begann sich für Computer zu interessieren und schloss sich einer Online-Hackergruppe an. An der San José State University studierte er Informatik und arbeitete, um über die Runden zu kommen, nebenbei als Sicherheitsprüfer bei *Ernst & Young*.

Acton, in Florida geboren, brachte sich die Arbeit mit Computern selbst bei, indem er Programmlisten aus Zeitschriften in seinen RadioShack-Rechner eingab. Als er nach Philadelphia ging, um das College zu besuchen, hatte er zuvor noch nie von der Stanford University gehört. Nachdem er aber seine klügsten Kommilitonen darüber klagen gehört hatte, dass sie dort nicht angenommen worden seien, bewarb er sich erfolgreich um einen Wechsel dorthin und gelangte so, wie er vorhergesagt hatte, »in den siebten Nerdhimmel«. Stanford war außerdem ein großartiges Sprungbrett, um bei angesagten Start-ups zu landen – 1996 wurde Acton von Yahoo! als sechster Entwickler der Firma engagiert.

Acton übernahm die Datenverarbeitung für das noch junge Werbegeschäft, und eine seiner Aufgaben war es, mit Prüfern zusammenzuarbeiten, die die Angaben der Firma über die Werbewirksamkeit ihrer Anzeigen validieren sollten. Einer dieser Prüfer war Koum. Die beiden verstanden sich gut und trafen einige Monate später wieder zusammen, als Koum seinerseits eine Anstellung bei Yahoo! ergatterte.

Nachdem sie jedoch fast ein Jahrzehnt bei einem Internetgiganten gearbeitet hatten, der seinem eigenen Abstieg hilflos zusehen musste, waren die beiden Entwickler zusehends gelangweilt und mit ihrer Perspektive unzufrieden. Beide verließen die Firma am selben Tag – an Halloween 2007. Konkrete Jobaussichten hatten sie nicht. Von ihren unverfallbaren Aktienoptionen konnten sie eine Weile leben, aber nicht ewig. Nach einer längeren Reise durch Südamerika kehrte Koum in die USA zurück. In dieser Zeit bewarb er sich bei Facebook – und wurde abgelehnt.

Mangels anderweitiger Beschäftigung verbrachte Koum viel Zeit mit Freunden aus der ukrainisch-russischen Exilgemeinde und war Stammgast bei regelmäßigen, aber zwanglosen Zusammenkünften im Haus seines Freundes Ivan Fishman. Diese donnerstäglichen Treffen standen unter dem Motto »Thursday Dinner Movie Sessions«, kurz TDMS, wobei die Unterhaltung beim Essen oft so fesselnd war, dass es gar nicht mehr zur Vorführung des vorgesehenen Films kam. Als das iPhone sich 2008 für externe App-Entwicklung öffnete, gerieten die Cineasten im TDMS-Kreis angesichts der lebhaften Diskussion darüber vollends ins Hintertreffen. An einem der Abende erzählte

Koum Fishman in der Küche von seiner Idee für eine App, die den Namen in der Adressliste des Nutzers aktuelle Statusmeldungen zuordnen würde. Andere konnten daraus entnehmen, ob die betreffende Person vielleicht gerade nicht erreichbar war oder keine Anrufe entgegennehmen konnte, weil ihr Akku fast leer war. Fishman brachte Koum mit einem Programmierer in Russland in Kontakt, der ihm bei der Umsetzung der Idee helfen sollte.

Im Februar 2009 traf Koum wieder mit Acton zusammen, der vorübergehend in New York lebte, aber wegen einer Ultimate-Frisbee-Veranstaltung zu Besuch in der Bay Area war. Aufgeregt erzählte er Acton, er habe die Unterlagen für die Gründung eines neuen Startups namens WhatsApp eingereicht. Acton fand zwar, das klinge cool, aber sonderlich interessiert zeigte er sich nicht.

Tatsächlich war Koums ursprüngliche Idee reichlich schwerfällig – man würde die App aufrufen, die Liste mit den Kontakten durchsehen und dann, falls der betreffende Freund erreichbar war, die App wieder verlassen müssen, um den Anruf zu tätigen. Das änderte sich, als Apple im Juni desselben Jahres die Push-Meldungen einführte, die es erlaubten, den Nutzer jederzeit über Aktivitäten innerhalb der App zu informieren, selbst wenn die App nicht geöffnet war. Diese Funktion machte aus WhatsApp etwas völlig anderes. Koums Beta-Tester probierten, ihre Statusmeldungen zu verwenden, um auf den Status eines anderen Nutzers zu antworten. Fast als würden sie einander simsen, nur eben auf dem Wege einer Benachrichtigung. »Niemand verwendete WhatsApp so, wie es eigentlich gedacht war«, sagt Fishman. »Die Leute versuchten die App als Nachrichtendienst zu nutzen.«

Es war wie eine Offenbarung. Anstatt WhatsApp zu verlassen, um sich mit jemandem zu unterhalten, konnte man das, so Koums Erkenntnis, auch *innerhalb* der App machen.

Die einzige Möglichkeit, einander Nachrichten zukommen zu lassen, lief zu der Zeit über die entsprechende Funktion des jeweiligen Mobilfunkanbieters. Obwohl die Kosten für Verizon oder AT&T nicht der Rede wert waren, berechneten diese Unternehmen ihren Kunden, die keine andere Wahl hatten, im Monat 5 Dollar für eine begrenzte Anzahl von versandten SMS-Nachrichten, jede Nachricht darüber hinaus kostete 10 oder sogar 20 Cent extra. Manche Teenager sammelten auf diese Weise monatliche Kosten von mehreren Hundert Dollar an, die meisten Leute aber vermieden es, den Dienst zu nutzen. Koum begriff, dass eine App, mit der die Nutzer einander Nachrichten schicken konnten, die Möglichkeit bot, solche Kosten ganz und gar zu umgehen.

Damit man nicht erst umständlich eine Nutzerkennung festlegen musste, was eine echte Herausforderung wäre in einem System, das millionenfach genutzt wurde, beschloss Koum, dass die Telefonnummer selbst diese Kennung liefern sollte. Da jede Telefonnummer nur einmal vorkam, bildete sie den direktesten Weg zu der Person, der sie gehörte. Mehr und mehr wurde die Telefonnummer zum Stellvertreter der eigenen Person, sozusagen die private Version der Sozialversicherungsnummer. Auf WhatsApp sollte sie *buchstäblich* für den stehen, der man war.

Während Koum die folgenden Wochen damit verbrachte, WhatsApp umzugestalten und den Fokus auf das Messaging zu richten, tat sich Acton schwer, nach dem Abschied von Yahoo! eine neue Tätigkeit zu finden. In diesem Sommer bewarb auch er sich um einen Job bei Facebook. Das Ergebnis meldete er in einem Tweet vom 3. August. »Facebook hat mir abgesagt«, schrieb er. »Es war eine tolle Gelegenheit, ein paar fantastische Leute kennenzulernen. Freue mich aufs nächste Abenteuer in meinem Leben.«

Das nächste Abenteuer sollte Koums Projekt werden. Acton hielt den Kurswechsel in Richtung Messaging für eine brillante Idee. Und als Koum ihn im September fragte, ob er nicht als Partner einsteigen wolle, sagte Acton zu. Die nächsten fünf Jahre über arbeiteten sie wie die Besessenen. Schnell war ihnen klar, dass die größten Möglichkeiten in Übersee lagen. Der erste rasante Wachstumsschub fand in Westeuropa statt. Die Kosten für Textnachrichten waren schon hoch genug, aber Bilder in einem Mobilnetz zu verschicken konnte zwischen fünfzig und neunzig Eurocent kosten. Bei WhatsApp war das kostenlos. Und während die EU zwar die zwischenstaatlichen Zölle abgeschafft hatte, war die mobile Welt noch immer von Länderschranken durchzogen. Wenn also jemand zum Beispiel eine Nachricht von Deutschland nach Österreich schickte, erhob der Anbieter eine Gebühr. WhatsApp machte damit Schluss.

Außerdem sorgte Koum dafür, dass WhatsApp nicht nur auf Apple- und Android-Geräten lief, sondern auch auf anderen Handys, die in verschiedenen Teilen der Welt beliebt waren, selbst wenn sie zu einer Gerätegeneration gehörten, die nach allgemeinem Dafürhalten von den aktuellen Smartphones überflüssig gemacht worden war. Die meisten amerikanischen Unternehmen interessierten sich dafür nicht. *Kümmer dich nicht um die Vereinigten Staaten,* sagte Koum zu Acton, *die ganze übrige Welt benutzt Nokia-Geräte!* »Das erschloss uns ein riesiges Wachstumspotenzial in Südamerika, Mittelamerika und Indien«, sagt Acton.

Die WhatsApp-Gründer hatten feste Vorstellungen, was ihr Geschäftsmodell betraf. Wenig geneigt, Risikokapital von Investoren aufzunehmen, wollten sie schnell Erlöse erwirtschaften, um keinen externen Geldgebern verpflichtet zu sein. Sie verfielen auf die Idee, eine monatliche Gebühr zu erheben. »Wir bauten schließlich einen Kommunikationsdienst auf«, sagt Acton. »Um den Dienst von Verizon zu nutzen, zahlte man 40 Dollar im Monat. Ich rechnete mir aus, dass ein Dollar pro Jahr für einen Messaging-Service reichen würde.«

Werbung, sollte Acton später erklären, »machte mir einen schlechten Geschmack im Mund«. So wie er es sah, wurden falsche Anreize geschaffen, wenn man ein Unternehmen mit Anzeigen finanzierte, denn dieses konnte sich dann unter Umständen mit einem Produkt zufriedengeben, das für die eigentlichen Nutzer nicht optimal war. *Wir prostituieren uns!,* hatte er seinem Chef bei Yahoo! einst mehrfach zum Vorwurf gemacht. WhatsApp aber, gelobten sie, würde diesen frevelhaften Weg niemals beschreiten.

2011 twitterte Koum: »Werbung verleitet uns dazu, hinter schicken Autos und Klamotten her zu sein und in Jobs zu arbeiten, die wir hassen, damit wir uns irgendeinen Scheiß kaufen können, den wir nicht brauchen.« Und im Juni 2012 legten sie diese Einstellung in einem Blog-Eintrag dar:

Als wir uns vor drei Jahren darangesetzt haben, gemeinsam unser eigenes Ding in Gang zu setzen, wollten wir etwas machen, das nicht nur eine weitere Clearingstelle für Werbeanzeigen ist. Wir wollten uns damit beschäftigen, einen Dienst aufzubauen, den die Leute ger-

ne nutzen, weil er funktioniert, weil er Geld spart und weil er das Leben wenigstens ein bisschen besser macht. Wir wussten, wenn uns das alles gelingt, dann könnten wir direkte Gebühren von den Nutzern verlangen. Wir wussten, dass wir das tun könnten, was die meisten Leute Tag für Tag anstreben: Werbung vermeiden.

»Denkt dran«, schrieben sie. »Sobald Werbung ins Spiel kommt, seid *ihr, die Nutzer,* das Produkt.«[13]

Das Jahr 2013 brach an, und WhatsApp florierte. In einem Fall wichen die Gründer aber von ihren puristischen Grundsätzen ab: Sie nahmen Risikokapital auf. Der clevere Geldgeber, der die Investition landen konnte, war Jim Goetz von Sequoia. Sequoia besaß ein Tool namens *Early Bird,* das dazu diente, vielversprechende Geheimtipps aufzuspüren. Und Early Bird hatte einen hervorstechenden Sonderfall entdeckt: WhatsApp mochte eine Firma sein, die in den USA nur mittelmäßig abschnitt. Aber in 35 der 69 von Early Bird unter die Lupe genommenen Ländern lag WhatsApp auf Platz eins oder zwei.

Man konnte schwerlich sagen, dass es sich bei der Firma um eine Geheimoperation handelte – sie hatte offensichtlich Millionen von Nutzern. Ihre Gründer aber waren praktisch unbekannt. Der Firmensitz befand sich dem Vernehmen nach in Mountain View, doch wo genau, wusste niemand. Goetz wanderte tatsächlich durch die Straßen und hielt nach Hinweisen Ausschau, die ihm den Weg weisen könnten. Die Suche war vergeblich, denn WhatsApp hatte kein Firmenschild.

Schließlich spürte Goetz sie über Bekannte bei Yahoo! auf. Er traf Koum in einem Coffeeshop. Damit begann ein Werben, das Koum und Acton schließlich veranlasste, ihre Bedenken hintanzustellen und einer Finanzierungsrunde über acht Millionen Dollar zuzustimmen. Mit dieser finanziellen Ausstattung im Rücken war es WhatsApp möglich, unabhängig zu agieren, zu wachsen und den unausweichlichen Übernahmeangeboten zu widerstehen. Viele davon gab es zunächst nicht, teilweise wohl, weil die Firma sich bewusst aus dem Trubel des Silicon Valley heraushielt – sie gab sich notorisch pressescheu. 2012 hatte Google in Person der Ressortleiterin Marissa Mayer ein paar allerdings planlose Übernahmeversuche gestartet. Als Koum und Acton zur Besprechung in Googles Firmensitz in Mountain View aufkreuzten, waren sie nicht sehr erbaut davon, dass Mayer ihnen per Videokonferenz zugeschaltet wurde, obwohl sie sich ebenfalls auf dem Google-Gelände aufhielt. »Warum verkaufen?«, sagt Acton im Rückblick. »Wir hatten viel zu viel Spaß damit.«

Facebook machte seine Sache besser, als es 2013 den Kontakt suchte zu WhatsApp suchte – in Form von Mark Zuckerberg persönlich und alles andere als planlos. Wie so oft bei Facebook war der Anstoß von der Wachstumsabteilung ausgegangen. Obwohl WhatsApp, zumal in den USA, entschieden unter dem Radar agiert hatte, war Facebook sich vollkommen im Klaren darüber, wie populär diese App war, und zwar aufgrund der privaten Daten, die sein Tochterunternehmen Onavo seit Jahren heimlich sammelte. In gewisser Weise rechtfertigte allein schon der Hinweis auf WhatsApp die Gesamtkosten, die durch die Übernahme von Onavo entstanden waren.

Zuckerberg schlug vor, er und Koum sollten sich irgendwo treffen, wo sie nicht zusammen gesehen würden. Sie entschieden sich für »Esther's Bakery«, einen schlichten und wenig hippen Coffeeshop in Los Altos. Es wurde eine lockere, freundliche Unterhaltung, kein Verkaufsgespräch, in der Zuckerberg Anekdoten aus der Start-up-Zeit von Facebook zum Besten gab. Das Treffen endete in herzlichem Einvernehmen, und man blieb die folgenden Monate über in Kontakt.

Nach wie vor waren Koum und Acton davon überzeugt, dass sie jeglichem Druck seitens aggressiver Kaufinteressenten widerstehen konnten. Als im Dezember 2014 die Zeitschrift *Wired UK* die Büroräume in Mountain View besuchte, fasste Acton die Argumente gegen einen Verkauf zusammen: »Ich mache mir Sorgen darum, was [eine übernehmende] Firma mit unserem Kundenstamm machen würde«, erklärte er dem britischen Reporter. »Auf lange Sicht muss man Stellung beziehen. Dass jemand plötzlich ankommt und uns einfach wegkauft, kommt mir furchtbar unmoralisch vor. Das verstößt gegen alle meine Prinzipien.«[14]

Im Rückblick erinnert das an die großen Töne, die ein junger Boxer spuckt, bevor er mit dem kaltblütigen Titelverteidiger in den Ring steigt – nach dem ersten schweren Kopftreffer ist nichts mehr wie vorher. Und im Februar 2014, nur wenige Wochen nach dieser Erklärung, landete ein mächtiger Aufwärtshaken im Ziel, und zwar in Gestalt eines internen Berichts von Mike Grimes, Investmentbanker bei Morgan Stanley. Er lieferte eine überzeugende Analyse der gleichen Daten, auf deren Basis Sequoia und Facebook die Firma WhatsApp als eines der wertvollsten Übernahmeobjekte in der Tech-Branche ausgemacht hatten. Irgendwie sickerte der Inhalt des Berichts durch und machte die Runde im Silicon Valley. (Noch immer wird heftig spekuliert, wer den vertraulichen Bericht in Umlauf gebracht hat und warum – angemerkt sei, dass Grimes eine wichtige Rolle beim Börsengang Facebooks gespielt hatte. Er bestreitet aber, etwas mit dem Durchsickern der Analyse zu tun gehabt zu haben.)

Falls die Enthüllung der Morgan-Stanley-Expertise den Zweck gehabt haben sollte, einen kleinen Erregungstaumel auszulösen, dann wurde er voll erfüllt. Facebooks Wachstumsabteilung, die die bemerkenswerten Onavo-Daten kontinuierlich verfolgt hatte, erkannte sofort die Gefahr, dass WhatsApp in feindliche Hände geraten könnte. Die Messaging-Firma zu kaufen hatte von da an oberste Priorität für Zuckerberg. Die Akquisitionsmaschine wurde angeworfen, um in die Wege zu leiten, was sich als größtes und teuerstes Projekt des Unternehmens erweisen sollte.

Unterdessen unternahm auch Google einen neuen Versuch. Diesmal war es CEO Larry Page persönlich, der um eine Unterredung bat, die jedoch kaum besser lief als die Vorstöße der Vergangenheit. Page, ein mysteriöser Charakter, kam mit halbstündiger Verspätung. Das Gespräch endete ohne konkrete Ergebnisse. Der Google-CEO verabschiedete sich mit der Bitte, Google die Gelegenheit zu einem Angebot zu geben, falls ihre Firma je zum Verkauf stehen würde.

Mark Zuckerberg war nicht gewillt, es dazu kommen zu lassen. Die Onavo-Zahlen[15] verrieten ihm, dass WhatsApp zu einem globalen Unternehmen heranwuchs, das durchaus imstande schien, Facebooks eigene Messaging-Aktivitäten rund um die Welt zu blockieren. Der Dienst hatte 450 Millionen Nutzer, darunter allein vierzig Millionen in Indien und dreißig Millionen in Mexiko. In einigen Ländern beherrschte WhatsApp zwei Drittel des Marktes. Erst zwei Jahre zuvor hatte Zuckerberg die Welt mit einem Eine-Milliarde-Dollar-Angebot für Instagram geschockt, zu einem Zeitpunkt, da die Firma gerade durch eine Finanzierungsrunde ging, in der sie auf die Hälfte dieser Summe taxiert wurde. Jetzt war er bereit, noch viel mehr auszugeben. Als Koum und Acton von ihm forderten, ihre Firma auf gleichem Niveau wie Twitter – damals um die zwanzig Milliarden Dollar – zu bewerten, schreckte er nicht zurück. Was erst recht schockierend war. WhatsApp hatte zu der Zeit nur etwa 55 Angestellte. Die meisten US-Amerikaner hatten von dem Dienst noch nie gehört.

»Die Firma wurde, was Größe und Potenzial anging, in den USA einfach dramatisch unterschätzt, vor allem von der Mainstream-Presse, weil die USA eher zu ihren kleineren Märkten gehört«, erklärte mir Zuckerberg wenige Wochen nach dem Eroberungsfeldzug. »Aber wenn man sich die Wachstumskurve ansieht … es ist ein Wahnsinn. Ich meine, das ist ein Nutzererlebnis und ein Netzwerk, das aus meiner Sicht eine Milliarde Leute erreichen kann, und wenn man sich die Liste der Sachen anguckt, die auf eine Milliarde Nutzer gekommen sind, dann waren das am Ende alles unglaublich wertvolle und bedeutende Sachen.«

Zuckerberg, der vollkommene Kontrolle über Facebook hatte und machen konnte, was er wollte, war bereit zu zahlen. Bei einem Treffen in Zuckerbergs Haus am Valentinstag – wo sie Erdbeeren mit Schokoglasur naschten, die wohl eher für Priscilla Chan gedacht waren – einigten sie sich auf eine Regelung, die 19 Milliarden Dollar wert war. (Spätere Entwicklungen in der Facebook-Bewertung trieben die Summe auf etwa 22 Milliarden Dollar hoch.)

Die beiden Gründer hatten einen Kaufpreis gefordert – und bekommen, den eigentlich jeder als unrealistisch hätte betrachten müssen. Ein Bluff, der nach hinten losgegangen war.

»Mark Zuckerberg hat uns mattgesetzt«, sagt Acton. »Wenn einer mit einem so großen Geldkoffer auftaucht, dann musst du Ja sagen, alles andere wäre irrational. Eine oder zwei Milliarden abzulehnen ist schön und gut, aber zwanzig Milliarden? Das hebt die Sache in eine völlig andere Dimension. Wie willst du deinen Investoren, deinen Angestellten … deiner Mutter erklären, dass du zwanzig Milliarden Dollar in den Wind geschossen hast?«

Acton gesteht auch ein, dass er einfach müde war. Als er und Koum mit WhatsApp anfingen, zahlten sie sich kein Gehalt, sondern lebten von ihren Yahoo!-Anteilen. Erst als Sequoia eingestiegen war, gönnten die Gründer sich eine kleine Vergütung. 2014 aber war Acton verheiratet und seit Kurzem Vater eines Kindes. Fünf Jahre lang hatte er achtzig bis neunzig Stunden in der Woche gearbeitet. Und es würde nicht besser werden. Denn wenn sie das Angebot nicht annahmen, würde sich WhatsApp Facebook als Konkurrenten vom Leibe halten müssen. Dieses bedrohliche Szenario hing wie ein riesiges Pendel voller spitzer Stacheln über den Verhandlungen.

Der Bankvertreter, der den Abschluss für WhatsApp betreute, war Morgan Stanleys Mike Grimes, von dem das geleakte Memorandum stammte, das den Startschuss für die Jagd auf die Firma abgegeben hatte.

Eins aber wollten die WhatsApp-Gründer unbedingt schriftlich haben – das Versprechen nämlich, dass Facebook die neu übernommene Firma niemals zwingen würde, ein werbebasiertes Geschäftsmodell zu übernehmen. Damit wäre wahrhaftig das Ende ihrer Träume besiegelt. Facebook sträubte sich mit dem Argument, es verfolge zwar keine derartigen Absichten, aber diese Formulierung gehe zu weit. Man einigte sich schließlich auf eine Klausel: Für den Fall, dass Facebook WhatsApp »weitere Monetarisierungsinitiativen« – Werbung eingeschlossen – aufzwingen würde, könnten die Gründer ihren Abschied nehmen, und zwar unter Mitnahme ihrer sämtlichen Aktienoptionen, die anderenfalls erst über einen Zeitraum von vier Jahren nach und nach fällig würden.

Koums und Actons Sorge, dass ihre App demnächst von Werbung infiltriert würde, war damit nicht wirklich besänftigt, doch mittlerweile waren sie auch einfach zermürbt. »Du sagst, was immer du zu sagen hast, um den Deal über die Bühne zu bringen, und dann, wenn sich der Staub gelegt hat, guckst du, was du bekommen hast«, sagt Acton.

Bei der öffentlichen Verkündung des Deals sagten alle ihr Sprüchlein auf. WhatsApp würde von den Gründern weiterhin unabhängig geleitet werden. Koum würde sogar in den Verwaltungsrat von Facebook aufrücken, ein Privileg, das nicht einmal Kevin Systrom von In-

stagram gewährt worden war. In ihrer Erklärung bemühten sich
Koum und Acton, den Nutzern zu versichern, dass sich eigentlich
nichts ändern würde:

*Wenn das Zusammengehen mit Facebook zur Folge hätte, dass wir
unsere Werte ändern müssten, hätten wir es nicht getan. Stattdessen
gehen wir eine Partnerschaft ein, die es uns erlauben wird, weiterhin
unabhängig und autonom zu agieren.*[16]

Doch als hundertprozentige Tochtergesellschaft war man in alldem
vom guten Willen des Facebook-CEOs abhängig. WhatsApp konnte
jederzeit in eine Mark-Zuckerberg-Produktion umgewandelt werden – eine Erfahrung, die die Gründer über kurz oder lang machen
würden.

Facebook schien endgültig die Vorherrschaft in der mobilen Nach-
richtenübermittlung übernommen zu haben. Doch jetzt, wo Smartphones nicht mehr unbedingt das brandheißeste Ding waren, begann
Zuckerberg sich nach anderen möglichen Bedrohungen für sein
Netzwerk umzusehen.

Virtual Reality war Anfang der 1990er eine angesagte Technologie
gewesen, Gegenstand zahlloser aufgeregter Reportagen und Leitartikel. Aber der Hype, der darum gemacht wurde, hatte sich als haltlos
erwiesen, es war weiter nichts Besonderes passiert. Bis Palmer Luckey
kam.

2012 war Palmer Luckey ein 19-Jähriger aus Südkalifornien, der
mit großer Leidenschaft alte Spielkonsolen miniaturisierte. Er hatte
schon lange den Wunsch, sich *im Innern* seiner Lieblingsspiele zu bewegen. Aber Virtual-Reality-Ausrüstungen waren teuer, und außerdem hatten sie nicht die Rechenleistung und die geniale Software, die
für ein voll befriedigendes Spielerlebnis nötig waren. (Zu einer VR-
Ausrüstung gehörte ein Headset, das üblicherweise einer geschwärz-
ten Tauchermaske ähnelte, mit eingebauten Bildschirmen, auf denen
sich die computergenerierte Welt entfaltete. Das Ganze musste mit
einem leistungsstarken Computer verbunden werden.) Also machte

er sich daran, eine eigene Ausrüstung zusammenzubasteln. Irgendwie gelang es diesem inselbegabten Burschen, etwas zu bauen, das besser funktionierte als die Hardware, die von der NASA bezuschusste Technikgrößen mit Doktortiteln und Forschungsgruppen im Rücken entwickelt hatten. Über seine Fortschritte berichtete er in einem Internet-Nachrichtenforum, in dem sich Fans von 3-D-Videos austauschten.

Zu den Lesern dieses Forums gehörte auch John Carmack, der in Dallas/Texas zu Hause war. Wenn es einen Elvis in der Welt der Gamer gab, dann war es Carmack. Ein Programmierer von galaktischen Qualitäten, war er der Kopf hinter legendären Videospielen wie »Doom«. Bei seiner Erforschung der gegenwärtigen VR-Welt musste er schockiert feststellen, wie wenig sich seit den 1990er-Jahren getan hatte. Eine der vielen Frustquellen bestand darin, dass die experimentellen Systeme der Zeit nur ein eingeschränktes Sichtfeld boten. Das war Mist, denn der entscheidende Reiz des Aufenthalts in einer virtuellen Welt liegt schließlich darin, dass man richtig hineingezogen wird. Und das ist natürlich nicht möglich, wenn die Illusion sofort kaputtgeht, sobald man nur den Kopf wendet. Luckeys VR-Brille erschien demgegenüber wie ein Wunderwerk. »Ich hatte erwogen, mir ein VR-Headset mit einem Sechzig-Grad-Display für 15 000 Dollar zu kaufen«, sagt Carmack. »Palmer baute etwas Ähnliches mit Sachen aus dem Baumarkt, das Ganze kostete zwischen 300 und 500 Dollar. Und mit einem Sichtfeld von neunzig Grad plus.«

Carmack nahm Luckeys Headset – mit Klebeband zusammengehalten – mit zu einer Gaming-Messe, und die Vorführung war eine Sensation. Davon hörte ein Spiele-Verleger und -Programmierer namens Brendan Iribe mit Sitz in Maryland, in der Nähe des State College. Iribe hatte gerade seine Firma an Sony verkauft und war offen für neue Möglichkeiten. In Begleitung seiner langjährigen Kollegen Michael Antonov und Nate Mitchell traf er sich mit Luckey in einem Edel-Steakhouse in Los Angeles. Luckey erschien in Shorts, Flip-Flops und einem alten Atari-T-Shirt. Doch sobald er den Mund aufmachte, war allen klar, dass es sich bei Palmer Luckey um ein Tech-Wunderkind handelte. »Man konnte ihn praktisch alles fragen, was irgendwie mit Tech oder Elektronik zu tun hatte, und er konnte

einem ganz genau die Hintergründe erklären, warum die Sachen
funktionierten, warum sie oft nicht funktionierten und wie das Ganze
zusammengebaut war«, sagt Iribe.

Noch bevor die Steaks verputzt waren, schlugen Iribe und seine
Freunde Luckey vor, eine Firma zu gründen. Doch der war unschlüs-
sig. In den folgenden Wochen blieb Iribe an ihm dran, was keine
leichte Aufgabe war, da Luckey kein Smartphone besaß. Außerdem
spielte Luckey mit dem Gedanken, sein Headset einfach zusammen
mit einigen Freunden als *Kickstarter*-Projekt zu produzieren. (Kickstarter war eine Crowdfunding-Seite, das heißt, man konnte unter
Vorbehalt in neue Projekte investieren, die aber nur dann zustande
kamen, wenn genug Geld gesammelt wurde.) Allerdings hatte er keinen einzigen funktionierenden Prototyp seiner eigenen Erfindung
mehr. Iribe schrieb ihm einen Scheck über 3700 Dollar für die benötigten Teile aus. Das beeindruckte Luckey so sehr, dass er nun doch
einschlug. Sie waren im Geschäft und Iribes Freunde mit im Boot.
Am 4. Juli hatte Luckey die Headsets fertig, um sie Iribe erstmals vorzuführen. Iribe wurde übel von der Demo-Vorführung, aber er war
bekanntermaßen anfällig für jede Form von Seekrankheit.

Das Crowdfunding blieb dennoch ein Thema, denn darüber könnte das Produkt in größeren Mengen in China hergestellt werden. Mit
Iribes Unterstützung drehte Luckey professionelle Videos für die
Kickstarter-Seite, die am 1. August 2012 auf Sendung gingen. Sobald
die Beiträge prospektiver Investoren die Summe von 250 000 Dollar
erreicht hätten, wollte man in Produktion gehen. *Oculus,*[17] wie das
Projekt genannt wurde, war nach zwei Stunden am Ziel. Wenige Tage
später, als sie bei einer Summe von 2.427.429 Dollar angelangt waren,
schlossen sie das Crowdfunding. Zumal inzwischen auch professionelle Investoren ihre Angebote abgaben. Am Ende hatte Oculus in
einer ersten Finanzierungsrunde 16 Millionen Dollar eingesammelt.

Ende 2013 sah die Firma sich mit einem klassischen Start-up-Pro-
blem konfrontiert: Während das Produkt noch entwickelt wird, muss
eine wachsende Belegschaft organisiert werden. Aktuell hatte man
nur dreißig Mitarbeiter, strebte aber eine Verdreifachung an, um allein den noch ausstehenden Kickstarter-Bestellungen nachkommen
zu können. Die damit verbundenen Kosten erforderten eine weitere

Finanzierungsrunde, diesmal über 75 Millionen Dollar. Aber die Technik machte gute Fortschritte. Ein ehemaliger Microsoft-Programmierer namens Michael Abrash, der auch für die Spieleentwicklungsfirma *Valve* tätig gewesen war, hatte die Oculus-Technologie mit einer Bildschirmdarstellungstechnik verbunden, die sich durch »geringe Persistenz« auszeichnete und das Gefühl der Seekrankheit minimierte. Zum ersten Mal konnte Iribe Virtual Reality nutzen, ohne dass ihm übel wurde. Abrash schloss sich schließlich der Firma als Leiter des Forschungslabors an.

Das Unternehmen rechnete sich aus, dass es sinnvoll wäre, sich eine erfahrene Führungsfigur in den Aufsichtsrat zu holen, und die naheliegende Wahl war Marc Andreessen, dessen Risikokapitalfirma Andreessen Horowitz Hauptinvestor in der zweiten Finanzierungsrunde gewesen war. Da Andreessen auch bei Facebook im Aufsichtsrat saß, schlug er vor, Iribe möge sich Referenzen bei Mark Zuckerberg einholen. Am 13. November schickte Andreessen dem Facebook-CEO eine E-Mail mit dem Betreff »Haben Sie Oculus gesehen?« Darin teilte er Zuckerberg mit, Oculus habe ihn »schlichtweg umgehauen«.[18]

Zuckerberg bestätigte Iribe am Telefon, dass Andreessen ein großartiges Aufsichtsratsmitglied wäre (na, wer hätte das gedacht?). Dann kamen sie auf das Thema Virtual Reality zu sprechen. »Glauben Sie, das könnte für mehr als nur Spiele verwendet werden?«, wollte Zuckerberg wissen. »Auf jeden Fall!«, antwortete Iribe. »Man muss es gesehen haben, um es zu glauben!«

Bald darauf – am 23. Januar 2014 – wurde Iribe mit einem kleinen Team auf dem Facebook-Gelände vorstellig. Da Zuckerbergs vollverglaster Konferenzraum allzu exponiert war (Zuckerberg konnte es nicht ausstehen, wenn man die Jalousien herunterzog, um unbeobachtet zu sein), richtete man sich in Sandbergs Büro ein. Zuckerberg setzte sich ein Headset auf und begann, eine seltsame Landschaft mit lauter Kriechtieren zu erkunden.

Das nächste Demo-Szenario beeindruckte ihn besonders. Es zeigte eine Villa in der Toskana, in der man herumschlendern konnte und eine wunderbare Aussicht auf die umliegende Landschaft hatte. *Das ist ja echt cool*, dachte Zuckerberg.[19] *Ich bin eindeutig* nicht *in Italien –*

ich bin in Sheryls Besprechungsraum. Aber es fühlt sich tatsächlich an, als wäre ich in Italien, weil alles, was ich sehe, mir das Gefühl gibt, dass es echt ist! Am nächsten Tag schickte Zuckerberg eine E-Mail an Iribe. »Mir war ein bisschen schwindlig, als ich das Headset abgenommen habe«, schrieb er, »aber es ist klar, in welche Richtung das führt, und es ist unglaublich.« Noch machte er kein Angebot, Oculus zu kaufen. Doch fünf Tage später flog er für eine ausführlichere Demo-Vorführung nach Irvine.

Diese zweite Demo gab den Ausschlag. Innerhalb weniger Tage war Zuckerberg zu der Überzeugung gelangt, dass Virtuelle Realität nicht bloß eine coole neue Funktion sein könnte, sondern etwas viel Größeres. *Es war die nächste Plattform.* Das zu verpassen wäre das Gleiche, wie die mobilen Anwendungen zu verpassen. Erst zwei Jahre war es her, dass dieser Paradigmenwechsel fast an Facebook vorbeigegangen wäre, was Zuckerberg im Nachhinein als eine Art Nahtoderfahrung betrachtete. Virtuelle Realität, kalkulierte er, würde vielleicht noch zehn Jahre Zeit brauchen, aber hier gab es eine Firma, die schon mal die Grundlagen dafür legte. Falls Facebook diese Firma in Besitz nahm und Geld hineinschaufelte, um die Sache voranzutreiben, dann wäre er, Zuckerberg, auf das nächste große Ding nicht nur optimal vorbereitet. Es würde ihm *gehören!*

Tags darauf traf er sich mit Iribe zum Essen und teilte ihm mit, dass er die Firma kaufen wolle. Wiederum einige Tage später legte er seine Vorstellungen in einer E-Mail dar, die unverkennbare Ähnlichkeiten mit denen hatte, die er an Instagram, Snapchat und kürzlich erst an WhatsApp geschickt hatte. *Sicher,* hieß es da im Wesentlichen, *ihr werdet auch auf eigene Faust zurechtkommen, aber wir werden für das schnelle Wachstum eurer Firma sorgen, die besten Leute anstellen, euch unsere Infrastruktur zur Verfügung stellen und euch beim Wachsen helfen.*

Die angebotene Kaufsumme lag unter einer Milliarde Dollar. Iribe wollte ein Vielfaches davon. Höflich lehnte er das Angebot ab.

Doch Zuckerbergs Interesse an der VR steigerte sich zur Besessenheit. Er konferierte mit Zoufonoun, seinem obersten Dealmaker, und sie kamen überein, dass ein höherer Preis gerechtfertigt sei. Für Sonntag, den 16. März, lud er Iribe in sein Haus ein. »Ich werde Ihre Zeit nicht vergeuden«, versprach Zuckerberg.

Iribe erschien in Begleitung von John Carmack bei Zuckerberg, der bei einem Lieferservice Pizza bestellt hatte.[20] Sie setzten sich damit auf die Veranda und kamen gleich zur Sache. Zuckerberg musste zwar nicht mehr überzeugt werden, doch Carmacks kompetenter Vortrag über das Produkt ließ Oculus noch ein Stückchen attraktiver erscheinen. Als Carmack sich verabschiedete, rückte Zuckerberg mit seinem Angebot heraus: zwei Milliarden für Oculus selbst und zusätzliche (erfolgsabhängige) 700 Millionen Dollar gemäß einer »Earn-Out-Klausel«. Und das sollte nur der Grundstock für weitere Milliarden sein, die Facebook in die Entwicklung der Technologie stecken würde. Iribe war einverstanden.

Acht Tage später wurde der Vertrag unterzeichnet. Damit war Facebooks zweitgrößte Übernahme perfekt, kurz nachdem die größte Übernahme, die von WhatsApp, ähnlich schnell über die Bühne gegangen war.

Bald darauf erfuhr Facebook, dass es Komplikationen gab, weil Carmacks früherer Arbeitgeber Eigentumsrechte an einem Teil der Oculus-Technologie geltend machte. Es kam zu einem Gerichtsverfahren, an dessen Ende Facebook 500 Millionen Dollar zahlte. Zuckerberg, ausnahmsweise im Anzug, sagte als Zeuge aus. Es gab einen Moment, in dem das Verfahren sich über die Niederungen des Streits um geistiges Eigentum erhob und einfach nur den Traum eines Nerds zur Anschauung brachte. Nachdem der Anwalt des Klägers ihn in die Mangel genommen hatte, wurde Zuckerberg von einem der eigenen Anwälte gefragt, mit welchen Erwartungen er die Firma Oculus denn gekauft habe. Zuckerberg, der dem gegnerischen Anwalt nur äußerst wortkarg und bissig geantwortet hatte, legte plötzlich eine erstaunliche Beredsamkeit an den Tag. Virtuelle Realität, führte er aus, werde die Menschen auf gleiche Weise zusammenbringen, wie Facebook es getan habe. Als Beispiel diente ihm jener erste Moment, wenn ein Kleinkind zu laufen beginnt. Als er, der junge Mark, seine ersten Schritte machte, da hielten Ed und Karen Zuckerberg das Ereignis in einem Babybuch fest. Jahre später, als das erste Kind seiner älteren Schwester erste Gehversuche unternahm, machte Randi Zuckerberg

ein Foto mit ihrem Smartphone. Als ihr zweites Kind zu laufen begann, dokumentierte sie das per Video.»Und als Max, also meine
Tochter, erst vor wenigen Monaten ihre ersten Schritte machte«, sagte
er,»habe ich die ganze Szene mit einer 360-Grad-Kamera aufgenommen, um die Bilder meinen Eltern zu schicken und mit der Welt zu
teilen, und jeder, der das sieht, kommt sich vor, als würde er selbst
mitten in unserem Wohnzimmer sitzen.«

Genau das war es, was Mark Zuckerberg sich von Oculus erhoffte.
Ein soziales Erlebnis, das Wunder alltäglich werden ließ. Er konnte
kaum erwarten, es vorzuführen. Selbst wenn es noch zehn Jahre dauern und eine ganze Reihe noch zu bestimmender Durchbrüche erfordern würde, bis es so weit war. Dann aber würde kein anderes Unternehmen auf der Welt auch nur annähernd wie Facebook in der Lage
sein, dieses Erlebnis zu vermitteln.

Zuckerbergs Infrastruktur war vollständig. In weiteren fünf Jahren
würden all diese unabhängigen Firmen Teil der einen großen, glücklichen Facebook-Familie sein. Und ihre Gründer nicht mehr da.

TEIL DREI

14 DIE WAHL

Ned Moran gehörte zu Facebooks »Threat Intelligence Team«, das sich mit der Sicherheit von IT-Systemen und der Bedrohungslage durch Cyberangriffe und andere Gefahren beschäftigte. Das Washingtoner Facebook-Büro, Hauptwirkungsstätte dieser Abwehreinheit, war vor allem mit Mitarbeitern aus den Bereichen Unternehmensstrategie und Kommunikation besetzt. Während sie Lobbyarbeit im Kongress betrieben, sich mit Regulierungsbehörden auseinandersetzten und unzählige Stunden in Videokonferenzen mit ihren Ansprechpartnern in Kalifornien, Singapur und Dublin zubrachten, brüteten Moran und seine Kollegen über Computerbefehlen und Internetlinks, um digitale Eindringlinge und Missetäter aufzuspüren. An seinem Arbeitsplatz in Washington bemerkte Moran erstmals, dass Facebook von Russen benutzt wurde, um die amerikanische Präsidentschaftswahl zu beeinflussen.

Das Threat Intelligence Team bestand aus Computersicherheitsexperten mit Erfahrung im Aufspüren von Spionagebedrohungen wie Malware oder Spear-Phishing, bei dem Zielpersonen dazu gebracht wurden, einen Link anzuklicken, der den Übeltätern Zugang zu privaten Informationen oder gar zu Facebooks Programmcode verschaffte. Facebook befürchtete, geschulte Spione, womöglich gar Geheimdienstmitarbeiter fremder Mächte, könnten das soziale Netzwerk bei der Suche nach potenziellen Zielen nutzen.

Dass es eine solche Bedrohung gab, war bekannt. In den zurückliegenden Jahren hatte unter anderem das Sicherheitsunternehmen *CrowdStrike* die Aktivitäten von Hackergruppen verfolgt, die intern unter Namen wie »Fancy Bear« oder »Cozy Bear« firmierten. Die Harmlosigkeit der Plüschtiernamen täuscht. Es handelte sich um zwei unabhängig voneinander in Russland operierende Gruppierungen digitaler Plünderer. Geheimdienstmitarbeitern waren sie als die Einheiten 26165 und 74455 des leitenden Zentralorgans des russischen

Militärnachrichtendienstes (GRU) bekannt, in etwa das russische Pendant zur CIA. »Ihre Spionagepraxis ist erstklassig, die operative Sicherheit unübertroffen, und die umfassende Nutzung von ›Living off the Land‹-Taktiken ermöglicht ihnen, viele Sicherheitsvorkehrungen mühelos zu umgehen«,[1] schrieben die Cyberspionage-Spezialisten von CrowdStrike. [Cyberkriminelle nutzen dafür vor allem Tools, die bereits auf den Zielsystemen vorinstalliert sind. Mit dieser »LotL«-Taktik können sie ihre Aktivitäten innerhalb einer Vielzahl autorisierter Prozesse verbergen; Anm. d. Red.]

Bei Facebook war bekannt, dass viele der aktiven Profile Verbindungen zum GRU aufwiesen. Statt sie zu sperren – sie taten ja nichts Illegales –, ließ man sie von der Abwehreinheit überwachen, um potenzielle Bedrohungen zu erkennen. Anfang 2016 bemerkte das Team, dass Nutzer – wer auch immer hinter diesen Accounts stecken mochte – Facebook nach Regierungsmitarbeitern abzusuchen begannen, darunter auch Journalisten und Demokraten, die am Clinton-Wahlkampf beteiligt waren. Es wirkte wie der Auftakt zu einem Spear-Phishing-Angriff auf sie. Facebook verständigte das FBI,[2] das die Hinweise aufnahm, Facebook im Anschluss aber nicht mehr kontaktierte.

Die Bären wurden aggressiver. Im Juni 2016 berichtete Crowd-Strike, die GRU-Teams hätten eine Reihe von Spear-Phishing-Attacken gegen den Wahlkampf der Demokraten verübt, bei denen unter anderem die E-Mails der Kandidatin Hillary Clinton und die ihres Wahlkampfleiters John Podesta zur Zielscheibe geworden waren. (Die Angriffe waren von den Gmail-Postfächern der Opfer ausgegangen.) Ende Juni bekannte sich ein Fancy-Bear-Mitglied namens »Guccifer 2.0« dazu, sich in das Democratic National Committee gehackt und dessen E-Mails gestohlen zu haben.

In etwa zu dieser Zeit wurde Moran auf eine verstärkte Aktivität der Profile mit Verbindung zum GRU aufmerksam. Diesmal handelte es sich nicht um Phishing oder das Aufspüren bestimmter Zielpersonen. Stattdessen traten die Russen mit gewöhnlichen Facebook-Nutzern in Kontakt. Im Prinzip nutzten sie Facebook genauso wie von dessen Programmierern intendiert – als ein Medium zum Teilen von Inhalten. Auf diese Art von Aktivität war das Threat Intelligence

Team – ja, war Facebook selbst – nicht vorbereitet, und man stand ihr machtlos gegenüber.

Bei den Wahlen der Jahre 2008 und 2012 hatte Facebook als Mittel zur Bürgerbeteiligung einen Aufschwung erlebt. Es hatte sich im Wahlkampf als wichtiges Werkzeug erwiesen, und der Facebook-Mitgründer Chris Hughes hatte zum ersten Wahlsieg Obamas beigetragen. Im Jahr 2008 hatte Facebook begonnen, Debatten zu sponsern, bei denen Nutzer Fragen an die Kandidaten richten konnten. Aber Ned Morans Entdeckung war das erste Signal, dass es 2016 für Facebook auf verhängnisvolle Weise anders kommen würde.

Im Mai 2015 wurde Alex Stamos[3] Chief Security Officer (CSO) von Facebook. Der breit gebaute Mittdreißiger war nach einem Jahr voller Probleme von Yahoo!, wo er den gleichen Posten bekleidet hatte, zu Facebook gewechselt. Stamos war für seine engen Beziehungen zur »White Hat«-Hackerszene bekannt, mit der er sich in Kernfragen wie dem Einsatz für starke Verschlüsselung verbündete. [Die »Weiß-Hüte« verwenden ihr Wissen innerhalb der gesetzlichen Grenzen, sie folgen der Hackerethik in ihrem ursprünglichen Sinn und stehen damit in Opposition zu den »Black Hats«, die von krimineller Energie getrieben werden. Anm. d. Red.] Darüber hinaus hatte er etwas Unberechenbares an sich. Stamos, der kein Blatt vor den Mund nahm, war kein Freund der traditionellen Vorschrift, CSOs sollten sich aus der Öffentlichkeit heraushalten. Die weitverbreitete Theorie lautete, dass die Menschen umso weniger Vertrauen in ein Unternehmen oder die Technologie im Allgemeinen hatten, je stärker dieses Unternehmen Sicherheitsrisiken thematisierte. Er war vom Gegenteil überzeugt – dass das Verschweigen solcher Probleme lediglich die Angreifbarkeit erhöhte.

Stamos' Position als oberster Sicherheitschef bei Yahoo! war seine erste Anstellung bei einem großen Technologieunternehmen gewesen, nachdem er jahrelang für verschiedene Sicherheitsfirmen gearbeitet hatte. Vor seinem Eintritt in das Unternehmen war Yahoo! einigen Angriffen zum Opfer gefallen, bei denen Hacker Informationen über mehr als eine Milliarde Nutzer erlangt hatten. Stamos hatte eine Gruppe angeführt, die sich »die Paranoiden« nannte, und mehrere Initiativen zur Erhöhung der Sicherheit angestoßen; dabei war er jedoch wiederholt mit seinen Vorgesetzten aneinandergeraten, weil er noch stärkere Geschütze auffahren wollte.[4] Als er im Mai 2015 zu Facebook wechselte, erwartete ihn eine noch anspruchsvollere Tätigkeit, in deren Rahmen er die Daten von zwei Milliarden Menschen sowie eine weltweite Infrastruktur schützen musste. Dabei konnte vieles schiefgehen.

Was Stamos nicht ahnte, war, dass schon im Augenblick seiner Einstellung etwas schiefgegangen war: Das Unternehmen hatte sich neu organisiert, und der Chief Security Officer und sein Team waren nun Sheryl Sandberg unterstellt. Sein Bereich, der für die eigentliche Programmierarbeit des Facebook-Bootcamps verantwortlich zeichnete, war der einzige, in dem nahezu alle (deutlich über hundert Mitarbeiter) einen IT-Hintergrund hatten. Stamos berichtete noch nicht einmal direkt an Sandberg – sein unmittelbarer Vorgesetzter war der Justiziar Colin Stretch, der seinerseits an Elliot Schrage, den Leiter der Abteilung Unternehmensstrategie und Kommunikation, berichtete. Der Verantwortliche für die Sicherheit von Facebook war also zwei Schritte vom Chief Operating Officer Sandberg entfernt ohne eine ständige Verbindung zu ihr, geschweige denn zu Zuckerberg und seinen obersten Stellvertretern, die die Firma leiteten.

Jetzt sah Stamos erste Anzeichen dafür, dass das Unternehmen einigen Herausforderungen, denen es während der Wahl von 2016 gegenüberstehen würde, nicht gewachsen war. Dabei ging es weniger darum, dass sich die Russen für Facebook interessierten – damit rechnete man, und Stamos' Team hatte ein Augenmerk auf Angriffe aus dem In- und Ausland. Die Abwehreinheit hielt nach genau solchen Cyberspionen Ausschau: Hackern von der dunklen Seite, die womöglich Nutzerprofile kaperten und Informationen stahlen.

Bei dem erfolgreichen Spear-Phishing-Angriff, den die Russen schließlich gegen das Democratic National Committee und andere am Clinton-Wahlkampf Beteiligte verübten, hatte Facebook selbst keine Rolle gespielt. Doch im Sommer 2016 wurde der Dienst genutzt, um gewisse gestohlene E-Mails in Umlauf zu bringen, die die Demokraten in Verlegenheit brachten und Clinton womöglich Wähler abspenstig machten. Schon im Frühjahr hatten die Russen als Sammelbecken für solche Dinge eine Webseite namens *DCLeaks*[5] geschaffen, ihre eigene Beteiligung daran jedoch verschleiert. Als die Seite am 8. Juli online ging, starteten sie eine Facebook-Seite desselben Namens (auch ein entsprechender Twitter-Account wurde eröffnet). Sie hatten Facebook als ausgezeichnete Aktionsplattform erkannt.

Das Abwehrteam sah sich die ärgerliche DCLeaks-Seite sehr genau an. Oberflächlich betrachtet, schien alles mit rechten Dingen zuzugehen. Sie war von einer gewissen Alice Donovan ins Leben gerufen worden, die schon zuvor über ein Facebook-Profil verfügt hatte. Die Seite wurde von zwei anderen Nutzern mit englisch klingenden Namen, Jason Scott und Richard Gingrey, unterstützt. Von diesem Ausgangspunkt aus wurden letztlich Hunderttausende nichtsahnende Facebook-Nutzer mit den Inhalten konfrontiert. Das Threat Intelligence Team analysierte die Informationen zum Ursprung und den Verbindungen der Seite. Durch einen Abgleich mit den bekannten GRU-nahen Profilen entdeckte Moran, dass die DCLeaks-Seite Verbindungen zu einer russischen Hacker-Organisation aufwies. (Die von Robert Mueller gleitete Untersuchungskommission sollte später Alexej Alexandrowitsch Potemkin, ein Führungsmitglied von Einheit 74455, für den eigentlichen Launch der Seite verantwortlich machen. Der – echte – Nachname ist von schwer erträglicher Ironie.)

»Wir sahen, wie sie Journalisten gezielt Informationen zuspielten, damit Artikel über den Inhalt der E-Mails von Hillary, dem DNC und von Podesta erschienen«, sagt Stamos. Sein Team meldete das den Anwälten von Facebook, die es an die Strategieeinheit des Unternehmens weitergaben.

Es hätte eine einfache Entscheidung für Facebook sein sollen, die Seite vom Netz zu nehmen. Doch bei Facebook im Wahljahr 2016 waren solche Entscheidungen nicht einfach. Man war sich uneins darüber, ob und, wenn ja, inwieweit man gegen die eigenen Regeln verstoßen sollte, um Neutralität zu bewahren oder sich auch nur den Unterschied zwischen Wahrheit und zerstörerischen Lügen einzugestehen.

Facebook wäre nicht zum ersten Mal dem Vorwurf der Begünsti-
gungspolitik ausgesetzt gewesen. Wir erinnern uns an die im letzten
Augenblick erfolgte Einbettung des »Ich habe gewählt«-Buttons im
Wahlkampf von 2008. Während der Midterm-Wahl im Jahr 2010 hatte Facebook das Programm um eine prominent platzierte Schaltfläche
mit der Aufschrift »Ich habe gewählt« erweitert, die für die Nutzer,
nicht aber für alle Besucher der Seite sichtbar war. Facebook nutzte
die Zwischenwahl für ein ausgeklügeltes Experiment: Zwei der führenden Datenwissenschaftler des Unternehmens testeten in Zusammenarbeit mit Forschern der University of California in San Diego,
ob das Feature tatsächlich die Wahlbeteiligung beeinflusste. Wenn
man sah, dass die eigenen Freunde zur Wahl gingen, würde man sich
dann ermutigt fühlen, es ihnen gleichzutun?

Cameron Marlow, der damals bei Facebook die Abteilung für Datenwissenschaft leitete, sagt, es habe sich um ein Experiment ohne
Hintergedanken gehandelt: »Wir hatten ein Produkt, das bei jeder
einzelnen Wahl zum Einsatz gekommen war und das wir bei Wahlen
in anderen Ländern einzusetzen begannen – das Ziel war, die Menschen dazu zu bewegen, dass sie zur Wahl gingen.« Als die Experten
der Uni das Experiment vorgeschlagen hätten, sei es ihnen ganz natürlich erschienen. Als Teil des Wachstumsbereichs seien die Datenwissenschaftler nun einmal stets auf der Suche nach Möglichkeiten
gewesen, mehr über das Nutzerverhalten herauszufinden und so deren Bindung zu erhöhen.

Die Studie »A 61-Million Person Experiment in Social Influence
and Political Mobilization« wurde kontrovers aufgenommen, als sie
2012 in *Nature* erschien. Sie legte nahe, dass Facebook einen Einfluss
auf das Wählerverhalten hatte. Tatsächlich kam die Studie zu dem
Schluss, dass sich die Macht von Facebook sogar auf das Ergebnis
einer Wahl auswirken konnte. »Die Ergebnisse zeigen, dass die Mitteilungen einen unmittelbaren Einfluss auf die politische Selbstentfal-
tung, den Erwerb von Informationen und das tatsächliche Wahlverhalten von Millionen Menschen hatten«, schrieben die Verfasser der
Studie und fügten weiter unten hinzu: »Die innerhalb des sozialen
Netzwerks von Facebook verbreitete Mitteilung erhöhte die Wahlbeteiligung unmittelbar um etwa 60 000 Wähler und mittelbar durch

soziale Ausbreitung um weitere 280 000, wodurch sich eine Gesamtmenge von 340 000 zusätzlichen Wählern ergibt. Das entspricht etwa
0,14 Prozent des Bevölkerungsanteils im wahlfähigen Alter von 236
Millionen Menschen im Jahr 2010.«[6] In einem Land, in dem Wahlen
traditionell knapp ausfielen, konnten solche Zahlen wahrlich einen
Unterschied machen.

Noch verstörender war die Vorstellung, Facebook könnte diese
Macht nutzen könnte, um Menschen zu manipulieren und so ein
gewünschtes Ergebnis zu erzielen. Die Studie selbst war ein Beispiel
dafür. Facebook unterstützte das Experiment, indem es einen Teil seiner Nutzerschaft in zwei Gruppen aufspaltete: eine, die den »Ich habe
gewählt«-Button sehen konnte, und eine Kontrollgruppe, die es nicht
konnte. Mithilfe der Wählerverzeichnisse nahmen die Verfasser der
Studie dann einen Abgleich vor. Da sich zeigte, dass sich die Wahlbeteiligung innerhalb der Versuchsgruppe erhöht hatte, war nun denkbar, dass Facebook durch das Verdecken der Schaltfläche innerhalb
der Kontrollgruppe den Wahlausgang beeinflusst hatte.

Und was, wenn Facebook beschlossen hätte, den Knopf in republikanischen Gegenden zu verbergen, um ihn in demokratischen Hoch-
burgen umso stärker in den Blick zu rücken? Im Prinzip nahm Facebook durch die geografische Selektion einen leichten Einfluss auf die
Wahlbeteiligung. (Marlow sagt, die Auswahl derjenigen, die die
Schaltfläche sehen konnte, sei »rein zufällig« erfolgt.)

Die Studie erschreckte die Beobachter. Eine typische Schlagzeile
lautete: »Facebooks ›Ich habe gewählt‹-Knopf war verdecktes Nut-
zer-Experiment«.[7] Wie bei vielen Aktionen der Wachstumseinheit
hatte das Unternehmen auch hier schnell agiert, war für seine Leicht-
fertigkeit zurechtgewiesen worden und war dann zurückgerudert.
Fortan war das Unternehmen darauf bedacht, nicht daran zu erinnern, dass es den Ausgang einer Wahl beeinflussen konnte, wenn es
für eine Seite Partei ergriff. Die Wahlerinnerungen waren nun für alle
sichtbar, Kontrollgruppen gab es nicht mehr.

Doch als die Wahl von 2016 näher rückte, wurde das Konzept der
Parteinahme von Facebook abermals zum Streitpunkt innerhalb wie
außerhalb der Firma.

Der Leiter des Washingtoner Büros und zugleich stellvertretende

TEIL DREI

Leiter des Bereichs globale Firmenstrategie war ein ehemaliger Berater von George W. Bush namens Joel Kaplan.[8] Als junger Anwalt war er Sekretär von Antonin Scalia gewesen, einem Richter am Obersten Bundesgerichtshof, und hatte sich dann an der Stimmennachzählung beteiligt, die Bush den Weg ins Weiße Haus geebnet hatte. Seinen letzten Posten innerhalb der Bush-Regierung hatte er von dem politischen Strippenzieher Karl Rove übernommen – als stellvertretender Stabschef. Er betätigte sich als Energielobbyist, als Sheryl Sandberg ihn im Jahr 2011 zum stellvertretenden Leiter des Bereichs Unternehmensstrategie auserkor. Er war der ultimative »Freund von Sheryl Sandberg« (»FOSS«) – in Harvard waren die beiden ein Paar gewesen und anschließend trotz ihrer unterschiedlichen politischen Zugehörigkeiten in Verbindung geblieben. Sandberg selbst geht dieses ganze »FOSS-Narrativ« eher auf die Nerven. »Es gibt eine ganze Reihe großartiger Leute, mit denen ich in der Vergangenheit zusammengearbeitet habe. Sie haben mich von Job zu Job begleitet, und natürlich ist der Kontakt zu ihnen im Laufe der Zeit enger geworden«, sagt sie.

Als Kaplan zum Unternehmen kam, hatte er in seiner Abteilungsleiterin – einer treuen Demokratin – ein politisches Gegengewicht. Dieses natürliche Parteiengleichgewicht änderte sich, als Marne Levine 2014 nach Kalifornien zog, um Chief Operating Officer von Instagram zu werden. Kaplan, nun Leiter des Bereichs globale Firmenstrategie, suchte nicht nach einem Gegengewicht von der anderen Seite des politischen Spektrums. 2015 stellte er einen Freund aus dem Bush-Cheney-Wahlkampf an, Kevin Martin, der Bushs Federal Communication Commission geleitet hatte. Martins Laufbahn bei der Bundesbehörde für Kommunikation hatte mit Ermittlungen geendet, in deren Verlauf ihm keine Vergehen nachgewiesen werden konnten, jedoch festgehalten wurde, dass sein »ungeschickter, undurchsichtiger und unkollegialer Führungsstil […] unter den fünf amtierenden Mitgliedern der Kommission Misstrauen, Argwohn und Unruhe geschürt« habe. Dem Bericht zufolge hatte Martin seine Mitarbeiter einmal angewiesen, einen Bericht umzuformulieren, der nicht seiner Meinung entsprach. (Martin würde später zum Leiter Unternehmensstrategie für den US-amerikanischen Markt aufsteigen.)

Auf einige der Mitarbeiter wirkte Kaplans Verhalten, als hätte er dafür zu sorgen, dass Liberale bei Facebook nicht bevorzugt würden. »Das war Joels Rolle im Unternehmen – herauszufinden, was die Konservativen wollten, und sie zufriedenzustellen«,[9] sagt ein hochrangiger Facebooker, der mit ihm zusammengearbeitet hat. Irgendwann, so sagt er, hätten die Mitarbeiter den Plan gefasst, eine Wahlinitiative der Regierung Obama zu unterstützen. Das stand in Einklang mit dem auch nach der unglückseligen Studie fortbestehenden Glauben, dass eine wachsende Wahlbeteiligung etwas Positives war. Doch Kaplan unterband das mit der Begründung, Facebook würde als parteiisch gelten, wenn man irgendein Vorhaben des Präsidenten der Vereinigten Staaten unterstützte. Schließlich war Obama Demokrat. »Ich glaube, sein Gedanke war: *Die Republikaner sind gegen Wählerregistrierung*«, sagt ein anderer, seinerzeit in Washington tätiger Facebook-Mitarbeiter.

Das war nur ein Beispiel für Kaplans übergroße Sensibilität gegenüber Befürchtungen, Facebook könnte das Geschehen zuungunsten von Trump beeinflussen. Im Dezember 2015 wurde auf Trumps Facebook-Seite ein Video geteilt, in welchem der Präsidentschaftskandidat dazu aufrief, muslimische Einwanderung zu stoppen. »Das war ein klarer Verstoß gegen unsere Richtlinien«, sagt ein Facebook-Mitarbeiter des Bereichs Unternehmensstrategie. Doch selbst Zuckerberg, ein eifriger Befürworter der Immigration, zögerte, den Beitrag löschen zu lassen.

Das Thema kam während des wöchentlichen »Sheryl-Meetings« zur Sprache, einer Videokonferenz, an der Strategieverantwortliche aus Washington und Menlo Park teilnahmen. Kaplan sprach sich dafür aus, den Beitrag online zu lassen; andere wiesen darauf hin, dass es Facebook schwerfallen würde zu erklären, warum man nicht gegen etwas vorgegangen sei, was gegen die eigenen Richtlinien in Bezug auf Hassreden verstieß. Der *New York Times* zufolge sagte Joel Kaplan: »Schlafende Hunde soll man nicht wecken«,[10] was auf Donald Trump bezogen war. Aber auch die Abteilung für Gemeinschaftsstandards zeigte sich einverstanden damit, dass der Beitrag online blieb. »Es war einer dieser grenzwertigen Beiträge«, sagt Monika Bickert, die das Team leitet. »Diese Person ist ein bedeutender Kandidat in einer Wahl von weltweiter Bedeutung; über so etwas wird natürlich berichtet.«

Im Normalfall hatte Sandberg die Entscheidungsgewalt, doch da es sich um einen Präsidentschaftskandidaten handelte, sagte sie, sie werde es mit Zuckerberg besprechen. Seiner eigenen Einstellung zum Thema Einwanderung zum Trotz ließ der CEO den Beitrag stehen.[11] Facebook ging einen schmerzhaften Kompromiss ein. Das Video blieb auf Trumps Seite, aber wenn es von Dritten geteilt wurde, löschte Facebook diese Beiträge. (Twitter hatte mit Trumps hasserfüllten Tweets das gleiche Problem; letztlich entschied Jack Dorsey, dass der Nachrichtenwert eines Kandidaten und späteren Präsidenten schwerer wiege als eine Verletzung der Richtlinien.)

Der Eiertanz um die Parteinahme setzte sich in das Frühjahr hinein fort, als es zu einer weiteren politischen Kontroverse kam, die sich diesmal an einem Facebook-Feature namens *Trending Topics* entzündete. Oberflächlich betrachtet, wirkte das harmlos – eine reine Auflistung von Nachrichtenthemen, denen an dem jeweiligen Tag viel Aufmerksamkeit zuteilwurde, platziert an prominenter Stelle gleich rechts neben dem Newsfeed. Diese Trendlisten wurden von einer kleinen Gruppe von Journalisten zusammengestellt, die formal für das Outsourcing-Unternehmen Accenture tätig waren. (Wie andere Firmen auch bediente sich Facebook dieser Methode, um nicht weitere teure Vollzeitmitarbeiter einstellen zu müssen.) Die Trending Topics basierten auf einem Algorithmus, der eine Vorauswahl von Geschichten mit weiter Verbreitung traf; die Journalisten filterten dann gefälschte Artikel heraus und stellten sicher, dass die Trends die tatsächliche Nachrichtenlage widerspiegelten. Sie entfernten Inhalte, die überholt oder unzureichend belegt waren oder bei denen es sich um Satire oder gezielte Falschmeldungen handelte.

Im Mai 2016 berichtete der Blog *Gizmodo,* einem konservativen »Nachrichtenkurator« des Teams zufolge unterdrückten einige der Trending-Journalisten konservative Inhalte. Darüber hinaus, so hieß es, würden die Kuratoren Inhalte von liberalen Seiten »anschieben«.[12]

Jahrelang hatten Konservative moniert, das – von diesen Liberalen im Silicon Valley geführte – Unternehmen diskriminiere sie, indem es ihre Beiträge hinabstufe. Die Behauptungen waren nicht durch

Daten belegt, und viele Betrachter kamen zu dem Schluss, konservative Inhalte seien bei Facebook eher *über*repräsentiert. Fox News führte regelmäßig die Liste der meistgeteilten Inhalte an, und selbst kleinere politisch rechtsgerichtete Seiten wie »Daily Wire« waren bei Facebook einflussreicher, als ihre eigentliche Größe hätte vermuten lassen.

Nichtsdestoweniger wurden die Republikaner mit einem Mal große *Gizmodo*-Fans. Der republikanische Senator John Thune, Vorsitzender des Komitees, das die Federal Trade Commission beaufsichtigte, verlangte eine Erklärung. Facebook sondierte die Daten und bestätigte in einer zwölf Seiten umfassenden Antwort,[13] dass die Trending Topics Inhalte in unparteiischer Weise behandelten, ungeachtet ihrer politischen Ausrichtung. Zu einem »Anschieben«, erklärte das Unternehmen, komme es, wenn mehrere renommierte Pressorgane wie die *New York Times* oder das *Wall Street Journal* ausgiebig über ein nationales Thema berichteten. Facebook katzbuckelte nach rechts und versprach, dieses Vorgehen einzustellen. Aber die Trending Topics wurden beibehalten.

»Der Witz an dem Ganzen war, dass die Trending Topics innerhalb der Firma gar keine große Sache waren«, sagt Andrew Bosworth. »Es war keine große Investition, es war nicht wichtig.«

Bosworth und andere drängten Zuckerberg, die Funktion abzuschaffen, doch der CEO widersetzte sich dem eine Zeit lang. Ihm gefiel der Gedanke, den Nutzern aktuelle Informationen zu zeigen. Im Sommer aber war klar, dass die Wahl das Land spaltete, und Facebook wollte ganz sicher nicht als parteiisch wahrgenommen werden. Nun *war* Facebook allerdings in gewisser Weise parteiisch – die in den Trendlisten zitierten Nachrichtenquellen mussten einem bestimmten Qualitätsstandard gerecht werden. Indem man Menschen die letztgültige Auswahl aus den beliebtesten Themen auf Facebook treffen ließ, konnten Trolle sowie unrichtige oder schlicht erfundene Quellen ausgesondert werden. Es war nur so, dass einige der publizistischen Sturmgeschütze der konservativen Bewegung es mit der Richtigkeit nicht so genau nahmen.

Bei Facebook sah man Handlungsbedarf. Im August wurden die »menschlichen Filter« von ihren Verträgen entbunden – sprich:

gefeuert –, und Algorithmen übernahmen die Aufgabe. Zuvor hatte Facebook auf künstliche Intelligenz zurückgegriffen, um Artikel für die menschlichen Kuratoren auszuwählen, die lächerliche oder absurde Beiträge oder Links aussortieren konnten. Ohne diese Art der Überwachung begünstigten die Algorithmen die Inhalte, die im Newsfeed nach oben gespült wurden – aufmerksamkeitsheischende Beiträge ohne Rücksicht auf Wahrheitsgehalt, wohlmeinende Absichten oder Nachrichtenwert. Am Tag der Bekanntgabe dieser Maßnahme stellte eine CNN-Reporterin fest, dass sich die Nachrichten in ihrem Feed um den Oben-ohne-Tag, den Wetteransager Al Roker und den neuen Haarschnitt eines Rappers namens Yung Joc drehten.[14] Ein paar Tage später stand an der Spitze der Trending Topics eine von einer Webseite namens *endthefed.org* erdachte Geschichte, der zufolge die Fox-News-Nachrichtensprecherin Megyn Kelly entlassen worden war, weil sie Hillary Clinton im Wahlkampf unterstützt hatte. Als Quelle berief sich Endthefed auf eine weitere obskure Internetseite, die ihre Informationen wiederum von einem rechtsgerichteten Blog bezog, der sich einem Artikel der *Washington Post* zufolge las wie »Anti-Kelly-Propaganda von Amateurschriftstellern«.[15]

Die Trending Topics diskriminierten nicht länger die Konservativen. Sie diskriminierten den Journalismus. Seltsamerweise behielt Facebook die Funktion bei; erst 2018 stellte man das Feature sang- und klanglos ein.

Im Anschluss an das Trending-Topic-Fiasko schlug Kaplan vor, einige ausgewählte Vertreter des rechten Spektrums nach Menlo Park einzuladen, um sie zu überzeugen, dass man sie gerecht behandelte. Für manche Mitarbeiter stand das in anstößiger Weise im Gegensatz zu einem wenige Wochen zurückliegenden Vorfall, bei dem Facebook der Vereinigung afroamerikanischer Kongressmitglieder im Grunde eine Abfuhr erteilt hatte. Mitglieder der Bürgerrechtsvereinigung hatten um ein Treffen gebeten, um einige Themen anzusprechen, die ihnen auf den Nägeln brannten, darunter die Liveübertragung von Gewaltverbrechen und Polizistenmorden auf Facebook.

Ein weiterer Streitpunkt war, dass im Februar des Jahres Mitarbeiter die Wörter »Black Lives Matter« (»Schwarze Leben zählen«) auf einer Graffitiwand in der Facebook-Zentrale ausgestrichen und durch »All Lives Matter« (»Alle Leben zählen«) ersetzt hatte – eine Tat, in der für viele Rassismus mitzuschwingen schien. Zuckerberg hatte das verurteilt.[16] Aber weder er noch Sheryl Sandberg hatten an dem Meeting im Washingtoner Büro teilgenommen und auch Joel Kaplan nicht, der leitende Unternehmensstratege vor Ort. Facebook schickte die Content-Standards-Verantwortliche Monika Bickert, einen leitenden Unternehmensstrategen, der mit den Demokraten zusammenarbeitete, und einen afroamerikanischen Angestellten, dessen Arbeit für das Thema nicht relevant war. (Obwohl hochrangige Führungskräfte des Unternehmens, darunter Sheryl Sandberg, Vertreter von Black Lives Matter bei anderen Gelegenheiten bereits getroffen hatten.)

Und nun behandelte Facebook einen bunt zusammengewürfelten Haufen rechter Kritiker wie Rockstars, ließ sie nach Menlo Park einfliegen, um sich dort von Zuckerberg und Sandberg erklären zu lassen, wie respektvoll ihre Beiträge behandelt wurden, selbst die schrillen Verschwörungsvorwürfe vonseiten Rush Limbaughs und Glenn Becks. Als Republikaner registrierte Facebook-Mitarbeiter übernahmen die Durchführung der Veranstaltung, demokratische Mitarbeiter des Bereichs Unternehmensstrategie wurden angehalten, ihr fernzubleiben.

In gewisser Hinsicht war das Meeting ein zynisches Manöver. Der Zeitschrift *Wired* zufolge steckte dahinter der Gedanke, die Vertreter des rechten Spektrums – die vom prinzipiengeleiteten Konservativen bis hin zum rechten Eiferer reichten – würden sich gegeneinander wenden.[17] Oder sich über die PowerPoint-Präsentationen zur Funktionsweise des Newsfeeds zu Tode langweilen. Tatsächlich kam es zu Reibereien, als einige der Anwesenden besondere Vorzüge wie eine Quote für Konservative unter den Facebook-Angestellten forderten. Doch Glenn Beck hatte den Eindruck, dass Zuckerberg ihnen tatsächlich zuhörte. »Ich saß ihm gegenüber und versuchte zu erahnen, was er dachte«, sagt er. »Er war etwas undurchschaubar, aber ich hatte das Gefühl, er versuchte das Richtige zu tun.«

Auch wenn das Treffen für positive Stimmung gesorgt haben sollte, beklagten sich die Konservativen nach der Rückkehr aus Menlo Park weiter darüber, wie sie von Facebook behandelt wurden – und sammelten zugleich Millionen von Klicks, weil sie so geschickt darin waren, Facebooks Algorithmen auszunutzen.

Vor dem Hintergrund dieses Treffens im Mai kam es im Juni zur Diskussion darüber, ob man die DCLeaks-Seite vom Netz nehmen sollte, die stark nach dem Versuch roch, vom DNC gestohlene E-Mails zu verbreiten. Auf einige Mitarbeiter wirkte es, als machte sich Kaplan mehr Gedanken darüber, die Republikaner nicht vor den Kopf zu stoßen, als darüber, ob die Seite irgendwelche Unternehmensstandards verletzte.

Kaplans Vorgesetzter Elliot Schrage verwahrt sich gegen die Darstellung von Kaplan als Wasserträger jener Partei, mit der er sich identifizierte. Schrage sagt, die Entscheidung über DCLeaks sei – wie im Übrigen auch alle anderen Entscheidungen, die später aufgrund von Kaplans angeblicher Parteinahme kritisiert wurden – aus einer hitzigen Debatte hervorgegangen, an der er beteiligt gewesen sei. Schrage kann auf einen Hintergrund als Menschenrechtsaktivist zurückblicken und bezeichnet sich selbst als einen »Verfechter der Meinungsfreiheit in der Tradition von Brandeis«, wodurch er im Zweifel zugunsten der Redefreiheit entscheide. In einer berühmten Auseinandersetzung im Zuge eines Rechtsstreits über die Frage der freien Meinungsäußerung schrieb Louis Brandeis, »das passende Gegenmittel gegen böse Ratschläge sind gute«, wobei unklar ist, wie er zum Newsfeed gestanden hätte. »Ich wüsste auf Anhieb nicht eine einzige dieser Debatten, bei der der konservative Leiter der Abteilung Unternehmensstrategie und sein liberaler Vorgesetzter sich über das weitere Vorgehen uneins gewesen wären«, sagt Schrage. Zuckerberg war zwar nicht unbedingt ein Schüler des über alle Zweifel erhabenen Richters Brandeis, neigte aber dennoch dazu, der Meinungsfreiheit den Vorzug zu geben.

In Bezug auf DCLeaks lautete Facebooks ursprüngliche Entscheidung – ob nun aufgrund ehrenwerter Prinzipien oder politischen Kalküls –, dass die Seite gegen keine Richtlinien verstieß. Oder vielleicht verstieß sie auch gegen Richtlinien, aber der Nachrichtenwert hatte (wie bei Trumps hasserfüllten Beiträgen) Vorrang. In jedem Fall blieb die Seite online.

Die Begründung dafür – *Ja, es ist fürchterlich, aber so sind eben unsere Regeln!* – konnte nur ein Techniker lieben, und es war bei Weitem nicht das letzte Mal, dass Facebook einen scheinbar nicht zu verteidigenden Beitrag stehen ließ. Von Presse und Öffentlichkeit wurde das nicht gut aufgenommen. Facebook geriet unter unmittelbaren Druck und sollte erklären, warum es rechtens sein sollte, die Verbreitung durch russische Hacker gestohlener Informationen zu unterstützen.

Schließlich fand Facebook einen Grund, die Seite doch zu löschen. DCLeaks verstieß gegen die Unternehmensrichtlinien, indem es private Informationen Einzelner offenlegte – namentlich von George Soros, jenem reichen Finanzier, der die Demokraten unterstützte. Es war, als hätte man Al Capone verhaftet, weil er zu wenig Steuern zahlte. Die Entfernung der Inhalte war Teil eines Musters, das sich in den folgenden Jahren endlos wiederholen sollte: Nach einem schwachen Versuch, etwas nicht zu Verteidigendes doch zu verteidigen, beugte sich Facebook dem Druck und entdeckte plötzlich einen Grund, es zu entfernen.

»Wir haben die Schwachstelle ausfindig gemacht und ausgemerzt«, sagt Stamos. »Aber im Grunde gab es keine Richtschnur, und das Strategieteam wollte nicht den Eindruck erwecken, in die Wahl verstrickt zu sein. Das wollte man unbedingt vermeiden.«

Als Facebook die Entscheidung traf, war DCLeaks ohnehin nicht mehr relevant. Der GRU brauchte zur Verteilung der Leaks keine Facebook-Seite mehr, weil WikiLeaks, der Vertreiber geheimer Informationen, dem die Seite ihren Namen verdankte, ausgewählte gestohlene E-Mails online gestellt hatte. Die amerikanische Presse stürzte sich darauf, ganz wie die Russen es erwartet hatten.

Die eigentliche Lehre aus der Trending-Topics-Angelegenheit war, wie sehr Fehlinformationen und in zynischer Weise angestachelte Empörung den Newsfeed beherrschten. Später bezeichnete man das als »Fake News«. Zum Teil waren die Fake News eine Konsequenz der erfolgreichen Nutzerbindung, die die Wachstumsabteilung vorangetrieben hatte. Selbst wenn man nur sehr wenige Freunde hatte, zog Facebook die Freunde der entferntesten Bekannten heran, um Geschichten zu liefern, auf die man wahrscheinlich reagieren würde – durch Kommentare, durch Klicken auf einen »Gefällt mir«-Button oder auch nur dadurch, dass man beim Durchscrollen kurz auf einem bestimmten Beitrag verweilte. Blieb der Blick an einer Geschichte hängen, wertete Facebook auch dies als Interesse.

Erschwert wurde das Problem dadurch, dass Facebook von Nutzern geteilte Links auf Internetpublikationen optisch auf die immer gleiche Weise präsentierte, unabhängig davon, ob die Quelle eine Zeitung war, die auf einer hundertjährige Tradition der Wahrheitstreue zurückblickte, oder irgendeine dubiose Webseite, die erst seit zwei Wochen existierte. Die Nutzer überprüften selten die Quellen. Im Laufe der Jahre entdeckten die Ersteller fragwürdiger Inhalte, dass Facebook aufgrund seiner Nutzerbindungspraktiken und des Fehlens von Filtern eine Goldmine war, in der sich leicht Werbeeinnahmen generieren (indem jemand auf eine Geschichte klickte) oder teils radikale Ideen verbreiten ließen. Das Problem wuchs, ohne dass Facebook viel dagegen unternommen hätte. Man richtete sich nach dem CEO, einem Verfechter der Meinungsfreiheit, der oft sagte, es sei nicht Facebooks Aufgabe, den Wahrheitsgehalt von Beiträgen zu ermitteln.

»Vielleicht hat es Fake News immer schon gegeben, aber ich kenne niemanden, der 2015 darüber nachgedacht hätte«, sagte mir Sheryl Sandberg 2019 in einem Interview. »Ich meine, wirklich zum Thema geworden ist das erst in den letzten paar Jahren.«

Dabei *wurde* es schon 2015 thematisiert. Facebook hörte nur nicht zu.

Renee DiResta ist eine Wissenschaftlerin und Autorin, die sich auch mit Start-ups befasste. 2014 wurde sie zum ersten Mal Mutter und begann sich für die Schutzimpfung von Kindern einzusetzen. Etwa zu dieser Zeit war es in Disneyland zu einer Masernepidemie gekommen, und einige Gesetzgeber versuchten die Impfung gesetzlich vorzuschreiben. DiResta rief eine Facebook-Seite namens »Vaccinate

California« – »Impft Kalifornien« – ins Leben. Sie fand heraus, dass es möglich war, Einblick in die Ergebnisse möglicher Konkurrenten der Seite zu bekommen, und erkannte entsetzt, dass Impfgegner sich dort seit Jahren erfolgreich Gehör verschafften. Mehr noch, wenn man auf Facebook nach Informationen zum Thema Impfen suchte, waren es die Impfgegner, die mit Pseudowissenschaft und Verschwörungstheorien das Feld beherrschten. Obwohl es sich nur um eine winzige Minderheit in einem großen Staat handelte, bestimmten diese Hysteriker die Diskussion.

Als das Kuratieren der Trending Topics eingestellt wurde, erkannte DiResta, dass das Problem der Impfgegner auf ein sehr großes Problem bei Facebook hindeutete. »Mit einem Mal prasselten die wildesten, verrücktesten, durchgeknalltesten Verschwörungstheorien auf einen ein«, sagt sie. *O Gott,* dachte sie, *das Zeug ist auf der gesamten Plattform verbreitet.* Angesichts des Wachstums und der Werbestrategie von Facebook hielt sie das Phänomen für unvermeidlich. Das Unternehmen hatte sich als Einflussmaschine vermarktet – *Erreiche deine Zielgruppe, dringe in ihre Herzen und in ihren Verstand ein und verkaufe ihr deine T-Shirts.* Aber es gab keinen tief greifenden Unterschied zwischen kommerzieller und politischer Überredungskunst. Facebook, befand sie, hatte eine Propagandamaschine entwickelt. DiResta gelang es, ein Treffen mit einem Newsfeed-Verantwortlichen zu arrangieren, der einräumte, es gebe da einige problematische Gruppen, aber grundsätzlich wolle das Unternehmen die freie Meinungsäußerung nicht behindern. »Dabei habe ich gar keine Restriktionen gefordert«, sagt DiResta. »Sondern darauf hingewiesen, dass die Trending Topics diese problematischen Gruppierungen befeuert.«

Tatsächlich bestätigten sich diese Ängste auf der anderen Halbkugel der Welt auf schreckliche Weise. Und zwar auf den Philippinen. Im Jahr 2015 waren die zehn Millionen Einwohner der Pazifikinsel bereits seit mehreren Jahren nahezu vollzählig auf Facebook versammelt. Eine tragende Rolle dabei hatte das (natürlich der Wachstumsabteilung entsprungene) Internet.org-Programm Free Basics gespielt. Es war darauf angelegt, die Internetaktivität in ärmeren Ländern zu erhöhen, in denen es sich viele nicht leisten konnten, für Datennutzung zu zahlen. Free Basics ermöglichte den Nutzern freien Zugriff auf Facebook. Während das Programm in Indien auf einige Probleme gestoßen war, sei der Probelauf 2013 auf den Philippinen ein »Homerun« gewesen, sagte Zuckerberg im Rahmen einer Pressekonferenz im Jahr 2014.[18] (Als Zuckerberg einige Jahre später erfuhr, dass 97 Prozent aller philippinischen Internetnutzer auf Facebook seien, war seine Reaktion: *Und was ist mit den anderen 3 Prozent?*)

Das Land bezog auch den Großteil seiner Nachrichten von Facebook. Als Maria Ressa,[19] eine der führenden Journalistinnen des Landes, 2010 eine Online-Nachrichten-Webseite mit dem Namen *Rappler* ins Leben rief, gestaltete sie diese daher bewusst so, dass sie auf Facebook lief. »Ich hatte immer geglaubt, diese Technologie würde helfen, Probleme von der Basis ausgehend zu lösen«, sagt sie. »Und das tat sie auch eine Zeit lang, bis 2015.«

Zu diesem Zeitpunkt begann ein Kandidat der im Mai 2016 stattfindenden Präsidentschaftswahl, ein Populist namens Rodrigo Duterte, Falschinformationen über seine Konkurrenten und die allgemeine Lage im Land zu verbreiten. Eine Armee von Pro-Duterte-Bloggern überflutete Facebook mit fürchterlichen Beiträgen, die jeden Vorteil aus der viralen Macht des Newsfeeds schlugen, der optisch so gestaltet war, dass sich randständige oder skrupellose »Nachrichten«-Seiten nicht von den renommiertesten Publikationen unterscheiden ließen. Und weil diese unzuverlässigen Quellen meist mit reißerischen Inhalten arbeiteten, die sich schwer ignorieren ließen, wurden sie von Facebook begünstigt.

»Echte Reporter lügen nicht, aber Lügen verbreiten sich schneller«, sagt Ressa, deren sämtliche Veröffentlichungen nun im Schatten der von den Duterte-Bloggern verbreiteten Fehlinformationen standen. Das Land wurde überschwemmt mit Beiträgen wie einem gefälschten Sextape, bei dem der Kopf von Dutertes politischer Gegnerin digital auf den Körper einer Pornodarstellerin montiert worden war. Facebook ermöglichte dem Duterte-Mob auch, die Plattform zu nutzen, um seine Gegner zu attackieren, und setzte sie der von seinen wütenden Anhängern ausgehenden Gefahr aus. Ressa wurde persönlich angegriffen.

Und trotz ihrer mehrfachen Beschwerden unternahm Facebook nichts, um das zu unterbinden.

Ressa dachte, nachdem Duterte im Mai 2016 die Wahl gewonnen hatte, würde sich die Lage beruhigen. Doch dann begann er sich auf Facebook der gleichen Methoden zu bedienen, um seiner repressiven Politik eine Plattform zu verschaffen.

Ressa begriff, dass die Duterte-Truppen künftigen politischen Missbrauchstätern auf der ganzen Welt einen Leitfaden an die Hand gaben, wie sie sich Facebook zunutze machen konnten. Sie drängte auf ein Treffen, um das Unternehmen zu warnen. Im August 2016 traf sie sich in Singapur mit drei führenden Facebook-Mitarbeitern. Sie hatte 26 gefälschte Profile identifiziert, die mit ihren hasserfüllten Fehlinformationen bis zu drei Millionen Menschen erreichen konnten. »Ich zeigte ihnen die Lügen, die Angriffe auf jeden, der sich gegen die Gewalttaten von Duterte-Unterstützern ausgesprochen hatte«, sagt sie. Eines der Beispiele war ein Beitrag eines Wahlkampfsprechers von Duterte, der das Foto eines Mädchens zeigte, das angeblich auf den Philippinen vergewaltigt worden war. »Wir haben das überprüft und herausgefunden, dass auf dem Bild ein brasilianisches Mädchen zu sehen war«, sagte Ressa 2019 im Gespräch mit mir. »Und trotzdem durfte der Beitrag weiter stehen bleiben. Er ist heute noch online.«

Ressa hatte den Eindruck, dass die Facebook-Verantwortlichen nicht wahrhaben wollten, was sie ihnen mithilfe eindeutiger Beweise vor Augen führte. »Es kam mir vor, als würde ich mit Leuten reden, die Facebook nicht so gut zu nutzen verstanden wie ich«, sagt sie. Obwohl sie Facebook die entsprechenden Namen nannte, handelte das Unternehmen monatelang nicht, nicht einmal als Ressa eine dreiteilige Artikelserie über die Fehlinformationen veröffentlichte und persönlich Tausende von Hassbotschaften erhielt. (Facebook gibt an, den Profilen zu Leibe gerückt zu sein, als die notwendigen Informationen vorlagen.) Später erinnerte sie sich an einen Moment während des Treffens, als sie sich der größten nur erdenklichen Übersteigerung bedient hatte, um zu verdeutlichen, was passieren könnte, wenn solche Praktiken weiter angewandt würden. »Wenn Sie nichts dagegen unternehmen«, sagte sie im August 2016, »dann könnte Trump gewinnen!«

Die Facebook-Leute lachten, und Ressa stimmte ein. *Das* hielt nun wirklich niemand für möglich.

Im Herbst 2016 betrachtete Facebook den Newsfeed noch immer nicht als Propagandamaschine. Doch nach der Erfahrung mit den Trending Topics ließ sich unmöglich ignorieren, wie viele Geschichten von minderer Qualität oder schlichte Falschmeldungen auf Facebook verbreitet wurden.

Jeden Montag kommen Facebooks Top-Manager – das kleine Team – in Zuckerbergs Konferenzraum zu einer langen Sitzung zusammen. Die erste Stunde ist tagesaktuellen Themen gewidmet, danach werden bestimmte Projekte besprochen. In der zweiten Stunde gibt es keine thematischen Begrenzungen – eine Zeit, in der alles möglich ist. Das Thema Fake News kam in einer Montagssitzung vor der Wahl zur Sprache. Zwar musste das Unternehmen sicherlich zu der Frage Stellung nehmen, doch das kleine Team entschied, es sei zu riskant, dies im Laufe des hitzigen Wahlkampfs zu tun. »Wir wollten nicht überreagieren und uns selbst in eine politische Zwickmühle bringen«, sagt Bosworth. »Wir fürchteten, wir könnten ein Feuer entfachen, wenn wir handeln. Wir wussten, dass unsere Sicht der Dinge eher der der Demokraten entsprach. Wir mussten also davon ausgehen, dass man uns unterstellen würde, Partei für sie zu ergreifen. Aber wir wollten uns nicht in eine Wahl einmischen. In unseren Augen war und ist alles, was so aussehen könnte, als würden wir eine Seite gegen die andere ausspielen, tabu.«

Um also eine Beeinflussung der Wahl zu vermeiden, gab Facebook letztlich irreführenden, sensationsheischenden Beiträgen grünes Licht, die ihrerseits die Wahl beeinflusst haben dürften.

Die letztgültige Rechtfertigung dafür könnte in der ganz eigenen Sichtweise liegen, die Mark Zuckerberg in seinem Unternehmen propagierte: Das Produkt und seine Entwicklung hatten immer Vorrang. *War nicht auch das alles nur eine Frage des Maßstabs?* In Relation zur Gesamtmenge der auf Facebook veröffentlichten Beiträge war die Anzahl der umstrittenen Inhalte winzig. Die technikaffine Seite des Unternehmens kam zu dem Schluss, dass die Fake News einen verschwindend geringen Prozentsatz der Milliarden täglich auf Facebook geteilter Beiträge ausmachten. Die Zahlen deuteten nicht auf eine besondere Dringlichkeit des Problems hin.

»Diese Leute hatten die ganze Macht«, sagt einer der leitenden

Facebook-Mitarbeiter aus Zuckerbergs Team. »Als Maßstab galten ihnen nur bessere Werbeergebnisse, stärkeres Wachstum, stärkere Nutzerbindung. Das war alles, was sie interessierte. Und [auf Sheryls Seite] beschäftigte man sich mit der Kehrseite davon. So wurde letztendlich das Unternehmen geführt.«

Kurz gesagt, hatte Zuckerbergs innerer Kreis keine Ahnung, dass in diesem System Fehlinformationen gediehen, denn wo waren die Daten, die das belegten? »Wir unternehmen große Anstrengungen, um die 25 Dinge herauszufinden, die den Nutzern Probleme bereiten, oder die Dinge, die ihre Nutzererfahrung beeinträchtigen«, sagt Chris Cox. »Wir haben sie nach ihren negativen Erfahrungen gefragt, und dann bewerten wir diese Erfahrungen, und dann kommen Dinge wie Effekthascherei, Clickbaiting, Falschmeldungen, redundante Geschichten und derlei heraus. Aber in der Praxis hatten wir [das Thema Fehlinformation] nicht auf dem Schirm. Es ist uns durchgerutscht.«

»Das schmutzige Geheimnis, über das niemand redet, ist, dass es um Kleinigkeiten ging«, sagt Bosworth. »Wir sagten uns also: *Wie gehen wir damit um? Können wir gute Richtlinien schaffen, die wir für allgemeingültig halten?* Wir redeten also darüber, aber es hatte keinen Vorrang. Ehrlich gesagt, machten wir meiner Ansicht nach weiter wie gewohnt bis zur Wahl, von der wir alle glaubten, dass Hillary sie gewinnen würde, so wie wohl viele andere auch.«

Facebooks Erklärung, nicht klar Stellung bezogen zu haben gegen das unerhörte Fehlverhalten, das auf seiner Plattform herrschte, beschränkte sich größtenteils auf Folgendes: Clinton würde ohnehin gewinnen, warum also die Verlierer unnötig verprellen?

In den Jahren 2008 und 2012 hatte Obamas Wahlkampfteam Facebook auf meisterliche Weise genutzt. Statt diese Erfahrungen zu nutzen, verhielt sich Clintons Wahlkampfteam, als wären soziale Netzwerke ein randständiges Medium, das sich noch nicht bewährt hatte.

Das Clinton-Kaine-Team hielt sich an traditionelle Medien und war auf widersinnige Weise geradezu stolz darauf, sich mit Facebook nicht auszukennen. Als Facebook Lehrgänge zum Thema Wahlkampf auf der Plattform anbot, ließ Clintons Team die Gelegenheit ungenutzt verstreichen. »In Hillarys Lager erkannte man schlicht nicht, wie wertvoll das war«, sagt ein führender Facebook-Mitarbeiter. »Sie nahmen es nicht wahr.« Sie investierten nur einen Bruchteil des Facebook-Budgets von Trumps Team. Und ihre wenigen Werbemaßnahmen auf Facebook waren beklagenswerte Fehlinvestitionen. Ein Beispiel dafür war ein aufwendig produziertes zweieinhalbminütiges Werbevideo zu Clintons Wahlkampf – eine Art Mini-Dokumentation[20] –, die ihre Medienberater aus irgendeinem Grund für Facebook angemessen fanden. Der Film sprach eher Frauen an, weshalb Facebooks Algorithmus ihn weiblichen Nutzern zukommen ließ. Weil das Zuteilungssystem von Facebook Werbetreibende begünstigt, die benennen können, für welche Nutzer ihre Werbung am ehesten interessant wäre, war es zudem weniger teuer, sie einem rein weiblichen Publikum zu zeigen. Doch Clintons Team wollte sie Männern und Frauen präsentieren, selbst wenn es das Budget sprengte, den Film auch Männern zu zeigen.

»Hillarys Team sah sich das an und sagte dann: Schön, dann erhöhen wir eben das Budget, um mehr Männer zu erreichen!«, sagt ein leitender ITler, der mit dem Spot vertraut war. »Letzten Endes geben sie mehr Geld aus, um den Spot Nutzern zu präsentieren, die ihn gar nicht sehen wollten!«

Auch die Mitglieder von Trumps Team hatten als Facebook-Novizen begonnen. Doch sie lernten schnell. Ein bis dahin unbekannter Vierzigjähriger namens Brad Parscale wurde für den digitalen Wahlkampf verpflichtet. Der Job war die Krönung einer langfristigen Strategie. Jahre vor der Wahl war Parscale mit der Familie Trump zusammengekommen, indem er Mitbewerber um den Auftrag der Gestaltung einer Trump-Firmenseite unterboten hatte. Seine Arbeit hatte Trumps Schwiegersohn Jared Kushner beeindruckt, der Parscale im Jahr 2016 auserkor, um sie ihm Wahlkampf zu unterstützen.

Parscale begriff, dass ein traditioneller Wahlkampf bei diesem alles andere als traditionellen Kandidaten nicht funktionieren würde.[21] Er begriff auch, dass die Micro-Targeting-Tools von Facebook – und die Expertise von Facebooks Fachleuten – eine Differenz zwischen den

Budgets von Trump und seiner Gegnerin ausgleichen könnten. Parscale nahm seinerseits die professionelle Hilfe an, die Facebook allen großen Werbekunden anbot, und mehrere Facebook-Mitarbeiter waren mehr oder weniger rund um die Uhr damit beschäftigt, Trumps Team zu zeigen, wie sich das Werbebudget am effektivsten einsetzen ließ.

»Ich sagte zu Facebook: Ich will hundert Millionen Dollar in eure Plattform investieren, schickt mir eine Gebrauchsanweisung«, sagte Parscale gegenüber *Frontline*. »Sie meinten: Wir haben keine Gebrauchsanweisung, also sagte ich: Dann schickt mir eine menschliche Gebrauchsanweisung, und das war es im Grunde.« Leute vor Ort zu haben hatte den Vorteil, dass der Facebook-Mitarbeiter im Fall einer Fehlfunktion umgehend die Informatiker auf das Problem ansetzen konnte. »Hätte ich es so gemacht wie Hillarys Wahlkampfteam«, sagte Parscale, »dann hätte ich eine E-Mail schicken, mit jemandem telefonieren und dann ein paar Tage warten müssen, bis der Fehler beseitigt wird. Ich wollte, dass er in dreißig Sekunden beseitigt wird.«

Parscale begann mit einem Budget von zwei Millionen Dollar für den Aufbau einer Datenbank, das er komplett in Facebook steckte; letztlich, so sagt er, habe er weit mehr ausgegeben. Wie Facebook selbst war Trumps Facebook-Team eine riesige Versuchsmaschine, die jeden Werbespot als ein Experiment betrachtete und die Resultate analysierte, um herauszufinden, welche Gruppen auf welche Inhalte reagierten. Sie nahmen Trumps Wahlkampfreden, schnitten sie zu 15-Sekunden-Schnipseln und zeigten sie unterschiedlichen Bevölkerungsgruppen.

Die über Facebook verbreiteten Schnipsel wurden wiederholt und weiter ausgefeilt. Diejenigen, die nicht funktionierten, wurden gekippt. Im Oktober verfügte Trump bereits über Hunderttausende verschiedener Videos – und Algorithmen testeten nahezu endlose Varianten. Ein Vertreter von Trumps Wahlkampfteam sagte *Wired* gegenüber, während des Wahlkampfs habe man einmal 175 000 Varianten eines Spots an einem Tag in Umlauf gebracht.

Die Bestimmung der Zielgruppe wurde durch gewisse Tools ermöglicht, die Facebook entworfen hatte, um sicherzustellen, dass Werbung relevant und auf die Nutzer zugeschnitten war. Parscale begann die Spots Gruppen zuzuführen, die von Facebook als »Custom Audiences« bezeichnet wurden.²² Das Verfahren ermöglichte den Werbetreibenden, Nutzer nach Eigenschaften wie Geschlecht, ethnische Zugehörigkeit, Wohnort, Religionszugehörigkeit und sonstige Interessen (BMW-Besitzer! Waffennarren!) in Gruppen einzuteilen. Erwies sich eine Gruppe als besonders ergiebiger Jagdbezirk für potenzielle Trump-Anhänger, setzte das Wahlkampfteam ein Tool namens *Lookalike Audiences* ein, um das Targeting auf weniger offensichtliche, dem Algorithmus zufolge aber ähnlich eingestellte Bevölkerungsgruppen zu erweitern. Diese als »Uplift«- oder »Brandlift«-Strategie bekannte Methode war während Obamas Wahlkampf erstmals erprobt worden.

Darüber hinaus griff Parscale auf mehrere Werbeagenturen zurück, die miteinander um die beste Facebook-Werbung konkurrierten. Jedes dieser Teams begann um 6 Uhr morgens mit einer Kampagne für eine neue Region, und mittags wurde das Budget angepasst und in das investiert, was am besten funktioniert hatte. Die Agentur mit den besten Werbemitteln bekam den Zuschlag, und die Verlierer entschieden sich am nächsten Tag für eine andere Bevölkerungsgruppe, die sie zu überzeugen versuchten.

Am Ende des Wahlkampfs verfügte Trumps Team über eine Datenbank, in der Alter, Geschlecht, Wohngegend und sonstige demografische Daten verzeichnet waren und in der festgehalten wurde, welche Mitteilungen bei welcher Gruppe am besten angekommen waren. Facebook hatte befürchtet, Politiker durch seine Targeting-Infrastruktur zu ermuntern, verschiedenen Gruppen verschiedene Botschaften zukommen zu lassen – sich etwa in einer Region für Einwanderung auszusprechen und in einer anderen dagegen. Das war verlockend, weil Wahlwerbespots auf Facebook im Gegensatz zu Radio oder Fernsehen keine allgemeine Verbreitung erfahren – sie landen direkt im Newsfeed der anvisierten Nutzer.

Doch Trumps Team musste diese Mühen gar nicht auf sich nehmen, weil es Facebook nutzte, um zu ermitteln, welche seiner vielen Botschaften einen beliebigen individuellen Nutzer unmittelbar ins Stammhirn treffen würde. »Sie ließen einfach nur den richtigen Leuten die richtigen Botschaften zukommen«, sagt ein leitender Facebook-ITler. »Für den einen ist es Einwanderung, für den anderen sind es Arbeitsplätze, für den nächsten ist es militärische Stärke. Und so züchten sie sich ein schönes Publikum heran. Am Ende wurde es so verrückt, dass sie die Spots in Gegenden zeigten, wo er [Trump] im Begriff war, eine Wahlkampfrede zu halten, um herauszufinden, was in dieser Gegend zog. Sie passten die Wahlkampfrede in Echtzeit an, auf Grundlage der Marketingerkenntnisse.«

Weil der Newsfeed dazu neigte, sensationsheischende Inhalte zu begünstigen, ergab Trumps wildes Herumexperimentieren, dass die obszönsten Spots von den Mitgliedern der Zielgruppe bereitwillig mit ihren Freunden geteilt wurden – und die daraus resultierende »organische« Verbreitung war ganz und gar kostenlos.

Und was taten Trumps Leute, wenn sie auf ein Publikum stießen, bei dem *gar nichts* ankam, was darauf schließen ließ, dass es Trump eher nicht wählen würde? Diesen Nutzern zeigten sie Anti-Hillary-Spots und hofften, die Trump-Gegner auf diese Weise ganz vom Wählen abzuhalten. Einem *Bloomberg*-Artikel zufolge, verfasst von Joshua Green und Sasha Issenberg, die während der finalen Phase Einblick in Trumps digitalen Wahlkampf hatten, unterteilten Parscale und sein Team diejenigen, die niemals Trump gewählt hätten, in drei Gruppen: »idealistische weiße Liberale, junge Frauen und Afroamerikaner«. Die Liberalen bekamen Spots zu sehen, in denen Clinton für die Vergehen gescholten wurde, die mit den gehackten E-Mails ihrer Wahlkampfhelfer aufgedeckt worden waren (welche passenderweise russische Militärangehörige aus den Postfächern der Demokraten gestohlen hatten). Junge Frauen wurden in reißerischem Ton an Bill Clintons sexuelle Fehltritte erinnert und daran, wie geschmacklos der Kandidat mit der Praktikantin im Zentrum des Skandals umgesprungen war. Den Afroamerikanern wurde in Erinnerung gerufen, dass Clinton einmal einige kriminelle schwarze Männer als »Superraubtiere« bezeichnet hatte. (Natürlich erinnerten Trumps Leute die Afroamerikaner nicht daran, dass Donald Trump in einer ganzseitigen Anzeige die Hinrichtung der als »Central Park Five« bekannten angeblichen Vergewaltiger gefordert hatte, die sich später als unschuldig erwiesen.) Das erklärte Ziel war zu verhindern, dass diese Menschen zur Wahl gingen.

Hatte man es mit Menschen zu tun, bei denen *alles* gut ankam, schickte man ihnen mehr Spendenaufrufe, die entscheidend waren, weil Trump, von seinem erschütternden Erfolg bei den Vorwahlen überrumpelt, mit leeren Taschen in die Präsidentschaftswahl gegangen war.

Parscale ließ seine Datenbank – die er zum Gedenken an seine Zentrale in San Antonio »Projekt Alamo« nannte – in Schlüsselstaaten wie Florida, Michigan und Wisconsin unter Hochdruck arbeiten – Staaten, die die Wahl zugunsten von Donald J. Trump beeinflussen sollten.

»Verdammt geil!«, sagt ein leitender Angestellter eines Technologiekonzerns, der den Wahlkampf verfolgt hat. »Sie haben die größte digitale Marketingkampagne gefahren, die ich je gesehen habe, und das ganz aus Versehen. Sie haben einfach den gesunden Menschenverstand auf ein völlig neues Gebiet angewandt.«[23]

Viele bei Facebook wussten, dass Trumps Leute die Plattform wie eine Stradivari spielten, während Clintons Team darauf eindrosch wie auf ein kaputtes Tamburin. Das Werbeteam kam wöchentlich zusammen und sprach über große Kunden und darüber, ob sie ihre Budgets erhöhten oder kürzten und was man tun könnte, um sie noch mehr zufriedenzustellen.

Je näher der Wahltag rückte, desto deutlicher wurden die Unterschiede. Trump verfügte nicht nur über mehr finanzielle Mittel als Clinton, er hatte auch schlicht die bessere Kampagne. »Sie setzten das Produkt in jeder Hinsicht anders ein«, sagt Rob Goldman, Facebooks stellvertretender Werbeleiter. »Das Ausmaß, in dem sie die Ergebnisse analysierten, die schöpferischen Inhalte, der zeitliche Ablauf ihrer Investitionen, die Art und Weise, wie ihr Targeting ablief – sie nahmen unsere besten Methoden und standardisierten sie.«

Doch selbst als die Mitarbeiter von Facebooks Werbeabteilung das fundamentale Ungleichgewicht (sowohl in Bezug auf Qualität als auch auf Quantität) im Umgang beider Wahlkampfteams mit der Plattform wahrnahmen, betrachteten sie dieses Missverhältnis als eine Kuriosität und nicht als etwas, was womöglich zur Wahl eines Kandidaten führen würde, den die meisten von ihnen leidenschaftlich ablehnten. »Selbst als ich diese ganzen [Werbeaktivitäten von

Trump] gesehen hatte, hätte ich nie für möglich gehalten, dass er gewinnt«, schildert Bosworth ein bei Facebook weitverbreitetes Gefühl. »Für mich war das so undenkbar, dass ich die Möglichkeit gar nicht in Betracht zog.«

In der Blaupause des Unternehmens, die Mark Zuckerberg und Sheryl Sandberg bei deren Eintritt in die Firma entworfen hatten, fielen strategische Fragen, Unternehmenssicherheit und Kommunikation allesamt in Sheryls Welt. Zuckerberg beteiligte sich zwar an wichtigen Entscheidungen, begnügte sich aber darüber hinaus gern damit, den Produktbereich zu leiten. Sheryl beaufsichtigte die übrigen Bereiche.

Aber wie viele Facebook-Mitarbeiter berichten, war Sandberg 2016 nicht auf der Höhe ihrer Leistungsfähigkeit.

Am 1. Mai 2015 hatte sie mit ihrem Mann Dave Goldberg ein Luxus-Resort in Punta Mita/Mexiko besucht, um dort zusammen mit mehreren anderen Paaren den Geburtstag von Marne Levines Ehemann zu feiern. Am Nachmittag war Dave zum Trainieren in den Fitnessraum gegangen und nicht rechtzeitig zur Party zurückgekommen. Sandberg und Daves Bruder fanden ihn auf dem Boden neben dem Laufband liegend, eine Blutpfütze um seinen Kopf herum. Er atmete nicht.

Dave Goldberg war mit 47 Jahren gestorben. Sandberg hatte ihren Fels in der Brandung verloren.[24]

Obwohl er selbst ein hervorragender CEO gewesen war, der die SurveyMonkey-Seite in eine Silicon-Valley-Erfolgsgeschichte verwandelt hatte, hatte Dave sich die häuslichen Pflichten mit seiner hocherfolgreichen Frau geteilt. Er war stolz auf den Erfolg gewesen, den sie hatte – als Geschäftsführerin, Autorin des Buches Lean In. Frauen und der Wille zum Erfolg über die Stärkung arbeitender Frauen und Gründerin einer Stiftung mit dem Ziel, Frauen in der Bewegung zu organisieren.

Was es nur umso schwerer machte, als Goldberg starb. Wie sie später in einem zweiten Bestseller erzählte, hatte Sandberg ihr Leben lang ihr Umfeld kontrolliert und Schwierigkeiten durch sorgfältige

Vorbereitung und harte Arbeit überwunden. Aber Trauer ließ sich auch durch den größten Einsatz nicht einfach auslöschen.

Bei Facebook heißt es, selbst ein Jahr später, während der entscheidenden Wahl von 2016, sei Sandberg noch nicht wieder ganz dieselbe gewesen. Ihre harte Arbeit bei Facebook hatte sich zumindest teilweise ausgezahlt – die von ihr gebildeten Teams waren in der Lage, selbstständig zu arbeiten. Andere Bereiche dagegen hätten eine starke Hand gebrauchen können.

Die Zusammenarbeit mit Sandberg konnte herausfordernd sein: Ihrem öffentlichen Image als sympathische Unternehmensgöttin zum Trotz konnte es vorkommen, dass sie Untergebene anschrie, wenn diese ihren erheblichen Ansprüchen nicht gerecht wurden.[25] Von ihrem Bild in der Öffentlichkeit war sie zuweilen geradezu besessen.[26] Die minutiös durchgeplante Veröffentlichung von *Lean In* war von einem feindseligen Artikel überschattet worden, der den Ton zukünftiger Kritiken angab. Sandberg, so lautete die Anschuldigung, sei eine superreiche Geschäftsführerin, die die Verbindung zu den gewöhnlichen Frauen und ihren Problemen verloren habe. Das war besonders niederschmetternd, weil der Artikel aus der Feder einer Redakteurin der *New York Times* stammte, die bekanntermaßen dem Feminismus zuneigte. Sie brachte darin feministische Kommentatorinnen in Stellung, die Sandberg bereitwillig als elitär charakterisierten – »zweifacher Harvard-Abschluss, zweifaches Aktienvermögen … ein 836 Quadratmeter großes Haus und eine kleine Armee von Haushaltshilfen« –, was bei Frauen die falsche Hoffnung weckte, sie könnten alles haben.[27] »So wurde die Geschichte herumgedreht«, sagt Brandee Barker, PR-Frau aus Facebooks Anfangstagen, die von Sandberg angeheuert worden war, um bei der Bewerbung des Buches mitzuhelfen. »Sheryl war erschüttert.«

Das Ganze wurden dadurch verschlimmert, dass die *Times* die Kritik mit einer höhnischen Kolumne von Maureen Dowd weiter anstachelte. »Sandberg hat das Vokabular und die Romantik einer Gesellschaftsbewegung zweckentfremdet, um damit nicht für eine gute Sache, sondern für sich selbst zu werben«,[28] schrieb Dowd. Obwohl sie mit dem Buch großen Erfolg hatte, reagiert Sandberg noch immer gereizt auf die Vorwürfe. »Ich habe das getan, weil es getan werden musste«, sagte sie zu mir. »Wenn ich mich mit irgendwem treffe, rede ich immer über Facebook, und ich rede immer über Frauen. Manchen gefällt das und manchen nicht, aber ich werde immer so weitermachen.«

Als Facebook nach der Präsidentschaftswahl auf dem Prüfstand war, machte sich Sandberg noch mehr Gedanken über ihr Image. »In Sheryls Welt dreht sich alles um PR«, sagt ein Insider. »Das ist der Schwerpunkt. Sie betrachtet alles unter dem Gesichtspunkt: *Wie wird diese Geschichte erzählt werden? Wie werden die Schlagzeilen aussehen?* Sie weiß alles darüber, sie kennt alle Abläufe bis hinunter ins letzte Glied. Sie betrachtet sich selbst als die beste PR-Mitarbeiterin im Unternehmen. Und sie ist wirklich ziemlich gut darin.« Aber vielleicht verlor sie den Bezug dazu. Nach der Wahl hatte Sandberg einen Teil des Strategiebudgets in Beschlag genommen; ein Funktionär mit Einblick in die Modalitäten beziffert die Summe auf 30 000 Dollar. (Sandbergs Büro bestreitet diese Zahl.) Zwei Zeugen zufolge legte Sandberg TSD alles vor, was sie zu verantworten hatte. Nun, da der Fokus auf Facebook gerichtet war, bereitete sie sich noch minutiöser auf jedes Pressegespräch vor; einmal erzählte sie einem Mitarbeiter von ihrer Strategie, den Reportern vor einem Interview zu sagen, sie sei nervös, um von ihnen schonender behandelt zu werden.

Von ihrem Einstieg bei Facebook an hatte sie Elliot Schrage, dem Leiter des Bereichs Unternehmensstrategie und Kommunikation, nahegestanden. Doch in den Monaten nach dem Tod ihres Mannes schien sie sich von ihm abzuwenden. Mitarbeiter aus ihrem Umfeld berichten von lautstarken Auseinandersetzungen in ihrem Konferenzraum. (Sandberg reagierte verdutzt, als ich sie darauf ansprach, und sagte, man habe ihr Verhalten während der Trauerphase womöglich falsch ausgelegt.)

In jedem Fall schien sie ihre Energie zu Beginn des Wahljahres mehr auf die geschäftliche als auf die unternehmensstrategische Seite zu richten. »Wenn man einmal überlegt, wer eigentlich für einen Großteil dieser [strategischen] Dinge verantwortlich war, wer die eigentlichen Entscheidungen traf«, sagt ein leitender Angestellter aus Sandbergs Abteilung, »dann waren das Joel Kaplan und Elliot Schrage, denn die beiden kontrollierte Sheryl nicht.« (Was laut Sandberg keineswegs der Fall war.)

Sowohl Sandberg als auch Zuckerberg räumten später ein, Facebook habe das Fake-News-Problem zu langsam angegangen. Doch als die Wahlsaison begann, war die Plattform selbst zu einer perfekten Maschine zur Verbreitung von Falschinformationen geworden. Aufgrund der Konstruktion und der Algorithmen des Newsfeeds waren Fake News im Prinzip ein Produktproblem, das in Zuckerbergs Verantwortungsbereich fiel. Aber niemand fühlte sich bemüßigt, das Problem auf technischer Seite zu lösen.

Zum Teil bestanden die Fehlinformationen weiter, weil Facebook von Zuckerberg abwärts an freie Meinungsäußerung glaubte, selbst wenn manche dabei nicht die Wahrheit sagten. Zuckerberg hegte einen durch und durch optimistischen Glauben an das Gute im Menschen und war der Meinung, die Nutzer könnten selbst einschätzen, was der Wahrheit entsprach und was nicht. Darüber hinaus erfüllte ihn die Vorstellung, Facebook könnte zum Richter über Wahrheit und Unwahrheit gemacht werden, mit Schrecken.

»Facebook war zu dieser Zeit nicht daran interessiert, Entscheidungen über vorhandene oder mangelnde Qualität, über Wahrheit oder Unwahrheit zu treffen«, sagt Andrew Anker, der 2016 zu Facebook stieß, um an der Nachrichtenstrategie mitzuarbeiten. »Das war ein sehr gefährlicher Bereich.«

Doch als Fake News in den letzten Wochen des Wahlkampfs dramatisch zunahmen, begriffen einige Mitarbeiter des Bereichs Unternehmensstrategie, dass Facebooks Untätigkeit in die Katastrophe führte. Als Nachrichtenagenturen und Rechercheure zu fragen begannen, warum es sich bei einigen der populärsten Beiträge des gesamten Netzwerks um dreiste Lügen handelte, hatte Facebook keine überzeugende Antwort.

Der Presse fiel es nicht schwer, die entsprechenden Beiträge zu identifizieren. Eine der wichtigsten Techniken der Nachrichtenfälscher bestand darin, eine falsche Nachrichtenquelle mit einem echt klingenden Namen ins Leben zu rufen, Geschichten zu erfinden, die Hillary Clinton schaden würden, und sie auf Facebook zu verlinken. Auch wer die Storys nicht anklickte, sah die Überschrift und eine kurze Beschreibung des Inhalts.

Das klassische Beispiel für eine gefälschte Nachrichtenquelle war

The Denver Guardian. Am 16. Juli 2016 wurde eine Internetseite dieses Namens registriert, auf der wenig Aktivität herrschte, bis am 5. November ein gefälschter Artikel mit der Überschrift »Angeblich in E-Mail-Affäre um Clinton verstrickter FBI-Agent nach WAHRscheinlichem erweiterten SUIZID tot aufgefunden« erschien. So viele Leute glaubten, die Hauptnachrichtenquelle von Colorado stecke dahinter, dass die echte Zeitung, die *Denver Post,* einen Artikel veröffentlichte, in dem es hieß: »Auch wenn Sie einen entsprechenden Facebook-Beitrag gesehen haben: Es gibt keinen *Denver Guardian.*« In dem Artikel wurde auch darauf hingewiesen, dass unter der Adresse der vermeintlichen *Guardian*-Redaktion nur ein Baum auf dem Parkplatz vor einem Bankgebäude zu finden sei.[29] Nichtsdestotrotz wurde die Geschichte über 500 000 Mal geteilt und 15 Millionen Mal angesehen.

Später fand ein Reporter des National Public Radio (NPR) heraus, dass hinter dem *Denver Guardian* ein alter Mann steckte, der in einem Vorort von Los Angeles wohnte. Der Demokrat beschäftigte einen Stab von bis zu 25 Autoren, die frei erfundene Geschichten verfassten, mit denen sie Konservative ansprechen wollten. »Wir haben versucht, das Gleiche in Bezug mit den Liberalen zu machen«, sagte der Mann gegenüber NPR. »Aber es hat einfach nicht funktioniert, es kam nie richtig ins Rollen. In den ersten zwei Kommentaren wird die Sache geradegerückt, und dann verläuft die Angelegenheit mehr oder weniger im Sand.«[30]

In den Wochen vor der Wahl schien es sich bei einer schockierend hohen Anzahl der Top-Geschichten auf Facebook um erfundene Nachrichten zu handeln, die alle aus einer mazedonischen Kleinstadt kamen. Anfang November verfolgte *BuzzFeed* über hundert wichtige amerikanische Webseiten, viele davon mit sehr populären Facebook-Seiten, nach Veles, einen Ort mit 45 000 Einwohnern, zurück.[31] Wie beim *Denver Guardian* steckten rein finanzielle Motive dahinter. »Diesen Mazedoniern auf Facebook war es egal, ob Trump ins Weiße Haus einzieht oder nicht«, schrieb ein *Wired*-Reporter nach der Wahl. »Sie waren nur auf Taschengeld aus, um sich ein paar Sachen kaufen zu können – ein Auto, Uhren, bessere Handys, mehr Drinks in der Bar.«[32] Die Heimarbeiter in Veles pickten sich irgendwo in der konservativen Blogosphäre eine Anti-Clinton-Geschichte heraus, ließen sie auf Facebook zirkulieren und wurden an den Werbeeinnahmen beteiligt, wenn Nutzer die größtenteils frei erfundenen Artikel anklickten, die sich auf Facebook wie echter Journalismus ausnahmen. So war es auch beim größten Hit von Veles: »Hillary Clinton 2013: ›Ich würde mich freuen, wenn Leute wie Donald Trump für die Präsidentschaft kandidieren würden; sie sind ehrlich und nicht käuflich.‹« Der Artikel wurde auf Facebook innerhalb einer Woche 480 000 Mal bewertet oder geteilt und millionenfach angeklickt. Der Mega-Scoop der *New York Times* zu Trumps finanzieller Situation bekam gerade einmal 175 000 Klicks auf Facebook – in einem Monat.

Tatsächlich übertraf in den letzten drei Monaten vor der Wahl die Interaktion mit Fake-News-Geschichten auf Facebook jene mit Artikeln der Mainstream-Pressekanäle.[33] Und das wurde durchaus bemerkt.

Roger McNamee, einer der frühen Investoren, war besorgt genug, um sich Facebook in einem Leitartikel für *The Verge* zur Brust zu nehmen. Ehe er ihn den Redakteuren schickte, ließ er Zuckerberg und Sandberg den Artikel lesen. »Das Anschreiben lautete: *Hört zu, ich befürchte wirklich, dass es da ein systemimmanentes Problem gibt. Das hier ist ein Kommentar dazu, der veröffentlicht werden soll, aber ich würde wirklich gern mit euch darüber reden.*«[34] Sie schrieben beide zurück, versicherten ihm, es sei alles unter Kontrolle, und verwiesen ihn an Dan Rose, der vor der Wahl mehrere Gespräche mit ihm führte. McNamee veröffentlichte den Artikel nicht. Aber er sollte noch von sich hören lassen.

Als die Facebook-Mitarbeiter am 8. November 2016 morgens aufstanden, hatten sie dennoch allen Grund zu der Annahme, die Probleme der Wahlkampfsaison würden mit dem Sieg von Hillary Clinton beendet sein.

Doch im Laufe des Tages beschlich einige Mitarbeiter aus dem Strategiebereich, die Konversationen in Echtzeit mitverfolgten und schauten, wer den »Ich habe gewählt«-Button teilte, der Verdacht, es könnte anders kommen. »Trump hatte die Gespräche auf der Plattform immer beherrscht, und die Nutzer sagten sich: *Kein Wunder, vieles davon ist negativ*«, sagt ein Facebook-Mitarbeiter, der die Resultate auswertete. »Aber als Trump in Florida gewann, wusste ich, dass ab jetzt alle genauer hinsehen würden.«

Donald Trump war Präsident der Vereinigten Staaten. Die Facebook-Mitarbeiter waren mit ihrer Erschütterung und Trauer nicht allein. Aber nicht viele Unternehmen mussten sich die Schuldfrage so eingehend stellen wie dieses. Beinahe augenblicklich kam die Frage auf: Hatte Facebook dabei eine Rolle gespielt?

Am Tag nach der Wahl schlurften sämtliche Mitarbeiter ins Büro, als wären sie in eine Kneipenschlägerei geraten und ohne ihre Brieftaschen aufgewacht. Menschen weinten unverhohlen. Zuckerberg trommelte die fassungslosen Techniker, Software-Designer, PR-Leute und Strategieexperten zu einer Mitarbeiterversammlung zusammen. Auf Facebooks internem Firmennetzwerk schossen Gruppen wie »Facebook ist [als Unternehmen] ruiniert« oder »Die Mission neu überdenken«. Der einleitende Satz in Letzterer lautete: »Die Wahl von 2016 hat gezeigt, dass die Mission von Facebook gescheitert ist.«[35]

In Facebooks Strategiesphäre waren einige wütend auf Joel Kaplan, der die Sache der Konservativen die ganze Zeit über unterstützt hatte. Kaplan musste reagieren. Er sagte ihnen, das Ergebnis habe ihn ebenso schockiert wie alle anderen. Obwohl er Republikaner sei, habe er nicht für Trump gestimmt. Doch nun müsse Facebook sich damit abfinden, dass Trump gewählt worden sei, selbst wenn man den Typen in der Führungsriege des Unternehmens nicht möge.

Zwei Tage nach der Wahl sollte Zuckerberg an einem Podiumsgespräch im Rahmen der Techonomy-Konferenz teilnehmen. Die Mitarbeiter waren der Ansicht, es wäre gut, das Problem frühzeitig zu thematisieren, um es klein zu halten.

Doch es sollte anders kommen. Als der Interviewer Mark Zuckerberg auf die Wahl ansprach, antwortete dieser wie so häufig mit einer ausführlichen Erklärung zu Facebooks Mission und der Art, wie sein System funktioniert. Schließlich brachte er das Thema Fake News zur Sprache:

Ich habe ein paar von den Geschichten gehört, die über diese Wahl kursieren. Ich persönlich glaube, die Vorstellung, dass Fake News auf Facebook, die ein sehr kleiner Teil der Inhalte sind, die Wahl in irgendeiner Weise beeinflusst haben, ich glaube, das ist eine ziemlich verrückte Vorstellung. Die Wähler treffen ihre Entscheidung aufgrund ihrer eigenen Erfahrungen. […] Wir glauben wirklich an die Menschen, und im Allgemeinen liegt man richtig, wenn man sich darauf verlässt, dass die Leute wissen, was ihnen am Herzen liegt und was ihnen wichtig ist, und Systeme entwirft, die das widerspiegeln. […] Es zeugt von einem großen Mangel an Einfühlungsvermögen zu behaupten, jemand hätte nur aufgrund irgendwelcher Fake News so gewählt.

Ich war bei diesem Gespräch anwesend und kann berichten, dass diese Äußerung von den Anwesenden mit Gleichmut aufgenommen wurde. Es schien vernünftig von Zuckerberg, die Sache anzusprechen. Doch von seinen Ausführungen blieb letztlich nur eine einzige Bemerkung übrig: *Facebooks CEO sagt, es sei verrückt zu glauben, Fake News hätten eine Auswirkung gehabt.*

Monate später würde sich Zuckerberg entschuldigen. In Anbetracht dessen, was bis dahin ans Licht gekommen war, blieb ihm auch nichts anderes übrig.

Während Facebook einen verspäteten Versuch unternahm, dem Ursprung der Fake News auf den Grund zu gehen, setzten sich auch Dritte damit auseinander. In den Wochen nach der Wahl wurden Fehlinformationen auf Facebook zur beliebten Zielscheibe von Leuten, die über Trumps Sieg bestürzt waren und nun mit erhobenem Zeigefinger dastanden.

Selbst Verbündete von Facebook wie Bobby Goodlatte, der in den Anfangstagen als Software-Designer für das Unternehmen tätig gewesen war, mussten anerkennen, dass Facebooks Algorithmen Fake News nach oben spülten. »Leider ist der Newsfeed ganz auf Interaktion ausgelegt«, schrieb er in einem Beitrag von Facebooks Intranet am Tag nach der Wahl. »Wie wir während dieser Wahl gemerkt ha-

ben, regt Blödsinn stark zur Interaktion an.«[36] Loyale Facebook-Mit-
arbeiter, darunter selbst Boz, bestritten das. Einer der Strategie- und
PR-Mitarbeiter antwortete mit einem Kommentar, dem zufolge auch
Fake News eine Berechtigung hätten: Den Nutzern das Teilen von
Fake News zu erlauben sei Teil von Facebooks »Bescheidenheit als
Unternehmen [...] das Letzte, was wir tun sollten, ist, zu definieren,
was ›Wahrheit‹ ist.«

Zu den Kritikern zählte auch der scheidende Präsident der Vereinigten Staaten. Vor der Wahl hatte er sich bei einer Wahlkampfveran-
staltung von Clinton in Michigan gegen die »unverhohlenen Lügen«
ereifert, denen die Kandidatin ausgesetzt sei. »Solange so etwas auf
Facebook steht und gelesen wird [...], wird es auch geglaubt«, sagte
er. »Und so entsteht diese Staubwolke aus Unsinn.«[37] In einem Interview mit David Remnick vom *New Yorker* umriss er das Problem, für
das Facebook keine Rechtfertigung fand, während der Wahltag immer näher rückte. »Eine Erklärung des Klimawandels von einem no-
belpreisgekrönten Physiker sieht auf Facebook genauso aus wie die
Verleugnung des Klimawandels durch jemanden, der auf der Gehalts-
liste der Gebrüder Koch steht. Und die Möglichkeit, Fehlinformationen und wilde Verschwörungstheorien zu verbreiten, die Gegenseite
in einem furchtbar negativen Licht erscheinen zu lassen, ohne dass
jemand den Gegenbeweis antritt – das hat sich in einer Art und Weise
beschleunigt, die zu einer tieferen Spaltung der Wählerschaft führt
und es sehr schwierig macht, ein gemeinsames Gespräch zu führen.«[38]

Jetzt, nach der Wahl, verlieh Obama seiner Besorgnis weiter Ausdruck. Bei einem öffentlichen Auftritt mit Angela Merkel am 17. November in Berlin – eine Abschiedstour, die durch das Wahlergebnis
überschattet wurde – beklagte Obama, dass »sehr gut verpackte«
Fehlinformationen auf Facebook wie echte Nachrichten wirkten.
»Wenn alles gleich zu sein scheint und keine Unterscheidungen getroffen werden, dann wissen wir nicht mehr, was es zu schützen gilt«,
sagte er und betonte gleich zweimal, dass Fake News die Demokratie
als solche gefährdeten.[39]

Mitte November sollte Zuckerberg zu einem Gipfeltreffen in Peru
erscheinen, an dem auch der scheidende Präsident teilnehmen würde. Obama bat Zuckerberg um ein inoffizielles Treffen in kleiner Run-

de. Mitarbeiter von Obama erklärten gegenüber der *Washington Post,* der Präsident wolle Facebook »wachrütteln« und Zuckerberg dazu bringen, aggressiver gegen Fake News vorzugehen.[40] Die Facebook-Mitarbeiter sagen, sie seien unter anderem dort gewesen, um *ihrerseits* Obama über Fake News und über die Schritte zu informieren, die sie (verspätet) dagegen unternahmen. »Eigentlich habe ich um das Treffen gebeten, weil er [Obama] einen öffentlichen Kommentar dazu abgegeben hatte und ich sichergehen wollte, dass er wusste, was wir in dieser Sache alles unternahmen«, sagt Zuckerberg.

Wenn etwas schiefläuft, zieht Zuckerberg es immer vor, ein Schuldeingeständnis mit einem Rezept abzumildern, wie sich die Dinge wieder in Ordnung bringen lassen. Im November hatte das Newsfeed-Team einen (wie sich herausstellen sollte) langen Prozess der Problembewältigung angestoßen. Adam Mosseri, der für den Newsfeed verantwortlich war, berief zur Ideenfindung ein Treffen in seinem Konferenzraum ein (der »Dunder Mifflin« getauft worden war, nach der unglückseligen Firma aus der TV-Serie »The Office«).

Ganz im Sinne seines Programmierergeists versuchte Facebook, das Problem mit einer Produktoptimierung zu lösen. Das Team ersann eine Reihe von Möglichkeiten, um Fake News einzudämmen; so sollte man beispielsweise den Nutzern helfen, die Quellen einer Geschichte zu identifizieren, fragwürdige Geschichten überprüfen und aggressiver gegen gefälschte Profile vorgehen, die gefährliche Beiträge teilten.

Nun, da die Wahl vorbei war, stand all das zur Debatte. Nicht zur Debatte stand allerdings, Falschinformationen gänzlich von der Plattform zu verbannen. Das wäre ein Verstoß gegen Zuckerbergs Kernglauben gewesen, man müsse den Nutzern die Möglichkeit zur freien Meinungsäußerung geben. Eine Plattform, auf der Zensur herrschte, hätte das Ende seines Traums bedeutet. Das Ziel würde daher sein, diese Lügen zu minimieren oder sie im Kellergeschoss der niedrig bewerteten Newsfeed-Beiträge zu vergraben.

Im Flieger nach Peru arbeitete das Facebook-Team an einer öffentlichen Erklärung, die Zuckerberg abends nach der Landung auf seiner Seite veröffentlichen würde. Er gab zu, es handle sich insofern um einen ungewöhnlichen Post, als er darin erklärte, was Facebook plan-

te – die im Dunder Mifflin diskutierten Feinjustierungen des Newsfeeds –, und nicht, welches Produkt das Unternehmen gerade entwickelt hatte. »Manches davon wird gut funktionieren und manches
nicht«, schrieb er. »Aber ich möchte betonen, dass wir die Angelegenheit immer ernst genommen haben, dass wir wissen, wie wichtig das
Thema für unsere Community ist, und dass wir alles unternehmen,
um die Sache in Ordnung zu bringen.«

Bei dem Treffen mit Obama am nächsten Tag schienen beide Seiten
aneinander vorbeizureden. Obama hatte offenbar keine Kenntnis von
Zuckerbergs Erklärung und wiederholte schlicht die Punkte, die er
schon in Deutschland angesprochen hatte.

Die Facebook-Leute fragten sich schließlich: *Wenn Obamas Leute
so viel wussten, warum haben sie es uns dann nicht gesagt?*

Alex Stamos war am 8. November, dem Wahltag, in Portugal, wo er
tags darauf im Rahmen einer großen Internetkonferenz sprechen
sollte. Auch wenn er die Wahl gern mitverfolgt hätte, wollte er sich
lieber ausschlafen; er nahm eine Schlaftablette und schaltete sein
Telefon aus. Am nächsten Morgen ergänzte er – fassungslos über das
Ergebnis – seine Rede um ein paar Zeilen: »Wir sind Angehörige der
Elite. Wir sind die Bevölkerungsschicht, die dafür berüchtigt ist, nach
Wahlen überrascht zu sein.«

Als er nach der Konferenz seine Inbox checkte, warfen die ungläu-
bigen Kommentare jedoch tiefer gehende Fragen auf nach den Ursachen der Fehlinformationen, deren Zeuge man geworden war. Hatte
es sich um einen organisierten Versuch gehandelt, mithilfe von Facebook die Wahl zu beeinflussen?

Stamos versprach, der Sache nachzugehen.

Über die nächsten Wochen beschäftigten sich Stamos und sein
Team mit der Frage, woher die Fake News kamen und wie man sie in
Zukunft leichter identifizieren könnte. Stamos hatte das Gefühl, das
wahre Ausmaß des Problems sei Facebook und insbesondere Zuckerberg noch nicht bewusst.

Im Dezember lag Stamos' Bericht vor. Demnach fielen die meisten
gefälschten Nachrichten in die Kategorie der sensationsheischenden

Geschichten, die nach mazedonischer Art arglosen Nutzern aufge-
tischt wurden, um lukrative Klicks zu generieren. Diese waren relativ
leicht zu finden, man musste nur dem Geldfluss folgen. Die »Landing
Pages« – Internetseiten, auf die es einen verschlug, wenn man die
Links anklickte – hatten keine Ähnlichkeit mit echten Publikationen,
sondern waren voll mit Werbeanzeigen von minderer Qualität.

Aber Stamos wollte auch deutlich machen, dass die Verstrickung
mit dem Ausland ein ernstes Problem war. Und Facebook hatte das
wahre Ausmaß noch gar nicht erkannt. In seinem Bericht legte er die
Beteiligung des GRU detailliert dar und räumte ein, dass Facebook
noch nicht wusste, zu welchem Grad die Russen die Plattform tatsächlich zur Verbreitung von Propaganda benutzt hatten. Es waren
auch Screenshots von Seiten enthalten, die sein Threat Intelligence
Team für russischen Ursprungs hielt und die sich nicht nur um die
Wahl drehten, sondern auch früher verbreitete Fehlinformationen in
Verbindung mit der Ukraine und sogar Propaganda in Bezug auf die
Olympischen Spiele zum Inhalt hatten. Um diesen Aspekt besonders
hervorzuheben, fügte Stamos die Logos der russischen Nachrichtendienste in den Bericht ein.

Angriffen einer feindlichen Supermacht konnte man nicht durch
Änderungen an irgendwelchen Newsfeed-Einstellungen begegnen.
Das bedurfte eines tieferen Verständnisses – und der direkten Mitwirkung Zuckerbergs. Das war nicht ganz einfach. Aufgrund der organi-
satorischen Aufteilung der Verantwortungsbereiche zwischen Zuckerberg und Sandberg hatte es zwischen dem Chief Security Officer
Stamos und seinem CEO nie ein Treffen unter vier Augen gegeben.

Stamos tat daher etwas Ungewöhnliches mit seinem Bericht – im
Grunde durchbrach er die Grenzen von Sheryls Welt und bezog die
Produktseite mit ein. Er schickte den Bericht als E-Mail-Anhang an
diejenigen, denen Zuckerberg am aufmerksamsten zuhörte – Chris
Cox, Adam Mosseri, Naomi Gleit, Javier Olivan. Er begriff, dass es
diese Menschen waren, die das Unternehmen eigentlich leiteten, die
an Dingen arbeiteten, die Zuckerberg am Herzen lagen. Diejenigen,
die bei jeder Krise noch um Mitternacht am Telefon hingen. In seinen
Augen war das die einzige Möglichkeit, wirklich Zuckerbergs Aufmerksamkeit zu gewinnen.

Nachdem diese leitenden Mitarbeiter den Bericht erhalten hatten, traf Stamos sich mit ihnen im Konferenzraum von Chris Cox. Als Leiter der Produktabteilung war Cox wahrscheinlich die zweitwichtigste Person bei Facebook – wichtiger als Sandberg, wie manche Insider glauben –, und es gefiel ihm nicht, dass er erst jetzt davon hörte. Alle waren sich einig, dass Zuckerberg es erfahren musste.

Am nächsten Tag kamen etwa zwanzig Mitarbeiter in Zuckerbergs »Aquarium« zusammen, um den Bericht zu besprechen. Es hatte den Anschein, dass Zuckerberg ebenso wie Cox nie über das Russland-Problem informiert worden war. Er bestürmte das Team mit Fragen, von denen viele unbeantwortet blieben. Zuckerberg wies die führenden Facebook-Angestellten an, ein Komitee zu bilden, das untersuchen sollte, welche Handlungsmöglichkeiten es gab. Sie nannten es »Projekt P«.

Das P stand für Propaganda.

»Ich glaube, wir waren seinerzeit noch nicht wirklich in der Lage, das Problem auf systematische Weise zu verstehen«, sagt Naomi Gleit, die für das Projekt verantwortlich war. Unter der Anleitung von Stamos' Team machte man sich an die Analyse. Gleit hatte das Gefühl, zum ersten Mal klarzusehen. In enger Zusammenarbeit mit Facebooks Wachstumsguru Javier Olivan und den Datenwissenschaftlern erstellte sie einen eigenen Bericht.

Doch wieder einmal wurde das Ergebnis durch die Vorherrschaft der Zahlen bestimmt. Das Projekt-P-Team fand heraus, dass keine der hundert populärsten Fake-News-Geschichten auf die vermutete Einmischung russischer Gruppierungen zurückzuführen war. Sie kamen zu dem Schluss, dass es bei dem Fake-News-Problem eher darum ging, den Geldfluss in Richtung von Übeltätern wie den Mazedoniern aus Veles abzuschneiden, die dem System ein Schnippchen schlugen. In ihren Augen ähnelte die Situation gewissermaßen dem Problem, das Facebook einst mit den spammenden Entwicklern gehabt hatte. So betrachtet, unterschied sich der Umgang mit Fake News nicht sehr vom Eindämmen der Exzesse eines Mark Pincus von Zynga.

»Uns war bewusst, dass einige der Täuschungsversuche nach Russland zurückverfolgt worden waren, [aber] das Fake-News-Problem schien größer zu sein«, sagt Facebooks Justiziar Colin Stretch. Seinem Namen zum Trotz griff Projekt P also hart gegen finanziell motivierte Fake News durch und ließ die Propaganda ungeschoren davonkommen.

Zwar zog Stamos nicht die Ergebnisse von Projekt P in Zweifel, er war aber dennoch der Meinung, Facebook solle auf die Einmischung aus dem Ausland aufmerksam machen. Seiner Ansicht nach sollte die Öffentlichkeit von der Verstrickung des GRU wissen, da Aktivitäten dieser Art ein anhaltendes Problem darstellten. Zusammen mit zwei Mitgliedern seiner Abwehreinheit verfasste er ein Positionspapier, das offen zugänglich sein würde.[41] Doch wieder einmal lag er mit den Strategieverantwortlichen von Facebook über Kreuz. Der Bericht vom Dezember hatte Screenshots von einigen der Seiten enthalten, die Stamos und sein Team nach Russland zurückverfolgt hatten, flankiert von weiteren expliziten Erwähnungen der GRU-Aktivitäten auf Facebook. Die Strategieverantwortlichen des Unternehmens – insbesondere offenbar Joel Kaplan – wollten nicht, dass derartige Informationen an die Öffentlichkeit gelangten.

Ob bewusst oder nicht – der Disput hatte politische Auswirkungen. Donald Trump bestritt inzwischen vehement, dass die Russen ihm bei der Wahl geholfen hätten. Warum sollte man den frischgebackenen Präsidenten auf diese Weise vorführen? Das 13-seitige Positionspapier legte daher ausführlich dar, wie eine ausländische Einmischung aussehen könnte, ging dabei aber nicht eigens auf Russland ein. Tatsächlich kam das Wort »Russland« darin nicht ein einziges Mal vor. »Facebook ist nicht in der Lage, die Akteure zu benennen, die diese Aktivitäten finanzieren«, schrieben die Verfasser. Sie wiesen auch darauf hin, dass staatliche Desinformation nur einen kleinen Teil der Fake News auf Facebook ausmachte. Der einzige Hinweis auf eine Verstrickung der Russen war die Anmerkung, das Diskussionspapier widerspreche in keinem Punkt einem kurz zuvor veröffentlichten Bericht des Direktors der nationalen Nachrichtendienste – in dem deutlich zur Sprache kam, dass die Russen versucht hatten, sich in die US-Wahl einzumischen. Doch man musste schon über ein scharfes Auge und umfangreiches Wissen verfügen, um diesen Fingerzeig zu bemerken. »Der Kompromiss war, dass wir auf den DNC-Bericht verweisen und nicht sagen: Russland, Russland, Russland«, sagt Stamos heute.

Die *New York Times* berichtete später, das Verschweigen russischer Aktivitäten in einer Abhandlung mit dem erklärten Ziel, nun ja, russische Aktivitäten aufzudecken, sei von Sandberg selbst abgenickt worden. Sie streitet das vehement ab: »Ich hatte zwar eine grobe Ahnung, dass ein Positionspapier verfasst wurde, aber niemand hat mich gefragt, ob Russland in den Fußnoten vorkommen sollte oder nicht«, sagt Sandberg. »Damit hatte ich nichts zu tun.«

Facebook veröffentlichte das Positionspapier am 17. April 2017. Trotz der erzwungenen Scheu davor, zu benennen, wer Facebook (und die Vereinigten Staaten) angriff, sah Stamos darin keine Schönfärberei. »Letzten Endes war ich mit dem Kompromiss einverstanden, weil wir auf diese Weise etwas veröffentlichen konnten«, sagt er. »Wir *mussten* etwas veröffentlichen.«

Die für das Papier Verantwortlichen waren der Meinung, im Gegensatz zu anderen Opfern dieser Art von Einmischung (Twitter, YouTube) habe Facebook etwas unternommen, um die Öffentlichkeit und die Behörden vor den Gefahren fremder Einmischung über soziale Medien zu warnen. Die Russen aus dem Papier zu redigieren war dieser Sichtweise folgend eine reine Vorsichtsmaßnahme.

Später würde klar werden, dass der Bericht unvollständig war. Trotz Stamos' Ermittlungen, trotz Projekt P ahnte Facebook noch immer nicht, in welchem Ausmaß Wladimir Putin Facebook überlistet hatte.

Doch das sollte sich bald ändern.

15   P WIE PROPAGANDA

Für den 9. Februar 2017 hatte Mark Zuckerberg mich zu einem Treffen in der Hangar-förmigen Unternehmenszentrale, dem »Classic Campus« schräg gegenüber des ehemaligen Sun Geländes, beordert. Das Treffen sollte im »Aquarium« im Buliding 20 stattfinden. Von Frank Gehry gestaltet, verkörperte das Gebäude für mich den dekonstruktivistischen Ethos des Schaffens dieses herausragenden Architekten in besonderem Maße. An den hohen Decken hingen sichtbar Kabel und Leitungsrohre, die Wände wirkten wie provisorische Sperrholzabsperrungen. (»Er wollte es nicht übermäßig designt«,[1] sagte Gehry über seinen Kunden.) An diesen Wänden hingen die neuesten Plakate aus dem analogen Forschungslabor, darunter ein Siebdruck mit der Aufforderung: »Sei ein Nerd«. Auf 400 Metern Länge und unter fast sieben Meter hohen Decken beherbergte Building 20 einen scheinbar wahllosen Wust von langen Tischen, an denen junge Leute in ihr jeweiliges Cluster von Bildschirmen starrten. Auf den 430 000 Quadratmetern verteilten sich Konferenzräume und Cafés, in denen man sich kostenlos versorgen konnte, aber auch Premium Coffeeshops, wo für Chai Teas und Americanos einfach die Kreditkarte durchgezogen wurde. Das Dach des Gebäudes war mit heimischer Flora begrünt, für einen kleinen Spaziergang zwischendurch schlängelten sich Schotterwege übers Grün. (Das später errichtete, angrenzende Building 21 erlaubte dann sogar längere Wanderungen auf den Dächern.) Selbst Leute, die bereits seit Monaten hier arbeiteten, mussten die omnipräsenten Monitore an den Wänden befragen, um den Raum für ihr nächstes Meeting zu finden. Die Mitarbeiter gaben den beiden parallel verlaufenden Hauptverkehrsadern durch diesen »Silicon-Dschungel« Spitznamen in Anlehnung an die Highways, die das Valley mit San Francisco verbanden: Interstate 280 und Route 101.

Etwa in der Mitte des Gebäudes befand sich Zuckerbergs gläserner

Konferenzraum, eingerichtet mit Sofas und Sesseln, die, um dem Ganzen einen lässigen Touch zu geben, beiläufig um einen Tisch in der Mitte gruppiert waren. Whiteboards und Bildschirme flankierten die Glaswände, auf denen man das nächste wichtige Produkt skizzieren konnte – oder, in zunehmendem Maße, Notizen zur Behebung von Softwarefehlern anbringen konnte, die Chaos im Social Graph verursachten.

Nicht nur der Strom der Mitarbeiter nutzte im Jahr 2017 zwei getrennte Routen durch Building 20, auch Facebook selbst war auf zwei Verkehrsadern unterwegs. Da war einerseits der rechte Pfad guter Absichten und hitverdächtiger Umsatzzahlen. Und andererseits ein albtraumartiger, abschüssiger Boulevard schädigender Enthüllungen. 2017 war aus dem einstigen Wunderkind und Gründer ein Ehemann, Vater, Milliardär sowie Schützer und Nutznießer von zwei Milliarden registrierten Facebook-Kunden geworden (obwohl vermutlich kaum ein User die Nutzungsbedingungen durchgeackert hatte, die mittlerweile in Umfang und Verständlichkeit *Finnegans Wake* glichen). Passend für seine Position, versuchte Zuckerberg, großen Krisen mit bedeutungsvollen Gedanken zu begegnen. Doch anders als früher, wo er seine Überlegungen auf die Niederschrift in einem Notizbuch beschränkte, sandte er seine Ansichten nun blitzschlagartig von seinem sicheren Olymp herab, um sie auf seiner Facebook-Seite und somit von Millionen von Followern lesen (und »liken«) zu lassen.

Mitten in der internen Diskussion über die Rolle des Unternehmens bei der Präsidentschaftswahl, über Fake News und die Frage, ob das geheime Projekt P die Einmischung Russlands offenlegen sollte oder nicht, stellte Zuckerberg die Schwierigkeiten von Facebook in einen neuen Zusammenhang: Er deutete die Probleme als Anzeichen einer viel weiter reichenden Unzufriedenheit, als Ausdruck der gesellschaftlichen Spaltung, die nicht nur in den USA zu verzeichnen sei, sondern sich – wie ein viral gehender Post im Newsfeed – auch global ausbreitete. Er ahnte, dass er in diesem gerade angebrochenen Jahr einige Mängel bei Facebook würde eingestehen müssen. Aber sein charakteristisches Gespür für gute Gelegenheiten ließ den einstigen Anhänger des Computerspiels »Civilization« zunächst entscheiden, die interne Debatte zu einer größeren Frage aufzublasen, die sich nicht nur darum drehte, woran sein Unternehmen krankte, sondern die Welt im Ganzen.

Am 3. Januar hatte Zuckerberg seinen Vorsatz für das neue Jahr gepostet. Er plante eine Rundreise durch die Vereinigten Staaten, wie sie sonst nur Politiker unternahmen. Zuckerberg wollte jeden einzelnen Bundesstaat besuchen, um den Menschen dort zuzuhören, mit Ausnahme jener Staaten, in denen er bereits viel Zeit verbracht hatte. »Bei meiner Arbeit geht es darum, die Welt zu vernetzen und jedem Menschen eine Stimme zu verleihen«, schrieb er. »Dieses Jahr will ich ganz persönlich mehr von diesen Stimmen hören.«[2]

Darüber hinaus hatte Zuckerberg ein Manifest zusammengebastelt, um seine Gedanken zu formulieren und seine Vision zu verbreiten. Darüber wollte er mit mir an jenem Februartag des Jahres 2017 sprechen.

Während frühere Erschütterungen bei Facebook durch vereinzelte Fehltritte ausgelöst worden waren – den Newsfeed, Beacon, das Debakel um die geänderten Nutzungsbedingungen –, traf die Krise nach der Präsidentschaftswahl Facebook im Kern. All die Entscheidungen, die im Sinne von Wachstum, Kommerz und einem zielstrebigen Anschub des digitalen Teilens getroffen worden waren, hatten ein ungesundes, süchtig machendes System geschaffen, das sich gegenüber Übeltätern als verwundbar erwies. Zuckerberg wiederholte daher nun ununterbrochen eine Art Maxime, einen Satz, den die Angestellten in den kommenden Jahren ständig betonen würden und der da lautete: *Facebook hat eine Menge Arbeit vor sich.* Zuckerberg legte immer wieder bereitwillig dar, welche Schritte das Unternehmen eingeleitet hatte, um diese Aufgabe zu bewältigen. So hatte er angeordnet, die Teams aufzustocken, die mit Sicherheit und Gefahrenabwehr zu tun hatten, um Angriffen *proaktiv* begegnen zu können, statt sich im Nachhinein dafür entschuldigen und die Probleme beseitigen zu müssen. Zuckerberg räumte nun auch ein, er habe sich missverständlich ausgedrückt, als er sagte, die Vorstellung, dass Fake News die Präsidentschaftswahl in irgendeiner Weise beeinflusst haben könnten, sei »ziemlich verrückt«. »Vielleicht habe ich an der Stelle etwas durcheinandergebracht«, sagte er zu mir, nachdem ich mit einem Getränk aus einer der wohlsortierten Miniküchen des Gebäudes versorgt worden war. (Diese Art der Gästebetreuung war bei Facebook ungefähr so üblich wie eine Tee-Zeremonie in japanischen Unternehmen.) Doch während Zuckerberg routiniert die Maßnahmen herunterratterte, die Facebook ergreifen wollte, um Fake News zu entschärfen, stellte er das Problem erneut nur als ein weltweites Symptom gesellschaftlicher Spaltung und Feindseligkeit dar. Er hatte das Gefühl, dass Facebook – ja, dass *er* – etwas unternehmen konnte, um diese Entwicklung umzukehren: »Meine These lautet in etwa so: Es gibt da diese Infrastruktur, die aufgebaut werden muss, damit unsere Gesellschaft und Kultur das nächste Level erreicht und das gegenwärtige Stammesdenken überwindet. Wir müssen weg von dem Glauben kommen, nur ein Haufen unterschiedlicher Staaten zu sein; und stattdessen hin zu der tiefen Überzeugung gelangen, dass wir einer Welt angehören, die gemeinsam die Dinge anpackt.«

Obwohl er zugab, dass Trumps Wahlsieg innerhalb und außerhalb von Facebook die Leute entnervt hatte, galt sein neuer Kreuzzug nicht einer Einzelperson, sondern einer weltweiten Bewegung. Als Schöpfer von Gemeinschaften und Netzwerken befand sich Facebook in der Position, das Thema anzugehen. »Community« sollte zu Zuckerbergs Buzzword des Jahres 2017 werden.

Als eine Woche nach unserem Gespräch Zuckerbergs 5700 Wörter starkes Manifest auf Facebook erschien (»Lesezeit: 27 Minuten«), trug es natürlich die Überschrift: »Building Global Community«. Stillschweigend wurde darin eingeräumt, dass schlicht »die Welt zu vernetzen« nicht länger der ureigene Segenswunsch war, der Facebook vorschwebte. Fakt war: Die Dinge waren komplizierter. *Sollen wir weiterhin vernetzen oder einen Kurswechsel vornehmen?*, fragte er.

Wenig überraschend entschied er sich für Ersteres. Wie Zuckerberg mir in unserer Unterhaltung zuvor erklärt hatte, hieß die Antwort »Communitys«, und Facebooks Aufgabe würde darin bestehen, sie unterstützend, sicher, gut informiert, zivil engagiert und inklusiv-integrativ zu machen (in dieser Reihenfolge). Jeder dieser Grundpfeiler würde für Facebook mit Arbeit verbunden sein. Aber Zuckerberg konzentrierte sich auf das Positive. Wenn es um die Herausforderungen ging, richtete er sein Augenmerk auf die Fälle, bei denen Facebook hilfreich gewesen war, statt auf jene, in denen das Gegenteil eingetreten war. Ja, Facebook habe Fehler gemacht, räumte er ein, aber nicht aus böswilliger Absicht oder aufgrund eines miesen Geschäftsmodells, sondern wegen unterschiedlicher Wertmaßstäbe der Communitys oder »operativer Probleme mit der Skalierung«. Das Manifest ging über die Fehler hinweg und lud stattdessen die Welt ein, Facebook beizutreten und eine neue Weltordnung von gegenseitigem Verständnis und Respekt zu schaffen.

Gegen Ende seines Textes zitierte Zuckerberg aus einer Rede, die Abraham Lincoln am 1. Dezember 1862 vor dem Kongress gehalten hatte:

Die Glaubenssätze der ruhigen Vergangenheit sind für die stürmische Gegenwart nicht angemessen. Auf den Ereignissen lasten schwere Mühen, und wir müssen mit den Ereignissen wachsen. Da unsere Situation neu ist, müssen wir von Neuem denken und von Neuem handeln.

Die darauf folgenden Sätze Lincolns gab Zuckerberg nicht wieder, obwohl sie gut gepasst hätten. *Wir können der Geschichte nicht entfliehen,* hatte der 16. Präsident der USA formuliert. Und weiter: *Die zu bestehende Feuerprobe lässt uns bei künftigen Generationen in ehrenvollem oder unehrenhaftem Licht dastehen.*

Facebook stand gerade erst am Anfang seiner Feuerprobe.

Im Juli des Jahres 2017 stießen Ned Moran und sein Threat Intelligence Team einen Prozess an, der eine weitere alarmierende Entdeckung zutage fördern sollte. Jemand aus der Rechtsabteilung hatte einen Hinweis von einer Regierungsbehörde erhalten: *Seht euch die Werbeanzeigen an.*

Das Thema stand bereits seit einiger Zeit im Raum. Nur einen Monat nach Stamos' Positionspapier aus dem April hatte das *Time Magazine* in einer Titelgeschichte berichtet, Geheimdienstler hätten erfahren, dass die russische Propaganda-Kampagne 2016 teilweise auf Facebook-Werbung gezielt habe, um leicht beeinflussbare Nutzer zu erreichen. »Sie kaufen ›sponsored by‹-Werbung genau wie jeder andere«, hatte ein leitender Beamter des Geheimdienstes gegenüber der Zeitschrift erklärt.[3] Daraufhin hatte der aufgebrachte Senator Mark Warner aus Virginia Menlo Park einen Besuch abgestattet und verlangt, Facebook solle die Quellen von Fake News genauer untersuchen.[4] Warner, Mitglied des Kongressausschusses beim US-Senat zur Aufsicht der Legislative über sämtliche Geheimdienstinstitutionen der USA, betrachtete den Bereich Social Media zunehmend kritisch, vor allem Facebook. Nach der Präsidentschaftswahl insistierte er, Facebook müsse die russische Wahlkampfbeeinflussung näher prüfen. Später äußerte er in einem Interview der TV-Sendung *Frontline*: »Vom anfänglichen Widerstand bei Facebook war ich ziemlich enttäuscht, denn es hieß dort sozusagen: *Das ist doch verrückt; Warner hat keine Ahnung, wovon er da redet.*«[5]

Bis dahin hatte Facebook in seinem Bestreben, Fake News zu identifizieren, die dem Zweck dienten, den Präsidentschaftswahlkampf zu stören, die Bedeutung von Werbung *nicht* genauer unter die Lupe genommen. Doch selbst als das interne Abwehrteam ermittelt hatte, dass Anzeigen daran einen Anteil hatten, wurden entsprechende Vorwürfe abgetan. »Wir haben keinen Beleg dafür gefunden, dass russische Akteure im Zusammenhang mit der Wahl Werbung auf Facebook gebucht haben«, erklärte ein Facebook-Sprecher noch am 20. Juli gegenüber CNN.[6]

Sich die Werbung vorzuknöpfen war keine leichte Aufgabe. Damals hatte Facebook fünf Millionen Werbekunden, die jeden Tag Hunderte Millionen bezahlter Werbeflächen bestückten. Moran machte sich daran, das Material zu sichten. Dabei wurde er nicht nur von seinem eigenen Team unterstützt, sondern auch von einigen Mitarbeitern des Bereichs »Business Integrity«, die sich um die Seriosität des Unternehmens kümmerten. Die Gruppe nahm sich die letzten drei Monate vor der Präsidentschaftswahl des Jahres 2016 vor und begann, nach Werbekunden zu suchen, die in Russland angesiedelt waren, russische Internetprovider genutzt oder Posts auf Russisch geschrieben hatten, sowie nach Werbung zu fahnden, die mit russischen Rubel bezahlt worden war. Mithilfe dieser Kriterien konnte eine Eingrenzung auf ein paar Hunderttausend Anzeigen vorgenommen werden. Dann widmete sich das Team der Werbung selbst und bestimmte die Fälle mit politischem Inhalt. Sie forschten nach Stichwörtern wie beispielsweise »Trump« oder »Hillary«. Keine einfache Angelegenheit, denn nicht alle Anzeigen bestanden aus reinem Text, viele enthielten Grafiken, nach denen auf diese Weise nicht gesucht werden konnte. Trotzdem gelang es, die Menge weiter einzugrenzen.

Schließlich begann Moran die Verbindungen zwischen den Werbekunden näher zu betrachten, und zwar aufgrund von Ähnlichkeiten der Anzeigen oder geteilter Links. Und, wie früher, wenn sich eine Fotografie langsam im Entwicklerbad zeigte – ein den meisten jungen Facebook-Anhängern unbekanntes Phänomen, das sich in einem Darkroom namens Dunkelkammer abspielte –, wurde das Bild klarer und klarer. Bis sich vor Moran plötzlich ein geheimes Netzwerk von zwanzig bis dreißig Usern auftat. Sie alle hatten eines gemeinsam: Sie stammten aus der russischen Stadt St. Petersburg.

Moran erinnerte sich schlagartig an einen Artikel, der 2015 in der *New York Times* erschienen war. Darin beschrieb der Autor Adrian Chen die Aktivitäten einer hochschädlichen »Troll-Fabrik«, die von St. Petersburg aus operierte und unter dem Namen *Internet Research Agency* bekannt war. Ihr alleiniger Zweck war, zum Vorteil ihres Heimatlandes Unruhe in anderen Staaten zu stiften. »Russlands Informationskrieg kann als die umfassendste Troll-Operation in der Geschichte des Internets angesehen werden und zielt auf nicht weniger ab als auf das demokratische Fundament des Webs«, schrieb Chen.[7]

Moran und seine Leute machten sich an die Arbeit. So gut es ging, ermittelten sie, dass die Internet Research Agency, kurz IRA, rund 100 000 Dollar für ungefähr 3000 Anzeigen bezahlt hatte, meist in russischen Rubel. Die Werbeplätze wurden verwendet, um 120 Facebook-Seiten im Umfeld der IRA zu promoten. Und auf diesen Seiten wurden über 80 000 Inhalte gepostet, die 129 Millionen Facebook-Nutzer erreichten.[8]

Als Moran begriff, dass die russische IRA Werbung auf Facebook platzierte, schaute er sich den Content genauer an. Ihm wurde speiübel. Tausende Anzeigen behaupteten, von offiziellen Nachrichtensendern oder Zeitungen zu stammen oder von engagierten US-Amerikanern, die haarsträubende Behauptungen aufstellten (zum

Beispiel Hillary Clintons inniges Verhältnis zum Satan), rassistischen Unmut schürten oder die schlimmsten Ängste heraufbeschworen.

Nachdem verschiedene leitende Mitarbeiter die von den Russen bezahlten Anzeigen begutachtet und festgestellt hatten, auf welche Weise das Facebook-Netzwerk missbraucht worden war und immer noch wurde, kam die Reaktion so prompt, als habe man sich soeben eine Infektion mit E.-Coli-Bakterien zugezogen. »Wir saßen in einem Konferenzraum, schauten uns das an, und es war einfach ekelhaft«, erinnert sich der Jusiziar Colin Stretch. »Es fühlte sich ausbeuterisch an und machte schlicht wütend.« Eine Anzeige blieb ihm in besonderer Erinnerung – zu sehen war jemand mit einem Flammenwerfer in der Hand, der einer nicht genauer zu erkennenden Menschenmasse, die mit einem beleidigenden Begriff für Muslime bezeichnet war, in einem Schriftzug entgegenbrüllte: *Let's burn them all!* »Diese Form von Gewalt und die Vorstellung, dass so etwas benutzt wurde, um Menschen aufzustacheln, die ohnehin gewisse Vorurteile hegten, war einfach schrecklich«, sagt er. »Das waren fürchterliche Inhalte, und ich glaube, uns alle, aber vor allem mich, verstörte, dass wir es nicht früher bemerkt hatten.«

Unausgesprochen blieb, wie leicht es Facebook gemacht hatte, demografische Daten und Interessen der User preiszugeben, damit Wähler, die auf diese Art von Werbung reagierten, überhaupt erreicht werden konnten. Häufig wurden zudem beide Wählerlager angesprochen. Einmal die auf Trumps Seite, die zur Wahl gehen sollten, und dann die aufseiten der Demokraten – in der Hoffnung, dass diese beruhigt zu Hause blieben und nicht wählen gingen. Einige Anzeigen waren unverblümte Stinkbomben, die auf das Bürgertum zielten. Leute, die Immigranten fürchten, wurden mit entsprechenden Geschichten über Straftaten von Einwanderern eingedeckt, und so wurde in einem Land, das ohnehin schon mit sich selbst im Konflikt stand, gezielt weitere Spaltung betrieben.

Instagram, das zu Facebook gehört, war ebenfalls betroffen. Wie später im Bericht des Sonderermittlers Robert Mueller erläutert, hatte die IRA einen Account namens »Woke Blacks« eingerichtet, durch den Druck auf Afroamerikaner ausgeübt wurde, am Wahltag zu Hause zu bleiben. »Wir können nicht das kleinere Übel von zwei Teufeln wählen«, hieß es in einem Post. »Darum sind wir sicher besser dran, wenn wir ÜBERHAUPT NICHT wählen.«[9] Ein weiterer Account namens »Blacktivist« unterstützte die Idee, die ultraliberale Kandidatin Jill Stein von den Grünen zu wählen. »Entscheide dich für Frieden und gib deine Stimme Jill Stein«, war in einem der Posts zu lesen. »Vertrau mir, das ist keine verschwendete Stimme.«

Das Team von Sonderermittler Robert Mueller, das sich mit der russischen Einmischung in den Präsidentschaftswahlkampf beschäftigte, hatte die Verstrickung der IRA bereits im Blick. Später würde bekannt werden, dass die Aktivitäten der IRA intern »Project Lakhta« genannt wurden (benannt nach einem Wolkenkratzer, der seit nicht allzu langer Zeit die Skyline von St. Petersburg dominiert). Im Grunde handelte die IRA wie Tausende von Firmen, die Facebook als Marketingmaschine nutzten. Auf eigenen Dashboards verfolgte man die Kennzahlen, und Manager, die das gesetzte Soll nicht erreichten, bekamen Ärger. Die Untersuchungen des Sonderermittlers führen aus, wie ein Account-Experte der von der IRA eingerichteten Facebook-Gruppe »Secure Borders« für »eine zu niedrige Anzahl von Posts, in denen Hillary Clinton kritisiert werden sollte«, gescholten wurde. In den letzten Wochen des Wahlkampfs sei es *unbedingt erforderlich, die Kritik an Hillary Clinton zu verstärken.*

Doch die Anklageschrift, die auf den Ergebnissen des Sonderermittlers beruhte, lag zu diesem Zeitpunkt noch Monate in der Zukunft. Vorläufig wusste nur Facebook, dass Tausende von Anzeigen und Zehntausende von Posts belegten, wie die Russen Facebook für den Angriff auf die Präsidentschaftswahl instrumentalisiert hatten. Facebook hatte nicht nur dem russischen Gift Zugang zu ihrer Plattform gewährt, sondern diese Anzeigen auch noch implizit gebilligt. Denn die üblichen Facebook-Standards für Werbeanzeigen sind strenger als für User-Posts im Sinne der freien Meinungsäußerung.

Wie also hatte Facebook all das entgehen können? Eine Erklärung ist fachspezifischer Natur: Für die Suche nach Fake News hatte das Team von Projekt P Begriffe in englischer Sprache als Klassifikatoren verwendet, mit deren Hilfe die Algorithmen kritische Inhalte identifizieren sollten. Die meisten russischen Anzeigen jedoch speicherten für gewöhnlich keine Textbausteine, Wörter und Aussagen waren in

Bilder eingefügt. Beabsichtigt oder nicht, dieser Umstand half, Facebooks Fake-News-Fangnetz zu umgehen.

Eine weitere Erklärung liefert die Tatsache, dass bei Facebook verhältnismäßig wenig Werbung aus Russland geschaltet wurde. Rob Goldman, verantwortlich für den Bereich Business Integrity innerhalb der Werbeabteilung, versuchte das später zu erklären. Täglich gaben Zigtausende russische Werber Zehntausende Dollar für Werbung außerhalb der eigenen Staatsgrenzen aus. Die von der IRA gebuchten Werbeplätze hatten ein Volumen von rund 100 000 Dollar – in einem Zeitraum von acht Monaten. Allerdings räumt Goldman ein, dass weder diese Zahlen noch die technischen Gründe eine auch nur irgendwie geartete Entschuldigung für die mangelnde Kontrolle waren.

Nach der Enthüllung der IRA-Machenschaften steigerte sich Goldman mehr und mehr in das Thema der russischen Desinformationskampagnen hinein, die vonseiten des russischen Geheimdienstes als »aktive Vermarktung« bezeichnet wurden. »Ich wurde sozusagen Russischstudent«, sagt er. Er las sich in die russische Geschichte ein und teilte im Kollegenkreis seine neu gewonnenen Einsichten, die er beispielsweise aus den Erinnerungen des KGB-Überläufers Oleg Kalugin zog. In der Führungsetage von Facebook entstand eine Art masochistischer Buch-Klub, der anhand solcher Lektüre verspätet entdeckte, wem und was man schon früher hätte Aufmerksamkeit schenken sollen. »Die Russen haben solcherlei Dinge schon seit mehr als hundert Jahren betrieben«, sagt Goldman. »Es gab Leute, die ahnten, dass Russland versuchen würde, so etwas wieder zu tun. In den 1970er-Jahren waren Agenten beauftragt worden, Hakenkreuze an Synagogen in New York zu malen. Und Jahrzehnte später machten sie mit den Facebook-Anzeigen letztlich das Gleiche.«

Facebooks Werbeleute hatten immer nach der sehr bequemen Prämisse gehandelt, dass all ihre Kunden gute Absichten verfolgten. Und in diesem Glauben hatte man – wie rückblickend festzustellen ist – offensichtliche Signale nicht beachtet. »Ist die Tatsache, dass Accounts in Rubel für Anzeigen bezahlten, in denen es um die amerikanische Präsidentschaftswahl ging, nicht seltsam? Ja, das ist seltsam«, sagt Goldman und merkt an, dass Facebook danach das Verfahren geändert habe und nun auf derlei Dinge achte. Aber 2016 war das Unternehmen zu beschäftigt damit, das Geschäft mit ausländischen Werbetreibenden anzuheizen, um auch nur in Betracht zu ziehen, was dabei schieflaufen könnte. »Zu einhundert Prozent wäre erfassbar gewesen, dass [die Russen] Social Media auf diese Art und Weise nutzen würden«, sagt er. »Dass wir das nicht bedacht und bemerkt haben, ist eine Schande.«

Was das Ganze noch komplizierter machte, war der Umstand, dass Facebook selbst nach der Aufdeckung russischer Propaganda keine Möglichkeit hatte, um sie von regelkonformem und akzeptablem Content zu unterscheiden. Das Recherche-Team hatte die 3000 Anzeigen und die 80 000 Posts nach den folgenden Begriffen durchforstet: *rassistisch … Anti-Hillary … LGBTQ … Waffen … Immigration …* Doch all diese Begriffe oder Themen kamen auch in rechtmäßigen Beiträgen auf Facebook vor. Die sehr große Mehrzahl der Propaganda passte gut zu dem, was Zuckerberg als »freie Meinungsäußerung« seiner User betrachtete. Facebook entfernte die IRA-Seiten schließlich aufgrund der Erkenntnisse, *wer* dort postete, aber nicht wegen der Inhalte.

»Als wir endlich begriffen, worum es sich in diesen Anzeigen drehte, tauchte die große Frage auf, was wir dagegen unternehmen sollten«, erklärt Goldman. »Wie ändern wir unsere Richtlinien, um das aufzuhalten? Doch in Wahrheit verstieß diese Werbung bereits aus einem bemerkenswerten Grund gegen unsere Richtlinien – weil es sich um *Fake Accounts* handelte. Wenn die Anzeigen von einem echten Account ausgegangen wären, hätten wir kaum eine Chance gehabt, sie zu stoppen. Es gibt keine Regel, die besagt, dass es nicht in Ordnung ist, Anzeigen zu buchen, in denen es um Einwanderung geht. Wenn wir durchgesetzt hätten, dass es auf Facebook grundsätzlich nicht erlaubt ist, über Immigration zu sprechen, hätten wir den amerikanischen Bürgern und der Politik geradezu einen Maulkorb verpasst.«

Die betreffenden Seiten wurden also entfernt, weil die IRA dafür Schein-Accounts benutzt hatte. Und angesichts der sich explosionsartig entladenen Empörung über all die Fake News, die auf Facebook erschienen waren, hätte man vielleicht annehmen können, dass das

Unternehmen umgehend die neuen Erkenntnisse veröffentlichte. Doch das tat Facebook nicht.

Einerseits war der Zeitpunkt für Facebook denkbar schlecht. Bei der Reaktion auf die Fake News hatte man an der bereits zuvor geäußerten Schlussfolgerung festgehalten, dass die meisten davon finanzielle Absichten verfolgten. Außerdem hatte Facebook vor nicht allzu langer Zeit ein Positionspapier veröffentlicht, in dem von Russen keine Rede gewesen war. Würde man nun von diesem Kurs abweichen, würden die Leute dem Unternehmen zwangsläufig vorwerfen, diese Neuigkeiten unter Verschluss gehalten zu haben. Oder die Öffentlichkeit würde vielleicht über Facebooks Behauptung spotten, bis Juli nichts vom Ausmaß der russischen Einmischung gewusst zu haben. Also machte man erst einmal so weiter und hielt die Erkenntnisse – abhängig von der eigenen Sichtweise und dem jeweiligen Gesprächspartner – entweder absichtlich oder mit irreführendem Vorsatz aus der Öffentlichkeit heraus.

Was nicht bedeutete, dass man gar nichts unternommen hätte. Wie schon bei den allerersten Neuigkeiten zu GRU informierten auch hier Moran und Stamos Facebooks Justiziar Colin Stretch. Die Nachricht erreichte auch Sandberg und Zuckerberg. Die Rechtsabteilung wandte sich an das FBI. Darüber hinaus leitete man die vorliegenden Informationen an das Büro des Sonderermittlers weiter, das daraufhin Facebook offiziell vorlud, die betreffenden Anzeigen auszuhändigen. Und als Facebook schließlich den Kongress zu informieren begann, war man im Unternehmen erstaunt, dass die Fragen von Kongressabgeordneten mit Zugang zu geheimdienstlichen Vorgängen deren bereits vorhandene Kenntnis der Übergriffe andeuteten. »In den Anhörungen meinten alle, dass sie davon wussten«, sagt Stamos. »Wenn dem so war, warum haben sie uns dann nicht geholfen?«

Über den gesamten Sommer des Jahres 2017 hinweg sammelte Facebook weitere Informationen. Allerdings verzichtete man immer noch darauf, öffentlich zu erwähnen, dass die zuvor abgegebene Erklärung, keine Werbung aus Russland geschaltet zu haben, von neuen Entdeckungen überholt worden war. Alex Stamos erklärt, er glaube nicht, dass seine Bosse die Amerikaner absichtlich getäuscht hätten; sie seien im Zusammenhang mit einem sensiblen Problem der natio-

nalen Sicherheit nur vorsichtig gewesen. »[Das Strategie-Team] war
der Ansicht, wir könnten in der Deckung bleiben und so davonkommen«, sagt er. »Die Parole lautete, etwas Übles ist passiert, aber sprecht
erst darüber, wenn wir absolut dazu gezwungen werden. Das ist aber
etwas anderes als Verschleiern.«

Justiziar Stretch führt den Datenschutz an. »Wir wollten – wie übrigens zu jeder Zeit – den Content unserer Nutzer schützen«, sagt er.
»Darum behagte mir die Vorstellung, damit an die Öffentlichkeit zu
gehen, genauso wenig wie die Vorstellung, vertrauliche Privatnach-
richten zu veröffentlichen.«

Ende August hatte Facebook immer noch nicht die betreffenden
Anzeigen an die Kongressausschüsse weitergeleitet, die mittlerweile
lautstark danach verlangten. Stretch erklärt, die Verzögerung habe an
Facebooks allgemein üblicher Vorsicht gelegen, User-Informationen
freiwillig an Regierungsinstitutionen auszuhändigen. »Wenn man
Behörden erst mal die Tür aufmacht, weiß man nicht, zu was man als
Nächstes aufgefordert wird, nicht wahr?«, sagt er.

Nicht jeder bei Facebook war der Ansicht, dass diese Rechtferti-
gungen guten Absichten folgten. »Bei jedem einzelnen Schritt in der
Sache haben sie nur versucht, ihren eigenen Arsch zu retten«, sagt ein
Facebook-Angestellter mit Insiderwissen.

Sandberg vertritt heute vehement die Auffassung, Facebook habe
Überstunden gemacht, um das ganze Ausmaß des Problems aufzudecken. Auch sie habe sich zu dieser Zeit bereits richtig in die Sache
reingekniet. »Es wurde behauptet, dass ich Alex [Stamos] vorher
nicht häufig gesehen habe – das stimmt –, aber dann tauschte ich
mich mit allen [aus seinem Team] permanent aus und sprach persönlich mit den Leuten, die sich um die Nachforschungen kümmerten.
Ich fragte sie beispielsweise: *Wo sind die Anzeigen? Und woher stammt
der Content?* Ich habe wirklich versucht, alles herauszufinden. Denn
ich machte mir sehr große Sorgen, dass uns irgendetwas durch die
Lappen geht.« Sie erzählt, dass sie für gewöhnlich im August Urlaub
mache, dieses Vorhaben aber 2017 abblies, um sich mit dem Problem
auseinanderzusetzen. »Ich habe meine Pläne komplett über den Haufen geworfen«, sagt sie.

Es wurde September, bis sich das Unternehmen darauf vorbereitete, die Öffentlichkeit darüber zu informieren, dass Facebook Schauplatz einer russischen Desinformationskampagne gewesen war, die das Ziel verfolgte, Donald Trump zum Wahlsieg zu verhelfen. (Ein juristisch zu verfolgender Umstand, der umso unberechenbarer wurde, da vonseiten des Büros des Sonderermittlers und durch Medienberichte zutage trat, dass Trumps Wahlkampfteam häufigen Kontakt zu Russland unterhalten und – wie im Mueller-Report geschlussfolgert wurde – die Einmischung in die Präsidentschaftswahl »begrüßt« hatte.) Facebook willigte ein, die vielen in Russland generierten Anzeigen dem Kongress zu übergeben – jedoch nicht der allgemeinen Öffentlichkeit zu präsentieren. »Schlussendlich entschieden wir, alles dem Kongress auszuhändigen, und danach konnte dort die Entscheidung getroffen werden, was davon veröffentlicht wurde«, sagt Sandberg.

Für eine Menge Diskussionsstoff sorgte die Frage, bis zu welchem *Grad* Facebook die Einmischung vonseiten der Russen zugeben sollte. Stamos wollte alles aufdecken; sein ursprünglicher Entwurf für einen Blog-Post stellte Facebook als das eigentliche Opfer dar und erklärte, dass die Behörden wenig bis gar nichts unternommen hätten gegen das, was letztlich nicht anders als ein Angriff auf die USA zu bezeichnen war. Aber seine Vorgesetzten verwarfen diesen Entwurf und formulierten eine zahmere Version: einen kraftlosen Bericht,[10] der die Anzahl von Anzeigen und Seiten darlegte, die gegen die Facebook-Richtlinien verstoßen hatten, und anmerkte, dass man sich darauf konzentriere, »kontroversen gesellschaftlich und politisch relevanten Nachrichten über das gesamte ideologische Spektrum hinweg breiten Raum zu geben«. Das stimmte zwar, war aber auch ein irreführendes Statement angesichts der Tatsache, dass die betreffende Werbung in erdrückendem Maße zur Unterstützung von Donald Trump gedacht gewesen war. Das Gleiche galt für den einen Satz zum Ursprung der Anzeigen: »Unsere Analyse legt nahe, dass die Accounts und Seiten miteinander verbunden waren und wahrscheinlich von Russland aus betrieben wurden.« Keine Erwähnung, dass dieser Betreiber der russische Geheimdienst war. Stattdessen beschäftigte sich der Post im weiteren Verlauf mit all den Dingen, die Facebook unternahm, um seinen Service zu optimieren.

Trotz seiner Vorbehalte setzte Stamos seine Unterschrift unter den bereinigten Text – er befand sich letztlich schon auf dem Absprung: Bald darauf strukturierte Facebook den Bereich Sicherheit um, schaffte die Blog-Posts des CSO ab und verteilte die Researcher und Sicherheitsinformatiker auf andere Gruppen im Unternehmen. Stamos stimmte zu, noch bis Mitte 2018 zu bleiben, um Facebook bei den Vorbereitungen zur nächsten Präsidentschaftswahl zu unterstützen. Bis zur Restrukturierung hatte sein Team aus 127 Mitarbeitern bestanden, nun würden ihm gerade einmal fünf Leute zur Verfügung stehen.

Bevor sie eine öffentliche Erklärung über die russische Einmischung abgaben, mussten Zuckerberg und Sandberg beim turnusmäßigen Quartals-Meeting am 6. September 2017 den Vorstand über die Vorgänge unterrichten. Am Tag vor der Besprechung trafen Colin Stretch, Alex Stamos und Elliot Schrage mit dem Aufsichtsrat zusammen – bestehend aus Erskine Bowles, Marc Andreessen und Susan Desmond-Hellman, der Leiterin der Gates Foundation. Dort sollte präsentiert werden, was Stretch und Schrage am darauffolgenden Tag dem Gesamtvorstand vorlegen würden.[11] Unter den Aufsichtsräten herrschte ein allgemeiner Schockzustand aufgrund der Informationen, die sie erhalten hatten, und aufgrund der Tatsache, dass man nicht früher informiert worden war. Bowles, der sich in der Politik und in Fragen nationaler Sicherheit gut auskannte, begriff sofort, dass Facebook in großen Schwierigkeiten steckte. Er wollte wissen, ob noch mehr Enthüllungen ans Licht kommen würden. Stamos antwortete, das sei möglich. *Wer weiß schon, was die Russen vielleicht als Nächstes vorhaben?* Ganz gewiss war seitens der US-Regierung keine Hilfe zu erwarten, wenn es darum ging, die Russen von der Plattform fernzuhalten.

Das Meeting dauerte ungefähr eine Stunde. Bald darauf versammelten sich Vorstand, Aufsichtsrat und Geschäftsleitung zum gewohnten Dinner am Vorabend der Vorstandssitzung. Die Russland-Enthüllungen überschatteten das Essen. Die Vorstände und Aufsichtsräte waren verärgert, nicht früher darüber informiert worden zu

sein, dass das Unternehmen, das sie beaufsichtigten, für die Einfluss-
nahme Russlands auf die Präsidentschaftswahl instrumentalisiert
worden war. Und das ließen sie Sandberg und Zuckerberg auch spüren.

»Ich kann mich nicht erinnern, dass bei einem Vorstandsessen jemals rumgebrüllt wurde, auch bei diesem nicht«, sagt Sandberg.
»Aber die Leute waren ziemlich aufgebracht, das Ganze war eine große Sache. Und ich glaube, wir dachten das auch. Ich glaube, wir waren
aufgebracht und der Vorstand ebenfalls. Wir waren alle verärgert. Ich
meine, man ist wirklich verärgert, also *richtig* verärgert, wenn man
herausfindet, dass fremde Staatsmächte oder irgendwer sonst versucht hat, Einfluss auf die Wahl zu nehmen.«

Am darauffolgenden Tag knöpfte sich der Vorstand im Rahmen
der Sitzung noch einmal Zuckerberg und Sandberg vor. Sandberg war
erschüttert, insbesondere von Stamos' Bemerkung gegenüber dem
Aufsichtsrat, dass Facebook eventuell weitere Belege für die Einmischung der Russen in den Wahlkampf finden könnte. Einen Tag später griff sie Stamos bei einer Besprechung, an der etwa zwanzig Leute
teilnahmen, in lautem Tonfall an und beschimpfte ihn, sie sei in ihrer
ganzen Zeit bei Facebook noch nie so wütend auf jemanden gewesen
wie jetzt auf ihn. Obwohl es nicht ungewöhnlich war, dass Sandberg
Menschen anschrie, handelte es sich bei diesem Auftritt um einen
gänzlich herabwürdigenden Akt, zumal sich untergeordnete Mitarbeiter von Stamos mit im Besprechungsraum befanden. Nachdem
Sandberg ein paar Minuten ihrer Wut freien Lauf gelassen hatte, forderte Zuckerberg sie auf, sich endlich zu beruhigen.

Später tauchten Berichte auf, in denen es hieß, Zuckerberg habe
Sandberg schwere Vorwürfe gemacht wegen der Vorgänge in ihrem
Bereich und unter ihrer Aufsicht. Weder bestätigte noch leugnete Zu-
ckerberg, ob es sich tatsächlich so zugetragen hatte. Schließlich fragte
ich ihn geradeheraus: *Sind Sie der Meinung, dass Sheryl Sie in dieser
Sache im Stich gelassen hat?*

Er ließ sich mit der Antwort Zeit, wenn auch nicht so lange, wie das
epische Schweigen des jungen Zuck gedauert hatte. »So denke ich
über diese Angelegenheit nicht«, sagte er dann. »Ich glaube, wir alle
haben übersehen, dass sich das zu einer größeren Sache entwickelt,

der wir mehr Aufmerksamkeit hätten schenken sollen. Ich meine, natürlich wurden Fehler gemacht, die konkret auf *mich* zurückzuführen sind, weil ich Entscheidungen getroffen habe, die anders hätten ausfallen sollen.«

Einer dieser Fehler bestand vielleicht auch darin, in dem Jahr, in dem Facebooks Ansehen den Bach runterging, einen fragwürdigen Road-Trip zu unternehmen. Während unterschiedliche Facebook-Teams russische Werbung ausbuddelten und sich mit Mitarbeitern des Sonderermittlers Mueller trafen, reiste Mark Zuckerberg mit hochtrabenden Botschaften im Gepäck durch die USA. Was als recht bodenständige Maßnahme begonnen hatte, um »echte« US-Amerikaner kennenzulernen, entwickelte sich zunehmend zu einem Versteckspiel mit den Medien, die auf einmal fanatisches Interesse an dem jungen CEO zeigten, der zwischen Cicero-ähnlichen Verkündungsausbrüchen und einem Reiseplan wechselte, der anscheinend von Folgen alter TV-Serien wie »Route 66« oder »Auf der Flucht« inspiriert war. Zuckerberg tourte zwischen benachbarten Staaten hin und her, er traf Prominente und Lokalpolitiker, platzte in das Leben von Menschen im Herzen der USA und engagierte sich für Mitbürger, die in eine schwierige Lage geraten waren. Eines Tages erhielt Daniel Moore aus (dem ungefähr 55 Meilen von Cleveland entfernten) Newton Falls in Ohio unerwartet einen Telefonanruf und wurde gefragt, ob ein geheimnisvoller Gast beim Abendessen seiner Familie dabei sein durfte. 15 Minuten bevor sich die Familie an den Tisch setzte, erfuhr er, dass es sich um Mark Zuckerberg handelte, der auf der Suche nach einem ehemaligen Obama-Wähler war, der jedoch bei der Wahl 2016 für Trump gestimmt hatte. »Wir haben einen sehr coolen Burschen kennengelernt«, berichtete Moore danach der Tageszeitung *Vindicator* aus Youngstown. »Ein bodenständiger Typ, mit dem man einfach reden kann.«[12]

In Indiana tuckerte Zuckerberg mit Bürgermeister Pete Buttigieg, der ebenfalls in Harvard studiert hatte, durch die Stadt South Bend. Bei der anschließenden Runde mit dem NASCAR-Fahrer Dale Earnhardt jr. über eine Rennstrecke ging es wesentlich schneller zu. Zuckerbergs anberaumter Trip nach Delaware versprach dagegen deutlich weniger Spaß: Er sollte im Rahmen einer Zivilklage vor Gericht erscheinen, wo es um Zuckerbergs Versuch ging, die Unternehmensstruktur so zu ändern, dass er die oberste Macht behielt, selbst wenn er beträchtliche Aktienverkäufe tätigte oder sich um ein öffentliches Amt bemühte. (Hm.) Aber Facebook vereitelte die Klage in letzter Minute, also begab er sich auf die Route 95, um sich in South Philadelphia ein Käsesandwich zu genehmigen. Er tauchte ein in die Welten von Menschen mit persönlichen Krisen, hockte mit einer Gruppe Opioid-Abhängiger oder mit ehemaligen Strafgefangenen zusammen, besuchte Angehörige der Armee in Fort Bragg in North Carolina und das Naval War College der US-Marine in Newport/Rhode Island. (Dort erklärte er den Offiziersanwärtern, dass die Kriegsszenarien, die sie studierten, anscheinend eine Menge mit seinem Lieblingsspiel »Civilization« gemeinsam hatten.) Er legte versuchsweise Hand an in der Fabrikationsstraße zur Produktion von Ford Trucks und brachte eine Gruppe von Arbeitern einer Ölbohrinsel in North Dakota aus dem gewohnten Arbeitstakt, als er sich unangekündigt für ein Gespräch über ihre Arbeit blicken ließ. Er besuchte einen Milchbauernhof, einen Austernzüchter und einen Windpark.[13]

Soweit möglich, versuchte Zuckerberg, die Besuche nicht mit übertrieben viel Bohei und in zu kurzer Zeit zu absolvieren; er reiste nur in Begleitung von einem Mitarbeiter aus der PR-Abteilung sowie den gewohnten Bodyguards. (Nach Beendigung der gesamten Reise hatte er jedoch vor, die Erfahrungen mit der ganzen Welt zu teilen.) Seit sein Vermögen auf über vierzig Milliarden angewachsen war, machte sich Zuckerberg zunehmend Sorgen um seine Sicherheit. Auch wenn er für seine Arbeit als CEO bei Facebook nur einen symbolischen Dollar pro Jahr als Lohn nahm, zahlte das Unternehmen 2017 annähernd 7,3 Millionen Dollar für Vorkehrungen zu seiner Sicherheit – eine Summe, die sich im Jahr darauf verdoppeln würde.[14] In den Videos, die er nach der Tour regelmäßig auf seiner Facebook-Seite postete, sah man aber immer nur den freundlichen Mark, der jegliche Lebensweisheiten aufsaugte, die seine jeweiligen Gastgeber zum Besten gaben.

Einer seiner Zwischenstopps auf der Tour war rund um die Rede arrangiert worden, die Zuckerberg im Mai 2017 vor Harvard-Absolventen hielt. Als Drew Faust, die Präsidentin der Harvard University, Zuckerberg zu diesem Event einlud, hatte sie ihm erzählt, dass unter den vorangegangenen Rednern General Marshall gewesen war, der dort seinen Plan für den Wiederaufbau Europas verkündet hatte. Und dass David Hackett Souter in Harvard die erste Rede nach seinem ruhestandsbedingten Ausscheiden vom Obersten Gerichtshof gehalten hatte. Zuckerberg solle sich also nicht scheuen, gewichtige Themen anzuschneiden. Die Aufforderung war unnötig. Als ich Zuckerberg eine Woche vor der Veranstaltung traf, sinnierte er über seine Botschaft: »Das rhetorische Standardelement dieser Feierrede ist es, den Absolventen zu sagen, los, findet eure Bestimmung, und los, findet heraus, worauf es im Leben ankommt. Aber ich stehe auf dem Standpunkt, dass die Millennials das sowieso intuitiv draufhaben. Für diese Generation existiert genau genommen eine weitreichendere Herausforderung, nämlich eine Welt zu schaffen, in der jeder Mensch Sinnhaftigkeit und Bedeutung erfährt.« Das war sein Thema: Sinn stiften. Als Zuckerberg 13 Jahre zuvor mit Thefacebook begonnen hatte, verfolgte er kein hochtrabendes Ziel; doch in späteren Jahren gelangte er dazu, das Ganze immer mehr als eine Berufung zu betrachten.

Mit der Rede in Harvard würde sich für ihn ein Kreis schließen, meinte er. Ich fragte, ob es sich um eine emotionale Rückkehr handelte, und er verneinte, um ein paar Minuten später noch einmal darauf zurückzukommen. Die Zuhörer würden es vielleicht nicht bemerken, erklärte er mir, aber die Gliederung seiner Rede basiere auf seinem eigenen Lebensweg. »Selbst wenn ich darin auf die Notwendigkeit verweise, Sinnhaftigkeit zu schaffen, und über große Projekte und die Problemfelder Wohlstand und ungleiche Verteilung spreche und danach über die globale Community, so spanne ich den emotionalen Bogen mit meiner eigenen Lebensgeschichte«, sagte er. Die Rede, obwohl im Platzregen gehalten, brachte ihm mächtigen Applaus ein.

Auf seiner Spritztour durch die Staaten New Englands traf er außerdem in einer Stadt in Maine arbeitslose Fabrikarbeiter und stattete in Providence/Rhode Island einer weiterführenden Schule einen Besuch ab. Nein, Zuckerberg bewarb sich nicht um das Amt des Präsidenten, sondern nahm die Aufgabe in Angriff, sich als Gesellschaftstheoretiker zu zeigen, der über die seltene Macht verfügte, den Kommunikationsaustausch von zwei Milliarden Menschen zu beeinflussen. Weltweit verfügte kein Staat über eine solch große Bevölkerung wie Facebook. Die US-Präsidentschaft wäre da ein Abstieg.

Während er wie ein nerdartiger Tocqueville das Land bereiste, grübelte er auch über Facebooks Probleme. Wie von einem Empiriker nicht anders zu erwarten, machte ihm die Aufgabe zu schaffen, seine Grundüberzeugung zu vermitteln, dass die Welt dank vernetzter und sich austauschender Menschen ein besserer Ort war. Was Zuckerberg an den Vorgängen rund um die Präsidentschaftswahl am heftigsten erschütterte, war, dass das russische Eingreifen in den Wahlkampf diese Weltsicht zu negieren drohte. Seine Widersacher verstanden sich offenbar bestens darauf, die Features, die eigentlich dazu gedacht waren, das Gute in der Welt zu fördern, für die Zerstörung und Spaltung der Gesellschaft auszuschlachten.»Was an der russischen Propaganda echt schwierig und aufwühlend war, war die Art und Weise, wie die Russen die Plattform missbrauchten, auf der sie sich vermeintlich engagierten«, erklärte mir Zuckerberg später.»Sie haben auf beiden Seiten der Lager Communitys geschaffen – Pro-Immigration und Anti-Immigration –, aber ganz offensichtlich war ihnen das Thema Immigration vollkommen egal, sie wollten nur einen Konflikt provozieren.«

Monatelang richtete Zuckerberg seinen Blick auf Communitys. Sein Manifest namens »Building Global Communities« war nur der Anfang gewesen. Bei seiner Teilnahme am ersten »Facebook Community Summit« in Chicago erhöhte er den Einsatz. Den ungefähr 350 ehrenamtlichen Administratoren von Facebook-Gruppen, in denen es etwa um nichtweiße Väter, die Vorzüge von Reisen ohne jeglichen modernen Schnickschnack, Kriegsversehrte oder Angelparadiese in Austin ging, wurden für den Summit alle Auslagen erstattet, damit sie an Workshops mitwirken, Tipps austauschen und lautstarken Beifall spenden konnten, wenn die Führungsriege von Facebook in Person von Chris Cox oder Naomi Gleit auf die Bühne trabte, um die Keynotes zu präsentieren: Um Einladungen zu Gruppen anzukurbeln, versprach Facebook, dafür künftig die gleichen, erfolgreichen Methoden anzuwenden wie bei Anzeigen.

Als Zuckerberg unerwartet als Redner auftauchte, drehte das Publikum durch. Auf dem Weg in die halbrunde Arena ballte er die Fäuste wie ein Regierungschef vor der Rede zur Lage der Nation. Bedeutungsvolle Gruppen, wie die von euch administrierten, sagte er, sind das Wertvollste auf Facebook. Doch von den zwei Milliarden Usern gehörten nur hundert Millionen Mitglieder diesen bedeutungsvollen Gruppen an. Zuckerberg wollte aber, dass jeder User einer Gruppe angehörte.

Dann sorgte er für eine Überraschung. Denn genau dort, an Ort und Stelle, veränderte Zuckerberg Facebooks *gesamte Mission*. Facebook vernetzte nicht länger nur die Welt. Ab sofort lautete der Auftrag, »Menschen die Macht zu geben, Communitys zu schaffen, um damit die Weltbevölkerung einander näherzubringen«. Diese Kurspräzisierung glich beinahe dem Eingeständnis, dass die blindwütige Jagd auf immer größeres Wachstum nur zu einer strukturlosen und manipulierbaren Masse geführt hatte. Jetzt verlieh Zuckerberg dem Ganzen Kontur: »Ich war immer der Ansicht, dass die Menschen im Grunde gut sind«, sagte er zu den Zuhörern. »Aber ich habe auch erkannt, dass wir alle das Gefühl brauchen, unterstützt zu werden. Wir möchten uns nicht ängstigen. Aber wenn wir uns schon nicht mit unserem Leben hierzulande wohlfühlen, ist es schwer, sich auch noch Gedanken um Menschen zu machen, die in anderen Weltgegenden leben. Communitys vermitteln uns das Gefühl, Teil von etwas Größerem zu sein als unserem eigenen Dasein, sie zeigen uns, dass wir nicht allein sind, dass vor uns etwas Besseres liegt, für das es sich zu arbeiten lohnt. [...] Wir müssen eine Welt schaffen, in der jeder Einzelne Sinn und Gemeinschaftsgefühl erfährt – so werden wir die Weltbevölkerung einander näherbringen. *Ich weiß, wir schaffen das!*«[15]

Unter anderen Umständen wäre eine Veränderung der Mission eine gigantische Geschichte gewesen. Bedeutete dies, dass Facebook *anders* werden würde? Aber angesichts all der anderen Skandale, die sich von da an sozusagen im Wochenrhythmus auftaten, verpuffte diese Ankündigung regelrecht. Vielleicht litten die Leute auch nur an Manifest-Ermüdung. Oder vielleicht erschien das Ganze im Lichte der Russland-Affäre auch nur wie eine Ablenkung aus schlechtem Gewissen. Wenngleich Zuckerbergs Botschaft einem inmitten der begeistert kreischenden Gruppen-Administratoren in Chicago durchaus aufrichtig und inspirierend vorkommen konnte. Unpassend oder nicht, im Jahr 2017 widmete sich Mark Zuckerberg sehr ausführlich solch hochgestochenen Vorstellungen. Er begab sich ganz bewusst auf den rechten Weg.

Nach dem Summit stürmte er davon, um eine Charter School für afroamerikanische Jungen zu besuchen. Anschließend konnte er auch hinter Illinois einen Haken auf seiner Besuchsliste aller Bundesstaaten machen.

Hinter der optimistischen Botschaft anlässlich des Chicago Community Summit stand Zuckerbergs Auffassung, dass Facebook sich verändern oder zumindest eine Kurskorrektur vornehmen musste. Die Beschwerden – von Fake News bis zu störender Werbung – zielten mehrheitlich auf Facebooks beliebtestes Produkt: den Newsfeed. Erstmals 2006 in Zuckerbergs »Book of Change« skizziert, war das Konzept des Newsfeeds zum hart umkämpften Reizthema hinsichtlich des Überlebens des gesamten Unternehmens geworden. Die Beliebtheit des Dienstes und Zuckerbergs Bestreben, den Newsfeed zu einer unverzichtbaren, individualisierten Informationsquelle zu machen, hatten dem Fluss der Beiträge eine sehr schwere Last auferlegt.

Obwohl theoretisch Tausende von zu scrollenden Posts auf dem Bildschirm erscheinen konnten, sahen die User jeweils immer nur einige wenige, weshalb sich das Rennen um die oberen Top-Plätze – bestimmt durch ein Punktesystem jenseits des menschlichen Verstandes – zu einem brutalen Konkurrenzkampf entwickelt hatte. Facebook gefiel sich in der Rolle, immer wieder zu betonen, dass es keine redaktionelle Auswahl der Beiträge treffe, sondern dass allein die individuellen Vorlieben des jeweiligen Nutzers definierten, was in seinem oder ihrem persönlichen Newsfeed gezeigt wurde. Doch die entsprechenden Signale und deren Gewichtung wurden *tatsächlich* von Facebook ausgewählt. Jahrelang hatte Facebook EdgeRank-Algorithmen entwickelt, die festlegten, welche Posts hochrangig einzuordnen waren; doch mit der Zeit war das System immer komplexer geworden, sodass es sich zu einem komplizierten Digital-Eintopf von über 100 000 Signalen entwickelt hatte. Maß und Kontrolle wurden zum Ergebnis einer endlosen Abfolge von Experimenten, mit deren Durchführung Datenanalysten betraut wurden, die an die Wachstumsabteilung berichteten. Deshalb war es nicht verwunderlich, dass Erfolg an jenen Kennzahlen gemessen wurde, die der Abteilung über alles gingen: Ausbau und Bestandssicherung der User-Basis.

Die Kehrseite eines solchen Systems wurde einmal sehr treffend von Tristan Harris beschrieben, einem ehemaligen Interface-Designer bei Google. Bei seinem alten Arbeitgeber gehörte es zu seinen Aufgaben, »suchterzeugende« Methoden zu entwickeln. Im Wesentlichen vertrat Harris die Auffassung, dass die klassischen Methoden zur Aufmerksamkeitserzeugung – bestens bekannt aus Fernsehserien und sogar Romanreihen – mithilfe digitaler Tools und dem Durchbruch künstlicher Intelligenz im 21. Jahrhundert eine neue Dimension erlangt hatten: die einer schädlichen Suchtgefahr. Er betrachtete den Newsfeed und andere »unendliche Scrolls« als die diesbezüglich schlimmsten Mittel und Facebook als die übelsten Übeltäter. In den USA ging rund ein Viertel der Gesamtzeit, die die Leute im Internet verbrachten, an Facebook. In anderen Ländern war es sogar deutlich mehr. Laut Harris handelte es sich bei Produkten wie diesem nicht einfach nur um süchtig machende Ablenkungen, sondern um eine existenzielle Bedrohung der Menschheit. Kinofilme würden diese Bedrohung durch künstliche Intelligenz im Stil einer »Terminator«-Science-Fiction darstellen; doch wovor wir uns wirklich fürchten sollten, so meinte er, sei Mark Zuckerberg, dessen Algorithmen uns mit unwiderstehlichem digitalem Junkfood vollstopften.[16]

Die Debatte um Fake News legte die Messlatte noch einmal höher, denn sie manipulierte unseren menschlichen Impuls, reißerische und zerstörerische Neuigkeiten genauer unter die Lupe zu nehmen. »Sie haben tatsächlich eine künstliche Intelligenz geschaffen, die leistungsfähiger ist als der menschliche Verstand. Und sie konnten dies vor aller Welt verheimlichen, indem sie dem Ganzen einen anderen Namen gegeben haben«, sagt Harris. »Als ›Facebook Newsfeed‹ bezeichnet, erkannte niemand, dass damit eigentlich eine künstliche Intelligenz geschaffen worden war, die komplett selbstständig und unkontrolliert arbeitet.« Harris sagt, den Newsfeed zu benutzen sei, wie gegen einen unschlagbaren Schachcomputer zu spielen – er kennt die individuellen Schwachstellen seines Gegenübers und schlägt ihn ein ums andere Mal. Und das geht ungefähr so: *Soll ich den Bauern ziehen, was einem Artikel über Trump gleicht, oder soll ich ›Hier hat dein Freund ohne dich Spaß!‹ spielen? Oh, das hier funktioniert sehr gut! Also werde ich diesen Zug als Nächstes machen.*

»Wir wissen doch, was passiert, wenn wir Normalsterblichen gegen einen Computer Schach spielen: Wir verlieren«, erklärt Harris. »Das Ganze ähnelt einem ununterbrochenen Schachmatt des entwicklungsgeschichtlich bedingt limitierten menschlichen Gehirns.«

Wenig überraschend wies das Newsfeed-Team den Eindruck zurück, mit ihrer täglichen Arbeit zur Vernichtung der Menschheit beizutragen. Doch die Präsidentschaftswahl und deren Nachspiel zwang das Unternehmen dazu, sich mit der Frage auseinanderzusetzen, dass der Newsfeed tatsächlich schlecht für die Nutzer sein könnte. »Wir haben immer daran gearbeitet, schlechte User-Erfahrung zu erkennen und zu mindern«, sagt John Hegeman, der dem Newsfeed-Team in leitender Position angehörte. »[Aber] ich denke, niemand rechnete mit dem Ausmaß, damit, dass diese Angelegenheit zum Hauptaugenmerk werden und eine solche Größe annehmen würde, dass wir begriffen, dass wir viel mehr investieren mussten.«

Mit anderen Worten: *Wir haben's vermasselt und müssen es jetzt wieder geradebiegen.*

Besonders im Fokus stand, wie der Newsfeed mit Journalismus umging. Um das Jahr 2010 waren im Newsfeed immer mehr echte Nachrichtenmeldungen aufgetaucht, vor allem deshalb, weil Zuckerberg sich bemühte, mit einer schnellen aktuellen Berichterstattung Twitter eins auszuwischen. »Wir stellten bald fest, dass diesbezüglicher Traffic zu Verlagshäusern organisch wuchs«, sagt Nick Grudin, ehemaliger Geschäftsführer des Nachrichtenmagazins *Newsweek,* das mit Facebook Content-Partnerschaften unterhielt. »Es war nicht unbedingt von Anfang an Teil des Konzepts, [aber] im Verlauf von ein paar Jahren erkannten wir, dass Facebook zu einem wirklich wichtigen Vertriebskanal wurde – 20 bis 25 Prozent der Klicks stammten von Facebook.« Viele Verleger berichteten von noch höheren Zahlen. Während dieser Jahre ignorierte Facebook fast mutwillig, welchen

Einfluss man auf die klassische Medienbranche besaß. »Man liest Nachrichten nicht auf Facebook«, erklärte mir Chris Cox 2014. »Man *entdeckt* sie auf Facebook.« Facebook, erläuterte er mir, sei weniger eine Nachrichtenquelle als vielmehr »ein Ort, an dem man den besorgten Blick über die gesamte journalistische Arbeit schweifen lassen konnte«.

Facebook lag nichts daran, eine gewichtige Position in der Medienbranche einzunehmen, und fühlte sich unwohl dabei, die Verantwortung für diese Art von Rolle zu übernehmen. Die Zusammenarbeit mit Medienhäusern beschränkte sich auf den Newsfeed, ohne einen Gedanken daran zu verschwenden, Veränderungen an dem Produkt vorzunehmen, um zwischen Qualität und »Mist« zu unterschieden. Facebooks erste große Dienstleitung explizit für Verlagshäuser nannte sich *Instant Articles* und ermöglichte, Nachrichten schneller hochzuladen, indem sie auf Facebook-eigenen Servern gespeichert wurden. (Google hatte ein ähnliches Produkt am Start.) Tatsächlich erwies sich das Feature für Facebook als hilfreicher denn für die Medienpartner, weil ein Instant Article die eigentliche Nachricht auf der Website des Medienhauses umging, weshalb die Unternehmen weder Werbung zeigen noch User-Daten sammeln konnten. »Das Ziel, die Lieferung von Nachrichten zu beschleunigen, wurde recht gut erreicht«, sagt Grudin. »Dennoch wurde das Angebot nicht ganz so gut angenommen, wie wir vorher gemutmaßt hatten.« Was? Die Verleger wollten *Geld* sehen?

Facebook nahm sich daraufhin Zuckerberg selbst zum Vorbild. Er war nicht der Ansicht, dass der Newsfeed altehrwürdigen Verlagshäusern eine Vorzugsbehandlung zukommen lassen sollte. Er scheute die Entscheidung, was eine wirkliche Nachricht war und was nicht, und die Rolle des Schiedsrichters war ihm ein Gräuel. Sollten doch die Nutzer entscheiden! Zuckerberg sympathisierte eher mit jüngeren, datengetriebenen Medien wie *Upworthy* oder *BuzzFeed,* deren Content bereits optimiert und auf den Newsfeed-Algorithmus abgestimmt war.

Schon die Firmennamen beider Unternehmen verdeutlichen die Herangehensweise an Nachrichten. *Upworthy* präsentierte anregende Geschichten, die auf die Tränendrüse drückten und darum bettelten, geteilt zu werden. *BuzzFeed* hatte sich auf albernes und unwichtiges Zeug spezialisiert, über das die Leute endlos reden konnten. Als einer Social-Media-Managerin bei *Buzzfeed* ein *Tumblr*-Foto von irgendwem auffiel, auf dem ein Kleidungsstück mit mehrdeutigen Farben zu sehen war – manche sahen es in Schwarz und Blau, andere in Gold und Weiß –, bastelte sie daraus einen Beitrag unter der Überschrift »The Dress«,[17] der ganze fünf Minuten später auf Facebook erschien. Dank *BuzzFeeds* Geschäftstüchtigkeit in Sachen soziale Medien verbreitete sich die Geschichte im Social Graph wie ein Lauffeuer. 28 Millionen Views an nur einem Tag! Als wäre man die *New York Times,* die über die Anschläge des 11. September 2001 berichtete, lieferte *BuzzFeed* danach Dutzende ähnlicher Posts und überschwemmte alle Bereiche damit. So sahen eben Nachrichten im Facebook-Zeitalter aus.

Die gleiche Methode wie zur viralen Verbreitung von »The Dress« wurde 2016 genutzt, um mit Storys über den Papst, der Donald Trump unterstützte, oder Hillary Clinton, die angeblich in einer Pizzeria einen Kinderpornoring unterhielt (der sogenannte Pizzagate-Skandal), regelmäßig die Zahlen nach oben zu treiben. Gleichzeitig konnten die Bollwerke wahrer journalistischer Arbeit mit ihren gut recherchierten Artikeln irgendwie nicht das gleiche »Engagement« der User erreichen wie gefakte oder idiotische Nachrichten. Facebook zuckte bloß mit den Schultern. »Facebook spielte natürlich eine ganz besondere und wichtige Rolle im Ökosystem von Nachrichten«, sagt Hegeman aus dem Newfeed-Team. Dabei sei das nicht der Hauptgrund gewesen, weshalb die Leute auf Facebook waren. Hegeman spricht von 5 Prozent – nur einer von zwanzig Posts habe einen Link zu einer Nachrichtenmeldung beinhaltet.

Sogar schon vor der Präsidentschaftswahl hatten einige Facebooker geahnt, dass das Unternehmen mehr tun musste. 2015 war der medienerfahrene Manager Andrew Anker zu Facebook gekommen, um sich der nicht näher definierten Aufgabe rund um die Nachrichtenmedien zu widmen. Nach ein paar Wochen hatte er eine Strategie vorgelegt: Fügt die Zusatzoption einer Paywall im Bereich der Instant Articles hinzu. Damit die Meldungen eines bestimmten Verlagshauses gesehen werden konnten, müssten die Leser künftig Abonnenten sein. Genau darum hatten verschiedene Medienunternehmen bereits mehrfach gebeten.

Anker begab sich in Zuckerbergs »Aquarium« und präsentierte seine Idee. Nach zwei Minuten wurde er von Zuckerberg unterbrochen. »Facebooks Mission lautet, die Welt offener und vernetzter zu machen«, erinnerte er Anker. »Ich verstehe nicht, wie Abos die Welt offener oder vernetzter machen sollen.«

Nach der Präsidentschaftswahl des Jahres 2016 wusste Facebook, dass man das Thema Nachrichtenmeldungen angehen musste, auch wenn das bedeutete, dass erfundene Nachrichten beseitigt werden mussten. Mosseri und Anker entwickelten ein paar schnelle Änderungen in Bezug auf Falschmeldungen. Eine betraf die Autorisierung und Durchführung von digitalen Faktenchecks, mit denen potenziell fingierte Beträge gesucht und entfernt werden sollten, sofern die eine Überprüfung ergeben hatte, dass sie frei erfunden waren.[18] (Facebook mochte den Begriff »Fake News« nicht, den sich der Sieger der Präsidentschaftswahl 2016 zu eigen gemacht hatte.)

Der erste Einsatz dieses faktenprüfenden Tools führte zu einem alarmierenden Ergebnis. Sobald Facebook einen Post als »strittigen Content« bezeichnete – das heißt, nachdem professionelle Faktenchecker den Inhalt als falsch identifiziert hatten –, interessierten sich die Nutzer nur noch mehr dafür! »Es gab eine Reihe von Leuten, die dachten, wenn wir etwas als unrichtig anzeigten, bedeutete dies, dass das Ganze noch wahrer sei«, sagt Anker. Später probierte Facebook weitere Methoden aus, um User davon abzuhalten, gefälschte Geschichten zu schlucken, die nur dazu erfunden worden waren, sie zu manipulieren. Das effektivste Vorgehen gegen Fake News bestand darin, sie im Newsfeed herunterzustufen, sodass man lange scrollen musste, um sie überhaupt zu sehen. Eine Maßnahme, um solcherlei Inhalte schlicht kategorisch *auszuschließen,* wurde indes von Facebook abgelehnt. Mit der Verweigerung dieser Nuklear-Option drückte sich Facebook um die Verantwortung zu sagen: *Das hier ist unwahr und damit raus!* Lieber die Kontroverse umgehen und dafür sorgen, dass Pizzagate-Storys weniger wahrscheinlich in den Newsfeeds der User auftauchten.

Die internen Rangeleien hielten an, als Anker das Unternehmen

2017 verließ und von Alex Hardiman ersetzt wurde, die zuvor als Digital-Managerin bei der *New York Times* tätig war. »Die Frage lautete damals, ob Facebook angesichts der Risiken danach war, Qualitätsjournalismus zu definieren und zu unterstützen«, sagt sie.

Nur zögerlich unternahm man Schritte in diese Richtung. Ebenfalls 2017 heuerte Facebook die ehemalige CNN-Reporterin Campbell Brown für den Bereich der Kooperationen mit Nachrichtenmedien an. Brown war eine gut vernetzte New Yorkerin und mit einem ehemaligen Staatsbeamten der Regierung George W. Bush verheiratet. Im Vorfeld der Präsidentschaftswahl 2016 war sie enttäuscht darüber gewesen, wie die klassischen Medien, insbesondere die Fernsehsender, über den Wahlkampf berichtet, und, um hohe Einschaltquoten zu erhalten, die eigentlichen Themen ausgespart hatten. »Facebook war für mich während des Wahlkampfs nicht relevant«, sagt sie. »Mein Metier waren Fernsehnachrichten, also konzentrierte ich mich auf Fernsehnachrichten.« Schnell zerstreute sie den Eindruck, sie sei nur eingestellt worden, um als prominentes Sprachrohr für Facebook zu werben, und befeuerte direkt die hausinternen Konflikte. Sie versuchte, sich intern als Stimme der Medienhäuser zu etablieren und extern als Verfechterin von Facebook. Von beiden Seiten schlug ihr Gegenwind entgegen. Die klassischen Medien machten Facebook bereits für zwei Tendenzen verantwortlich: die Glaubwürdigkeitskrise des Journalismus und den Einbruch der Umsatzzahlen. Während bei Facebook immer noch die Ansicht vorherrschte, dass die Medienunternehmen keine Vorzugsbehandlung im Newsfeed verdienten.

Gemeinsam mit dem Leiter des Newsfeed-Teams, Adam Mosseri, traf sich Brown zu einer Reihe von informellen Abendessen und Besprechungen mit Redakteuren und Online-Autoren. Diese Gespräche konnten sich recht kontrovers entwickeln. Ben Smith, Nachrichtenredakteur bei *BuzzFeed*, explodierte förmlich bei einer dieser Besprechungen. »Warum sind diese Leute hier?«, fragte er und bezog sich auf Anwesende von Webseiten wie dem *Daily Caller*, die parteipolitisch den äußerst rechten Rand bedienten. Smith machte sich nicht gerade beliebt, als er deren Publikationen »Trash« nannte.[19]

Das News-Team betrachtete es als zunehmend schwieriger, irgendetwas zu bewegen, weil Facebook fürchtete, den rechten Flügel zu verstimmen. Das scheinbar unlösbare Problem bestand darin, dass die Medienunternehmen, die den größten Wert auf Qualitätsjournalismus legten, grundsätzlich als liberal eingestuft wurden, während sich einige der politisch rechts orientierten Anbieter nichts dabei dachten, den Inhalt eines Beitrags an parteipolitische Vorstellungen anzugleichen. Die Wahrheit herauszufiltern war für Facebook schon gruselig genug, aber darum zu *bitten*, wenn die Wahrheit zum politischen Instrument wurde, machte die Angelegenheit unmöglich. »Das Ganze war wie ein Experiment, bei dem man irgendwann sagte: *Okay, jetzt sind wir bereit*, aber dann ist vielleicht ein Erzkonservativer darunter, der ziemlich üble und strafbare Sachen vorhat, doch gleichzeitig hat derjenige eine sehr einflussreiche Lobby hinter sich«, sagt ein leitendes Teammitglied. »Ist es in Ordnung, mit einem bestimmten Typus Mensch, der Mitglied unserer gegenwärtigen Regierung ist, einen Krieg anzuzetteln?« Genau darum sei die Diskussion gekreist. »Es hieß: *Schaffen wir es tatsächlich, uns so weit wie möglich zu bewegen, wenn das richtige Vorgehen im Widerstreit zur eher heiklen politischen Situation steht?*«

Würde Facebook jemals in der Lage sein, den Newsfeed wieder in den Zustand vor dem Sündenfall zurückzuversetzen? In eine Zeit, da er einen angenehmen Weg darstellte, um sich mit Freunden und Familie zu vernetzen?

Nun, die Hoffnung stirbt zuletzt.

Ende 2015 hatte Fidji Simo, der bei Facebook für den Bereich Video-Veröffentlichung zuständig war, ein Konzept vorgestellt, um Videobeiträge im Newsfeed zu verdoppeln, indem man professionell erstellten Content zuließ. Chris Cox und andere hatten Einwände – wenn Videos den Newsfeed dominierten, würde Facebook seinen Alleinstellungsvorteil verlieren, der Ort zu sein, an dem sich die Menschen miteinander vernetzen konnten. Simos Vorstoß löste eine weitreichendere Diskussion um die Qualität des Newsfeeds im Allgemeinen aus. »Das markierte den Beginn unserer Debatte über eine sinnvolle Verweildauer [der Nutzer auf unserer Seite]«, sagt Andrew Bosworth. Ja, Facebook benutzte mittlerweile die Terminologie seiner härtesten Kritiker. Man ließ von Meinungsforschern Fokusgruppen in Knoxville/Tennessee befragen – echte menschliche Wesen –, was sie eigentlich gern im Newsfeed sehen wollten. Im Anschluss daran wurden die Datenexperten des Unternehmens aufgefordert, über das Konzept »der gut genutzten Zeit« nachzudenken.

Facebook begann darüber nachzudenken, seine bis dahin vorherrschende Metrik der reinen Nutzerzahlen um etwas weiterzuentwickeln, das Qualität mit einschloss. »Aber das Ganze in gewohntem Tempo«, sagt Bosworth. »Es herrschte kein Druck.«

Erst im Jahr 2019 veränderte die Company den Algorithmus, um das Verbreitungstempo der Posts, die viral gehen sollten, zu drosseln. Zudem wurden optisch auffallendere Hinweise austariert, wenn enge Freunde und Familienmitglieder etwas gepostet hatten. Und News Sites mit schockierendem Inhalt sahen sich mit sinkenden Nutzerzahlen konfrontiert.

Gegen Ende desselben Jahres nahm Facebook schließlich einen vollständigen Richtungswechsel vor und kündigte den Plan an, bei ausgewählten Verlagen und Nachrichtenanbietern Content zu erwerben, der außerhalb des Newsfeeds als eigenständiger »News Tab« gezeigt werden sollte. Die diesbezüglich zunächst herrschende allgemeine Begeisterung der Nachrichtenbranche wurde jedoch davon gedämpft, dass das toxische alt-right *Breitbart News Network* mit an Bord war.

Der Gedanke, sein persönliches Vermögen einzusetzen, um Menschen zu helfen, war Zuckerberg erstmals 2006 in den Sinn gekommen, als er feststellte, um Hunderte von Millionen Dollar reicher zu sein können, hätte er das Angebot von Yahoo! angenommen. Er unternahm einen langen Spaziergang mit Priscilla Chan, bei dem diese darauf hinwies, dass das Geld für humanitäre Projekte eingesetzt werden könnte. »Die Summe ist schockierend hoch, und du merkst auf einmal, dass es sich um eine echte Gelegenheit handelt – du musst wirklich gründlich nachdenken, bevor du das Angebot ablehnst«, sagte sie zu ihm. Aber den beiden fiel keine wirklich tolle Verwendungsmöglichkeit für das Geld ein. »Ich machte kleine Scherze da-

rüber, dass er in diesem Fall eben zu seinem normalen Job zurückkehren müsste«, sagt sie. »Doch ich denke, er hatte damals schon eine
Vision, in welche Richtung die Dinge gehen sollten.« Chan, die vor
ihrem Medizinstudium Naturwissenschaften an einer Grundschule
unterrichtet hatte, wollte ihren zukünftigen Ehemann offenbar erden
und forderte ihn auf, so etwas selbst einmal auszuprobieren. Zuerst
wehrte er sich. »Ich meinte so etwas wie: *Ich bin beschäftigt, ich leite
dieses Unternehmen*«, sagt Zuckerberg. »Aber sie blieb hartnäckig.
Also unterrichtete ich ein paar Kids im Rahmen einer Nachmittags-
betreuung; und ich habe viel von den Kids gelernt.« Zuckerberg blieb
mit vier Schülern in Kontakt, traf sie wenigstens einmal im Monat
und war stolz darauf, dass jeder einzelne nach fünf Jahren Mentoring
den Sprung aufs College schaffte. Die unterschiedlichen Lebensge-
schichten dieser vier Schüler befeuerten Zuckerbergs positive Haltung hinsichtlich der Bedeutung von Immigration.

Diese Erfahrung war bei Zuckerbergs erstem großen Vorstoß in
Sachen Philanthropie allerdings nicht gerade von besonderem Nutzen: 2010 trat er in der »Oprah Winfrey Show« auf, um seine Hun-
dert-Millionen-Dollar-Spende zu verkünden, mit der er den Gouverneur von New York, Chris Christie, und Senator Cory Booker in
ihrem Bestreben unterstützen wollte, Schulen in Newark zu reformie-
ren.[20] Zuckerberg erhoffte sich davon einen Impuls für Neuerungen
im gesamten Bildungssystem der USA. Das Programm entwickelte
sich jedoch zu einer Art Fiasko – Studien ergaben, dass sich die Teil-
nahmebereitschaft der Schüler am Unterricht nur geringfügig verbessert hatte. (Chan vermutet, dass eine wirkliche Langzeitbeobachtung
das Gegenteil gezeigt hätte; nichtsdestotrotz wurde die Arbeit der Newark Foundation 2016 eingestellt.[21])

Nachdem der Börsengang Zuckerberg zu einem der weltweit
reichsten Menschen gemacht hatte und aus Millionen Milliarden geworden waren, verfolgten er und Priscilla Chan (mittlerweile seine
Ehefrau) das Thema Philanthropie mit mehr Dringlichkeit. Zuckerberg wandte sich an seine Freunde Bill und Melinda Gates, deren
gleichnamige Stiftung weltweit Milliarden Dollar zur Bekämpfung
des Hungers sowie für Bildung und soziale Gerechtigkeit einsetzte.
Die Gates hatten unvorstellbar reiche Menschen dazu gebracht, die

»Giving Pledge« zu unterschreiben, eine nicht bindende Zusage, mindestens die Hälfte ihres Reichtums für wohltätige Zwecke zu spenden:
Zuckerberg wurde einer von ihnen. Im Anschluss daran begannen er
und Priscilla, dem Vorbild der Gates folgend, ihre eigene philanthro-
pische Organisation aufzubauen. Sie planten, sich auf die Themen
Gesundheit, Bildung und soziale Gerechtigkeit zu konzentrieren.

Die *Chan-Zuckerberg-Initiative* (CZI) unterscheidet sich in einem
wichtigen Punkt von der Non-Profit-Stiftung der Gates: CZI ist eine
profitorientierte LLC (eine Limited Liability Company, vergleichbar
mit einer deutschen GmbH). Als die CZI 2016 startete, fragten sich
die Kritiker, ob man von einer profitorientierten Organisation ernsthaft erwarten könne, Gutes zu tun? David Plouffe, ehemaliger Wahl-
kampfleiter von Barack Obama und von Chan und Zuckerberg als
leitender Stratege der CZI angestellt, erklärt, eine LLC gewährleiste
mehr Flexibilität. »Schauen wir uns doch einmal dreihundertsechzig
Grad um«, sagt er. »Geht es um Investitionen, geht es um Fördermit-
tel, geht es um technische Umsetzung, geht es um Interessenvertre-
tung, geht es um Storytelling, geht es um Politik?« Die Freiheit, sich
all diesen verschiedenen Aktivitäten zu widmen, ohne Sorge, den gemeinnützigen Status zu verlieren, verschaffe der CZI mehr Spielraum.
Umso mehr, da Plouffe eifrig darum bemüht war, dass die CZI in den
Kreis der Organisationen aufgenommen wurde, die von politischer
Seite empfohlen wurden – insbesondere für den Bereich der sozialen
Gerechtigkeit.

Als die Initiative 2016 Gestalt annahm, wurde schnell klar, dass
sich Zuckerberg und Chan persönlich sehr einbringen würden. Für
Zuckerberg bedeutete dies, Zeit bei CZI zu verbringen: normalerweise den gesamten Freitag, dazu noch ein paar Stunden, die er von anderen Arbeitstagen abknapste. (Zuletzt jedoch musste er sein zeit-
liches Engagement etwas zurückschrauben, um sich um sein schwer
angeschlagenes Unternehmen zu kümmern.) Chan, die ihre Arbeit
als Kinderärztin liebte, gab ihren Job in der Klinik auf und arbeitete
künftig Vollzeit als Co-CEO. Darüber hinaus war sie für eine Schule,
die Zuckerberg gegründet hatte, verantwortlich, doch um die CZI zu
führen, übergab sie die Aufgabe an einen anderen leitenden Mitarbeiter. Es klingt ein wenig, als sei sie eine Gefangene dieser Philanthropie

in großem Stil, wenn sie gesteht, die Arbeit mit den Patienten zu vermissen. Sie sagt, sie tue all das für die zukünftigen Priscilla Chans und deren Patienten. »CZI ist einfach eine unglaubliche Gelegenheit, das System zu verändern, das mich immer gebremst hat – im Krankenhaus und im Klassenzimmer, in der Gesellschaft allgemein«, erzählte sie mir, als ich sie in der CZI-Verwaltung besuchte. (Die Mitarbeiter fein säuberlich an ihren Arbeitsplätzen, gut ausgestattete Miniküchen, ein Café mit kostenlosem Angebot: wie ein stilles Facebook-Büro.) Während unseres Gesprächs kommt sie immer wieder auf das Leben zurück, das sie aufgegeben hat. »Ich wollte daran teilhaben, die elementare DNA dieser gemeinsamen Organisation von Mark und mir zu bestimmen. Das ist nicht leicht und keine dankbare Arbeit«, sagt sie, »[aber] ich möchte es schaffen, einen Weg zu bereiten, um das Leben jener, die mir am Herzen liegen, zu verändern.«

Im September 2016 machte die CZI im Mission Bay Medical Komplex in San Francisco ihre bisher größte Ankündigung. (Auf dem weitläufigen Areal befindet sich auch das Zuckerberg San Francisco General Hospital, dessen Sanierung mit einer Spende in Höhe von 75 Millionen Dollar unterstützt wurde.) Zuckerberg trat auf die Bühne und versprach, dass die CZI zu Lebzeiten seiner beiden Kinder (das zweite kam einige Monate später zur Welt), also schätzungsweise bis Ende des Jahrhunderts, versuchen wolle, weltweit »alle Krankheiten zu beseitigen«. Allein für die nächsten zehn Jahre sollten drei Milliarden Dollar bereitgestellt werden. Auch wenn die Medizin im vergangenen Jahrhundert wahrlich fantastische Fortschritte gemacht hat, scheint dies eine sehr beachtliche Zielsetzung zu sein. Zur Realisierung des Vorhabens gehörte »BioHub«, das wissenschaftliche Ergebnisse aus Stanford und der beiden Universitys of California in Berkeley und San Francisco vereinte. Nachdem Zuckerberg auf der Bühne sein Statement abgegeben hatte, erfolgte das nicht ganz risikolose Debüt von Chan als öffentliche Rednerin. Sie berichtete von ihrem familiären Hintergrund, den finanziellen Nöten der Familie und ihrem Wunsch, Medizin zu studieren, um anderen Familien zu helfen. Sie erzählte von ihrer Arbeit und ihren Patienten, darunter viele Kinder mit lebensbedrohlichen Krankheiten. Als sie dem Publikum mitteilte, wie sie den Eltern ihrer kleinen Schützlinge oftmals fürchterliche Nachrichten überbringen musste, liefen Chan Tränen über das Gesicht. Sie zeigte damit auf der Bühne eine Wahrhaftigkeit, die ihrem Ehemann bei ähnlichen Gelegenheiten immer noch zu schaffen machte.

Als letzter Redner trat Bill Gates auf. Er klang enthusiastisch, aber ich fragte mich, ob ich nicht vielleicht ein verbales Augenrollen vernommen hatte, als Gates Zuckerbergs Ziel kommentierte, bis zum Ende des Jahrhunderts die Krankheiten der Welt ausrotten zu wollen. Als würde er innerlich denken: *Ich habe schon Milliarden von Dollar ausgegeben, um Polio zu besiegen, und es immer noch nicht geschafft – und ihr wollt mit eurem mickrigen Einsatz ALLE Krankheiten loswerden?* (Einige Tage später wies ein Kommentator der *Washington Post* darauf hin, dass drei Milliarden über zehn Jahre verteilt nur ein winziger Tropfen im riesigen Meer der jährlichen Ausgaben für Gesundheitsfürsorge seien, die sich immerhin auf sieben Billionen Dollar belaufen.[22]) Gates erklärte später: »Die Welt benötigt ehrgeizige Ziele, und die Welt benötigt konkrete Ziele. In der philanthropischen Arbeit verwechseln hin und wieder die Leute, welches die konkreten und welches die ehrgeizigen Ziele sind. Vielleicht bin ich nur ein Pedant, weil ich eine Organisation leite, in der wir konkrete Ziele ernst nehmen. Dennoch leben wir in einer Welt, in der der Anspruch, alle Krankheiten zu besiegen, auch für uns eine absolute Motivation darstellt.«

Schlussendlich ist CZI, genauso wie Facebook selbst, ein Spiegelbild der technikorientierten Denkweise von Zuckerberg. Das charakteristische Merkmal der CZI ist das Bemühen, digitale Mittel zur Verfügung zu stellen, um die Probleme in der Welt anzugehen, die er und Priscilla im Auge haben. Wenn es darum geht, Software-Programmierer und Spezialisten für künstliche Intelligenz anzulocken, steht die CZI in Konkurrenz zu Tech-Firmen, einschließlich Facebook. Auch Zuckerbergs Eifer ist beiden Unternehmungen gemein. »Als ich im Januar 2017 zur CZI kam, waren wir insgesamt zwanzig Leute«, erzählte mir Plouffe Anfang 2018. »Jetzt sind wir mehr als zehnmal so viele. Also würde ich sagen, dass Marks Erfahrung mit Facebooks Wachstum extrem hilfreich war.«

Nicht ganz so hilfreich ist der unveränderte Kontrast zwischen

CZIs noblen Absichten und dem öffentlichen Ansehen von Facebook, das während Mark Zuckerbergs kontemplativer Reisen durch die Vereinigten Staaten gelitten hatte. Unabhängig von den ernsthaft guten Absichten würde es auch künftig immer Kritiker geben, die in dem gesamten Unterfangen CZI nichts anderes als einen Ablenkungsversuch von den Schwierigkeiten des Mutterkonzerns sahen.

Tatsache war, die Verbindung zum Unternehmen Facebook oder seinem CEO galt nicht länger als beneidenswert. Daran konnte auch Zuckerbergs Spendenbereitschaft nichts ändern, wie sich später zeigte, als ein Supervisor aus San Francisco forderte, Zuckerbergs Namen vom General Hospital zu entfernen.[23]

Am 31. Oktober 2017, an Halloween, wurden Facebooks Justiziar Colin Stretch sowie Vertreter von Twitter und Google vor dem Rechtsausschuss des US-Senats vereidigt. Gegenstand der offiziellen Anhörung war »Extremist Content and Russian Disinformation Online: Working with Tech to find Solutions.« Es ging also um extremistische Inhalte, russische Online-Desinformationskampagnen und die Frage, wie sich diese Probleme lösen ließen. Die Aussage vor dem Senat bildete nur den Auftakt; am darauffolgenden Tag ließen Stretch und seine Pendants eine ähnliche Anhörung vor dem US-Repräsentantenhaus über sich ergehen. Nach intensiven Verhandlungen hatten sich beide Regierungsinstitutionen darauf verständigt, die Justiziare anzuhören, damit sie die Position ihrer Tech-Unternehmen darlegen konnten. Man hatte gehofft, die obersten Führungskräfte dafür gewinnen zu könnten, im Fall von Facebook also Zuckerberg oder Sandberg. Die stattdessen angetretenen Juristen würden den Hunger nach Erklärungen mit Sicherheit nicht stillen.

Die Senatoren hatten sich mit anschaulichen Beweisen für Facebooks zuvorkommendes Verhalten gegenüber russischen Mittelsmännern gerüstet. Ausgedruckte Bildschirmfotos hingen an eigens aufgebauten Stellwänden (technisch gesehen steckte der Senat immer noch in 1950er-Jahren fest), und Senator Mark Warner zeigte, wie die Russen von den IRA-Büros in St. Petersburg aus eine potenziell gewaltsame Massenkundgebung vor einem islamischen Begegnungszentrum in Houston im Mai 2016 geplant hatten. Eine der russischen Seiten nannte sich »Heart of Texas«; sie drängte ihre fremdenfeindlich eingestellten Follower, sich dem Protest anzuschließen, während eine andere Seite namens »United Muslims of America« Muslime dazu aufrief, bei gleicher Gelegenheit füreinander einzustehen.

Die Befragung verlief heftig und förderte einerseits Stretchs Eingeständnis zutage, dass die russischen Aktivitäten auf Facebook über 120 Millionen US-Amerikaner erreicht hatten, dass Facebook aber andererseits immer noch nicht mit Sicherheit sagen konnte, alle Tätigkeiten der IRA identifiziert zu haben.

Alles in allem aber waren die Senatoren frustriert über Stretchs juristisch geschulte Vorsicht. Er reagierte auf jegliche Frage, sogar auf solche die kaum herausfordernd waren, zunächst einmal damit, sich beim Senat für die Frage zu bedanken. Nach der Anhörung meinte seine Frau zu ihm: »Honey, ich weiß nicht, ob dir das irgendwer sagen wird, aber du musst dich nicht für jede Frage bedanken.« Er antwortete, das hätte ihm Zeit verschafft zu überlegen, was er sagen wollte. Allzu oft kam es jedoch an wie: »Danke, wir melden uns bei Bedarf.«

Die Senatoren machten unmissverständlich klar, dass die Anhörungen nur der Anfang einer neuen Praxis waren: Künftig würden Facebook und Konsorten – aber vor allem Facebook – genauer unter die Lupe genommen werden. Senatorin Dianne Feinstein, Repräsentantin des Heimatbundesstaates von Facebook, sprach es unverblümt aus. »Sie haben diese Plattformen geschaffen, und jetzt, wo diese Plattformen missbraucht werden, sind Sie auch dafür zuständig, etwas dagegen zu unternehmen«, sagte sie. »Oder wir werden uns darum kümmern.«

Während Stretchs Aussage war Mark Zuckerberg 7000 Meilen entfernt vom Geschehen. In seiner Eigenschaft als Mitglied des Kuratoriums der Tsinghua School of Economics and Management war er zusammen mit anderen Wirtschaftsführern wie Apples CEO Tim Cook und dem übermächtigen Lloyd Blankfein von Goldman Sachs auf seiner jährlichen Reise nach Peking. Facebook war seit 2009 in China gesperrt, und seit Jahren umwarb Zuckerberg die chinesische Staatsführung, um einen Weg zu finden, die Sperre zu umgehen. Wie konnte er die Welt vernetzen, wenn China mit seiner Milliarden-Bevölkerung daran nicht teilhatte? 2010 hatte er den Jahresvorsatz angekündigt, Mandarin zu lernen, und täglich eine Stunde gebüffelt; bei seinem Besuch der Tsinghua School im Jahr 2014 hatte er tatsächlich ein paar Sätze in Mandarin gesagt. Grob übersetzt: *Ich freue mich sehr, hier in Peking zu sein. Ich liebe diese Stadt. Mein Chinesisch ist wirklich ein einziges Durcheinander, aber ich übe jeden Tag, Chinesisch sprechen zu lernen.*[24]

Er soll sogar den Staatspräsidenten der Volksrepublik China, Xi Jinping, gebeten haben, einen chinesischen Namen für seine damals noch ungeborene Tochter auszusuchen. (Angeblich kam Xi der Bitte nicht nach.[25] Facebook dementiert diese Geschichte. Die Zuckerbergs suchten sich selbst einen chinesischen Namen für Maxima aus – Chen Mingyu.[26]) Doch egal, wie viel Entgegenkommen Zuckerberg zeigte, er vermochte keine Version von Facebook bereitzustellen, die Chinas Wünschen nach Zensur von Online-Beiträgen und Zugang zu personenbezogenen Daten ohne rechtsstaatliches Verfahren entsprach.

»Der Trip ist jedes Jahr eine großartige Gelegenheit, um sich auf den neuesten Stand in Sachen Innovationen und Unternehmergeist in China zu bringen«,[27] schrieb Zuckerberg auf seiner Facebook-Seite über die Reise des Jahres 2017. Vielleicht nicht unbedingt das beste Jahr, um seine Beobachtungen chinesischer Innovationen fortzuführen. Denn als sich Facebooks Schwierigkeiten weiter auftürmten, schien Zuckerbergs einstiger Traum, die Plattform in China zu etablieren, mehr denn je schwer realisierbar.

Ich traf Zuckerberg auf der letzten Etappe seines Streifzugs durch die USA in der Stadt Lawrence in Kansas. Es war November, und das Ende eines Jahres, in dem Facebook sich eine Menge blauer Flecken geholt hatte, war in Sicht. Zuckerberg hielt in der University of Kansas ein Meeting im Stil von Bürgerversammlungen ab. Die zur Veranstaltung eingeladenen Studenten wurden zuvor mit Metalldetektoren durchleuchtet.

Unser Aufenthalt in Afrika war gerade einmal 14 Monate her. Es fühlte sich an wie eine Ewigkeit. Zuckerberg mochte sich seine gute Laune erhalten haben – der freundliche Typ im T-Shirt, der sich mit

»Hi, ich bin Mark!« vorstellt – aber seine Unbeschwertheit, die einst
als charmante Bescheidenheit daherkam, ließ nun die Frage aufkommen, ob er womöglich in einer Blase der Realitätsverleugnung lebte.
Zuckerberg schien immun zu sein gegen die permanenten Schimpfti-
raden vonseiten der klassischen Medien und sogar gegen Kommentare zu seinen eigenen Facebook-Posts. Da er bei Auftritten wie gehabt
unter Schweißausbrüchen litt, pflegte er dafür zu sorgen, dass die Klimaanlage den Backstagebereich auf Temperaturen eines Kühlraums
für Frischfleisch herunterschraubte. Eine ähnliche Kälte schlug ihm
in Kansas entgegen – in Form von Feindseligkeit.

»Ich schaue nicht auf Dinge zurück, die wir getan haben«, antwortete er einem Studenten, der nach Zuckerbergs Einstellung gefragt
hatte. »So bin ich eben verdrahtet. Ich bin nie zufrieden. Es gibt immer noch mehr zu tun. Wenn man eine Plattform wie diese betreibt,
hat man die Verantwortung, mehr Menschen zu helfen. Wenn man
Fehler macht, wird man kritisiert und fertiggemacht. Aber den Opti-
misten gehört die Zukunft.«

Diese Aussagen passten nicht ganz zu einem Post, den er ein paar
Wochen zuvor, am höchsten jüdischen Feiertag Jom Kippur, verfasst
hatte. Es war eine persönliche Sühnebotschaft, die er mit seinen Millionen Followern teilte: »All jene, die ich dieses Jahr verletzt habe,
bitte ich um Vergebung, und ich werde versuchen, ein besserer
Mensch zu werden. Weil meine Arbeit benutzt wurde, um Menschen
zu entzweien, statt sie einander näherzubringen, bitte ich um Vergebung, und ich werde daran arbeiten, künftig Besseres zu leisten. Mögen wir alle im vor uns liegenden Jahr besser werden, und mögen all
eure Namen Platz im ›Buch des Lebens‹ finden.«[28]

Als ich ihn am Abend vor dem Auftritt in Kansas im Backstage-
bereich interviewte, fragte ich ihn, warum er das geschrieben habe.

»Na ja, ich hatte den ganzen Tag gefastet, bin dann zur Synagoge
und habe einfach so nachgedacht«, antwortete er. »Und während der
Fahrt zurück nach Hause schrieb ich den Text dann auf meinem Handy und habe ihn gepostet. Bei Jom Kippur geht es darum, sich mit den
eigenen Fehlern auseinanderzusetzen und der Art und Weise, wie
man eventuell unbeabsichtigt oder auch nicht Menschen verletzt hat.
Und es geht darum, zu versuchen, das Geschehene im kommenden

Jahr wiedergutzumachen. Natürlich, unsere Arbeit, von der wir dachten, sie werde für positive Zwecke genutzt, wurde in mancherlei Hinsicht verwendet, um einen Keil zwischen die Menschen zu treiben. Und das ist in etwa das, was die Russen versucht haben. Ich fühle mich deshalb wirklich schlecht. Um all das sind meine Gedanken gekreist, als ich den Post schrieb.«

Während seiner Reisen durch die USA habe er erkannt, dass die Leute sich nicht so sehr mit landesweiten Themen beschäftigten, sondern viel mehr mit solchen, die ihrem Alltag entsprangen, weshalb politische Meinungsverschiedenheiten unter Nachbarn nicht zwangsläufig zu Verstimmungen führten. »Die Leute unterscheiden sich vielleicht darin, welche Hunderasse sie lieben und welche Sportmannschaft sie unterstützen«, sagte er, »aber das heißt nicht, dass sie nicht grundlegende Dinge gemeinsam haben.« Diese Dinge würden die Communitys zusammenhalten. Und deswegen sei es auch so verstörend, wenn Außenstehende in diese Gemeinschaft hereinplatzen mit dem alleinigen Ziel, eine Spaltung heraufzubeschwören.

»Aber bietet Facebook nicht ausgerechnet Unruhestiftern eine ideale Plattform?«, fragte ich.

»Wir haben eine Menge Arbeit vor uns«, antwortete er.

Anfang Januar veröffentlichte Zuckerberg seinen Vorsatz für 2018: Er wolle von früh bis spät daran arbeiten, Facebooks Ansehen wiederherzustellen. Er kündigte an, Facebook werde unter seiner Leitung mehr dafür tun, die User vor Übergriffen und Hass zu schützen, politische Einmischung von anderen Staaten zu unterbinden und das Angebot so zu gestalten, dass die Zeit, die man auf Facebook verbrachte – und da rutschte ihm tatsächlich Tristan Harris' Begriff heraus – eine sinnvolle Verweildauer darstellte. »Bestehen wir dieses Jahr erfolgreich, werden wir Ende 2018 eine bessere Flugbahn beschreiben«, versprach er.[29]

Facebook zu reparieren sollte sich allerdings als wesentlich schwieriger erweisen als das Tragen einer Krawatte oder das Lernen von Mandarin.

16 CLOWN-SHOW

Mit Aleksandr Kogan traf ich mich an einem schönen Tag in einer »Starbucks«-Filiale südlich des Central Parks in New York. Ich hatte einen Mann von dunklem, slawischem Aussehen erwartet, umwittert von einer geheimnisvollen Aura. Aber vor mir stand ein schlaksiger Amerikaner in Sweatshirt, Jeans und mit einer merkwürdig honigfarbenen Haartracht. Er wirkte sehr viel jünger als 32.

Wir gingen in den Park, hockten uns auf eine Bank, und Kogan setzte mir einige nerdige statistische Theorien zur Netzwerkforschung auseinander. Erst bei unserem nächsten Treffen erzählte er mir, was ihn bewogen hatte, die persönlichen Daten von 87 Millionen Facebook-Nutzern an ein zwielichtiges politisches Consultingunternehmen weiterzugeben, das diese dann dazu verwendete, Donald Trump zum Wahlsieg zu verhelfen. Als dies im März 2018 herauskam,[1] war es, als hätten all die Negativmeldungen über Facebook, die sich seit der Wahl 2016 zu einem Pulverfass angesammelt hatten, den Siedepunkt erreicht und explodierten nun in einem Feuerball, der eines »Marvel«-Films würdig war.

Der Name des Beratungsunternehmens wurde zum Synonym der Schande: *Cambridge Analytica*.

Die Ursachen für dieses Fiasko sind in einigen Entscheidungen zu suchen, die man bei Facebook ein paar Jahre zuvor getroffen hatte: So hatte das Unternehmen Entwicklern die Möglichkeit gegeben, über die eigene Plattform Informationen zu teilen. Es hatte seinen Newsfeed so modifiziert, dass die Verbreitung sensationsträchtiger Inhalte gefördert wurde. Und man hatte Werbetreibenden gestattet, Nutzer anhand eines dicken Informationspakets, das Facebook über jeden einzelnen besaß, direkt anzusprechen. Nicht zu vergessen Facebooks Fluch und Segen: das Bekenntnis zu ständigem Wachstum.

Kogan kam 1986 in Moldawien zur Welt, einer damals kleinen Sow-
jetrepublik, eingekapselt von Rumänien und der Ukraine. Sein Vater
war Dozent an der Militärakademie. Als Aleksandr sieben war, wanderte die Familie nach Amerika aus, um antisemitischen Anfeindun-
gen zu entfliehen. Die Kogans lebten zunächst in Brooklyn, dann im
Norden New Jerseys. Aleksandr Kogan wuchs auf wie ein typischer
amerikanischer Jugendlicher.

An der Universität Berkeley schrieb er sich erst für Physik ein.
Doch als Freunde von ihm an schweren Depressionen erkrankten
und er sich angesichts ihrer Krankheit völlig hilflos fühlte, wechselte
er zur Psychologie. So kam er in das Labor von Dacher Keltner, einem
renommierten Wissenschaftler, der sich mit der anderen Seite der
Medaille Depression befasste: Glück, Güte und andere positive Gefühle.

Der Ansatz gefiel Kogan. Er schloss sich Keltner an und speziali-
sierte sich auf quantitative Sozialforschung: »Wenn wir eine neue statistische Methode zur Datenerhebung brauchten, war ich es, der dafür abgestellt wurde«, erzählt er. 2011 machte er seinen Doktor an der
Universität Hongkong. Nach seiner Postdoc-Zeit in Toronto bekam
er einen Job an der Universität Cambridge. Es war eine feste Stelle, aus
der eine Stellung fürs Leben hätte werden können.

»Das war zumindest der Plan«, sagt er. Er war damals 26.

An der Fakultät für Psychologie in Cambridge hatten die Professoren gewöhnlich ein eigenes Labor. Sie stellten Postdocs und studentische Hilfskräfte ein, die idealerweise aus Stipendiengeldern bezahlt
wurden. Kogan arbeitete im »Cambridge Prosociality and Well-Being
Lab«, im »Labor für prosoziales Verhalten und Wohlbefinden«. Dabei
hatte er auch einige Plätze für Doktoranden und Postdocs zu vergeben. »Das war meine kleine Universität«, sagt er. Doch innerhalb weniger Monate fing er an, sich für die Arbeit in einem anderen Labor
zu interessieren, dem »Psychometrics Centre«,[2] das von einem Professor namens John Rust geleitet wurde. Rust war mit seiner Frau
nach Cambridge gekommen, ihrerseits ein Superstar in der Akademi-
kerwelt. Cambridge hatte seine Frau unbedingt haben wollen, also
versprach man ihr, dort auch ein Labor für ihren Mann einzurichten.
Das Ungewöhnliche an diesem Labor war, dass es viele Aufträge von

nichtuniversitärer Seite annahm, auch von Firmen, die Tests, zum Beispiel zur Marktforschung, konzipierten.

Einer der Mitarbeiter des Psychometrics Centre war der polnische Forscher Michal Kosinski.[3] Er war im Wesentlichen damit beschäftigt zu erforschen, wie man aus spärlichen Daten nützliche Informationen gewinnen konnte, was von Bedeutung war, wenn für Forschungsprojekte keine Fördergelder flossen. Eines Tages stolperte Kosinski über eine Onlineumfrage mit dem Titel »myPersonality«, die ein gewisser David Stillwell, Student der Universität Nottingham, entworfen hatte. Der Fragebogen war auf Facebook abrufbar, was zu jener Zeit für ein akademisches Projekt ungewöhnlich war. Die Umfrage selbst war nicht sonderlich aufregend – ein Standardfragebogen, mit dem man herausfinden konnte, welchem der sieben bekannten Persönlichkeitstypen (introvertiert, extrovertiert, neurotisch und so weiter) man angehörte. Diese Typologie war einem bekannten Persönlichkeitstest namens »OCEAN« (Fünf-Faktoren-Modell) entliehen.

Das Neue an Stillwells Test war, dass er den Newsfeed von Facebook, im Besonderen seine Art der viralen Verbreitung, nutzte. Stillwells Test war geschickt und verlockend konzipiert. Sobald jemand den Test gemacht hatte – und wer würde nicht gerne mehr über sich selbst erfahren? –, teilte er das Ergebnis mit seinen Freunden auf Facebook. Diese würden dann ihr Feedback geben, ob die Resultate ihrer Ansicht nach richtig waren. Und natürlich würden die Freunde ihrerseits nicht abgeneigt sein, den Spaß mitzumachen und den Fragebogen ebenfalls auszufüllen. Diese Verbreitungstechnik wurde auch von Flixster, einem Anbieter digitaler Filme, sowie von anderen opportunistischen Software-Entwicklern genutzt, die Systeme zusammenführten, die so nicht füreinander konzipiert waren.

Kosinski merkte schnell, dass dieses Konzept eine bahnbrechende Neuerung darstellte. Früher hatten Sozialwissenschaftler bei ihren Forschungsprojekten immer Probleme, überhaupt an Antworten zu kommen. Meist mussten sie die Leute bezahlen, damit sie Daten rausrückten. Und die Antworten, die man bekam, waren mit Vorsicht zu genießen, zum Beispiel was ihre Zuverlässigkeit betraf. Ging man nun jedoch den Weg über Facebook, musste man nur eines hinbekommen: die Leute auf den Test aufmerksam zu machen. Die meisten konnten es gar nicht abwarten, den Fragebogen auszufüllen und ihn mit ihren Facebook-Freunden zu teilen. Das Ganze wurde von Facebooks EdgeRank-Algorithmus noch gefördert, denn dieser ermutigte zum Teilen. Und da man sich noch in den Anfangstagen der Plattform befand, war Facebook nicht gerade wählerisch und flutete seinen Newsfeed auch mit viralen Aufforderungen wie Einladungen zu Online-Spielen, dem Werfen von Schafen – und eben Fragebogen. »Facebook war da absolut brutal. Die teilten einfach alles«, sagt Kosinski.

Irgendwann war es dann so weit: 100 000 Menschen pro Monat füllten den myPersonality-Fragebogen aus. Am Ende würden es sechs Millionen sein. Kosinski kontaktierte Stillwell und fragte, ob er seine Daten verwenden dürfe. Bald arbeiteten die beiden zusammen. Kosinski bat Rust, Stillwell nach Cambridge zu holen. Das gelang, und es dauerte nicht lange, bis die Arbeitsgruppe das Topthema im Psychometrics-Labor war. Allerdings hatten sie wenig Erfolg mit dem Nachfolger des beliebten Fragebogens, denn Facebook hatte den Newsfeed überarbeitet, sodass es keine Spam-Apps mehr gab, ob das nun Zynga-Spiele waren oder Persönlichkeitsfragebogen.

Die Frustration darüber hielt sich in Grenzen, denn die Psychometriker stellten fest, dass sie gar keine Legionen von Freiwilligen brauchten, die einen Fragebogen ausfüllten. Denn Facebook gab immer mehr Informationen über seine Nutzer preis – eine Praxis, die die Federal Trade Commission später als Verletzung der Privatsphäre betrachten sollte. Man musste die bereits vorhandenen Daten also nur noch auswerten. Hinzu kam, dass der erst kürzlich eingeführte Like-Button von 2009 an für alle das Tor zu einem Daten-Schlaraffenland aufstieß. Man musste sich noch nicht mal bei Facebook anmelden, um Zugang zu bekommen – man tippte einfach nur einen Befehl in die Facebook-Programmierschnittstelle ein, und schon hatte man freien Zugriff. Anders als beim Fragebogen wurden die Daten hier nicht durch das schlechte Gedächtnis der Probanden oder unehrliche Antworten verfälscht. »Statt mir Fragen zur Persönlichkeit beantworten zu lassen, lieferte mir das *Verhalten* direkt die Antwort auf meine Fragen zur Persönlichkeit«, meint Kosinski.

Einige begegneten Kosinski und seiner Methode trotzdem mit Skepsis. »Erfahrene Akademiker nutzten Facebook zu jener Zeit nicht. Daher glaubten sie diese Geschichten, dass ein vierzigjähriger Mann sich als Einhorn oder als sechsjähriges Mädchen geben könne«, erzählt er. Aber Kosinski wusste, dass das, was die Leute auf Facebook trieben, ihr wahres Selbst widerspiegelte. Und während er mehr und mehr auf Facebook-»Likes« setzte, merkte er, dass diese an sich schon ungeheuer aussagekräftig waren. Schließlich gelangte er zu der Ansicht, dass man keinen »OCEAN«-Fragebogen brauchte, um über die Menschen vieles in Erfahrung zu bringen. Man musste nur wissen, was sie auf Facebook likten.

Gemeinsam mit Stillwell und einem frischgebackenen Hochschulabsolventen erstellte Kosinski Prognosen über Persönlichkeitsmerkmale aus den Likes von über 60 000 Freiwilligen, die zusätzlich noch den MyPersonality-Test gemacht hatten. Dann verglichen sie ihre Vorhersagen mit den Ergebnissen, die sich aus dem Test ableiten ließen. Die Resultate waren so verblüffend, dass Kosinski sie wieder und wieder überprüfen ließ. »Ich brauchte ein Jahr, bis ich glauben konnte, was die Vorhersagen ergaben, und breit war für eine Veröffentlichung. Ich konnte einfach nicht fassen, dass so etwas möglich war«, sagt er.

Die Forschungsergebnisse wurden schließlich im April 2013 in den *Proceedings of National Academy of Sciences (PNAS)* veröffentlicht, dem prestigeträchtigen Jahrbuch der Nationalen Akademie der Wissenschaft. Der Titel des Aufsatzes – »Private Charakterzüge und Persönlichkeitsmerkmale lassen sich aus digitalen Aufzeichnungen menschlichen Verhaltens ableiten«[4] – gibt nur ansatzweise wieder, wie gruselig die Entdeckung war. Kosinski und seine Co-Autoren berichten darin, dass man durch die Likes selbst hinter die *Geheimnisse* der Menschen kommen könne, von der sexuellen Orientierung bis hin zu ihrer geistigen Gesundheit. »Individuelle Charakterzüge und Persönlichkeitsmerkmale können aufgrund der Aufzeichnungen von den Likes der User bis zu einem hohen Grad vorhergesagt werden«, schreiben sie in ihrem Aufsatz. So konnten sie beispielsweise zu 88 Prozent richtig vorhersagen, ob jemand homosexuell war oder nicht. In 19 von zwanzig Fällen konnten sie korrekt vorhersagen, ob die Person ein Weißer oder ein Afroamerikaner war. Und in 85 Prozent der Fälle trafen sie korrekte Aussagen über die Sympathien der

Betroffenen für eine bestimmte Partei. Selbst wenn die Nutzer sich nur für ganz harmlose Themen interessierten, ließ ihr Klickverhalten die Leute mehr oder weniger nackt dastehen:

> *So zeigte sich, dass zu den besten Anzeichen für hohe Intelligenz Likes für folgende Dinge gehörten:* »Gewitter«, *die Comedyshow* »The Colbert Report«, *die Zeitschrift* »Science« *und die leckeren* »Curly Fries«, *Kringelpommes also. Eine niedrige Intelligenz zeigte sich u.a. in Likes für die Kosmetikmarke* »Sephora«, *für Seiten zum Thema* »Ich bin gerne Mutter«, *für* »Harley Davidson« *und die Band* »Lady Antebellum«.*
>
> *Gute Vorhersagen über männliche Homosexualität ließen sich ableiten aus Likes für Kampagnen gegen das Verbot der Homo-Ehe, die Kosmetikmarke* »Mac« *und das Musical* »Wicked« *(dt.* »Die Hexen von Oz«*). Männliche Heterosexualität ließ sich hingegen gut vorhersagen aus Likes für die Hip-Hop-Gruppe* »Wu-Tang Clan«, *den Basketballer Shaquille O'Neal und Seiten zum Thema* »Sind Sie verwirrt, wenn Sie aus dem Schlaf erwachen?«.*

Zu guter Letzt vermerkten die Autoren noch, dass dem Nutzen, der entstand, wenn man Likes zur Vorhersage von Neigungen und Marktforschungszwecken einsetzte, die Möglichkeit der unabsichtlichen Preisgabe von Nutzer-Geheimnissen entgegenstand. »Kommerzielle Unternehmen, Regierungsbehörden, ja selbst die eigenen Freunde auf Facebook können durch den Einsatz entsprechender Software Aufschluss über Dinge wie Intelligenz, sexuelle Orientierung oder politische Ansichten erhalten, die der Betroffene vielleicht gar nicht teilen wollte«, heißt es in dem Aufsatz. »Man kann sich Situationen ausmalen, in denen solche Vorhersagen, selbst wenn sie korrekt sind, eine Bedrohung für das Wohlbefinden, die Freiheit, ja selbst das Leben der Betroffenen darstellen.«

In den folgenden Monaten verbesserten Kosinski und Stillwell ihre Vorhersagemethodik und veröffentlichten einen Artikel, in dem sie behaupten, dass ein Forscher eine Person allein durch Auswertung ihrer Likes besser kennenlernen würde als die Kollegen, die Freunde aus Kindertagen oder sogar die Ehepartner der Betroffenen. »Computermodelle brauchen jeweils 10, 70, 150 oder 300 Likes, um einen durchschnittlichen Arbeitskollegen, Zimmergenossen, Freund, Angehörigen oder Ehegatten zu übertreffen«,[5] schreiben sie. Kosinski und Stillwell hatten beide gute Kontakte zu Facebook, noch bevor sie ihren Artikel über die Likes veröffentlichten – Kosinski sagt, das Unternehmen habe ihnen beiden Jobs angeboten. Daher schickte er den Artikel aus Gefälligkeitsgründen ein paar Wochen vor der Veröffentlichung an seine Ansprechpartner im Unternehmen. Die Rechts- und die Strategieabteilung von Facebook, wo der Milliardenvergleich mit der FTC von 2011 noch schmerzte, sah in dem Artikel eine Bedrohung. Kosinski sagt, Facebook habe bei *PNAS* angerufen, um die Veröffentlichung zu verhindern. Auch bei der Universität Cambridge habe man sich mit dem Hinweis gemeldet, dass die Forscher möglicherweise illegal Daten sammelten. Doch wie Kosinski meint, war dieser Hinweis gegenstandslos, denn Facebook machte die Likes ja öffentlich zugänglich. Zu jener Zeit gab es noch nicht einmal die Möglichkeit, sie vor den Augen *aller* zu verbergen.

»Ich glaube, das war der Moment, als den Facebook-Leuten klar wurde: *Hey, wir tun vielleicht Dinge, die nicht ganz neutral sind, was die Sicherheit und Privatsphäre unserer User angeht*«, meint Kosinski. Dabei war sich Facebook darüber längst im Klaren. Tatsächlich hatte das Unternehmen 2012 ein Patent erhalten, in dessen Beschreibung es heißt: »Erkundung der Persönlichkeitsmerkmale der Nutzer aus dem Kommunikationsverhalten und den angegebenen Eigenschaften in den sozialen Netzwerken«.[6]

Facebook tat also exakt das, was auch Kosinski und seine Forscherkollegen machten. Und da Facebook ja bereits vor der Einführung des Like-Buttons entsprechend tätig war, arbeiteten die Forscher des Unternehmens längst mit Schlüsselbegriffen, um die Persönlichkeitsmerkmale der User zu eruieren. Es stellte sich heraus, dass das Datenteam von Facebook eine geheime Datenbank aufbaute, die man den »Entity-Graph« nannte.[7] In diesem »Gesamtheitsgraphen« waren nicht nur die Beziehungen der Facebook-Nutzer untereinander aufgeführt, sondern auch ihre Verbindungen zu Orten, Bands, Filmen, Produkten und Webseiten – eine Art geheimer Like-Button also. »Die so erschlossenen Persönlichkeitsmerkmale werden in Verbindung

mit dem Nutzerprofil gespeichert und dazu verwendet, Werbung gezielt anzubieten, aber auch Rankings zu erstellen und verschiedene
Produktversionen zu vergleichen, neben anderen Anwendungs-
formen«, heißt es in dem Facebook-Antrag auf die Erteilung des Pa-
tents.

Nach der Veröffentlichung von Kosinskis Artikel änderte Facebook
seine Voreinstellung bei den Likes. Nun konnten nur noch Freunde
die Likes sehen, außer der Nutzer entschied, sie sollten auch für andere sichtbar sein. Die Ausnahme war natürlich Facebook selbst, denn
das Unternehmen konnte alle Likes auswerten und für sich benutzen ... für gezielte Werbeansprache, Ranglistenerstellung, Versions-
vergleich von Produkten und weitere Anwendungen.

Als Mitglied des Psychometrics Centre kannte Aleksandr Kogan natürlich Stillwell und Kosinski. Er wurde einer von Kosinskis Mitarbeitern, die den Studenten Prüfungen abnahmen. Er war begeistert
von Stillwells anfänglicher Entdeckung, dass Facebook einen absolut
revolutionären Zugang bot, um sozialwissenschaftliche Daten zu
sammeln. »Damit war er natürlich Pionier auf diesem Gebiet«, sagt
Kogan voller Bewunderung. »Damals existierten auf Facebook noch
kaum Persönlichkeitstests. Heute gibt es ja Millionen davon.«

Kogan wollte auf ähnlichem Gebiet forschen und bat Stillwell um
Zugang zu den Daten aus dem MyPersonality-Fragebogen. Kaum
hatte er sie bekommen, machte er sich an die Analyse. Einer von Kogans Doktoranden kam dann auf die Idee, diese Untersuchungsme-
thode auf Wirtschaftsdaten auszuweiten: Wie würden sich länder-
übergreifende persönliche Kontakte auf Dinge wie den internationalen Handel oder Auslandsspenden auswirken?

Um diese Frage zu beantworten, brauchte man noch mehr Daten,
also rief Kogan seinen alten Mentor Dacher Keltner an. Er erzählte
ihm von dem Projekt und meinte, er würde Daten zu internationalen
Freundschaften brauchen, aufgeteilt nach Ländern. Und Keltner, der
damals für Facebook als Berater tätig war, versprach, ihn mit den einzigen Leuten auf der ganzen Welt zusammenzubringen, die ihm da
weiterhelfen konnten.

»Also stellte er mich dem ›Protect-and-Care‹-Team bei Facebook vor«, berichtet Kogan. »Und die meinten: *Cool, wir überlassen euch alle Daten, die wir dazu haben.*«

In der Anfangsphase der engeren Zusammenarbeit mit Kogan war das Data-Science-Team von Facebook schon beträchtlich angewachsen. Und, da machte man bei Facebook kein Hehl daraus, es war der Abteilung angegliedert, die sich um das Unternehmenswachstum kümmerte. Zwar arbeiteten da echte Sozialwissenschaftler und Datenanalysten, doch deren Aufgaben waren keineswegs rein wissenschaftlicher Natur. Sie studierten vielmehr das Verhalten der Facebook-Nutzer, um die Wachstumsvorgaben aus der eigenen Abteilung zu erfüllen: die Nutzerbasis zu erweitern und die aktuellen Nutzer bei der Stange zu halten. Eine Frage, mit der sich die Forschungsabteilung beschäftigte, war, wie das Teilen sich überhaupt zum viralen Sturm auswachsen konnte. Eine andere Untersuchung drehte sich um die Frage, wie die soziale Dynamik des Teilens das Verhalten der Menschen insgesamt beeinflusst. Der Großteil dieser Forschungsarbeiten und Analysen wurde nicht veröffentlicht – nur hin und wieder wurde hier eine Ausnahme gemacht. Aber für gewöhnlich arbeiteten die Statistiker geräuschlos mit dem Produktteam zusammen und berieten es bei der Lancierung neuer Features.

Für die Sozialwissenschaftler war Facebook sozusagen die Datenbank Gottes. Man hatte zwei Milliarden Menschen quasi in der Petrischale. Man konnte ein Feature für Hunderttausende von Usern optimieren und die Resultate aus der Auswertung des Anwenderverhaltens mit denen einer gleich großen Kontrollgruppe vergleichen. Üblicherweise lasen nur die Sozialwissenschaftler, was die Datenanalysten in ihren vor Statistiken strotzenden Papieren geschrieben hatten, doch mitunter warf ein Experiment, dessen Ergebnisse an das Licht der Öffentlichkeit gelangten, auch ethische Fragen auf. Oder enthüllte unangenehme Wahrheiten über Facebooks Macht. Ein Beispiel hierfür ist die kontroverse Studie zum Wahlverhalten – bei der Forscher der University of California in San Diego als Co-Autoren auftraten. Kritiker merkten an, dass Facebook vielleicht bald das

Wahlverhalten beeinflussen würde, indem es den »Ich habe gewählt«-Button selektiv einsetzte.

Aber die datenwissenschaftliche Studie, die bis dato am meisten
Staub aufwirbelte, befasste sich mit Kogans Spezialgebiet: emotio-
nalem Wohlbefinden. 2014 wurde in den *Proceedings of the National
Academy of Science* eine Untersuchung veröffentlicht mit dem Titel:
»Experimental evidence of massive scale emotional contagion through
social networks« (»Experimentelle Belege für massive emotionale Beeinflussung durch soziale Netzwerke«).[8] Für diese Studie wurden die
Daten von 689 003 Facebook-Nutzern herangezogen. Der Newsfeed
dieser User wurde so verändert, dass nur ausgewählte Posts angezeigt
wurden. Die erste Gruppe erhielt durchweg positive Nachrichten
(zum Beispiel: »Das ist mein niedlicher Hund!«), die zweite nur Negativmeldungen (wie: »Mein Hund ist gestern gestorben!«). Bei einer
Kontrollgruppe wurde der Newsfeed nicht redaktionell verändert.

Ironischerweise ging es bei dieser Studie nicht etwa darum, herauszufinden, ob ein Newsfeed depressive Stimmungen verstärken konnte.
Das Ziel war vielmehr, solche Art von Kritik an Facebook zu widerle-
gen – und sicherzustellen, dass sich die Leute weiterhin auf Facebook
tummelten. Es gab nämlich Vorwürfe, dass manche Leute den Newsfeed nutzen würden, um aller Welt aufs Brot zu schmieren, wie toll
ihr Leben sei, ob das nun stimmte oder nicht. Jeder Urlaub war eitel
Sonnenschein, jedes Baby 24 Stunden am Tag herzig, und für jedes
Basketballspiel hatte man Plätze direkt am Spielfeldrand. Angesichts
solch exzessiven Glücks bei seinen Freunden, so die Theorie, könne
man gar nicht anders, als sich selber mies zu fühlen.

Facebook hingegen war nicht der Ansicht, dass solche tollen Erlebnisse negative Gefühle bei anderen Nutzern auslösen könnten. Also
machte sich Adam Kramer aus dem firmeneigenen Datenteam daran,
die Sache zu überprüfen. Später schrieb er: »Es war wichtig herauszufinden, ob das Posten von positivem Content dazu führte, dass die
Freunde sich schlecht oder ausgegrenzt fühlten.« Und fügte hinzu:
»Wir waren besorgt, dass Negativkommentare von Freunden vielleicht dazu führen könnten, dass die Leute Facebook meiden.«[9]

Kramer bat Jeff Hancock, damals Professor an der Cornell University, an der Konzeption der Studie mitzuarbeiten. Hancock hatte bei

früheren Experimenten seine Probanden massiv negativen Bildern ausgesetzt. Er zeigte seinen Versuchsteilnehmern beispielsweise jene schreckliche Szene aus dem Film »Sophies Entscheidung«, wo Meryl Streep in ihrer Rolle als Jüdin im KZ dazu gezwungen ist, sich zu entscheiden, welches ihrer Kinder die Nazis töten sollen.

Im Vergleich dazu war das Facebook-Experiment geradezu harmlos. Schließlich ging es nur darum, Nachrichten auszufiltern oder durchzulassen, die ohnehin schon im Newsfeed der Betroffenen standen. Kramer, Hancock und einer von Hancocks Doktoranden modifizierten also 2012 für die Dauer von einer Woche den Newsfeed von nahezu 700 000 Menschen. Sie entdeckten nur einen schwachen Einfluss – einen Anstieg negativer Posts vonseiten jener, die die negativen Geschichten gelesen hatten. Doch dieser war aufgrund der schieren Masse der Daten trotzdem messbar und aussagekräftig. Die gute Nachricht für Facebook war, dass positive Meldungen bei den Usern keine unangenehmen Gefühle auslösten. Negativmeldungen hingegen trüben die Stimmung, wenn auch nur leicht.

Das sah zunächst nach einem Sieg für Facebook aus. Hancock meint dazu: »Es hieß damals: *Wie gering der Effekt auch sein mag, er belegt das Gegenteil von dem, was die Leute über uns sagen, nämlich dass man sich mies fühlt, wenn es den Freunden gut geht.* Die Schlussfolgerung würde also sein: *Okay, Süße, ich glaube, was Facebook angeht, habe ich mich getäuscht.*«

Aber das war keineswegs die Lehre, die die Leute aus der Studie zogen, nachdem sie im Juni 2014 in *PNAS* veröffentlicht worden war. Der ganze Ärger begann mit einem Blogger, der schrieb: »Was viele von uns befürchtet haben, hat sich als wahr herausgestellt: Facebook benutzt uns als Laborratten, und zwar nicht nur, um dahinterzukommen, welche Werbeanzeigen bei uns am besten ankommen, sondern tatsächlich auch dazu, um unsere Emotionen zu beeinflussen.«[10] Der Post zog das Interesse der Medien auf sich, und bald wurde über die »Mood Study« heftig diskutiert. Das viel gelesene Online-Magazin *Slate* fasste die öffentliche Wahrnehmung des Experiments wie folgt zusammen: »Facebook deprimierte bewusst buchstäblich Abertausende seiner Nutzer.«[11]

Facebook räumte ein, dass es falsch gewesen sei, die Beweggründe für die Studie nicht offenzulegen, bestand aber darauf, dass seine Nutzungsbedingungen ein solches Experiment erlaubten. Auch Hancock ist der Meinung, dass diese Entschuldigung ungenügend war: »Niemand betrachtet doch die Nutzungsbedingungen als Zustimmung zu Experimenten, weil sie schlichtweg keiner liest.« Hancock selbst musste sich für das Experiment vor seiner Universität verantworten, weil die Forschungsstandards in der akademischen Welt deutlich strenger sind als in der unternehmerischen. Und auch *PNAS* musste eine Entschuldigung veröffentlichen.

Die ganze Geschichte rührte an Urängsten, das weltweit größte soziale Netz würde beeinflussen, was seine Milliarden Nutzer täglich zu sehen bekamen – was es natürlich tat.

Von diesem Punkt an war Facebook sehr viel vorsichtiger, was die Veröffentlichung seiner Forschungsarbeiten anging. »Was wir aus diesem Vorfall gelernt haben, war, dass es eine umfangreiche Liste von Dingen gab, die sehr heikel waren … Es gibt Themenbereiche, die für unsere Nutzer nicht geeignet sind«, sagt Lauren Scissors, Forschungsleiterin bei Facebook.

Die Arbeit ging dennoch weiter – schließlich führte Forschung zu mehr Wachstum. Aber das Unternehmen wollte nicht noch einmal missverstanden werden. »Ich glaube nicht, dass sie mit den Experimenten aufhörten – sie veröffentlichten die Ergebnisse bloß nicht mehr. Ist das nun gut für die Gesellschaft? Vermutlich nicht«, sagt Cameron Marlow; der frühere Leiter der Abteilung Data Science hatte das Unternehmen noch vor der Veröffentlichung der Studie verlassen.

Als ich 2019 auf einer Konferenz ein paar informelle Gesprächen mit Facebook-Datenanalysten führte, war mein persönlicher Eindruck, dass die meisten von ihnen in dieser Richtung weitermachen wollen. Weil sie das Gefühl haben, dass ihre Arbeit wichtig ist.

Von 2013 an besuchte Kogan den Facebook-Campus regelmäßig. Er aß dort häufig und kostenlos zu Mittag. Er stellte irgendetwas vor. Und eines schönen Tages bot er Facebook seine Dienste als Berater an und arbeitete sogar für kurze Zeit in Menlo Park. »Ich kenne Building 20 sehr gut«, sagt er über das Herzstück von Facebook.

Kogans Labor war mittlerweile auf 15 Mitarbeiter angewachsen, darunter war auch ein Postdoc-Wissenschaftler aus Texas namens Joseph Chancellor. Er teilte Kogans Liebe zur Statistik und sein Interesse an Facebook. Bald arbeiteten die beiden zusammen und hielten dabei engen Kontakt zu Facebooks Protect-and-Care-Team.

Kogan brauchte mehr Daten für mehr Studien. Er plante unter anderem, seine eigene Version von MyPersonality zu schreiben – eine neue Umfrage, um Informationen von willigen Teilnehmern zu erhalten. Für eine maximale Datenausbeute nutzte er den großzügigen Zugriff, den man bei Facebook Entwicklern nicht nur auf Informationen über einzelne User, die die App verwendeten, sondern auch auf die Daten von deren Freunden gewährte.

Im Herbst 2013 schrieb Kogan eine App mit dem Titel »thisisyourdigitallife«. Er programmierte seit seinen ersten Semestern an der Uni, aber Facebook machte es auch relativ leicht, eine einfache App zu schreiben, die über die Connect-Funktion von Facebook Daten absaugen konnte. Kogan brauchte dazu genau einen Tag. »Das ist keine App, die irgendwelche Funktionen ausführt – es ist eigentlich nur dieser dumme Facebook-Log-in-Button, den man überall sieht.«

In der Tat: Datenschürfen mit einer Facebook-App war wirklich lächerlich banal: Kogan nutzte das Login-Protokoll von Facebook, das Entwicklern den Zugriff auf Daten ermöglicht, wie Facebook später schrieb, »ohne Zustimmung oder Prüfung durch Facebook«. Facebook arbeitete zu dieser Zeit immer noch mit einer Plattform-Version namens Graph API V1, die das Open-Graph-Protokoll nutzte, welches innerhalb und außerhalb von Facebook zu heftigen Kontroversen geführt hatte. Manche nannten die entsprechende Schnittstelle sogar »die Freunde-API«, weil sie den Entwicklern nicht nur Zugang zu den Daten einer Person gab, sondern ihnen auch erlaubte, die Daten der Freunde auszulesen, inklusive eines detaillierten Dossiers über deren Likes und Interessen.

Dieselbe Technik stand hinter Facebooks Instant Personalization, die man auch als »Privacy Hairball« bezeichnete, als »Privatsphären-Kröte«, die die User von nun an zu schlucken hatten. Das hatte selbst innerhalb von Facebook zu heftiger Kritik geführt, die Zuckerberg allerdings so nicht gelten ließ. Für Kogan entpuppte sich dies als

Gottesgeschenk. »Sie schicken dir einfach die Daten«, meint Kogan, »und das war's dann.«

Die Daten, von denen Kogan spricht, waren jedoch nicht die Eingaben, die die Leute bei seiner Umfrage machten. Diese Leute bezahlte er. Er engagierte sie über *Mechanical Turk,* eine Crowd von Freiberuflern, die von Amazon gemanagt wurde. Im Austausch für die paar Pfennige pro Stunde, die die Leute für das Ausfüllen des Fragebogens bekamen, gaben die »Turker« Kogan die Erlaubnis, auf ihre Facebook-Daten zuzugreifen – und auf die Daten ihrer Freunde, die diese Einwilligung *nicht* erteilt hatten.

Kogan rechtfertigt sein Vorgehen damit, dass die Leute, die an dieser Umfrage teilnahmen, wesentlich besser informiert waren als die Nutzer kommerzieller Apps. »Sie wissen ja: Im Geschäftsleben weist man immer auf die Nutzungsbedingungen hin, und keiner klickt sie jemals an. An der Universität ist dies das Erste, was die Leute tun müssen: Sie müssen die Nutzungsbedingungen durchlesen, und wir geben uns wirklich viel Mühe, sie verständlich zu formulieren und alles genau zu erklären.«

Aber das traf natürlich nur auf die Leute zu, die freiwillig den Test gemacht hatten. Deren Freunde hatten gar nicht die Möglichkeit, ihre Zustimmung zu geben oder sie zu verweigern. Sie wussten ja noch nicht einmal, dass ihre persönlichen Informationen für Dritte zugänglich waren. Und da auf jeden informierten Nutzer – die man aus diesem Grund auch »Seeder« nennt, »Sämaschine« – rund 340 Freunde kamen (damals auf Facebook der Durchschnitt), war die Mehrheit der Leute, die zu Kogans Datenpool beitrugen, sich nicht im Klaren darüber, dass sie für sein Projekt Daten lieferten.

Was Facebook allerdings nicht erlaubte, war, diese Informationen für andere Zwecke zu verwenden. Facebook hatte seine Nutzungsbedingungen immer so gestaltet, dass Informationen nicht gespeichert, transferiert oder verkauft werden durften. Aber das Unternehmen hatte kaum etwas dafür getan, diese Regeln auch durchzusetzen. Und trotz aller Versprechungen, man würde Entwickler dazu anhalten, Daten weder zu speichern noch weiterzugeben, gab es keine Kontrollmechanismen zur Prüfung, was mit den Daten passierte, sobald sie die Facebook-Umgebung verlassen hatten. Facebooks Mitarbeiter und die Entwickler, die mit dem Unternehmen zusammenarbeiteten, sind sich diesbezüglich einig: Wenn jemand aus den Facebook-Informationen eine Datenbank generieren und diese mitnehmen würde, konnte Facebook dagegen nicht viel unternehmen.

Kogan jedenfalls sagt, Facebook sei in vollem Umfang darüber informiert gewesen, was er machte. »Niemand hatte damit ein Problem. Wir sammelten üblicherweise demografische Daten, Likes und Informationen über Freunde«, sagt er. Dann überlegt er kurz. »Wir haben vielleicht sogar Beiträge in Blogs oder Foren gesammelt.«

Wozu sich also groß Gedanken machen? Es lief doch alles glänzend.

Und dann erwähnte einer der Studenten in der Fakultät für Psychologie, dass er ein Unternehmen namens *SCL* beriet. Ob Kogan vielleicht daran interessiert sei, diese Leute kennenzulernen? Der Student beschrieb die Firma als Unternehmen für politisches Consulting.

»Was mich reizte, war einfach, dass diese Leute massenhaft Daten hatten, die sie eventuell mit meinem Labor teilen würden«, sagt Kogan. Also vereinbarte der Student ein Treffen für Kogan – mit einem Typen namens Christopher Wylie.

Wylie, ein Kanadier und absoluter Daten-Nerd, war als 18-Jähriger in die USA gekommen, wo er mithalf, dem Wahlkampfteam von Barack Obama eine gezielte Wähleransprache zu ermöglichen. 2010 ging er nach London, wo er jeweils einen Universitätsabschluss für Jura und für Trendforschung erwarb. Doch wie er später dem *Guardian* erzählen sollte, lagen seine Hauptinteressen bei der Verknüpfung von Politik und Daten. Er fand Kosinskis Forschung zur Persönlichkeitsvorhersage megaspannend und hatte sie interessiert verfolgt. 2013 lernte er schließlich Alexander Nix kennen, den CEO eines Unternehmens namens SCL. Der damals 38-jährige Nix stammte aus einer bekannten Familie, war in Eton zur Schule gegangen und als Finanzanalyst tätig gewesen, bevor er 2003 zu SCL ging. SCL firmierte eigentlich als Firma für Projektmanagement im Rüstungsbereich, in Wirklichkeit aber beriet man Kandidaten für politische Ämter, Unternehmen und

Regierungen. Die Referenzen der Firma lasen sich wie ein Politthriller von Ross Thomas. SCL war an Orten wie Uttar Pradesh, Kenia, Lettland oder Trinidad hinter den Kulissen tätig. Seine Aufgabe: Einfluss zu nehmen auf Meinungen und Wahlverhalten der Bürger. »Unsere Dienste helfen unseren Kunden, in der Bevölkerung Schlüsselgruppen auszumachen und deren Verhalten zu beeinflussen, um ein bestimmtes Resultat zu erzielen«,[12] heißt es in der Werbung für das Unternehmen.

Nix überzeugte Wylie mitzumachen. »Wir geben Ihnen totale Freiheit«, versprach er. »Experimentieren Sie. Kommen Sie und testen Sie Ihre verrücktesten Ideen.«[13] Und schon war der 24-jährige Wylie Forschungsdirektor für die SCL-Gruppe. Erst später erfuhr er, dass sein Vorgänger unter mysteriösen Umständen in einem Hotelzimmer in Kenia gestorben war.[14] Es war ein erster Hinweis, dass eine Tätigkeit für SCL auch ihre Schattenseiten hatte.

Kurz darauf lernte Wylie den Hardcore-Konservativen Steve Bannon kennen, der die berüchtigte rechtslastige Nachrichten-Webseite *Breitbart* leitete. Irgendwie schienen sich der schwule Nerd Wylie und der Fürsprecher in Sachen Überlegenheit der weißen Rasse gut zu verstehen. »Es war ein bisschen, als würden wir flirten«, schrieb Wylie später über ihre datenverrückten intellektuellen Jam Sessions. Und bald schon heckten sie gemeinsam einen Plan aus, wie SCL in Amerika mitmischen könnte. Bannon vereinbarte ein Treffen mit Robert Mercer, dem reichen Förderer aller Rechtsaußen-Belange.

Bevor Mercer ein Vermögen mit Hedgefonds gemacht hatte, war er ein gefeierter Entwickler bei IBM gewesen. Das Versprechen von SCL, Wähler zu beeinflussen, fand sein Wohlgefallen, und Mercer erklärte sich bereit, die zu diesem Zweck konzipierte Tochtergesellschaft zu finanzieren. Im Dezember 2013 wurde Cambridge Analytica (CA) in Delaware ins Handelsregister eingetragen. Den Namen hatte Bannon erfunden, der damit eine Verbindung zur renommierten Universität Cambridge suggerieren wollte.[15]

Cambridge Analytica arbeitete einen Plan aus, wie man seine Dienste republikanischen Kandidaten anbieten konnte. Aushängeschild war ein Konzept von Wylie mit dem Titel »Project Ripon«. Um es umzusetzen, brauchte man zuerst eine ungeheure Menge an Daten zu den Persönlichkeitsprofilen der Wähler. Diese würde man dann mit den Wahlverzeichnissen der Schlüsselstaaten vergleichen, um anschließend die Wähler gezielt mit Nachrichten zu beliefern. Die Inhalte dieser Nachrichten würden die Leute an neuralgischen Punkten treffen, deren diese sich möglicherweise nicht einmal bewusst waren. So zumindest war die Theorie.

Das hierzu erforderliche Data-Mining lockte Wylie von London zu Kogan. Die beiden trafen sich in einem Restaurant in Cambridge. Obwohl Wylie später einen recht charakteristischen Look pflegte – kurzes, pinkfarbenes Haar und Ohrring –, hatte er sich für das Meeting businessmäßig herausgeputzt. Wylie erzählte Kogan zunächst von seiner Arbeit für das Wahlkampfteam von Obama, bei der er einen Haufen wirklich cooler Daten gesammelt habe.[16] Mittlerweile arbeite er für ein Unternehmen, das Ähnliches plane. Allerdings, so gestand er, unterstütze dieses Unternehmen die politische Rechte. Obwohl Kogan persönlich eigentlich eher nach links tendierte, war diese Information kein Grund, das Gespräch an dieser Stelle zu beenden. »Ich bin ein Fan von Obama, aber deswegen sind Republikaner für mich keine schlimmen Typen«, meint er.

Kogan sagt, bei ihrem ersten Treffen hätte Wylie ihm versprochen, ihm im Falle einer Zusammenarbeit auch Datenmaterial zu liefern. »Anfangs wollten die von mir eigentlich nur eine Beratung«, erzählt er. »Dabei ging es auch noch gar nicht um Facebook, es war eher so nach dem Motto: *Hey, sag uns mal, wie man einen besseren Fragebogen erstellt.*«

Kogan war begeistert und träumte schon davon, sein eigenes Statistikunternehmen zu leiten. Statt Studenten von Mechanical Turk bezahlen zu müssen, um von ihnen Informationen zu erhalten, würde ihm eine viel umfassendere Datenbasis zur Verfügung stehen.

Wylie fand die Vorstellung umwerfend. Die beiden entwarfen Pläne zum Aufbau einer digitalen Gesellschaft, die über umfangreiches Datenmaterial über jeden einzelnen Menschen verfügte. Vorläufig allerdings suchte Wylie persönlichkeitsbezogene Daten für SCL. Kogan hatte eine glänzende Idee: Seine Facebook-App würde ihn mit Nutzerdaten versorgen. Und er würde Kosinski und Stillwell bitten, darauf ihre Prognosetools anzuwenden. Diese Persönlichkeitsprofile

TEIL DREI

würde man dann an SCL weiterleiten. Wylie fand die Idee super. »In meinen Augen passte alles perfekt«, sagt Kogan.

Da es verboten war, akademische mit kommerziellen Aktivitäten zu verquicken, gründete Kogan für seine Consultingtätigkeiten seine eigene Firma: *Global Science Research (GSR)*. Sein Kollege Joe Chancellor wurde Partner. In die Einzelheiten eingeweiht wurde dieser von Chris Wylie.

Im Vereinigten Königreich müssen sämtliche Anwendungen, die auf private Userdaten zugreifen, beim Büro des Information Commissioners, des Datenschutzbeauftragten, registriert werden. Kogan erledigte dies im April 2014. Im selben Monat verkündete Zuckerberg auf der F8-Konferenz, dass das Unternehmen die Lücke schließen würde, die Entwicklern bisher über die App ermöglichte, ohne Erlaubnis auch auf die Daten der Freunde der Facebook-Nutzer zuzugreifen.

Graph API V1 wurde beerdigt, die Entwickler auf Version 2 verwiesen.[17] Obwohl Facebook dies damit begründete, dass das Unternehmen mit den Entwicklern eine Beziehung zum »gegenseitigen« Nutzen anstrebte, war dadurch auch die Privatsphäre der Nutzer besser geschützt. Der erste Teil von Zuckerbergs Rede konzentrierte sich darauf, dass es neue Regeln für Entwickler gäbe, die deren Zugang zu den Facebook-Daten einschränken würden. Allerdings nicht genug. Statt das Auslesen von Freunde-Daten auf der Stelle zu unterbinden, gab Facebook bereits existierenden Apps Bestandsschutz, was konkret hieß, dass sie die Privatsphäre der Nutzer noch ein ganzes Jahr lang ausspähen konnten. Ein Schritt, den das Unternehmen später bereuen sollte.

Zu Facebooks neuen Regeln gehörte auch ein »App Review«. Dies bedeutete, dass Entwickler nun ihre Apps zur Genehmigung vorlegen mussten, wenn sie User-Daten nutzen wollten. Kogan stellte einen entsprechenden Antrag, der jedoch abgelehnt wurde. Da er aber bereits eine entsprechende App besaß, gewährte ihm Facebook eine einjährige Übergangszeit, in der Kogan wie gewohnt Zugang zu den Nutzerdaten hatte. Hätte Facebook diese Regel mit sofortiger Wirkung durchgesetzt, hätte die Zusammenarbeit zwischen GSR und

Cambridge Analytica hier geendet. Denn ohne die Informationen über die Freunde der Nutzer hätte Kogan niemals die geforderte Datenmenge zusammenbringen können, um Aussagen über eine ausreichend große Anzahl von Wählern und deren Persönlichkeit zu treffen.

Kogans Bemühungen, auch Kosinski und Stillwell in dieses Projekt einzubinden, war kein Erfolg beschieden. Das lag unter anderem daran, so Kogan, dass Wylie ständig die Vertragsbedingungen änderte. Der erste Vorschlag lautete, dass Cambridge Analytica die Finanzierung der Arbeiten dem Psychometrics Centre als Drittmittel zur Verfügung stellen würde. Dann änderte Wylie seine Pläne – das Geld würde an Kogans Firma gehen, der damit das Centre bezahlen sollte. Aber dabei ging es nur um 100 000 Dollar. Davor war von einer Finanzierung in Höhe von einer Million Dollar die Rede gewesen.

Kosinski und Stillwell hatten das Gefühl, dass Kogan unseriös agierte. »Er nutzte unseren Ruf und unsere Glaubwürdigkeit, um an Finanzmittel zu kommen, die eigentlich die Arbeit an der Universität hätte unterstützen sollen«, sagt Kosinski. »Und dann wollte er das Geld plötzlich in sein privates Unternehmen umleiten und uns nur Geld für bestimmte Projekte geben. Also sagten wir: Erstens kann man für 100 000 Dollar nicht mal eine einjährige Post-Doc-Stelle bezahlen. Das reicht nicht. Und zweitens ist das absolut unethisch, es ist unerhört!«

Kogan selbst sagt, dass er damals anfing, Zweifel an der SCL zu entwickeln. Er traf sich ein paar Mal mit Nix und fand, dass der Typ schmierig war, wie ein Gebrauchtwagenhändler. »Er versteht nicht viel vom Produkt, aber er versucht, einen Traum zu verkaufen«, so Kogans Einschätzung.

Wie sich herausstellte, konnte auch Wylie Nix nicht leiden. »Er redete über ihn, als wäre Nix der größte Idiot auf Gottes Erdboden«, erzählt Kogan. »Und er meinte, er würde seine eigene Firma gründen.«

Tatsächlich verließ Wylie im Sommer 2014 das Team und machte ein eigenes Unternehmen auf. Aber zuvor half er Kogan noch, mit den neuen Nutzungsbedingungen bei Facebook zurechtzukommen, die Unternehmen wie seinem ebendas untersagten, was Kogan beabsichtigte – den Verkauf oder die Nutzung von persönlichen User-Daten, die Facebook den Entwicklern zur Verfügung stellte.

Kogan zufolge versprach Wylie, dass er sich um das Problem kümmern würde – schließlich sei er ein Fachmann für Recht und Datensicherheit. Er schlug vor, Kogan solle eigene Nutzungsbedingungen aufsetzen, die so formuliert sein müssten, dass er die Daten ohne Einschränkung an SCL weitergeben könnte. Wylie würde diese neue Vereinbarung aufsetzen. »Er hat meine Nutzungsbedingungen verfasst«, sagt Kogan. »Er sagte einfach: *Schreib da deinen Namen rein.*« Wylie bestätigt dies und meint, er hätte sich die einzelnen Abschnitte aus Google zusammenkopiert.[18]

Als Kogan das Dokument las, stolperte er über das juristische Fachchinesisch. Aber Wylie half auch hier und wies ihn bereitwillig auf die wichtigste Stelle hin. »Er meinte: *Dieser Punkt ermöglicht dir, dass du die Daten weitergeben und verkaufen darfst.* Ich glaube, er wies mich deshalb extra darauf hin, weil er mir versichern wollte, dass wir das durften.«

»Es schien damals überhaupt nicht schlimm«, meint Wylie.

Doch was sie vorhatten, verletzte klar Facebooks eigene Nutzungsbedingungen, denn diese untersagten die Weitergabe von Daten, wie Kogan sie plante. Kogan behauptete später, er habe seine Nutzungsbedingungen Facebook vorgelegt, aber ohne eine Bestätigung vonseiten des Unternehmens war seine und Wylies neue Vereinbarung bedeutungslos. Sie benahmen sich, als wären sie Untermieter, die eigenmächtig ihren Mietvertrag änderten und die Miete um die Hälfte kürzten, um dann diesen Vertrag dem Vermieter auf die Fußmatte zu legen und sich für ungeheuer reich zu halten. Es ist nicht klar, ob man den Text bei Facebook tatsächlich gelesen hat.

Da Stillwell und Kosinski nicht mehr mit von der Partie waren, konnte Kogan für die Daten, die er für Cambridge Analytica sammelte, auch ihr Vorhersagemodell nicht mehr verwenden.[19] Also überarbeitete er seine App, um Informationen für SCL zu sammeln. Diesmal bekam er seine »Seeder« nicht von Mechanical Turk, sondern von einem kommerziellen Unternehmen namens *Qualtrex,* das sowohl die Umfrage-Software bereitstellte als auch Teilnehmer anwarb. Qualtrex erklärte sich bereit, ungefähr 200 000 Leute zu finden, die den Fragebogen für je 4 Dollar Lohn ausfüllen würden. Die SCL bezahlte. Jeder, der die Umfrage machte, willigte gleichzeitig ein, seine Facebook-Infos freizugeben und damit auch die seiner Freunde.

Kogan wies sein Team an, ein System zu entwickeln, das dem von Kosinski und Stillwell ähnelte – mit dem Ziel, anhand der gewonnenen Daten bestimmte Persönlichkeitsmerkmale vorherzusagen. Im Mai schrieb Kogan eine E-Mail an Wylie und schlug ihm ein paar Punkte vor, auf die Cambridge Analytica in den Profilen besonders achten sollte. Dazu gehörten natürlich politische Neigungen, aber auch ein »ungewöhnliches« Interesse an Themen wie Schusswaffen oder schwarzer Magie.[20]

Der Prozess des Datenschürfens dauerte ungefähr vier Wochen. Die 200 000 Leute, die an der Umfrage teilnahmen, hatten rund fünfzig Millionen Freunde, schätzt Kogan, aber diese waren nicht durchweg Amerikaner. Der Vertrag mit SCL, den er am 4. Juni unterzeichnet hatte, beschränkte sich auf Facebook-Nutzer in elf amerikanischen Bundesstaaten. Am Ende gab er also zwei Millionen Facebook-Profile weiter – Namen und demografische Informationen zu den Betreffenden, dazu seine Einschätzung ihrer Persönlichkeitsmerkmale. »Später kamen sie wieder auf mich zu. Da hieß es dann: *Hey, Sie haben doch jede Menge Daten. Können wir den Rest auch noch haben?* Und wir so: *Ja, klar*«, sagt Kogan. Und so bekam SCL letztlich Zugriff auf viele Millionen Profile.

Kogan meint, hätte er gewusst, dass er damit gegen Facebooks Nutzungsbedingungen verstieß, hätte er aufgehört. »Sehen Sie, in meiner akademischen Welt hatte ich diese wirklich besondere Beziehung zu Facebook. Nicht viele Akademiker haben so gute Kontakte zu Facebook, dass der Konzern ihnen Daten überlässt. Ich wäre doch der totale Idiot, wenn ich etwas täte, wovon ich glaube, dass es das Unternehmen verärgern würde.«

Nichtsdestotrotz gesteht Kogan Fehler ein. »Hätte ich eine Zeitmaschine und könnte mich zurückversetzen, gibt es einiges, was ich komplett anders machen würde«, sagt er. »Ich würde auf jeden Fall gründlicher recherchieren, um wen zum Teufel es sich bei SCL handelte.«

Kogans Vertrag mit SCL verärgerte Michal Kosinski massiv. In seinen Augen kupferte Kogan Leistungen ab, die er und Stillwell erbracht hatten, um sie nun zu seinem privaten Vorteil weiterzuverkaufen. Also schrieb er einen Brief an John Rust, um ihn auf dieses unethische Verhalten aufmerksam zu machen.

Rust stimmte ihm zu, dass die ganze Geschichte problematisch war. Heute sagt er, er habe Kogan nie gemocht, ihn immer schon für einen »Streber« gehalten. Die Forscher im Psychometrics Centre hätten sich selbst Spitznamen gegeben – Kogans Wahl sei auf »geliebter Kommandant« gefallen. (Spiegelt sich darin nicht auf seltsame Weise die Selbstdarstellung Mark Zuckerbergs in seiner allerersten Facebook-Version wider?) Noch schlimmer war, dass Kogan sich öffentlich mit der gewaltigen Datenbank brüstete, die er erstellt hatte. Bei einem Sandwich-Mittagessen an der National University of Singapore am 2. Dezember prahlte er mit einer »Datenmenge von mehr als fünfzig Millionen Individuen, für die man nahezu jeden Charakterzug vorhersagen könne«.[21] Die Vorstellung, dass Kogan diese Datenbank an eine politische Organisation verkaufen würde, entsetzte Rust. »So etwas machen wir schlicht nicht«, sagt er. Er rügte Kogan dafür, die Arbeit von Kosinski und Stillwell einfach nachgebaut zu haben, und forderte ihn auf, damit aufhören. »Das sind Ihre Kollegen«, sagte er zu ihm. »Und Sie haben an dem Projekt jahrelang gearbeitet. Warum fahren Sie nicht einfach mit Ihrer eigenen Arbeit fort?«

Kogan widersprach. Rust war der Ansicht, man solle den Fall einer Schiedsstelle vorlegen. Die Universität allerdings wollte die 4000 Dollar nicht bezahlen, die das kostete. Also teilten Rust und Kogan sich die Ausgaben. Der Ombudsmann begann mit seinen Nachforschungen, aber da machte Kogan unvermittelt einen Rückzieher und behauptete, der habe eine Vertraulichkeitsvereinbarung unterzeichnet, die ihm eine Mitwirkung untersage.

Rust schrieb schließlich am 8. Dezember 2014 einen Brief an seinen Dekan:

Ich mache mir allmählich ernsthaft Sorgen um Alex' Verhalten. Wir hören von allen Seiten, dass er unsere Briefe von Anfang an ignoriert hat und sein Unternehmen aus dem Schoß der Universität heraus

führt … Nur um alles noch einmal zusammenzufassen: Die Metho-
den, die er benutzt, um seine Datenbank aufzubauen, setzen nicht
nur auf Facebook-Likes von 100 000 Personen. Er nutzt auch die Tat-
sache aus, dass das Internet ihm im Augenblick erlaubt, derartige
Informationen auch von allen Leuten einzusammeln, die mit den
Betroffenen eine Facebook-Freundschaft haben (und die dem in kei-
ner Weise zugestimmt haben). Da jeder Facebook-Nutzer etwa 150
Freunde hat, ergibt dies eine Datenbank von rund 15 Millionen Pro-
filen. Dahinter steht die Absicht, die Datenbank auf die gesamte Be-
völkerung der USA auszuweiten und sie für eine Wahlkampagne zu
nutzen.

Tatsächlich umfasste die Datenbank weit mehr als nur 15 Millionen
Nutzerprofile, vielleicht sogar mehr als die fünfzig Millionen, die
Kogan angibt. Facebook selbst hat berechnet, dass ungefähr 87 Millionen User betroffen sein könnten. Aber das würde die Welt erst ungefähr zwei Jahre später erfahren.

Kosinski war nicht gerade glücklich darüber, dass in dieser Angelegenheit nichts unternommen wurde. Und er fand einen Weg, zurück-
zuschlagen. Einige Monate zuvor hatte er einen Mann kennengelernt,
der diesbezüglich Recherchen anstellte. Harry Davies hatte Interviews
geführt, aus denen ein Theaterstück mit dem Titel *Privacy* wurde. In
einer Pressemitteilung zum Stück heißt es: »*Privacy* geht den Methoden nach, mithilfe derer Regierungen und Unternehmen unsere persönlichen Informationen sammeln und verwenden, und stellt die
Frage, was dies für uns als Individuen und als Gesellschaft bedeutet.«
 Im November 2014 wurde Kosinski zum Whistleblower. Er erzählte Davies, der mittlerweile als Rechercheur beim *Guardian* tätig war,
von der Verbindung zwischen Kogan und der SCL. Er händigte ihm
alle Dokumente aus, die er besaß. Davies kontaktierte die SCL und
hakte nach, was deren Verbindung zu Kogan anging. Nachdem er darauf keine Antwort bekommen hatte, verfolgte er diese Angelegenheit
nicht weiter. (Später erklärte ein Manager von Cambridge Analytica,
dass das gesamte Team in Washington auf einer Party war, der einzige

Mitarbeiter, der im Büro zurückgeblieben war, hätte angeblich aufge-
hängt, als Davies anrief.[22])

Doch im Herbst 2015 stolperte Davies über einen Artikel in der
Zeitschrift *Politico,* der die Verbindungen zwischen Cambridge Analytica und SCL aufzeigte, und ebenso deren Kontakte zu Mercer. Außerdem, so *Politico,* gebe es einen Zusammenhang mit der Wahlkampagne von Ted Cruz.[23] Also holte Davies die Papiere wieder aus dem
Schrank und vertiefte sich neben seinen Recherchenaufgaben in das
Konvolut. Bald hatte er die Story beisammen: wie Kogan an die Daten
für sein Forschungsprojekt gekommen war und wie er diese dann in
eklatanter Verletzung der Facebook-Nutzungsbedingungen an Cambridge Analytica verkauft hatte – ein Unternehmen, das mit Daten
handelte und von einem rechtskonservativen Spinner und Milliardär
namens Robert Mercer finanziert wurde. Ein Sprecher des Wahlkampfteams von Ted Cruz versicherte auf Anfrage, alles sei in bester
Ordnung: »Soweit mir bekannt ist, wurden die Informationen auf le-
gale und ethische Weise gewonnen, mit dem Einverständnis der User,
das diese erteilen, wenn sie sich bei Facebook anmelden.«

Davies' Verdacht ging in die entgegengesetzte Richtung. Bevor er
seinen Artikel veröffentlichte, schickte er Kogan eine Zusammenfassung der Geschichte, in der er Kogan eines unethischen Verhaltens
beschuldigte und ihm mitteilte, er habe zwölf Stunden für eine Stellungnahme. Kogan flippte aus. »Das war sicher einer der stressigsten
Momente in meinem Leben«, sagt er. »Über mich war in der Presse
noch nie negativ Bericht erstattet worden.«

Kogan wandte sich an das Pressebüro der Universität und arbeitete
mit den Leuten dort eine Antwort aus. Er warnte auch seinen Partner
Joe Chancellor vor, der die Universität Cambridge mittlerweile verlassen hatte und nun für das Data-Science-Team von … Facebook
arbeitete.

Am 11. Dezember 2015 erschien Harry Davies' Geschichte im *Guardian:* Er beschrieb, wie gestohlene Facebook-Profile für die Kampagne von Ted Cruz eingesetzt worden waren.[24] Die Enthüllung traf die
strategischen Führungskräfte bei Facebook wie ein Blitz aus heiterem

Himmel. Im Washingtoner Büro des Unternehmens hatte noch nie jemand von Kogan oder Cambridge Analytica gehört. Von Ted Cruz allerdings *schon.* Die Vorstellung, dass er für seine Wahlkampagne personalisiertes Werbematerial verwendete, das auf falsch gemanagten Daten eines Facebook-Entwicklers beruhte, war ein Albtraum: Schließlich sah es jetzt so aus, als habe sich Facebook speziell für diesen Kandidaten einsetzen wollen. Das Team versuchte in aller Eile, sich so viele Informationen zu beschaffen wie möglich. Die Person, die die einschlägigen Informationen sammeln sollte, war Allison Hendrix; sie leitete die Abteilung, die darüber wachen sollte, ob Entwickler die Facebook-Vorschriften einhielten.

Heute ist klar, dass die Leute, die für organisatorische Fragen der Plattform zuständig waren, zu diesem Zeitpunkt schon seit Monaten versuchten, das Kapern von Daten durch politische Organisationen – allen voran Cambridge Analytica – zu verhindern.[25] Hendrix hatte die Sache verfolgt. Am 22. September 2015 hatte ein Politikberatungs-Unternehmen aus Washington bei Facebook angefragt und um Klärung gebeten, was die Regeln bezüglich der Verwendung von Facebook-Daten für Wahlkampagnen betraf. Hintergrund dieser Anfrage war, dass der politische Gegner die Regeln ganz offensichtlich brach. »Die umfassendsten und aggressivsten Übertretungen scheinen von Cambridge Analytica auszugehen, einem (gelinde gesagt) dubiosen Unternehmen zur Datenmodellierung, das mittlerweile tief in unseren Markt vorgedrungen ist«, hieß es in der Mitteilung. Man bat Facebook darum, die Firma zu überprüfen.

In den darauffolgenden Monaten hatten diverse Mitarbeiter der Abteilung für »Entwicklerbeziehungen« hierzu Informationen gesammelt, wenn auch ohne die gebotene Dringlichkeit. Man konzentrierte sich dabei aber keineswegs nur auf Cambridge Analytica, sondern ging dem Datenklau durch politische Berater im Allgemeinen nach. Bei den Recherchen stieß das Team auf eine rechtslastige Seite namens »ForAmerica«, die Likes aus ihrem populären Facebook-Auftritt nutzte, um eine Datenbank zu erstellen. Anfangs war keinem so richtig klar, ob dies nun gegen die Facebook-Regeln verstieß oder nicht. Nach einigem Hin und Her bestätigten die Mitarbeiter der Abteilung, dass dies sehr wohl gegen die Nutzungsbedingungen war.

»Ich vermute, dass hier eine ganze Reihe von Bad Actors zugange sind«, schrieb einer der Mitarbeiter am 21. Oktober 2015. Doch die Untersuchung, wenn man dies überhaupt so bezeichnen konnte, kratzte nur an der Oberfläche.

Die Bombe schlug erst so richtig ein, als der Artikel im *Guardian* veröffentlicht – und damit für jeden im Team ersichtlich wurde, dass das Thema »Cambridge Analytica« eine höhere Priorität hatte. Und während E-Mails nur so hin und her folgten, machte ein Mitarbeiter eine weitere beunruhigende Entdeckung: »Es sieht aus, als hätte Facebooks Abteilung ›Protect and Care‹ mit diesem ›Aleksandr Kogan‹ zusammengearbeitet.«

»Das war echt Wildwest. Der Typ hatte Zugang zu den Daten, und wir haben einfach nicht gerafft, was er damit anstellte«, sagt einer der Facebook-Mitarbeiter.

Facebook versuchte erfolglos, Kogan anzurufen. Als dieser schließlich zurückrief, sprach er mit Allison Hendrix, die ihm in aller Deutlichkeit erklärte, dass er die Daten löschen müsse. Kogan beschreibt das Gespräch als »nett«. Er hätte die Daten zwar gerne für weitere Forschungsarbeiten behalten, stimmte der Löschung aber zu. »Facebook war bis zu diesem Moment für mich wirklich ein starker Verbündeter«, sagt er. »Natürlich fand ich es weniger gut, dass man dort aufgebracht war. Aber wir hatten ja auch fünfzehn Forschungsartikel mit Facebook in der Pipeline!«

Einige Wochen vorher war Kogan als Berater auf dem Facebook-Campus zu Besuch. Er half dem Unternehmen bei der Gestaltung von Umfragen.

Hendrix kontaktierte auch Cambridge Analytica/SCL, wie eine Reihe von E-Mails mit dem Chef der Datenverarbeitung Alexander Tayler belegt.[26] Dieser meinte zuerst, dass alles in Ordnung sei. Nach dem Austausch einiger E-Mails bestätigte er am 18. Januar 2016, er habe sämtliche Facebook-Daten, die CA je erhalten habe, gelöscht.[27] Hendrix dankte ihm dafür und unterschrieb diese E-Mail mit ihrem Kurznamen »Ali« statt mit »Allison«, wie sie es vorher getan hatte.

Diese simplen Versprechungen reichten natürlich nicht aus. Also begann Facebook Verhandlungen über bindende Zusagen von allen Parteien, bei denen die Beteiligten gelobten, die Daten tatsächlich ge-

löscht zu haben und sie nicht mehr zu verwenden. Eine Aufgabe, die
Facebook einem Anwaltsbüro überließ.

Doch man unternahm keine Schritte, um dies auch zu überprüfen.
Allerdings wäre das auch schwierig gewesen. Woher sollte man bei
Facebook wissen, ob nicht jemand die ganzen Daten auf einen USB-
Stick gezogen und sich damit aus dem Staub gemacht hatte?

Während Kogans App also von der Plattform verbannt wurde, galt
das nicht für Kogan selbst und auch nicht für Cambridge Analytica.
Kogan war überzeugt, dass wahrscheinlich bald Gras über die Sache
gewachsen sein und man bei Facebook durchaus wieder mit ihm zusammenarbeiten würde.

Jedenfalls scheint die ganz Angelegenheit nicht bis zu Sheryl Sandberg oder Mark Zuckerberg vorgedrungen zu sein.

Als der Wahlkampf 2016 allmählich hitziger wurde, war Cambridge
Analytica aktiv für die Kandidaten der Republikaner tätig. Nachdem
Ted Cruz aufgegeben hatte, begann das Unternehmen für das Wahlkampfteam von Trump zu arbeiten. Steve Bannon, der Mitgründer
von Cambridge Analytica, wurde gar zum Chefberater des Kandidaten. Cambridge Analytica schloss mit einem kanadischen Unternehmen namens *AIQ* – angeblich einer von Wylies Kontakten – einen
Vertrag über eine Reihe von Softwaredienstleistungen, um das Datenmaterial des Unternehmens auszuwerten. Offensichtlich gehörten
dazu auch die nicht gelöschten Profile und Persönlichkeitsanalysen
von Kogan.

Was Facebook *über ein Jahr lang* nicht erhielt, war eine formelle
Bestätigung von Cambridge Analytica, dass die Daten gelöscht worden waren. (Facebooks Entschuldigung: Eine externe Anwaltskanzlei
sei mit dem Vorgang betraut worden.) Kogan selbst hatte seine Bestätigung erst im Juni 2016 geschickt. Cambridge Analytica tat dies nicht
einmal während der Wahlkampagne, ja nicht einmal, als Nix vor Be-
stands- und möglichen Neukunden mit seiner riesigen Datenbank
anzugeben begann. Facebook war inzwischen sogar *Partner* von
Cambridge Analytica, denn das Unternehmen schaltete jede Menge
politische Anzeigen. Man genoss die Unterstützung des Facebook-

Werbeteams und ließ sich gerne beraten. Facebook hätte zu *jedem* Zeitpunkt des Wahlkampfs damit drohen können, Nix und dem Unternehmen den Zugang zur Plattform zu sperren, wenn man keine Beweise lieferte, dass die widerrechtlich besorgten Daten von mutmaßlich 87 Millionen Facebook-Nutzern tatsächlich gelöscht worden waren. Facebook hätte auch eine offizielle Prüfung beantragen können. Nichts davon geschah. Stattdessen strich man Millionen Werbedollars von Cambridge Analytica ein, ohne zu prüfen, ob das Geld mithilfe unerlaubt erworbener Profildaten gemacht worden war. Mit der Annahme dieser Werbegelder akzeptierte Facebook die Zusicherung des Datendealers, dafür keine Daten missbraucht zu haben, auch wenn dazu immer noch keine schriftliche Bestätigung vorlag.

Diese Bestätigung trudelte erst am 3. April 2017 ein – als der Kandidat, für den man tätig gewesen war, seit Monaten schon im Weißen Haus saß. Doch auch hier nahm Facebook das Wort des Politikberatungsunternehmens für bare Münze und verzichtete auf eine Prüfung. Ein Jahr später durchsuchte die Information Commission (Datenschutzkommission) des Vereinigten Königreichs die Räume von Cambridge Analytica und stellte fest, dass das Unternehmen möglicherweise immer noch Datenmodelle benutzte, die von den Facebook-Informationen profitierten. Bis heute ist nicht klar, ob sich das Unternehmen bei seinen Wahlkampfaktivitäten auf Facebook-Daten gestützt hat. In einem Artikel der *New York Times* allerdings hieß es, man habe die Rohdaten in den Datenbanken des Unternehmens gesehen,[28] und Brittany Kaiser, frühere Managerin von CA, sagte aus, dass die Daten tatsächlich für eine zielgerichtete Werbung genutzt worden waren.

Und weder 2016 noch 2017 informierte Facebook die Millionen betroffener Nutzer, dass ihre persönlichen Daten für politische Zwecke verwendet und ihr Newsfeed manipuliert worden waren.

Ob die Daten von Cambridge Analytica das Wahlergebnis tatsächlich beeinflusst haben, ist immer noch heftig umstritten. Bis zu Trumps Wahlsieg war das Team von Ted Cruz der Ansicht gewesen, die Daten seien nicht hilfreich gewesen. Brad Parscale erzählte *Frontline* später, dass von den sechs Millionen Dollar, die Trumps Wahlkampfteam an Cambridge Analytica zahlte, nur eine Million für Fernsehwerbung verwendet wurde. Er meint, er habe die Leute von

CA wegen ihrer Talente engagiert, nicht wegen ihrer Daten.[29] Während der Kampagne allerdings prahlte CEO Nix mehrfach mit seiner »Geheimwaffe«.[30] Als Trump als Sieger aus dem Wahlkampf hervorging, tat er sich damit groß, dass die »datengesteuerte Kommunikation« durch Cambridge Analytica einen »wesentlichen Teil« zum Sieg beigetragen habe.[31] Bei Facebook selbst glaubte man, dass Cambridge Analytica eine Modeerscheinung war, eines von zahlreichen Möchtegern-Beratungsunternehmen, die digitale schwarze Magie versprachen. »Irgendwie waren sie das *Theranos* des Datengewerbes«, sagt ein Facebooker aus dem Hauptstadtbüro in Anspielung auf die falschen Behauptungen des mittlerweile bankrotten Medizintechnik-Start-ups. »Aber nachdem Trump gewonnen hatte, hielten die einen sie für böse Genies. Die Leute in Washington aber hielten sie schlicht für Clowns.«

Clown-Show oder nicht, während des Wahlkampfs verlor Facebook eine Tatsache aus den Augen, die wirklich wichtig war: Cambridge Analytica hatte sich die Daten von Millionen Facebook-Nutzern verschafft und immer noch nicht bestätigt, dass diese gelöscht waren. Und Facebook ging der Frage, ob Kogans Datenbank, die er an SCL/Cambridge Analytica weitergegeben hatte, für den Wahlkampf des Kandidaten Trump benutzt worden war, nicht nach.

Cambridge Analytica hatte es perfekt verstanden, aus den Schwachstellen Profit zu schlagen, die Facebook in seinem Streben nach immer mehr Usern geschaffen hatte: Man nutzte die Daten, die die Menschen teilten, um deren wunde Punkte zu identifizieren und sie dann auf Facebook mit manipulativer Werbung anzusprechen, die eben auf diese Punkte abzielte. Ein Aspekt, den die Russen schnell ausgemacht hatten. Oder, wie jemand aus Facebooks Strategieabteilung mir gegenüber sagte: »Kann ich garantierten, Facebook so zu manipulieren, dass jemand eine Wahl gewinnt? Die Antwort ist Nein. Aber kann man die Ängste der Menschen ansprechen, ihre Sorgen und Nöte, ihre Bigotterie, um bestimmte Dinge voranzubringen? Ja, absolut.«

Als Journalisten anfingen, mit Blick auf die 2015 erfolgten *Guardian*-Enthüllungen Fragen über die Wahlergebnisse zu stellen, waren Facebooks Antworten darauf irreführend.[32] »Unsere diesbezüglichen

Nachforschungen haben nichts ergeben, was auf ein Fehlverhalten hinweisen würde«,[33] sagte ein Sprecher des Unternehmens 2017 der Online-Zeitschrift *The Intercept*. Zu dem Zeitpunkt aber *wusste* man bei Facebook bereits, dass de facto gegen die Nutzungsbedingungen verstoßen worden war. Aus diesem Grund hatte man ja verlangt, dass Kogan, SCL und Wylie die Daten löschten. Facebook verwies die Journalisten außerdem auf eine Aussage von Alexander Nix, in der dieser behauptete, Cambridge Analytica bekomme keine Daten über Facebook-Profile oder Facebook-Likes. Auch da wusste man bereits, dass CA diese Daten von Kogan erhalten *hatte*. Der Verweis auf diese Aussage wirkt tatsächlich so, als habe Facebook die Journalisten abwimmeln wollen, gerade angesichts der Tatsache, dass CA bis dato die Löschung der Daten immer noch nicht bestätigt hatte.

Wylie sollte später behaupten, er habe die Daten 2015 löschen lassen, dies aber verspätet überprüft, weil die Aufforderung von Facebook ihn erst Mitte 2016 erreicht habe. Man hatte die Formulare per Post an die Adresse seiner Eltern geschickt. »Die haben da nur einen Brief geschickt, in dem stand: *Können Sie bestätigen, dass Sie keine Daten mehr haben?*«, sagt Wylie aus. »Das war so, als würde man ein Blankoformular unterschreiben. Das Ganze war wie eine Botschaft aus der Vergangenheit, denn ich hatte von Kogan schon eine ganze Weile nichts mehr gehört.«

So viel zum Thema Dringlichkeit.

Zu jener Zeit hatte Wylie schon einen neuen digitalen Brieffreund, eine Journalistin namens Carole Cadwalladr, die für den *Guardian* und den *Observer* arbeitete. Sie schrieb Features und war bekannt dafür, dass sie ihre Themen sehr gründlich und mit viel persönlichem Einsatz recherchierte (zum Beispiel, indem sie in einem Warenhaus von Amazon arbeitete). Cadwalladr interessierte sich besonders für das, was sie als schädlichen gesellschaftlichen Einfluss der großen Tech-Unternehmen wahrnahm. 2016 begann sie, Recherchen zu Cambridge Analytica anzustellen. Sie schrieb eine Reihe von Artikeln über das Unternehmen – seine Verstrickung in den Brexit, seine Methoden, seine Verbindungen zu Robert Mercer und der ultrakonservativen Bewegung, die Trump unterstützte. Und über die Weitergabe der Facebook-Daten, die man Kogan im Dezember 2015 vorwarf. Für sie war Wylie der Schlüssel zu der ganzen Geschichte. Als sie ihn im März 2017 zum ersten Mal kontaktierte, war er misstrauisch. Doch am Ende händigte er ihr Dokumente aus, die ihre Sicht der Dinge stützten. Cadwalladr aber wollte *ihn* höchstpersönlich. Würde Wylie mit ihr zusammenarbeiten und die Story um Cambridge Analytica aus seiner Sicht erzählen, dann wäre die Geschichte viel packender.»Ich saß über ein Jahr lang auf den Papieren«, erzählt sie.»Es reicht einfach nicht, Dokumente zu veröffentlichen ohne eine persönliche Geschichte dahinter.«

Cadwalladr war freiberufliche Journalistin, sie wurde pro Artikel bezahlt. Doch bald lehnte sie andere Anfragen ab, um an der CA-Geschichte dranbleiben zu können. Und gelang es ihr tatsächlich, Wylie dazu zu überreden, seine Sicht der Dinge öffentlich zu machen.

Eine Sache, die über das Thema Wylie hinausging, bereitete ihr allerdings Sorgen. In einem ihrer früheren Artikel hatte Cadwalladr berichtet, dass es eine Praktikantin gewesen war, die Alexander Nix empfohlen hatte, Nutzerdaten zu verwerten. Diese junge Dame, schrieb Cadwalladr, sei Sophie Schmidt gewesen, die Tochter des ehemaligen CEOs von Google, Eric Schmidt. Laut Cadwalladr habe sich damals beim *Guardian* ein hochrangiger Anwalt aus Großbritannien gemeldet, der Schmidt vertrat. Er leugnete zwar den Tatbestand nicht, verlangte aber, dass Schmidts Name herausgehalten würde, weil dies dessen Persönlichkeitsrechte verletze und von keinerlei öffentlichem Interesse sei.»Unsere Anwälte begutachteten die ganze Sache und meinten, bei einem Rechtsstreit würde Sophie Schmidt nicht gewinnen«, sagt Cadwalladr.»Doch es würde uns vermutlich 20 000 bis 30 000 Pfund kosten, das zu beweisen.« Also strichen *Guardian* und *Observer* den Namen Schmidt aus der Story.»So wurden wir quasi mit der Nase darauf gestoßen, was es nach sich ziehen könnte, wenn wir solche Dinge im Vereinigten Königreich veröffentlichen«, sagt Cadwalladr.

Doch ihr Verleger hatte eine Idee, wie man das Problem umgehen könnte: Warum sollte man nicht mit einer großen US-amerikanischen Zeitschrift wie der *New York Times* zusammenarbeiten, die gegen Prozesse dieser Art besser gewappnet war? Die *New York Times* willigte ein: Man würde eine eigene Geschichte schreiben, dafür aber Cadwalladrs Material heranziehen. Die Zeitschriften würden die Artikel gleichzeitig veröffentlichen und Cadwalladr als Mitautorin erwähnen.

Cadwalladrs Story beschrieb den – mittlerweile pinkfarbene Haare und einen Nasenring tragenden – Wylie als mutigen Whistleblower. Das war ungefähr so, als würde Charles Manson die Hintergründe des Mordes an Sharon Tate aufklären. Wylie war an dem Skandal ja *aktiv* beteiligt gewesen. Er hatte SCL empfohlen, die Tochtergesellschaft Cambridge Analytica zu gründen. Und er war es gewesen, der Kogan zu unethischem Verhalten überredet hatte, nämlich zur Weitergabe von Facebook-Daten an Politberater vom rechten Flügel. »Um Whistleblower zu werden, müssen Sie natürlich im finsteren Zentrum des Geschehens stecken«, meint Cadwalladr zum verdächtigten Helden ihrer Story. Wylie selbst erklärte später, er habe diesen Gesinnungswandel vollzogen, weil er so angewidert von Trumps Wahlsieg gewesen sei. Eine merkwürdige Aussage für jemanden, der zusammen mit Mercer und Bannon Cambridge Analytica überhaupt erst erdacht hatte. »Es tut mir schrecklich leid, dass ich dazu beigetragen habe. Ich bin der Erste, der sagt, ich hätte es besser wissen müssen«, würde er später vor dem US-Parlament aussagen. »Aber was geschehen ist, ist nun mal geschehen.«

Zu Beginn der Woche, in der Wylies Auslassungen in der Samstagsausgabe des *Guardian* erscheinen sollten, kontaktierte Cadwalladr Facebook. Sie hatte immer Probleme, von den Leuten in der Presseabteilung Antworten zu bekommen. Sie kannte niemanden in Menlo Park und musste ihre Anfragen an die Facebook-Pressestelle in Großbritannien richten. Nach ein paar Tagen Funkstille meldete sich Paul Grewal bei ihr. Der stellvertretende Justiziar von Facebook war nicht einverstanden damit, dass in dem Artikel die Weitergabe von fünfzig Millionen Facebook-Profilen an Kogan und dann an SCL als »Rechtsverletzung« dargestellt wurde. Cadwalladr interpretierte dies als Androhung rechtlicher Schritte. (Facebook behauptet, dies sei nicht der

Fall gewesen. Der Justiziar des gigantischen Konzerns habe nur einfach eine Korrektur der Ausdrucksweise vorgeschlagen.)

Damit hatte Facebook zwar recht, was den Begriff anging, doch es war trotzdem ein eigenartiger Einwand. Eine Rechtsverletzung setzt zumindest Fahrlässigkeit voraus, die dann zu kriminellen Zwecken missbraucht werden kann. In diesem Fall aber hatte Facebook Kogan die persönlichen Daten ja aktiv *übergeben,* und das, ohne eine ausreichende Einwilligung der Nutzer einzuholen. Persönlichkeitsbezogene Daten für Entwickler zugänglich zu machen war im Rahmen der Facebook-Regularien von 2007 in Ordnung und wurde mit Open Graph fortgeführt, dem Protokoll, das Instant Personalization möglich machte.

Während Facebooks Nutzergemeinde wuchs und wuchs, hielt man an diesen Regeln fest, betrachtete sie sogar als wachstumsfördernd. Erst 2014 erkannte Facebook an, dass diese Regeln zu Fehlverhalten einluden. Man gab bekannt, dass man dieses Schlupfloch schließen würde – in einem Jahr. Diese Verzögerung erlaubte Kogan, seine Millionen-Datenbank aufzubauen und sie an Cambridge Analytica zu verkaufen.

Facebook versuchte, den Enthüllungen im *Guardian* zuvorzukommen. Am Freitag, nachdem die Aktienmärkte geschlossen hatten, setzte man eine Nachricht ab, in der Folgendes erklärt wurde: Nach Erscheinen des *Guardian*-Artikels von 2015 habe man Cambridge Analytica, Kogan und Wylie aufgefordert, die Daten zu löschen, und die drei hätten die Löschung bestätigt. »Vor einigen Tagen erhielten wir Hinweise darauf, dass – im Gegensatz zu den abgegebenen Erklärungen – nicht alle Daten gelöscht worden sind.« In seinem ständigen Bemühen um die »Verbesserung der Sicherheit und der persönlichen Erfahrung aller Facebook-Nutzer« habe das Unternehmen mittlerweile Cambridge Analytica, Kogan und Wylie von seiner Plattform verbannt.[34]

Wer dies las, ohne die Hintergründe zu kennen, musste glauben, Facebook sei ein wachsamer Schützer der Daten seiner User. Kaum aber waren die Artikel in der *New York Times* und im *Guardian* beziehungsweise im *Observer* veröffentlicht, erschien Facebooks Verhalten in einem anderen Licht.

Beide Artikel beschäftigten sich mit demselben hochexplosiven Material: Facebook hatte zugelassen, dass die persönlichen Daten von Millionen Nutzern während der Präsidentschaftswahlkampagne in die Hände von Trumps Beratern fielen. Obwohl die Eckdaten schon im Dezember 2015 bekannt waren, schien das Ganze jetzt deutlich dringlicher – und schockierender.

»Zwölf Stunden lang sah es so aus, als hätten wir aktiv Schritte gegen CA unternommen, und dann ging die Bombe hoch«, erzählt ein Mitarbeiter von Facebooks Büro in Washington, D.C. »Egal, wie wohlwollend man Facebook bis dahin begegnet war, damit würde nun ein für alle Mal Schluss sein.«

Obwohl Facebook seit einer Woche gewusst hatte, dass die Artikel erscheinen würden – und dass die Geschichte insgesamt seit dem Bericht im *Guardian* 2015 bekannt war –, wirkten die Nachrichten auf das Unternehmen buchstäblich wie der Meteor, der die Dinosaurier auslöschte. Das mochte auch daran gelegen haben, dass Facebook sozusagen in »Kammern« organisiert war und der volle Umfang der Causa Cambridge Analytica Sheryl Sandberg und erst recht nicht Mark Zuckerberg zu Ohren gekommen war. Zuckerberg würde immer wieder betonen, er habe von CA, Kogan und den gelöschten Daten erst in jener Woche erfahren.

Facebook hatte schon mehrere schwere Krisen überstanden. In Fällen wie dem Newsfeed und Beacon oder dem Vergleich mit der FTC hatte Zuckerberg immer schnell reagiert, nach dem immer gleichen Muster: zuerst mit einer Entschuldigung. Und dann mit einem Aktionsplan.

Dieses Mal gab es keinen Plan.

»Ich bin nicht sicher, ob es funktioniert hätte, hätten wir verkündet: *Wir sind dran. Wir melden uns bei euch*«, erzählt Sheryl Sandberg, als sie diese schrecklichen Tage rekonstruiert, in denen es bei Facebook und seinen Public Relations brannte und die Bosse des Unternehmens von einem schwarzen Loch verschluckt schienen. »Die Leute hätten vermutlich gesagt: *Die wissen ja nicht mal, was da abgelaufen ist.*« Und das hätte tatsächlich sogar gestimmt. »Wir wollten einfach sichergehen, dass wir das Problem verstehen«, meint Sandberg. »Wir versuchten, sinnvolle Schritte für die Lösung eines tatsächlichen Problems zu finden, und das Ganze in seiner Tragweite zu überreißen. Im Rückblick war dies nicht unser bester Schachzug. Es war sogar ein richtig schlechter.«

Zuckerberg sollte ihr später zustimmen. »Ich glaube, ich habe das einfach falsch gesehen. Ich hätte mich früher äußern sollen, obwohl ich nicht alle Einzelheiten kannte. Ich hätte sagen sollen: *Leute, wir kümmern uns darum.* Aber meine instinktive Reaktion war: *Ich will wissen, was da genau los ist, bevor ich rausgehe und was sage.*«

Die Belegschaft von Facebook war beinahe noch begieriger als die Öffentlichkeit, was Erklärungen anging. Monatelang hatten sich die Facebooker Fragen von Freunden und Verwandten gefallen lassen müssen, die wissen wollten, in welcher Art Unternehmen sie da eigentlich tätig waren. Bisher hatten sie immer die Auffassung vertreten können, ihr Arbeitgeber habe in bester Absicht gehandelt und leider ein paar Fehler gemacht. So betrachtet, hatten sie den Kopf immer hochhalten können. Das aber stand nun infrage. Darüber hinaus stürzte der Aktienkurs am Montag nach Öffnung der Märkte ab, womit sich auch das Nettovermögen der Mitarbeiter reduzierte. Jetzt wollten sie erst recht von ihren Bossen wissen, was da los war.

Stattdessen schickte das Unternehmen Paul Grewal vor – der erst wenige Tage zuvor dem *Guardian* gedroht hatte –, um der Belegschaft die Vorgänge um Cambridge Analytica zu erklären. Dass Sandberg und Zuckerberg sich überhaupt nicht blicken ließen, war ein Tiefschlag für die Moral der Leute. »Ich konnte es den Mitarbeitern nachfühlen«, sagt der stellvertretende Facebook-Justiziar. »Ganz egal, wie gut ich die Fakten kannte, ich konnte eines nicht: mich urplötzlich in Mark oder Sheryl verwandeln.«

Nachdem die Chefs fünf Tage geschwiegen hatten – fünf Tage, in denen meist darüber diskutiert wurde, wie man das Geschehen der Öffentlichkeit am besten erklärte –, meldeten sich Sandberg und Zuckerberg zu Wort und gingen auf Entschuldigungstour bei ausgewählten Medien. Bis zu einem gewissen Grad waren die beiden nun im Bilde, was die konkreten Vorfälle in diesem speziellen Fall anging, und übernahmen die Verantwortung. »Wir hätten das schon vor zweieinhalb Jahren tun sollen«, sagte Sandberg in der *Today Show*. »Wir glaubten, die Daten seien gelöscht worden, aber das hätten wir überprüfen sollen.« Welche und wie viele Daten betroffen waren, wussten sie immer noch nicht.

Zuckerberg traf den Nagel schon eher auf den Kopf, als er gegenüber dem Online-Magazine *Wired* sagte: »Ich denke, das Feedback, das uns die Leute – nicht nur in diesem Fall, sondern schon seit Jahren – wirklich geben, lautet: Weniger Zugriff auf unsere Daten ist für uns wichtiger, als unsere soziale Erfahrungen mit Freunden so gut wie möglich auf anderen Plattformen einbringen zu können.«[35]

Zuckerberg hatte diese Prioritäten ganze zwölf Jahre falsch eingeschätzt.

In einem größeren Kontext betrachtet, hatten die Facebook-Chefs »das Ganze immer noch nicht überrissen«, um Sandbergs Ausdruck zu gebrauchen. Cambridge Analytica wurde zum Symbol einer allgemeinen Vertrauenskrise in Facebook. Die Geschichte zeigte alle Schwachstellen, die man an Facebook wahrnahm – eine recht lockere Auffassung von den Persönlichkeitsrechten der Nutzer, gierige Manipulation und das ungute Gefühl, das soziale Netzwerk habe zur Wahl Donald Trumps beigetragen. Jede einzelne dieser Fehlleistungen ging auf Entscheidungen der letzten zehn Jahre zurück, die getroffen worden waren, um die Sharing-Gemeinde voranzubringen, um Facebooks Reichweite zu vergrößern und die Wettbewerber vom Markt zu drängen. Für die Öffentlichkeit war Cambridge Analytica der Stein, den man anhebt, nur um darunter haufenweise wimmelndes Ungeziefer zu entdecken.

Über zehn Jahre lang war Facebook von einer Krise in die nächste gestolpert, ohne dass dem Unternehmen daraus je ernsthafte Konsequenzen entstanden wären. Das Unternehmen war der Maxime »Move Fast« gefolgt, ohne sich darum zu kümmern, ob dabei irgendetwas unter die Räder kam. Das Unternehmensmotto mochte sich gewandelt haben. Aber Facebook brach immer noch die Regeln. Und für Mark Zuckerberg sollte das Jahr, in dem er Vertrauen zurückgewinnen wollte, ganz schlecht anfangen.

Nach dem Cambridge-Analytica-Skandal konnte Zuckerberg sich den Forderungen des US-Kongresses nach einer öffentlichen Anhörung seiner Person nicht mehr entziehen. Die Lobbyisten und Anwälte von Facebook nahmen die Verhandlungen auf. Es war ein klares Zeichen dafür, dass es ihnen an Munition fehlte, dass sie letztlich einwilligen mussten: Ihr CEO würde an zwei Tagen zu Anhörungen erscheinen – eine vor dem gemeinsamen Unterausschuss für Handel und Justiz und eine vor dem Ausschuss für Energie und Handel am nächsten Tag. Ein Zugeständnis allerdings konnten sie heraushandeln. Mark Zuckerberg würde nicht vereidigt werden. Es würde also keine symbolträchtigen Bilder geben, wie der Facebook-CEO vor seiner Aussage die Hand zum Schwur erhebt, was ihn in eine Reihe gestellt hätte mit den Managern der Tabakfirmen und mit Mafiabossen. »Praktisch war Mark natürlich dennoch verpflichtet, die Wahrheit zu sagen. Jede Falschaussage seinerseits hätte schwerwiegende Folgen für ihn gehabt«, sagt Grewal, der Zuckerberg im Vorfeld der Aussage coachte.

Dessen bislang einzige Erfahrung im Zeugenstand lag damals ein Jahr zurück. Er sagte aus in einem Fall, der mit dem Kauf des Virtual-Reality-Unternehmens Oculus durch Facebook zusammenhing. »Mark ist kein Mensch, den man häufig unterbricht oder dem man Vorwürfe macht, schon gar nicht vor aller Augen«, sagt Grewal, als er mir erklärt, wie die Vorbereitungen auf die Anhörung abliefen. »Er musste begreifen lernen, wie sich das anfühlen würde, verstehen, dass der Anwalt, der ihn befragte, nur seinen Job machte. Aber er kam mit dem Coaching und den Ratschlägen, die man ihm gab, ganz gut zurecht.«

Die minutiösen Vorbereitungen für seine Anhörung in Texas hatten auch mit Logistik zu tun: Wie sollte man Zuckerberg in das Gebäude bringen und wieder heraus, ohne ihn Kameras und den Fragen der Presseleute auszusetzen wie einen Angeklagten, der sich vor Gericht verantworten muss? »Als ehemaliger Bundesrichter wusste ich noch, dass es in jedem Gerichtshof einen zweiten Eingang gibt, über den Häftlinge ins Gericht gebracht werden«, sagt Grewal. Also sprach er mit dem zuständigen US-Marshal, um das Protokoll ein klein wenig abzuändern. »Und so fuhr Mark im Häftlingsaufzug nach oben.«

Zuckerbergs Wohnzimmer in Palo Alto verwandelte sich für Tage in einen virtuellen Anhörungsraum. Da der schnell ins Schwitzen geratende CEO dieses Mal die Raumtemperatur nicht würde beeinflussen können, setzte man ihn heißem Scheinwerferlicht aus. Die Leute aus dem Strategieteam schleppten Pinnwände an, wie sie Beamte des Morddezernats für ihre Ermittlungen benutzten. Und sie nahmen die Rollen der unterschiedlichen Gesetzesvertreter ein und feuerten jede nur erdenkliche Frage auf ihren Chef ab.

Am 10. April 2018 war der Anhörungsraum im Hart Senate Office Building, einem der Gebäude des US-Senats, brechend voll. Demonstranten, die eine Maske mit dem Konterfei des Facebook-Gründers trugen, hatten vor dem Anhörungsraum einen schweigenden Protest organisiert. Auf dem Flur standen Menschen mit Tafeln, auf die sie geschrieben hatten: »Schützt unsere Privatsphäre!« Andere trugen lustige Brillen mit der Aufschrift »Schluss mit Spionieren!« auf den Gläsern. Dutzende Fotografen drängten sich um den Tisch, an dem Zuckerberg Platz nehmen sollte; seine Anwälte und Strategie-Apparatschiks würden hinter ihm sitzen.

Schließlich betrat Zuckerberg den Saal und marschierte in gerader Haltung auf seinen Sitzplatz zu. Er trug einen dunklen Anzug und eine lose gebundene himmelblaue Krawatte. (Die *New York Times* sollte später einen ganzen Artikel allein der Analyse seines Outfits widmen, da er ausnahmsweise einmal ohne Hoodie aufgetreten war.[36]) Dann verlas Zuckerberg seine vorbereitete Erklärung:

Facebook ist ein idealistisches und optimistisches Unternehmen. Den weitaus größten Teil unseres Daseins haben wir uns dem Guten gewidmet, das entsteht, wenn man Menschen zusammenbringt [...] Mittlerweile aber ist klar, dass wir nicht genug getan haben, um unsere Tools gegen Missbrauch zu schützen. Das gilt für Fake News, ausländische Einmischung in Wahlen und Hass-Kommentare, aber auch für die Beziehung zu Entwicklern und den Datenschutz. Wir haben unsere Verantwortung nicht breit genug definiert, und das war ein großer Fehler. Es war mein Fehler, und das tut mir leid. Ich habe Facebook gegründet, ich leite es und ich bin dafür verantwortlich, was hier passiert ist.[37]

Nach dieser Erklärung begann die Befragung, und selbst Facebooks Kritiker waren von den penetranten und teils dummen Fragen der Abgeordneten mehr genervt als von der hölzernen Unbewegtheit des einstigen Softwaremagiers im Zeugenstand. Hätten die Senatoren sich darauf konzentriert, klare Fragen zu stellen, hätten sie vermutlich mehr erreicht. Doch die meisten verwandten ihre fünf Minuten Redezeit darauf, Zuckerberg Vorhaltungen zu machen oder irgendwelche örtlich begrenzten Probleme mit der Digitalisierung zur Sprache zu bringen. Einige der Senatoren schossen sich sogar auf den unsinnigen Vorwurf ein, die liberalen Facebook-Techniker würden Algorithmen schreiben, um die Posts von Konservativen zu löschen. Und selbst wenn sie mal Fragen zum Schutz der Privatsphäre stellten, taten sie das nur, um sich zu produzieren. »In welchem Hotel haben Sie gestern genächtigt?«, wollte einer der Senatoren wissen und strahlte triumphierend, als Zuckerberg klugerweise ausweichend antwortete. Hier eine Parallele zur komplexen Preisgabe von persönlichen Nutzerdaten, wie sie durch Cambridge Analytica geschehen war, zu ziehen – das war ziemlich schwach.

Die Anhörung zeigte auch sehr deutlich, dass einige der Senatoren technisch vollkommen unbeleckt waren. (Die Vertreter des Repräsentantenhauses erwiesen sich tags darauf als etwas gewiefter und konzentrierter, aber auch hier gab es einige unglaubliche Ausnahmen.) Orrin Hatch, der für den Bundesstaat Utah im Senat saß, wunderte sich, dass Facebook von seinen Nutzern keine Gebühren verlangte. »Wie verdienen Sie denn Ihr Geld?«, fragte er.

»Herr Senator, wir verkaufen Anzeigen«, sagte Zuckerberg. (Die Facebooker ließen später T-Shirts anfertigen, auf denen dieser Satz prangte.)

Zuckerberg gab sich gleichbleibend bescheiden, doch selbst auf absurde oder feindselige Fragen wirkten seine Antworten roboterhaft und einstudiert. Vor ihm lagen mehrere Seiten stichpunktartig vorbereiteter Erwiderungen auf die zu erwartenden Kernthemen – eine Art Schlachtplan aus Glückskeks-Sprüchen, die den Kongress offenbar ermüden sollten:[38] *Vertrauensbruch – Verzeihung, wir haben das zugelassen … Wir haben uns über möglichen Missbrauch nicht ausreichend Gedanken gemacht … Wir haben Fehler gemacht, aber wir arbeiten in-*

tensiv daran, sie in den Griff zu bekommen … Wenn ein Abgeordneter ihn direkt angriff, zog er sich auf eine vereinbarte Antwort zurück: *Ich weise dies respektvoll zurück. So sind wir nicht.* Und wenn er sich nicht sicher war, ob sein Informationsstand ausreichte, um die Frage korrekt zu beantworten, sagte er, dass sein Team darauf zurückkommen werde. *Wired* zählte mit: Das sagte er genau 46 Mal. »Vorsicht«, hieß es dann dort weiter, »dabei sind die Male, in denen Zuckerberg meinte, die Antwort wisse er nicht, und keine weiteren Nachforschungen versprach, nicht mitgezählt.«[39]

Nach zwei Stunden bot man Zuckerberg an, eine Pause einzuschieben. Er aber meinte: »Nein, wir können ruhig weitermachen.«

»An diesem Punkt wusste ich, dass alles glattgehen würde«, sagt Grewal.

Zuckerbergs Kommentar zu CA: »Als wir von Cambridge Analytica erfuhren, dass die Daten nicht genutzt wurden, ja gelöscht worden waren, hielten wir den Fall für abgeschlossen. In der Rückschau war dies ganz klar ein Fehler.«

Zurück in Menlo Park, trat Zuckerberg vor den versammelten Facebook-Beschäftigten auf wie einer der antiken Eroberer, die er als Schüler so sehr bewundert hatte. Doch diese euphorische Stimmungslage sollte nicht lange anhalten. Die Ermittlungen zum Fall »Cambridge Analytica« würden noch Jahre weitergehen. In den folgenden Monaten würden auch in anderen Gerichtsbezirken Nachforschungen angestellt werden. Die dortigen Ermittler würden frustriert sein, wenn Zuckerberg nur seine Untergebenen schickte, um ihnen Rede und Antwort zu stehen. Und so würden sich die Beamten während der Verhöre bisweilen vom jeweiligen Sündenbock, den Facebook ihnen geschickt hatte, abwenden – und einem leeren Stuhl zuwenden, der für den Boss reserviert war. Vor allem aber würden sie alle möglichen detaillierten Fragen zu Cambridge Analytica stellen und dazu, was dieses alles über die Geschäftspraktiken des Unternehmens aussagte.

Es war schon fast eine Enttäuschung, als im September 2019 Dokumente aus einer Sammelklage gegen Facebook, bei der es um den Fall Cambridge Analytica ging, deutlich machten, dass der Missbrauch des Open-Graph-Protokolls durch CA keineswegs ein Einzelfall war.

Als Facebook Nachforschungen anstellte, kam man dahinter, dass mehr als 400 Entwickler auf dieselbe Weise die Nutzungsbedingungen unterlaufen hatten. Das Unternehmen kappte alle Verbindungen zu insgesamt 69 000 Apps, 10 000 davon hatten möglicherweise missbräuchlich Daten von Facebook-Nutzern ausgelesen.[40] Diese doch erstaunliche Anzahl fand wenig Gehör – hauptsächlich, weil Facebook-Skandale zu jener Zeit so alltäglich waren, dass man diesen nur als einen mehr wahrnahm. Der Dammbruch hatte mit der seltsamen Verkettung von Ereignissen begonnen, die zum Skandal um Cambridge Analytica führten.

Aleksandr Kogans Glücksfragebogen sollte für Facebook zur Wurzel allen Übels werden. Und es sollte nicht das letzte Mal sein, dass Mark Zuckerberg vor erzürnten Abgeordneten auftreten musste.

17 DAS HÄSSLICHE

Am 15. März 2019 betrat ein weißer australischer Rassist die Al-Noor-Moschee im neuseeländischen Christchurch. Er ließ aus einem tragbaren Lautsprecher Militärmusik spielen, fuchtelte mit automatischen Waffen herum, ermordete 51 Gottesdienstbesucher und streamte das Massaker über Facebook Live.[1] Jetzt, eine Woche später, sitzt Monika Bickert in Washington, D.C., in einer schummrig beleuchteten Cocktail Lounge, schlingt ihre Pommes hinunter und kämpft mit den Tränen.

Bickerts Job ist es, die Content-Regeln für Facebook festzulegen. Es hatte immer Spannungen gegeben zwischen der von Facebook lautstark postulierten Redefreiheit einerseits und der Notwendigkeit, für die Sicherheit der Plattform zu sorgen, andererseits. Doch nach der Präsidentschaftswahl waren die Kontrollen verstärkt worden. Bickert nahm es nicht persönlich. Ihre Mission war es nicht, die Welt zu vernetzen. Sie versuchte, Facebook aufzuhalten, sie zu zerstören. Was ihr die Arbeit erschwerte, war die Tatsache, dass sie, nach Cambridge Analytica, von der ganzen Welt dabei beobachtet wurde – und jedes Mal, wenn ihr Team an dieser unmöglichen Aufgabe scheiterte, stürzte man sich auf sie.

Bickert war im Süden Kaliforniens aufgewachsen. Sie liebte Sport, feierte mit ihrem Volleyballteam Triumphe und belegte bereits an der Highschool Kurse auf College-Niveau, sogenannte AP-Kurse. Ihr Geschichtslehrer war Betreuer eines Wahlkurses, in dem Scheinprozesse geführt wurden, und er überredete sie mitzumachen. Und sie war begeistert – das Entwerfen von Strategien, das Analysieren, aber vor allem der Auftritt vor einem fiktiven Gericht.

An der Rice University schrieb sie sich für Wirtschaftswissenschaften und Englisch ein. Und natürlich war sie im Volleyballteam. Die erforderlichen Credits für den Abschluss hatte sie bereits gesammelt, als eine Verletzung nach ihrem dritten Jahr in Houston ihren sportlichen Ambitionen ein Ende bereitete. So ging sie direkt ans Juristische Institut in Harvard, absolvierte nach ihrem Abschluss ein Rechtsreferendariat und arbeitete anschließend bei der Bundesstaatsanwaltschaft, zuerst in Washington und dann in Chicago.

Bickert hatte mit Fällen wie der Verfolgung der 47 Mitglieder der »Mickey Cobras« zu tun, einer Straßengang, die angeklagt wurde, im Dearborn Homes-Wohnprojekt mit Heroin und Fentanyl zu handeln. Sie brachte Leute wegen staatlicher Korruption genauso hinter Gitter wie wegen Kinderpornografie. Außerdem verliebte sie sich in einen der Staranwälte der Bundesstaatsanwaltschaft von Chicago, Philip Guentert, einen Witwer mit zwei kleinen Adoptivtöchtern. 2007 zogen sie nach Bangkok, um ihren chinesischstämmigen Töchtern ein Leben in Asien zu ermöglichen. Beide arbeiteten von dort aus weiter für die amerikanischen Justizbehörden, Bickerts Schwerpunkt waren Fälle, in denen es um Menschenhandel zum Zweck der sexuellen Ausbeutung ging. Als bei Guentert ein Nierentumor diagnostiziert wurde, zogen sie in die USA zurück, damit er sich dort behandeln lassen konnte. Wenig später hörte Bickert, dass Facbook jemanden mit internationaler Erfahrung und Praxis in Justizbehörden suchte. »Ich warf einen Lebenslauf ein und wurde eingeladen, ohne wirklich zu wissen, was mich da erwartete«, erzählt sie. Keine noch so gründliche Vorbereitung hätte ihr eröffnen können, wie dieser Job dort tatsächlich aussehen würde.

Als sie 2012 ihr Vorstellungsgespräch hatte, war sie sehr angetan von der Energie der Facebooker, aber noch viel mehr war sie fasziniert von der Aussicht, ein paar der juristischen Herausforderungen entwirren zu können, die sich daraus ergaben, das größte soziale Netzwerk zu betreiben, das die Welt je gesehen hat. Niemand hatte sich je zuvor mit solcher Art Fragen auseinanderzusetzen.

Ihre erste Aufgabe war es, staatliche Anfragen nach Nutzerdaten zu beantworten. Das vermittelte ihr ein Gefühl für die Macht der Informationen, die die Leute mit Facebook teilten. Nach etwa sechs Monaten beauftragte sie das Unternehmen als juristische Kraft für die Umsetzung der Datenschutz-Richtlinien.

Da Bickert sich hierbei auch um lästige Programmierer kümmern musste, fand sie sich eines Tages in einem Zimmer wieder, in dem Facebook-Mitarbeiter, die für die Regeln und Richtlinien zuständig waren, ein Videospiel analysierten, das offenbar Hasspredigten enthielt. Sie diskutierten, ob es Facebooks Regeln verletzte oder nicht. Bickert schaltete sich in die Diskussion ein. Ihre Argumentation beeindruckte Marne Levine, den damaligen Chef der Abteilung für globale Unternehmensstrategie. Levine erkannte sofort, dass Bickert die ideale Besetzung für die offene Stelle einer Leitung des Bereichs Content-Regeln war. Bickert trat die Stelle 2013 an.

Und so kam es, dass Monika Bickerts – im Ranking des Unternehmens vermeintlich niedrig angesiedelter – Job in einem Hightechunternehmen zum öffentlichkeitswirksamsten und exponiertesten überhaupt wurde: Sie wurde die vielleicht weltweit mächtigste Schiedsrichterin über Meinungsäußerungen, die in einem Glashaus agierte, wo jede Maßnahme zum Gegenstand von Hohn und Entrüstung wurde, und die Entscheidungen in einer Größenordnung umzusetzen hatte, dass Misserfolge vorprogrammiert waren.

Solche Misserfolge konnten Konsequenzen haben, vor allem im Ausland. Allzu oft hatte Facebook sich überhastet in Ländern ausgebreitet, deren Kultur ihm fremd war oder wo es keine Infrastruktur etabliert hatte, um mit dem manchmal gefährlichen Missbrauch der Plattform umgehen zu können. Organisierte Gruppen, manchmal sogar die jeweilige Regierung, posteten Hasskommentare und aufrührerische Lügen, die auf Dissidenten oder schutzbedürftige Minderheiten abzielten. Bevor solche Probleme öffentlich wurden – und manchmal auch danach –, schenkte ihnen Facebook, ungeachtet von Warnungen, kaum Aufmerksamkeit.

Während des Arabischen Frühlings im Nahen Osten und in Nordafrika[2] wurde Facebook als Kraft für die Freiheit gefeiert. Facebook-Nutzer halfen 2010 dabei, den Volksaufstand in Tunesien zu organisieren. Auch der ägyptische Kampf um den Sturz der Regierung kam weitgehend mithilfe von Facebook in Fahrt; nachdem ein Programmierer von der Staatspolizei ermordet worden war, rüttelte eine Facebook-Seite mit dem Namen »Wir alle sind Khaled Said« die Protestbewegung wach, die zum Sturz des Regimes führte.

»Ich spürte die ungeheure Macht, die Facebook hatte, eine Macht für das Gute«, erklärte Tim Sparapani, ein ehemaliger Manager aus dem Bereich Unternehmensregeln gegenüber *Frontline*. »Ich weiß noch, wie begeistert ich war, als ich sah, wie die Leute das Programm nutzten, ein kostenloses Programm, mit dem man Dinge tun konnte, die nie zuvor möglich waren, wie sie ihre Welt organisieren und teilen konnten, wie sie die Gewalt zeigen konnten, die ihnen Leute von der Regierung auferlegten, um diesen Aufstand zu verhindern … Realer kann es nicht werden.«[3]

Jahrelang machte der Halo-Effekt einer Stärkung redlicher Aktivisten Facebook blind für den potenziellen Missbrauch in anderen Ländern. Von Menlo Park aus, dem Hauptsitz von Facebook, war es schwer vorstellbar, dass der politische Sog der Plattform, der Menschen befreit hatte, genauso leicht von Machthabern genutzt werden konnte, um sie zu spalten und zu unterdrücken.

Der Wachstumsplan sah vor, Facebook auf der ganzen Welt zu verbreiten. Die Verantwortlichen gingen davon aus, dass ein gewisses Maß positiver Schwingungen und die Problemlösung durch Crowdsourcing schon dafür sorgen würden, unerwünschte Konsequenzen der Redefreiheit auf einer Massenplattform, die in Regionen entstehen könnten, wo man derlei nicht gewohnt ist, zu verhindern.

Maria Ressa, die philippinische Journalistin, die Facebook 2016 über Desinformations- und Hasskampagnen informiert hatte, hatte diese Konsequenzen am eigenen Leib erfahren. Nachdem der philippinische Diktator Rodrigo Duterte seine Macht gefestigt hatte, nutzten seine Anhänger Facebook weiter, um dessen Gegner, darunter auch Ressa, zu dämonisieren. Immer wieder versuchte Ressa, Facebook zum Handeln zu bewegen. Sie sprach mit allen für diesen Unternehmensbereich zuständigen Entscheidungsträgern: Elliot Schrage, Monika Bickert, Alex Schultz und Sheryl Sandberg. Ja, sie nahm im Rahmen der F8-Konferenz im Mai 2017 sogar an einem kurzen Treffen mit Zuckerberg teil, wo sich der CEO mit Entwicklern aus der ganzen Welt traf. Dort waren auch Fake News ein Thema, allerdings würde es Zeit brauchen, um es richtig anzugehen. *Doch das Problem bestand jetzt!* Laut Ressa schien das kein einziger der Facebook-Manager zu begreifen. »Die meiste Zeit hatte ich nicht nur das Gefühl, sie würden es leugnen, sondern eher, dass sie mich völlig verständnislos anstarrten«, erzählt sie. Erst Anfang 2018, sagt sie, hätte Facebook überzeugend reagiert.

Facebooks Lage in Myanmar, früher Burma genannt, war noch schlimmer. Myanmar war eines der Länder, wo Facebook sich übereilt ausgebreitet hatte, ohne auch nur einen einzigen Mitarbeiter eingestellt zu haben, der die Sprache beherrschte. Bevor die Sache schiefging, rühmte Chris Cox diesen Ansatz mir gegenüber noch in einem Gespräch im Jahr 2013. »Facebook hat eine immer größere Reichweite, und die Expansion ist noch längst nicht zu Ende. Facebook wird in jedem Land sein, es existiert bereits an Orten auf der Welt und in Sprachen und Kulturen, die wir nicht verstehen«, erklärte er damals. Facebooks Ansatz, so sagte er, sei es nicht, Dutzende von Leuten einzustellen, die die jeweilige Kultur kannten, sondern die Algorithmen zu verdoppeln, die maßen, wie viele Menschen es nutzten. Je mehr Anmeldungen man hatte, desto besser lief es! Cox gab zu, es sei eine große Herausforderung, die vielen unterschiedlichen Einflüsse zu managen, weil die Menschen unterschiedlicher Länder Facebook auch unterschiedlich nutzten – zum Beispiel, wenn sie ihre Nachrichten über Facebook bezogen. Er erzählte mir, dass ein Freund in Myanmar ihm berichtet habe, Facebook fungiere dort als Nachrichtenkanal. »So nach dem Motto: *Irgendwie müssen wir ja an Nachrichten herankommen!*« (Zu seinen Gunsten sei gesagt, dass Cox sich später dafür einsetzte, beleidigenden Content offensiver zu löschen. Ein Thema, über das er mit Zuckerberg noch häufig aneinandergeraten sollte.)

Zu der Zeit, als Cox Myanmar noch als positives Beispiel anpries, wurde Facebook dort schon missbraucht. »Was man in den letzten fünf Jahren beobachten konnte, ist, dass praktisch ein komplettes Land gleichzeitig online ging«, berichtet Sarah Su, die im Bereich Content-Sicherheit des Newsfeeds arbeitet. »Einerseits ist es geradezu unglaublich, Teil davon gewesen zu sein. Andererseits wurde uns bewusst, dass die digitale Kompetenz, na ja, dort recht gering ausgebildet ist. Es fehlen die Antikörper gegen virale Desinformation.«

Sowohl in journalistischen Beiträgen als auch in den UN-Menschenrechtsberichten[4] über Myanmar hieß es, dass der dortige Präsident und seine Anhänger Facebook als Waffe einsetzten, um zur Gewalt gegen die Rohingya, eine muslimische Minderheit, aufzustacheln. Am 1. Juni 2012 zum Beispiel postete der wichtigste Sprecher des Präsidenten auf Facebook einen Aufruf, gegen die Muslime vorzugehen, die er als »bewaffnete Terroristen«[5] beschrieb. Ziel war es, bei der Bevölkerung um die Unterstützung für ein Massaker durch die Regierung zu werben, das eine Woche später tatsächlich stattfand. »Man kann davon ausgehen, dass die Truppen sie [die Rohingya] bereits niederschlagen«, hieß es in dem Post. »Wir wollen keine humanitären Ausreden hören, keine Ausreden, die Menschenrechte betreffend. Wir wollen nichts hören von eurer moralischen Überlegenheit, eurem sogenannten Frieden und von gütiger Liebe.«

Im November 2013 besuchte die australische Journalistin Aela Callan, die damals ein Stanford-Stipendium hatte, Facebook, wo sie Elliot Schrage traf. Sie wollte das Unternehmen auf die Situation aufmerksam machen. Man teilte ihr mit, dass es bei Facebook nur einen einzigen Content-Moderator gab, der Birmanisch beherrschte, und der saß in Dublin. *Wired* gegenüber sagte sie, dass sie den Eindruck hatte, Facebook arbeite »fieberhafter an seinen Wachstumsmöglichkeiten« als am Gewaltproblem.[6]

2014 wurde eine Frau dafür bezahlt, fälschlich zu behaupten, sie sei von Rohingyas vergewaltigt worden. Die Posts verbreiteten sich auf Facebook und befeuerten einen Aufstand, der zwei Menschen das Leben kostete. Etwa zu dieser Zeit hostete Bickert einige Bürgerrechtsgruppen, darunter auch eine aus Myanmar, die um Hilfe baten. Dass Facebook damals begriff, dass es mehr Native Speaker brauchte, lag auch zum Teil am Engagement eines Mitarbeiters im Bereich Unternehmensregeln in Australien, der sich des Problems annahm. Aber nach eigener Aussage war das Unternehmen nicht schnell genug, genügend Content-Moderatoren einzustellen, die die Sprache beherrschten. Ein weiteres Problem war die Art, wie die birmanische Sprache auf dem Bildschirm dargestellt wurde: Manchmal wurde der internationale Standard, Unicode, verwendet, manchmal wurde ein spezieller Schrift-Font genutzt, der für Facebooks System schwierig auszulesen war. Es dauerte bis 2015, bis das Unternhemen seine Content-Standards ins Birmanische übersetzt hatte.

Von den Philippinen aus bemerkte Maria Ressa, dass Facebook einfach nicht begriff, wie dieses Problem mit dem Versagen des Unternehmens in ihrem Heimatland zusammenhing. »Ich glaube, sie brauchten ziemlich lange, um Myanmar zu verstehen«, sagte sie. »Es war eine Kombination aus vorsätzlichem Leugnen und fehlendem Verständnis für die Zusammenhänge. Es ist wirklich und wahrhaftig eine andere Welt, denn sie selbst leben nicht in Ländern, die gefährdet sind. Während ich dabei zusehen konnte, wie mein Leben in Trümmer geschlagen wurde durch all die Dinge, die Facebook auf seiner Seite erlaubte, betrachtete Facebook Probleme nur durch die Brille des Silicon Valley.«

Im Juni 2016 schaltete Facebook Free Basics in Myanmar frei, wodurch es noch schwieriger wurde, Hasskommentare zu kontrollieren. Eine regelrechte Welle brach los, die Facebook nicht mehr eindämmen konnte. Laut Bickert war *ein* Grund dafür, dass Facebook zwar inzwischen Muttersprachler in einer Zahl eingestellt hatte, die man für vernünftig hielt, die aber – sobald Gewalt ausbricht – nicht ausreichen konnte. Denn gerade in kritischen Situationen nutzten immer mehr Leute Facebook, und noch mehr provokativer Content wurde gepostet. »Als die Gewalt in Myanmar eskalierte, hatten wir nicht die richtigen technischen Mittel, um den Content zu filtern. Wir schlugen uns mit dem Schriftenproblem herum, mit der falschen Wiedergabe von Berichten, und wir besaßen nicht genug Fremdsprachenkompetenz.«

Erst im August 2018 unternahm Facebook in Myanmar weiterreichende Schritte, Inhalte zu entfernen, indem es 18 Facebook-Accounts löschte, einen Instagram-Account und 52 Facebook-Seiten. Zwanzig Personen und Organisationen wurden von Facebook gesperrt, darunter der Oberbefehlshaber des Heeres und eine Fernsehanstalt, die vom Militär betrieben wurde.[7] Dennoch gingen die Hasskommentare und Provokationen weiter. Als Zuckerberg vor dem Kongress aussagte, konfrontierte ihn Senator Patrick Leahy mit einem Vorfall, wo ein Facebook-Post zum Mord an einem Journalisten aufrief. Es seien bereits zahlreiche Appelle an Facebook gerichtet worden mit der Bitte, den Post zu löschen, bevor das Unternehmen reagiert habe, so Leahy.

»Senator, was in Myanmar passiert ist, ist eine entsetzliche Tragö-
die, und wir müssen mehr tun«, war Zuckerbergs Antwort.

WhatsApp, das sich zum wichtigsten Dienst in Myanmar entwickelt hatte, stellte eine besondere Herausforderung dar, weil seine
Inhalte verschlüsselt werden. Facebook wusste also nicht, was die
Botschaften enthielten, solange der Empfänger einer solchen Nachricht sie nicht entschlüsselt an Facebook weiterleitete. Die WhatsApp-
Gründer hatten die Verschlüsselung deshalb so tief im Programm
verankert, weil sie geglaubt hatten, eine solche unüberwindbare Verschlüsselung wäre vorbehaltlos positiv.

»Die Technik hat keine moralische Dimension, die Menschen sind
es, die der Technik eine moralische Dimension verleihen«, sagte mir
WhatsApp-Mitgründer Brian Acton 2018 rückblickend über die Auseinandersetzung. »Es ist nicht an den Technikern, Urteile zu fällen.
Ich will doch keine Babysitter-Firma sein. Wenn Leute in Indien oder
Myanmar oder sonst wo ein Produkt für Hasskriminalität oder Terrorismus oder sonst was nutzen, sollten wir aufhören, auf die Technik
zu schauen, und uns lieber fragen, was mit den Leuten los ist.«

Acton sprach etwas aus, das in der Firma kaum jemand laut auszusprechen wagte, und wenn, dann nur hinter vorgehaltener Hand.
Gewalt gab es seit Jahrhunderten in vielen Regionen, lang bevor es so
etwas wie Facebook gab. Natürlich würden neue Errungenschaften
wie Kommunikationsplattformen von Kriminellen ausgenutzt, so wie
frühere Technologien auch, etwa das Radio oder das Telefon. Dieser
Sichtweise folgend, war Facebook nichts anderes als das Medium unserer Tage.

Angesichts eines Landes wie Myanmar, wo die Leute Facebooks
spezifische Möglichkeiten zur viralen Verbreitung von Lügen über
eine Minderheit nutzten, mit denen sie die Leser zum Morden auf-
hetzten, war dies allerdings kein haltbares Argument. Facebook beauftragte also eine Firma namens *BSR,* die Aktivitäten des eigenen
Netzwerks in Myanmar zu untersuchen. BSR fand heraus, dass Facebook übereilt in ein Land vorgedrungen war, in dem massiver digitaler Analphabetismus herrschte: Die meisten Internet-Nutzer wussten
nicht, wie man einen Browser öffnet, ein E-Mail-Konto einrichtet
oder wie Online-Content zu beurteilen ist. Auf ihren Handys aber

war Facebook vorinstalliert. Im Bericht der Firma hieß es, dass Hass-beiträge und Desinformation auf Facebook Wortmeldungen der ge-fährdetsten Nutzer im Land unterdrückten. Und schlimmer noch: »Facebook ist zu einer nützlichen Plattform für all jene geworden, die zu Gewalt aufstacheln und realen Schaden verursachen wollen.«[8] Ein UN-Bericht war zu ähnlichen Ergebnissen gekommen.

Bei der Veröffentlichung des BSR-Berichts im November 2018 ver-kündete Bickert auf einer Pressekonferenz: »Wir haben unsere Regeln jetzt so aktualisiert und angepasst, dass wir Desinformation, die zu Gewalt oder tätlichen Angriffen beitragen könnte, löschen können. Diese Änderungen haben wir auf den Rat von Gruppen aus Myanmar und Sri Lanka hin vorgenommen.«

Die Journalisten auf der Pressekonferenz hatten wahrscheinlich alle den gleichen Gedanken wie ich: *Wollen Sie damit sagen, dass das vor 2018 okay war?*

Die Nachteile von Facebooks »Move Fast«-Maxime beschränkten sich nicht nur auf die rasante internationale Expansion. Auch bei den neuen Produkten, die Facebook herausbrachte, herrschte eine gewis-se Fahrlässigkeit. Das Echtzeit-Feature Facebook Live war als Wohl-fühl-Feature gedacht, verkannte aber völlig die menschliche Bereit-schaft, Dummheiten und Selbstzerstörung zu begehen und Unheil anzurichten. Es war mit dem Ziel gestartet, die berühmte Nutzung von Facebook noch berühmter zu machen.

Um das Jahr 2014 hatte ein kleines Team begonnen, an einem Fea-ture zu basteln, das das Streamen von Videos in Echtzeit ermöglichte. Es hieß »Facebook Mentions« und war zunächst nur als kleines Schmankerl für ausgewählte Promis gedacht. Die Mitarbeiter des Teams überzeugten ihre Chefin, Fidji Simo, ihnen den Rücken zu stärken. Simo arbeitete extrem hart – Facebook-Mitarbeiter erinnern sich mit Ehrfurcht, dass sie, als sie wegen einer komplizierten Schwan-gerschaft liegen musste, trotzdem ihr Tempo aufrechterhielt und ihre Teams für Besprechungen zu sich nach Hause kommen ließ. Sie ent-schied, ihr Produktteam solle sich auf Videos konzentrieren.

Als Facebook Live im August 2015 ans Netz ging, hatte Twitter bereits ein eigenes Live-Streaming-Produkt auf den Markt gebracht, *Periscope*, und auch das Start-up-Unternehmen *Meerkat* war begeistert aufgenommen worden. Bei Facebook konnte man, anders als bei den anderen, das Video nicht nur live streamen, man konnte es danach auch auf der Seite belassen, sodass andere Nutzer es weiter kommentieren konnten. Damit konnten sich die Clips innerhalb von Stunden oder Tagen viral verbreiten und erzeugten eine extrem hohe Nutzung. Das Unternehmen beschränkte Facebook Live zunächst auf jene berühmten Persönlichkeiten mit verifizierten Profilen, die auch Simos Team im Auge gehabt hatte. Aber als Zuckerberg sah, wie viele Leute sich die Streams ansahen – ein Video von Ricky Gervais klickten fast eine Million Nutzer an –, beschloss er, das Feature für die Allgemeinheit zuzulassen.

Facebook Live hatte von Beginn an einen immensen Einfluss, großteils auch deshalb, weil das Unternehmen den Newsfeed-Algorithmus zugunsten von Videos optimierte. Bald schon filmte sich eine glückliche 37-jährige Texanerin mit einer Chewbacca-Maske und erreichte damit über hundert Millionen Zuschauer und eine kurze Phase des Ruhms. Und als *BuzzFeed* 2016 die Zerstörung einer Wassermelone streamte,[9] sahen 800 000 Menschen live zu. Lauter harmloses Zeug.

Doch es gab auch gefährliche Dinge.

»Wir wussten wirklich nicht, wie die Leute damit umgehen würden«, sagte Allison Swope, die das Produkt mit entwickelt hatte. »Die Leute konnten ja auch vorher schon grausames Zeug in Form von Videos posten. Wäre ein Live-Video wirklich so anders als ein zuvor aufgenommenes? Ich verstehe immer noch nicht, wie jemand den Impuls haben kann, live auf Facebook Selbstmord zu begehen.«

Ellen Silver von Facebooks »Trust and Protect«-Team betont, es *habe* eine Prüfung stattgefunden. »Wir ließen das Team mit Blick auf das Regelwerk und seine Durchsetzung durchaus darüber nachdenken, ob mögliche neue Missbrauchsformen auftreten könnten«, sagt sie. »Und es ist bedauerlich, dass solches Verhalten auf Facebook Live stattfand.«

Trotzdem war Facebook unvorbereitet. Das Live-Team musste mit einer drei Monate dauernden Sperrung der Funktion leben, um mit den vielen Selbstmordvideos klarzukommen, die es schon bald nach

dem Start gab. »Wir sahen nur eine Unmenge von selbstschädigen-
den, selbstverletzenden Videos online gehen«, sagte Neil Potts aus
Facebooks Richtlinien-Team in einem Interview mit *Motherboard*.
»Und wir erkannten, dass wir wirklich kein Reaktionsverfahren hatten, das diese Probleme lösen könnte.«[10]

Selbstmord war eine heftige Sache, aber keine, für die sich Facebook nicht schon eine aufgeklärte Problemlösung überlegt hätte. Man
wollte die Nutzer ermutigen, auf Warnzeichen zu achten, und man
setzte künstliche Intelligenz ein, um Posts herauszufiltern, die ein
drohendes Ereignis ankündigten. Wurde ein solches entdeckt, wollte
Facebook potenzielle Helfer darauf aufmerksam machen, Facebook-
Freunde, lokale Behörden oder Hotlines. (Später attackierten Kritiker
Facebook für genau diese Vorgehensweise. Sie beklagten, dass die
-Firma bei dem Versuch, drohende Selbstmorde zu identifizieren, in
Gebiete der Medizin vordrang.[11] Ein perfektes Beispiel für eine Situa-
tion, in der Facebook gar nicht gewinnen konnte.)

Die Videos führten noch zu einer weiteren Schwierigkeit. Beiträge
und Kommentare waren »nur« verstörend, aber ein Video konnte
Leute zum Handeln bringen. Es gab Stimmen, die davor warnten,
Selbstmorde könnten von Facebook Live *verschuldet* sein, da die Aussicht auf einen »öffentlichen Abgang« manche Leute erst zu einem
solchen Schritt ermutigen würde.

Auch Morde wurden gezeigt, und auch damit umzugehen, hatte
Facebook Probleme. Im Juni 2016 zum Beispiel streamte ein 26-Jäh-
riger namens Antonio Perkins gerade etwas über Facebook Live, als
ihm jemand einen tödlichen Schuss in den Kopf und den Nacken
setzte.[12] Da auf dem Video kein Blut zu sehen gewesen sei, so Facebook, verletze es die Regeln nicht – das Video blieb online. Der Mord
ereignete sich, nur einen Tag nachdem ein junger Franzose, der gerade zwei Polizisten getötet hatte, 13 Minuten lang auf Facebook Live
seine Tiraden losließ.

Bei den Mitarbeitern von Facebook löste das Unbehagen aus.
Andrew Bosworth sprach das Thema in einem seiner berühmt-be-
rüchtigten internen Memos an. Er wollte damit eine Auseinandersetzung ins Rollen bringen, aber es klang allzu sehr nach einem regelrechten Manifest. Er überschrieb es mit »Das Hässliche«.[13]

Wir sprechen oft über das Gute und das Schlechte an unserer Arbeit. Ich möchte heute über das Hässliche reden.

Wir vernetzen Menschen.

Das ist gut, wenn sie etwas Positives daraus machen. Vielleicht findet jemand Liebe. Vielleicht rettet jemand sogar das Leben eines Menschen, der drauf und dran ist, sich zu töten.

Also vernetzen wir noch mehr Menschen.

Das ist schlecht, wenn sie etwas Negatives daraus machen. Vielleicht kostet es jemanden das Leben, der sich Mobbing ausgesetzt sieht. Vielleicht stirbt jemand bei einem Terroranschlag, der mithilfe unserer Tools koordiniert wurde.

Und wir vernetzen die Menschen weiter.

Die hässliche Wahrheit ist, dass wir an die Vernetzung von Menschen so fest glauben, dass alles, was es uns ermöglicht, noch mehr Menschen noch häufiger zu vernetzen *de facto* gut ist. Es ist buchstäblich das, was wir tun. Wir vernetzen Menschen. Punkt.

Deshalb ist alles, was wir für unser Wachstum tun, auch gerechtfertigt. All die fragwürdigen Anwendungen, die uns Kontakte bringen. All die ausgeklügelten Programme, die den Leuten helfen, für ihre Freunde auffindbar zu bleiben. All die Arbeit, die wir investieren, um mehr Kommunikation zu erzeugen …

Ich kenne eine Menge Leute, die das nicht hören wollen. Die meisten von uns haben den Luxus, sich in dem warmen Glanz, etwas zu schaffen, das die Anwender lieben, sonnen zu können. Aber Vorsicht, was uns an diesen Punkt gebracht hat, waren die Strategien des Wachstums. Wir haben großartige Produkte, aber wir wären nicht halb so groß, wenn wir unser Wachstum nicht bis an die Grenze treiben würden.

»Das Hässliche« generierte Hunderte von Kommentaren von Facebook-Mitarbeitern, die meisten waren empört über den Gedanken, dass die Todesfälle ein Kollateralschaden des Wachstums von Facebook sein könnten. Aber ihre Proteste waren geradezu zahm gegenüber den Reaktionen, die erfolgten, als *BuzzFeed* das Memo 2018 unautorisiert veröffentlichte. Zuckerberg musste eine Erklärung abgeben: »Wir waren nie der Meinung, der Zweck heilige die Mittel«, schrieb er. Er distanzierte sich auch bei seiner Aussage vor dem Kongress von Bosworths Memo und fügte hinzu, dass kontroverse Posts zur Tradition Facebooks von offenen internen Debatten gehörten.[14]

Sogar Boz selbst distanzierte sich schließlich davon. »Ich setzte sozusagen einen Pflock in die Erde mit dieser prägnanten und drastischen Formulierung unserer Wachstumsphilosophie«, sagte er. Er habe den Post gedankenlos in den Raum geworfen, um eine Diskussion anzukurbeln, und dafür absichtlich seine Haltung übertrieben.

Im Gespräch mit ihm deutete ich an, dass der Grund, warum sein Memo eine solche Aufregung verursacht hatte, ja auch der sein könnte, dass es *tatsächlich* die hässliche Wahrheit enthielt. War Chamath Palihapitiyas obsessiver Drang, die gesamte Weltbevölkerung zu Facebook zu bringen, nicht tatsächlich ein gewaltiges Risiko für Völker, die auf einen solchen Massentsunami des Teilens und Mitteilens nicht vorbereitet waren? Eine Schlussfolgerung, die Bosworth genauso ablehnte wie alle anderen Entscheidungsträger im Team für Unternehmenswachstum.

Ein anderer Facebook-Manager steuerte indes eine weitere Perspektive bei. »Mark wurde bei der ersten Entführung, der ersten Vergewaltigung, dem ersten Selbstmord klar, dass es Folgen geben würde«, sagte der Mitarbeiter. »Die Welt ist voll von schlechten Menschen. Noch nie musste sich ein Unternehmen in der Vergangenheit mit der Bosheit der Menschen auf der ganzen Welt auseinandersetzen, so wie Facebook das muss. Es wird in 40 Prozent der Scheidungen erwähnt!« (Woher er diese Zahl hat, ist nicht ganz klar. Laut einer Studie aus dem Jahr 2012 wurde das Unternehmen bei einem Drittel der Scheidungen erwähnt.[15])

Nach den Wahlen von 2016 begriff Facebook, dass es all diese Folgen nicht einfach beiseitewischen oder kleinreden konnte, indem man darauf verwies, wie niedrig der Prozentsatz solcher Ereignisse im Verhältnis zum Gesamtcontent der Plattform war. Das Unternehmen musste sich dem Hässlichen stellen. 2017 schuf Facebook eine Abteilung für Risikomanagement, »Risk and Response«, um drohenden Krisen zuvorzukommen. »Das Interesse und die Aufmerksamkeit, die man den Content-Entscheidungen auf der Plattform entgegenbrachte, war deutlich größer geworden«, sagt James Mitchell, der die Abteilung leitete. »In einem solchen Umfeld kann man sich nur eines sagen: *Lasst uns intern einen noch besseren Job machen, um solche Schwachstellen zu finden und zu identifizieren.*«

Wäre das gelungen, hätte Facebook mit dem Massenmörder von Christchurch möglicherweise besser umgehen können. Facebook Live war ein integraler Bestandteil der Social-Media-Strategie des Killers. Der Terrorist griff dabei auf Techniken zurück, die dem Einmaleins für Marketing entnommen schienen: Er bewarb seinen todbringenden Filmmitschnitt im Vorfeld der Premiere auf Webseiten wie *8Chan, Reddit* und weiteren derartigen »Außenposten« weißer Rassisten. Er wusste genau, dass er zu Beginn nicht viele Zuschauer brauchte, denn er konnte mit Hunderttausenden von Leuten rechnen, seien es Follower, Trolle, Voyeure oder einfach Neugierige, die sein tödliches Selfie reposten würden. Das Blutbad schockierte die gesamte Welt. Für Facebook war es in einer Phase permanenter Skandale ein weiterer schwerer Schlag. Seine Reputation, so schien es, konnte tiefer nicht mehr sinken.

Facebooks Job – Bickerts Job – war es, sicherzustellen, dass so wenig Facebook-Nutzer wie möglich das entsetzliche Video zu sehen bekamen. Bickerts Aufgabe erforderte zudem, dass sie sich das Video selbst ansah, wie furchtbar sie das auch finden mochte.

Sie erzählte mir das, nachdem sie vor einem Ausschuss zum Thema »freie Meinungsäußerung« in Washington aufgetreten war. Bickert war schon etliche Male vor solchen Ausschüssen erschienen und musste nicht selten einen Content auf Facebook verteidigen, wo sie Regeln ins Feld führte, die allenfalls in den Meetingräumen von Menlo Park oder vor Washingtons Industrielobbyisten sinnvoll erscheinen. Jetzt saßen wir in einer Cocktailbar in der Nähe des Konferenzorts, und sie erzählte mir von Christchurch.

Das 17-Minuten-Video, das das Massaker zeigte, inklusive des Wechsels des Mörders in eine zweite Moschee, hatten live nicht mehr als 200 Leute verfolgt.[16] Facebook erfuhr davon zwölf Minuten nach dem Ende der Aufnahme und löschte das Video. Dennoch wurde es weiter auf Facebook geteilt, sogar dann noch, als das Unternehmen einen digitalen Fingerabdruck nutzte, um die Uploads zu verhindern. Ein ausgetüfteltes Katz-und-Maus-Spiel setzt ein, Facebook versuchte das Video zu blockieren, und hartnäckige User änderten die Datei, um die Zensur zu umgehen. Innerhalb von 24 Stunden wurde 1,5 Millionen Mal versucht, eine Version des Videos hochzuladen; 1,2 Millionen Versuche konnte Facebook verhindern, was bedeutete, dass es 300 000 Kopien auf die Plattform schafften. Noch eine Woche später berichteten Personen, dass Kopien des Videos zu finden wären.

Warum Tausende von Leuten es für angebracht hielten, dieses Video hochzuladen, war und ist ein Rätsel. Und es war ein weiterer Beweis, dass die Vernetzung der Welt ihre dunkle Seite hat.

Als Monika Bickert beschrieb, wie sie sich das Video ansah, versagte ihre Stimme, und Tränen standen ihr in den Augen. Das war sogar für die ehemalige Staatsanwältin im Kampf gegen Bangkoks Sex-Handel und Chicagos dealende Straßengangs, die unerschütterliche Schiedsrichterin über die Meinungsäußerungen von zweieinhalb Milliarden Seelen und die eiskalte Verteidigerin Facebooks gegen einen übergriffigen Gesetzgeber zu viel.

Bickerts Einsatzgebiet waren vor allem die Content-Moderatoren, die Facebook 2009 einzustellen begann, als in Dublin ein erstes internationales Hauptquartier eingerichtet wurde. Sie folgten auf die Kundenbetreuer, die in den Anfangszeiten von Facebook Nacktfotos von Partys aus dem Netz nahmen, mit stillenden Aktivistinnen zu tun hatten und verzweifelt weitere Kollegen anheuerten, als die Aufgabe kaum mehr zu bewältigen war. Erst waren es ein paar Tausend, nach den Präsidentschaftswahlen verdreifachte sich ihre Zahl, und im Jahr 2019 würden es 15 000 sein. »Zum großen Teil liegt das daran, dass wir den Eindruck hatten, bis dahin zu wenig investiert zu haben«, sagt Bickert. Die Content-Moderatoren arbeiten rund um den Globus und sichten Millionen an Content-Bestandteilen, die entweder von Nutzern als unangemessen gemeldet werden oder mithilfe von künstlicher Intelligenz als potenzielle Regelverletzungen erkannt werden. Sie entscheiden dann in kürzester Zeit, ob diese Bilder, Videos oder Posts die Regeln von Facebook tatsächlich verletzen.

Allerdings hat die überwältigende Mehrheit von ihnen so gut wie keinen Kontakt mit den Technikern und Programmentwicklern, ja nicht einmal mit der Abteilung, die dafür zuständig ist, die Richtlinien zu erstellen. Die allermeisten sind noch nicht einmal Mitarbeiter von Facebook. 2012, als Facebook Zentralen in Manila und Indien einrichtete, begann man damit, diesen Bereich outzusourcen. Diese Kräfte können also nicht an den allgemeinen Meetings teilnehmen, und sie können auch nicht von Facebook profitieren.

Facebook ist nicht das einzige Unternehmen, das Content-Moderatoren einsetzt: Auch Google und Twitter, sogar Dating-Apps wie Tinder müssen überwachen, was auf ihren Plattformen passiert. Facebook aber hat die meisten.

Während die Zahl an Content-Moderatoren weltweit langsam in die Zehntausende ging, lief dies zunächst weitgehend in aller Stille ab. Es waren zunächst nur einige Akademiker, denen bewusst wurde, dass das Outsourcing ein Problem darstellen könnte.[17] Leute wie Sarah T. Roberts, damals Doktorandin. Sie setzte, wie wohl die meisten, voraus, dass Content-Moderation von künstlicher Intelligenz übernommen würde, bis ihr ein Kommilitone, der Computerwissenschaften studierte, erklärte, wie primitiv KI damals noch war.

»Da wurde mir das Problem bewusst«, sagte Roberts. »Das einzige Mittel musste demnach eine gewaltige Menge an Unterschichtarbeitern sein. Im Jahr 2010 gaben die Firmen allerdings noch nicht zu, dass sie über ein solches Heer verfügten.« Roberts und andere wiesen auf das Phänomen hin und identifizierten eine neue Art Arbeiter – keine Mitarbeiter mit Elite-Abschlüssen und technischem Hintergrund, wie die Tech-Unternehmen sie sonst bevorzugten, aber für diese Art Aufgaben unerlässlich. Sie erinnerten zudem daran, wie sehr sich das Internet im 21. Jahrhundert vom Idealismus der Anfangszeit abgekehrt hatte.

Auch wenn Mark Zuckerberg Facebook mit der Erwartung aufgebaut haben dürfte, dass nur wenig Steuerung nötig sein würde, wurde seinen Mitarbeiter im Support bald deutlich, dass viele Menschen ihre Tage damit verbringen müssten, den Facebook-Content zu sichten, um die Massen vor anstößigen und illegalen Inhalten zu schützen. Es war eine logische Entwicklung, sie in Fabriken unterzubringen. Sie wurden zu einer Art digitaler Reinigungstruppe und putzten die Newsfeeds ähnlich der Schattenbelegschaft, die nachts die Fußböden reinigt, während die wirklich geschätzten Mitarbeiter zu Hause schlafen. Keine schöne Vorstellung. Zumal diese Art der Putzarbeit quälend sein kann, wenn man täglich Bildern von Vergewaltigungen, illegalen Operationen und einer endlosen Anzahl an Genitalien ausgesetzt ist. Die Existenz all dieses übelkeitserregenden Contents war unangenehm für Facebook, und so hielt man die Putzkolonnen außer Sichtweite.

Es entstand ein eigenes Genre des Journalismus, der die Bedingungen in den Moderatorenzentren enthüllte.[18] Auch wenn Facebook behauptete, die Geschichten seien übertrieben, ließen sich manche Details durch die verschiedensten Artikel und Studien bestätigen: Die Moderatoren waren fast durchweg Angestellte von Outsourcing-Firmen wie *Accenture* oder *Cognizant,* und ihre Gehälter waren verhältnismäßig niedrig, in der Regel um die 15 US-Dollar pro Stunde. Sie sichteten eine verblüffende Menge entsetzlicher Inhalte in einem raschen Tempo. Die Regeln, nach denen sie sortierten, was blieb und was gelöscht wurde, entpuppten sich als kompliziert. Und der Job zerrüttete ihre Psyche. Eine Artikelserie von Casey Newton von *The Verge* fügte dem noch einige Dickens-Elemente hinzu: Schamhaare und abgeknipste Fingernägel zwischen den Schreibtischen, Schlangestehen, um auf die Toilette gehen zu können … Außerdem hatte die Autorin den Hang, sich die giftigen Verschwörungstheorien zu eigen zu machen, die ständig auf Facebook veröffentlicht wurden.[19]

Als ich ein solches Büro in Phoenix besuchte, konnte ich nirgendwo Schamhaare entdecken. Ich musste auch nicht anstehen, um die Sanitärräume nutzen zu können. Es war sauber, und eine farbenfrohe Wand grüßte die Mitarbeiter beim Eintreten. Kein Vergleich mit der geschäftigen Kakofonie eines *echten* Facebook-Büros, aber es herrschte auch nicht die schmuddelige Bedrücktheit eines zwielichtigen Unternehmens, wie es manche Storys suggerierten. Die Arbeitsplätze bestanden aus langen schwarzen Tischen mit Bildschirmen darauf; da die Moderatoren keine fest zugewiesenen Arbeitsstationen hatten, fehlten persönliche Gegenstände. Das und der Status eines »papierlosen Büros« ließen den Ort seltsam verwaist erscheinen. Zu Spitzenzeiten, erfuhr ich, arbeiteten hier 400 Moderatoren; das Büro war rund um die Uhr, an sieben Tagen die Woche besetzt.

Der Cognizant-Manager, der das Büro eröffnet hatte, führte mich herum. Er war Experte für Outsourcing, nicht für Content-Richtlinien. Die Regeln und deren Umsetzung würden »vom Kunden«, also von Facebook, kommen.

Ich traf mich mit einer Gruppe von Moderatoren, die bereit waren, mit mir zu sprechen. Etwa die Hälfte hatte eine College-Ausbildung. Und alle waren sie zu dem Schluss gekommen, dass dieser spezielle Job immer noch besser war als die Alternativen, die sich ihnen in ihrer derzeitigen Lebensphase boten.

Dann kamen wir auf ihre Aufgaben zu sprechen. Facebook erwartet von den Moderatoren, dass sie über 400 »Jumps« pro Tag schaffen, das bedeutet eine durchschnittliche Bearbeitungszeit von etwa vierzig Sekunden. In dieser kurzen Zeit muss entschieden werden, ob ein zweifelhaftes Video oder ein Post bleiben kann, gelöscht wird oder – ein seltener Fall – an einen Vorgesetzten weitergegeben wird, der besonders schwierige Entscheidungen an die Richtlinien-Truppe in Menlo Park weiterreicht. Facebook sagt, es gebe kein gesetztes Zeitlimit für die einzelne Entscheidung, aber die Berichte von Journalisten und einigen Akademikern, die sich tief in die Abläufe eingearbeitet haben, weisen alle darauf hin, dass Grübeln über jeden zu prüfenden Content die Karrieren der schlecht bezahlten Moderatoren ernsthaft gefährden würde.

Einer der Moderatoren, mit denen ich gesprochen habe, führte einen persönlichen Krieg gegen diese ungeschriebene Quote. Sein persönliches Ziel waren 200 »Jumps« pro Tag. »Wenn man es zu schnell macht, dann entgehen einem Kleinigkeiten«, sagt er, und er fügt hinzu, er hoffe, seine große Sorgfalt würde ihn schützen, sollte seine Bearbeitungszeit einmal zur Sprache kommen.

Wie viele Fehler werden gemacht? Das ist schwer zu sagen, ein Indikator allerdings ist, wie oft Anwender Berufung einlegen und wie oft dem stattgegeben wird. In den ersten drei Monaten des Jahres 2019 entfernte Facebook 19,4 Millionen Beiträge.[20] Gegen 2,1 Millionen davon legten Anwender Berufung ein und bekamen bei etwas weniger als bei jedem vierten Mal recht – das heißt, die ursprünglichen Entscheidungen waren falsch. Weitere 668 000 Löschungen werden rückgängig gemacht, ohne dass jemand Berufung eingelegt hätte. Mit anderen Worten, auch wenn die meisten Entscheidungen richtig sind, gibt es immer noch Millionen von Menschen, die vom Unvermögen von Moderatoren betroffen sind, unter dem herrschenden Zeitdruck das Richtige zu tun.

Ein Teil des Problems liegt in den Schwierigkeiten, einen fraglichen Content dem Regelwerk zuzuordnen. Diese Content-Standards waren aus jenem dürren Dokument hervorgegangen, auf das sich Paul Janzer gestützt hatte und das Dave Willner in Facebooks Anfangszeit weiter ausgebaut hatte. Die Moderatoren lernen zunächst in Schulungen, wie sie die Regeln zu interpretieren haben, und bevor sie allein ihre Auswahl treffen dürfen, arbeiten sie mit einem erfahreneren Kollegen im Team. Facebook machte die Regeln 2018 öffentlich, nachdem zuvor schon etliche Passagen durchgesickert waren.

Die Content-Standards zeugen von der Komplexität der Aufgabe. Weltweit gelten die gleichen Regeln, unabhängig davon, was in den jeweiligen Kulturen als zulässig erachtet wird. Die Standards gelten für alle Bereiche, die zu Facebook gehören, inklusive Newsfeed, Instagram, der Chronik-Funktion auf der Startseite und die Instant-Messaging-Dienste wie WhatsApp und Messenger.

Die Regeln können sehr verwirrend wirken, geradezu jesuitische logische Höhenflüge erfordern. Manche sind einigermaßen unkompliziert. Da gibt es die Versuche, Stufen der Widerwärtigkeit zu definieren, etwa wenn es um die Bloßstellung menschlicher Eingeweide geht. Manches ist in Ordnung. Andere Varianten erfordern ein »interstitial«, eine Warnung, die auf dem Bildschirm erscheint, ähnlich wie bei Sendungen im amerikanischen Fernsehen, bevor nackte Pobacken eingeblendet werden. Offen gezeigtes Durchbohren ist verboten. Ein gezeigtes Blutbad in den richtigen Ordner zu sortieren ist eine Ermessensentscheidung.

»Wenn man sich in die allererste Anfangszeit von Facebook zurückversetzt, kann ich mir nicht vorstellen, dass vielen Leuten klar gewesen wäre, dass sie ganze Teams beschäftigen würden, die über die Nuancen diskutieren, wo Nacktheit beginnt und wie sich das Maß an Grausamkeit bei einer Gewalttat genau definieren lässt«, sagt Guy

Rosen vom »Integrity Team«, der Abteilung für »Integrität«. »Werden Innereien gezeigt? Oder verbrannte Leichen?«

Selbstverständlich deckt das 27-seitige Richtlinien-Dokument nicht jedes Beispiel ab. Facebook hat eine unüberschaubare Vielzahl ergänzender Dokumente erstellt, die nicht öffentlich sind und die an konkreten Beispielen schulen. Das sind sozusagen die »Talmud-Kommentare« zu Facebooks »Thora«, den offiziellen Content-Standards. Ein Journalist der *New York Times* sagte, er hätte 1400 Seiten solcher Interpretationen zusammengetragen.[21] Ein Cache von Schulungsunterlagen, der unter der Hand an *Motherboard* weitergeleitet wurde, zeigte superpeinliche Fotos, auf denen Taylor Swift per Photoshop statt der Augen jeweils ein analer Schließmuskel eingesetzt wurde.[22] Das Schulungsdokument sagt, eine solche Entstellung sei zulässig, weil Swift eine berühmte Person sei. Täte man dergleichen einem Mitschüler an, wäre es Mobbing und nicht erlaubt. Ein Foto von Kim Jung Un wiederum, auf dem ein Anus, in dem ein Sex-Spielzeug steckt, anstelle seines Mundes eingefügt wurde, müsse entfernt werden.

Die schwierigsten Entscheidungen sind bei Hassbotschaften zu treffen. Sie sind auf Facebook nicht erlaubt, aber eine knappe Definition ist verständlicherweise schwierig. »Bei Hassbotschaften sind unsere Regeln wegen des fehlenden Kontexts am schwierigsten umzusetzen«, sagt Bickert. Die gleichen Worte, die man im Scherz zu einem Freund sagt, haben eine völlig andere Wirkung, wenn sie sich gegen einen wehrlosen Unbekannten richten. Ein Fall, der in die Presse kam, war der Post einer Komikerin, in dem es hieß »Männer sind Abschaum«.[23] Dieser Post brachte ihr eine Sperre ein. Die Regel sagt, keine pauschalen Beschimpfungen einer geschützten Gruppe. Geschlechter *sind* geschützte Gruppen.

Monika Bickert und ihr Team begriffen sehr wohl, dass es nicht das Gleiche ist, wenn man sagt, »Männer sind Abschaum«, oder wenn man sagt, »Juden sind Abschaum«. Aber sie wissen auch, dass es zu komplex würde, wollte man zwischen angreifbaren und privilegierten Gruppen unterscheiden. Schon so, wie aktuell damit umgegangen wird, haben die Moderatoren laut Facebook Schwierigkeiten genug zu differenzieren, was Hassbotschaften sind und was nicht.

Nehmen wir das Beispiel von jemandem auf Facebook, der eine

rassistische Aussage von einer berühmten Persönlichkeit zitiert. Wenn der Nutzer es in Anführungszeichen setzt, also etwa so: »Das hat Herr Berühmtheit gesagt, ist das nicht schockierend?« – dann wird Facebook den Post nicht löschen. Denn dann ist in der Äußerung eine Information enthalten, mit der Menschen ihr Persönlichkeitsprofil stärken. Wenn der Nutzer dieselbe Aussage zitiert und sagt: »Deshalb finde ich Herrn Berühmtheit so toll!«, würde Facebook den Post löschen, weil er Rassismus unterstützt. »Aber was, wenn ich nur diese rassistische Aussage zitiere und dazusetze ›Aussage von‹ und dann die berühmte Persönlichkeit nenne?«, fragt Bickert. »Sage ich damit, dass er großartig ist, oder sage ich damit, dass er schrecklich ist? Es ist nicht klar.«

Hasskommentare sind so komplex, dass Facebook sie in mehrere Stufen eingeteilt hat. Stufe 1 beinhaltete und beinhaltet, Männer als Abschaum zu bezeichnen, dazu gehört auch, eine Gruppe mit Bakterien oder Sexualstraftätern zu vergleichen oder mit »Tieren, die kulturell als intellektuell oder physisch untergeordnet« gelten. Stufe 2 umfasst Beleidigungen, die Unterlegenheit implizieren, etwa wenn man jemanden oder eine Gruppe als geisteskrank oder einfach wertlos bezeichnet. Stufe 3 ist eine Art politischer oder kultureller Beleidigung, wozu Rufe nach Segregation, offener Rassismus und unverblümtes Fluchen gehören. Die Strafmaßnahmen richten sich nach den jeweiligen Stufen.

Hasskommentare standen auch auf der Tagesordnung, als ich 2018 an einem Meeting des Content Standards Forum teilnahm. In einem Haus direkt an der Route 84 in der Nähe des Gehry-Gebäudes beruft Bickert diese Zusammenkunft im Zwei-Wochen-Rhythmus ein, um über Regeländerungen zu beraten. Es sind etwa zwanzig Personen im Raum, per Videokonferenz ist man mit Dublin, Washington und anderen Standorten weltweit verbunden. Sie diskutieren entweder ein sogenanntes Aufgepasst-Thema, wenn ein potenzielles Problem identifiziert wurde, und entscheiden, ob es untersucht werden muss; oder sie sprechen eine »Empfehlung« aus, wenn das Team die Entscheidung über eine Untersuchung getroffen hat. Solche Untersuchungen, die in der Regel mit dem Input von Experten des betroffenen Bereichs (Grundrechte, Psychologie, Terrorismus, häusliche

Gewalt usw.) arbeiten, bedeuten wochenlange Datenanalysen, kulturelle Studien und Machbarkeitserwägungen.

In diesem Meeting war das Thema ein Hasskommentar, ähnlich dem »Männer sind Abschaum«-Kommentar. Die Frage war, ob eine solche Äußerung gegen eine dominante Gruppe, wie Männer oder Milliardäre, genauso streng behandelt werden sollte wie eine Beleidigung gegen eine geschützte und nach Geschlecht oder Rasse definierte Gruppe. Das Ergebnis war interessant: Im Bericht hieß es, das favorisierte Ergebnis wäre, wenn eine solche Unterscheidung getroffen würde und die Leute sich Luft machen dürften gegenüber mächtigen Gruppen. Die Idee wurde abgelehnt, weil deren Umsetzung von den Moderatoren allzu komplexe Entscheidungen verlangen würde.

Die Moderatoren ihrerseits betonen, sie wären bereit, Verantwortung zu übernehmen. Das ist nicht überraschend, denn als Auftragnehmer sehnen sie den Angestelltenstatus herbei. Bevor ich die Moderatoren in Phoenix besuchte, sprach ich – mit Facebooks Erlaubnis – mit einem, dem dieser Sprung gelungen war (ich darf ihn lediglich unter dem Namen »Justin« zitieren). Er bestätigte, dass es nicht leicht sei, da sich die Fähigkeiten, die ein Moderator braucht, stark von denen unterscheiden, die man braucht, um Facebook-Produkte zu entwickeln oder zu vermarkten.

Justin sagte, das Qualvollste beim Umgang mit fragwürdigem Content wäre – für ihn einigermaßen unerwartet – nicht übles Verhalten, sondern wenn ein Anwender gestorben war. Facebooks Algorithmen führen häufig dazu, dass die Accounts von Toten auf den Feeds ihrer Lieben auftauchen. Das hat den Effekt einer Wasserleiche, die plötzlich aus den Untiefen auftaucht. Facebook hat inzwischen ausgearbeitete »Memorialisierungsprotokolle« für verstorbene Nutzer. »Memorialisierung war extrem belastend«, erzählte er.

Aber noch nicht das Belastendste. »Das schrecklichste Video, das ich je sah, zeigte einen Mann, der sich den eigenen Penis mit einem Sägemesser abgeschnitten hat«, sagt er. »Das war nicht lustig.« Um das Jahr 2016, zu der Zeit, als er dieses Video sichtete, das ihm einfach nicht mehr aus dem Kopf gehen wollte, stellte Facebook Therapeuten zur Verfügung. (Als Justin den Job 2015 antrat, wurden noch keine Therapien angeboten. Heute geht er einmal pro Woche dorthin.)

Die Moderatoren in Phoenix scheinen das Sichten verstörender
Bilder als unangenehmen, aber tolerierbaren Teil ihres Jobs zu be-
trachten. Manchmal lösen irgendwelche Sachen etwas in ihnen aus,
dann gehen sie eben zum Therapeuten. Einer erzählte mir, dass ein
Post, der ihn »übel erwischt« hatte, ein animiertes Video war, auf dem
Tiere und Menschen geschlachtet wurden, während sie Sex hatten.
»Das hatte mich gut zwei Wochen lang im Griff.« Aber mit Unterstüt-
zung sei er darüber weggekommen.

Facebook begutachtet die Entscheidungen der Moderatoren regelmäßig, und wenn erhebliche Fehler vorliegen, werden sie »post mor-
tem« korrigiert. Doch das Kräftespiel aus Zeit und Geld erzwingt eine
solche Geschwindigkeit bei dieser Art Entscheidungen, dass häufige
Fehler vorprogrammiert sind. »Würde jeder nur eine Sache pro Tag
kontrollieren, würden wir wahrscheinlich noch immer etwas übersehen«, vermutete der ehemalige Moderator, den wir Justin nennen, in
einem früheren Gespräch.

Das ist Facebooks Kernproblem: Immer weitere Moderatoren werden eingestellt, aber das Content-Volumen, das sie sichten müssen, ist
immer noch so groß, dass sie viel zu schnell sein müssen, um ihren
Job richtig machen zu können. Und die Leute merken das. Wenn ein
Bild fälschlicherweise gelöscht wurde, beklagt man sich über Social
Media. Wenn jemand einen anstößigen Inhalt meldet, und er wird
nicht gelöscht, gibt es noch mehr Klagen. Und die Presse wird aufmerksam. Das journalistische Äquivalent zum Schießen von Fischen
in einem Fass ist, auf einen Bericht zu reagieren, wonach Facebook
eine Entscheidung traf, die entsetzlich wirkt, aber wahrscheinlich nur
das Ergebnis eines überarbeiteten und womöglich traumatisierten
Moderators ist. Zuckerberg bestätigt das. »Neun von zehn Streitpunk-
ten, die öffentlich werden, liegen nicht daran, dass wir Regeln hätten,
die bei den Leuten auf breite Ablehnung stoßen, sondern daran, dass
wir es vergeigt haben, sie richtig anzuwenden«, sagt er.

Trotz des Zeitdrucks und der Konfrontation mit dem Schlimmsten, was die Menschheit zu bieten hat, sagten die Content-Moderatoren, mit denen ich sprach, dass ihre Arbeit für Facebook so schlimm
nicht sei. Sie betrachten sich selbst als heimliche Ersthelfer, die Milliarden von Facebook-Nutzern vor Unheil bewahren. »Ich habe mit

Content-Sichtern gesprochen, die jemandem das Leben gerettet haben – sie hatten die Behörden über einen Selbstmordversuch informiert«, sagt Arun Chandra, der 2019 als Leiter der Moderationstätigkeiten zu Facebook kam. »Das Gefühl von Befriedigung und Stolz bei dieser Arbeit ist eine erfreuliche Überraschung.«

Sarah T. Roberts berichtete mir, dass sie bei ihrer Arbeit bemerkt hat, dass diese guten Momente oft wieder getrübt werden, wenn man als Moderator feststellt, dass man nichts ist als das Zahnrädchen in einer Maschine und einem letztlich niemand so richtig zuhört. Nicht die Firma, mit der man einen Vertrag hat, und auch nicht »der Kunde«, für den die Firma arbeitet.

»Es kommt selten vor, dass sie mal Teil einer Feedbackschleife sind«, sagt Roberts. Einmal erzählte ihr ein Moderator von einem angekündigten Selbstmord, der gerade noch abgewendet werden konnte. »Wir fragen uns unentwegt«, sagte der Moderator, »inwieweit die Scheiße, die die Menschen auf unserer Plattform zu Gesicht bekommen, sie dazu bringt, sich selbst etwas antun zu wollen.«

Auf die Moderatoren in Phoenix wartete ein paar Monate nach meinen Interviews eine unangenehme Überraschung. Im Oktober 2019 entschied Cognizant, sich aus dem Geschäft mit Facebook-Moderatoren zurückzuziehen.[24] Facebook kündigte an, das Büro in Phoenix zu schließen. Diese digitalen Ersthelfer würden also ihren Job verlieren.

Facebook ist wahrlich nicht glücklich darüber, dass es Zehntausender Menschen bedarf, die in großen Bürokomplexen arbeiten, um mit einem Durchlauf von 400 Posts pro Tag den Content zu kontrollieren. Es gibt jedoch eine langfristige Lösung, die die Erfolgsbilanz deutlich verbessern würde und die Zahl an verhältnismäßig schlecht bezahlten Arbeitskräften, die Therapien brauchen, um mit den Bildern umgehen zu können, die auf Facebook gepostet werden, zu verringern. Wie wäre es, wenn Facebook den gesamten störenden Content prüfen und entfernen könnte, *bevor* die Leute ihn sehen, anstatt damit zu warten, bis jemand ihn meldet?

Facebooks Antwort auf diese Frage lautet: künstliche Intelligenz.

»Letzten Endes geht es bei diesem gesamten Komplex doch darum, wie wir aus einer Welt, wo wir das Content-Problem eher reaktiv angehen, in eine Welt gelangen können, wo wir proaktiv handeln«, sagt Guy Rosen. »Wie lassen sich mehr und mehr KI-Systeme erstellen, die proaktiv immer mehr dieser Art Content herausfiltern?«

Das also war die langfristige Lösung für die offensichtlich unlösbaren Probleme bei der Content-Moderation. Während Zuckerberg konsequent warnte, dass Content-Probleme nie verschwinden würden – womit er all jene verärgerte, die merkten, dass selbst ein winziger Prozentsatz von Fehlentscheidungen auf Facebooks Seite Hunderttausende falscher oder verletzender Posts bedeutet, die unangetastet bleiben –, glaubte er doch fest daran, das Heil würde in der Gestalt von Robots kommen, die wie der freundliche Polizist aus der Nachbarschaft unablässig die verschlungenen Wege der Newsfeeds entlangpatrouillieren, ihre Antennen auf unwillkommene Geräusche gerichtet.

Das Unternehmen stärkt seit Jahren seine KI-Kompetenzen, allerdings nicht zu diesem Zweck. In der Anfangszeit stellte Facebook einige Leute mit KI-Erfahrung ein und ließ sowohl den Newsfeed als auch die Zuteilung von Werbeplätzen mit lernenden Algorithmen aufpeppen. Doch Mitte der 2010er-Jahre begann eine Verfahrensweise, die als »Machine Learning« bekannt wurde, vielversprechende Ergebnisse hervorzubringen. Plötzlich wurde es möglich, KI in zahlreichen praktischen Anwendungen einzusetzen. Die sich immer weiter vertiefenden Iterationen beim Machine Learning nennt man »Deep Learning«. Es funktioniert durch das Training von Netzwerken aus künstlichen Neuronen – die etwa so arbeiten wie tatsächliche Neuronen im menschlichen Gehirn –, sodass Objekte, Bilder oder das gesprochene Wort rasch erkannt werden können.

Zuckerberg spürte, dass es sich hier um eine ähnliche Situation handelte wie bei den Handys – die Gewinner würden diejenigen sein, die die besten Machine-Learning-Ingenieure hatten. Damals dachte er noch nicht an Content-Moderation, sondern eher daran, Dinge wie das Ranking beim Newsfeed, die Zuteilung von maßgeschneiderter Werbung und die Gesichtserkennung zu verbessern. Letztere, um Freunde auf Fotografien zu erkennen, sodass solche Posts noch mehr begeisterten als ohnehin schon.

Es gab nur einen Haken an der Sache mit der Gewinnerseite: Es herrschte ein erbitterter Wettstreit beim Anwerben von KI-Cracks. Der Gottvater des Deep Learning war ein britischer Computerwissenschaftler, der in Toronto arbeitete: Geoff Hinton. Er war eine Art Batman dieser neuen, respektlosen Art der KI, und seine »Gefolgsleute« waren ein Trio genialer »Robins«, die wiederum ihre ganz eigenen enormen Beiträge dazu leisteten. Einer dieser Robins, Yann LeCun, ein hochintelligenter Pariser, titulierte Hintons Bewegung scherzhaft »The Conspiracy« (»die Verschwörung«).²⁵ Doch das Potenzial des Deep Learning war kein Witz für die großen Tech-Konzerne, die es als Möglichkeit sahen, verblüffende Aufgaben zu bewältigen, von der Gesichtserkennung bis zur Simultanübersetzung von einer Sprache in eine andere. Einen »Conspirator« anzuwerben wurde zur höchsten Priorität.

Zuckerberg verfolgte Yann LeCun auf die gleiche Weise, wie er Instagram und WhatsApp gejagt und erbeutet hatte. Er rief ihn im Oktober 2013 an. »Wir werden demnächst zehn Jahre alt und müssen darüber nachdenken, was aus den nächsten zehn Jahren werden soll«, sagte er. »Wir gehen davon aus, dass KI eine superwichtige Rolle spielen wird.« Er erzählte LeCun, dass Facebook ein Forschungslabor errichten wolle – wo es nicht darum gehe, wie man Werbung besser platziere, sondern um so atemberaubende Dinge wie die Entwicklung eines virtuellen Assistenten, der die Welt verstehen könne. »Können Sie uns dabei helfen?«, fragte er.

LeCun präsentierte eine Liste mit Forderungen, die Facebook zu erfüllen hätte, wenn er dort ein Labor einrichten würde. Es müsste ein eigenes Unternehmen sein mit keinerlei Verbindung zu den kommerziellen Unternehmenssparten. Es müsste völlig offen sein – keinerlei Einschränkungen für Veröffentlichungen. Die Ergebnisse, die sie erzielten, müssten open-sourced sein, damit jeder davon profitieren kann. Ach ja, und Le Cun würde seine Stelle an der New York University in Teilzeit behalten und das neue Labor in New York City einrichten.

Kein Problem für Zuckerberg. Das »Facebook Artificial Intelligence Lab«,²⁶ oder FAIR, hat seine Zentrale in New York City, genau genommen direkt neben dem innerstädtischen Greenwich Village

Campus der New York University. Das Labor ist der horizonterweiternde Partner für die Abteilung für Angewandtes Machine Learning (AML) im Unternehmen, das deren KI-Arbeit unmittelbar in den Produkten einsetzt.

LeCun sagt, die Integration funktioniere hervorragend. Die Abteilung für die Anwendung füttere das Produkt mit Machine Learning, und der Forschungsbereich arbeite an grundsätzlichen Fortschritten im Verstehen von natürlicher Sprache und Bilderkennung. Es war häufig der Fall, dass deren Fortschritte Facebook weiterbrachten. »Wenn Sie Schrep oder Mark fragen, wie viel Einfluss FAIR auf die Produkte hatte, würden sie sagen, dass es deutlich mehr ist, als sie erwartet hätten. Sie sagten zu uns: *Eure Aufgabe ist die Forschung, den Stand der Technik wirklich weiterzubringen. Wenn dabei etwas herauskommt, das auf ein Produkt Einfluss hat, ist das großartig – aber bleibt ambitioniert.*«

So rosig beschrieb LeCun das Verhältnis zwischen FAIR und AML Ende 2017. Nur wenige Wochen später schuf Schroepfer eine neue Stelle, einen stellvertretenden Direktor für KI, der sowohl den Forschungsbereich als auch die Abteilung für Angewandte KI bei Facebook leiten sollte. Die Stelle bekam Jérôme Pesenti, ein französischer Wissenschaftler, der für IBM gearbeitet hatte. LeCun erklärte, er sei erfreut über diese Maßnahme, die ihn von Managementaufgaben entlaste, sodass er sich stärker wieder der eigentlichen Forschung widmen könne.

Aber nachdem Facebook nach den Präsidentschaftswahlen angegriffen wurde, brauchte das Unternehmen den kompletten Bereich der KI, um voranzukommen, um Algorithmen zu schaffen und neurale Netze, die die Fähigkeiten von Menschen beim Identifizieren von widerwärtigem Content, illegalem Content, Hasskommentaren und staatlich geförderter Desinformation weit übertreffen würden. Ziel war es, damit proaktiv zu arbeiten und den skrupellosen und gefährlichen Content zu finden, noch bevor ihn jemand meldete oder sogar noch bevor ihn irgendjemand überhaupt gesehen hatte.

Laut Pesenti hat AML inzwischen ein eigenes Team, das an Integritätslösungen arbeitet, die helfen sollen, das Problem des Unternehmens mit »toxischem« Content anzugehen. Der Stand der Technik allerdings ist von den Versprechungen Zuckerbergs noch weit entfernt. Facebook braucht mehr Ergebnisse von FAIR. Dessen Wissenschaftler müssen etwas Bahnbrechendes finden, das mindestens ebenso gut mit Dingen wie Hasskommentaren umgehen kann wie Menschen, wenn nicht besser. Aber weil LeCun FAIR als Forschungseinrichtung angelegt hat, kann Facebook die Wissenschaftler nicht gezielt damit beauftragen, ihre Arbeit auf konkrete Bereiche zu fokussieren. »Eine unserer Herausforderungen ist es, die Probleme mit unseren Produkten wissenschaftlich bearbeiten lassen zu können«, sagt Pesenti. »Dafür haben wir derzeit noch keine Lösung.«

Einige wenige Erfolge gab es bereits. Es stellte sich heraus, dass terroristische Inhalte verhältnismäßig leicht durch KI herausgefiltert werden können. Facebook hat inzwischen eine Erfolgsrate von 99 Prozent beim Löschen solcher Contents, noch bevor Endanwender sie zu Gesicht bekommen, erreicht. Doch ist es mit dem derzeitigen Stand der KI nicht möglich, mit komplexen Sachverhalten wie Hasskommentaren zurechtzukommen. *Menschen* können es kaum schaffen, die Kommentare von zwei Milliarden Nutzern mit einer Liste von Regeln zu bewältigen, die weltweit für extrem unterschiedliche Kulturen eingesetzt werden.

»Es wurde eine Menge Arbeit investiert, um KI-Systeme zu erstellen und zu trainieren, damit sie lernen, wie sie in den unterschiedlichen Sprachen aussehen«, erklärt Rosen. Er nennt ein Projekt von 2017, bei dem Facebook an einem System gegen Hassbotschaften auf Birmanisch arbeitete. Mit diesem System konnte der Prozentsatz an Hasskommentaren, die Facebook proaktiv blockierte – also bevor jemand sie meldete –, von 13 auf 52 Prozent gesteigert werden. Kritiker werden einwerfen, das bedeutet, dass die Hälfte der Hasskommentare in dieser gefährlichen Region noch immer zugänglich ist.

Facebook versucht, mit KI noch ein weiteres hartnäckiges Problem anzugehen: die atemberaubende Anzahl von Fake-Accounts. Es ist wenig überraschend, dass sie eine ungeheure Quelle sind, aus der Betrug, Hassbotschaften und Desinformation hervorgehen. Es löste Bestürzung aus, als Facebook bekannt gab, dass zwischen Januar und März 2019 zwei Milliarden Versuche, Fake-Accounts zu erstellen, blockiert wurden[27] – fast so viele, wie es derzeit Nutzer gibt. Überwie-

gend handelte es sich dabei um extrem ungeschickte, wenn auch hartnäckige Versuche, in Massen gefälschte Facebook-Identitäten zu erstellen. Oder, wie Alex Schultz es der *New York Times* gegenüber aus-
drückte:»Die überwältigende Mehrheit der Accounts, die wir löschen,
stammt von extrem naiven Gegnern.«[28] Allerdings sind nicht alle so
naiv. Trotz KI, oder was immer Facebook gegen dieses Problem ins
Feld führen kann, räumt das Unternehmen ein, dass etwa 5 Prozent
der aktiven Accounts gefälscht sind. Das sind deutlich über hundert
Millionen.

Das ist Facebooks Dilemma: Die Größenordnung, die es erreicht
hat, ist so gigantisch, dass, selbst wenn das Unternehmen mit dem
Löschen beleidigender oder gefährlicher Posts besser wird, der Umfang dessen, was zurückbleibt, schwindelerregend ist. Und wer solche
Posts absetzen möchte, lernt auch schnell, auf die jeweilige Taktik von
Facebook zu reagieren. 2018 etwa kündigte Facebook stolz an, dass
seine KI-Teams einen Weg gefunden hätten, Botschaften auszulesen,
die in Grafiken eingebettet wurden.[29] Bis dahin konnten die Systeme
nur Wörter erkennen, die als Texte abgelegt waren. Dieses Manko
hatten russische Kräfte ausgenutzt, um ihre hetzerische Propaganda
gegen Einwanderung und zu Rassismus an den digitalen Beobachtern
von Facebook vorbeizuschmuggeln und Hillary Clinton mit Satan
gleichzusetzen.

Mit anderen Worten, Facebook hatte eine Verteidigungsstrategie
gefunden in einem Krieg, den es beim letzten Mal verloren hatte.
Doch wer weiß, welche Taktik die Feinde in Zukunft einsetzen?

Vorerst bleibt die Entscheidung, welche Inhalte die Grenze überschreiten, den etwa 15 000 Content-Moderatoren überlassen – bei
vierzig Sekunden Zeit für jeden Fall. In Phoenix fragte ich die Moderatoren, die ich interviewte, ob sie das Gefühl hätten, künstliche Intelligenz könne ihren Job irgendwann übernehmen. Der ganze Saal
brach in Gelächter aus.

Die schwierigsten Entscheidungen, die Facebook treffen muss, sind
die, bei denen die Befolgung des Regelwerks ein Ergebnis erzeugt, das
einfach falsch erscheint. Manche davon verweisen die Moderatoren

auf die »nächste Ebene«, an Vollzeit-Angestellte, manchmal auch
nach draußen an Leute, die in den Content-Moderationsmeetings sitzen. Die härtesten Fälle werden nach ganz oben bis zum Everest
durchgereicht – auf die Schreibtische von Sandberg und Zuckerberg.
Selbst dann ist es schwer, die richtigen Entscheidungen zu treffen. Es
gibt Fälle, in denen die Regeln für beleidigende Inhalte mit dem, was
für Facebook am besten aussähe, in Konflikt gerät. Sie können grundlegend politisch aufgeladene Entscheidungen enthalten, mit mächtigen Unterstützern für beide Seiten des Konflikts. Und egal, für welche
Seite Facebook sich entscheidet, es zieht den Kürzeren.

Wie bei etlichen anderen Problemen auch stellte sich Facebook
dem erst 2016, im Jahr der Präsidentschaftswahlen. Im September
postete Tom Egeland, ein norwegischer Schriftsteller, eine Geschichte
auf Facebook, die er über sechs Fotos geschrieben hatte, die »die Geschichte des Krieges veränderten«.[30] Eines davon war eine Bildikone,
die jedem geläufig sein dürfte, der zur Zeit des tragischen Vietnam-
Fiaskos in Amerika gelebt hat. Das Foto hatte 1972 den Pulitzerpreis
für Fotografie erhalten. Es wurde bekannt als »Kriegsterror« oder
»Napalm Girl« und zeigt eine Gruppe von Kindern, die mit Brandver-
letzungen von einer Napalm-Bombe vor Schmerz schreiend eine
Straße entlangrennen. Hinter ihnen sind amerikanische Soldaten in
Uniform zu erkennen. Das Kind im Zentrum des Fotos, Kim Phúc,
war nackt.

Die Facebook-Moderatoren – zumal der Fall außerhalb der USA
entschieden wurde, wo das Foto offenbar nicht geläufig war – mussten sich kein Kopfzerbrechen machen. Das Regelwerk erlaubt keine
Nacktfotos von Kindern jenseits des Säuglingsalters, also wurde das
Foto umgehend gelöscht.

Egeland versuchte verärgert, es erneut hochzuladen, woraufhin
Facebook seinen Account sperrte. Inzwischen hatte der Streitfall
Menlo Park erreicht. Bickerts Team wusste, dass Facebook ein Foto
von historischer Bedeutung zensiert hatte, hielt die Löschung aber
trotzdem aufrecht.

Dann wurde die Story zu einem Top-Thema. Egeland hatte für
die bekannteste Zeitung Norwegens geschrieben. Sein wütender Herausgeber setzte auf die Titelseite einen offenen Brief, über dem in

Großbuchstaben stand »LIEBER HERR ZUCKERBERG ...«. Darin
beklagte er, dass Facebook – »der mächtigste Herausgeber der Welt« –
als Zensor auftrete. Norwegens Premierminister postete das Foto
noch einmal, nur damit Facebook es wieder sperren musste. Andere
Nachrichtenkanäle nahmen die Story auf. Die Vertriebsleute von
Facebook wurden mit Beschwerden überflutet.

In Facebooks Welt der Regelpolitik führte das zu einer Krise. Jahrelang hatte sich das Unternehmen mit Beschwerden darüber herumschlagen müssen, was nicht gesperrt wurde – noch ein Jahr zuvor
waren Donald Trumps antimuslimische Posts online geblieben. Jetzt
stand man unter Beschuss für etwas, das gesperrt wurde. Können
nackte Kinder eine Ausnahme bilden? Für viele Menschen war, Pu-
litzer hin oder her, kein Platz für Kim Phúc auf Facebook.

Chaos brach aus in Facebooks Regelpolitik. »Wir haben alle zusammen versucht, Regeln festzulegen, aber wir wissen einfach nicht,
wie wir sie festlegen sollen«, sagt einer der Teilnehmer an der Diskussion. Warum diese Entscheidung für Facebook eine so große Bedeutung bekam, lag weniger an der Entscheidung selbst als an der Empörung, die wegen Facebooks Festhalten an den eigenen Regeln entstanden war. Interpretationen, die logisch erschienen, als das Regelwerk
verfasst wurde, konnten im Licht der Öffentlichkeit skandalös erscheinen.

»Dieses Foto wurde die ganze Zeit gepostet«, sagt Dave Willner,
der inzwischen einen ähnlichen Job bei Airbnb angenommen hatte.
»Hat man die Hintergrundinformationen zu diesem Foto nicht – dass
es sich um ein nicht einvernehmliches Nacktfoto von einem Kind
handelt, gegen das ein Kriegsverbrechen begangen wurde –, wäre es
kein Foto, das den Pulitzerpreis gewonnen hat, würden alle völlig
durchdrehen, wenn Facebook es nicht zensieren würde.«

Auch Bosworth plädierte für Löschen. »Ich würde sagen: *Hey,
wenn ihr das Foto im Netz haben wollt, dann ändert die Gesetze in euren Ländern.* Nach dem Motto: *Hör zu, mein Freund, ich finde, das ist
ein ungemein wichtiges, historisches Foto, aber ich kann es nicht auf der
Webseite zeigen, jedenfalls nicht legal. Also los, ändert die Gesetze!*«

Zuckerberg jedoch dachte nicht so. Letztlich mussten er und Sandberg die Entscheidung unterschreiben. Von da an war der »Nachrich-

tenwert« ein Faktor für die Zulassung von Ausnahmen von den allgemeinen Regeln. »Napalm Girl« war in all seiner schockierenden Nacktheit zurück auf Facebook.

Facebooks oberste Regelwächter, Elliot Schrage und Joel Kaplan, betrachteten den Vorfall als Wendepunkt. »Das war – intern – ein dramatischer Beweis dafür, dass sich unsere Bedeutung und unser Einfluss in Amerika gewandelt hatten«, sagt Schrage. »Bei Facebook ging es nun nicht mehr nur darum, interessante und relevante Informationen zugänglich zu machen; wir prägten nun auch den breiteren kulturellen Diskurs.«

Monika Bickert formuliert es anders. »Wir lernten, dass Ausnahmen von unseren Regeln zur Aufrechterhaltung des Geistes unserer Bestimmungen in Ordnung sein können«, sagt sie.

Von diesem Zeitpunkt an würden die Akte »Präsentation«, »Druck von außen« und »Korrektur« regelmäßig aufgeführt werden. Die hervorstechendsten Beispiele betrafen die Kritik an Facebooks Umgang mit rechtsradikalen Inhalten, die dem Regelwerk des Unternehmens widersprachen. Beinahe jedes Mal, wenn ein Facebook-Repräsentant vor dem Kongress aussagen musste, wurde er von republikanischen Abgeordneten beschimpft, die Liberalen vom Menlo Park hätten sich verschworen, um konservative Beiträge zu unterdrücken. Sie beschwerten sich nicht nur, dass Facebook immer wieder Posts von Extremisten löschte, die Republikaner glaubten auch, dass Facebook Algorithmen erstellt hätte, die liberale Inhalte bevorzugten. Die Daten belegten das nicht, und so war nicht ganz klar, ob die Abgeordneten das tatsächlich glaubten oder nur versuchten, Schiedsrichter zu spielen.

In der Folge machten Facebook lästernde rechte Provokateure das Leben schwer. Als Alex Jones, ein weißer Nationalist, der gern Verschwörungstheorien verbreitet, wiederholt Kommentare postete, die Facebooks Regeln gegen Hasskommentare zu verletzen schienen, wollte ihn Facebook am liebsten gar nicht sperren. Die Sache verkomplizierte sich noch dadurch, dass Jones eine Einzelperson war, seine Facebook-Seite, »InfoWars«, aber von mehreren Leuten betrieben wurde.

Die ganze Situation war toxisch.

So rechtslastig, wie er war, hatte er eine große Anhängerschaft, inklusive des Präsidenten, der sogar Gast in der InfoWars-Radiosendung war. Machte Jones' »Nachrichtenwert« ihn zu einer Gestalt wie den Präsidenten, der einen Freifahrtschein für Hasskommentare rechtfertigte? Den gesamten Sommer 2018 zitierten Journalisten Hasskommentare, und der Streit tobte weiter.

Letztlich war es Druck von außen. Innerhalb von Stunden, nachdem Apple Jones' Podcast löschte, zog auch Zuckerberg den Stecker von InfoWars.[31] Jones selbst wurde erst für dreißig Tage gesperrt, dann als »gefährlich« eingestuft und komplett gesperrt.[32] Das geschah gleichzeitig mit dem Rauswurf von Lewis Farrakhan, dem Führer der Nation-of-Islam-Bewegung – unmissverständlich ein Zug, der für Ausgleich sorgen sollte.

Als ich Zuckerberg Anfang 2018 wegen Facebooks Vorsicht gegenüber den Beschwerden von republikanischer Seite hart anging, lehnte er sich so weit zurück im Verständnis für deren Perspektive, dass ich schon Angst bekam, sein Stuhl würde umfallen. »Wenn man ein Unternehmen hat, das zu 90 Prozent liberal ist – das dürfte so ungefähr die Bay Area beschreiben –, denke ich, hat man auch eine gewisse Verantwortung und muss sicherstellen, dass man sich nicht selbst im Weg steht und Systeme erstellt, die nicht versehentlich etwas verzerren«, meinte er. Dann, weiter um Ausgleich bemüht, erwähnte er, dass man prüfen sollte, ob die Werbesysteme von Facebook nicht Minderheiten diskriminierten. Natürlich würde Facebook Studien zu jeder dieser Fragen in Auftrag geben.

Zuckerbergs Unbehagen rührte zum Teil daher, dass er persönlich weniger Kontrolle sehr viel lieber hätte. Obwohl er eingesteht, dass Inhalte auf Facebook Leid bringen oder sogar tödlich sein können, glaubt er weiter daran, dass freie Rede befreit. »Wenn man den Menschen eine Stimme verleiht, können sie ihre Erfahrungen austauschen und für mehr Transparenz auf der Welt sorgen. Den Menschen die persönliche Freiheit zu geben, ihre Erfahrungen zu teilen, führt auf lange Sicht zu etwas Gutem.«

Dennoch war klar, dass Zuckerberg nicht dafür verantwortlich sein wollte, die Äußerungen von über zwei Milliarden Menschen zu überwachen. Er suchte nach einem Ausweg, damit er Entscheidungen wie die über Alex Jones, über Hassbotschaften oder ob Impfen zu Autismus führt, nicht mehr treffen muss. »Ich habe eine Vision, die damit zu tun hat, warum wir diese Produkte entwickelt haben, nämlich damit Menschen sich vernetzen können«, sagte er. »Ich sehe mich und unser Unternehmen nicht als Autorität, die definiert, welche Beiträge akzeptabel sind. Jetzt, da wir die Sachen proaktiv sichten können, wer kann mir definieren, was Hassbotschaften sind?« Er beeilte sich hinzuzufügen, dass er sich nicht vor der Verantwortung drücke und dass Facebook auch in Zukunft seine Inhalte überwachen werde. »Aber ich glaube, dass es sinnvoller sein könnte, wenn es mehr gesellschaftliche Debatten darüber gäbe und irgendwann auch Regeln, die danach aufgestellt werden, was die Gesellschaft auf solchen Plattformen akzeptiert und was nicht.«

Wie sich herausstellte, arbeitete Zuckerberg bereits an einem Plan, um Facebook ein wenig aus der Schusslinie zu nehmen, wenn es um solcher Art Entscheidungen ging. Der Plan beinhaltete ein externes Aufsichtsgremium, das über folgenschwere Einzelentscheidungen befinden sollte, die sogar Mark Zuckerbergs galaktische Gehaltsklasse überstiegen. Es wäre eine Art Oberstes Gericht von Facebook. Und so wie der Präsident die Regeln des Obersten Gerichts zu akzeptieren hat, müsste auch Zuckerberg mit den Entscheidungen seines Entscheidungsgremiums leben.

Die Einrichtung eines solchen Komitees war heikel. Wenn Facebook dies komplett selbst übernähme, würde die neue Institution als Marionette betrachtet, die ihrem Erfinder hörig war. Also forderte man Rat von außen an, darunter einige Hundert einschlägige Experten, die man in Workshops in Singapur, Berlin und New York City zusammenkommen ließ. Nachdem man all diese großen Geister angehört hatte, wollte Facebook, nun ja, alles komplett selbst übernehmen. Man übernahm die Teile der Empfehlungen, die man für geeignet hielt, um ein Gremium mit einem angemessenen Maß an Autonomie und Macht zusammenzustellen.

Ich war einer der ungefähr 150 Workshop-Teilnehmer bei der Zusammenkunft im »NoMad Hotel« im Flatiron-District in New York. An den Tischen in einem Ballsaal im Erdgeschoss saßen Rechtsanwälte, Lobbyisten, Menschenrechtler und sogar ein paar von uns

Journalisten. Die meiste Zeit während dieser zwei Tage haben wir uns in zwei Einzelfälle vertieft und die Entscheidungen hinterfragt. Einer davon war der »Männer sind Abschaum«-Fall, der auch in der Presse öfter besprochen worden war.

Es geschah etwas Skurriles. Als wir immer tiefer eintauchten in das Spannungsfeld zwischen freier Rede und verletzenden Beiträgen, kamen wir an einen Punkt, an dem wir die Spur der Kriterien verloren, die bestimmten, wo die Grenzen zu ziehen waren. Die Content-Standards, die streng festlegten, was stehen blieb und was gelöscht wurde, waren keineswegs eine Art »Magna Charta« für Online-Rederechte, sondern ein verschlungenes Dokument, das sich aus hingekritzelten Notizen von Kundenbetreuern entwickelt hatte, die kaum dem College entwachsen waren.

Das geplante Gremium wäre in der Lage, im jeweiligen Einzelfall das Regelwerk bei bestimmten Aspekten außer Kraft zu setzen. Aber noch hatte Facebook keinen Polarstern zu bieten, der uns eine Orientierung hätte geben können, wo die Grenze verlaufen sollte – es gab nur eine *ungefähre* Norm, die Sicherheit propagierte: Mitsprache und Fairness. Was sind Facebooks *Werte*? Wurden sie von Moral bestimmt oder waren sie Geschäftsinteressen unterworfen?

Einige Facebook-Mitarbeiter aus der Abteilung für Unternehmensrichtlinien räumten mir gegenüber ein, sie hätten Zweifel an der Sinnhaftigkeit dieses Vorhabens.

Ich konnte verstehen, warum. Zum einen könnten die Mitglieder des neuen Gremiums – es sollten um die vierzig sein, die von zwei von Facebook dafür eingesetzten Leuten ausgewählt wurden – nur einen winzigen Bruchteil der umstrittenen Entscheidungen übernehmen. (Im ersten Quartal 2019 haben etwa zwei Millionen Menschen Content-Entscheidungen von Facebook angefochten.) Facebook müsste sich an die Entscheidungen im Einzelfall halten, aber es wäre an Facebook zu bestimmen, ob die Entscheidungen des Gremiums als Präzedenzfall angesehen würden oder einfach nur auf den Einzelfall beschränkt blieben – sei es aus Zweckmäßigkeit oder weil es sich um eine lausige Entscheidung handelte.

Eines jedenfalls scheint unvermeidlich: Eine unpopuläre Entscheidung von Facebooks Oberstem Gericht würde genauso unfreundlich aufgenommen wie eine, die Zuckerberg selbst getroffen hat. Man kann die Content-Moderation outsourcen, aber die Verantwortung dafür, was auf der eigenen Plattform geschieht, kann Facebook nicht outsourcen. Zuckerberg hat recht, wenn er sagt, dass weder er noch sein Unternehmen als globale Schiedsrichter von Meinungsäußerungen fungieren sollten. Aber er hat die Welt miteinander vernetzt und damit etwas geschaffen, das ihn in eine ungemütliche Situation bringt.

Christchurch und alles andere gehören ihm.

18 INTEGRITÄT

Facebooks »M-Team« besteht aus rund vierzig Entscheidungsträgern. Diese hochrangigsten unter den Führungskräften kommen mehrmals pro Jahr in einem großen Raum auf dem Classic Campus zusammen. Das Juli-Treffen 2018 war eines der ersten seit dem Skandal um Cambridge Analytica.

Es begann wie üblich. Bei Treffen des M-Teams schildern die Teilnehmer anfangs zunächst kurz, was sie bewegt, sowohl im Arbeitsals auch im Privatleben. Das konnte sehr gefühlsbetont ausfallen: *Mein Kind ist krank … Meine Frau und ich lassen uns scheiden …* Als Mark Zuckerberg an der Reihe war – er sprach immer als Letzter –, machte er eine überraschende Ankündigung.

Er hatte ein Buch des Risikokapitalgebers Ben Horowitz gelesen, des Partners von Marc Andreessen, einem Mitglied des Aufsichtsrats von Facebook. Horowitz teilte darin Firmenchefs in zwei Kategorien auf: in Kriegs-CEOs und Friedens-CEOs. Ein guter Geschäftsführer, so schrieb er, müsse nach Lage der Umstände entscheiden können, welcher der beiden Gruppen er angehören wolle. »Wenn sich eine existenzielle Bedrohung abzeichnet, muss ein Unternehmen sie abwehren«, so Horowitz. Kriegs-CEOs müssten dabei unbarmherzig vorgehen.[1]

Da Facebook seit mittlerweile zwei Jahren massiv unter Beschuss stand, hatten diese Thesen auf Zuckerberg großen Eindruck gemacht. Bislang, so erklärte er dem Team, habe er den Luxus eines Friedens-CEO genossen. (Eine zweifelhafte Selbstbeschreibung für einen Unternehmensführer, der Cicero zitierte und keineswegs in Untätigkeit verfallen war, wenn es in der Vergangenheit darum ging, vermeintlichen oder tatsächlichen Herausforderungen durch Google, Snapchat oder Twitter zu begegnen.) Von nun an, sagte Zuckerberg, solle man ihn als Kriegs-CEO betrachten.

Eines hob er ganz besonders hervor. Horowitz hatte das so formuliert: »Der Friedens-CEO bemüht sich, Konflikte zu minimieren. Der Kriegs-CEO hat für den Konsens nichts übrig und toleriert auch keine Meinungsverschiedenheiten.« Zuckerberg erklärte seinen Managern, dass er als Kriegs-CEO den Leuten einfach sagen werde, was sie zu tun hätten. Einige Anwesende zogen daraus den Schluss, sie müssten von nun an den Mund halten und seine Anweisungen stur befolgen. Als ich später in einer Unterhaltung mit Zuckerberg die Sprache auf diese Schlussfolgerung brachte, wies er dies entschieden zurück: »Letztlich habe ich ihnen nur klarmachen wollen, in welcher Situation wir uns befinden«, sagte er. »Wir müssen rasch handeln und Entscheidungen treffen, ohne alle möglichen Leute hinzuzuziehen, wie es eigentlich zu erwarten und wünschenswert wäre. Ich glaube, so muss es sein, wenn wir den Erfolg haben wollen, den wir genau jetzt brauchen.«

Ich wollte wissen, ob ihn die Rolle des Kriegs-CEO stressen oder Spaß machen würde.

Es folgte ein typisches Zuck-Schweigen. Ein stechender Blick, das Auge Saurons.

»Sie kennen mich jetzt schon so lange«, sagte er schließlich. »Mir geht es nicht um Spaß.«

Zuckerbergs Ankündigung im internen Kreis ließ erkennen, dass er lange darüber nachgedacht hatte, wie Facebook den Kopf aus der Schlinge ziehen konnte, nun, da Sandberg und er bereit waren, sich ins Auge des Orkans zu begeben und zu entschuldigen. Seiner Meinung nach gab es zur praktischen Unterstützung des Schuldeingeständnisses ausreichend neue Produkte und Justierungen des Systems, um jene Schwachstellen und Fehler zu beheben, die Falschmeldungen, Wahlbeeinflussung und Datenklau überhaupt erst ermöglicht hatten. Facebooks Maßnahmen hatten bereits vor den Wahlen in Frankreich 2017 gegriffen, wodurch einige der schlimmsten Effekte, wie es sie zuvor in den USA und auf den Philippinen gegeben hatte, vermieden werden konnten. Auf die US-Zwischenwahlen des Jahres 2018 bereitete man sich gerade mit einem arbeitsintensiven Konzept vor.

Doch trotz seiner Erklärung, die wichtigste Aufgabe sei die Behebung der Schäden bei Facebook, war Zuckerberg nicht bereit, seinen

Ehrgeiz so weit zu drosseln und sich kampflos der Konkurrenz geschlagen zu geben. Facebook würde auch weiterhin Neuerungen anvisieren.

Am Abend vor der F8-Konferenz im Mai 2018 erkundigte ich mich bei Zuckerberg nach den neuen Produkten, die er vorstellen wollte, aber auch nach dem Hintergrund seiner Entscheidung, *überhaupt* etwas vorzustellen. Er wusste, dass er Reue zeigen und ankündigen musste, die Schäden zu beheben. Aber Facebook wollte auch weitere Entwicklungen auf den Markt bringen. »Einerseits ist es entscheidend, dass wir unserer Verantwortung gerecht werden und Sicherheit repräsentieren – bei Wahlen, in Bezug auf Falschmeldungen und die Sicherung privater Daten, in all diesen Bereichen«, sagte er. »Aber andererseits haben wir auch eine Verantwortung gegenüber unserer Gemeinschaft, nämlich dass wir den Leuten auch weiterhin jene Erfahrungen ermöglichen, die sie von uns erwarten.«

Getreu dem alten Entwicklergeist widmete Zuckerberg eine Viertelstunde seiner Eröffnungsrede dem Vertrauensaufbau, um sich dann eine weitere Viertelstunde neuen Produkten zu widmen. Klares Motto war: »Es geht voran!«

In einigen Bereichen ließ Facebook allerdings Vorsicht walten. Es hatte ein Gerät namens »Portal« entwickelt, einen Bildschirm, der mit Kamera und Mikrofon ausgestattet war, um den Usern den Videokontakt mit Freunden und Angehörigen zu ermöglichen. Kühlere Köpfe bei Facebook hatten jedoch eingewandt, es sei vielleicht nicht sonderlich klug, wenige Wochen nach dem Desaster mit Cambridge Analytica etwas zu präsentieren, was als Überwachungseinrichtung in den Privaträumen verstanden werden könnte. Zum Glück gab es noch etwas anderes, was Zuckerberg auf der Konferenz vorstellen wollte: Facebooks »Dating«-Feature, mit dem Nutzer ein komplett neues und sehr persönliches Profil anlegen konnten.

Ich fragte ihn, ob es wirklich richtig sei, ein Programm anzubieten, das derart intime Informationen verlangte, während das Vertrauen der Öffentlichkeit in das Unternehmen auf den Tiefpunkt gesunken sei.

Facebook konzentriere sich auf Beziehungen, die dem Einzelnen etwas bedeuteten, antwortete Zuckerberg. Und was könne bedeutender sein als eine Liebesbeziehung? Er erklärte mir sogar die Datenschutzfunktionen des Features. Unser Gespräch wandte sich anderen Themen zu, doch dann kam er unvermittelt wieder auf die von mir angesprochenen Befürchtungen zu dem Dating-Produkt zu sprechen. »Ihre Frage liegt auf der Hand«, sagte er, »aber glauben Sie wirklich, dass wir ein solches Thema augenblicklich nicht anschneiden sollten?«

Ja, sicher, antwortete ich.

»Das ist der Balanceakt, von dem wir zuvor gesprochen haben«, meinte er. »Könnte unser Schritt nach vorn mit der Einführung eines neuen Produkts Ihrer Meinung nach so interpretiert werden, dass wir uns mit der anderen Sache nicht so intensiv befassen, wie wir sollen? Denn mir ist nichts wichtiger, als dafür zu sorgen, dass wir die Angelegenheit ernst nehmen.«

Er machte sich jedoch nichts vor. Es würde lange dauern, das Vertrauen der Öffentlichkeit zurückzugewinnen, Zuckerberg rechnete mit bis zu drei Jahren. Allerdings hatte er den Eindruck, dass der Anfang gemacht sei.

Trotz der schlechten Presse wurde Facebooks »Dating« in jenem Jahr in einigen kleineren Ländern herausgebracht und in den Vereinigten Staaten im Sommer 2019 vorgestellt.

Noch vor Ende 2018 kam Facebook auch mit Portal auf den Markt. Die Kritiker berichteten allgemein lobend darüber, rieten jedoch von der Anwendung des Gerätes ab, weil man, wie sie meinten, Facebook nicht trauen könne.[2]

Zuckerberg hatte allen Grund, sich Gedanken um die Reaktion der Nutzer und Entwickler zu machen. Zwar war er entschlossen, ihr Vertrauen zurückzugewinnen, doch das erwies sich als schwieriger als gedacht. Während man im Unternehmen an der Verbesserung der Produkte arbeitete, unterminierte ein stetiger Strom von Schlagzeilen Facebooks Ansehen weiter. Den Anfang machte die Enthüllung, dass der Datenabfluss an andere – der man nach der einjährigen, 2014 beginnenden Schonfrist eigentlich ein Riegel hatte vorschieben wollen – in Teilen immer noch erfolgte. Einige große Unternehmen wie

Airbnb, Netflix und *Lyft* hatten die Absolution bekommen und erhielten weiterhin Zugang zu Facebooks Daten.[3] (Gleiches galt übrigens für Hot or Not, das Zuckerberg 2003 zu seinem Wahnsinnsprojekt Facemash inspiriert hatte.) Besonders peinlich war, dass ein Teil dieser Fakten im Zuge eines Gerichtsverfahrens herauskam, das von dem Unternehmen *Six4Three* angestrengt worden war, nachdem man es vom Zugang zu den Nutzerdaten ausgesperrt hatte. Vernünftigerweise hatte Facebook deren App »Pikinis« geschlossen, die es den Nutzern ermöglicht hatte, Posts von Freunden im Badeanzug oder in sonst wie unbekleidetem Zustand aufzuspüren. Belohnt wurde Facebook dafür mit einem Rechtsstreit, der in der Enthüllung einer Vielzahl die Reputation des Unternehmens schädigenden E-Mails gipfelte.

Dies ist nur ein Beispiel für die Vorgänge jener Tage. Jeden Morgen machten sich Dutzende Reporter renommierter Zeitschriften oder Experten im Auftrag von gemeinnützigen Organisationen an die Arbeit, neue schmutzige Praktiken von Facebook auszugraben. Und das war nicht schwer. So konnte man etwa über die Zielgruppenauswahl der Anzeigen zu solch erschreckenden Einstufungen wie »Judenhasser«[4] gelangen, eine der vielen fragwürdigen Kategorien, die von Facebooks Algorithmus ausgeworfen wurden, sobald ein Werbekunde beim Generieren seiner eigenen Anzeigen das Wort »Jude« eintippte. Die investigativen Journalisten von *ProPublica* fanden 2274 Nutzer, die von Facebook potenziell darunter eingestuft wurden – eine der über 26 000 von Facebook beschriebenen Eigenschaften, die das Unternehmen offenbar selbst nie überprüft hatte.

»Ich weiß ganz genau, wie das zustande kam«, sagt Antonio García Martínez, ein ehemaliger Produktmanager im Bereich Anzeigen. »Facebook sammelt einen Haufen Nutzerdaten, etwa welche Seiten einer gelikt hat oder welche Informationen sich in seinem Profil finden lassen und all das. Ich habe es ›Projekt Chorizo‹ genannt, weil es mich an diese Wurst erinnerte, in die ja auch jede Menge Zeug reinkommt. Hier fütterte man das System mit all den Nutzerdaten, und es warf die Begriffe aus.«

Im Interesse des Targetings hatte Facebook ein System aufgebaut, in dem eine künstliche Intelligenz ohne Rücksicht auf menschliche

Empfindungen die Möglichkeit erhielt, Kategorien wie eben … Judenhasser … zu erzeugen. Später schaffte Facebook diese Kategorien ab. »Aber wir wissen, dass noch mehr getan werden muss«, sagt Rob Leathern, bei Facebook zuständig für Werbeethik.

Andere Skandale resultierten aus panischen Versuchen des Unternehmens, seinen angeschlagenen Ruf zu reparieren, womit man sich aber letztlich selbst gleich die nächste Grube grub. Im November 2018 enthüllte die *New York Times,* dass Facebooks Strategie-Team eine Public-Relations-Firma namens *Definers Public Affairs* beauftragt hatte, seine Konkurrenten zu diffamieren.[5] Auch der Finanzier George Soros war betroffen, der Facebook in seiner Rede auf dem Gipfel in Davos kritisiert hatte. Besonders pikant daran war, dass Soros oft das Ziel antisemitischer Agitation war, die sich auch in entsprechenden Hasskommentaren auf Facebook entlud. (Noch absurder ist, dass sich ein von jüdischen Führungskräften geleitetes Unternehmen immer wieder mit dem Vorwurf des vermeintlichen Antisemitismus auseinandersetzen musste.) Elliot Schrage, dessen Familie im Holocaust selbst Angehörige verloren hatte, übernahm öffentlich die Verantwortung für den Vorfall. Beobachter kamen zu dem Ergebnis, dass Schrage mit diesem Rückzug seine Vorgesetzte Sheryl Sandberg decken wollte, die behauptete, nicht informiert gewesen zu sein. Dann jedoch tauchten E-Mails auf, die darauf hindeuteten, dass sie durchaus etwas gewusst haben konnte.

Die ganze Geschichte wurde über Gebühr ausgeschlachtet; es kam keineswegs selten vor, dass ein Unternehmen eine PR-Agentur anheuerte, um die Konkurrenz schlechtzumachen. Doch im Jahr 2018 hieß es nicht länger, das Unternehmen im Zweifelsfall für unschuldig zu erklären.

Für andere Negativschlagzeilen war man schlichtweg selbst verantwortlich. So könnte man meinen, Facebooks Verantwortlicher für Globale Firmenstrategie würde es peinlichst vermeiden, sich in die vergiftete Debatte um Brett Kavanaugh hineinziehen zu lassen, den Nominierten für einem Posten am Obersten Gerichtshof, der mit seiner üblen Reaktion auf den Vorwurf sexueller Übergriffe in seiner Jugend die Nation spaltete. Doch wen sah man im Fernsehen direkt hinter dem Kandidaten? Joel Kaplan, der sich einen Tag freigenom-

men hatte, um seinen Freund von der konservativen Federalist Society zu unterstützen.

Die Empörung bei Facebook war groß. Kaplan sah sich in der darauffolgenden Woche zu einer Entschuldigung gezwungen. Und zwar
nicht wegen der Unterstützung seines Freundes, sondern weil er seine
Firma nicht vorgewarnt hatte. Ein Zeuge dieses Vorgangs erklärte
später gegenüber *Wired,* Kaplan habe total geschockt gewirkt und
»ausgesehen wie jemand, der dem eigenen Hund gerade eine volle
Ladung Schrot verpasst hatte«.[6] Doch nur einen Tag später konnte
man durchaus ins Grübeln kommen über die Ernsthaftigkeit seiner
Entschuldigung. Der Senat hatte Brett Kavanaugh in den Obersten
Gerichtshof berufen – und Kaplan schmiss eine große Party zur Feier
der Ernennung.

Nur wenige Wochen nach diesem Desaster musste das Unternehmen bekannt geben, dass sich Hacker Schwachstellen in der Infrastruktur von Facebook zunutze gemacht und sich Zugang zu den Daten von fünfzig Millionen Nutzern verschafft hatten[7] – darunter auch
die von Sandberg und Zuckerberg. Anders als bei Cambridge Analytica handelte es sich hier um ein regelrechtes Datenleck mit potenziell weitaus schlimmeren Folgen für die Nutzer. Die Hacker hatten
eine Schwachstelle aufgespürt, die seit über einem Jahr bekannt gewesen war. Wenige Monate zuvor hatte sich Zuckerberg im Rahmen
seines Canossagangs nach dem Cambridge-Analytica-Skandal noch
weit aus dem Fenster gelehnt. »Wir haben die Verantwortung, eure
Daten zu schützen«, hieß es in einem Post, »und wenn wir das nicht
können, haben wir es nicht verdient, dass ihr unsere Dienste nutzt.«[8]
Man kann wohl mit einiger Sicherheit sagen, dass er damit den Mund
zu voll genommen hatte. In einer seiner seltenen Pressekonferenzen
wurde er zwei Mal gefragt, ob er es nicht angemessen finde, als Firmenchef zurückzutreten. Beide Male antwortete er mit: Nein.

Auch Sheryl Sandberg kämpfte. Und zwar neben der Reputation von
Facebook auch um den eigenen Ruf, den sie sich im Laufe der Zeit
aufgebaut hatte. So kümmerte sie sich nicht nur um die Rehabilitation
des Unternehmens, sondern fand auch noch die Zeit, die immense

Bewegung zu unterstützen, die aus ihrem ersten Buch *Lean In: Frauen und der Wille zum Erfolg* erwachsen war. Sie war überzeugt, Frauen geholfen zu haben, und sie war stolz darauf. Die Probleme bei Facebook aber wirkten sich auch auf ihre Bewegung aus – es musste sie verletzt haben, als Michelle Obama bei einem Vortrag im New Yorker Barclays Center sagte: »Es reicht nicht aus, sich hineinzuknien und den Willen zum Erfolg zu haben, weil dieser Mist nicht immer funktioniert.«[9] Doch in ihrer typischen Art hielt Sandberg sich bedeckt, immer noch ganz die Musterschülerin.

Hin und wieder gab Sandberg in Building 20 kleine Vorstellungen im Talkshow-Format für Facebook Live. Dabei verstand sie sich weniger als Repräsentantin des Unternehmens denn als Leiterin der Lean-In-Bewegung. Der Gast, dem sie am Tisch gegenübersaß, war oft eine Person, die selbst gerade etwas Inspirierendes veröffentlicht hatte und mit der nun ein wenig geplaudert wurde, während man dazu Kaffee aus Bechern mit dem *Lean-In*-Schriftzug trank. Man sah Sandberg an, wie sehr sie diese Momente – zweifelsohne die besten des Tages – genoss. Hinter dem Konferenzraum konnte man durch die Glaswände das geschäftige Treiben der Facebook-Mitarbeiter verfolgen, die damit beschäftigt waren, Pixel zur Eindämmung der sich gerade abzeichnenden, wie auch immer gearteten neuen Krise zu erzeugen. Im Innern des »Only-Good-News-Room« stellte Sandberg ihrem Gast die Frage, die bei diesen Gesprächen regelmäßig den Abschluss bildete: »Was würden Sie tun, wenn Sie keine Angst hätten?«

»Und wenn ich *Ihnen* jetzt diese Frage stellte«, sagte ich 2019 zu Sandberg. Es war unser abschließendes Interview, ein Gespräch von ausnahmsweise zwei Stunden, um die ich sie gebeten hatte, nachdem unsere früheren Begegnungen stets dann geendet hatten, wenn es anfing, interessant zu werden. »Wenn ich keine Angst hätte, würde ich als COO bei Facebook arbeiten, mich bemühen, die Firma weiter auf Wachstumskurs zu halten, und mich als Feministin bezeichnen«, sagte sie. Die Leute würden das oft vergessen, aber zu der Zeit, als sie ihr Buch *Lean In* schrieb, sei eine solche Erklärung für eine weibliche Führungskraft ausgesprochen riskant und unpopulär gewesen.

Kurz vor unserem Treffen war Sandberg vom Kongress befragt worden. Sie erschien in Begleitung von Jack Dorsey; der Ausschuss

hatte auch Googles Geschäftsführer Sundar Pichai angefordert, doch
der hatte ein Kommen abgelehnt. Solchermaßen düpiert, hatte der
Ausschuss dafür gesorgt, dass ein leerer Stuhl hinter dem Tisch mit
Pichais Namensschild stand.

Sandberg hatte sich mit der üblichen Sorgfalt auf die Befragung
vorbereitet. Jedes Detail war berücksichtigt worden, bis hin zur Interaktion mit ihrem Kollegen – Dorsey und sie würden sich nicht wie
sonst freundschaftlich umarmen, weil das auf Absprachen hindeuten
könnte. Außerdem wollte sie nichts Negatives über Googles Firmenboss Sundar Pichai sagen, weil es einen schlechten Eindruck hinterließ, wenn sie in seiner Abwesenheit über ihn herzog.

Sandbergs Aussage war ein Erfolg. Im Gegensatz zu Zuckerberg
wurde sie nicht gefragt, in welchem Hotel sie abgestiegen war. Während ihrer Tätigkeit für die Regierung hatte sie gelernt, im Beisein
von auf Öffentlichkeitswirksamkeit bedachten Politikern angemessene Bescheidenheit zu zeigen. Einige hatte sie sogar in den Tagen zuvor persönlich aufgesucht, um sich für ihre Sache starkzumachen.

Neben Dorseys betont coolem und legerem Auftreten halfen ihr
andere Überraschungen, von möglichen Lücken in ihren Antworten
abzulenken. So hüpfte Alex Jones, der kürzlich bei Facebook gesperr-
te Aktionskünstler, Verschwörungstheoretiker und Rechtsausleger,
plötzlich durch den Raum und rief: »Piep, piep, piep, ich bin ein Russischer Bot«[10] – was die Entscheidung, ihn mit seinem umstrittenen
Meme-Ausstoß aus dem sozialen Netzwerk zu verbannen, nur noch
weiter unterstrich.

Dass sie gern in ein öffentliches Amt gewählt werden würde, wie
man allseits vermutete, stritt Sandberg während unseres langen Gesprächs ab. Ganz bestimmt nicht, sagte sie. Etwas anderes wäre es
gewesen, wenn man sie in ein Amt berufen hätte. Doch die Umstände
waren gegen sie. Ein günstiger Moment für den Ausstieg hätte die
Zeit nach dem Börsengang des Jahres 2012 sein können. Sie hatte Zuckerberg fünf Jahre versprochen, und die wären 2013 um gewesen.
Aber dann habe die Firma über zwölf Monate kämpfen müssen, bis
die Aktien wieder auf den Ausgabewert gestiegen waren. Von daher
wäre es ein schlechter Zeitpunkt gewesen.

Den Tod ihres Mannes empfand sie als unvergleichlichen Schock,

als »verheerendes Ereignis«, wie sie es selbst nannte. Daran anschließend habe sie nicht Neues anfangen wollen, sondern sich allein um
ihre Kinder gekümmert und sich langsam auf die Rückkehr an ihren
Arbeitsplatz bei Facebook vorbereitet. Und dann kam das Jahr 2016.
»Eine ganze Dekade bei Facebook lag hinter mir«, sagt sie. »Aber
nach der Wahl und den Vorwürfen zu Russland und dann noch den
Fake News blies uns ein scharfer Wind ins Gesicht. Ich empfinde es
als große Verpflichtung, zu bleiben und dafür zu sorgen, dass wir wieder ruhigere Gewässer ansteuern. Mark und ich sind noch am ehesten in der Lage, die anstehenden Dinge in Ordnung zu bringen.«

Ich erkundigte mich nach ihrem vielleicht schwierigsten Moment
der jüngeren Zeit, ihrem Auftritt beim Black Congressional Caucus
im Oktober 2017, dem Zusammenschluss afroamerikanischer Abgeordneter im US-Kongress. Sandberg erschien bei der Versammlung
in Begleitung von Maxine Williams, Facebooks leitender Diversity-
Managerin, die als früheres Mitglied des Caucus einige Erfahrungen
für ihre Karriere gesammelt hatte. Wütend warfen die Volksvertreter
Facebook vor, russische Propaganda verbreitet und damit Vorurteile
der Weißen gegenüber Farbigen genährt zu haben. Hinzu kämen Facebooks Verletzung von Bürgerrechten, indem es seinen Werbekunden
diskriminierende Äußerungen über Afroamerikaner ermöglichte.
Unter seinen Angestellten befänden sich viel zu wenige Farbige, und
im Aufsichtsrat sei kein einziger schwarzer Direktor vertreten.[11] Sie
nahmen aber auch Maxine Williams unter Beschuss – warum war sie
lediglich »Director« und nicht »Chief Officer«, also jemand, der auch
dem Titel nach die oberste Verantwortlichkeitsebene repräsentierte?
(Facebook befasste sich später mit all diesen Vorwürfen; Williams'
Titel wurde geändert, und man berief Kenneth Chenault, den ehemaligen Geschäftsführer von American Express, in den Aufsichtsrat.)

Als die einzelnen Abgeordneten ihrem Ärger Luft machten, versprach Sandberg so regelmäßig, dass es fast schon wie ein Mantra
klang: »Das müssen wir besser machen.« Einige Tage später drückte
der Abgeordnete Donald Payne aus New Jersey gegenüber der *New
York Times* seine Unzufriedenheit aus. Einer seiner Onkel, so erklärte
er, habe es nicht leiden können, wenn jemand versprach, dies oder
jenes zu tun, um den von ihm angerichteten Schlamassel in Ordnung

zu bringen. »Er schimpfte: *Rede nicht in der Zukunftsform!*«, sagte Payne. »Und das verlange ich jetzt auch von ihr: Rede nicht von der Zukunft!«

»Das war wirklich eins der schwierigsten Treffen, an denen ich je teilgenommen habe«, sagt Sheryl Sandberg. »Ich habe mir alles von vorn bis hinten angehört und mir sorgfältig Notizen gemacht. Beim Rausgehen habe ich gesagt, dass ich, dass wir einen ganzen Haufen Arbeit vor uns haben. In den darauffolgenden Monaten habe ich nicht nur jeden einzelnen Abgeordneten angerufen, der dabei war, sondern auch noch viele weitere, und inzwischen betreue ich die Angelegenheiten des Unternehmens in Fragen der Bürgerrechte ganz persönlich.«

Als besonders schmerzlich empfand sie es, dass dies *ihre* Leute waren – Angehörige der Demokratischen Partei, Menschenrechtler, Verfechter sozialer Anliegen. »Ich bin ausgesprochen progressiv, ich spende viel und investiere in neue Projekte. Die Leute waren aufgebracht, weil wir nicht aufgepasst haben, und wir würden uns umgekehrt über genau das Gleiche aufregen.«

Bei diesem Thema wird Sandberg von ihren Gefühlen überwältigt, sie braucht einen Moment, um sich wieder zu fassen. Doch dann brach mit einem Mal alles heraus, unter Tränen: ihr Frust, ihr Ärger, der Schmerz über die Verletzungen der letzten beiden Jahre. Sie hatte früher einmal gesagt, dass es nach dem Tod ihres Mannes nichts geben würde, was sie jemals wieder so mitnehmen könne. Doch die Gewalt, mit der die Leute auf das Unternehmen losgingen, wodurch letztlich auch ihr Ansehen geschädigt wurde, setzte ihr mehr zu, als sie je gedacht hätte.

»Ich meine, es geht doch um etwas wirklich Großes«, sagt sie, die Stimme noch immer belegt. »Mark und ich und wir alle haben diese Firma aufgebaut, weil wir wirklich daran glauben. Ich glaube so fest daran, dass es wichtig ist, den Leuten eine Stimme zu geben, die Möglichkeit, dass sie ihre Meinung sagen können. Als ich im Rechercheteam der Weltbank arbeitete, hatte ich mit Lepra und anderen Krankheiten zu tun. Ich war in Indien in Dörfern und Wohnungen, in denen es keinen elektrischen Strom gab. Und ich habe gesehen, wie die Leiterin der Lepraprogramme Indiens über einen Kranken hinweggestiegen ist, als wäre er nicht da. Ich weiß also, was es bedeutet, keine Stimme zu haben. Deshalb bin ich zu Facebook gegangen – weil wir den Menschen die Möglichkeit geben, miteinander in Kontakt zu treten und ihre Stimme zu erheben. Und das gilt für jeden, von Hillary Clinton und Donald Trump bis hin zu … Leuten auf der ganzen Welt. Aber dieselben Tools …«

Sie holt tief Luft. Der Teil des Satzes, den sie fortlässt, sollte wohl lauten: …, *die ihnen durch Facebook zur Verfügung stehen, werden auch für Böses eingesetzt.*

»Ich weiß noch, wie es uns begeistert hat, als der Arabische Frühling begann«, fährt sie fort. »Wir haben diesen Frühling nicht ›gemacht‹, aber wir haben den Leuten ein Podium zur Verfügung gestellt, auf dem sie miteinander in Kontakt treten konnten. Damit all dies entstehen konnte. Die Präsidentschaftswahl war eine schlimme Sache und ist es immer noch. Und das macht nicht nur die anderen wütend. Vielleicht drücken wir uns nicht richtig aus, und vielleicht wirke ich nicht ehrlich und offen, und vielleicht ist das, was ich geteilt habe, nicht genug, oder ich hatte nicht das richtige Forum … aber es macht mich ebenfalls wütend. Dazu brauche ich keinen Verwaltungsrat … es macht mich einfach wütend. Erskine [Bowles] und ich stehen uns sehr nahe, und er ist richtig wütend. Er ist wütend, ich bin wütend, alle sind wütend.«

Es herrscht bedrücktes Schweigen. Die Pressedame, die unser Treffen betreut – eine kürzlich eingestellte Vertretung für jene, die kürzlich das Handtuch geworfen hat –, hört zu tippen auf, obwohl es das ist, was die »Babysitter« von der Abteilung Public Relations während eines Interviews gewöhnlich tun. Mit Augen rund wie die bunten Symbole des Messenger starrt sie uns an. »Mir war klar, dass diese Zeit richtig schwer werden würde, und das trotz meiner zehn Jahre bei Facebook«, sagt Sandberg. »Aber schließlich bin ich hier, um schwer zu arbeiten.«

In dieser depressiven Phase schienen emotionale Ausbrüche bei Facebook-Mitarbeitern schon fast zur täglichen Routine zu gehören. In einem Interview mit der *New York Times* standen Technikchef Mike Schroepfer Tränen in den Augen, als er erklärte, warum es Facebooks künstlicher Intelligenz nicht gelang, die Verbreitung des Mordvideos aus dem neuseeländischen Christchurch aufzuhalten.[12] Aus zweiter Hand hörte ich, dass ein Facebooker erzählt habe, eines Tages seien alle Kabinen der Damentoiletten von heulenden Angestellten besetzt gewesen; diejenigen, denen nun ebenfalls zum Weinen zumute gewesen sei, hätten dafür anstehen müssen.

»Das ist ja schrecklich«, sagt Sandberg, als ich ihr davon erzähle. »Ich meine, *ich* weine auch. Man kann das auch direkt am Schreibtisch tun.«

Es gab Zeiten, da war Facebook im Silicon Valley »the place to be« nicht nur für Tech-Talente gewesen. Nun, angesichts der vielen Krisen, war die Konkurrenz zur Stelle, um sich die Besten herauszupicken. Manchen Angestellten wiederum schien der Augenblick günstig, zu Start-ups zu wechseln. Ein Dozent für Computertechnologie an einem der großen Institute für künstliche Intelligenz sagte mir, einst sei Facebook der gefragteste unter den Arbeitgebern gewesen, doch inzwischen würden es 30 Prozent seiner Studenten aus moralischen Gründen ablehnen, dort zu arbeiten.

Bei Facebook gärte es an allen Ecken und Enden. Das Unternehmen lässt regelmäßig Berichte über seine Arbeitskräfte anfertigen. Das *Wall Street Journal* bekam die Gelegenheit, den im Oktober 2018 erstellten Report über 29 000 Facebooker einzusehen.[13] (Dass der Report an die Presse durchsickerte, ist allein schon ein Zeichen für Probleme in den eigenen Reihen.) Nur wenig mehr als die Hälfte der Beschäftigten sah die Zukunft positiv, ein Abfall von 32 Prozentpunkten gegenüber dem Vorjahr. Und neuerdings glaubten Tausende Mitarbeiter nicht länger daran, dass Facebook gut für die Welt war: Diese Auffassung wurde nur noch von mageren 53 Prozent vertreten.

Derartige Zweifel wurden sogar von Angehörigen der obersten Ebene geteilt. Ein Manager berichtete mir von einem Treffen des kleinen Teams Mitte 2018, bei dem Zuckerberg den Anwesenden erklärte: »Ich habe den Eindruck, nicht alle sind noch von unserer Arbeit überzeugt.« Er bat seine Top-Führungskräfte, Facebooks wichtigste Aufgaben auf ein Blatt Papier zu schreiben und sie mit einer Zahl zwischen eins und zehn zu bewerten.

Das Ergebnis war niederschmetternd.

»Alle vertraten letztlich die Auffassung, dass nichts, aber auch gar nichts, was wir taten, gut war«, sagt mein Gesprächspartner. »Warum gehen wir in Konkurrenz zu Google und starten eine Suchmaschine? Warum befassen wir uns mit Watch? Wozu soll Oculus gut sein?« (Ein anderer Teilnehmer hat die Besprechung als nicht ganz so negativ wahrgenommen, bestätigt aber die kritische Grundstimmung.) Zuckerberg ließ sich nicht beirren. Alle großen Projekte würden anfangs kritisch gesehen, erklärte er seinen Leuten. Er habe immer Erfolg gehabt, wenn er sich von Skeptikern nicht ins Bockshorn jagen ließ.

Lange hatte Zuckerbergs Kunst darin bestanden, zum richtigen Zeitpunkt die richtigen Entscheidungen zu treffen. Sam Lessin, sein Kommilitone aus Harvard, später bei Facebook Führungskraft und nach wie vor ein guter Freund, war ein ums andere Mal Zeuge, wie Zuckerberg eine Entscheidung traf, die mit der Meinung der anderen im Raum kollidierte. Seine Auffassung stach – und er würde recht behalten. Wieder und wieder. Und irgendwann akzeptieren die Leute das. Inzwischen aber stand es nicht gerade gut um einige dieser Entscheidungen. Selbst ein Kriegs-CEO sollte sich Einwände genauer anschauen. »Jeder Firmenchef hat das Recht zu sagen, wo es langgeht«, sagt jemand, der viele Zuckerberg-Anweisungen miterlebt hat. »Doch wenn er die Tatsache, dass alle anderen gegen ihn sind, so interpretiert, dass er trotzdem im Recht ist, liegt er falsch.«

Zuckerbergs langjährige Weggefährten aber hielten ihm die Treue. An seinem 33. Geburtstag stellte Zuckerberg ein Foto ins Netz, das ihn beim Feiern mit zwanzig seiner engsten Freunde sowie deren Geschenk zeigt – einen Kuchen, der aussah, als bestehe er aus Fleisch, garniert mit einer Wurst, ein paar Spareribs, einer Haxe und einigem anderen mehr.[14] Unter den breit grinsenden Gästen sah man auch jene, die aus seinem Umfeld nicht mehr wegzudenken waren: Sandberg, Bosworth und sein treues Alter Ego Chris Cox.

Der Kreis der loyalen Zuckerberg-Getreuen wurde jedoch kleiner. Roger McNamee, der Investor, der Zuckerberg und Sandberg 2016 auf die Fake News aufmerksam gemacht hatte, war nur der erste in einer ganzen Reihe von Abtrünnigen, die in ihrem Luxusleben kurz innehielten, um lautstark das Unternehmen zu verdammen, das sie reich gemacht hatte. In einer öffentlichen Fragestunde im National

Constitution Center in Philadelphia warf Sean Parker Facebook vor, seine Nutzer abhängig zu machen. »Was bei Entwicklung all solcher Applikationen eine Rolle spielte – aber vor allem bei Facebook –, war der Gedanke: *Wie können wir so viel von deiner Zeit und deiner Aufmerksamkeit in Anspruch nehmen wie nur irgend möglich?*«, sagte Parker. »Die Erfinder und Entwickler – also ich und Mark und Kevin Systrom bei Instagram und all diese Leute – haben das ganz bewusst einkalkuliert.«[15] Und Justin Rosenstein, einer der Miterfinder des Like-Buttons, verurteilte inzwischen den »grellen Kick der Ersatzbefriedigung«,[16] den jemand empfindet, wenn er auf das Daumen-hoch-Symbol klickt.

Die vielleicht schmerzlichste Kritik aber kam von Chamath Palihapitiya. Bei einem Vortrag in der Stanford Graduate Business School im Dezember 2017 sagte der Mann, der entscheidend zu Facebooks Aufstieg beigetragen hatte: »Ich glaube, wir haben Instrumente entwickelt, die die sozialen Strukturen unserer Gesellschaft zerstören.«[17] Er berichtete von einem Vorfall in Indien, wo sich in den Mühlen der WhatsApp-Meldungen das Gerücht einer Entführung verbreitete, die allerdings nie stattgefunden hatte. Die Menschen aber waren darüber so aufgebracht, dass sie sieben Personen lynchten. »Das ist einfach nur entsetzlich«, sagte Palihapitiya. Zwar würde Facebook auch manches Gute bewirken, doch er persönlich würde den Dienst nicht nutzen und habe seinen »Kindern verboten, sich bei diesem Mist anzumelden«.

Das durfte so nicht stehen bleiben, und Sheryl Sandberg setzte sich mit ihm in Verbindung. Über den Inhalt ihres Gesprächs wurde zwar nie etwas bekannt, doch Palihapitiya nahm seine Äußerung öffentlich zurück.[18]

Trotz dieser Attacken liefen Facebooks Geschäfte besser denn je. Seine wichtigste Werbestrategie – bei denen die intern gewonnenen riesigen Datenmengen mit Informationen von außen zusammengefügt wurden, um die vielversprechendsten Kunden herauszufiltern – war schlichtweg unschlagbar. Nachdem man jahrelang an diesem System gefeilt und eine Metrik zur Berechnung der Erfolgsbilanz entwickelt

hatte, war Facebook zum unangefochtenen Führer im Bereich der sogenannten PII geworden: Personally Identifying Information – persönlich identifizierbare Daten.

Marc Pritchard, oberster Markenbeauftragter bei Procter & Gamble, berichtet von einem Gespräch, das er Jahre zuvor mit Sheryl
Sandberg geführt hatte. Es ging dabei um »Cookies«, jene kleinen Da-
tenspione, die auf Computer privater Nutzer gepflanzt werden, wenn
sie eine Seite besuchen. »Ich weiß noch genau, dass Sheryl sagte: Cookies werden verschwinden; die Zukunft liegt in den PII-Daten. Denn
mit den PII-Daten kann man weit mehr anfangen als mit denen von
Cookies. Cookie-Daten sind anonym. Wir hatten recht, als wir auf
PII-Daten gesetzt haben.«

Als durch Journalisten und Aufsichtsbehörden bekannt wurde, wie
viel Facebook von seinen Nutzern wusste und wie geschickt es diese
Informationen für seine Anzeigenkunden bündelte, machte das Unternehmen Konzessionen und bemühte sich, transparenter zu werden. Doch das änderte kaum etwas am Momentum. Zum einen war
das Anzeigensystem derart kompliziert, dass selbst Zuckerberg nicht
alle Feinheiten kannte. Bei seiner Anhörung vor dem Kongress ließ er
eine Reihe von Fragen zu Facebooks Anzeigensystem offen, weil er
darauf nicht vorbereitet gewesen war. »Ich bin davon ausgegangen,
dass sich meine Aussage vor dem Kongress vornehmlich auf Cambridge Analytica und vielleicht zu einem gewissen Teil auf die Einmischung Russlands bezieht«, sagte er mir im Anschluss an seinen Auftritt. »Die anderen Fragen zum Produkt glaubte ich grundsätzlich
beantworten zu können, weil es schließlich von mir stammt.« Er
machte ausweichende Erklärungen, und auf dem Rückflug nahm er
sich vor, sich selbst in diese Dinge zu vertiefen. »Mir ist klar geworden, dass ich nicht im Detail beschreiben könnte, wie wir die fremden
Daten in unser Anzeigensystem integrieren, und das passt mir nicht«,
sagte er.

Was er bei der genaueren Analyse vorfand, war ein derart mit Daten abgesichertes System, dass selbst scheinbar bedeutende Änderungen keinen tief gehenden Einfluss darauf hatten. Kurz vor Zuckerbergs Aussage hatte Facebook eine seiner umstrittensten Praktiken
mit der Bezeichnung »Partner Categories« eingestellt.[19] Bis dahin hat-

te Facebook eigenes Material mit den immensen Sätzen externer Datenhändler (etwa von Giganten wie *Equifax* und *Experian*) ergänzt, um eine genauere Eingrenzung der Zielgruppen zu ermöglichen. Wenn ein Magazin beispielsweise seine Abonnenten – oder die eines Konkurrenzblatts – auf Facebook ansprechen wollte, konnte es mithilfe der kombinierten Daten direkt auf sie zugreifen.

Als ich mich einige Monate später bei einer Führungskraft aus der Werbeabteilung nach den wirtschaftlichen Auswirkungen dieser Maßnahme erkundigte, lachte sie. »Es gibt keine«, lautete die Antwort. Zwar kaufte Facebook keine Daten mehr hinzu, doch in seinen Richtlinien hieß es klar und deutlich: »Diese Geschäfte können weiterlaufen, indem die Zusammenarbeit [der Kunden] mit Datenhändlern in eigener Regie übernommen wird.«[20] Facebook machte es seinen Werbekunden auch weiterhin leicht, Fremddaten in ihre jeweiligen Systeme zu integrieren. Der einzige Unterschied war, dass die Kunden die Daten nun direkt bei den Brokern kauften.

Während in Europa relativ strenge Datenschutzmaßnahmen galten, hatte Facebook überall sonst auf der Welt freie Hand, mittels Internettracking die nie versiegende Datenquelle auszuschöpfen. Die Praxis, dass jede Webseite, die ein Nutzer besuchte, und jeder Suchbegriff, den jemand eingab, routinemäßig aufgezeichnet und benutzt wurde, um ihm Kaufangebote zu senden, war inzwischen weit verbreitet. Zwar verhandelten Gesetzgeber in den Vereinigten Staaten über Datenschutzrichtlinien, die dies einschränken sollten, legten letztlich aber keine konkreten Entwürfe vor. Niemandem kam das mehr zupass als Facebook, denn sein eigenes unsichtbares Pixel befand sich auf Millionen von Seiten. Sobald jemand die Homepage irgendeiner Sneaker-Marke aufrief, sich über ein Automodell informierte oder, Gott bewahre, mehr über ein frei verkäufliches Medikament wissen wollte, konnte er mit Sicherheit davon ausgehen, dass daraufhin entsprechende Werbung in seinem Newsfeed erschien.

Dieses Phänomen war so unheimlich, dass es die Leute erschreckte und bei einer ganzen Reihe von Nutzern der Verdacht aufkam, Facebook könne irgendwie private Gespräche belauschen. Senator Gary Peters sprach für viele, als er sich bei der Anhörung danach erkundigte. »Ich höre es immer wieder, darunter auch von meinen Mitarbeitern«, sagte er zu Zuckerberg, »Ja oder nein: Benutzt Facebook Abhöreinrichtungen in mobilen Geräten, um persönliche Informationen über seine Nutzer zu sammeln?«

»Nein«, antwortete Zuckerberg.

Letztendlich war Facebook nicht auf so etwas analoges wie Abhören angewiesen. Es besaß bereits alle nötigen PII-Daten, die es den Werbekunden ermöglichten, nicht nur einen Kreis von möglichen Interessenten für ihr Produkt anzusprechen, sondern sogar konkrete Individuen aus diesem Kreis herauszupicken. Mit dem Ergebnis, dass Facebook für das Marketing anderer Unternehmen unverzichtbar wurde. Ohnehin verschlang Online-Werbung bereits nahezu die Hälfte des gesamten Werbeetats, der für den US-amerikanischen Markt aufgewendet wurde. Die 50-Prozent-Marke wurde 2019 geknackt.[21] Facebooks einziger ernst zu nehmender Konkurrent bei den mobilen Endgeräten war Google; gemeinsam bestritten die beiden Unternehmen rund 60 Prozent der digitalen Werbung[22] und teilten sich bei den mobilen Endgeräten über zwei Drittel des Marktes.[23]

Als Facebook in Ungnade gefallen war, als fast täglich neue Berichte über Schnitzer des Unternehmens die Nachrichten beherrschten, konnte man sich über eins sicher sein: Finanziell sah es anders aus. Wahlweise Sheryl Sandberg oder Facebooks Kaufmännischer Leiter, David Wehner, vermeldeten: »Wir hatten ein sehr gutes Quartal.« Beinahe regelmäßig würde auch der Begriff »Rekordeinnahmen« fallen. Das Unternehmen, das einst mit ein paar mickrigen Kröten gestartet war, hatte inzwischen Jahreseinnahmen von über fünfzig Milliarden Dollar und war an der Wall Street mit mehr als 500 Milliarden Dollar bewertet.

Der zweite Quartalsbericht vom Juli 2018 sah allerdings etwas anders aus.[24] Wie immer betraten Zuckerberg, Sandberg und Wehner nach Börsenschluss den Konferenzraum auf dem Campus, um die Ergebnisse bekannt zu geben und Fragen von Analysten zu beantworten. Dieses Mal hatten sie nichts Gutes zu vermelden.

Seit Monaten hatte Zuckerberg versprochen, Tausende neuer Mitarbeiter einzustellen, um die Datensicherheit zu verbessern. Das hatte nun Auswirkungen auf den Profit. Dies an sich war nichts Außergewöhnliches. »Wie ich zuvor schon bei solchen Gelegenheiten gesagt habe«, erklärte Zuckerberg, gestützt auf seine Notizen, »investieren wir gerade derartige Summen in die Sicherheit, dass es sich bedeutend auf die Erträge auswirken wird.« Neu waren an diesem Abend jedoch Hinweise, dass die Nachfrage nach Facebooks gegenwärtigem Top-Werbeprodukt zurückging. Womöglich lag die Zukunft nicht mehr in gesponserten Storys im Newsfeed.

Aber Facebook schwebte bereits ein Ersatz vor: Anzeigen, die zwischen die einzelnen Clips der sogenannten Storys geschaltet würden, wie sie erst bei Instagram und später dann auch bei Facebooks WhatsApp und Messenger erschienen. Facebook musste nur noch sicherstellen, dass diese Anzeigen ebenso lukrativ waren wie die des alten Konzepts, und die Werbekunden mussten lernen, sie bestmöglich einzusetzen. Man war zuversichtlich, dass dies im Laufe der Zeit verwirklicht werden konnte. Also vielleicht nicht sofort, aber … Mit anderen Worten: Die Umstellung würde sich während mehrerer Jahre auf die Erträge auswirken.

Es war, als hätte jemand in einem voll besetzten Nachtklub »Feuer!« gerufen. Investoren gerieten in Panik und verkauften ihre Aktien im nachbörslichen Handel. Als Zuckerberg und sein Team den Konferenzraum verließen, war die Facebook-Aktie um 20 Prozent gefallen, was einen Wertverlust von 120 Milliarden Dollar ausmachte. Zuckerberg selbst hatte während der einstündigen Pressekonferenz an die 17 Milliarden Dollar verloren.[25] »Ich glaube, dies war der größte Aktiencrash in der Geschichte der Menschheit«, sagte mir Zuckerberg später. »Es war eine äußerst massive Korrektur, Ausdruck des Umschwungs der Erwartungen an unsere zukünftige Ausrichtung der Firma.«

Doch auch dieser Rückschlag konnte aufgefangen werden. Facebook-User liefen nicht einfach so zu anderen Diensten über. Und ebenso treu blieben Facebook die Werbekunden. »Noch immer nutzen die Leute Facebook und Instagram«, sagt Pritchard. »Und deshalb schaltet man dort auch weiterhin Werbung.«

Bei Facebook bemühte man sich wirklich nach Kräften, gegenzusteuern. Allen voran das »Integrity-Team«, das aus der Wachstumsabteilung hervorgegangen war. Was seltsam anmutet, wenn man dessen Politik der verbrannten Erde bedenkt. Guy Rosen zufolge stand dahinter der Gedanke, dass eine Gruppe, die Facebook auf über zwei Milliarden Nutzer hatte ausbauen können, auch am besten in der Lage sein würde, das höchste Maß an Sicherheit zu garantieren. »Außerdem geht das Growth-Team bei seiner Arbeit und bei seinen Einschätzungen äußerst analytisch vor«, fügt er hinzu.

Im Integritäts-Team stand alles unter dem Motto: Herausnehmen, Reduzieren, Informieren. Und diese Praxis zeitigte offenbar Wirkung. Drei unabhängige Studien, die zwischen 2016 und 2018 durchgeführt wurden, bestätigten Facebook Fortschritte. Die Untersuchung der University of Michigan etwa schätzte, dass der von ihr als »zweifelhaft« bezeichnete Content um die Hälfte zurückgegangen war.

Forschungsergebnisse wie diese interessierten die Öffentlichkeit allerdings kaum. Die Titelstorys beschäftigten sich weiterhin mit den Auswirkungen von Facebooks Sünden der Vergangenheit, die von den Aufsichtsbehörden mit Feuereifer verfolgt wurden. Darunter befand sich keine geringere als die für den Verbraucherschutz zuständige Federal Trade Commission. Im Jahr 2011 hatte sie im Streit um den Datenschutz mit Facebook einen Vergleich geschlossen, bei dem sich die Firma zu einem bestimmten Verhalten verpflichtet hatte. Wie sich nun herausstellte, war Facebook diesen Verpflichtungen nicht vollumfänglich nachgekommen.

Diese Verpflichtungen sahen beispielsweise vor, dass Facebook seine Nutzer informieren musste, wenn ihre Daten in fremde Hände fielen. Da das im Fall von Cambridge Analytica bei mindestens fünfzig Millionen Nutzerkonten geschehen war, stand Facebook nun vor der schwierigen Aufgabe, zu erklären, warum man dies – erstens – nicht gemeldet und warum man – zweitens – nichts unternommen hatte, als Cambridge Analytica Facebook mit Anzeigen zuschüttete, um womöglich auf Grundlage von Aleksandr Kogans Persönlichkeitsprofilen das Mikrotargeting zu nutzen.

Um die Vorgaben der Federal Trade Commission einzuhalten, mussten zwei Schritte erfolgen. Der erste lief über die Behörde selbst:

Sobald Facebook eine neue Anwendung herausbrachte, legte sie diese der Behörde vor und erläuterte die im Produkt oder Feature enthaltenen Datenschutzkomponenten. Manchmal nahm es sogar den Rat der Behörde an und verbesserte das Produkt, um die Nutzer besser zu schützen als in der ursprünglichen Version. Außerdem zog Facebook, wie in dem Vergleich festgeschrieben, Gutachter von außen zurate, in diesem Fall aus dem Verbund der Unternehmensberatungen PwC (ehedem PricewaterhouseCoopers), eine der »Big Four«. (Als Facebook PwC engagierte, war Joel Kaplans Frau als Partnerin in diesem Unternehmen verantwortlich für die Öffentlichkeitsarbeit, ein Posten, den sie bis 2016 innehatte.[26])

Facebooks Anwälte und Beauftragte für Öffentlichkeitsarbeit legten einer Gruppe von PwCs Mitarbeitern regelmäßig Reports vor, in denen sie die Umsetzung der Datenschutzanweisungen dokumentierten, und trollten sich dann wieder zurück in ihre Büros, um den Bericht für die Verbraucherschutzbehörde vorzubereiten.[27] Die Prüfer fanden es offenbar nicht anstößig, dass Facebook fünfzig Millionen seiner Nutzer darüber im Dunkeln ließ, dass ein Entwickler seine Dienststandards missachtet und interne Daten an von Rechtsaußen finanzierte politische Berater weitergeleitet hatte. Das erfuhren die Leute nicht von Facebook, sondern durch die Medien.

Die Federal Trade Commission fühlte sich – berechtigterweise – hinters Licht geführt. In einer neuerlichen Prüfung stellte sie fest, dass Facebook die Vereinbarung von 2011 missachtet hatte. Zu den Verstößen gehörten »Täuschungen über Datenschutzeinrichtungen, mangelnde Sicherheitsstandards, die Dritten den Zugriff auf Daten ermöglichen, Zugriff auf Ads mithilfe von Telefonnummern, die Facebook zum Zweck der Datensicherung mitgeteilt worden waren, und bewusste Irreführung einiger Nutzer [mit der Behauptung], die Gesichtserkennung sei generell abgeschaltet worden, obwohl dies nicht den Tatsachen entsprach.« Das britische Parlament lag demnach nicht völlig falsch, als es Facebook im Februar 2019 mit dem Etikett »digitale Gangster« bedachte. Zu allem Überfluss griff Facebook zu diesen Täuschungen und Tricksereien in einer Phase, in der man das Unternehmen nach den Übeltaten der Vergangenheit gerade auf einem Pfad des Wohlverhaltens wähnte.

Auf die Enthüllungen folgten langwierige Verhandlungen zwischen Facebook und der Aufsichtsbehörde mit dem Ziel einer Vereinbarung. In dem heiklen Kräftemessen versuchte die Federal Trade Commission, eine möglichst hohe Strafe festzusetzen, ohne dass Facebook die Einigung ablehnte und ein Gerichtsverfahren anstrengte, dessen Ausgang unsicher war und Jahre auf sich warten lassen würde. Einer der zentralen Punkte betraf die persönliche Verantwortlichkeit von Zuckerberg und Sandberg. Da sie die Pflicht gehabt hätten, die frühere Vereinbarung umzusetzen, gingen viele Beobachter davon aus, dass die beiden namentlich genannt werden würden, mussten sich dann aber eines Besseren belehren lassen.

Die Federal Trade Commission machte als Erste einen Rückzieher. Am 24. Juli stellte sie die Vereinbarung der Öffentlichkeit vor. Weder Sandberg noch Zuckerberg wurden darin namentlich genannt. Sie hatten auch nicht ihre Funktionen niederlegen müssen, wie es sonst bei solchen Untersuchungen gefordert wurde. Erwartungsgemäß verdonnerte man Facebook zu einer Strafe von fünf Milliarden Dollar, die höchste, die von dieser Behörde je verhängt worden war.[28] (Der alte Rekord stand bei hundert Millionen.) Allerdings hatten sich zwei der fünf Kommissionsmitglieder gegen diese Vereinbarung ausgesprochen, weil sie Facebook ihrer Meinung nach zu billig davonkommen ließ. Damit hatten sie wohl recht, denn die Facebook-Aktie verlor nach der Bekanntgabe kaum an Wert. Kurze Zeit später vermeldete Facebook in seinem Quartalsbericht Einnahmen in Höhe von 17 Milliarden Dollar.[29] In Kommentaren zu dieser Einigung hieß es zumeist, Facebook sei noch einmal »mit einem blauen Auge davongekommen«.

Im Juni 2018 erklärte Elliot Schrage, der langjährige stellvertretende Leiter des Bereichs Kommunikation und Öffentlichkeitsarbeit, seinen Rücktritt (auch wenn er Facebook als Berater verbunden blieb). Nach monatelanger Suche bemühte sich Sandberg um den einstigen britischen Politiker Nicholas Clegg. Der ehemalige stellvertretende britische Premierminister hatte zwei peinliche Niederlagen hinnehmen müssen, als er erst seinen Posten im Kabinett und dann seinen Sitz im

Parlament verlor. Seitdem streifte er durch die Welt der neuen Technologien. »Je genauer ich mir die rückwärtsgewandte Rhetorik gegen die Technologien ansah, insbesondere gegen die sozialen Medien, desto größer wurde meine Sorge, dass durch diese Gegenreaktion das Kind mit dem Bade ausgeschüttet wird«, sagt er. Dies stand ganz klar im Einklang mit Facebooks Auffassung.

Clegg hatte keine große Lust, in der Öffentlichkeit erneut den Buhmann zu spielen, indem er sich zum Sprecher der größten Marke unter den neuen Technofirmen machte, aber Sandberg überredete ihn, nach Kalifornien zu fliegen und mit Zuckerberg und Chan zu reden. »Wenn Sheryl sich etwas in den Kopf gesetzt hat, ist sie ziemlich hartnäckig und unerbittlich«, sagt Clegg. Er warnte sie, dass er kein Blatt vor den Mund nehmen würde. Und als er den Firmenboss traf, erklärte er ihm dann auch: »Ihr größtes Problem ist, dass die Leute Sie für zu mächtig halten, Sie aber den Eindruck erwecken, dass Ihnen das egal ist.«[30]

»Ja, das ist nachvollziehbar. Das verstehe ich«, antwortete Zuckerberg. Clegg sagte später, diese Reaktion habe ihn überrascht. Doch Zuckerberg hatte nun bereits seit zwei Jahren Kritik einstecken müssen, ohne dass es ihn groß mitgenommen hätte. Clegg erhielt den Posten.

Zur Zeit seines Eintritts in die Firma waren die Spannungen bei Facebook so hoch, dass man jede Chance auf eine Atempause willkommen hieß. Ob es lediglich an Erschöpfung lag oder tatsächlich eine Verbesserung eintrat – die Stimmung bei Facebook stieg jedenfalls wieder, woran auch Clegg einen Anteil hatte.

Einige Monate zuvor hatte Zuckerberg entsprechend seiner neuen Rolle als Kriegs-CEO einige Anweisungen ausgegeben. Zukünftig sollte niemand mehr auf dem C-Level eingestuft werden, also die Funktion eines »Chiefs« oder unangefochtenen Abteilungsvorstands ausüben können. (Nach Zuckerbergs Darstellung beruhte dies nicht auf einer »breit angelegten Unternehmensoffensive«, sondern allein auf dem Umstand, dass einige Manager aus der obersten Führungsriege wie Olivan ohne das »C« auskommen mussten, während andere, die diesen Vorteil genossen, keineswegs mächtiger waren.)

Das Vorhaben ließ sich verhältnismäßig leicht umsetzen, da außer

Sandberg fast alle anderen in einer solchen Position – der Sicherheits- und der Verkaufschef sowie die CEOs von Instagram, WhatsApp und Oculus – bereits fortgegangen oder gegangen worden waren. Außerdem hatte Zuckerberg erklärt, dass Facebook keine wie auch immer geartete Medienpräsenz seiner Führungskräfte unterstützen werde. Clegg sah das lockerer: Er ermöglichte einen langen und in die Tiefe gehenden *Vanity Fair*-Artikel über die Content-Moderation, der sich vor allem auf Monika Bickerts Rolle bezog.

Auf einer Mitarbeiterversammlung später im Jahr war Clegg im Anschluss an Zuckerbergs Beschreibung der Fortschritte ihres Unternehmens und nach Guy Rosens Bericht über die Arbeit des Integrity-Teams der »Rapper« – der Mann, der die Abschlussrede hielt. Seine direkte Art und positive Herangehensweise kamen gut an. »Ich habe gesagt, dass einige Medienberichte sicherlich ungerecht waren, aber dass wir die Wahrheit akzeptieren müssen«, sagte er mir im Anschluss. Facebook habe es zwar ordentlich vermasselt, meinte er, aber glücklicherweise sei es nun bereit, für seine Fehler zu büßen. »Und es ist schlichtweg wahr, dass die Firma jetzt versuchen sollte, ihre außergewöhnlichen Erzeugnisse und Entwicklungen aufzupolieren, also mit Stabilisatoren, Sicherheitsgurten und Ähnlichem nachzurüsten.«

Zumindest eine bei der Versammlung anwesende Person – eine, die die Firma Monate zuvor noch mit vernichtenden Urteilen bedacht hatte – schien beruhigt. »Die Medienberichte hatten sich derart hochgeschaukelt, dass man sie schon gar nicht mehr ernst nehmen konnte, und selbst wenn man innerlich so seine Zweifel hatte, dachte man: *Nun ist's aber genug, das stimmt einfach nicht – so schlimm sind wir nicht*«, sagte sie. »Diese Belegschaftsversammlung war die beste, die ich dort je erlebt habe. Und viele haben mir bestätigt, wie gut sie ihnen getan hat.«

Während Facebook in der Öffentlichkeit nach wie vor als rücksichtslos galt, zeichneten sich in der Firma selbst Änderungen ab, und mit der neuen Leitung der Unternehmenskommunikation verband sich die Hoffnung, dass sie die Dinge durch unbedachtes Vorgehen nicht noch weiter verschlimmern würde. »Es herrschte allgemein die Ansicht, dass wir eine neue Richtung eingeschlagen haben und darauf vertrauen können, dass wir eventuell auftauchende Probleme nicht nur bewältigen, sondern sie zukünftig auch systematisch abfangen können«, sagte mir Andrew Bosworth Ende 2018.

Das sollte jedoch nicht für alle Probleme gelten.

Facebook mangelte es wahrlich nicht an Kritikern, doch es gab einen, der Mark Zuckerberg ganz besonders zu schaffen machte: Apples Geschäftsführer Tim Cook. Als Facebooks Probleme nach der Präsidentschaftswahl immer offensichtlicher wurden, äußerte Cook seine Vorbehalte gegenüber den sozialen Medien generell und Facebook im Besonderen immer deutlicher. Bei jedem möglichen Anlass brachte er vor, dass Apples Geschäftsmodell auf einem klaren Tauschgeschäft beruhte: Man bezahlt für ein Produkt, das man anschließend benutzen konnte. Facebooks Geschäftsmodell hingegen, so Cook, stütze sich auf einen Dienst, der scheinbar kostenlos zur Verfügung stehe, aber nicht wirklich kostenlos sei, da der Nutzer dafür mit seinen persönlichen Daten zahle und die Ablenkung durch ständige Werbung in Kauf nehmen müsse. »Wenn du nicht der Kunde bist, bist du das Produkt«,[31] stellte er markig fest und implizierte, Apples Modell sei moralisch überlegen.[32]

Auch Jahre nach dem Tod seines Mitbegründers und genialen Geschäftsführers Steve Jobs hatte sich Apple im Silicon Valley den Nimbus der Genialität bewahrt. Zuckerberg war mit Jobs gut ausgekommen und hatte den Älteren offenbar bereitwillig als Mentor akzeptiert. Jobs wiederum hatte Zuckerbergs Intelligenz registriert und schien auch dessen oft ungestümes Vorgehen geschätzt zu haben. Die beiden hatten oft gemeinsame Spaziergänge unternommen, auf denen der ältere CEO dem jüngeren von seinen Erfahrungen berichtete.

Cooks Verhältnis zu Zuckerberg war kühler. Der Apple-CEO fand Zuckerbergs Einstellung zum Datenschutz falsch, und er besaß auch kein privates Facebook-Konto. Im Grunde sah er Zuckerberg wohl nicht als vertrauenswürdigen Geschäftspartner und gab sich keine Mühe, es zu verbergen. All dies wurde noch komplizierter, als sich in Presse und Politik und bis zu einem gewissen Punkt auch in Teilen der Gesellschaft ein dramatischer Meinungsumschwung abzeichnete und Kritik an den monströsen Tech-Unternehmen plötzlich zum Alltag gehörte. Insider sprachen von einem »Techlash«. Unter den Technologieriesen an der amerikanischen Westküste war Facebook das Unternehmen, das den größten Zorn und die größten Sorgen weckte; und in Zuckerberg sah man den Schuldigen für den Umstand, dass ihnen allen der Heiligenschein abhandengekommen war.

Dennoch nahmen sich Zuckerberg und Cook auf den alljährlichen Treffen der US-Wirtschaftsgrößen, den Allen & Company-Sun-Valley-Konferenzen, immer wieder die Zeit, um sich zusammenzusetzen. 2017 war für Zuckerberg Stein des Anstoßes eine Bemerkung in einer Rede Cooks, die dieser vor Universitätsabsolventen gehalten hatte. Apples Geschäftsführer hatte den Graduierten geraten, ihren Wert nicht nach Likes zu bemessen,[33] was Zuckerberg persönlich nahm. Doch solcherlei Befindlichkeiten spielten bei Tim Cooks Ansprachen keine Rolle.

In dieser Phase pries Cook den Datenschutz als entscheidendes Element im Vertrauensverhältnis zwischen Apple und den Verbrauchern. Ziel seiner Attacken waren Google und Facebook, doch da nur Google ein direkter Konkurrent war, hatte Zuckerberg den Eindruck, er werde nicht wichtig genug genommen.

Nach dem Skandal um Cambridge Analytica fragte man Cook, was er an Zuckerbergs Stelle getan hätte. »Ich wäre gar nicht erst in diese Situation gekommen«,[34] sagte er. In einem Interview kurze Zeit später bezeichnete Zuckerberg diese Antwort als »die reine Heuchelei«.[35]

Mitte 2018 organisierte Zuckerberg ein Meeting der Führungskräfte in Apple Park, dem futuristisch anmutenden Hauptsitz des Unternehmens. Wieder beklagte er sich über Cooks Bemerkungen. Und wieder wurde er von Cook brüskiert.

Zuckerberg betont, sich nur schwer in Cook hineinversetzen zu können. Leider wolle dieser nicht einsehen, meint er, dass Facebooks Geschäftsmodell nicht schlechter sei als das von Apple. »Man hat es gemeinhin akzeptiert, dass sich eine ganze Zahl von Informationsplattformen und Medienunternehmen auch über Werbung finanzieren, um mit ihrem Content möglichst viele Leute zu erreichen und den größten Wert zu schöpfen«, sagt er. »Es ist ein Geben und Nehmen. Der Nutzer profitiert von einem kostenlosen Service und bezahlt dafür mit seiner Aufmerksamkeit. Und die Werbekunden können mit ihren Anzeigen auf den Personentyp abzielen, der ebendiesen Service nutzt.«

Am 30. Januar 2019 kulminierten die Spannungen zwischen Apple und Facebook in einem regelrechten Krieg.

Die schrittweise Eskalation hatte damit begonnen, dass Apple eine Mobile-Anwendung namens *Onavo Protect* genauer unter die Lupe nahm. Dabei handelte es sich um den Nachfolger einer vermeintlichen Sicherheitsanwendung, die ursprünglich von der israelischen – und 2013 von Facebook aufgekauften – Spyware-Firma Onavo entwickelt worden war. Facebook behielt deren Konzept bei, wonach man die App den Usern kostenlos zur Verfügung stellte, während man so ziemlich alles aus deren Daten herausfilterte, was zu einer Verbraucheranalyse nötig war. Die App verhieß eine sichere Netzwerkverbindung. Einmal installiert, war der Datenverkehr der Nutzer vor jeglichem Zugriff geschützt – außer dem von Facebook, das sämtliche Schritte der Protect-User aufzeichnete, um zu verfolgen, was die Leute mit ihren Mobiltelefonen so alles machten.

Dies verstieß klar gegen die von Apple formulierten Nutzungsbedingungen. Für Apple war Onavo Protect ein Überwachungsinstrument, das die Nutzer schädigte, während die Nutzer glaubten, mit der VPN-App die Datensicherheit auf ihren Geräten erhöht zu haben. Apple forderte Facebook auf, die Anwendung vom Markt zu nehmen, wenn es keinen Lizenzentzug riskieren wollte.

Facebook zog die App im August 2018 zurück,[36] war jedoch nicht willens, auf die mit Onavo erworbenen Möglichkeiten zu verzichten. Tatsächlich hatte es mit *Facebook Research* bereits ein auf der gleichen VPN-Technologie basierendes Tool benutzt, um die Aktivitäten seiner Nutzer zu verfolgen. Man setzte es bei einzelnen Usern ein, die dafür bezahlt wurden; zugleich waren sie von Facebook informiert worden, dass man ihre Daten aufzeichnete. Zwar verstieß auch dies gegen die von Apple aufgestellten Vorgaben, aber Facebook plante, sie zu umgehen. Indem es den Nutzern dieser App eine – wenn auch lächerlich kleine – Summe zahlte, betrachtete man sie bei Facebook nun als Vertragspartner. (Zu diesen Nutzern gehörten auch Tausende von Jugendlichen, was möglicherweise gegen Gesetze zur Sicherung der Privatsphäre von Minderjährigen verstieß.[37]) Facebook sah in diesem Kniff eine Möglichkeit, die Anwendung insgeheim in Apples »Enterprise Programm« einzuspielen. Da die Enterprise-Apps für die Öffentlichkeit nicht zugänglich waren – meist wurden sie für Testversionen oder interne, nur den Mitarbeitern vorbehaltene Dienste genutzt – brauchten sie auch keine offizielle Zulassung von Apple.

Als Apple die umgebaute Anwendung entdeckte, stufte es dies als klaren Missbrauch des Enterprise Programms ein und entschied, Facebook davon auszuschließen. Ohne Vorwarnung. Der Effekt war der gleiche, als hätte man einem Unternehmen die Stromleitungen gekappt. Damit war nicht nur die Onavo-Applikation außer Gefecht gesetzt, sondern auch alle Testversionen von Programmen, die bei Facebook gerade in der Entwicklung waren. Es betraf außerdem eine ganze Reihe hilfreicher Funktionen für Facebooks Mitarbeiter wie beispielsweise die aktuellen Speisekarten der diversen Cafés auf dem Campus, die man mittels einer App aufrufen konnte, oder den viel genutzten Fahrdienst, mit dem sich Einzelne auf dem weitläufigen Gelände von einem Ort zum anderen bringen ließen. Auch für den Shuttle-Service brauchte man eine interne App, die nun nicht mehr funktionierte.

Das Kappen des Zugangs fiel zeitlich mit dem Bericht der Quartalsergebnisse zusammen, der von Zuckerberg, Sandberg und Finanzchef David Wehner vorgetragen wurde. Sie hatten gute Nachrichten. Das vergangene Jahr 2018 war das beste in der Unternehmensgeschichte überhaupt gewesen.[38] »Unser Gewinn insgesamt stieg um 37 Prozent auf 56 Milliarden Dollar, und wir erzielten einen Barmittelzufluss von über 15 Milliarden Dollar«, sagte Wehner. Zuckerberg hob hervor, dass Facebook seine Aufgabe, vertrauenswürdiger zu werden, erfüllt habe. »Wir haben einen von Grund auf neuen Führungsstil etabliert«, sagte er. »Anders als früher konzentrieren wir uns jetzt eher auf die Schadensvermeidung, wenn wir etwas Neues entwickeln. Die Milliarden, die wir in die Sicherheit investiert haben, zeigen Auswirkungen auf unsere Rentabilität. Was WhatsApp betrifft, haben wir Schritte zur Reduzierung der Engagement-Anzeigen unternommen, um die Verbreitung von Falschmeldungen zu unterbinden. Und bei Facebook haben wir im Interesse des Wohlbefindens unserer User die Verbreitung viraler Videos um über fünfzig Millionen Stunden täglich drosseln können … So lässt sich nach Abschluss des Jahres 2018 wohl feststellen, dass wir bei wichtigen Themen ganz real Fortschritte gemacht haben. Zudem können wir meiner Meinung nach auch besser abschätzen, in welche Richtung wir weiter voranschreiten sollen.«

Während dieser Ansprache waren die Facebook-Mitarbeiter nicht in der Lage, neue Produkte zu testen oder Besprechungen zu besuchen, weil sie keine Möglichkeit hatten, den Fahrdienst zu rufen.

Dieser Moment zeigte wie unter einem Brennglas die zwei Seiten einer Medaille: die Aushöhlung des öffentlichen Ansehens einerseits und das solide laufende Geschäft andererseits. Als Folge des grenzwertigen Umgangs mit privaten Nutzerdaten waren die Arbeiten auf Facebooks Campus zum Erliegen gekommen. Aber auch weiterhin strömte das Geld herein.

Diese Diskrepanz versinnbildlicht Facebooks schwieriges Jahr 2018. Die Führungsriege des Unternehmens war der Meinung, Fortschritte zu verzeichnen, doch auf dem viel schwerer abzuschätzenden Markt der öffentlichen Meinung war sein Wert auf den absoluten Tiefpunkt gesunken.

Die Öffentlichkeit verbindet Facebook im Jahr 2018 mit Cambridge Analytica, einem gewaltigen Datenleck, das tatsächlich eins war, sowie mit Hunderten kleineren Fehlern und Regelverstößen. Facebook hingegen sähe es lieber, wenn sich die Leute an seinen »Election War Room« erinnerten – den Schauplatz für den Kampf um die Wahlen.

Dabei handelte es sich um einen Konferenzraum, der für die diversen Volksabstimmungen im Sommer und Herbst 2018, aber vor allem für die Zwischenwahlen zum US-Kongress eingerichtet worden war. Ich konnte ihn zwei Mal besuchen und bekam nach längerem Drängen die Möglichkeit, am Wahltag für einige Minuten hineinzuschauen. Tatsächlich waren Abstecher in den War Room in der heißen Phase vor der Wahl an der Tagesordnung. Der Stolz des Unternehmens auf die Einrichtung weckte Misstrauen; es kam der Verdacht auf, dass es sich dabei um eine Täuschung handelte, ebenso falsch wie die Facebook-Pages, die von den Russen vor den Wahlen 2016 eingerichtet worden waren.

Eine PR-Mitarbeiterin erklärte mir, hinter den im Raum beschäftigten 24 Mitarbeitern stünden die 20 000 Angestellten, die inzwischen bei Facebook für Sicherheit und Datenschutz sorgten. (Nur ein Jahr später würde Facebook eine noch höhere Zahl vermelden: 35 000!) Über Hunderte Bildschirme flimmerten Tabellen mit Wahlergebnissen in Echtzeit. Einige Mitarbeiter standen in Kontakt mit Angehörigen des Integrity-Teams in anderen Teilen der Welt, darunter auch Brasilien, wo ebenfalls Wahlen stattfanden. Obwohl ausgestattet mit künstlicher Intelligenz, war der War Room eine teure, arbeitsintensive Einrichtung. Doch ganz gleich, ob er tatsächlich gebraucht wurde oder nur ein Vorzeigeobjekt für die Presse war, Tatsache ist, dass Facebook die Zwischenwahlen in den Vereinigten Staaten von 2018 ohne größere Scherereien überstand. Facebooks Vertreter für bürgerrechtliches Engagement sagt, sein System habe Manipulationen abwehren können, und brachte ein Beispiel aus Pakistan vor (oder Mazedonien, er wusste es nicht mehr genau), das auf Wähler aus Wyoming abgezielt hatte.

Und so wertete man es bei Facebook als Sieg, dass eine Wahl durchgeführt worden war, ohne dass dem sozialen Netzwerk Manipulationen nachgesagt werden konnten.

»Natürlich hätte ich unsere Erfolgsbilanz der Wahlen von 2018 auch schon gerne 2016 gesehen«, sagt mir Sandberg. »Aber 2016 wären wir nie auf die Idee gekommen, dass es eine solche Beeinflussung überhaupt geben könnte. Wir konnten uns nicht vorstellen, wie so etwas ablaufen sollte. Niemand wusste das, auch in der Regierung hatte man darüber keine Ahnung, und niemand von den Offiziellen hat uns davon informiert, weder vorher noch nachher.« (Nun, Maria Ressa hatte genau das getan.)

Immerhin, Facebook machte Fortschritte. Als Leser von Zeitungen (wenn es sie denn noch gab) oder Online-Nachrichten bekam man davon allerdings nichts mit. Denn immer neue Skandale wurden bekannt. Die Journalisten machten sich daraus einen Spaß – gleich einer Parodie auf die Schilder in Fabriken, auf denen stand, wie viele Tage man unfallfrei geblieben war, wobei man mindestens auf eine dreistellige Zahl hoffte. Bei Facebook war sie selten zweistellig und blieb oft bei eins oder zwei hängen. Die Reporter gruben weiter nach (oder

berichteten über das, was ihnen in den Schoß fiel), die Kontrollbehör-
den setzten ihre Untersuchungen fort, die Gerichte nahmen Aussagen
auf, und die Öffentlichkeit erwog immer wieder, dem Ruf zu folgen:
#deletefacebook – #facebooklöschen!

Schluss mit den ständigen Nachbesserungen, schienen die Leute zu
sagen. Die Frage war eigentlich nur noch, ob die nächste Krise groß
genug sein würde, das gesamte Unternehmen in die Knie zu zwingen.
Und ob Mark Zuckerberg wirklich eine Umwandlung anstrebte, eine,
die in die Tiefe ging.

Wie sich herausstellen sollte, hatte er genau das vor.

19 THE NEXT FACEBOOK

Am Mittwoch, den 6. März 2019, schoss Mark Zuckerberg von seinem sicheren Olymp den nächsten Pfeil ab. Seit der Präsidentschaftswahl sowie aufgrund der anhaltenden öffentlichen Besorgnis und Skepsis waren stufenweise Kleinstkorrekturen vorgenommen worden.

Nun holte Zuckerberg zum ganz großen Wurf aus. Der Post war überschrieben mit »A Privacy-Focused Vision for Social Networking«[1] – Zuckerberg, der König des Teilens, stellte also Datenschutz und Privatsphäre in den Mittelpunkt seiner Aufmerksamkeit.

Diese Entscheidung nahm er ganz im Modus des Kriegs-CEO vor: per Deklaration. »Mir ist eigentlich da erst aufgefallen, dass ich weiterhin jahrelang intern auf unsere Teams hätte einreden können und trotzdem nicht alle in eine Spur gebracht hätte«, sagt er. »Und irgendwann war der Punkt erreicht, an dem einfach eine Entscheidung getroffen werden musste.«

Zuckerbergs Beobachtungen zum allgemeinen Internet-Verhalten hatten ihn zu der Überzeugung kommen lassen, dass die User mittlerweile von Features angezogen wurden, die nicht solche Nachteile mit sich brachten, wie sie etwa der Newsfeed hatte. »Privates Messaging, unbedeutende, kurzlebige Geschichten und kleine Gruppen entwickeln sich innerhalb der Online-Kommunikation bei Weitem am schnellsten«, schrieb er in seinem Post. »Viele Leute bevorzugen Privatsphäre, sie schätzen es, sich unter vier Augen oder mit nur einer Handvoll Freunden auszutauschen. Die Leute sind inzwischen gewarnt, dass alles, was geteilt auch ununterbrochen aufgezeichnet wird.«

Der charakteristische Zug Zuckerbergs, in jedem bevorstehenden Paradigmenwechsel eine Chance zu sehen, ließ ihn auch jetzt das Ganze zum Vorteil von Facebook bewerten. »Denke ich über die Zukunft des Internets nach«, schrieb er, »bin ich der Ansicht, dass Kommunikationsplattformen, die sich an Privatsphäre orientieren, sogar noch bedeutender werden als die heutigen offenen Plattformen.«

Da die führende offene Plattform schlechthin durch das blaue Markenzeichen von Facebook repräsentiert wurde, hätte sich daraus ein Problem ergeben können. Doch zum Glück (für Zuckerberg) besaß er neben der blauen noch drei weitere Kommunikationsplattformen. Außerdem gehörte auch Oculus zum Portfolio; Zuckerberg glaubte, dass Oculus im dritten Jahrzehnt dieses Jahrtausends die dominierende Virtual-Reality-Plattform werden würde. Alle seine Firmen sollten von nun an stärker unter seiner persönlichen Kontrolle stehen als bisher.

Eigentlich hatte sich Zuckerberg bereits im Vorjahr auf diese Umstellung des Gesamtgeschäfts vorbereitet. Skandale, Wahlen und die Umsätze hatten die Schlagzeilen bestimmt, doch Zuckerberg hatte intern still und leise begonnen, das Unternehmen zu verändern. Und dieser Wandel hatte damit angefangen, dass er sukzessive die Gründer aller erworbener Firmen über die Klinge springen ließ.

Ein paar Wochen nach seinem Post arbeitete Zuckerberg seine neue Vision für die F8-Konferenz 2019 weiter aus. Er war bemüht zu verdeutlichen, dass der Wandel nicht den Untergang des alten Facebook markieren würde. Man könne sich Facebook wie einen »town square« vorstellen, einen Platz im Herzen einer Stadt, einen öffentlichen Ort der Begegnung, an dem wohlmeinende Menschen – und ein paar wenige üble Gestalten – zum Meinungsaustausch mit zwei Milliarden anderen Menschen zusammenkämen. Allerdings wünschten sich die Leute zunehmend auch geschützte Bereiche, in denen sie vertraulich kommunizieren könnten. Vergleichbar einem Wohnzimmer, von dem die allgemeine Öffentlichkeit ausgeschlossen war. Facebook, so Zuckerberg, gehe davon aus, dass dieses Wohnzimmer in Zukunft beliebter sein würde als der Stadtplatz. Bei einem solchen, deutlich enger gefassten Forum wären zudem weniger Probleme zu erwarten, verglichen mit dem aktuellen, für alle offenen Angebot, in dem Desinformation, Hasskommentare und dümmliche Ablenkungen gediehen. Dank strikter Datenverschlüsselung würde dann auch niemand mehr jenen Content sehen, der momentan noch solche Wellen der Empörung auslöste.

Als ich im Anschluss an die Konferenz mit Zuckerberg sprach, merkte ich an, dass er in seiner Keynote nicht ein einziges Mal den Newsfeed erwähnt hatte.

Kurzes Schweigen. Dann sagte er schließlich: »Yep, kann schon sein. Aber er ist immer noch wichtig.«

Nur eben nicht die Zukunft des Internets.

Über die künftige Ausrichtung seines Unternehmens in der Post-Newsfeed-Ära war sich Zuckerberg dermaßen sicher, weil sich die Tochterfirmen, die er zwischen den Jahren 2012 und 2014 gekauft und umgestaltet hatte, als verblüffend erfolgreich erwiesen. Eine davon, Instagram, verzeichnete gar einen epochalen Gewinn. Das Wachstum von Instagram lag weit höher als das von Facebook, und nach einem wohlüberdachten Start ins Anzeigengeschäft stiegen auch die Werbeeinnahmen. Obwohl auch dieser – auf Fotos und Videos basierende – Social-Media-Dienst von russischer Seite für Desinformation während des Präsidentschaftswahlkampfs 2016 missbraucht worden war, haftete ihm kein solches Stigma an wie Facebook. Instagram wurde geradezu geliebt. Und seinen CEO, Kevin Systrom, hielt man für einen Silicon-Valley-Guru, der im Gegensatz zu seinem Boss Zuckerberg für Integrität, Gestaltungssorgfalt und Einfühlungsvermögen bekannt war. Instagram war so erfolgreich, dass – um es mit den Worten eines Facebook-Managers zu sagen – »das Vorprogramm zum Hauptprogramm wurde«. Was sich genauer betrachtet allerdings zu einem Problem für Mark Zuckerberg auswuchs.

Als ich Anfang 2017 die neue Unternehmenszentrale von Instagram besuchte, wirkte noch alles in bester Ordnung. Im Gegensatz zum Lagerhaus-Schick von Building 20 zeichnete sich Instagrams Zuhause durch eine streng minimalistische Ästhetik und große Fenster aus, die viel natürliches Licht hereinfallen ließen. Das Ganze wirkte wie ein Instagram-Post.

Selbst fünf Jahre nach der Übernahme durch Facebook saß Kevin Systrom immer noch fest im Sattel. »Als wir [mit Facebook] zusammenkamen, lautete die große Frage: Werden wir unsere Unabhängigkeit behalten?«, erklärte er mir. »Wenn du mit so etwas startest, dann ist das dein Baby, und du willst es hüten und hegen und pflegen. Es gibt etwas, das Instagram besonders macht, und das ist die Community, und ich wollte nicht, dass Instagram bloß ein Feature von etwas Größerem wurde.«

Im Wesentlichen betrieben Systrom und sein Co-Gründer Mike Krieger Instagram als eigenständige Tochterfirma, nutzten jedoch die Vorteile von Facebooks Infrastruktur, Marketing und sogar der unternehmenseigenen Forschung zu künstlicher Intelligenz. So hatte Instagram beispielsweise die Erfahrungen von Facebook hinsichtlich Machine-Learning eingesetzt, um den Instagram Feed umzustellen: von einer chronologischen hin zu einer Abfolge, die auf einem bestimmten Ranking fußte.

Obwohl Systrom in der Regel an Facebooks CTO berichtete (erst an Mike Schroepfer, dann an Chris Cox), hielt er dennoch direkten Kontakt zu Zuckerberg. Ungefähr einmal im Monat verabredeten sie sich zum Dinner, wobei der Austausch der beiden eher einem Geschäftsessen unter Kollegen ähnelte als einem Meeting mit dem Boss.

Systrom betonte mir gegenüber, Zuckerberg habe sich zu dieser Zeit nicht in Instagrams Angelegenheiten eingemischt. Als Beispiel führte er das erst kürzlich erfolgte Re-Design des Instagram-Logos an, das bis dahin einer einigermaßen originalgetreuen Abbildung einer Polaroid-Kamera aus den 1960er-Jahren entsprach, inklusive Regenbogenmotiv. Auch wenn es banal wirkt, war das neue Design tatsächlich eine Riesensache. Die Zeiten hatten sich geändert: Instagram war zu einem weltweiten Geschäft geworden. Und die App stellte nicht nur eine Möglichkeit dar, Neuigkeiten auf lustige Art und im Vintage-Stil zu teilen, sondern war zu einem wichtigeren Ort der Selbstdarstellung geworden. Also benötigte man ein Logo, das diese neue Rolle auch transportierte. Man orientierte sich zwar am bisherigen Motiv, gestaltete es aber deutlich abstrakter – ein Symbol aus Rechtecken und Kreisen, das die Form einer Kamera nachahmte. Der Regenbogen, bislang ins obere Eck des Logos gebannt, verlief nun fließend über das gesamte Logo und sorgte für eine schimmernde Wirkung.

Da die Veränderungen derart groß ausfielen, war Systrom ein wenig besorgt, als er das neue Logo Zuckerberg bei einem dieser Dinner zeigte. »Ach übrigens, ich habe ganz vergessen zu erwähnen, dass wir unser Logo überarbeiten«, sagte er gegen Ende des Essens und mach-

te sich auf eine lange Diskussion gefasst. Doch Zuckerberg warf nur
einen Blick darauf, meinte, es wäre schön, auch wenn ihm vielleicht
der neue Regenbogen-Farbverlauf nicht allzu sehr zusagte.

Systrom hatte sogar für einen potenziellen Krisenherd – das Ein-
blenden von Werbeanzeigen auf Instagram – einen guten Kompromiss gefunden. Er war der Meinung, der Facebook Newsfeed habe
unter zu vielen Anzeigen gelitten, und er wollte vermeiden, dass Instagram in derselben Art und Weise Schaden nahm. Er bestand daher
zunächst auf einer quantitativen Obergrenze von Anzeigen in seinem
Feed und pochte darauf, diese vorab genehmigen zu dürfen. Wenn
dies bedeute, dass Instagram auf Einnahmen verzichten musste, die
eine breite Öffnung des Feeds für Millionen Kunden nach sich zog,
die das bereits vom Selbstbedienungsangebot der blauen App kannten, dann war das halt so. Systrom persönlich zeichnete jede Anzeige
auf Instagram ab und vergewisserte sich, dass er und nicht irgendein
Algorithmus entschied, was dem ästhetischen Anspruch von Insta-
gram-Beiträgen entsprach.

»Alles, was wir hier rund um unser Produkt tun, geschieht sehr
unabhängig«, erläuterte mir Systrom. »Wir bewegen uns [zusammen
mit Facebook] in die gleiche Richtung, aber auf sehr unterschiedlichen Wegen.«

Zu der Zeit ahnten weder er noch ich, dass unser Gespräch Anfang
2017 so ziemlich Systroms letzte Gelegenheit war, die Eigenständigkeit seiner Firma zu betonen. In den darauffolgenden Monaten kam
Instagram an eine zunehmend kürzere Leine, die der Typ im grauen
T-Shirt fest in der Hand hielt. Und noch etwas anderes änderte sich.
2018 wurde Systrom Vater. Er nahm das großzügige Angebot wahr, in
Erziehungsurlaub zu gehen, wie es allen jungen Eltern bei Facebook
ans Herz gelegt wurde.

Und kurz vor Ablauf der Vaterschaftszeit kündigte er.

Die Verbindung von Facebook und Oculus verlief zwangsläufig rup-
piger. Die Vorstellung, welche Rolle Oculus in zehn Jahren spielen
würde, wenn Virtual Reality wahrscheinlich genauso einschlagen
würde wie das Mobile-Geschäft nach Aufkommen der Smartphones,

begeisterte Zuckerberg. Doch fürs Erste war Oculus im Grunde nur
eine Game Company, die Hardware verkaufte – eine für Facebook
vollkommen fremde Geschäftswelt.

Oculus als Spielefirma am Leben zu erhalten bedeutete, Milliarden
von Dollar zu investieren und sich in einer Branche zu behaupten, für
die man sich im Grunde nicht allzu sehr interessierte. Hinzu kam,
dass Oculus mit einem klassischen Henne-Ei-Problem zu kämpfen
hatte. Im Idealfall würde Oculus eine riesige Auswahl an großartiger
Software zur Verfügung stehen, die auf ihrem Aushängeschild lief, auf
Oculus Rift, einem Virtual-Reality-System. Doch das Ganze war für
die User kostspielig: Für Rift musste man 500 Dollar berappen, dazu
kamen noch die Kosten für einen guten Rechner, der für die Software
benötigt wurde, sodass der ganze Spaß sich schnell auf etwa 1500
Dollar summieren konnte. Mehr als sich die meisten Leute leisten
konnten oder wollten. Und da die Nutzerbasis von Oculus Rift über
die Jahre klein geblieben war, sahen auch die großen Spieleentwickler
nicht ein, Millionenbeträge zu investieren, damit daraus wirklich ein
erstklassiges Produkt wurde.

Also übernahm Facebook diese Aufgabe und richtete eine Abteilung namens »Oculus Studios« ein. Von dort wurden Lizenzen an
Unternehmen vergeben, die Content produzierten, der auf Rift laufen
sollte. Zur gleichen Zeit allerdings arbeitete John Carmack – Soft-
ware-Genie, Pragmatiker und Chief Technical Officer von Oculus –
bereits an einem attraktiveren und günstigeren, mobile-basierten
Produkt. Mit Samsung wurde ein Deal geschlossen zur Entwicklung
entsprechender technischer Ausrüstung: ein Headset für 100 Dollar,
das, verbunden mit dem eigenen, bereits vorhandenen Smartphone,
für Sound und Optik sorgen sollte. VR für wenig Geld. Das Headset
lief deutlich besser als Rift, auch wenn die Nutzererfahrung in Sachen
VR sicher nicht mit Oculus' Kernprodukt mithalten konnten. Be-
triebswirtschaftlich jedenfalls war dieser Schachzug alles andere als
geschickt.

In seiner Keynote zur Oculus-Entwickler-Konferenz 2017 gab Zuckerberg das Ziel von einer Milliarde Virtual-Reality-Usern aus. Eine
Zahl, die selbst die Topmanager von Oculus überraschte. Denn während Zuckerberg geradezu fixiert von VR als Social-Media-Technolo-

gie war, betrachteten die Gamer von Oculus dies als reine Zukunfts-
musik. »Auf meiner persönlichen Liste der künftig bedeutenden Ein-
satzbereiche von Virtual Reality liegen die sozialen Medien ungefähr
an vierter Stelle«, sagt John Carmack. (Wobei dies möglicherweise
seiner »anti-social Einstellung mit Einsiedlertendenzen« geschuldet
sei.)

Insofern war es bezeichnend, dass das »Social VR-Team« von Facebook nicht in die Unternehmensstruktur von Oculus eingebunden
wurde, sondern vielmehr aus einer Gruppe von Programmierern bestand, die über Zuckerbergs Befehlskette nach oben berichtete. Um
seinem Wunsch nach sofortiger Social VR zu entsprechen, entwickelte das Team ein Produkt namens »Facebook Spaces« (man beachte:
nicht Oculus), bei dem User mittels Rift miteinander in VR-Kontakt
treten konnten. Da Rifts relativ kleine Nutzerbasis vor allem aus
Hardcore-Gamern bestand – die null Interesse daran hatten, die ersten Schritte ihres Babys zu verbreiten, zumal Opa und Oma nicht einmal die technische Ausstattung besaßen, das zu sehen –, hatte Spaces
Schwierigkeiten, sein Publikum zu finden. Die ersten Demos schienen zwar cool (Zuckerberg selbst erstellte ein ziemlich aufwendiges
mit seiner Familie, die als Karikatur-Avatare in seinem wirklichen
Wohnzimmer herumsprangen), doch es gab etwas an den Testversionen, das optisch irgendwie verstörte.

Facebooks Spaces-Präsentation anlässlich der F8-Konferenz 2017
fiel ebenfalls nicht besonders reizvoll aus. Das Unternehmen hatte gerade zur Unterstützung der Hilfsmaßnahmen in Puerto Rico nach
den Verwüstungen des Hurrikans Maria eine Spende an das US-amerikanische Rote Kreuz weitergeleitet, und um dies zu illustrieren,
zeigten Zuckerberg und seine Social-VR-Leiterin Rachel Franklin
eine virtuelle Tour durch die Zerstörungen des karibischen Insel-
staats. In dem Video betrachteten die Cartoon-Avatare der beiden die
verheerenden Folgen des Wirbelsturms mit unangebracht aufgedreh-
ter Oberflächlichkeit, einschließlich einem »High-Five« wegen Facebooks großzügiger Spende. Zuckerbergs anschließende Entschuldigung, wenn man es überhaupt so nennen kann, gehörte zur Sorte:
Sorry, falls ich jemandem damit zu nahegetreten sein sollte.[2] Förderlich
für Facebooks VR-Bemühungen war dieser Auftritt jedenfalls nicht.

Zuckerbergs größte Hoffnung ruhte auf der Forschungseinrichtung von Oculus in Seattle, wo Top-Wissenschaftler daran arbeiteten, kostengünstige VR-Brillen zu entwickeln, die die Nutzererfahrung in eine neue Dimension katapultieren würden: Es ging um »augmented reality«, um erweiterte Realitätserfahrungen, bei der computergestützte Erweiterungen und Grafiken die Realitätswahrnehmung des Nutzers ausweiten. Zuckerberg übte sich in Geduld und vertraute darauf, dass der Leiter des Forschungslabors Michael Abrash die besten Leute um sich scharen würde, um solche Innovationen weiter voranzutreiben. Das war auch dringend nötig, denn Apple, Microsoft und andere Tech-Firmen konzentrierten ebenfalls bereits Ressourcen auf diesen Bereich.

Die Geduld erstreckte sich allerdings nicht auf die Performance von Rift, die Zuckerberg in einem Earnings Call, einer Telefonkonferenz zur Besprechung der Finanzergebnisse, als »enttäuschend« beschrieb.

Und dann gab es da noch das Problem mit Palmer Luckey.[3] Der Gründer von Oculus hatte zwar Anteil an der Entwicklung von Produkten wie der Handsteuereinheit für Rift, doch seine Zeit ging mehr und mehr dafür drauf, Facebooks Repräsentant in Sachen Virtual Reality zu sein. Er zeigte Prominenten Demos der »Toy Box«, mit der man Virtual Space teilen und zum Beispiel Tischtennis gegeneinander spielen konnte. Das Cover des *Time Magazins* 2015 mit der großen Titelgeschichte zu Virtual Reality zeigte Luckey mit einem Headset vor einem virtuellen Tropenstrand. »Palmer konzentrierte sich darauf, das Gesicht von VR zu sein, machte Pressearbeit und missionierte«, sagt Brendan Iribe, Mitgründer und CEO von Oculus. »Und das war auch großartig, bis zu dieser ›Nimble America‹-Sache.«

Luckey vertrat eine politisch konservative Haltung und unterstützte den rechten Flügel der US-amerikanischen Parteienlandschaft mit dem gleichen Enthusiasmus, wie er ihn auch für Fast Food aufbrachte oder für bizarre Cosplay-Fotos mit seiner Freundin [Cosplay ist ein Verkleidungstrend aus Japan, der in den 1990er-Jahren mit dem Manga-Boom auch nach Europa und die USA kam, Anm. d. Red.] und das Zusammenlöten von kunstvollen Peripheriegeräten. Und er war ein großer Bewunderer alles Militärischen. Iribe erinnert sich an einen Anruf, in dem man ihm aufgeregt mitteilte, Luckey sei »mit einem Panzer« auf Facebooks Classic Campus gefahren. Die Polizei sei bereits verständigt worden. Bei dem Gefährt handelte es sich um Luckeys privaten Humvee, ein Armeefahrzeug fürs Gelände, mit Waffenvorrichtungen auf dem Dach. Die darauf angebrachten Maschinengewehre waren zwar nicht echt, aber auf die Facebook-Mitarbeiter wirkte der Auftritt dennoch, als hätte er eine Atombombe auf dem Dach befestigt. Luckey versuchte, die Situation zu entschärfen, und posierte mit den herbeigerufenen Cops für Fotos, aber der Vorfall führte zu einem Eintrag in seiner Personalakte. »Hier bei Facebook kann man nicht einfach mit einem waffenbestückten Humvee – oder irgendeinem anderen Militärfahrzeug – auf den Parkplatz fahren, sodass die Polizei auftaucht«, sagt Iribe. »Auf so etwas stehen wir hier nicht.«

Im Sommer 2016 war Luckey beim Social-News-Aggregator Reddit auf eine Seite gestoßen, die sich The_Donald nannte – ein Forum, von offenbar politisch ähnlich gesinnten Trump-Anhängern, wie er selbst einer war. Die Gruppe nannte sich »Nimble America« und hatte sich nach eigener Aussage dem »shitposting in Echtzeit« verschrieben. Luckey spendete der Gruppe anonym 10 000 Dollar für eine große Werbetafel in einem Außenbezirk von Pittsburgh, auf der dann eine grausame Karikatur von Hillary Clintons Gesicht zu sehen war, garniert mit den Lettern: TOO BIG TO JAIL – also sinngemäß: zu reich, um in den Knast zu kommen. Als Luckey später seine finanzielle Zuwendung gegenüber einem Journalisten des Online-Nachrichtenportals Daily Beast bestätigte, dachte er, seine Bemerkung würde vertraulich behandelt. Der Journalist dachte anders. Der Enthüllungsartikel »The Facebook Billionaire Secretly Funding Trump's Meme Machine« erschien am 22. September 2016.[4]

Der Online-Bericht zerstörte Luckeys Ansehen bei Facebook. Die Medien vernichteten ihn. Luckey behauptete steif und fest, missverstanden worden zu sein. Seine Spende an Nimble America, erklärte er, sei nur zum Ankauf von Werbeflächen gedacht gewesen und vielleicht noch, um ein paar T-Shirts zu bedrucken. Mit Internet-Trolling, Erfinden von Memes oder rassistischen Posts habe er nichts zu tun, betonte er.

Trotzdem zeigten sich die mehrheitlich liberal eingestellten Facebooker entsetzt, und einige forderten Luckeys Rauswurf. Ironischerweise zu derselben Zeit, als die in dieser Angelegenheit sehr auf politische Korrektheit bedachte Führung von Facebook wissentlich nichts gegen die aktive *Trump Meme Machine* auf ihrer Plattform unternahm. Schlimmer noch, einige Entwickler bei Oculus sagten, dass sie wegen Luckeys Aktionen von Facebook im Stich gelassen wurden.[5]

Luckey wollte seinen Kollegen die Angelegenheit schriftlich erläutern und arbeitete an entsprechenden Entwürfen, doch Facebook verlangte, dass er einen anderen Brief unterzeichnen sollte. Facebooks stellvertretender Justiziar Paul Grewal schickte Luckey eine E-Mail mit der Anmerkung: »Ich muss dir sagen, der Entwurf des Textes stammt von Mark persönlich, und die Einzelheiten sind prekär.« Luckey war schockiert, als er las, dass in dem mit seinem Namen versehenen geplanten Post behauptet wurde, er würde den Präsidentschaftskandidaten der Libertären Partei Gary Johnson unterstützen. Insgesamt verströmte der ganze Brief die Glaubwürdigkeit des Schreibens einer Geisel – er stellte niemanden zufrieden.

Facebook feuerte Luckey zwar nicht – noch nicht –, stellte ihn aber kalt und wies ihn an, sich bis nach der Präsidentschaftswahl vom Classic Campus fernzuhalten und weder mit Kollegen zu sprechen noch in irgendwelchen sozialen Medien tätig zu werden. Sein üblicher Auftritt bei der jährlich stattfindenden Oculus-Entwicklerkonferenz wurde abgesagt.

Die Art, wie mit Luckey verfahren wurde, unterschied sich deutlich vom Umgang mit einem anderen Trump-Anhänger, dem Vorstandsmitglied und Facebook-Gründungsinvestor Peter Thiel. Als Thiel ankündigte, 1,25 Millionen Dollar zur Wahlkampfunterstützung Trumps zu spenden, forderte die Facebook-Belegschaft seinen Rausschmiss. In einer hausinternen Nachricht verteidigte Zuckerberg seinen Vorstandskollegen, während er zur gleichen Zeit Luckey vom Classic Campus verbannte. In dem betreffenden Memo schrieb Zuckerberg: »Politische Vielfalt liegt uns sehr am Herzen. Leicht zu sagen, wenn es um Einstellungen geht, mit denen man übereinstimmt. Schwerer ist, auch für das Meinungsrecht derer einzutreten, die andere Sichtweisen haben und sagen, was ihnen wichtig ist.«[6]

Luckey ging damals davon aus, dass die Auseinandersetzung nach der Präsidentschaftswahl beigelegt würde. Doch dann geschah das Unvorstellbare – Trump gewann die Wahl –, und Luckeys Rückkehr in das Unternehmen war damit eigentlich undenkbar. Trotzdem hatte Facebook gute Gründe, ihn noch nicht zu feuern. Denn für den Januar 2017 war Luckey offiziell vorgeladen, um im Rechtsstreit um geistiges Eigentum auszusagen, der noch aus der Zeit vor der Übernahme von Oculus stammte; Facebook brauchte Luckey für seine Verteidigungsstrategie. Er bereitete sich pflichtbewusst auf den Prozess vor, sagte als Zeuge vor Gericht aus und hoffte, danach an seinen Arbeitsplatz zurückkehren zu können. Oculus war sein Leben.

Aber Facebook ließ den Gründer nicht zu Oculus zurückkommen. »Ich kann nur sagen, dass wir uns intern sehr darum bemüht haben herauszufinden, welche Position er nach dieser Angelegenheit noch im Unternehmen einnehmen könnte«, sagt Iribe. Jeder leitende Mitarbeiter im technologischen Bereich von Oculus wurde befragt, ob Verwendung für Palmer Luckey bestand, für den Mann, dessen Erfindung die gesamte Firma erst geschaffen hatte. Niemand hatte eine Stelle für ihn. Deshalb wurde Palmer Luckey betriebsbedingt gefeuert.

Ein paar Tage später stellte Facebook für die Leitung von Oculus den ehemaligen Google-Manager Hugo Barra ein. Iribe wurde degradiert und verließ Facebook im Jahr 2018, nachdem Zuckerberg die Person vorgestellt hatte, die künftig für den Zusammenschluss von Oculus und dem Social-VR-Team sowie für alle anderen Hardwareentwicklungen, wie das Smart Display *Portal,* zuständig sein würde. Bitte begrüßen Sie mit mir den neuen Ressortleiter Hardware: Andrew »Boz« Bosworth. Zuckerberg entschied sich für seinen Allzweck-Bro, weil er immer noch fest daran glaubte, Virtual Reality wäre das nächste große Ding. Als er mit mir darüber sprach, erhob er ungewöhnlicherweise sogar etwas die Stimme.

Doch sein kurzfristiges Ziel, eine Milliarde User für Virtual Reality zu begeistern, schien inzwischen unrealistisch, wenn man das quantitativ armselige Abschneiden und die bislang gewaltigen finanziellen Verluste von Oculus betrachtete. »Zweifellos hatten wir geglaubt, zu diesem Zeitpunkt schon weiter zu sein«, sagt John Carmack. »Wir haben eine Menge Ressourcen verschwendet. Uns stand jede Menge

Geld zur Verfügung, und es gab so viele Projekte, die angefangen und wieder aufgegeben wurden, interne Anweisungen von ganz oben, reichlich Geld, das ausgegeben wurde, und dann entschieden wir entweder aus gutem oder schlechtem Grund, die Projekte einzustellen. Zumal einige davon nicht sonderlich gut gemanagt wurden.«

Bosworth erbte beispielsweise ein Produkt, das für Oculus' Durchbruch sorgen sollte: Das autonom lauffähige Headset *Quest* versprach, beinahe den gesamten »Wow«-Effekt von Rift auszumachen. Der Preis von 400 Dollar – hinzu kam, dass man dafür keinen speziellen Computer besitzen musste – sollte dafür sorgen, dass das Headset ein Volltreffer auf dem Gebiet würde. Oculus führte das Produkt tatsächlich erfolgreich in den Markt ein und verschaffte sich sogar den Respekt der Gaming-Presse, die sich eigentlich zunehmend zynisch zeigte.

Aber Quest war nicht für den ständigen Gebrauch geeignet und erfüllte daher auch nicht Zuckerbergs Traum, Virtual oder Augmented Reality könne die Zukunftsplattform für Social-Media-Interaktion werden. Um ihn zu ermöglichen, müssten die unförmigen Headsets verschwinden und eine Technologie entwickelt werden, die den Leuten ermöglichte, so etwas wie ein Cyborg zu sein – teils menschlich, teils Facebook. Fortschritte in dieser Richtung erhoffte sich Zuckerberg vom Forschungslabor Oculus Research in Seattle, wo an langfristigen Projekten gearbeitet wurde. Dort waren Verbesserungen bei den Augmented-Reality-Brillen für den Dauergebrauch zu verzeichnen. Darüber hinaus erforschte Oculus Research, wie die Produkte buchstäblich in die Köpfe der Menschen kommen konnten, und beauftragte ein Team von Neurowissenschaftlern, Interfaces zu entwickeln, die – ohne vorher zu formulierende Befehle – gedankliche Impulse in Handlungen umwandelten.[7] Und 2019 kaufte Facebook das Unternehmen *CTRL-Labs,* das ein Armband entwickelt hatte, um elektrische Signale der Gehirnströme zu analysieren und sie in Steuersignale zu übertragen, sodass man Apps durch Gedanken steuern konnte. Wann immer das Projekt in den Medien erwähnt wurde, witzelten die Leute: *Oh, Facebook möchte jetzt also direkten Zugang zum Gehirn.*

Genau darum ging es.

Während das Wahljahr 2016 für die blaue Marke und seinen News-feed ein Fiasko war, führte Instagram sein erfolgreichstes Feature ein. Und das veränderte nicht nur das Gesamtunternehmen Face-book nachhaltig, sondern stammte auch noch ausgerechnet von Snapchat. Ein paar Monate nach der endgültigen Abfuhr an Zuckerberg im Jahr 2013 hatte Evan Spiegel festgestellt, dass Snapchat etwas fehlte. Manchmal machten die User ein Foto oder Video und wollten es mehreren Freunden zuschicken. Bei der one-to-one basierten App bedeutete dies, jeden einzelnen Empfänger nacheinander abzuarbei-ten. Wie konnte es Snapchat gelingen, dass die User ihre alltäglichen Geschichten an den gesamten Freundeskreis verteilten, ohne den kurzlebigen Charakter der App zu verändern?

»Wir waren der Ansicht, das musste auf eine respektvolle Art pas-sieren«, sagt Spiegel. Mit anderen Worten: nicht wie bei Facebook. Spiegel war der Auffassung, Facebook ermutige seine Nutzer, unechte Versionen von sich selbst zu zeigen, verzerrte »Rote-Teppich-Ausga-ben« ihrer wahren, lustigen und albernen Persönlichkeit. Hinzu kam, dass der Content in einem Feed mit umgekehrter chronologischer Reihenfolge präsentiert wurde. Der Autor Harold Pinter hat einmal ein Theaterstück geschrieben, das mit dem Ende beginnt, doch für gewöhnlich ist das keine gute Idee, um eine Geschichte nachvollzieh-bar zu erzählen. Das weiß man instinktiv. Wenn man beispielsweise abends nach Hause kommt und der Familie vom Tag berichtet, fängt man schließlich auch nicht ganz hinten an. Und wer würde von einer Geburtstagsparty erzählen und gleich zu Beginn das Ende vorweg-nehmen?

Spiegels Antwort war ein Feature, das den Usern erlaubte, in Form von einer Art Piktogrammen die lustigen Ereignisse ihres Tages zu schildern – und zwar chronologisch. Das wichtigste Merkmal von Snapchat – die rasche Vergänglichkeit der Beiträge – würde sich als noch wertvoller erweisen, sobald die User ihren Content künftig mit mehreren Personen teilten. »Jeden Tag aufzuwachen und einen neuen Tag vor sich zu haben, aber nicht daran gemessen zu werden, wie man sich noch gestern dargestellt hat, ist wirklich lebensbejahend und an-regend«, sagt Spiegel.

Der Name des neuen Features lag auf der Hand: *Story*. Es sollte der Anti-Newsfeed werden.[8]

Spiegel stellte im sogenannten Blu House ein kleines Team zusammen. Das Gebäude gehörte zu einer ganzen Reihe von Immobilien Downtown Venice, in denen sein Unternehmen mittlerweile angesiedelt war. Das Produkt, das von dem Team entwickelt wurde, sorgte dafür, dass man eine Fotoserie oder kurze Videos machen und sie mit den für Snapchat typischen seltsamen und verrückten Stickern oder virtuellen Masken versehen konnte. Die User konnten dann zur Story-Seite wischen und einen kurzen Streifen der verfügbaren Geschichten sehen. Nach 24 Stunden würden sie wieder verschwunden sein. Spiegel hielt das für brillant.

Aber niemand nutzte das Feature. »Als würde einfach niemand kapieren, wofür es gut war«, sagt er.

Doch Spiegel verfiel nicht in Panik. Als Snapchat gelauncht wurde, war das zunächst auch ein Flop. »Damit muss man bei neuen Ideen einfach rechnen«, erklärt er. »Es dauert eine Weile, bis die Leute ihr Verhalten ändern.« Und so war es auch mit Story. Nach ein paar Monaten schlug der Graph, der die Nutzung erfasste, nach oben aus und beschrieb nach und nach die erfreuliche Form einer steilen Aufwärtskurve.

Das blieb Facebook nicht verborgen. Aber diesmal war es nicht Mark Zuckerberg, der versuchte, ein Snapchat-Produkt zu kopieren. Sondern Kevin Systrom – keine guten Neuigkeiten für Evan Spiegel.

Systrom hat nie einen Hehl daraus gemacht, dass sein Feature *Instagram Story* auf der gleichen Idee fußt wie das ursprüngliche Snapchat-Produkt. Aber er verwahrt sich dagegen, sein Team habe schlicht die Idee eines anderen geklaut und bei Instagram »reingeknallt«. »Man kann das Ganze aus zwei Perspektiven betrachten«, sagt er. Einerseits, so erklärt er, sei mitten in der Wachstumsphase von Instagram ein weltveränderndes Konkurrenzprodukt aufgetaucht; man habe einfach schnell reagieren müssen, indem man es kopierte. Andererseits, und das ist die Sichtweise, die er klar bevorzugt, war Instagrams Erfolg so enorm und dramatisch, dass er sich quasi selbst überholte und damit eine logische Lücke entstand, die es zu schließen galt. Mit Story.

Instagram war mit dem Ziel gestartet, Menschen die Möglichkeit zu verschaffen, die Highlights ihres Lebens in visuell ansprechender Form zu teilen. Doch als Instagram wuchs, führten die hohen Nutzerzahlen dazu, dass das Netzwerk weniger persönlich wirkte. Zwar nutzten immer mehr Menschen die Plattform, aber sie war nicht mehr das, was man sich morgens als Erstes anschaute. »Die Welt benötigt einen digitalen Ort, an dem man mit den engsten Freunden lustige, alberne Dinge teilen kann, ohne dafür verurteilt zu werden«, sagt Systrom und klingt sehr nach Evan Spiegel.

Systrom gibt zu, dass Snapchat zuerst diese Lücke gefüllt hat, die Instagram bis dahin noch nicht auf dem Schirm gehabt hatte. »Es handelte sich um einen Bereich unseres Ökosystems, den wir bis dahin offengelassen hatten«, sagt Systrom. »Wir wollten den Leuten ermöglichen, die Highlights [und] die epischen Momente ihres Lebens zu teilen, und wenn nun auch noch die blödsinnigen, alltäglichen Ereignisse gezeigt werden konnten, würde das gut ankommen.«

Instagram trieb das Projekt mit höchster Priorität voran und hatte bald eine eigene Version der Snapchat-Idee entwickelt. Stellte sich nur noch die Frage, welchen Namen das Feature erhalten sollte. Und das war eine knifflige Angelegenheit. Jeder hatte bloß »Story« im Kopf, doch das war bereits der Name des Snapchat-Produkts. »Irgendwann begriffen wir, dass es keinen Grund gab, das Ganze anders zu nennen«, sagt Kevin Weil, damals Instagrams Technischer Leiter. »Lasst ihn uns einfach übernehmen. Das wird über Snapchat und Instagram hinaus sowieso ein weitverbreitetes Format für eine Menge anderer Apps und Services. Also werden wir es Story nennen. Genau wie die anderen.«

Instagram war so selbstsicher – oder benötigte das Produkt so sehr –, dass sämtliche Energie und Mittel hineingesteckt wurden, und das in einer Art und Weise, wie man es bei Facebook in den vergangenen Jahren eher selten gesehen hatte, da Neuerungen mittlerweile behutsam integriert wurden, manchmal sogar nur in externen, experimentellen Apps. Neue Features wurden schrittweise veröffentlicht, normalerweise nach peinlich genauen Tests an einem kleinen Pro-

zentsatz von Usern in einem abgelegenen Land der Erde, dem normalerweise niemand bei Facebook besonders viel Aufmerksamkeit
schenkte. Nicht so *Instagram Story*. Das Feature wurde gleich nahezu
der gesamten Welt auf einmal präsentiert und erwischte die User wie
ein plötzliches Gewitter. Instagram arrangierte die Thumbnails der
Storys ganz oben auf der entsprechenden Seite. Diese Position über
dem eigentlichen Feed, der seit der Burbn-Ära das Instagram-Haupt-
produkt war, suggerierte große Bedeutung.

Systrom hatte sich auf einen gemächlichen Start vorbereitet; er ging
davon aus, dass sich die Leute erst einmal an das neue Format gewöh-
nen mussten. Aber die Nutzer schlangen Story derart gierig hinunter
wie Cheeseburger, die plötzlich auf eine einsame Insel regnen. »Mir
war bis dahin gar nicht klar, wie groß das Vakuum war, das wir vorher
geschaffen und nun gefüllt hatten«, sagt Systrom. (Vielleicht war es
aber auch eher Snapchat, das den entscheidenden Impuls gegeben
hatte.)

In gewisser Weise hatte Instagram seine User enttäuscht, weil es sich
mehr und mehr zu einem Schaufenster für Prominente und Influencer entwickelt hatte. Der Instagram-Kosmos gehörte seinen Stars,
und der Rest lebte nur darin. Doch wie aus dem Nichts poppte nun
ein neuer Dienst auf, mit dem man beiläufige Alltagssituationen mit
Freunden teilen konnte. Und das ohne Druck – denn nach 24 Stunden war die Story wieder verschwunden. Es kam einem vor, als hätte
Instagram plötzlich den Spaß und die Verbundenheit der … College-
tage von Thefacebook.com, wo Albernsein noch zu den Regeln gehört hatte, und die Angst, etwas zu verpassen, die Menschen im neu-
en Zeitalter von Social Media noch nicht dauerhaft gepackt hatte.

Mehr noch, die Instagram Storys schienen den Feed nicht zu kan-
nibalisieren. »Die Leute liebten es immer noch, ihren Traumurlaub in
diesem einen Foto zu zeigen, aber sie mochten es auch wirklich, fünfzehn Urlaubsbilder zu machen, die sie nicht für alle Ewigkeiten zur
Schau stellen wollten«, erläuterte mir Systrom 2017.

Snap-CEO Evan Spiegel weigerte sich, das unverfrorene Abkupfern
seiner Idee zu kommentieren. (Snapchat hatte seinen Unternehmens-
namen 2016 auf »Snap« gekürzt.) Aber seine Angestellten rasten vor
Wut. »Das war, als würde eine Bombe einschlagen«, sagt ein dama-

liger Snap-Manager. Spiegel schwieg weiterhin, auch intern. Aber seine zukünftige Ehefrau, das australische Supermodel Miranda Kerr, reagierte nicht so verhalten. »Ich kann Facebook nicht ertragen«, erklärte sie gegenüber dem *London Telegraph*. Und fügte hinzu: »Wenn man ohne Umschweife jemanden kopiert, dann ist das keine Innovation – sondern schlicht eine Schweinerei. Wie können die bloß nachts schlafen?«[9]

Sehr gut, offenbar. Die Instagram Story schicke sich an, finanziell bedeutender zu werden als der Newsfeed auf Facebook, platzte Zuckerberg bei einem Earnings Call heraus. Doch wenn Systrom und Krieger gedacht hatten, dass der Erfolg von Zuckerberg belohnt würde, hatten sie sich geirrt.

Bei Zuckerbergs Bemühen, seine Tochterfirmen unter Kontrolle zu bringen, stellte WhatsApp die härteste Herausforderung dar. WhatsApp pflegte eine fast klösterliche Unternehmenskultur. Die Mitarbeiter unterhielten innerhalb der Mauern der nicht von außen zu erkennenden Büros in Mountain View eine enge Verbundenheit. Sie mieden die klassischen Metriken für Erfolg. Ziel des Unternehmens war, nicht allein Menschen zu vernetzen, sondern ihnen die Freiheit zu verschaffen, sich ohne Restriktionen zu vernetzen – unabhängig von Mobilfunkanbietern und sogar von Staatsregierungen.

Bei dieser Zielsetzung war also nur logisch, dass WhatsApp ein System entwickelte, um alle Nachrichten standardmäßig zu verschlüsseln. Vor allem Mitgründer Brian Acton war der Ansicht, die WhatsApp-User sollten so kommunizieren, dass nicht einmal professionelle Abhöranlagen in Diensten von Regierungen Zugang zu den vertraulichen Gesprächsinhalten und Nachrichten bekamen, die die Nutzer mit ihren Freunden, Familienmitgliedern und Geschäftspartnern austauschten.

Darum hatte Acton im Sommer 2013 mit der Arbeit an einem Modell zur Ende-zu-Ende-Verschlüsselung für WhatsApp begonnen. Ein Krypto-System zu entwickeln, das den Kommunikationsaustausch von über einer Milliarde Menschen schützt und den Attacken aus allen Ecken widersteht, sowohl vonseiten genialer Hacker bis hin zu hoch entwickelten nationalen Geheimdiensten, ist das ultimative Don't-try-this-at-home-Vorhaben. Und so war es ein Segen, als sich Acton mit Moxie Marlinspike zusammentat, einem Krypto-Aktivisten und weltweit führenden Kryptografen, der Verschlüsselungstechnologie für den Wesenskern der Freiheit im digitalen Zeitalter hält.

Marlinspike war es dank Spenden zuvor bereits gelungen, die massentaugliche, leicht einsetzbare Verschlüsselungsmethode namens *TextSecure* zu entwickeln. Acton überzeugte ihn, dabei zu helfen, die TextSecure-Technologie bei WhatsApp einzubauen. Auch wenn Sender und Empfänger es nicht unbedingt bemerkten, wurde dadurch jede einzelne verschickte Nachricht so sicher wie ein Sendschreiben von einem Geheimdienstler an einen anderen. Schnüffler, Spione, Hacker und Scheidungsanwälte schafften es unter Umständen vielleicht, eine Nachricht abzufangen, aber sie würden niemals in der Lage sein, sie zu entziffern, denn von dem Moment an, da auf Senden gedrückt wurde, bis zu dem Moment, da die Nachricht gelesen wurde, war der Inhalt vollständig chiffriert. Nicht mal Facebook wäre in der Lage, sie zu lesen.

Doch es bestand auch ein erhebliches Risiko. Das FBI und die NSA hatten bereits Warnungen ausgegeben hinsichtlich eines Notszenarios, das den Namen »Going Dark« trug und das den Staatsschutz und die nationale Sicherheit gefährdet sah, wenn die beiden Institutionen den Inhalt der Nachrichten nicht einsehen konnten. Facebook würde möglicherweise mit Bußgeldern überschüttet, oder falls sich herausstellte, dass es sich in einer der verschlüsselten Nachrichten um den Plan für eine todbringende Terrorattacke handelte, konnte das gesamte Unternehmen in Schwierigkeiten geraten oder noch Schlimmeres eintreten.

Die Kaufverhandlungen mit WhatsApp waren noch nicht abgeschlossen, als Acton Zuckerberg darüber informierte, dass WhatsApp eine Ende-zu-Ende-Verschlüsselung verfolgte – er fragte demonstrativ nicht um Erlaubnis. Der Facebook-CEO nahm dies mit seiner typischen, nicht zu durchschauenden Form von Zustimmung auf. »Mark, wir bauen eine Ende-zu-Ende-Verschlüsselung«, erinnert sich Acton an den kurzen Dialog. »Und er so: *Okay, okay, gut, macht ihr mal, interessiert mich nicht.*«

In Wahrheit hatte Zuckerberg über dieses Thema schon reichlich nachgedacht. Als Facebook im Jahr 2014 durch Edward Snowdens Leaks erfahren hatte, dass die US-Behörden Facebook-Nachrichten aus den firmeneigenen Rechenzentren abgegriffen hatten, war Zuckerberg empört. Außerdem besaß er eine emotional begründete Vorliebe für Verschlüsselungstechnologie. Wäre sein früher digitaler Informationsaustausch – die Instant-Messenger-Nachrichten und E-Mails bezüglich ConnectU in Harvard – verschlüsselt gewesen, wären ihm einige Peinlichkeiten erspart geblieben.

Wenn Zuckerberg zurückhaltend auf das Thema Verschlüsselungstechnik reagierte, trieb ihn nicht die Sorge um mögliche Strafverfolgung um, sondern Facebooks Nettoprofit. Mitte 2017 führte die Company bei allen seinen Messaging Apps eine neue Umsatzstrategie ein: Zusätzlich zur individuellen Kommunikation von Menschen öffnete sich die Plattform nun auch der Vernetzung von Unternehmen und entsprechenden Kunden. Der Facebook-Messenger war in diesem Bereich bereits gut aufgestellt. Laut Acton »brachte Mark die Frage auf, ob wir Geld liegen lassen, wenn wir die Ende-zu-Ende-Verschlüsselung umsetzen«. Dabei ging es ihm nicht darum, ob die Kommunikation zwischen Handel und Kunden erschwert würde, sondern darum, dass Facebook selbst dann nicht mehr in der Lage wäre, den Inhalt des Austausches zu scannen, um die so gezogenen Informationen zur Verbesserung des Kundenerlebnisses zu verwenden und auf diese Weise mit passenderen Anzeigen und weiteren Services zu bedienen. »Diese Form der Verschlüsselung stand wegen der wirtschaftlichen Folgen zur Disposition«, sagt Acton.

WhatsApp behielt seine Verschlüsselungstechnologie bei. Doch die Auseinandersetzungen, wie mit dem Messaging-Dienst Geld zu verdienen war, wurden immer hitziger.

Bald nach dem Kauf von WhatsApp begannen die Diskussionen zwischen den Unternehmensgründern und Zuckerberg, ob die jährliche Gebühr von einem Dollar für den Dienst abgeschafft werden sollte. Der so erzielte finanzielle Erlös war im Vergleich zu Facebooks Umsatz verschwindend gering. Dennoch war Acton gegen die Streichung der Gebühr, die er mit einer Art Versicherungspolice verglich. »Mark meinte zu uns: *Weg damit, weg damit, weg damit*«, sagt Acton.

»[Wenn] der Boss sagt, weg damit, und der Untergebene das nicht will, hat der eben schlechte Karten.«

Die nächste Kompromissfindung verlief deutlich grausamer. Koum und Acton hatten WhatsApp in Bezug auf das Datensammeln konträr zu Facebook aufgebaut; alles, was man über die User wusste, war die Mobilnummer. Und das war ganz bewusst so. Koums und Actons Vermutung – die sie nach der Übernahme von Facebook im Jahr 2014 auch ihren Nutzern übermittelten – lautete, dass sich daran auch künftig nichts ändern würde. So schrieb Jan Koum damals in einem Post des Unternehmensblogs:

> *Der Respekt vor dem Schutz eurer Daten gehört zu unserer DNA, und wir haben WhatsApp mit dem Ziel aufgebaut, möglichst wenig über euch zu erfahren. Ihr müsst uns nicht euren Namen nennen, und wir fragen nicht nach eurer E-Mail-Adresse. Wir wissen nicht, wo ihr arbeitet. Wir wissen nichts über eure Likes und darüber, was ihr im Internet sucht, und wir scannen euren GPS-Standort nicht. Solche Daten wurden von WhatsApp niemals gesammelt und gespeichert, und wir haben wirklich nicht vor, diese Praxis zu ändern.[10]*

Aber Zuckerberg gab nicht mehr als zwanzig Milliarden Dollar für einen Messaging-Dienst aus, der seinem ureigenen Geschäftsmodell zuwiderlief. Mitte 2016 brachte er in der Sache und als CEO mit vollständig rechtmäßiger Kontrollfunktion ein weiteres Argument vor, das keinen Einspruch duldete: Facebook sollte in die Lage versetzt werden, einige WhatsApp-Daten zu nutzen, und sie mit anderen Dienstleistungen Facebooks zusammenschließen. Dabei stach ein Punkt besonders ins Auge: die Eingliederung der Mobilnummern der WhatsApp-User in Facebooks Datenbestand. Das würde Facebook den Zugriff auf die wertvollsten persönlichen Identifizierungsmerkmale erlauben, um sie danach mit Millionen von Facebook-Profilen zu verlinken, die diese Daten bislang zurückgehalten hatten.

Um dieses Vorhaben umzusetzen, mussten die Nutzungsbedingungen und Datenrichtlinien von WhatsApp angepasst werden. Natürlich lesen die Nutzer diese ellenlangen und unverständlich formulierten »Terms of Service« (TOS) so gut wie nie. Anders als Aufsichtsbehörden, vor allem die der datenschutzbewussten Europäischen Union, die diese rechtlich bindenden Buchstabensalate als einen der wenigen zuverlässigen Hinweise darauf betrachten, was Unternehmen tatsächlich mit Nutzerdaten anstellen.

Erschwerend hinzu kam, dass Facebook bei der Übernahme von WhatsApp ausdrücklich betont und versprochen hatte, die Whats-App-Daten nicht in den eigenen Bestand zu integrieren. Dieses Zugeständnis war erforderlich gewesen, um vonseiten der pingeligen europäischen Bürokraten und in den USA vonseiten der FTC das Einverständnis zum Kauf zu bekommen. Eine Änderung der TOS schien dem zuwiderzulaufen. Besonders perfide war, dass man als User, anders als gewohnt, den Änderungen der Datenrichtlinie und Nutzungsbedingungen nicht einfach nur zustimmen, sondern *aktiv* Widerspruch einlegen musste. Das heißt, unternahm man als User gar nichts, wurden die Daten *automatisch* weiterverwendet. Nur die ausgebufftesten und engagiertesten Nutzer wussten überhaupt von der Änderung und fanden heraus, wie sie verhindern konnten, dass ihre Daten im riesigen Speicher von Facebooks Datenbestand aufgingen. Acton erklärte später gegenüber der für das Wirtschaftsmagazin *Forbes* tätigen Journalistin Parmy Olsen: »Ich glaube, jeder hat damals gezockt, weil man der Ansicht war, nach all der Zeit hätte die EU den Deal vielleicht vergessen.«[11]

Obwohl Koum und Acton das Vorgehen missfiel, stellten sie die Veränderung bei WhatsApp in einem Post vom 25. August 2016 in einem positiven Licht dar. »Durch die Verbindung eurer Mobilnummer mit dem Facebook-System kann euch Facebook leichter Freunde vorschlagen und euch interessantere Werbung zeigen, wenn ihr einen Account bei Facebook habt«, hieß es.

Doch die EU ließ sich nicht täuschen. Die Nutzungsänderungen verstießen gegen die Abmachung, die Facebook eingegangen war, als man die Geschäftsübernahme zur Prüfung vorgelegt hatte. Also wurde das Unternehmen mit einem Bußgeld in Höhe von hundert Millionen Euro belegt.[12] Facebook behauptete: »Die Fehler, die wir beim Antrag auf Übernahme 2014 gemacht haben, geschahen nicht mit Absicht.«

Zuckerberg drängte weiter voran. Anfang 2017 forderte er, dass WhatsApp nach Menlo Park und auf den Classic Campus umziehen sollte. Koum und Acton fürchteten, dass sich ein Umzug negativ auf die Unternehmenskultur von WhatsApp auswirken würde. Ihre Angestellten waren eine andere Arbeitsatmosphäre gewohnt, die ganz anders war als der an einen trubelig-lauten und engen Schlafsaal in einer Jugendherberge erinnernden Spirit bei Facebook. Die eher in sich gekehrte, konzentrierte Stimmung bei WhatsApp mit der in Menlo Park zu verbinden würde Reibung erzeugen. Die beiden sollten recht behalten. Immerhin gestand Zuckerberg den Leuten von WhatsApp ihre gewohnten, größeren Schreibtische zu und ließ sogar die Waschräume umbauen – die auf Privatsphäre versessenen Whats-Apper wünschten Toilettentüren, die bis zum Boden reichten. Aber laut eines Berichts des *Wall Street Journals* ging den Facebookern die Sonderbehandlung und die Vorstellung, dass diese Neuen etwas Besonderes waren, gegen den Strich. Einige altgediente Facebook-Angestellte waren verärgert darüber, dass die Leute von WhatsApp die Dreistigkeit besaßen, Besuchern Zettel in die Hand zu drücken, auf denen es hieß:»Bitte möglichst leise sein«. Die Neulinge wurden, so der Artikel, sogar ausgebuht – mit dem Schmähruf»Welcome to WhatsApp – Shut up!«.[13]

Acton hatte zu Zuckerberg so gut wie keine Beziehung. Als sich die beiden kennenlernten, versuchte Acton, über die Kids der beiden ein Gespräch aufzubauen – beide hatten kleine Kinder, und die waren sogar auf derselben Entbindungsstation auf die Welt gekommen. Acton fand, dass Zuckerberg bei derlei Themen immer gleich auswich.»Er hatte wirklich gut gelernt, andere auf Abstand zu halten«, sagt Acton.»Und der Kerl lebte nur ungefähr eine Meile von meinem Zuhause entfernt!«

Auch mit Sandberg lief es nicht gerade glatt. Acton hielt sie für eine Strippenzieherin und hatte das Gefühl, dass sie ihn nicht als ebenbürtig betrachtete. So sprang sie einmal plötzlich während eines Meetings mit ihm auf, nachdem sie einen Bekannten entdeckt hatte – »irgendein hohes Tier von *ESPN* oder so«, erinnert sich Acton – der allein im Besprechungsraum zurückblieb und warten musste, bis Sandberg ihr Gespräch mit dem Besucher beendet hatte.

Sandberg verglich WhatsApp immer wieder mit Instagram, das Werbung akzeptierte und Facebook ein Vermögen einbrachte, und forderte auch von WhatsApp, sich Anzeigen zu öffnen. Acton erklärte ihr, er könne den vorgeschlagenen »Monetarisierungsansätzen« nicht zustimmen, und ging sogar so weit, auf die Klausel in seinem Vertrag zu verweisen, nach der er jederzeit aussteigen könne, wenn Facebook die WhatsApp-Erlöse auf eine Art und Weise anzapfte, mit der er nicht einverstanden war. Sandberg speiste ihn mit der dürren Antwort ab, das Ganze liege außerhalb ihres Entscheidungsbereichs. Zwischen Frühjahr und Sommer 2017 wandte sich Acton immer wieder an Jan Koum. »Alter, ich pack das nicht mehr«, sagte er. Acton wusste, dass auch Koum aus der Nummer rauswollte, und schlug ihm vor, gemeinsam zu verschwinden. Doch einfach so wollte Koum das Handtuch nicht werfen. Sein Plan sah einen schrittweisen Ausstieg vor: zuerst das Ausscheiden aus dem Vorstand und dann eine längere Phase, in der er offiziell noch bei Facebook angestellt war. Nur dann wäre es möglich, den Großteil des ihm zustehenden Geldes mitzunehmen – etwa drei Viertel der verbliebenen zwei Milliarden Dollar.

Acton aber wollte nicht länger warten und wandte sich etwas übereilt an Zuckerberg. »Ich habe ihm keine vernichtenden Sätze um die Ohren gehauen wie: *Oh, das hier ist ein echt beschissener Arbeitsplatz, und dieser Werbekram macht mich fertig*«, sagt Acton. »Irgendwie bereue ich das, denn letztlich war ich ein wenig unaufrichtig zu Mark. Aber ich hatte nicht das Gefühl, die Dinge so offen ansprechen zu können.«

Aufgrund der Vertragsklausel dachte Acton, er sei berechtigt, die Aktiensperrfrist zu verkürzen, auch wenn er das Unternehmen verließ. Auf die Klausel allerdings hatte er im Gespräch mit Zuckerberg nicht verwiesen. Ungefähr eine Milliarde Dollar stand auf dem Spiel. Etwa zwei Wochen nach dem Meeting mit Zuckerberg schrieb er eine E-Mail an den Facebook-CEO, in der er sich auf diese Klausel berief. Es folgte ein weiteres Treffen, zu dem auch Paul Grewal, Facebooks stellvertretender Justiziar, hinzukam.

Zuckerberg erklärte Acton, dass es sich vermutlich um die letzte Gelegenheit handelte, miteinander zu reden. Acton betonte, dass es bei seiner Entscheidung einzig um die Monetarisierung ging. »Das war so ziemlich das Letzte, was ich zu ihm sagte«, erinnert sich Acton. »Ich wollte einfach keine Anzeigen in unserem Produkt.«

Beide Seiten versuchten, einen Vergleich auszuhandeln, aber letztendlich fühlte sich Acton damit nicht wohl – er haute einfach ab und verzichtete auf fast eine Milliarde Dollar. Sein Ausscheiden aus dem Unternehmen wurde im September 2017 publik.

Acht Monate später, am 30. April 2018, kündigte Facebook Koums Abgang an. In einem Blog-Post schrieb Koum:»Ich nehme mir eine Auszeit, um außerhalb der Tech-Szene Dinge zu tun, die mir Spaß machen, so was wie seltene, luftgekühlte Porsches zu sammeln, an meinen Autos zu schrauben und auf alle Fälle Ultimate Frisbee zu spielen.«[14] Da sich in Koums Kasse nun schätzungsweise neun Milliarden Dollar befanden, war der Porsche-Markt schlicht interessanter geworden. Sein letzter Arbeitstag war im August 2018.

So bitter Actons Ausstieg auch war, er konnte immerhin drei Milliarden Dollar retten. »Das ist eine gute Sache«, sagt er, als ich ihn am Ende unseres langen Interviews bitte, ein Resümee zu ziehen. (»Ich erzähle dir alles, was du wissen willst«, hatte er vorher versprochen.) Fünfzig Millionen Dollar davon setzte er für die Gründung der *Signal Foundation* ein, deren Ziel es war, Moxie Marlinspikes Krypto-Tools für einen einfach zu bedienenden, massentauglichen und nicht auslesbaren Kommunikationsdienst zu nutzen.

Acton betrachtet dies als eine Art Sühnemaßnahme, weil er sein Unternehmen, wenn nicht sogar seine Seele, verkauft hatte – an Mark Zuckerberg.»Ich habe bestimmte Prinzipien vertreten, sogar öffentlich, und ich habe meinen Usern gesagt, wir werden eure Daten nicht verhökern, wir werden euch nicht mit Anzeigen zuballern. Und dann habe ich mich umgedreht und mein Unternehmen verkauft«, erläutert er. »Das war mein Sündenfall, und meine Buße [ist], dafür zu bezahlen. Mit meinem schlechten Gewissen muss ich leben. Aber Signal macht mir Hoffnung, die Dinge irgendwie wieder in Ordnung zu bringen.«

Acton feuerte eine letzte Salve auf das Unternehmen ab, das ihn zu einem sich selbst verabscheuenden Milliardär gemacht hatte. Am 20. März 2018, auf dem Höhepunkt der Cambridge-Analytica-Enthüllungen, setzte er einen Tweet mit einem Hashtag ab, der auf Twitter eine ganze Weile jede Menge Unterstützer fand. *Es wird Zeit. #deletefacebook.* Der populärste Re-Tweet stammte von Elon Musk. »Was ist Facebook?«, twitterte er und schwächte den Seitenhieb noch nicht einmal mit einem Emoji ab.

Actons ehemaliger Kollege David Marcus, verantwortlich für den Facebook-Messenger, postete daraufhin eine gepfefferte Antwort in seinem öffentlichen Facebook-Feed. »Die Leute und das Unternehmen anzugreifen, das einen zum Milliardär gemacht hat, das einen jahrelang in beispiellosem Ausmaß gedeckt hat, einem entgegengekommen ist, das finde ich unterirdisch«, schrieb Marcus. »Das ist wirklich unterste Schublade.«[15]

Marcus' Post sammelte viele Likes aus der Führungsetage von Facebook ein. Dabei hatte sich die von Brian Acton geäußerte Kritik – sowohl in einem *Forbes*-Interview wie auch im Gespräch mit mir ein paar Wochen zuvor – genauso gegen sich selbst gerichtet wie gegen Facebook und Zuckerberg. »Selbstverständlich bin ich der Ansicht, dass ich ein Verräter bin«, hatte er zu mir gesagt.

Koums Position an der Spitze von WhatsApp wurde von einem Facebooker eingenommen, der schon lange im Unternehmen war: Chris Daniels. Er hatte sich als Leiter der krisengeschüttelten Internet.org-Initiative bewährt. Doch zunächst hatte er Schwierigkeiten, seine Mitarbeiter bei WhatsApp in die richtige Spur zu kriegen, immer wieder warfen altgediente Kräfte hin. Daniels unterzog WhatsApp beharrlich stetigen Korrekturen, die auch etliche Punkte umfassten, gegen die sich Koum und Acton so lange gewehrt hatten. Von November 2018 an erschien Werbung auf WhatsApp.[16]

Nicht lange nachdem er seinen neuen Job übernommen hatte, berichtete Daniels bei einem Meeting im kleinen Team über die Fortschritte, die ihm bereits gelungen waren. »Ich möchte dazu nur eines anmerken«, reagierte Zuckerberg mit einem seiner raren Meta-Kommentare. »Jan [Koum] hat einige gute Dinge vorangebracht, aber ich stelle auch fest, wie sehr er uns im Weg stand.« Dann fügte er hinzu, dass ihn dies veranlasst habe, über einige weitere Bereiche der Company nachzudenken, über die er genauso dachte. Eine seltsame Bemerkung, zumal sich einer der Instagram-Gründer mit im Raum befand. Im März 2019, nachdem Zuckerberg angekündigt hatte, alle Plattformen zusammenzuschließen, inklusive WhatsApp, verließ auch Daniels Facebook. Zuckerberg ersetzte ihn durch einen anderen Manager, der von Google gekommen war und damals ebenfalls auf dem Geburtstagsfoto mit »Fleischtorte« zu finden war: Will Cathcart.

Insta Story, das Feature, das Instagram von Snapchat geklaut hatte, entwickelte sich zu einem solchen Erfolg, dass Zuckerberg einen internen Diebstahl plante – er gab bekannt, Facebook würde eine eigene Version von Story einführen.

Facebooks Adaption des Produkts seines Tochterunternehmens erschien zu einem spannenden Zeitpunkt. Das Wachstum der blauen App hatte sich verlangsamt: In Nordamerika war es sogar rückläufig. Unterdessen erreichte Instagram mehr als eine Milliarde User, und das sogar schneller als seinerzeit Facebook. Darüber hinaus war Instagram auf eine Art beliebt, die für Facebook nicht mehr galt. Die Leute hatten Spaß bei Instagram, während Facebook inzwischen ähnlich geschätzt wurde wie die alljährliche Steuererklärung – etwas Unangenehmes, das zum Leben dazugehörte, ob man nun wollte oder nicht. Vor allem die junge Zielgruppe stand auf Instagram und tummelte sich kaum auf Facebook. Im Jahr 2018 besuchte ich ein paar Highschools und unterhielt mich mit den Schülern. Wenn ich in einer Klasse herumfragte, wie viele Leute Facebook nutzten, gingen vielleicht ein oder zwei Hände hoch. Fragte ich nach Instagram, meldeten sich fast alle.

Zuckerberg konnte zu Recht stolz auf seinen Zukauf sein. Und manchen im Unternehmen kam es so vor, als wollte er den Ruhm dafür allein einheimsen. Kam der Erfolg von Instagram zur Sprache, pflegte er stets darauf hinzuweisen, dass die beiden Gründer zwar gute Arbeit geleistet hatten, der Erfolg jedoch gleichermaßen Facebooks Unterstützung zuzuschreiben war. So formulierte er es auch im Earning Call, bei dem er ankündigte, dass Instagram die Marke von einer Milliarde Nutzer geknackt hatte. Das gleiche Thema kam auf, als

Zuckerberg und ich eines Nachmittags einen langen Spaziergang auf dem Dach von Building 20 unternahmen. Unser Gespräch begann mit der Rückschau auf Zuckerbergs Weigerung, Facebook im Jahr 2006 an Yahoo! zu verkaufen; immer wieder betonte er, wie glücklich er darüber sei, die kompliziertere Variante gewählt zu haben. Er erzählte mir, dass er nun junge Start-uper beraten würde, wie sie dem äußeren Druck, ihre Firmen zu verkaufen, widerstehen könnten. Zumal, wenn sie davon überzeugt seien, eigentlich das Potenzial zu besitzen, es auch allein zu schaffen.

Ich konnte nicht umhin, die Brücke zu zwei Gründern zu schlagen, die so einem Angebot nicht widerstanden hatten.»Heißt das, Kevin und Mickey haben einen Fehler begangen, als sie an Facebook verkauft haben?«, fragte ich Zuckerberg.

Er hielt eine Weile inne, wie ein Schachgroßmeister, der erschrocken feststellt, durch den Zug des ihm eigentlich unterlegenen Gegenspielers plötzlich in Bedrängnis gekommen zu sein. Er wollte Kevin Systrom und Mike Krieger, die tolle Vorarbeit für ihn geleistet hatten, nicht schlechtmachen. Aber er tat es trotzdem.»Einerseits denke ich, die beiden haben immer gut gearbeitet, sie sind sehr begabt und hätten ihr Unternehmen auf einen Wert von über eine Milliarde Dollar weiterentwickeln können«, erklärte er mir.»Andererseits glaube ich wirklich nicht, dass das ohne die Hilfe von Facebook gelungen wäre, denn wir sind weltweit die Besten in dem Bereich, und ich bin der Meinung, dass Instagram ohne uns nicht mal halb so bedeutend wäre, wie es heute ist.«

Etwa Ende 2017 war klar geworden, dass sich Zuckerbergs Verhältnis zu Instagram verändert hatte. Aus *Wie können wir euch helfen?* war *Wie helft ihr uns?* geworden. Und später, ganz im Kriegs-CEO-Modus, wurde daraus: *Vielleicht solltet ihr einfach mal zuhören, was ich sage.*

Zuerst schien es, als wolle sich Zuckerberg Instagram schlicht zunutze machen, um höhere Werbeerlöse zu erzielen. Die Werbemenge hatte Systrom immer schon beunruhigt, und zuletzt hatte Zuckerberg dessen Argumentation sogar als positiv erachtet, auf lange Sicht den Feed nicht zu überladen beziehungsweise die Insta Storys mit einer Menge Anzeigen zu stören. Nun forderte Zuckerberg einen Anstieg des Werbeaufkommens. Es schien fast, als stecke dahinter die Erwägung, das entsprechende Anzeigenvolumen auf Facebook selbst zu senken, um die blaue Marke für User wieder reizvoller zu machen. Mit Überschreiten der Marke von einer Milliarde Nutzern Anfang 2018 hatten die Instagramer zunehmend das Gefühl, dass Zuckerbergs »Neins« immer häufiger kamen, wenn sie um mehr Mittel nachfragten. Er instruierte Javier Olivan, den Leiter der Wachstumseinheit, eine Liste mit all jenen Leistungen anzufertigen, die Facebook Instagram zur Verfügung stellte – um die Unterstützung anschließend zurückzuschrauben.[17]

Ein weiteres Konfliktfeld bot Systroms Plan, einen Messaging-Dienst aufzubauen: *Instagram Direct*. Systrom und Krieger hatten vor, dies als eigenständige App anzubieten, so wie es Facebook mit seinem Messenger getan hatte. Gedacht war dieser Dienst als konkurrenzfähige Alternative zu Snap. Wie bei Snap sollten auch hier die Nachrichten nach einem Tag wieder verschwinden. Weil keiner der zu Facebook gehörenden Messenger die junge Zielgruppe dermaßen fesselte wie Snap, könnte darin eventuell die beste Chance für Facebook liegen, diese wertvolle Bevölkerungsgruppe endlich für sich zu gewinnen.

Das war die Form von Weiterentwicklung, die Systrom und Krieger Zuckerberg gegenüber einst als *fait accompli* präsentiert hätten, als vollendete Tatsache. Doch seitdem Zuckerberg auf seiner Vision herumkaute, alle Teile von Facebook zu vereinen, waren die Tage der Eigenständigkeit der Tochterfirmen gezählt. Für das Budget des Jahres 2018 wollte Instagram Finanzmittel für Neueinstellungen, zum weiteren Ausbau von Instagram Direct. Zuckerberg wies den Budgetwunsch zurück. Das gehörte zum Kalkül. Obwohl Instagram 2017 das am schnellsten wachsende Tochterunternehmen der Company gewesen war, beschnitt Zuckerberg dessen Etat für das Folgejahr.

Trotz dieses Rückschlags werteten Systrom und Krieger es als Erfolg, dass in einigen Ländern Probeläufe der neuen App gestartet wurden. Das Ganze wurde so gut angenommen, dass man in Erwägung zog, den Testprozess auszuweiten. Aber dann schritt Zuckerberg ein und erteilte formal den Befehl, den Probelauf einzustellen. Zunächst müsse geklärt werden, welche Auswirkungen der neue Dienst auf andere Unternehmsteile habe. Einige Monate später gab Facebook bekannt, dass das Messaging auf Instagram in Zukunft vom Facebook-Messenger-Team abgewickelt würde.

Auf Olivans Liste der Vorzüge, die Instagram genoss, befand sich auch der Posten Cross-Promotion. Wenn ein User ein Instagram-Foto im Newsfeed teilte, wurde das in der Regel vermerkt – eine kleine Möglichkeit, um Facebook-Usern Instagram ans Herz zu legen. Weg damit!

Noch einschneidender für Instagram waren Zuckerbergs wiederholte Überlegungen, Instagram den Zugang zu Facebooks Friend Graph zu kappen. Denn dabei handelte es sich um eines der wirkungsvollsten Wachstumsinstrumente für Instagram: Wenn sich neue Nutzer anmeldeten, wurden sie umgehend mit allen Facebook-Kontakten vernetzt, und das bedeutete einen sofortigen Mehrwert. Instagrams Management konnte mit mehr Werbung und weniger Cross-Promotion leben, aber nicht damit, den Friend Graph zu verlieren. Zuckerberg hatte dem Instagram-Team einst versprochen, dies niemals zu tun. Ein paar Monate später wurde der Zugang zum Graph tatsächlich eingeschränkt. Und bald darauf stellte Zuckerberg Versuche an, den Zugang komplett zu kappen.

Die dahintersteckende Taktik war unverkennbar: Instagram schien imstande, größer als Facebook selbst werden zu können. Es sollte aber nicht mehr als bloß ein gigantischer Satellit der blauen Marke sein. Und das sollten die Insta-Leute auch spüren. Systrom, der permanente Micro-Demütigungen über sich ergehen lassen musste, war zunehmend desillusioniert. Trotz seiner hohen Position wurde er nicht in den innersten Zirkel des Gesamtmanagements eingebunden. Er war auch nicht selbstverständlich bei den Notfall-Krisen-Meetings dabei, wenn es beispielsweise um russische Manipulation oder Cambridge Analytica ging. Und Zuckerberg hatte der Unternehmenszentrale von Instagram nicht einmal einen Besuch abgestattet. Noch nie.

Das letzte große Ereignis unter der Führung von Systrom war die Einführung von *Instagram TV*, kurz IGTV. Die Grundidee bestand darin, die Beliebtheit bei Prominenten und Influencern zu nutzen, um Instagram auf YouTube zu transferieren, die Einstiegsplattform für Menschen, deren Talente weitestgehend in genial geteilter – oder gefälschter – Originalität lagen, um weitere Millionen von Menschen zu erreichen. Aber zunächst musste ein skeptischer Zuckerberg überzeugt werden, dass dies nicht die Aufmerksamkeit vom Video-Angebot auf Facebook ablenkte. Unter der Leitung von Fidji Simo hatte Facebook Milliarden von Dollar in einen Dienst gepumpt, der sich *Facebook Watch* nannte und sogar eigene Sendungen produzierte.[18] Am Ende gab Zuckerberg grünes Licht für das Projekt – unter der Bedingung, dass Instagram die IGTV-Videos automatisch auch auf Facebook postete.

Der Launch des neuen Instagram-Produkts fand in Menlo Park statt und wurde live in Facebooks Büro im New Yorker East Village übertragen, wo sich Medienvertreter und Influencer versammelt hatten. Das Ganze wurde ein Desaster. Instagram hatte eine Top-Eventagentur engagiert, die sich ein kunstvoll arrangiertes Set mit einer Drehbühne ausgedacht hatte. Sie funktionierte jedoch nicht, und die Vorführung ging völlig daneben. Als endlich eine neues, improvisiertes Set-up bereitstand, waren viele Journalisten bereits gegangen.

Und dann nahm Systrom seinen Erziehungsurlaub.

Im Mai 2018, als Zuckerberg sein Management neu zusammenstellte, begriff jeder im Unternehmen, dass der bisherige Leiter der Produktentwicklung, Chris Cox, ab sofort der neue Leitwolf war. Cox, der bislang auch immer die Willkommensansprachen für neue Facebook-Angestellte gehalten hatte, bevor sie eine genauere Einführung im »Bootcamp« erhielten, galt intern als Stimme der Company. Wäre Zuckerberg auf seiner USA-Rundreise bei seiner Fahrt im NASCAR-Rennwagen verunglückt, wäre Cox sozusagen das Schmerzensgeld für Zuckerbergs Nachfolger gewesen.

Als der Facebook-CEO nun also in der Führungsetage »Reise nach Jerusalem« spielte – Javier Olivan wurde befördert, sein bisheriger Bereich Wachstum ging an Alex Schultz, und Schreps Zuständigkeit für die Techniksparte wurde weiter ausgebaut –, konnte er Cox die Leitung eines neuen Bereichs anvertrauen, der *Familiy* genannt wurde: Cox war verantwortlich für den gesammelten Bestand von Apps, die, insgesamt betrachtet, mehr Menschen erreichten als Facebook selbst.[19] Was die betriebswirtschaftlichen Ergebnisse anging, hatte Facebook ebenfalls eine Umstellung vorgenommen. Es wurden nun sämtliche Nutzer abgebildet, die mindestens einen der Facebook-Dienste in Anspruch nahmen. Das hatte den Vorteil, statt des mittelprächtigen Wachstumswerts der blauen Marke eine gewisse Dynamik abbilden zu können. Die Gesamtziffer beschrieb auf diese Weise eine Aufwärtskurve, die ungefähr für das Jahr 2020 die atemberaubende Zahl von drei Milliarden Usern in Aussicht stellte.

Kurz nachdem er seinen neuen Posten angetreten hatte, versuchte Cox, mir seine Aufgabe zu erklären.»Ich werde mich darauf konzentrieren, die unverwechselbaren Unternehmenskulturen und Werte dieser sehr unterschiedlichen Produkte zu achten, aber eine wirklich starke, solide Infrastruktur zwischen [den Apps] errichten.« Im Mittelpunkt stehe dabei, die Maßstäbe, die Facebook an sich selbst im Bereich Sicherheit und Schutz stelle, auch bei den Messaging-Apps der Tochterfirmen anzulegen.

Doch das entsprach nicht dem, was Zuckerberg wollte. Ja, möglicherweise wäre es angebracht gewesen, die Kultur der einzelnen Unternehmen gedeihen zu lassen. Aber von nun an sollten diese Besitztümer – denn sie waren nichts anderes als Besitztümer – als Zahnräder in der Facebook-Maschinerie betrachtet werden. Eine Zeit lang sprach Zuckerberg ausschließlich intern über diese Dinge, und zunächst auch nur indirekt. Aber wenn man mit etwas Abstand auf die Sache schaute, merkte man, wie er die Tochterunternehmen an eine immer kürzere Leine nahm. Zum Beispiel, indem sich die Endungen der E-Mail-Adressen der Mitarbeiter änderten: kein @instagram.com oder @whatsapp.com oder gar @oculus.com mehr. Fortan waren alle nur noch unter der Domain des Mutterkonzerns zu erreichen: @fb. com. Sogar die Bezeichnungen der Unternehmen wurden angepasst. Nicht mehr nur»Instagram«. Sondern Instagram by Facebook. (Immerhin verzichtete er darauf, das alte»A Mark Zuckerberg Production« wieder auszugraben.)

Cox befand sich bei vielen der Unstimmigkeiten in der schwierigen Mittlerposition zwischen den Gründern der Tochterunternehmen einerseits und Zuckerberg andererseits. Vor allem die Unzufriedenheit von Systrom und Krieger bereitete ihm Sorgen. Es war offensichtlich, dass die beiden nicht glücklich waren, aber Zuckerberg verfolgte seinen Kurs unbeirrt weiter. Es dürfte keine allzu große Überraschung für ihn gewesen sein, als Systrom und Krieger aufgaben. Sie unterrichteten Cox darüber, ihren unmittelbaren Vorgesetzten. Keiner der beiden hatte das Bedürfnis, noch einmal persönlich mit Zuckerberg zu sprechen. Adam Mosseri, seit einiger Zeit Instagrams Chief Operating Officer, übernahm nun die Führung. Auch er war auf Zuckerbergs 33. Geburtstag gewesen.

Nach dem Ausscheiden von Kevin Systrom und Mike Krieger sprach ich Zuckerberg direkt auf das an, was ich vonseiten des Instagram-Teams gehört hatte: Dass Zuckerberg irgendwie neidisch auf Instagram gewesen sei.

»Neidisch …«, wiederholte er.

»Ja«, sagte ich. »Hättest du das Wachstum von Instagram lieber bei Facebook gesehen?«

Er verneinte und erläuterte mir seine Sicht. Früher sei Facebook das Hauptprodukt gewesen, WhatsApp, Instagram und Messenger legten gerade erst los. Da sei es sinnvoll gewesen, die Gründer in Ruhe zu lassen, damit sie sich ganz darauf konzentrieren konnten, die besten Produkte zu entwickeln.

»Dieser Weg war unglaublich erfolgreich«, erklärt er, »in den ersten fünf Jahren war das genau richtig. Jetzt jedoch sind wir an einem Punkt, wo all diese Produkte groß und wichtig sind. Ich will aber nicht einfach nur mehrere Versionen ein und desselben Produkts. Wir sollten eine kohärentere und ganzheitlichere Unternehmensstrategie verfolgen«.

Und wenn das bedeutete, die Gründer zu verlieren, dann war das eben so. »Ich habe Verständnis dafür, wenn man ein Start-up erfolgreich aufgebaut und zu großartigem Erfolg geführt hat, dass man dann irgendwann aufwacht und sagt: *Okay, ich bin stolz auf das, was ich geleistet habe, aber hier geht's für mich nicht weiter.* So ist nun einmal der Lauf der Dinge. Aber ich bin sicher, wir bewegen uns in die richtige Richtung.«

Im nahen Umfeld von Kevin Systrom heißt es, er wäre weitere zwanzig Jahre bei Instagram geblieben, wenn Zuckerberg nicht die Kontrolle an sich gerissen hätte. Auf dem Weg nach draußen verloren Systrom und Krieger kein schlechtes Wort über ihren ehemaligen Arbeitgeber.[20] Keine Hashtags wie #deletefacebook. Ihr Post zum Abschied fiel gnädig aus. Normalerweise hätte ein Ausstieg von solchem Ausmaß bei der wöchentlichen Mitarbeiterversammlung einen Sturm von Fragen ausgelöst. Doch der Abgang der beiden fiel just in dieselbe Woche, in der Joel Kaplan seine Nase über seine politisch liberal eingestellten Kollegen gerümpft und öffentlich seine Gefolgstreue zu Brett Kavanaugh bekundet hatte. Ebenfalls in dieser Woche war das Sicherheitsleck entdeckt worden, das den Zugriff auf die persönlichen Daten von 50 Millionen Facebook-Usern ermöglicht hatte – die größte Datenschutz-Katastrophe in der Geschichte des Unternehmens. Und so rutschte das Ausscheiden der Instagram-Gründer nur auf Platz 3 der wöchentlichen Empörungsliste.

Systrom äußerte sich zu alldem nicht, bis er im Oktober bei der *Wired*-Konferenz auftauchte.[21] Er erzählte, er habe gerade seine Fluglizenz erworben, worüber er sich sehr freue, und verbringe viel Zeit mit seiner kleinen Tochter. Über die Einzelheiten seines Abgangs von Facebook wolle er sich nicht weiter auslassen. Nur so viel:»Man kündigt schließlich nicht, wenn alles toll ist«, sagte er.

Als Zuckerberg bekannt gab, dass»The Next Facebook« alle Tochterunternehmen in eine gigantische Infrastruktur integrieren werde, schien das für Cox eine großartige Gelegenheit. Schließlich bestand dessen Rolle darin, der Quarterback des Eingliederungsprozesses zu sein. Aber Cox fand an der Aufgabe keinen Gefallen. Der Wechsel des Fokus vom weltumspannenden Teilen, von der Community hin zum neuen Credo Privatsphäre missfiel ihm. Insbesondere bereitete ihm Sorge, dass Zuckerberg nun darauf bestand, dass die Produkte von einer starken Verschlüsselungstechnologie geschützt werden sollten. Zum Teil war dies eine verspätete Reaktion auf Zuckerbergs peinliche Erfahrungen bei seinem frühen digitalen Informationsaustausch:

Wären seine Nachrichten damals verschlüsselt gewesen – oder schlicht verschwunden wie eine Instagram Story –, wären seine frühen Instant-Messenger-Nachrichten und E-Mails nie ans Licht gekommen. Und natürlich rückte er den Datenschutz auch in den Mittelpunkt von The Next Facebook, um allen Kritikern den Wind aus den Segeln zu nehmen, die dem Unternehmen vorwarfen, ein Schnüffler orwellscher Prägung zu sein. Cox betrachtete das ganze Thema aus anderer Perspektive. Abgesehen von der großen technischen Herausforderung, hieß die Verschlüsselung des Inhalts aller Nachrichtenkanäle, dass sogar Facebook die Posts nicht auslesen konnte; was bedeutete, dass die Bemühungen des Unternehmens, gegen Hasskommentare und Desinformation vorzugehen, erschwert würden.

Nur eine Woche nachdem das Instagram-Duo gegangen war, verließ Cox Facebook. Er mochte das Unternehmen noch immer und hielt sogar noch eine Begrüßungsrede vor neuen Mitarbeitern, als er seinen Abschied längst eingeläutet hatte. Doch er konnte der neuen Unternehmensstrategie einfach nicht mehr folgen.

»Mark hat dargelegt, dass wir ein neues Kapitel hinsichtlich unseres Produktkurses aufschlagen, das den Fokus auf ein verschlüsseltes, interoperatives Messaging-Netzwerk legt«, schrieb er in einem Newsfeed-Post, in dem auch ein Foto von ihm und Zuckerberg zu sehen war, auf dem die beiden wie die allerbesten Freunde breit grinsten. »Das wird ein wichtiges Projekt, und dazu brauchen wir Führungskräfte, die begeistert die neue Richtung einschlagen.«

Das hieß … *ohne mich*. Cox war damals 36 Jahre alt und hatte davon 13 bei Facebook verbracht. Er wollte nicht die nächsten beiden Jahre an etwas arbeiten, an das er nicht glaubte.

»Jahrelang wurde das Unternehmen auf die ›town square‹-Produkte ausgerichtet. Natürlich sorgte die Aussage, dass wir uns nun mehr auf das ›Wohnzimmer‹ konzentrieren werden, für Konflikte«, erzählt Zuckerberg. »Einige unserer besten Leute schauten sich das an und meinten: *Dafür bin ich nicht hier*. Es handelt sich um eine grundlegende kulturelle Evolution, und er habe heute noch keine Antwort darauf, wie das alles genau ablaufen wird. Die Sache ist sehr komplex, wird einige Jahre in Anspruch nehmen.«

Doch zumindest konnte er nun mit den Mitgliedern seines innersten Zirkels, die er nach und nach in den Führungspositionen der zu integrierenden Tochterfirmen installiert hatte, den Prozess der Verschmelzung angehen, ohne von besitzergreifenden Gründern aufgehalten zu werden.

Aber mit einem Mal stellte sich Zuckerberg ein noch höheres Hindernis in den Weg. Kritiker und Aufsichtsbehörden wollten plötzlich wissen, warum man Zuckerberg eigentlich die Erlaubnis erteilt hatte, all diese Firmen zu übernehmen. Und damit tauchte ein neuer Begriff in Facebooks prall gefüllter Schlagwortwolke auf, der sich auf dramatische Weise immer breiter machen sollte: Kartellrecht.

Als Senator Lindsey Graham 2018 Zuckerberg nach seinen Wettbewerbern gefragt hatte, war der Facebook-CEO ein wenig ins Schleudern geraten, bevor er antwortete, es gäbe acht große Social Apps. Zuckerberg erwähnte jedoch nicht, dass ihm vier davon gehörten.

Monatelang hatten Anti-Facebook-Aktivisten die Federal Trade Commission, das Justizministerium und den Generalbundesanwalt der Vereinigten Staaten gedrängt, ein kartellrechtliches Verfahren gegen Facebook anzustrengen. Einige Kritiker vermuteten, dass Zuckerbergs neue Eingliederungsstrategie nur ein Mittel sein könnte, um eine möglicherweise drohende rechtliche Aufforderung, einen oder mehrere Unternehmensteile wieder zu veräußern, zu vereiteln. Denn wenn die Tochterunternehmen auch in technischem Sinne derart fest miteinander verzahnt wären, könnte Facebook künftig glaubhaft behaupten, dass eine Abspaltung einzelner Firmenteile schlicht nicht mehr möglich sei.

Tim Wu, Juraprofessor an der Columbia University und Kartellrechtsexperte, der bereits als Berater der FTC tätig gewesen war, hatte gemeinsam mit Scott Hemphill von der New York University School of Law eine 39-seitige PowerPoint-Präsentation angefertigt, in der dargestellt wurde, dass Facebook aufkommende Konkurrenten aufkaufte, »um seine marktbeherrschende Stellung als Social-Media-Dienst zu erhalten«. Die Studie der Juristen kam zu dem Schluss, dass dies sowohl gegen den Sherman Act als auch gegen den Clayton Act

verstieß, beides Gesetze gegen unlauteren Wettbewerb. Die beiden
Juristen stellten ihre Studie einzel- sowie bundesstaatlichen Behörden
und Staatsanwaltschaften vor.

Die Bemühungen von Wu und Hemphill erhielten im Mai 2019
neuen Auftrieb, als ein dritter Partner in der Sache zu ihnen stieß:
Chris Hughes. Weil er einer der Ur-Mitgründer von Facebook war,
stellte dies den schärfsten Verrat aller Abtrünnigen bislang dar – nach
dem Motto »Brutus, auch du?«. Hughes, der mittlerweile eine kleine
gemeinnützige Organisation für Projekte im Bereich soziale Gerechtigkeit führte, bereute inzwischen seine Rolle beim Aufbau eines Unternehmens, das er mittlerweile als schädlich für die Welt erachtete.
(Wobei seine Zerknirschung nicht so weit ging, etwas von dem 500
Millionen schweren Facebook-Aktienpaket zurückzugeben, mit dem
man ihn bei seinem Abgang ausgestattet hatte.)

Die *New York Times* veröffentlichte einen langen Meinungskom-
mentar von Hughes, der unter der Überschrift »It's Time to Break Up
Facebook« die Zerschlagung des Unternehmens forderte. Er bekräf-
tigte in dem Artikel zwar, Zuckerberg sei »ein guter, freundlicher
Mensch«, gab dann aber ein paar Insider-Storys zum Besten, die seinen ehemaligen Kommilitonen wie den Al Capone der Social-Me-
dia-Branche dastehen ließen. Hughes bat Gesetzgeber und Aufsichtsbehörden mit Nachdruck, Facebook die Tochterfirmen Instagram
und WhatsApp zu entreißen.[22]

Ob Hughes' Plädoyer eine Wirkung hatte, sei dahingestellt. Fakt
ist, dass der Kongress sowie Staats- und Bundesbehörden Mitte 2019
kartellrechtliche Untersuchungen anstrengten – gegen Facebook,
aber auch gegen Apple und Amazon. Doch Facebook schien das vor-
nehmliche Ziel der Ermittlungen. Bis Oktober hatten sich 46 Staaten
und der District of Columbia den Untersuchungen angeschlossen,
während sich die Federal Trade Commission und das Justizministerium darauf vorbereiteten, ihre eigenen Nachforschungen zu betreiben. Der US-Kongress stellte eine beeindruckend weitreichende
Zwangsvorladung unter Strafandrohung aus und verlangte von Facebook jede Form von Unterlagen, einschließlich privater E-Mails, die
irgendetwas mit dem Vorgehen des Unternehmens beim Einverleiben
von Start-ups zu tun haben könnten. Parallel dazu ereiferten sich

auch Politiker über das Unternehmen, die ins Rennen um die nächste Präsidentschaft gegangen waren. Elizabeth Warren, im Feld der demokratischen Anwärter recht weit vorne, vertrat die Meinung, Instagram und WhatsApp müsse von Facebook abgespalten werden.[23] Facebook warnte, dass eine Schwächung des Gesamtunternehmens nur den riesigen Tech-Companys aus China zugutekäme, die nur darauf warten würden, voranzustürmen und die so entstandene Lücke zu schließen. Keiner der Kritiker kaufte Facebook dieses Argument ab. Und die dunklen Wolken staatlicher Regulierung verdichteten sich bedrohlich. Mark Zuckerberg war jedoch noch nie jemand, der vor Herausforderungen zurückschreckte. Andernfalls wäre es Facebook wohl auch nie gelungen, die halbe Menschheit zu vernetzen. Öffentlich verkündete Zuckerberg in eher vorsichtigen Worten, eine Aufsplittung sei »keine gute Idee«, und führte – neben der möglichen Bedrohung des Social Graph durch die Chinesen – als weiteres Argument dagegen an, dass man nur im Verbund in der Lage sei, den vielfach geteilten Content einigermaßen zu kontrollieren. In privatem Rahmen gab er dagegen wieder einmal Cato den Älteren. Bei einem Meeting der Gesamtbelegschaft – ein Mitarbeiter leakte später das Protokoll der Veranstaltung, ein Zeichen erodierender Loyalität in der Company – erklärte Zuckerberg: Sollte Elizabeth Warren 2020 ins Weiße Haus einziehen und auf ihrer Sicht der Dinge beharren, würde Facebook »in den Boxring steigen«, um seine Tochterfirmen zu verteidigen.

Doch noch wichtiger als die Besitzstandswahrung war, weiterhin voranzuschreiten. Facebook benötigte neue Maßnahmen, um sich nicht nur die Gegenwart, sondern auch die Zukunft zu eigen zu machen. Deshalb enthüllte Zuckerberg Mitte 2019, während des Kampfes um das Überleben seines Unternehmens, das möglicherweise kühnste Projekt seit dem Newsfeed: das »Internet des Geldes«.

Seit mehr als zehn Jahren versuchte Facebook bereits, den Bereich der digitalen Geldwirtschaft mit seinen Produkten zu verbinden. Nun, da Zuckerberg alle seine Tochterfirmen miteinander verzahnt hatte, wollte er das Angebot seiner vielfältigen digitalen Dienstleistungen auch auf den Bereich Finanzwirtschaft ausdehnen. Aber weltweit den Zahlungsverkehr zu managen, insbesondere in Entwick-

lungsländern, in denen die Menschen keine Bankkonten oder Kredit-
karten besaßen, war problematisch.

Die Lösung – und gleichzeitig eine Gelegenheit, sich beim nächsten Paradigmenwechsel des Internets einen guten Platz zu sichern –
erreichte Zuckerberg in Form einer E-Mail eines seiner Lieblings-
manager. David Marcus, der das Messenger-Team leitete, war in den
Weihnachtsferien 2017 mit seiner Familie in der Dominikanischen
Republik im Urlaub gewesen. Er hatte über Krypto-Währungen
nachgedacht, für eine ehemalige PayPal-Führungskraft wie ihn war
das gedanklich keine allzu große Hürde. Eine»Blockchain« genannte
Technologie war potenziell in der Lage, die Sicherheitslücke von Di-
gitalwährungen zu schließen, aber bislang war der digitale Geldverkehr eher ein Instrument von Finanzmarktspekulation als ein echtes
Zahlungsmittel. Marcus hatte den Eindruck, dass Facebook das ändern konnte.

Was, wenn Facebook eine weltweit akzeptierte Digitalwährung
einführte? Marcus hatte eine Reihe von Ideen, wie das zu realisieren
wäre, notierte sie und schickte das Ganze an Zuckerberg.

Zuckerberg, mit seinem übergroßen Faible für Krytografie, fand
Gefallen an Marcus' Idee. Hinzu kam, dass ein solches Vorhaben sich
nach dem Verschmelzen von Facebooks Besitztümern als sehr hilf-
reich erweisen würde. Man wäre dann von der Last befreit, weltweit
Hunderte unterschiedlicher nationaler Währungen zu steuern. Die
Einführung einer global akzeptierten einheitlichen Währung würde
Facebook den Weg öffnen, um mit allem Geld zu machen, was zum
Unternehmen gehörte, und das überall auf der Welt.

Marcus übergab den Messenger rasch seinem Stellvertreter und
baute ein neues Team auf, zu dem auch zwei ehemalige Top-Program-
mierer von Instagram gehörten. Während das Team an der Lösung
einiger heikler Probleme arbeitete, die eine digitale Währung für Millionen von Finanztransaktionen weltweit mit sich bringen würde,
konzentrierte sich das Policy-Team auf die Ausarbeitung neuer Richtlinien. Im Sommer 2019 wurde das ehrgeizige Vorhaben in einem
Positionspapier vorgestellt. Die Darstellung erinnerte sehr stark an
die Versprechen von Internet.org.: Während man damit versucht hatte, ärmere Teile der Weltbevölkerung mit dem Internet zu verbinden,

sollte die neue Mission den 1,7 Milliarden Erwachsenen der Erde, die keinen Zugang zu einem Bankkonto besitzen, weltwirtschaftliche Teilhabe ermöglichen.

Facebook gab der Währung den Namen »Libra«.[24] Die Bezeichnung vereinte gleich mehrere Bedeutungen: Libra war eine altrömische Maßeinheit, stand für das Sternzeichen Waage, war das Symbol von Justitia, und nicht zuletzt gab es eine klangliche Verwandtschaft zum französischen Wort »libre«. Mit anderen Worten: Geld, Gerechtigkeit und Freiheit. Ein Libra sollte ungefähr den Wert eines Dollar oder Euro haben.

Libra war in ein kompliziertes Verwaltungskonzept eingebunden, vor allem im Hinblick auf die Skepsis der Menschen bezüglich einer globalen Währung, die von einem der inzwischen vertrauensunwürdigsten Unternehmen der Welt eingeführt werden würde. Die Company legte die Verwaltung seiner Währung in die Hände einer externen Gesellschaft, der *Libra Association*. Geplant war, mit einhundert Partnerunternehmen zu kooperieren – jedes einzelne ein »Knotenpunkt« in der Blockchain und in der Lage, Geldtransaktionen auf direktem Weg durchzuführen. Facebook würde ebenfalls nur einer dieser Knoten sein und wie alle anderen Partner über nur eine Stimme verfügen. Außerdem wollte Facebook den Libra-Code als Open-Source-Software anbieten. Keine Geheimnisse.

Aus Facebooks Sicht würde Libra durch das Abtreten der Kontrolle tatsächlich *noch* wertvoller werden, denn damit wäre die Währung auch für Facebook-Skeptiker attraktiver. Zumal es kaum noch jemanden gab, der sich nicht zu den Skeptikern zählen würde ...

Natürlich würde Facebook der einzigartige Ruhm bleiben, die Libra-Technologie entwickelt zu haben. Und noch bevor sich die Libra Association in Genf überhaupt konstituierte, ein verbindlicher Gesellschaftervertrag vorlag (Facebook hatte zuvorkommend Entwurfsfassungen erstellt) und ein Geschäftsführer eingestellt wurde, hatte Facebook bereits die erste Implementierung der Währung entworfen, die »Calibra« genannt wurde.

Als das Unternehmen im Juli das Libra-Projekt offiziell vorstellte, wurden Screenshots der Calibra-»Wallet« gezeigt, einer Brieftasche, die prall gefüllt war mit einer Währung, die noch gar nicht existierte.

27 Partnerunternehmen wollten sich an der noch zu gründenden Libra Association beteiligen. Dazu gehörten beeindruckenderweise große Finanzdienstleister wie Visa, Mastercard und PayPal. Auffallend war jedoch das Fehlen von Tech-Riesen. Sie hätten dem Vorhaben vielleicht das Stigma nehmen können, so eng an nur eine Company gebunden zu sein.

Dennoch war das gesamte Projekt tatsächlich beachtenswert, da Facebook schwerwiegende Probleme bewältigt hatte und nun dem ernst zu nehmenden Thema des wachsenden Trends von Kryptowährungen mit innovativen Herangehensweisen begegnete. Doch bevor dies ernsthaft diskutiert werden konnte, musste man sich mit einem gigantischen, zunächst nur verschwommen zu erkennenden Mammut im Raum herumschlagen. Schließlich war das Ganze von Facebook initiiert. *Von Facebook!*

Als mir Marcus erstmals im Mai 2019 von Libra erzählt hatte – ich war der erste Journalist, der in das Vorhaben eingeweiht wurde[25] –, war er sich dieser Problematik bewusst. »Es ist mit enormen Herausforderungen verbunden, wenn ein Unternehmen wie Facebook, das mit äußerstem Misstrauen beäugt wird, versucht, ein solches Instrument der öffentlichen Versorgung aufzubauen«, sagte er. Wovon er sich allerdings keine Vorstellungen machte, war die Heftigkeit der Reaktion nach der offiziellen Vorstellung des Projekts. Aufsichtsbehörden, Mitglieder gesetzgebender Institutionen und die vielen, vielen Facebook-Kritiker fielen darüber her und schlugen vor, die Währung nicht »Libra«, sondern gleich »Zuck Buck« zu nennen.

Zuckerberg blieb unbeeindruckt. Wie immer hielt er an seiner Überzeugung fest, dass sich die Wogen rasch glätten würden. Wenn die Leute die Währung erst einmal kennengelernt hatten, würden sie sie auch mögen. Das war beim Newsfeed so gewesen und bei vielen anderen neuen Features ebenfalls. Das würde für Libra gelten und auch für seine zukünftige »Privacy Focused Vision for Social Networks«, die Datenschutz und Privatsphäre in den Mittelpunkt stellte, obwohl dies schon in seinem eigenen Unternehmen dermaßen unbeliebt war, dass höchstgeschätzte Angestellte ihren Job quittierten.

Im Juli 2019 musste Marcus unter Eid vor dem misstrauischen Senatsausschuss für das Bankenwesen aussagen.[26] Seine Einlassungen verfehlten das Ziel, eine öffentliche Meinungsänderung herbeizuführen. In den darauffolgenden Wochen zogen sich etliche Partner aus der geplanten Libra Association zurück, darunter Visa, Mastercard und PayPal. Um diese Entwicklung aufzuhalten, versprach Facebook, sein Vorhaben nicht ohne behördliche Zustimmung umzusetzen. Am 23. Oktober 2019 trat Zuckerberg höchstpersönlich vor den Finanzausschuss des US-Kongresses in Washington, um Fragen zu Libra zu beantworten. Nur eine Woche zuvor hatte er seinen Standpunkt in einem frei gehaltenen Vortrag an der Georgetown University dargelegt. Bei dieser Gelegenheit versuchte er auch, Facebooks kürzlich veröffentlichte neue Richtlinienpolitik zu verteidigen, politisch motivierte Werbung nicht auf Fakten zu überprüfen. Facebook war der Auffassung, auch mit einem Faktencheck könne man dreiste Lügen in gekauften Posts nicht ausschließen. Eine seltsame Geisteshaltung für ein Unternehmen, das sich in beträchtlichem Maße dem Thema Löschen beziehungsweise Minimieren von toxischem Content gewidmet hatte.

Die Anhörung vor dem Kongress[27] begann mit einer verbitterten Bemerkung in Richtung Zuckerberg. Die Vorsitzende des Ausschusses, die Abgeordnete Maxine Waters, die zuvor ein Moratorium für Libra gefordert hatte, erklärte in ihrer Eröffnungsrede, sie empfinde Zuckerbergs Vorhaben als derart empörend, dass sie darüber nachdenke, ob Facebook nicht wirklich zerschlagen werden müsse.»Es scheint, als würden Sie mit einer aggressiven Strategie das weitere Wachstum Ihres Unternehmens verfolgen. Und um zu bekommen, was Sie wollen, bereit sind, jedem auf die Zehen zu treten oder über jeden hinwegzusteigen, der dem im Weg steht – seien es Konkurrenten, Frauen, Farbige, Ihre eigenen User und sogar Ihre demokratisch gewählte Regierung«, sagte sie zu Zuckerberg.

Einige Abgeordnete – hauptsächlich Republikaner, die es offenbar satthatten, wegen der fingierten Beschwerden über Facebooks Befangenheit gegenüber der Partei unaufhörlich im Fadenkreuz der Aufmerksamkeit zu stehen – schienen Zuckerberg verteidigen zu wollen. Sie äußerten ihre Besorgnis, ein hartes Vorgehen gegen Facebook könne Innovationen abwürgen.

Doch in überwiegendem Maße begegnete man Zuckerberg, der

noch drei Jahre zuvor als Aushängeschild der USA für unternehmerischen Einfallsreichtum gegolten hatte, feindselig. Ein immer wiederkehrendes Thema der Anhörung war die lange Liste früherer Verfehlungen. Die Abgeordnete des Staates New York, Nydia Velázquez, führte beispielsweise Cambridge Analytica an und das gebrochene Versprechen, die User-Daten von WhatsApp nicht in den Datenbestand von Facebook zu integrieren.

Zuckerberg, der über weite Strecken der sechseinhalb Stunden dauernden Befragung wirkte, als hätte er eine Gehirnerschütterung, gestand ein, dass dies ein wichtiger Punkt war: »Wir müssen sicherlich daran arbeiten, Vertrauen aufzubauen.«

»Haben Sie schon mal von *Du sollst nicht lügen* gehört?«, fragte Velázquez. Das war nur einer von zahlreichen Tiefschlägen.

»Sie haben das Leben von Mitbürgern zerstört«, sagte die Abgeordnete Joyce Beatty, die sich Zuckerberg wegen Bürgerrechtsverletzungen vorknöpfte.

Die Abgeordnete Alexandria Ocasio-Cortez nahm Zuckerberg hartnäckig wegen seiner Haltung zu politisch motivierter Werbung in die Mangel.

Nach vier Stunden erbat Zuckerberg eine Pause, um zur Toilette zu gehen, und schwenkte zur Verdeutlichung des Bedürfnisses mit einer leeren Wasserflasche. Die Ausschussvorsitzende kam seinem Wunsch jedoch nicht nach. Sie ordnete an, er müsse zunächst noch einer anderen Fragestellerin Rede und Antwort stehen. Dabei handelte es sich um die Abgeordnete Katie Porter, die sich erst einmal über Zuckerbergs Haarschnitt lustig machte und ihn am Ende aufforderte, sich künftig einmal pro Woche als Content-Moderator zu betätigen.

Nach der Anhörung führte die Ausschussvorsitzende ein vertrauliches Gespräch mit Zuckerberg, dann stellte sie sich den Fragen von Medienvertretern. Ich wollte wissen, ob sie im Verlauf der Einvernahme Zuckerbergs irgendetwas gehört hatte, das ihre Vorbehalte gegenüber Libra aus dem Weg räumte. Sie verneinte.

Das Grundproblem mit Libra war schlicht und ergreifend das Unternehmen, das dahintersteckte. Facebook mit seinen außergewöhnlich begabten Programmierern, seinem beispiellosen Tatendrang und seinem gewieften Sinn für Produktentwicklung hatte vermutlich das beste Konzept für digitalen Geldverkehr entwickelt und damit frühere, weniger kompetente Versuche deutlich übertroffen. Doch die Qualität des Produkts blieb zweitrangig, wichtig in der öffentlichen Wahrnehmung war letztendlich nur, dass es von Facebook entwickelt worden war.

Wie es mit Libra weitergehen würde, hing von der Bewertung des Erbes Mark Elliot Zuckerbergs ab – dem Mann, der einst ausgezogen war, eine Welt zu vernetzen, die vielleicht gar nicht bereit war, vernetzt zu werden. Er vernetzte sie trotzdem.

Nach Beacon, nach Cambridge Analytica, nach den Gewalttaten, die Inhalte des Newsfeeds in vielen Staaten befeuert hatten, nach Bußgeldverfahren seitens der FTC, der US-Börsenaufsicht, der EU und der Regierung Großbritanniens wegen Bürgerrechtsverletzungen, ungenauer Datenschutzbestimmungen sowie Datenschutzvergehen … nach alldem fragten sich die Leute: *Warum sollte irgendjemand sein Geld Facebook anvertrauen?*

EPILOG

Der letzte Termin in Mark Zuckerbergs Kalender, bevor er anlässlich des US-amerikanischen Nationalfeiertags am 4. Juli verreist, betrifft unser abschließendes Interview für dieses Buch. Während ich durch den schön gestalteten Vorgarten auf sein Haus in Palo Alto zugehe – ein ansprechendes, etwa einhundert Jahre altes Gebäude im American Craftsman Style, aber keine imposante Villa, wie man sie sich vielleicht für einen der reichsten Männer der Welt vorstellen würde –, denke ich an Andrew Weinreich.

Zur Erinnerung: Der Jurist und Unternehmer Weinreich hatte als Erster die Idee eines Online Social Networks ausgebrütet, wie wir es heute kennen; und ihm war die Idee vorgeschwebt, die gesamte Weltbevölkerung in einem einzigen Netzwerk miteinander zu verbinden. Ich frage mich, wie es wohl gewesen wäre, wenn Weinreich und nicht Zuckerberg dieses einst visionäre Konzept in die Tat umgesetzt hätte. Mein Gespräch mit dem Gründer des mittlerweile eingestellten Dienstes *SixDegrees.com* hätte dann bestimmt in einer riesigen Unternehmenszentrale stattgefunden. So jedoch trafen wir uns in einem kleinen Konferenzraum an einem trubeligen WeWork-Standort. Während Weinreich beschrieb, dass SixDegrees seiner Zeit weit voraus gewesen war, konnten wir durch die Glaswände des Besprechungsraums das eifrige Treiben von Millennials und Vertretern der Generation Z beobachten, die sich anstrengten, Mark Zuckerberg nachzueifern.

Weinreich, fünfzig und fit, hatte eine schnelle Antwort parat auf meine Frage, ob es ihn umtreibe, was aus seiner Ursprungsidee geworden war: »Nein.« Er zögerte auch nicht, als ich nachhakte, ob er angesichts der Erfahrungen mit Facebook immer noch der Meinung war, die Vernetzung der Welt sei eine gute Sache: »Ja.« Allerdings, da sei er sich ziemlich sicher, hätte er an Zuckerbergs Stelle rascher die Warnsignale beachtet, als die Dinge schiefzulaufen begannen.

Zweifellos würde Mark Zuckerberg Weinreich darauf entgegnen, dass das so einfach nicht ist.

Als ich am Haus ankomme, begrüßt mich Zuckerberg in Begleitung seines Hütehunds, ein Puli namens »Beast«, der sich dermaßen überschwänglich freut, dass Zuckerberg ihn auf seinen Platz im Wintergarten schickt.

Seit nunmehr drei Jahren sind wir wegen dieses Buchs miteinander im Gespräch, und inzwischen fallen die Antworten auf meine Fragen so offenherzig aus, wie ich es nie gedacht hätte. Ein weiter Weg vom widerwilligen Gesprächspartner, als den ich ihn im Jahr 2006 kennengelernt hatte. Mittlerweile hält Zuckerberg Interviews nicht mehr nur für gute Gelegenheiten, um seinen Standpunkt zu verdeutlichen, sondern auch für eine Möglichkeit, mehr darüber zu erfahren, was andere von ihm halten. Bei diesem Treffen, wie schon bei einer ähnlich freimütigen Unterredung ein paar Wochen zuvor, ist er bereit, sich erneut dem Thema Schuld zu stellen, und schwankt im Folgenden zwischen Reue und Trotz. (Da beide Interviews insgesamt wie ein langes wirken, beziehe ich hier die Aussagen beider Gespräche ein.)

Ja, Zuckerberg übernimmt die Verantwortung für die nachlässige Reaktion, als Facebook zur Plattform für Fake News, Falschinformationen und Verbreitung von Hass wurde. Aber sein »Mea Culpa« wird von der wiederholten Erklärung verwässert, dass das Auftauchen dieser Probleme und Facebooks Unachtsamkeit in der Wachstumsphase eher eine Folge von übermäßigem Optimismus als von Selbstgefälligkeit oder Habgier gewesen seien.

»Die große Lektion der vergangenen Jahre lautet, wir waren zu idealistisch und optimistisch, wofür die Leute diese Technologie auf Dauer nutzen würden. Wir haben nicht genug darüber nachgedacht, auf welche Art sie das Ganze missbrauchen würden«, sagt er und räumt ein, dass seine Entscheidung, wichtige Bereiche des Unternehmens an andere Manager zu delegieren, im Grunde genommen das Problem nur verstärkt habe.

»Vielleicht braucht es dafür jemanden, der viel besser ist als ich«, erklärt er. »Als ich mit 19 loslegte, hatte ich auf all diesen Gebieten nicht die nötige Lebenserfahrung. Zumindest für mich war es un-

möglich, all die unterschiedlichen Teilbereiche zu überblicken und zu
verstehen, was die Führung eines Unternehmens eigentlich alles bedeuten konnte. Und Sheryl kümmerte sich so gut um die Angelegenheiten, dass es irgendwie einfacher war, das an sie zu übergeben.«
Zwangsläufig sei er jetzt weiser. »Zu meiner persönlichen Entwicklung in den vergangenen 15 Jahren gehört, für jeden einzelnen dieser
Bereiche nach und nach mehr Verantwortung übernommen zu haben.«

Zugegeben, der Haufen College-Studenten hätte schwerlich die
Folgen absehen können, die die Einführung einer weltweit zugäng-
lichen Plattform für freie Meinungsäußerung und freien Handelsver-
kehr nach sich ziehen würde. Wer hätte sich damals schon ausmalen
können, was dabei rauskommt, wenn man Menschen in solch großem Stil miteinander verbindet? Wie also wollte man jemanden an-
klagen, der doch nur das idealistische Ziel verfolgte, die Menschheit
einander näherzubringen?

Doch die Verteidigungstaktik Naivität/Idealismus hat ihre Grenzen. Hatte Facebook nicht schlicht die Probleme ignoriert, die aus
seinem unerbittlichen Wachstumsstreben entstanden waren? Hinzu
kommt die Tatsache, dass der Motor von Facebooks Geschäftsmodell
mit hochempfindlichem Kraftstoff lief: dem unvergleichlich wertvollen Schatz personenbezogener Daten. Und auch wenn Facebooks Geschichte in einem Zimmer eines Studentenwohnheims begonnen hatte, standen Zuckerberg bereits im darauffolgenden Jahr die erfahrens-
ten Unternehmer und Investoren des Silicon Valleys beratend zur
Seite, ebenso wie angesehene CEOs, zum Beispiel Don Graham. Zudem tauchten die Probleme auf, als eine der besten Führungskräfte
der gesamten Branche Facebooks Chief Operating Officer war.

Ich denke, Zuckerberg ist aufrichtig, wenn er auch ein Jahrzehnt
später noch sagt, dass er nach wie vor an die Bedeutung des Teilens
und der freien Meinungsäußerung glaubt. Aber seine im Verlauf der
vergangenen 15 Jahre getroffenen Entscheidungen offenbarten auch
dieser Prämisse untergeordnete Ziele – Wachstum, Marktbeherr-
schung und gewaltiges Profitstreben. Weil Facebook dadurch erst in
die Position versetzt wurde, seine Vision von einer weltweiten Vernetzung der Menschheit zu realisieren, verquickten sich diese Ziele

heillos mit der eigentlichen Mission. Was wiederum häufig dazu führte, dass Zuckerberg Entscheidungen fällte, die für sich genommen alles andere als idealistisch waren.

Als ich ihm meine Einschätzung mitteile, reagiert er ablehnend. »Ich finde, man kann [unsere Probleme] entweder auf Idealismus zurückführen oder auf Zynismus«, meint er. »Und ich glaube, alle, die mich kennen, wissen, es ist nicht Zynismus. Ich habe das Unternehmen zu keiner Zeit nach dem Motto geleitet: *Hey, ich versuche das alles hier nur zu optimieren, um möglichst viel Geld zu verdienen, also los, weiter!* Ich denke einfach, wir haben uns nicht genug dem Thema Missbrauch gewidmet, eben weil wir davon überzeugt waren, dass dieses Netzwerk jede Menge Gutes in der Welt ausrichten könnte.«

Schon wieder dieses Idealismus-Ding ...

Ein Zyniker ist er auch nach meinem Dafürhalten nicht, also versuche ich es mit einem neuen Begriff: *Was hält er von extrem wettbewerbsorientiert?*

Ich ernte einen seiner typischen, gedankenverlorenen Blicke und ein längeres Schweigen. Schließlich antwortet er: »Ich glaube, das ist richtig, ja.«

Zuckerberg macht weitere Zugeständnisse. Als ich andeute, dass die Anpassung des Newsfeeds an die Twitter-Kultur unbeabsichtigte Folgen nach sich gezogen habe, wie beispielsweise Falschinformation und süchtig machende Ablenkungen, stimmt er mir zu. »Rückblickend hätten wir es nicht so weit treiben sollen«, sagt er und merkt an, dass im Rahmen der jüngsten Aufräumprozesse bei Facebook dieser Kurs zu einem gewissen Grad korrigiert wurde. »Aber wir haben damals wichtige Dinge gelernt«, fügt er hinzu.

Eine ähnlich zuversichtliche Sichtweise nimmt er beim Thema Datenschutz ein. Wenige Wochen nach unserem Gespräch würde der Vergleichsbeschluss mit dem FTC anstehen, der Facebook fünf Milliarden Dollar Bußgeld kosten und eine Reihe von Kontrollauflagen nach sich ziehen sollte. Doch trotz aller begangener Fehler hält Zuckerberg Facebooks gegenwärtige Rolle als Bösewicht für übertrieben. »Wenn man die Leute fragt, was sie von Facebook und Datenschutz halten, dann stimmt es schon, dass wir allgemein keinen guten Ruf haben«, erklärt er. »Die Leute finden, dass wir den Datenschutz ausgehöhlt oder zumindest dazu beigetragen haben. Ich möchte dem aber entgegenhalten, dass wir in Wahrheit Maßnahmen ergriffen haben, die den Leuten neue Formen von Privatsphäre oder Semi-Privatsphäre ermöglichen, geschützte Räume, in denen sie zusammenkommen und sich ausdrücken können.«

Als unser Gespräch auf unternehmerisches Wachstum kommt, weise ich Zuckerberg darauf hin, dass er ein Management eingesetzt hat, dessen ausschließlicher Auftrag lautete, immer mehr User an Facebook zu binden und dort zu halten – alles unter dem Deckmäntelchen, die Menschheit zu vernetzen und die Welt zu einem besseren Ort zu machen. Hatte er Wachstum damit nicht zum Leitstern des gesamten Unternehmens erklärt?

»Das mag in Teilen stimmen, aber nicht generell«, antwortet er. »Man kann das sicher aus der zynischen Perspektive betrachten und sagen, die Wachstumseinheit hat den Ton angegeben. Man kann es aber auch anders betrachten. Leute nutzen Social-Media-Produkte, weil sie mit anderen Leuten in Kontakt kommen wollen. Das Beste, was wir für unsere User tun konnten, war, dafür zu sorgen, dass die Leute, die ihnen am Herzen liegen, auch bei uns zu finden waren.«

Vielleicht war es ein Fehler von ihm, zu den strategischen Schwierigkeiten auf Distanz gegangen zu sein, die bei Facebook für so viel Ärger gesorgt hatten. Vielleicht hatte er die Twitterisierung des Newsfeeds zu weit getrieben. Vielleicht war er so sehr mit dem Wachstum von Facebook beschäftigt, dass ihm die Bedeutung, den Content zu kontrollieren, zu spät bewusst wurde. Aber, so Zuckerberg, Zaghaftigkeit wäre die schlimmere Sünde gewesen.

»Eine Menge Leute, glaube ich, wären konservativer eingestellt und würden sagen: Okay, das ist zwar, was passieren sollte, aber ich werde mich aus Angst, irgendetwas kaputt zu machen, damit nicht befassen. Ich aber habe mehr Angst, nicht das Bestmögliche zu tun, als davor, das Bestehende kaputt zu machen. Ich denke einfach, ich gehe mehr Risiken ein, und das heißt auch, ich mache mehr falsch. Wenn ich zurückblicke, haben wir sicherlich eine Reihe von falschen Strategieentscheidungen getroffen. Doch wenn man keine Fehler begeht, wird man vermutlich nicht seinem ganzen Potenzial gerecht, oder? Daran wächst man.«

EPILOG

An dieser Betrachtungsweise hält er sogar fest, obwohl er gleichzeitig zugibt, dass einige dieser Fehler schreckliche Auswirkungen hatten.

»Manches von dem üblen Zeug ist sehr übel, und die Leute sind verständlicherweise darüber sehr verärgert – denn was ist positiv daran, wenn andere Staaten versuchen, sich in fremde Wahlen einzumischen, wenn das Militär in Myanmar versucht, Hass zu verbreiten, um einen Genozid zu unterstützen? Aber genauso wie damals zu Zeiten der industriellen Revolution oder anderer starker gesellschaftlicher Umbrüche ist es auch heute schwierig, sich all das bewusst zu machen. So schmerzhaft wie manches davon ist, langfristig kann das Positive immer noch das Negative deutlich übertreffen. Den Glauben daran habe ich bis heute nicht verloren, trotz allem. Aber wir haben definitiv die Verantwortung, uns künftig um die negativen Seiten zu kümmern, die wir bislang wahrscheinlich nicht ausreichend genug betrachtet haben.«

Mark Zuckerberg auf irgendetwas festzunageln ist ein aussichtsloses Unterfangen. Er ist, wie er ist. Facebook mag sich verändern müssen, doch bei sich sieht Zuckerberg keine Notwendigkeit.

»Ich hätte dieses Unternehmen nicht leiten können, wenn ich nicht davon überzeugt gewesen wäre, dass wir die Welt voranbringen können«, sagt der Mann, von dem es heißt, er habe diese Welt ein Stück weit zerstört.

Es wird Zeit, mich zu verabschieden. Zuckerberg lässt »Beast« aus dem Wintergarten. Er begleitet mich zur Haustür. Ich stehe auf der obersten Stufe der Treppe und will gerade hinuntergehen, da erwähnt Zuckerberg sein Notizbuch. Zu Beginn unseres heutigen Interviews hatte ich erwähnt, ein paar Seiten seines »Book of Change« aus dem Jahr 2006 zu besitzen. Daraufhin hatte er geantwortet, er wünschte, er hätte es noch. Jetzt kommt er noch einmal darauf zurück. Es wäre cool, sagt er, die Seiten zu sehen. Zufällig habe ich Scans auf meinem Handy. Ich öffne die Datei und reiche ihm das Telefon.

Zuckerberg bestaunt die erste Seite – mit seinem Namen, seiner Adresse und dem Versprechen, dem ehrlichen Finder 1000 Dollar Belohnung zu zahlen – und er strahlt.»Ja, das ist meine Handschrift!«, bestätigt er.

Da geht mir auf, dass ich gewissermaßen das tue, was der 22-jährige Mark Zuckerberg sich von einem ehrlichen Finder erbeten hatte: ihm einen wertvollen und unwiederbringlich verloren geglaubten Schatz zurückzubringen.

Während er durch die einzelnen Seiten wischt, breitet sich ein begeistertes Lächeln auf seinem Gesicht aus. Als wäre er urplötzlich wieder mit seinem jüngeren Ich verbunden: Der Start-up-Grünschnabel, der noch nichts von Regulierungsbehörden, Hatern und Bodyguards ahnt, der glückselig seine Visionen mit einem Team teilt, das seine Vorstellungen wundersam in Software verwandelt, auf dass die Welt bestmöglich verändert werde.

Es dauert, bis Zuckerberg wieder bereit ist für die Gegenwart. Er gibt mir mein Handy zurück, dreht sich um und zieht die Tür hinter sich zu.

ANHANG

DANKSAGUNG

Es bedarf eines gewissen Vertrauensvorschusses, damit ein Unternehmen sich einem Journalisten gegenüber öffnet. Umso anerkennenswerter scheint mir daher Facebooks Entscheidung, seinen Mitarbeitern zu erlauben, mir ihre kostbare Zeit und Energie für Gespräche zur Verfügung zu stellen. Besonders dankbar bin ich dafür, dass das Unternehmen an diesem Vertrauen auch festhielt, als deutlich wurde, dass mein Buch eine Wendung nehmen würde, mit der weder ich noch Facebook gerechnet hatten.

Elliot Schrage und Caryn Marooney waren es in erster Linie, die mir den Zugang verschafften, indem sie meine Anfrage an Mark Zuckerberg und Sheryl Sandberg weiterleiteten. Meine Facebook-Lotsen Bertie Thomson und Derick Mains bewiesen großes Geschick darin, das Projekt zu unterstützen und gleichzeitig den Interessen ihres Arbeitgebers zu dienen. Mein Dank gilt auch der übrigen Kommunikationsabteilung, deren Mitglieder, darunter mit John Pinette auch ein Spätankömmling, ihr Bestes taten, um mir Informationen und Gesprächspartner zu vermitteln. Alle Versprechen, insbesondere was den Zugang zu Mark and Sheryl betrifft, wurden gehalten und sogar übertroffen, und gerade in der Spätphase des Projekts kamen mir diese beiden Führungsfiguren noch einmal in erhöhtem Maße entgegen, indem sie sich zu einigen (meiner Ansicht nach) besonders konstruktiven Besprechungen bereitfanden. Ich danke ihnen beiden, ebenso wie den Hunderten von Facebookern, ob ehemalige oder aktuelle, die mit mir gesprochen haben.

Seit seinen Anfängen ist Facebook Gegenstand eingehender Beobachtung gewesen, und ich weiß die diesbezügliche Arbeit aller meiner Journalisten- und Autorenkollegen wohl zu schätzen. Insbesondere David Kirkpatricks *The Facebook Effect (Der Facebook-Effekt. Hinter den Kulissen des Internet-Giganten)* ist eine unverzichtbare Untersuchung der ersten fünf Unternehmensjahre. Speziellen Dank schulde ich Jessi Hempel, die mir einige ihrer eigenen Interviews zur Verfügung stellte und dazu noch ihre Weisheit und viele hilfreiche Kommentare. Ein Informatikdozent namens Michael Zimmer schuf eine erstaunliche Quelle:»The Zuckerberg Files« ist der Versuch, ein umfassendes Archiv aller Interviews seines Namensgebers anzulegen – ich habe mich ausführlich darin bedient. Der von Casey Newton betriebene Newsletter»The Interface« half mir, im täglichen Nachrichtenstrom über Facebook den Überblick zu behalten.

Im Zuge dieser Arbeit habe ich in den vergangenen drei Jahren viel Zeit in Kalifornien zugebracht, und ich bin all jenen verpflichtet, die mir Unterkunft und Unterstützung gewährten. Lynnea Johnsons und Caroline Roses Bungalow diente mir etliche Male als Biwak, so lange, bis ich mich bei John Markoff und Leslie Terizan einquartierte. Katie Hafner und Bob Wachter waren mir großartige Gastgeber in San Francisco. Leslie Berlin lieh mir großzügigerweise das Auto ihres Sohnes, bevor dieser es mit vollem Recht wieder für den eigenen Gebrauch beanspruchte. Mein Dank gilt außerdem Freunden auf beiden Seiten des Kontinents: Bradley Horowitz, Irene Au, Brad Stone, Kevin Kelly, Megan Quinn, M.G. Siegler sowie Steve und Michelle Stoneburn.

Zurück an der Ostküste, standen mir zwei weitere Unterkünfte zum Schreiben zur Verfügung. Der Writers Room in Manhattan ist ein ganz wunderbarer Rückzugsort. Und die Otis Library in Massachusetts gewährleistete kostbaren Internetzugang – neben herzlicher Gastlichkeit – in der Breitbandwüste, die im Westteil des Bundesstaates herrscht. (Demnächst werden aber Glasfaserkabel verlegt!)

Lindsay Muscato war eine akribische und unersättliche Rechercheurin. Obendrein wurde sie noch zur Anführerin meines Faktencheck-Teams, zu dem auch die talentierten und unermüdlichen Rosemarie Ho und Rima Parikh gehörten. (Für alle Fehler bin selbstredend ich verantwortlich, aber dank ihrer heroischen Anstrengungen konnten zahlreiche Irrtümer vermieden werden.) Lu Zhao leistete unschätzbare Hilfe bei den Anmerkungen. Abby Royle, meine Transkribentin par excellence, nahm es auf sich, viele Stunden lang über Kopfhörer den Stimmen von Facebookern zu lauschen.

Serena Cho, eine Journalismusstudentin, die sich Zuckerbergs Zeit

an der Philips Exeter Academy vornahm, lieferte mir Hintergrundinformationen zu dieser Privatschule.

Dank geht ferner an meine Kollegen bei *Backchannel* und dann bei
Wired – welche Publikationen miteinander verschmolzen, während
ich an diesem Buch arbeitete. Nick Thompson wartete geduldig auf
die Endfassung, und meine Lektorinnen Sandra Upson und Vera Ti-
tinuk hatten Verständnis für den Balanceakt, der hier vonnöten war.
Issie Lapowsky, als *Wired*-Autor mit Facebook befasst, zeigte sich
überaus freigebig mit Gedanken und Kontakten.

Mein Agent Flip Brophy war mir, wie immer, ein so verlässlicher
Anwalt und Ratgeber, wie ihn sich jeder Autor nur erträumen kann.
Dank auch an das gesamte Dutton-Team. John Parsley wartete geduldig auf das Manuskript und ging dann untadelig damit um. Cassi-
dy Sachs hatte die Logistik voll im Griff. Rachelle Mandiks scharfen
redaktionellen Blick weiß ich sehr zu schätzen. Mein Buch wurde ursprünglich von David Rosenthal für Blue Rider Press in Auftrag gegeben – hey David, es ist geschafft!

Wie immer geht ein ganz besonderer Dank an die Familie. Mit einigen – Schwester, Nichte, Schwiegereltern – halte ich Kontakt über
private Facebook-Gruppen, die unbeeinträchtigt sind von Fake News
und russischen Desinformationskampagnen. Ohne die Liebe und
Unterstützung von Andrew Max Levy und Teresa Carpenter könnte
ich all dies nicht bewältigen.

QUELLEN

Diese Veröffentlichung stützt sich auf über 300 Interviews mit aktuellen und ehemaligen Facebook-Angestellten sowie sachkundigen Außenstehenden, die mit den hier dargestellten Personen und Vorgängen direkt in Berührung standen. (Soweit nicht anders angegeben, sind direkte Zitate diesen Interviews entnommen.) Profitieren konnte ich von der Arbeit David Kirkpatricks, der mit *The Facebook Effect* die maßgebliche Geschichte der Anfangsjahre des Unternehmens vorgelegt hat. Eine unbezahlbare Quelle waren die »Zuckerberg Files« (zuckerbergfiles.org), eine umfassende Zusammenstellung von über tausend Interviews und Videos, administriert von Michael Zimmer. Und Casey Newtons täglich erscheinender Newsletter »The Interface« hielt mich stets auf dem Laufenden über die neuesten Wendungen in der fortlaufenden Facebook-Story.

ANMERKUNGEN

EINFÜHRUNG

1 Hillary Brueck, *Fortune*, 26. Februar 2016
2 Die Beschreibung der Stimmungslage bei Facebook nach der Präsidentschaftswahl 2016 beruht auf meinen Gesprächen mit Sheryl Sandberg.
3 David Kirkpatrick, »In Conversation with Mark Zuckerberg«, *Techonomy. com*, 17. November 2016
4 Brian Hiatt, »Twitter CEO Jack Dorsey: The Rolling Stone Interview«, *Rolling Stone*, 19. Januar 2019

1 ZUCKNET

1 Die Informationen über die Gründung von SixDegrees stammen aus persönlichen Interviews und aus Julia Angwins Buch *Stealing My Space: The Battle to Control the Most Popular Website in America* (Penguin, 2009). Das Video des Launch-Events ist auf YouTube.
2 Die im Folgenden dargelegten Überlegungen zu diesem Phänomen orientieren sich an Duncan Watts bemerkenswertem Buch *Six Degrees. The Science of Connected Age* (W.W. Norton, 2003).
3 Jeffrey Travers und Stanley Milgram, »An Experimental Study of the Small World Problem«, *Sociometry* 32, no. 4 (Dezember 1969), 425–443
4 Teresa Riordan, »Idea for Online Networking Brings Two Entrepreneurs Together«, *New York Times*, 1. Dezember 2003
5 Es gibt eine ganze Reihe guter Quellen zu Mark Zuckerbergs Kindheit. Neben den von mir geführten Interviews mit ihm und seinen Eltern war Matthew Shaers Artikel »The Zuckerbergs of Dobbs Ferry«, *New York Magazine*, vom 4. Mai 2012 eine hilfreiche Quelle. 2011 gab Ed Zuckerberg dem örtlichen Radiosender WVOX ein ausführliches Interview, das ebenfalls Gegenstand eines *Associated-Press*-Artikels von Beth J. Harpaz war: »Dr. Zuckerberg Talks about His Son's Upbringing«, *AP*, 4. Februar 2011. Ebenfalls hilfreich waren zwei Artikel, die im *New Yorker* erschienen: Jose Antonio Vargas, »The Face of Facebook«, 13. September 2010, und Evan Osnos, »Can Mark Zuckerberg Fix Facebook Before It Breaks Democracy?«, 10. September 2018. Außerdem zu nennen: Lev Grossmans Artikel »The Connector« (*Time Maga-

zine, 2010) sowie David Kirkpatricks Buch *The Facebook Effect* (Simon & Schuster 2010).

6 Shaer, »The Zuckerbergs of Dobbs Ferry«
7 Ed Zuckerberg, WVOX-Interview
8 Mark Zuckerberg 2011 in einem Vortrag am Start-up-Gründerzentrum Y Combinator, *Zuckerberg Transcripts,* 76
9 Shaer, »The Zuckerbergs of Dobbs Ferry«
10 Ebd.
11 Lev Grossman, *The Connector,* 98
12 Bill Moggridge, »Designing Media: Mark Zuckerberg Interview« (*MIT Press,* 2010); *Zuckerberg Videos,* Video 36
13 Interview mit James Breyer an der Stanford University, 26. Oktober 2005, *Zuckerberg Transcripts,* 116
14 Matt Bultman, »Facebook IPO to Make Dobbs Ferry's Mark Zuckerberg a $24 Billion Man«, *Greenburgh Daily Voice,* 12. März 2012
15 Michael M. Grynbaum, »Mark E. Zuckerberg '06: The Whiz Behind Theface-book.com«, *Harvard Crimson,* 10. Juni 2004
16 Mark Zuckerberg, Menlo Park Town Hall, 14. Mai 2015; Zugang über *Facebook Watch*
17 Randi Zuckerberg im Podcast *The Human Code with Laurie Segall,* 2. Februar 2018
18 *Masters of Scale-Podcast,* September 2018
19 Webseite der Phillips Exeter Academy
20 »A Greek Schoolmate Uncovers Zuckerberg's Face(book) and Its Roots«, *Greek Reporter,* 14. Mai 2009
21 Petrain teilte mir seine Einschätzung per E-Mail mit
22 Ebd.
23 Jose Antonio Vargas, »The Face of Facebook«, *The New Yorker,* 13. September 2010
24 David Kushner, »The Hacker Who Cared Too Much«, *Rolling Stone,* 29. Juni 2017
25 Todd Perry, »SharkInjury 1.32«, *Medium*-Posting, 4. April 2017
26 Die Geschichte erzählt Todd Perry in Alexandra Wolfes Buch *Valley of the Gods* (Simon & Schuster 2017), 109–10.
27 Michael M. Grynbaum, »Mark E. Zuckerberg '06: The Whiz behind Theface-book.com«, *Harvard Crimson,* 10. Juni 2004
28 Screenshots des Foto-Adressen-Buches sowie von Tillerys Online-Version finden sich in Stefan Antonas Artikel »Did Mark Zuckerberg's Inspiration for Facebook Come Before Harvard?« *ReadWrite,* 10. Mai 2009.

2 VOR DEM VERWALTUNGSRAT

1 Über Zuckerbergs Zeit in Harvard gibt es eine Fülle an – qualitativ teils recht unterschiedlichem – Material. Neben persönlich geführten Interviews waren wertvolle Quellen für mich: *The Facebook Effekt,* die veröffentlichten Auszüge aus dem ConnectU-Fall, die hervorragende Berichterstattung des *Harvard Crimson* und natürlich die Gespräche mit Zuckerberg selbst (dokumentiert in den Zuckerberg files).

2 Podcast *The Human Code with Laurie Segall,* 4. Februar 2019

3 Das Video wurde am 18. Mai 2017 auf Facebook 5 gepostet.

4 Die Akten zum Verfahren *Ceglia vs. Zuckerberg* liefern Informationen zu dem Honorar von 1000 Dollar. Nachdem die Klage abgewiesen wurde, weil Ceglia das Dokument, das seinen Anspruch auf Facebook untermauern wollte, mutmaßlich gefälscht hatte, floh Ceglia nach Ecuador, um der Strafverfolgung zu entgehen. Bis zum Juni 2019 war es den Vereinigten Staaten nicht möglich, eine Auslieferung zu erwirken. Quellen: Bob Van Voris,»Facebook Fugitive Paul Ceglia's Three Years on the Run«, auf: *Bloomberg* vom 10. November 2018; und: David Cohen,»Ecuador Won't Return Fugitive and Former Facebook Claimant Paul Ceglia to the U. S.«, *Adweek,* 25. Juni 2019.

5 Dan Moore in einem Artikel über maschinelles Lernen und MP3-Player, *Slashdot,* 21. April 2003

6 S. F. Brickman,»Not-So-Artificial Intelligence«, *Harvard Crimson,* 23. Oktober 2003

7 Das Geschehen um Friendster lässt sich am besten anhand eines zweiteiligen Beitrags auf dem *Start-up*-Podcast nachvollziehen, der am 21. und am 28. April 2017 online ging. Seth Feigermans»Friendster Founder Tells His Side of the Story« (auf: Mashable, 3. Februar 2014) gibt Abrams Sicht der Dinge wieder. Gute Zusammenfassungen finden sich auch in Julia Angwins Buch *Stealing MySpace* und David Kirkpatricks *The Facebook Effect.*

8 Friendster1: The Rise«, *Startup,* 21. April 2017

9 »AIM Meets Social Network Theory«, *Slashdot,* 14. April 2003

10 Abgesehen von dem Gespräch mit mir erzählte Hughes diese Geschichte auch in seinem Buch *Fair Shot: Rethinking Inequality and How we Learn* (St. Martin's Press, 2018).

11 Interview mit Sam Altman für das Start-up-Gründerzentrum Y Combinator, »Mark Zuckerberg: How to Build the Future«, 16. August 2016, *Zuckerberg Transcripts,* 171

12 Interview mit dem Start-up-Gründerzentrum Y Combinator,»Mark Zuckerberg at Startup School 2013«, 25. Oktober 2013, *Zuckerberg Transcripts,* 160

13 S. F. Brickman,»Not So Artificial Intelligence«, *Harvard Crimson,* 23. Oktober 2003

14 Das Online-Tagebuch, das hier angeführt wird, wurde zuerst von Luke O'Brien

in der Online-Zeitschrift der Harvard-Absolventen *02138* (»Poking Facebook«) erwähnt. Der Film *The Social Network* machte es berühmt. Die Szene zu Beginn des Streifens, in der Zuckerbergs damalige Freundin mit ihm Schluss macht, beruht einzig auf der Fantasie des Drehbuchautors Aaron Sorkin.

15 Luke O'Brien stellte mir seine Notizen zu dieser Causa zur Verfügung
16 »Put Online a Happy Face«, *Harvard Crimson*, 11. Dezember 2003
17 Nadira Hira, »Web Site's Online Facebook Raises Concerns«, *Stanford Daily,* 22. September 1999
18 David M, Kaden, »College Inches Toward Campus-Wide Facebook«, *Harvard Crimson,* 9. Dezember 2003
19 Interview mit dem Start-up-Gründerzentrum Y Combinator, »Mark Zuckerberg at Startup School 2013«, 25. Oktober 2013, *Zuckerberg Transcripts,* 160

3 THEFACEBOOK

1 Dem Streit zwischen Zuckerberg und seinen Kommilitonen widmet sich ein ganzer Zweig des Journalismus (und der Filmbranche!). Einige sehr zuverlässige Berichte, die Luke O'Brien als Erster aufgetan hatte (»Poking Facebook«, *02138 Magazine,* November – Dezember 2007), wurden in Gerichtsverfahren unter Eid gestellt. Ben Mezrichs Buch *The Accidental Billionaires: The Founding of Facebook* (Doubleday, 2009) enthält zahlreiche Dokumente aus erster Hand. Nicholas Carlson enthüllte im *Business Insider* bis dahin unbekannte Instant Messages und E-Mails und lieferte eine wertvolle Berichterstattung. David Kirkpatricks Buch *The Facebook Effect* war, wie immer, ein solider Beitrag zum Thema.
2 Shirin Sharif, »Harvard Grads Face Off Against Thefacebook.com«, *Stanford Daily,* 5. August 2004
3 Nicholas Carlson, »At Last – The Full Story of How Facebook Was Founded«, *Business Insider,* 5. März 2010; und »EXCLUSIVE: Mark Zuckerberg's Secret IMs from College«, *Business Insider,* 17. Mai 2012
4 Greenspans Geschichte stützt sich auf persönliche Interviews, auf sein Buch *Authoritas: One Student's Harvard Admissions and the Founding of the Facebook Era* (Think Press, 2008) sowie auf John Markoffs Artikel »Who Founded Facebook? A New Claim Emerges«, *New York Times,* 1. September 2007.
5 Matt Welsh, »How I Almost Killed Facebook«, Blog-Eintrag vom 20. Februar 2009
6 Alexis C. Madrigal, »Before It Conquered the World, Facebook Conquered Harvard«, *The Atlantic,* 4. Februar 2019
7 Interview mit dem Start-up-Gründerzentrum Y Combinator, »Mark Zuckerberg at Startup School 2013«, 25. Oktober 2013, *Zuckerberg Transcripts,* 160

8 Interview mit dem Start-up-Gründerzentrum Y Combinator,»Mark Zuckerberg at Startup School 2012«, 20. Oktober 2012, *Zuckerberg Transcripts*, 161

9 Informationsquellen zu Saverin waren Kirkpatrick, *The Facebook Effect*; Mezrich, *The Accidental Billionaires* (Saverin arbeitete bei dem Buch mit); und Nicholas Carlson,»How Mark Zuckerberg Booted His Co-Founder Out of the Company«, *Business Insider*, 15. Mai 2012.

10 Alan J. Tabak,»Hundreds Register for New Facebook Website«, *Harvard Crimson*, 9. Februar 2004

11 Seth Fiegerman,»›It Was Just the Dumbest Luck‹ – Facebook's First Employees Look Back«, *Mashable*, 4. Februar 2014. Der Artikel hält eine Fülle von Interviews mit frühen Facebook-Mitarbeitern bereit.

12 Harvard University,»CS50 Guest Lecture by Mark Zuckerberg«, 7. Dezember 2005, *Zuckerberg Transcripts*, 141

13 Interview mit dem Start-up-Gründerzentrum Y Combinator,»Mark Zuckerberg at Startup School 2012«, 20. Oktober 2012; *Zuckerberg Transcripts*, 9

14 Interview mit James Breyer an der Stanford University, 26. Oktober 2005, *Zuckerberg Transcripts*, 116

15 Phil Johnson,»Watch Mark Zuckerberg Lecture a Computer Science Class at Harvard – in 2005«, *ITworld*, 13. Mai 2015

16 Christopher Beam,»The Other Social Network«, *Slate*, 29. September 2010. Auch der *Columbia Spectator* berichtete ausführlich über das dortige Netzwerk und dessen Ringen mit Thefacebook.

17 Zachary M. Seward,»Dropout Gates Drops in to Talk«, *Harvard Crimson*, 27. Februar 2004

18 Sarah F. Milov,»Sociology of Thefacebook.com«, *Harvard Crimson*, 18. März 2004

19 Adam Clark Estes,»Larry Summers Is Not a Fan of the Winklevoss Twins«, *The Atlantic*, 20. Juli 2011

20 Eine weitere Instant-Messenger-Nachricht aus der Carlson-Sammlung des *Business Insider*

21 E-Mail von Zuckerberg an John Patrick Walsh, 17. Februar 2004

22 Nicholas Carlson,»In 2004, Mark Zuckerberg Broke into a Facebook User's Private Email Account«, *Business Insider*, 5. März 2010. Weitere Details der Geschichte stammen aus persönlichen Interviews.

23 Claire Hoffman,»The Battle for Facebook«, *Rolling Stone*, 15. September 2010

24 Die Quelle dieser Instant-Messenger-Botschaft ist Greenspan. Am 19. September 2012 veröffentlichte er»The Lost Chapter« in seinem Blog *aarongreenspan.com;* darin ist eine ganze Reihe erst kürzlich entdeckter IM-Chats zwischen ihm und Zuckerberg enthalten.

25 »Facebook Announces Settlement of Legal Dispute with Another Former Zuckerberg Classmate«, *Adweek*, 22. Mai 2009

26 Eidesstattliche Aussage von Zuckerberg, *ConnectU Inc. v. Zuckerberg, et al.*
27 Michael M. Grynbaum, »Mark E. Zuckerberg ('06): The Whiz Behind The-
   facebook.com«, *Harvard Crimson*, 10. Juni 2004

4   IN DER »CASA FACEBOOK«

1 Die Hintergrundinformationen über Parker stammen aus verschiedenen
   Quellen, unter anderem auch von einer einwöchigen Pressereise, die ich 2011
   mit ihm absolvierte. Joseph Menn hat eine hervorragende Mini-Biografie geschrieben, und neben *The Facebook Effect* hat Kirkpatrick für *Vanity Fair* auch
   ein Porträt über Parker verfasst (»With a Little Help from His Friends«,
   November 2010). Siehe auch Steven Bertoni »Agent of Disruption«, *Forbes,*
   21. September 2011. Das Facebook-Kapitel in »Valley of Genius. The Unsen-
   sored History of Silicon Valley« von Adam Fisher enthält wunderbare Zitate
   aus erster Hand von Parker und anderen frühen Facebook-Mitarbeitern.
2 Hoffman, »The Battle for Facebook«
3 Adam Fisher erstellte eine Reihe von Podcasts über seine Interviews, die er
   für sein Buch *Valley of Genius* geführt hat.
4 Eidesstattliche Aussage von Zuckerberg, *Thefacebook v. ConnectU,* 26. April
   2006
5 Ellen McGirt, »Facebook's Mark Zuckerberg: Hacker, Dropout, CEO«, *Fast
   Company,* 1. Mai 2007; McGirt's Artikel war einer der ersten großen Beiträge
   über das junge Unternehmen.
6 Interview mit Zuckerberg, 23. Juni 2019
7 Sarah Lacy, *Once You're Lucky, Twice You're Good* (Avery, Nachdruck 2009),
   154; Lacys Buch ist überhaupt eine sehr hilfreiche Quelle, was die frühen Jahre des Unternehmens angeht.
8 In *The Facebook Effect* finden sich unzählige Episoden (etwa auf den Seiten 97
   und 98), die belegen, wie häufig die frühen Facebooker aus Kinofilmen zitierten.
9 M. G. Siegler, »Wirehog, Zuckerberg's Side Project That Almost Killed Facebook«, *TechCrunch,* 26. Mai 2010
10 Kevin J. Feeney, »Business, Casual«, *Harvard Crimson,* 24. Februar 2005
11 Mike Swift, »Mark Zuckerberg of Facebook: Focused from the Beginning«,
   Mercury News, 5. Februar 2012
12 Feeney, »Business, Casual«
13 Nicholas Carlson, »EXCLUSIVE: How Mark Zuckerberg Booted His Co-
   Founder Out of the Company«, *Business Insider,* 15. Mai 2012
14 Das ist die weitverbreitete Zahl für den Vergleich. So in Brian Solomons Artikel »Eduardo Saverin's Net Worth Publicly Revealed: More Than $2 Billion
   in Facebook Alone«, *Forbes,* 18. Mai 2012. In der Einreichung an die US-Bör-

senaufsichtsbehörde vom 17. März 2012 heißt es, dass Saverin zu diesem Zeitpunkt vor dem Börsengang noch 53.133.360 Aktien besaß, damals fast 2 Prozent des Unternehmens.

15 Alex Konrad,»Life After Facebook: The Untold Story of Billionaire Eduardo Saverin's Highly Networked Venture Firm«, *Forbes,* 19. März 2009

5 MORALISCHES DILEMMA

1 Kirkpatrick,»The Facebook Effect«, 125
2 Interview mit James Breyer und Mark Zuckerberg, Stanford University, 6. Oktober 2005, *Zuckerberg Transcripts,* 116
3 Kirkpatrick war der Erste, der diese Geschichte erzählte: *The Facebook Effect,* 122–23.
4 Karel M. Baloun, *Inside Facebook* (Trafford Publishing, 2007), 22
5 Matt Welsh,»In Defense of Mark Zuckerberg«, Blog-Eintrag vom 10. Oktober 2010
6 James Glanz,»Power, Pollution and the Internet«, *New York Times,* 22. September 2012; Ryan Mac,»Meet New Billionaire Jeff Rothschild, the Engineer Who Saved Facebook from Crashing«, *Forbes,* 28. Februar 2014
7 Katherine Losse, *The Boy Kings: A Journey into the Heart of The Social Network* (Free Press, 2012), 71
8 Choe schilderte seine Erlebnisse am 7. Februar 2012 in der *Howard Stern Show.*
9 Interview mit dem Start-up-Gründerzentrum Y Combinator,»Mark Zuckerberg at Startup School 2013«, 25. Oktober 2013, *Zuckerberg Transcripts,* 160
10 Von diesem Vorfall berichtete Soleio Cuervo.
11 Der»Domination«-Ruf wurde in Darstellungen der Anfangsjahre von Facebook oft zitiert, der erste Bericht darüber stammt jedoch von Jessica E. Vascallaro:»Facebook CEO in No Rush to ›Friend‹ Wall Street«, *Wall Street Journal,* 3. März 2010.
12 Katherine M. Gray,»New Facebook Groups Abound«, *Harvard Crimson,* 3. Dezember 2004
13 Michael Lewis,»The Access Capitalists«, *New Republic,* 18. Oktober 1993
14 Eidesstattliche Aussage von Zuckerberg, *The Facebook v. ConnectU,* 25. April 2006, 214

6 DAS»BOOK OF CHANGE«

1 Josh Constine,»Facebook Retracted Zuckerberg's Messages from Recipients' Inboxes«, *TechCrunch,* 6. April 2018

2 *Huffington Post,* »Mark Zuckerberg 2005 Interview«, 1. Juni 2005, *Zuckerberg Transcripts,* 56

3 Ein exzellentes Porträt von Cox zeichnet Roger Parloff in seinem Artikel »Facebook's Chris Cox Was More Than Just the World's Most Powerful Chief Product Officer«, *Yahoo Finance,* 26. April 2019.

4 »Daniel Plummer, Cycling Champ, Scientist, Killed by Tree Branch«, *East Bay Times,* 4. Januar 2006

5 Noah Kagan, »The Facebook Story«; die Bemerkung ist in einer frühen Textfassung zu finden, aus der Kagans Buch *How I Lost 170 Million Dollars: My Time As #30 at Facebook* (Lioncrest, 2014) hervorging.

6 Kagan, »The Facebook Story«, 24. Auch der ehemalige Facebook CFO Gideon Yu thematisiert Hirschs Abgang: Nick Carlson, »Industry Shocked and Angered by Facebook CFO's Dismissal«, *Business Insider,* 1. April 2009.

7 Sarah Lacy, *Once You're Lucky, Twice You're Good* (Avery; Nachdruck 2009), 165

8 Adam Fisher, Valley of Genius (Twelve, 2018)

9 Der Post vom 6. September 2006 ist immer noch unter Facebook/notes einsehbar.

10 Zitiert in: Rachel Rosmarin, »Open Facebook«, *Forbes,* 11. September 2006

7 DIE PLATTFORM

1 Den Text der Rede, die Jobs am 12. Juni 2005 in Stanford hielt, findet man auf der Webseite der *Stanford News* unter: https://news.stanford.edu/2005/06/14/jobs-061505/

2 Wobei nicht alle von Microsoft gekommen waren; Charlie Cheever, einer aus der Gruppe, hatte vorher bei Amazon gearbeitet; das Unternehmen ist ebenfalls in Seattle ansässig.

3 Ich interviewte Zuckerberg damals für meine *Newsweek*-Titelstory »The Facebook Effect«, 7. August 2007.

4 Mark Coker, »Startup Advice for Entrepreneurs from Y Combinator«, *VentureBeat,* 26. März 2007

5 David Kirkpatrick verfasste den maßgeblichen Artikel über Facebooks Plattform: »Facebook's Plan to Hook Up the World«, *Fortune,* 29. Mai 2007

6 Eric Eldon, »Q & A with iLike's Ali Partovi, on Facebook«, *VentureBeat,* 29. Mai 2007

7 Kirkpatrick, *The Facebook Effect,* 225

8 Die beste Quelle zu Zynga ist Dean Takahashis Buch *Zynga: From Outcast to $9 billion Social-Game Powerhouse* (*VentureBeat,* 2011)

9 »FarmVillains«, *SF Weekly,* 8. September 2010

10 Eidesstattliche Erklärung von Partovi, *Facebook v. Six4Three* (10. Oktober 2017)

11 Michael Arrington, »Scamville: The Social Gaming Ecosystem of Hell«, *Tech-Crunch*, 1. November 2009

12 Michael Arrington, »Zynga CEO Mark Pincus: ›I Did Every Horrible Thing in the World Just to Get Revenues‹«, *TechCrunch*, 6. November 2009

13 E-Mail von Sam Lessin an Mark Zuckerberg, 16. Oktober 2012. Aus: E-Mail von Sam Lessin an Mark Zuckerberg, 16. Oktober 2012. Aus:»Note by Damian Collins, MP, Chair of DCMS Committee: Summary of Key Issues from the Six4Three Files«. Darin geht es um gespeicherte Verschlussdaten, die Facebook im Rahmen eines vom Entwickler-Unternehmen *Six4Three* angestrengten, juristischen Verfahrens den Gerichten aushändigte. Das britische Parlament beschlagnahmte die Dokumente, die der CEO von Six4Three zufällig bei einer Reise nach London bei sich hatte. Im Dezember 2018 veröffentlichte Damian Collins, Mitglied des britischen Parlaments, eine Auswahl davon.

14 »Exhibit 48 – Mark Zuckerberg email on reciprocity and data value«, 19. November 2012, »Summary of Key Issues«

15 Eine weitere Zusammenstellung von Datendokumenten aus der *Six4Three*-Beschlagnahmung – rund 7000 Seiten – wurde an den britischen Journalisten Duncan Campbell geleakt, der sie im November 2019 publik machte. Gegenüber Reuters äußerte Facebook, die Dokumente seien »von jemandem aus dem Zusammenhang gerissen worden, der Facebook schaden wolle«.

16 Eine E-Mail von Facebooks Ime Archibong vom 9. September 2013 belegt, dass Zuckerberg in die Abschaltung des Zugangs für Xobni involviert war; *Six4Three*-Akten

17 E-Mail-Korrespondenz aus dem Juni 2013, *Six4Three*-Akten

18 Ilya Sukhar am 15. Oktober 2013 in einem internen Chat; *Six4Three*-Akten

19 So Sukhar am 31. Januar 2014 in einem Chat; *Six4Three*-Akten

20 »Exhibit 97 – discussion about giving Tinder full friends access data in return for the use of the term ›Moments‹ by Facebook«, 13. März 2015, »Summary of Key Issues«

8 »PANDEMIC«

1 »Facebook Privacy« auf der Internetseite des Electronic Privacy Information Center. Die Seite ist quasi eine virtuelle Abbildung der Datenschutzverstöße des Unternehmens. EPIC verfolgt Facebook seit über einem Jahrzehnt und hat einige der wichtigsten Beschwerden über das Unternehmen bei Behörden und Gesetzgebern eingereicht.

2 Kirkpatrick, *The Facebook Effect*, 242

3 Kara Swisher, »15 Billion More Reasons to Worry About Facebook«, *AllThingsDigital*, 25. September 2007

4 »5 Data Breaches: From Embarrassing to Deadly«, *CNN Money,* 14. Dezember 2010

5 Ellen Nakashima, »Feeling Betrayed, Facebook Users Force Site to Honor Their Privacy«, *Washington Post,* 30. November 2007

6 Josh Quittner, »R.I.P. Facebook?«, *Fortune,* 4. Dezember 2007

7 Dan Farber, »Facebook Beacon Update: No Activities Published Without Users Proactively Consenting«, *ZDNet,* 9. November 2007

8 Juan Carlos Perez, »Facebook's Beacon More Intrusive Than Previously Thought«, *PCWorld,* 30. November 2007

9 Juan Carlos Perez, »Facebook's Beacon Ad System Also Tracks Non-Facebook Users«, *PCWorld,* 3. Dezember 2007

10 Brad Stone, »Facebook Executive Discusses Beacon Brouhaha«, *New York Times,* 29. November 2007

11 Jessica Guynn, »Facebook Adds Safeguards on Purchase Data«, *Los Angeles Times,* 30. November 2007

12 Zuckerbergs »Thoughts on Beacon« wurden am 5. Dezember 2007 auf Facebook gepostet.

9 SHERYLS WELT

1 Sheryl Kara Sandberg, »Economic Factors & Intimate Violence«, Harvard/Radcliffe College, 20. März 1991

2 Gute Einblicke in Sandbergs Hintergrund bietet Ken Auletta, »A Woman's Place«, *The New Yorker,* 4. Juli 2011

3 Sheryl Sandberg, *Lean In: Women, Work, and the Will to Lead* (Knopf, 2013), 20

4 John Dorschner, »Sheryl Sandberg: From North Miami Beach High to Facebook's No. 2«, *Miami Herald,* 26. Februar 2012

5 Brandon J. Dixon, »Leaning In from Harvard Yard to Facebook: Sheryl K. Sandberg '91«, *Harvard Crimson,* 24. Mai 2016

6 Sandberg, *Lean In,* 31

7 Auletta, »A Woman's Place«

8 Ebd.

9 Kirkpatrick, *The Facebook Effect,* 257

10 Dan Levine, »How Facebook Avoided Google's Fate in Talent Poaching Lawsuit«, *Reuters,* 24. März 2014

11 Neben persönlichen Interviews waren die folgenden Quellen zur Entstehung des Like-Buttons sehr hilfreich: Clive Thompson, *Coders: The Making of a New Tribe and the Remaking of the World* (Penguin, 2019); Julian Morgans, »The Inventor of the Like Button Wants You to Stop Worrying About Likes«, *VICE,* 6. Juli 2017; Victor Luckerson, »The Rise of the Like Economy«, *Ringer,*

15. Februar 2017; und Jared Morgensterns TEDxWhiteCity talk,»How Many Likes = 1 Happy«, 9. November 2015. Interessanterweise werden in zahlreichen Beiträgen gleich drei mögliche Erfinder des Buttons genannt: Morgenstern, Pearlman und Sittig.

12 Als Antwort auf eine Frage bei Quora:»Wie entstand auf Facebook der Awesome Button (der schließlich zum Like-Button wurde)?«, veröffentlichte Andrew Bosworth am 16. Oktober 2014 auf dieser Plattform ein Post mit einer kommentierten Zeitleiste.

13 Arnold Roosendaal,»Facebook Tracks and Traces Everyone: Like This!«, Tilburg Law School Legal Studies Research Paper Series No. 03/2011. Später veröffentlicht unter der Überschrift»We Are All Connected to Facebook ... by Facebook!«, in: S. Gutwirth et al. (Hrsg.), European Data Protection: In Good Health? (Springer, 2012), 3–19

14 Riva Richmond,»As ›Like‹ Buttons Spread, So Do Facebook's Tentacles«, New York Times, 27. September 2011

15 Ebd.

10 WACHSTUM!

1 Palihapitiya hat unzählige Male über seinen Hintergrund und seine Karriere bei Facebook gesprochen. Besonders hilfreiche Quellen waren:»How We Put Facebook on the Path to 1 Billion Users« (ein Vortrag für einen Udemy-Kurs über growth hacking); Palihapitiyas Schilderungen im Recode/Decode-Podcast vom 31. August 2017; Evelyn Ruslis exzellentes New York Times-Porträt,»In Flip-Flops and Jeans, an Unconventional Venture Capitalist« (6. Oktober 2011). Ebenfalls wertvoll waren Reden von anderen Mitgliedern der Wachstumseinheit, insbesondere Alex Schultz' Vorträge beim Start-up-Gründerzentrum Y Combinator in Stanford. Gute Einblicke in die Arbeit der Wachstumseinheit liefern außerdem: Harry McCracken,»How Facebook Used Science and Empathy to Reach Two Billion Users«, Fast Company, 27. Juni 2017; und Hannah Kuchler,»How Facebook Grew Too Big to Handle«, Financial Times, 28. März 2019. Eine gute Quelle für die Kennzahlen der Wachstumseinheit war Mike Hoefflingers Buch Becoming Facebook: The 10 Challenges That Defined the Company That's Changing the World (Amacom, 2017).

2 Palihapitiya,»How We Put Facebook on the Path to 1 Billion Users«

3 Ebd.

4 Dieser leitende Mitarbeiter ist Alex Schultz, der schon bald zum Team Growth stoßen sollte.

5 Noah Kagan, How I Lost 170 Million Dollars: My Time As #30 at Facebook (Lioncrest, 2014), 63

6 Toby Segaran und Jeff Hammerbacher, *Beautiful Data: The Stories Behind Elegant Data Solutions* (O'Reilly Media, 2009). Hammerbachers Essay trägt die Überschrift »Information Platforms and the Rise of the Data Scientist«.

7 *PandoMonthly*-Interview mit Sarah Lacy, »A fireside Chat with Cloudera Founder Jeff Hammerbacher«, San Francisco, 22. März 2015

8 Ashlee Vance, »This Tech Bubble is Different«, *Bloomberg BusinessWeek*, 14. April 2011

9 Moira Burke, Cameron Marlow, Thomas M. Lento, »Feed Me: Motivating Newcomer Contribution in Social Network Sites«, *CHI '09 Proceedings of the SIGCHI Conference on Human Factors in Computing Systems*, 945–54

10 Zu Hills brillanten Artikeln über PYMK gehören: »Facebook Figured Out My Family Secrets and Won't Tell Me How«, *Gizmodo*, 25. August 2017; »Facebook Recommended This Psychiatrist's Patients Friend Each Other«, *Gizmodo*, 25. August 2016; »How Facebook Outs Sex Workers«, *Gizmodo*, 10. November 2017; »How Facebook Figures Out Everyone You've Ever Met«, *Gizmodo*, 7. November 2017; und »People You May Know: A Controversial Facebook Feature's 10-Year History«, *Gizmodo*, 8. August 2018.

11 »Fragen des Energie- und Handelsausschusses für das Protokoll«, 29. Juni 2018. Hierbei handelt es sich um Facebooks Antwort auf Nachfragen zu Zuckerbergs Aussage vor dem Ausschuss im Jahr 2018.

12 Seine Rede zu PYMK wurde am 7. Juli 2010 vor der Gesellschaft für Industrie- und angewandte Mathematik gehalten. Der Foliensatz kann derzeit unter graphanalysis.org eingesehen werden.

13 Dunbar erklärt seine Theorie in seinem Buch *How Many Friends Does One Person Need?* (Harvard University Press, 2010).

14 Lisa Katayama, »Facebook Japan Takes the Model-T Approach«, *Japan Times*, 25. Juni 2008

15 Die Zahlen stammen von *StatCounter*.

16 Neben persönlichen Interviews waren meine Hauptquellen zu Internet.org.: Jessi Hempel, »Inside Facebook's Ambitious Plan to Connect the Whole World«, *Wired*, 19. Januar 2016; Hempels Folgebericht »What Happened to Facebook's Grand Plan to Wire the World?«, *Backchannel*, 17. Mai 2018; und Lev Grossman, »Mark Zuckerberg and Facebook's Plan to Wire the World«, *Time*, 15. Dezember 2014. Hempel gewährte mir großzügigerweise auch Einblick in ihr Interview-Material.

17 Das Positionspapier wurde am 12. August 2013 auf Facebook gepostet.

18 Das Gespräch war Grundlage eines Artikels, den ich am 26. August 2013 unter dem Titel »Zuckerberg Explains Facebook's Plan to Get Entire Planet Online« in *Wired* veröffentlichte.

19 Casey Newton, »Facebook Takes Flight«, *The Verge*, 21. Juli 2016

20 Grossman, »Facebook's Plan to Wire the World«

21 Hempel, »What Happened to Facebook's Grand Plan«

22 Die Mail wurde abgedruckt in Michael Arringtons Artikel »Facebook VP Chamath Palihapitiya Forms New Venture Fund, The Social+Capital Partnership«, *TechCrunch*, 3. Juni 2011

11 »MOVE FAST AND BREAK THINGS«

1 Arden Pernell, »Facebook to Move to Stanford Research Park«, *Palo Alto Online*, 18. August 2008

2 Wichtige Hintergrundinformationen zu Barrys Arbeit und seinem »analogen Forschungslabor« lieferten (neben persönlichen Gesprächen): David Cohen, »A Look at the Analog Research Lab, the Source of All of Those Posters in Facebook's Offices«, *Adweek*, 6. February 2019; »Ben Barry Used to be Called Facebook's Minister of Propaganda« *Typeroom*, 26. Juni 2015; Steven Heller, »The Art of Facebook«, *The Atlantic*, 16. Mai 2013; und Fred Turner, »The Arts at Facebook: An Aesthetic Infrastructure for Surveillance Capitalism«, *Poetics*, 16. März 2018.

3 Zu dieser Definition des Begriffs habe auch ich ein kleines Scherflein beigetragen – mit meinem Buch *Hackers* (Anchor Press/Doubleday, 1984).

4 Mark Coker, »Startup Advice for Young Entrepreneurs from Y Combinator«, *VentureBeat*, 26. März 2007

5 Jessica E. Vascellaro, »Facebook CEO in No Rush to ›Friend‹ Wall Street«, *Wall Street Journal*, 3. März 2010

6 Kirkpatrick, *The Facebook Effect*, 270

7 Nick O'Neil, »Facebook Officially Launches Questions, a Possible Quora Killer«, *Adweek*, 28. Juli 2010

8 Kirkpatrick, *The Facebook Effect*, 133

9 Kate Losse, *The Boy Kings: A Journey into the Heart of the Social Network* (Free Press, 2012)

10 Brad Stone, »New Scrutiny for Facebook over Predators«, *New York Times*, 30. Juli 2007

11 Brad Stone, der Verfasser des *Times*-Artikels, gibt an, sich nicht mehr erinnern zu können, auf welche Weise er die Quelle der Anschuldigungen überprüft habe.

12 Benny Evangelista und Vivian Ho, »Breastfeeding Moms Hold Facebook Nurse-In Protest«, *SFGate*, 7. Februar 2012

13 Patricia Sellers, »Mark Zuckerberg's New Challenge: Eating Only What He Kills (And Yes, We Do Mean Literally …)«, *Fortune*, 26. Mai 2011

14 Michelle Sherrow, »Mark Zuckerberg Only Eats Those He Kills«, *PETA*, 27. Mai 2011

15 Die Details zu diesem Treffen zwischen Twitter und Facebook sind persönlichen Gesprächen sowie folgenden Quellen entnommen: Nick Bilton, *Hatching*

Twitter (Portfolio/Penguin, 2013); und Biz Stone: *Things a Little Bird Told Me: Confessions of a Creative Mind* (Grand Central, 2014).

16 Im Rahmen der F8-Konferenz von 2010 stellten Ruchi Sanghvi und Ari Steinberg von Facebook eine Erläuterung des Newsfeed-Algorithmus vor (Jason Kincaid,»EdgeRank: The Secret Sauce that Makes Facebook's News Feed Tick«, *TechCrunch,* 22. April 2010). Ihre Präsentation bildete auch die Grundlage einer Erklärung des Algorithmus durch Jeff Widman auf edgerank.net.

17 Darüber schrieb ich erstmals in einem *Wired*-Artikel:»Inside the Science That Reports Your Scary-Smart Facebook and Twitter Feeds«, 22. April 2014.

18 Eric Sun, Itamar Rosenn, Cameron A. Marlow, Thomas M. Lento,»Gesundheit! Modeling Contagion Through Facebook News Feed«, Proceedings of the Third International ICWSM Conference (2009)

19 Ryan Singel,»Public Posting Now the Default on Facebook«, *Wired,* 9. Dezember 2009

20 Facebook postete die Ankündigung»Welcome to Facebook, Everyone« am 26. September 2006.

21 cwalters,»Facebook's New Terms pf Service:›We Can Do Anything We Want with Your Content. Forever‹«, *Consumerist,* 15. Februar 2009

22 Rafe Needleman,»Live Blog: Facebook Press Conference on Privacy«, *CNET,* 26. Februar 2009

23 Donna Tam,»The Polls Close at Facebook for the Last Time«, *CNET,* 10. Dezember 2012

24 Bobbie Johnson,»Privacy No Longer a Social Norm, Says Facebook Founder«, *Guardian,* 10. Januar 2010

25 Emily Steel und Geoffrey Fowler,»Facebook in Privacy Breach«, *Wall Street Journal,* 18. Oktober 2010. Steel legte etwas später, am 25. Oktober 2010, mit einem weiteren Artikel nach:»A Web Pioneer Tracks Users by Name«.

26 Über RapLeaf gab es auch früher schon Berichte. Etwa Stephanie Olser,»At Rapleaf, Your Personals Are Public«, *CNET,* 1. August 2007; und Ryan Faulkner,»Can Auren Hoffman's Reputation Get Any Worse?« *Gawker,* 18. September 2007. Auren Hoffman reagierte auf Faulkners Artikel mit einem Blog auf der Firmenseite:»Startups, Privacy and Being Wrong«.

27 Liz Gannes,»Instant Personalization Is the Real Privacy Hairball«, *GigaOm,* 22. April 2010

28 Kara Swisher und Walt Mossberg,»D8: Facebook CEO Mark Zuckerberg Full-Length Video«, *Wall Street Journal,* 10. Juni 2010

29 Ian Paul,»Facebook CEO Challenges the Social Norm of Privacy«, *PCWorld,* 11. Januar 2010

30 FTC-Report,»Facebook Settles FTC Charges That It Deceived Consumers by Failing to Keep Privacy Promises«, 11. November 2011

31 Caroline McCarthy,»App Verification Comes to Facebook's Platform«, *CNET,* 17. November 2008

12 PARADIGMENWECHSEL

1 Pete Cashmore,»STUNNING: Facebook on the iPhone«, *Mashable,* 4. August 2007

2 Besagter Blogbeitrag,»Innocent Until Proven Guilty«, stammt vom 27. August 2009.

3 Christian Zibreg,»Facebook Developer: ›Apple's Review Process Needs to Be Eliminated Completely‹«, *Geek.com,* 27. August 2009

4 Die beste frühe Quelle zu Facebooks Ringen um die nativen Apps ist Evelyn M. Ruslis Artikel»Even Facebook Must Change«, *Wall Street Journal,* 29. Januar 2013.

5 AllFacebook,»Mark Zuckerberg, Sarah Lacy SXSW Interview«, 10. März 2008, *Zuckerberg Transcripts,* 16

6 Hintergrundinformationen zu Grimes: Evelyn M. Rusli,»Morgan Stanley's Grimes Is Where Money and Tech Meet«, *New York Times,* 8. Mai 2012

7 Nicole Bullock und Hannah Kuchler,»Facebook Chiefs Considered Scrapping 2012 IPO«, *Financial Times,* 9. August 2017

8 Ari Levy und Douglas MacMillan,»Morgan Stanley Case Exposes Facebook to Similar Challenges«, *Bloomberg,* 19. Dezember 2012

9 Den besten Überblick über die Geschehnisse bietet Khadeeja Safdars Artikel »Facebook One Year Later: What Really Happened in the Biggest IPO Flop Ever«, *The Atlantic,* 20. Mai 2013.

10 Sharon Terlep, Suzanne Vranica und Shayndi Raice,»GM Says Facebook Ads Don't Pay Off«, *Wall Street Journal,* 16. Mai 2012

11 Safdar,»Facebook One Year Later«

12 Hoffman äußerte dies in einem Kamingespräch gegenüber Sarah Lacy; der »Pando Fireside Chat« wurde am 12. August 2012 online gestellt.

13 Rosa Price,»$19bn and Just Married . . . I Hope Mark Zuckerberg Got a Prenup, Says Donald Trump«, *Telegraph,* 20. Mai 2012

14 Losse, *The Boy Kings,* 51

13 DIE ZUKUNFT KAUFEN

1 Der Abschnitt über die Anfänge von Instagram stützt sich auf eine Reihe von Quellen. Meine eigenen Gespräche mit Systrom, Krieger und andere wurden ergänzt durch Interviews, deren Inhalt Jessi Hempel mir großzügig zur Verfügung stellte. Wichtige veröffentlichte Quellen waren: Kara Swisher,»The Money Shot«, *Vanity Fair,* 6. Mai 2013; Somini Sengupta, Nicole Perlroth und Jenna Wortham,»Behind Instagram's Success, Networking the Old Way«, *New York Times,* 13. April 2012; und Mike Krieger,»Why Instagram Worked«, *Wired,* 20. Oktober 2014.

2 Antonio García Martínez, *Chaos Monkeys: Obscene Fortune and Random Failure in Silicon Valley* (HarperCollins, 2016), 287–289. Martínez' Schilderungen über seine Zeit bei Facebook bilden sehr pointiert die Kultur des Unternehmens ab.

3 Die Hintergrundinformationen zum Instagram-Deal stützen sich auf: Swisher, »The Money Shot«; Shayndi Raice, Spencer E. Ante und Emily Glazer, »In Facebook Deal, Board Was All But Out of Picture«, *Wall Street Journal*, 18. April 2012

4 Hintergrundinformationen zu Zoufonoun: Mayar Zokaei, »Lawyer and Musician Amin Zoufonoun Closes $1 Billion Instagram Merger for Facebook«, *Javanan*, 15. März 2011

5 Josh Kosman, »Facebook Boasted of Buying Instagram to Kill the Competition: Sources«, *New York Post*, 26. Februar 2019

6 Siehe dazu Billy Gallaghers Buch *How to Turn Down a Billion Dollars: The Snapchat Story*, auf das ich mich hier generell beziehe, ebenso wie auf eigene Gespräche mit Beteiligten. Außerdem hilfreich waren: Sarah Frier und Max Chafkin, »How Snapchat Built a Business by Confusing Olds«, *Bloomberg BusinessWeek*, 17. März 2016; J. J. Coloa, »The Inside Story of Snapchat: World's Hottest App or a $3 Billion Disappearing Act?« *Forbes*, 6. Januar 2014; Sarah Frier, »Nobody Trusts Facebook, Twitter Is a Hot Mess, What Is Snapchat Doing?« *Bloomberg BusinessWeek*, 22. August 2018.

7 Brad Stone und Sarah Frier, »Evan Spiegel Reveals Plan to Turn Snapchat into a Real Business«, *Bloomberg BusinessWeek*, 16. Mai 2015

8 Alyson Shontell, »How Snapchat's CEO Got Mark Zuckerberg to Fly to LA for a Private Meeting«, *Business Insider*, 6. Januar 2014

9 Gallagher, *How to Turn Down a Billion Dollars*, 84

10 Ingrid Lunden, »Facebook Buys Mobile Data Analytics Company Onavo, Reportedly for Up to $200M … And (Finally?) Gets Its Office in Israel«, *TechCrunch*, 13. Oktober 2013

11 Georgia Wella und Deepa Seetharaman, »Snap Detailed Facebook's Aggressive Tactics in ›Project Voldemort‹ Dossier«, *The Wall Street Journal*, 24. September 2019

12 Neben persönlichen Gesprächen stütze ich mich bei den Hintergrundinformationen zu WhatsApp auf eine Reihe von Quellen. Parmy Olsens Beiträge für *Forbes* liefern die besten Informationen bis zum Kauf durch Facebook: »EXCLUSIVE: The Rags-to-Riches Tale of How Jan Koum Built WhatsApp into Facebook's New $19 Billion Baby«, 19. Februar 2004; »Inside the Facebook-WhatsApp Megadeal: The Courtship, the Secret Meetings, the $19 Billion Poker Game«, 4. März 2014. Andere hilfreiche Quellen waren: David Rowan, »The Inside Story of Jan Koum and How Facebook Bought WhatsApp«, *Wired UK*, April 2014; Daria Lugansk, »WhatsApp Founder: Most Startup Ideas Are Completely Stupid«, *RBC*, 8. September 2015. Jan Koum hat

seine Sichtweise mehrfach in Interviews geschildert, die Videos sind auf YouTube zu sehen. So beispielsweise seine Auftritte auf der DLD-Digitalkonferenz 2014 und 2016; außerdem zwei Interviews für das Start-up-Gründerzentrum Y Combinator (»How to Build a Product«, 28. April 2017; Gespräch mit Jim Goetz am 14. Oktober 2014); ein Interview mit Alex Fishman für die Start-up-Gründergemeinschaft Grind, 1. März 2017. Ebenfalls hilfreich war ein Interview mit WhatsApps CBO Neeraj Arora an der Indian School of Business; das Video wurde am 18. Februar 2015 hochgeladen.

13 »Why We Don't Sell Ads«, WhatsApp-Blog-Eintrag vom 18. Juni 2012

14 Rowan, »The Inside Story«

15 Die vom britischen Parlament später veröffentlichten Dokumente im oben erwähnten Fall *Six4Three* führen zahlreiche Beispiele für Onavos Überwachung von WhatsApp-Aktivitäten auf.

16 »Facebook«, WhatsApp-Blog-Eintrag vom 19. Februar 2014

17 Das maßgebliche Buch über Onavo ist von Blake Harris: *The History of the Future* (Dey Street, 2019). Seinen Wert bezieht es insbesondere aus der großen Menge von Originaldokumenten und -E-Mails. Alle Führungskräfte der Firma, ebenso wie die von Facebook, sagten im Januar 2017 bei dem vor einem Gericht in Texas verhandelten Prozess *Zenimax v Facebook u.a.* aus, und ich beziehe mich hier auf die entsprechenden Verhandlungsprotokolle sowie auf persönliche Gespräche mit Beteiligten.

18 Die zwischen Facebook-Mitarbeitern und Dritten ausgetauschten E-Mails kamen im Zuge der *Zenimax*-Rechtsstreitigkeiten an die Öffentlichkeit. Sie sind sämtlich im Buch von Harris nachgedruckt.

19 Aussage von Zuckerberg im *Zenimax*-Prozess, 17. Januar 2017

20 Harris, *The History of the Future*, 328

14 DIE WAHL

1 Dmitri Alperovitch, »Bears in the Midst: Intrusion into the National Democratic Committee«, *From the Front Lines* (CrowdStrike blog), 15. Juni 2016. Dieser Post war einer in einer ganzen Reihe, mit denen CrowdStrike maßgeblich dazu beitrug, die russische Einmischung in die Wahlen des Jahres 2016 öffentlich zu machen. Neben persönlichen Gesprächen waren andere Quellen: Michael Issikoff und David Corn, *Russian Roulette: The Inside Story of Putin's War on America and the Election of Donald Trump* (Twelve, 2018); und David E. Sanger, *The Perfect Weapon: War, Sabotage, and Fear in the Cyber Age* (Crown, 2018).

2 Nicholas Thompson und Fred Vogelstein, »Inside the Two Years That Shook Facebook – and the World«, *Wired,* 12. Februar 2018

3 Hintergrundinformationen zu Stamos bezog ich unter anderem aus den folgenden Quellen: Kurt Wagner, »Who Is Alex Stamos, the Man Hunting Down Political Ads on Facebook?«, *Recode*, 3. Oktober 2017; Nicole Perlroth und Vindu Goel, »Defending Against Hackers Took a Back Seat at Yahoo, Insiders Say«, *New York Times*, 28. September 2016.

4 Perlroth und Goel, »Defending Against Hackers«

5 Die maßgebliche Quelle für das Entstehen und die Tätigkeit von DCLeaks ist Muellers Anklageschrift *United States vs. Wiktor Borissowitsch Netykscho et al.*, eingereicht am 13. Juli 2018.

6 Robert M. Bond, Christopher J. Fariss, Jason J. Jones, Adam D. I. Kramer, Cameron Marlow, Jaime E. Settle und James H. Fowler, »A 61-Million-Person Experiment in Social Influence and Political Mobilization«, *Nature* 489, 12. September 2012, 295–98

7 Dara Lind, »Facebook's ›I Voted‹ Sticker Was a Secret Experiment on Its Users«, *Vox*, 4. November 2014

8 Die Informationen über Kaplan stützen sich unter anderem auf: »Joel D. Kaplan, White House Deputy Chief of Staff for Policy«, White House Press Office, 24. April 2006.

9 Deepa Seetharaman, »Facebook Employees Pushed to Remove Trump's Posts as Hate Speech«, *Wall Street Journal*, 21. Oktober 2016

10 Sheera Frenkel, Nicholas Confessore, Cecilia Kang, Matthew Rosenberg und Jack Nicas, »Delay, Deny and Deflect: How Facebook's Leaders Fought through Crisis«, *The New York Times*, 14. November 2018. Das ist der brisante Artikel, der einen Großteil der Abläufe hinter den Kulissen von Facebooks Strategiewelt während und nach der Wahl von 2016 aufdeckte.

11 Seetharaman, »Facebook Employees Pushed to Remove Trump's Posts«

12 Michael Nunez, »Former Facebook Workers: We Routinely Suppressed Conservative News«, *Gizmodo*, 9. Mai 2016. Die beste Beschreibung des Debakels um Trending Topics stammt von meinen Kollegen Nicholas Thompson und Fred Vogelstein: »Inside the Two Years that Shook Facebook – and the World«, *Wired*, 12. Februar 2019. Darüber hinaus bietet ihr Artikel fundierte Einblicke in das Unternehmen Facebook der Jahre 2016 und 2017.

13 Facebooks Justiziar Colin Stretch verfasste die Stellungnahme und sandte sie am 23. Mai 2016 an Senator John Thune.

14 Heather Kelly, »Facebook Ditches Humans in Favor of Algorithms for Trending News«, CNN, 26. August 2016

15 Abby Ohlheiser, »Three Days after Removing Human Editors, Facebook Is Already Trending Fake News«, *The Washington Post*, 29. August 2016

16 Jessica Guynn, »Zuckerberg Reprimands Facebook Staff Defacing ›Black Lives Matter‹«, *USA Today*, 26. Februar 2016

17 Thompson und Vogelstein, »Inside the Two Years …«

18 »Facebook CEO Mark Zuckerberg: Philippines a Successful Test Bed for In-

ternet.Org Initiative with Globe Telecom Partnership«, *Globe Telecom,* 25. Februar 2014

19 Die wichtigsten Hintergrundinformationen zum Thema Facebook, Philippinen und Maria Ressa stammen aus: Davey Alba, »How Duterte Used Facebook to Fuel the Philippine Drug War«, *BuzzFeed,* 4. September 2018. Neben persönlichen Gesprächen waren andere hilfreiche Quellen: Dana Priest, »Seeded in Social Media: Jailed Philippine Journalist Says Facebook Is Personally Responsible for Her Predicament«, *The Washington Post,* 25. Februar 2018; und *Frontline's* Dokumentation *The Facebook Dilemma,* ausgestrahlt auf PBS am 29. und 30. Oktober 2018.

20 In einem 2018 auf *Wired* erschienenen Artikel berichtete Antonio García Martínez, ein ehemaliger leitender Angestellter in Facebooks Werbeabteilung, darüber, dass Trumps Wahlkampfteam Facebook kosteneffizienter genutzt habe als Clintons: »How Trump Conquered Facebook – Without Russian Ads«, *Wired,* 23. Februar 2018. Andrew Bosworth von Facebook reagierte darauf, indem er auf Twitter Daten teilte, die nahezulegen schienen, Trumps Team habe pro Million angesehener Spots in Wahrheit mehr an Facebook gezahlt. Das wurde von Trumps Digitalbeauftragtem bestritten, der behauptete, in einigen Fällen habe Clintons Tausend-Kontakt-Preis das Hundertfache von Trumps betragen. Will Oremus kam in *Slate* (»Did Facebook Really Charge Clinton More for Ads than Trump?«, 28. Februar 2018) zu dem Schluss, Bosworth möge zwar im Prinzip recht haben, der größere Vorteil habe aber dennoch bei Trump gelegen, da Clintons Wahlkampfteam weniger effektive Spots eher allgemeiner Art eingesetzt habe, wohingegen sich Trumps Digitalteam Spots bediente, die sich gezielt an eine spitzere Zielgruppe wandten und diese mobilisierten, was tatsächlich einträglicher war. Was die zweieinhalbminütigen Spots betrifft, konnte ich dieses Beispiel nicht ausfindig machen, habe es aber dennoch aufgenommen, weil mein Gewährsmann den Vorfall persönlich miterlebt hat. Facebook räumte später ein, die Daten belegten die Überlegenheit von Trumps Wahlkampfteam in diesem Bereich (Sarah Frier, »Trumps Campaign Says It Was Better at Facebook. Facebook Agrees«, *Bloomberg Businessweek,* 3. April 2018).

21 Hilfreiche Quellen zu Parscales Kampagne waren: Issie Lapowsky, »The Man Behind Trump's Bid to Finally Take Digital Seriously«, *Wired,* 19. August 2016; Joshua Green und Sasha Issenberg, »Inside the Trump Bunker with Days to Go«, *Bloomberg BusinessWeek,* 27. Oktober 2016; Sue Halpern, »How He Used Facebook to Win«, *New York Review of Books,* 8. Juni 2017; Leslie Stahl, »Brad Parscale«, *60 Minutes,* 18. Oktober 2017.

22 Wie Parscale Facebooks Tools nutzte, erklärt der frühere Facebook-Produktmanager Antonio García Martínez anschaulich in: »How Trump Conquered Facebook – Without Russian Ads«, *Wired,* 23. Februar 2018.

23 Maureen Dowd, »Pompom Girl for Feminism«, *New York Times,* 23. Februar 2013

24 Sandbergs eigene Darstellung der Ereignisse ist nachzulesen in einem Buch, das sie gemeinsam mit Adam Grant verfasst hat: *Option B: Facing Adversity, Building Resilience, Finding Joy* (Knopf, 2017). Über den schweren Verlust und seine Folgen sprach sie in verschiedenen Interviews; zu den darüber erschienenen Beiträgen zählen: Belinda Luscombe,»Life After Grief«, *Time*, 13. April 2017; Jessi Hempel,»Sheryl Sandberg's Accidental Revolution«, *Backchannel*, 24. April 2017.

25 Das bestätigten mehrere Mitarbeiter Sandbergs im persönlichen Gespräch mit mir.

26 Über ihr Bild in der Öffentlichkeit sprach Sandberg selbst in einigen Interviews. Darüber hinaus wurde ihr Image vor allem im Zusammenhang mit Facebooks Problemen zum Thema. Siehe dazu: Nick Bilton,»I Hope It Cracks Who She Is Wide Open: In Silicon Valley, Many Have Long Known Sheryl Sandberg Is Not a Saint«, *Vanity Fair*, 16. November 2018. Der bereits erwähnte *New York Times*-Artikel »Delay, Deny and Deflect«, der Sandberg schuldhaftes Verhalten in der Phase nach der Präsidentschaftswahl 2016 attestiert, markiert einen Wendepunkt im Umgang der Presse mit Sandberg.

27 Jodi Kantor,»A Titan's How-To on Breaking the Glass Ceiling«, *New York Times*, 21. Februar 2015

28 Maureen Dowd,»Pompom Girl for Feminism«, *New York Times*, 23. Februar 2013

29 Eric Lubbers,»There Is No Such Thing As the Denver Guardian, Despite That Facebook Post You Saw«, *Denver Post*, 5. November 2016

30 Laura Sydell,»We Tracked Down a Fake-News Creator in the Suburbs. Here's What We Learned«, NPR, 23. November 2016

31 Craig Silverman and Lawrence Alexander,»How Teens in the Balkans Are Duping Trump Supporters with Fake News«, *BuzzFeed*, 3. November 2016

32 Samanth Subramanian,»Inside the Macedonian Fake-News Complex«, *Wired*, 15. Februar 2017

33 Craig Silverman,»This Analysis Shows How Viral Fake Election News Stories Outperformed Real News on Facebook«, *BuzzFeed*, 16. November 2016

34 Roger McNamee hat das Anschreiben seiner anti-Facebook-Polemi *Zucked: Waking Up to the Facebook Catastrophe* (Penguin, 2019) beigefügt.

35 Blake Harris, *The History of the Future* (Dey Street Books, 2019), 442

36 Facebook-Post von Bobby Goodlatte, 9. November 2016

37 White House Press Office,»Remarks by the President at Hillary for America Rally«, Ann Arbor, Michigan, 7. November 2016

38 David Remnick,»Obama Reckons with a Trump Presidency«, *The New Yorker*, 18. November 2016

39 Gardiner Harris und Melissa Eddy,»Obama, with Angela Merkel in Berlin, Assails Spread of Fake News«, *New York Times*, 17. November 2016

40 Adam Entous, Elizabeth Dwoskin und Craig Timberg,»Obama Tried to Give

Zuckerberg a Wake-Up Call over Fake News on Facebook«, *Washington Post,* 24. September 2017

41 Jen Weedon, William Nuland und Alex Stamos, »Information Operations and Facebook«, 27. April 2017

15 P WIE PROPAGANDA

1 Cade Metz, »Facebook Moves into Its New Garden-Roofed Fantasyland«, *Wired,* 30. März 2015

2 Facebook-Post von Mark Zuckerberg, 3. Januar 2017

3 Massimo Calabresi, »Inside Russia's Social Media War on America«, *Time,* 18. Mai 2017

4 Tom LoBianco, »Hill Investigators, Trump Staff Look to Facebook for Critical Answers in Russia Probe, CNN, 20. Juli 2017

5 Warners Interview mit James Jacoby von *Frontline* wurde am 24. Mai 2018 gepostet.

6 LoBianco, »Hill Investigators«

7 Adrian Chen, »The Agency«, *New York Times,* 2. Juni 2015

8 Eine der gründlichsten Einschätzungen zur Arbeit der IRA stammt aus dem Bericht »Tactics and Tropes of the Internet Research Agency«, 17. Dezember 2018, erstellt von »New Knowledge« im Auftrag des US-amerikanischen Senate Select Committee on Intelligence.

9 *United States of America v. Internet Research Agency, et. al.,* abgelegt am 16. Februar 2018

10 Alex Stamos, »An Update on Information Operations on Facebook«, *Facebook Newsroom,* 6. September 2017. Der erste lange Artikel zu Stamos' Entwurf erschien in der *New York Times.* Er enthüllte darüber hinaus weitere Einzelheiten der Facebook-Saga im Jahre 2017. Das meiste entsprach meinen Recherchen, auch wenn etliche Mitarbeiter von Facebook ihre Beweggründe in dem Artikel nicht recht wiedergegeben sahen. Sheera Frenkel, Nicholas Confessore, Cecilia Kang, Matthew Rosenberg und Jack Nicas, »Delay, Deny and Deflect: How Facebook's Leaders Fought Through Crisis«, *The New York Times,* 14. November 2018.

11 Neben persönlichen Gesprächen stütze ich mich bei den Hintergrundinformationen zu diesem Treffen auf den bereits erwähnten *New York Times*-Artikel »Delay, Deny and Deflect«.

12 Justin Weir, »Zuckerberg Pays Surprise Visit to Falls Family«, *The Vindicator,* 29. April 2017

13 Crystal Bui, »Mark Zuckerberg Meets Raimondo, Providence Students, Dines at Johnston Restaurant«, NBC 10 News, 22. Mai 2017

14 Joanna Pearlstein, »The Millions Silicon Valley Spends on Security for Execs«, *Wired,* 16. Januar 2019

15 Zuckerberg postete seine Rede »Bringing the World Closer Together« am 22. Juni 2017 auf seiner Facebook-Seite.

16 Den besten Überblick über Harris' Kreuzzug bietet ein Beitrag von Bianca Bosker aus dem November 2016 (»The Binge Breaker«), erschienen im Magazin *The Atlantic*

17 Cates Holderness, »What Colors Are This Dress?« *BuzzFeed*, 26. Februar 2015

18 Facebook beauftragte das externe Poynter Institute mit der Autorisierung der Faktenprüfung von Unternehmen. Einige der dort getroffenen Entscheidungen wurden jedoch kontrovers betrachtet, weil zum Beispiel auch die rechtskonservative, alt-right Nachrichten- und Meinungswebsite *Daily Caller* mit einbezogen wurde.

19 Benjamin Mullen und Deepa Seetharaman, »Publishing Executives Argue Facebook Is Overly Deferential to Conservatives«, *Wall Street Journal*, 17. Juli 2018

20 Siehe dazu: Dale Russakoff, *The Prize: Who's in Charge of America's Schools?* (Houghton Mifflin Harcourt, 2015)

21 Leanna Garfield, »Mark Zuckerberg Once Made a $100 Million Investment in a Major US City to Help Fix its Schools – Now the Mayor Says the Effort ›Parachuted‹ in and Failed«, *Business Insider,* 12. Mai 2018

22 Jeremy Youde, »Here's What Is Promising, and Troubling, About Mark Zuckerberg and Priscilla Chan's Plan to ›Cure All Diseases‹«, *Washington Post*, 4. Oktober 2016

23 Lauren Feiner, »San Francisco Official Proposes Stripping Mark Zuckerberg's Name from a Hospital«, *CNBC*, 29. November 2018

24 Vindu Goel, Austin Ramzy, and Paul Mozur, »Mark Zuckerberg, Speaking Mandarin, Tries to Win Over China for Facebook«, *New York Times*, 23. Oktober 2014

25 Loulla-Mae Eleftheriou-Smith, »China's President Xi Jinping ›Turns Down Mark Zuckerberg's Request to Name His Unborn Child‹ at White House Dinner«, *Independent*, 4. Oktober 2015

26 Mark Zuckerberg verkündete den Namen 2016 in seinem »Happy New Year!«-Video auf Facebook.

27 Mark Zuckerberg in einem Facebook-Post vom 28. Oktober 2017

28 Facebook-Post von Mark Zuckerberg, 30. September 2017

29 Facebook-Post von Mark Zuckerberg, 4. Januar 2018

16 CLOWN-SHOW

1 Obwohl es schon frühere Berichte gegeben hatte, erreichte die Facebook/Cambridge-Analytica-Story erst am 17. März 2018 die breite Öffentlichkeit. Zeitgleich erschienen Beiträge im *Guardian* und im *Observer* (Carole Cad-

walladr und Emma Harrison,»Revealed: 50 Million Facebook Profiles Harvested for Cambridge Analytica in Major Data Breach«) und in der *New York Times* (Matthew Rosenberg, Nicholas Confessore und Carole Cadwalladr,»How Trump Consultants Exploited the Facebook Data of Millions«).

2 Den besten Überblick über die Verbindungen von Cambridge Analytica zum Psychometric Centre biete Issie Lapowsky,»The Man Who Saw the Dangers of Cambridge Analytica Years Ago«, *Wired,* 19. Juni 2018

3 Einige Hintergrundinformationen zu Kosinski und seiner Rolle in der Cambridge-Analytica-Geschichte habe ich aus einem vorausschauenden Artikel von Hannes Grassegger und Mikael Krogerus entnommen:»The Data That Turned the World Upside Down«, *Motherboard,* 28. Januar 2017. Er war ursprünglich im Dezember 2016 in *Das Magazin* erschienen.

4 Michal Kosinski, David Stillwell und Thore Graepel,»Private Traits and Attributes Are Predictable from Digital Records of Human Behavior«, *PNAS* 110, no. 15, 9. April 2013, 5805

5 Wu Youyou, Michal Kosinski und David Stillwell,»Computer-Based Personality Judgments Are More Accurate Than Those Made by Humans«, *PNAS* 112, no. 4, 27. Januar 2015, 1037.

6 Facebook, Inc., Menlo Park, CA (US) erhielt Patent No. US 8,825,764 B2; als Erfinder sind Michael Nowak, San Francisco, CA (US) und Dean Eckles, Palo Alto, CA (US) geführt. Das Patent ist auf den 2. September 2014 datiert. Es ist unklar, inwieweit diese spezifische Technik Anwendung fand. Ein detaillierter Überblick über Facebooks generelles Data-Mining findet sich in Shoshana Zuboffs Buch *The Age of Surveillance Capitalism: The Fight for a Human Future at the New Frontier of Power* (Public Affairs, 2019).

7 Das erzählte mir Cameron Marlow in einem persönlichen Gespräch, der frühere Leiter der Abteilung Data Science bei Facebook.

8 Adam D. I. Kramer, Jamie E. Guillory und Jeff T. Hancock,»Experimental Evidence of Massive Scale Emotional Contagion Through Social Networks«, *PNAS* 111, no. 24, 17. Juni 2014, 8788–90

9 Jillian D'Onfro,»Facebook Researcher Responds to Backlash Against ›Creepy‹ Mood Manipulation Study«, *Business Insider,* 29. Juni 2014

10 Reed Albergotti,»Furor Erupts Over Facebook's Experiment on Users«, *Wall Street Journal,* 30. Juni 2014

11 Katie Waldman,»Facebook's Unethical Experiment«, *Slate,* 28. Juni 2014

12 Diese Werbebroschüre befand sich unter den Datendokumenten, die Christopher Wylie an das britische Parlament weiterleitete. Wylie beschreibt seine Vorgeschichte und die Verstrickung mit Cambridge Analytica auch in seinem Buch: *Mindf*ck: Cambridge Analytica and the Plot to Break America* (Random House, 2019).

13 Carole Cadwalladr,»›I Made Steve Bannon's Psychological Warfare Tool‹: Meet the Data War Whistleblower«, *Guardian,* 18. März 2018

14 Zeugenaussage von Christopher Wylie vor dem britischen House of Commons, Digital, Culture Media and Sport Committee, 27. März 2018

15 Zeugenaussage von Wylie

16 Elizabeth Dwoskin und Tony Romm, »Facebook's Data Lured More Than Just Cambridge Analytica«, *Washington Post,* 19. März 2018

17 In einem auf den 29. Juni 2018 datierten Schreiben an das US-amerikanische House Energy and Commerce Subcommittee beantwortete Facebook Fragen, die im Zusammenhang mit der etwas früher im selben Jahr stattgefundenen Zeugenaussage Zuckerbergs aufgetaucht waren, und legte dar, wie Kogans App vom Open Graph profitiert hatte.

18 Wylies Erklärung stammt aus einem Schriftstück, das er nach seiner Zeugenaussage dem britischen Parlament vorlegte: »A Response to Misstatements in Relation to Cambridge Analytica Introductory Background to the Companies«

19 Einen guten Überblick über die zeitliche Abfolge der Ereignisse um Kogan und SCL bietet der FTC-Entscheid »In the Matter of Cambridge Analytica, LLC«, veröffentlicht am 22. Juli 2019

20 Matthew Rosenberg et al., »How Trump Consultants Exploited the Facebook Data of Millions«

21 Dr. Alex Kogan bei einem informellen Lunch der Fakultät für Psychologie am 2. Dezember 2014

22 Brittany Kaiser, *Targeted: The Cambridge Analytica Whistleblower's Inside Story of How Big Data, Trump, and Facebook Broke Democracy and How It Can Happen Again* (HarperCollins, 2019), 147

23 Kenneth Vogel und Tarini Parti, »Cruz Partners with Donor's ›Psychographic‹ Firm«, *Politico,* 7. Juli 2015

24 Harry Davies, »Ted Cruz Using Firm That Harvested Data on Millions of Unwitting Facebook Users«, *Guardian,* 11. Dezember 2015

25 Der interne E-Mail-Austausch vor und direkt nach dem *Guardian*-Artikel aus dem Jahr 2015 wurde 2019 im Rahmen des Cambridge-Analytica-Zivilprozesses veröffentlicht.

26 Kaiser, *Targeted,* 159

27 In der Klageschrift *District of Columbia v. Facebook* waren die Termine aufgeführt, zu denen Kogan und Cambridge Analytica die Löschung der Daten zugesichert hatten. In einer Stellungnahme vom 8. Juli 2019 räumte Facebook ein, dass diese Termine korrekt wiedergegeben waren. Das Unternehmen bestätigte mir dies auch persönlich.

28 Matthew Rosenberg und Gabriel J. X. Dance, »›You Are the Product‹: Targeted by Cambridge Analytica on Facebook«, *New York Times,* 8. April 2018

29 Auf der *Frontline*-Webseite *The Facebook Dilemma* finden sich ausführliche Interviews dazu, auch mit Parscale.

30 Nicholas Confessore und Danny Hakim, »Data Firm Says ›Secret Sauce‹ Aided Trump; Many Scoff«, *New York Times,* 6. März 2017

31 Hannes Grassegger und Mikael Krogerus,»The Data That Turned the World Upside Down«, *VICE*, 28. Januar 2017

32 Die Darstellung, dass Facebooks Statements damals inkorrekt und irreführend waren, ist explizit auch in die Urteilsbegründung vom 19. Juli 2019 eingegangen, siehe »Securities and Exchange Commission v. Facebook, Inc.«. Darin findet sich auch ein weiterer belastender Überblick über die zeitliche Abfolge der Ereignisse. Facebook zahlte hundert Millionen Dollar, um die SEC-Beschwerde beizulegen.

33 Matt Schwartz,»Facebook Failed to Protect 30 Million Users from Having Their Data Harvested by Trump Campaign Affiliate«, *The Intercept*, 30. März 2017

34 Paul Grewal,»Suspending Cambridge Analytica and SCL Group from Facebook«, *Facebook Newsroom*, 16. März 2018

35 Nicholas Thompson,»Mark Zuckerberg Talks to WIRED About Facebook's Privacy Problem«, *Wired*, 21. März 2018

36 Vanessa Friedman,»Mark Zuckerberg's I'm Sorry Suit«, *New York Times*, 10. April 2018

37 Dieses Statement und die Mitschrift von Zuckerbergs Anhörung wurde am 10. April 2018 von der *Washington Post* veröffentlicht (»Transcript of Mark Zuckerberg's Senate Hearing«).

38 Taylor Hatmaker:»Here Are Mark Zuckerberg's Notes from Today's Hearing«, *TechCrunch*, 10. April 2018. Als Zuckerberg seinen Platz verließ und vergaß, seine Notizen abzudecken, gelang es Andrew Harnik, Fotograf von Associated Press, rasch ein Bild davon zu schießen.

39 Brian Barrett,»A Comprehensive List of Everything Mark Zuckerberg Will Follow Up On«, *Wired*, 11. April 2018

40 Tony Romm und Drew Harwell,»Facebook Suspends Tens of Thousands of Apps Following Data Investigation«, *Washington Post*, 20. September 2019

17 DAS HÄSSLICHE

1 Charlotte Graham-McLay, Austin Ramzy und Daniel Victor,»Christchurch Mosque Shootings Were Partly Streamed on Facebook«, *New York Times*, 14. März 2019

2 Wael Ghonim beschreibt in seinem Buch *Revolution 2.0: A Memoir* (Houghton Mifflin Harcourt, 2012) aus erster Hand die Rolle von Social Media im Arabischen Frühling.

3 Tim Sparapani,»Frontline: The Facebook Dilemma«, PBS, 15. März 2018

4 Human Rights Council (UN),»Report of the Detailed Findings of the Independent International Fact-Finding Mission on Myanmar«, 10.–28. September 2018. Der 444 Seiten lange Bericht ist vernichtend.

5 Ebd., 170

6 Timothy McLaughlin, »How Facebook's Rise Fueled Chaos and Confusion in Myanmar«, *Wired*, 6. Juli 2018. Ein Bericht aus erster Hand des Unternehmers David Madden, der versucht Facebook zu warnen, befindet sich im ungeschnittenen Interview für *Frontline's* »The Facebook Dilemma«, das am 19. Juni 2018 geführt wurde.

7 »Removing Myanmar Military Officials From Facebook«, *Facebook Newsroom*, 28. August 2018. Paul Mozur legt in seinem Artikel »A Genocide Incited on Facebook, with Posts from Myanmar's Military«, erschienen in der *New York Times* am 15. Oktober 2018, weitere Details über die ungute Rolle von Facebook offen.

8 BSR verfasste den Bericht »Human Rights Impact Assessment: Facebook in Myanmar« im Oktober 2018

9 Tasneem Nashrulla, »We Blew Up a Watermelon and Everyone Lost Their Freaking Minds«, *BuzzFeed*, 8. April 2016

10 Jason Koebler und Joseph Cox, »The Impossible Job: Inside Facebook's Struggle to Moderate Two Billion People«, *VICE*, 23. August 2018

11 Natasha Singer, »In Screening for Suicide Risk, Facebook Takes on Tricky Public Health Role«, *New York Times*, 31. Dezember 2018

12 Daniel Victor, »Man Inadvertently Broadcasts His Own Killing on Facebook Live«, *New York Times*, 17. Juni 2016

13 Die Ersten, die über Bosworths Memo berichteten, waren Ryan Mac, Charlie Warzel und Alex Kantrowitz: »Growth at Any Cost: Top Facebook Executive Defended Data Collection in 2016 Memo – And Warned That Facebook Could Get People Killed«, *BuzzFeed*, 29. März 2018.

14 David Ingram, »Zuckerberg Disavows Memo Saying All User Growth Is Good«, *Reuters*, 29. März 2018

15 Die Quelle für diese Aussage scheint eine Studie aus dem Jahr 2012 von *Divorce Online.co.uk* zu sein. Laut dem *Divorce Magazine* (Daniel Matthews: »What You Need to Know About Facebook and Divorce«, 15. Juli 2019) kam die britische Firma *Lake Legal* auf einen Anteil von 30 Prozent. Der Artikel zitiert einen erfahrenen Anwalt, der die Schätzung von 30 bis 40 Prozent abgibt.

16 So Facebooks stellvertretender Justiziar, Chris Sonderby, in seinem »Update on New Zealand«, *Facebook Newsroom*, 18. März 2019

17 Zum Thema Content-Moderation und Richtlinien gibt es eine Reihe fundierter Studien; besonders hervorzuheben sind: Sarah T. Roberts, *Behind the Screen: Content Moderation in the Shadows of Social Media* (Yale University Press, 2019); Tarleton Gillespie, *Custodians of the Internet: Platforms, Content Moderation, and the Hidden Decisions That Shape Social Media* (Yale University Press, 2018); und Kate Klonick, »The New Governors: The People, Rules, and Processes Governing Online Speech«, *Harvard Law Review*, 10. April 2018.

ANMERKUNGEN 671

18 Ein sehr früher – und sehr guter – Bericht stammt von Koebler und Cox:
»The Impossible Job«. Tiefe Einblicke in die Richtlinienpolitik für Content-Moderatoren gewährt »Post No Evil«, *Radiolab*, Sendung vom 17. August 2018.

19 Casey Newton«,The Trauma Floor«, *The Verge*, 25. Februar 2019; und »Bodies in Seats«, *The Verge*, 19. Juni 2019

20 Facebook veröffentlichte den *Community Standards Enforcement Report* im Mai 2019 und ergänzte die Daten für den Zeitraum von Oktober 2018 bis März 2019. Laut *Facebook Transparency* gaben sie zum ersten Mal Daten über das Beschwerdeverfahren und die Wiederherstellung von Inhalten zur Korrektur von Zwangslöschungen heraus. Es war auch das erste Mal, dass sie ihre Standards im Umgang mit reglementierten Waren, wie Schusswaffen und Drogen, offenlegten.

21 Max Fisher, »Inside Facebook's Secret Rulebook for Global Political Speech«, *New York Times*, 27. Dezember 2018

22 Koebler und Cox, »The Impossible Job«

23 Das Thema wird ausführlich diskutiert in Simon Van Zuylen-Woods Artikel »Men Are Scum: Inside Facebook's War on Hate Speech«, *Vanity Fair*, 26. Februar 2019

24 Casey Newton, »A Facebook Content Moderation Vendor Is Quitting the Business After Two Verge Investigations«, *The Verge*, 30. Oktober 2019

25 »Welcome to the AI Conspiracy: The ›Canadian Mafia‹ Behind Tech's Latest Craze«, *Recode*, 15. Juli 2015

26 Über Facebooks KI-Labor und seine Bemühungen in Sachen künstliche Intelligenz habe ich ausführlich in meinem Artikel »Inside Facebook's AI Machine« berichtet; erschienen in *Backchannel*, 23. Februar 2017.

27 So Facebooks Leiter des Teams Integrität, Guy Rosen: »An Update on How We Are Doing at Enforcing Our Community Standards«, *Facebook Newsroom*, 23. Mai 2019

28 Jack Nicas, »Does Facebook Really Know How Many Fake Accounts It Has?«, *New York Times*, 30. Januar 2019

29 Viswanath Sivakumar, »Rosetta: Understanding Text Images and Videos with Machine Learning«, *Facebook Engineering*, 11. September 2018

30 Die Geschichte um das »Napalm Girl« auf Facebook wird ausführlich geschildert in: Gillespie, *Custodians of the Internet*

31 James Vincent, »Facebook Removes Alex Jones Pages, Citing Repeated Hate Speech Violations«, *The Verge*, 6. August 2018

32 Casey Newton, »Facebook Bans Alex Jones and Laura Loomer for Violating Its Policies Against Dangerous Individuals«, *The Verge*, 2. Mai 2019

18 INTEGRITÄT

1 Ben Horowitz, *The Hard Thing About Hard Things: Building a Business When There Are No Easy Answers* (HarperCollins, 2014), 224–28

2 Aisha Hassan, »These Brutal Reviews of Facebook's Portal Device Shows Why No One Wants It in Their Home«, *Quartz*, 9. November 2018

3 Wie der »Note by Damian Collins, Chair of th DCMS Committee« – dem Bericht des Vorsitzenden eines Kontrollgremiums des britischen Parlaments für kulturelle Belange – zu entnehmen ist, hatte Facebook mit gewissen Unternehmen Vereinbarungen getroffen, nach denen sie nach den Änderungen auf der Plattform von 2014/2015 uneingeschränkten Zugang zu den Daten der Freunde von Facebook-Nutzern erhielten. Offen ist nach wie vor, ob die Nutzer diesem Eingriff zugestimmt hatten und nach welchen Kriterien Facebooks Auswahl der betreffenden Firmen erfolgte.

4 Julia Angwin, Madeline Varner und Ariana Tobin, »Facebook Enabled Advertisers to Reach ›Jew Haters‹«, *ProPublica*, 14. September 2017

5 Sheera Frenkel, Nicholas Confessore, Cecilia Kang, Matthew Rosenberg und Jack Nicas, »Delay, Deny and Deflect: How Facebook's Leaders Fought Through Crisis«, *New York Times*, 14. November 2018

6 Nicholas Thompson und Fred Vogelstein, »15 Months of Fresh Hell Inside Facebook«, *Wired*, 16. April 2019

7 Michael Issacund Sheera Frenkel, »Facebook Security Breach Exposes Accounts of 50 Million Users«, *New York Times*, 28. September 2018

8 Mark Zuckerberg in einem Facebook-Post vom 21. März 2018

9 Erin Durkin, »Michelle Obama on ›Leaning In‹: Sometimes That Shit Doesn't Work«, *Guardian*, 3. Dezember 2018

10 Nicholas Fandos, »Alex Jones Takes His Show to the Capitol, Even Tussling with a Senator«, *New York Times*, 5. September 2018

11 Yamiche Alcindor, »Black Lawmakers Hold a Particular Grievance with Facebook: Racial Exploitation«, *New York Times*, 14. Oktober 2017

12 Cade Metz and Mike Isaac, »Facebook's A.I. Whiz Now Faces the Task of Cleaning It Up. Sometimes That Brings Him to Tears«, *New York Times*, 17. Mai 2019

13 Deepa Seetharaman, »Facebook Morale Takes a Tumble Along with Stock Price«, *Wall Street Journal*, 14. November 2018

14 Mark Zuckerberg teilte das Foto am 15. Mai 2017 mit seinem Team.

15 Mike Allen, »Sean Parker Unloads on Facebook: ›God Only Knows What It's Doing to Our Children's Brains‹«, *Axios*, 9. November 2017

16 Paul Lewis, »›Our Minds Can Be Hijacked‹: The Tech Insiders Who Fear a Smartphone Dystopia«, *Guardian*, 6. Oktober 2017

17 James Vincent, »Former Facebook Exec Says Social Media Is Ripping Apart Society«, *The Verge*, 11. Dezember 2017

18 Palihapitiya postete seinen Rückzieher am 15. Dezember 2017 auf Facebook.

19 Darüber berichtete sowohl die *Washington Post* als auch die britische BBC: Drew Harwell, »Facebook, Longtime Friend of Data Brokers, Becomes Their Stiffest Competition« *Washington Post,* 29. März 2018; Jane Wakefield, »Facebook Scandal: Who Is Selling Your Personal Data?«, BBC, 11. Juli 2018

20 Im April 2018 stellte Facebook die Zusammenarbeit mit Drittanbietern wie Datenhändlern ein, um seinen Werbekunden deren Targeting-Segmente in seinem System selbst zugänglich zu machen. Beschrieben wird diese neue Arbeitsweise in Facebooks Hilfebereich »How Ads Work on Facebook« auf der Unterseite »How does Facebook work with data providers?«.

21 »US Digital Ad Spending Will Surpass Traditional in 2019«, *eMarketer,* 19. Februar 2019

22 Anne Freier, »Google and Facebook to Reach 63.3% Digital Ad Market Share in 2019«, *Business of Apps,* 26. März 2019

23 Khalid Saleh, »Global Mobile Ad Spending – Statistics and Trends«, *Invesp,* 31. März 2015

24 Facebooks Q2-Bericht des Jahres 2018 ist auf der Investor Relations-Seite des Unternehmens einsehbar.

25 Bill Murphy Jr., »Mark Zuckerberg Lost Almost $17 Billion in About an Hour. Here's What Happened«, *Inc.,* 26. Juli 2018

26 So nachzulesen im LinkdIn-Profil von Laura Cox Kaplan.

27 Nach einer Anfrage auf Basis des »Freedom of Information Act« wurde der von PwC verfasste Bericht »Independent Assesor's Report on Facebook's Privacy Programm« dem Electronic Privacy Information Center im April 2017 zugänglich gemacht.

28 Federal Trade Commission, »FTC Imposes $5 Billion Penalty and Sweeping New Privacy Restrictions on Facebook«, 24. Juli 2019

29 Salvador Rodriguez, »Facebook Reports Better Than Expected Second-Quarter Results«, CNBC, 24. Juli 2019

30 Edward Docx, »Nick Clegg: The Facebook Fixer«, *New Statesman America,* 17. Juli 2019

31 Cook machte diese Bemerkung am 6. April 2018 während eines Interviews mit Kara Swisher und Chris Hayes; es fand im Rahmen eine MSNBC-Events statt.

32 Matthew Panzarino, »Apple's Tim Cook Delivers Blistering Speech on Encryption, Privacy«, *TechCrunch,* 2. Juni 2015

33 Brian Fung, »Apple's Tim Cook May Have Taken a Subtle Dig at Facebook in His MIT Commencement Speech«, *Washington Post,* 9. Juni 2017

34 Peter Kafka, »Tim Cook Says Facebook Should Have Regulated Itself, but It's Too Late for That Now«, *Recode,* 28. März 2018

35 Ezra Klein, »Mark Zuckerberg on Facebook's Hardest Year, and What Comes Next«, *Vox,* 2. April 2018

36 Deepa Seetharaman, »Facebook Removed Data-Security App from Apple Store«, *Wall Street Journal,* 22. August 2018

37 Josh Constine, »Facebook Pays Teens to Install VPN that Spies on Them«, *TechCrunch,* 29. Januar 2019. Constines Artikel lieferte Apple den letzten Anlass, zu handeln.

38 Facebooks Q4-Bericht des Jahres 2018 ist auf der Investor-Relations-Seite des Unternehmens einsehbar.

19 THE NEXT FACEBOOK

1 Mark Zuckerberg, »A Privacy-Focused Vision for Social Networking«, 6. März 2019

2 Arjun Kharpal, »Mark Zuckerberg Apologizes After Critics Slam His ›Magical‹ Virtual Reality Tour of Puerto Rico Devastation«, CNBC, 10. Oktober 2017

3 Neben persönlichen Interviews stütze ich mich hier vor allem auf: Blake Harris, *The History of the Future* (Dey Street, 2019).

4 Gideon Resnick, »The Facebook Billionaire Secretly Funding Trump's Meme Machine«, *Daily Beast,* 22. September 2016

5 Jeff Grubb, »Some VR developers Cut Ties with Oculus over Palmer Luckey Funding Pro-Trump Memes«, *VentureBeat,* 23. September 2016

6 Cory Doctorow, »VERIFIED Mark Zuckerberg Defends Facebook's Association with Peter Thiel«, *BoingBoing,* 19. Oktober 2016

7 Josh Constine, »Facebook Is Building Brain-Computer Interfaces for Typing and Skin-Hearing«, *TechCrunch,* 19. April 2017

8 Neben persönlichen Interviews stürze ich mich bei den Hintergrundinformationen zu Story auf Billy Gallagher, *How to Turn Down a Billion Dollars* (St. Martin's Press, 2018)

9 »Miranda Kerr ›Appalled‹ by Facebook ›Stealing Snapchat's Ideas‹«, *Telegraph,* 7. Februar 2017

10 »Setting the Record Straight«, WhatsApp-Blog-Eintrag vom 17. März 2014

11 Parmy Olson, »Exclusive: WhatsApp Cofounder Brian Acton Gives the Inside Story on #DeleteFacebook and Why He Left $850 Million Behind«, *Forbes,* 18. September 2018

12 Mark Scott, »E.U. Fines Facebook $122 Million over Disclosures in WhatsApp Deal«, *New York Times,* 18. Mai 2017

13 Kirsten Grind und Deepa Seetharaman, »Behind the Messy, Expensive Split Between Facebook and WhatsApp's Founders«, *Wall Street Journal,* 5. Juni 2018

14 Jan Koum in einem Facebook-Post vom 30. April 2018

15 David Marcus, »The Other Side of the Story«, Facebook-Post vom 26. September 2018

16 Jon Porter, »WhatsApp Found a Place to Show You Ads«, *The Verge*, 1. November 2018

17 Nicholas Thompson und Fred Vogelstein, »15 Months of Fresh Hell Inside Facebook«, *Wired*, 16. April 2019

18 Fidji Simo, »Facebook Watch: What We've Built and What's Ahead«, *Facebook Newsroom*, 13. Dezember 2018

19 Kurt Wagner, »Facebook Is Making Its Biggest Executive Shuffle in Company History«, *Recode*, 8. Mai 2018

20 Nicole Perlroth und Sheera Frenkel, »The End for Facebook's Security Evangelist«, *New York Times*, 20. März 2018

21 Alex Davies, »What's Next for Instagram's Kevin Systrom? Flying Lessons«, *Wired*, 15. Oktober 2018

22 Chris Hughes, »It's Time to Break Up Facebook«, *New York Times*, 9. Mai 2019

23 Astead W. Herndon, »Elizabeth Warren Proposes Breaking Up Tech Giants Like Amazon and Facebook«, *New York Times*, 8. März 2019

24 The Libra Association, »An Introduction to Libra: White Paper«, 18. Juni 2019

25 Gemeinsam mit Greg Barber verfasste ich einen Artikel über den Libra-Launch: »The Ambitious Plan Behind Facebook's Cryptocurrency, Libra«, *Wired*, 18. Juni 2019

26 Daniel Uria, »Head of Facebook Libra Grilled by Skeptical U.S. Senators«, UPI, 16. Juli 2019

27 Ich habe ausführlich in einem Artikel über die Anhörung berichtet: »Mark Zuckerberg Endures Another Grilling on Capitol Hill«, *Wired*, 23. Oktober 2019. Videos über die Anhörung vor dem Finanzausschuss findet man auf YouTube und der Webseite des House Committee on Financial Services.

PERSONENREGISTER

SACHREGISTER